Technik

Wirtschaft

Umweltschutz

Karl J. Thomé-Kozmiensky (Hrsg.)

Müllverbrennung und Umwelt

EF-VERLAG für Energie- und Umwelttechnik GmbH

Herausgeber der Reihe „Technik, Wirtschaft, Umweltschutz":
Prof. Dr.-Ing. Karl J. Thomé-Kozmiensky, Berlin

CIP-Kurztitelaufnahme der Deutschen Bibliothek

Thomé-Kozmiensky, Karl J.:
Müllverbrennung und Umwelt
Karl J. Thomé-Kozmiensky. – Berlin: EF-Verlag
für Energie- und Umwelttechnik
(Technik, Wirtschaft, Umweltschutz)
3-924511-10-1

(1985) NE: Thomé-Kozmiensky, Karl J. (Hrsg.)

Verlag: EF-Verlag für Energie- und Umwelttechnik GmbH
Berlin 1985

Redaktionelle Bearbeitung: Cornelia Hansing

Druck:
E. Mühlthaler's Buch- und Kunstdruckerei GmbH,
München

ISBN 3-924511-10-1

Prof. Dr.-Ing.
Karl J. Thomé-Kozmiensky

Vorwort

Hier wird ein Buch vorgelegt, das das 1983 erschienene Buch „Müllverbrennung und Rauchgasreinigung“ ergänzt. Damals wurden vor allem die angebotenen Rauchgasreinigungsverfahren vorgestellt. Probleme der Rückstände sowie Messungen und Analysen wurden kurz behandelt. Mit den hier vorgelegten Beiträgen werden, darauf aufbauend, Lösungen und Erfahrungen dargestellt.

Die Frage nach der Begrenzung der gasförmigen, flüssigen und festen Emissionen steht eindeutig im Vordergrund der Diskussion, wenn es um Müllverbrennung geht.

Natürlich stellt sich zunächst die Frage, ob Müllverbrennung überhaupt sein soll oder ob nicht besser der Weg des Materialrecyclings zu gehen ist. Selbst wenn politisch die Rückgewinnung von Stoffen Priorität vor Energiegewinnung hat, muß realistisch festgestellt werden, daß zumindest heute, voraussichtlich auch in Zukunft, auf die Verbrennung nicht verzichtet werden kann. Es fehlt an Alternativen, die in jeder Hinsicht konkurrenzfähig sind. Bleibt also die Müllverbrennung zu verbessern, d.h. mehr und sichere Energie bei rückläufigen Umweltbeeinträchtigungen. Dabei erscheint die Utopie der Nullemission fast erreichbar. Prinzipiell führen drei Wege zu diesem Ziel:

— der Eintrag von Schadstoffen muß reduziert werden;

— die Bildung von Schadstoffen während des Prozesses muß weitgehend vermindert, wenn nicht verhindert werden;

— die Abfilterung der Schadstoffe, die dennoch entstehen, muß verbessert werden.

Für den ersten Weg bieten sich die getrennte Sammlung von schadstoffhaltigen Abfällen und die Aufbereitung des Abfallgemisches an. Die Alternative, die Brennstoff-Fraktion abzutrennen und als höherwertigen Brennstoff zu verwerten, wird ausführlich diskutiert, wobei vor allem auf die Reduzierung der Schwermetallemissionen geachtet wird.

Die Verringerung der Schadstoffentstehung durch Gestaltung der Feuerung wird untersucht.

Bei der Reduzierung der Emissionen wird sowohl die Quantität der gasförmigen Emissionen als auch deren Qualität betrachtet. Hier seien besonders die Bemühungen um die Rauchgasentstickung genannt. Letztlich wird in Zukunft die Möglichkeit der weitgehend schadlosen Beseitigung der Rückstände aus der Rauchgasreinigung über die Anwendung von Rauchgasreinigungsverfahren entscheiden. Über jüngste Erfahrungen wird berichtet.

Bei der Analytik stehen die Dioxine naturgemäß im Brennpunkt des Interesses. Hier können interessante Beiträge, die bei Untersuchungen an verschiedenen Müllverbrennungsanlagen von unterschiedlichen Institutionen gewonnen wurden, vorgestellt werden.

Prof. Dr.-Ing. Karl J. Thomé-Kozmiensky
Institut für Technischen Umweltschutz
– Fachgebiet Abfallwirtschaft –

Oktober 1985

Inhaltsverzeichnis

3. RÜCKSTÄNDE AUS MÜLLVERBRENNUNG UND RAUCHGASREINIGUNG

4. ANALYSEN AN MÜLLVERBRENNUNGSANLAGEN

5. ALTERNATIVE: BRENNSTOFF AUS MÜLL

1. Einführung

Stand und Tendenzen

L. Barniske

1. Rechtsgrundlagen

Bau und Betrieb von Müllverbrennungsanlagen machen beispielhaft die Komplexität der Umweltschutzprobleme deutlich. Diese werden häufig von einem in einen anderen medialen Bereich verlagert. Es sind insbesondere die Umweltbereiche Abfallbeseitigung, Luftreinhaltung, Gewässerschutz und Lärmschutz von Bedeutung.

Die Verbrennung von Abfällen ist eine Abfallbeseitigung im Sinne von § 1 Abs. 2 des Abfallbeseitigungsgesetzes (AbfG). Nach § 2 Abs. 1, Nummern 1, 3 und 4 AbfG hat die Abfallbeseitigung so zu erfolgen, daß die Gesundheit der Menschen nicht gefährdet und ihr Wohlbefinden nicht beeinträchtigt wird, daß keine schädlichen Umweltbelastungen durch Luftverunreinigungen herbeigeführt und Gewässer nicht schädlich beeinflußt werden. Diese sehr allgemein gefaßten Vorschriften beinhalten eine Verweisung auf das Immissionsschutz- und das Wasserrecht.

Das Bundesimmissionsschutzgesetz bietet den Einstieg für Müllverbrennungsanlagen im § 4 BImSchG, und in der nach Abs. 1 Satz 3 dieser Vorschrift erlassenen Verordnung über genehmigungsbedürftige Anlagen (4. BImSchV). Dort sind im § 2 Nr. 2 die thermischen Abfallbehandlungsanlagen, also auch die Müllverbrennungsanlagen, aufgeführt.

Im § 5 BImSchG sind die wesentlichen Pflichten der Betreiber dieser Anlagen aufgeführt. Danach sind die Anlagen so zu errichten und zu betreiben, daß
"1. schädliche Umwelteinwirkungen und sonstige Gefahren, erhebliche Nachteile und erhebliche Belästigungen für die Allgemeinheit und die Nachbarschaft nicht hervorgerufen werden können,
2. Vorsorge gegen schädliche Umwelteinwirkungen getroffen wird,

insbesondere durch die dem Stand der Technik entsprechenden Maßnahmen zur Emissionsbegrenzung und

3. die beim Betrieb der Anlagen entstehenden Reststoffe ordnungsgemäß und schadlos verwertet oder, soweit dies technisch nicht möglich oder wirtschaftlich nicht vertretbar ist, als Abfälle ordnungsgemäß beseitigt werden."

(Neufassung nach Entwurf eines Gesetzes zur Änderung des BImSchG vom 26.6.1985: "3. Reststoffe vermieden werden, es sei denn, sie werden ordnungsgemäß und schadlos verwertet oder, soweit Vermeidung und Verwertung technisch nicht möglich oder unzumutbar sind, als Abfälle ohne Beeinträchtigung des Wohls der Allgemeinheit beseitigt, 4. entstehende Wärme, die nicht an Dritte abgegeben wird, für Anlagen des Betreibers genutzt wird, soweit dies nach Art und Standort der Anlagen technisch möglich und zumutbar sowie mit den Pflichten nach Nummern 1 bis 3 vereinbar ist.")

Zahlreiche Formulierungen des BImSchG, die den Bereich der "schädlichen Umwelteinwirkungen" betreffen, gelten als unbestimmte Rechtsbegriffe. Es war deshalb notwendig, der Verwaltung konkrete Entscheidungskriterien zu geben, wie es § 48 BImSchG vorsieht. Für den hier interessierenden Bereich ist die "Technische Anleitung zur Reinhaltung der Luft - TA Luft" erlassen worden.

Zur Erfüllung der Ziele des § 1 BImSchG enthält die TA Luft Immissionswerte, die nicht überschritten werden dürfen und Emissionswerte, die nach dem Stand der Technik einzuhalten sind. Die TA Luft ist für die zuständigen Behörden wichtiges Hilfsmittel für die Zulassung genehmigungsbedürftiger Anlagen nach § 4 BImSchG. Dabei ist zu beachten, daß die in der TA Luft festgelegten Emissionsgrenzwerte entsprechend dem Stand der Technik weiter eingeschränkt werden können. Die TA Luft enthält im Teil 3 spezielle emissionsbegrenzende Regelungen für Anlagen zur thermischen Abfallbehandlung.

Die Belange des Gewässerschutzes werden durch das Wasserhaushaltsgesetz (WHG) abgedeckt. Zunächst bedarf die Entnahme von Wasser aus oberirdischen Gewässern und aus dem Grundwasser (z.B. für die Abgaswäsche) als wasserrechtliche Benutzung (§ 3 Abs. 1 und 6 WHG) der Erlaubnis oder Bewilligung nach §§ 2, 7 und 8 WHG. Für eine sparsame Verwendung des Wassers ist Sorge zu tragen (§ 5 Abs. 1 Nr. 3 WHG).

Für die Einleitung von Abwässern ist ebenfalls eine wasserrechtliche Erlaubnis erforderlich (§ 3 Abs. 1 Nr. 4 in Verbindung mit §§ 2, 7 und 8 Abs. 2, Satz 2 WHG). Diese Erlaubnis darf nur erteilt werden, sofern Menge und Schädlichkeit der Abwässer unter

Anwendung der jeweils in Betracht kommenden Verfahren nach den allgemein anerkannten Regeln der Technik auf ein Mindestmaß verringert werden (§ 7 a Abs. 1 Satz 1 WHG). Mindestanforderungen hierzu werden im Rahmen allgemeiner Verwaltungsvorschriften festgelegt.

Belastungen des Bodens können von den anfallenden festen Rückständen ausgehen. Diese Reststoffe müssen, soweit sie nicht ordnungsgemäß und schadlos verwertet werden können (§ 5 Nr. 3 BImSchG), als Abfälle ordnungsgemäß beseitigt werden. Nach Abfallbeseitigungsgesetz (§ 4 Abs. 1 AbfG) darf dies nur in dafür zugelassenen Anlagen geschehen, in diesem Falle in Deponien. Dabei ist unter anderem § 34 Abs. 2 Satz 1 WHG zu beachten.

Zu den nach § 5 BImSchG geforderten Maßnahmen zur Emissionsbegrenzung gehören auch die Lärmschutzmaßnahmen. Im Planfeststellungsverfahren ist deshalb auch zu überprüfen, ob die Müllverbrennungsanlage den Anforderungen der Technischen Anleitung zum Schutz gegen Lärm (TA Lärm) entspricht. Insbesondere müssen Lärm-Immissionswerte eingehalten werden. Dabei hat die zuständige Behörde zu prüfen, ob aufgrund der von der Anlage verursachten Immissionen Lärmschutzmaßnahmen vorgesehen sind, die dem jeweiligen Stand der Technik entsprechen. Für diese Beurteilung sind fortschrittliche vergleichbare Lärmschutzmaßnahmen heranzuziehen.

Lärmemissionen gehen vorwiegend von schnellaufenden Arbeitsmaschinen und von Zerkleinerungsaggregaten aus. Sie lassen sich durch Abkapselung der Lärmquellen bzw. Unterbringung in einem geschlossenen Gebäude beherrschen.

2. Entwicklungsstand und Planungen

Die Entwicklung der Müllverbrennungstechnologie erhält immer wieder neue Impulse, weil den Konzeptionen neuer Abfallbehandlungsverfahren bisher nicht die erwarteten Erfolge beschieden waren. Allerdings wird sich die Müllverbrennung, vor allem vor den Augen der für Umweltschutz sensibilisierten Öffentlichkeit, schärferen Bewertungsmaßstäben als bisher unterwerfen müssen. Die zukünftige Entwicklung der Müllverbrennung als Abfallentsorgungsmethode, aber auch die Konkurrenzfähigkeit des Mülls als Brennstoff zur Energieerzeugung hängen wesentlich davon ab, wie unter Umweltschutz- und Wirtschaftlichkeitsbetrachtungen eine optimale Emissionsminderung sichergestellt werden kann.

Die Entwicklung des bisherigen Anlagenbestandes in der Bundesrepublik Deutschland ist in der Tabelle 1 wiedergegeben.

Zur Zeit können in 46 Müllverbrennungsanlagen rd. 8 Mio. t Abfälle jährlich verbrannt werden. Etwa 21 Mio. Einwohner, entsprechend 34 % der Gesamtbevölkerung, sind diesen Anlagen angeschlossen (s. Abb. 1).

Die Tabelle 2 vermittelt einen Überblick über den Stand und die Planung in den einzelnen Bundesländern. Der dort für die nächsten 10 Jahre angegebene Zuwachs von 23 Müllverbrennungsanlagen, entsprechend einer Gesamtkapazität von rd. 4 Mio. t/a, basiert auf Informationen über die zur Zeit in Bauvorbereitung, Planfeststellung und Planungsdiskussion befindlichen Projekte. Darüber hinaus sind bedeutende Erweiterungen vorhandener Anlagen mit einer Ausbaukapazität von etwa 0,5 Mio. t/a vorgesehen.

Der Zuwachs an neuen Müllverbrennungsanlagen ist allerdings für einen Großteil noch als ungesichert einzuschätzen, da vielerorts auch andere "höherwertige" Abfallbeseitigungsverfahren diskutiert werden.

3. Nutzung der Wärmeenergie

Etwa 98 % der verbrannten Abfälle werden in Anlagen mit Wärmeverwertung durchgesetzt. Der Beitrag der Energieerzeugung zur Einsparung von Primärenergieträgern ist trotzdem mit 0,58 % relativ gering. Wählt man als Bezugsgröße die einzelnen Primärenergieträger, so ergeben sich jedoch wesentlich günstigere Vergleichswerte (vgl. Tabelle 3). Auch bei einer regionalen Betrachtung der Elektrizitätsversorgung können durchaus nennenswerte Beiträge durch die Abfallverbrennung registriert werden, insbesondere in städtischen Ballungsgebieten. In Großstädten (Berlin, Hamburg, München u.a.) können 4 - 9 % des gesamten bzw. 10 - 17 % des Haushalts-Strombedarfs durch die aus der Abfallverbrennung gewonnene Energie gedeckt werden.

Im internationalen Vergleich nimmt die Bundesrepublik Deutschland bei der Energienutzung aus Abfällen eine Spitzenposition ein. In der Europäischen Gemeinschaft wurden 1980 nur etwa 13 % des Aufkommens an Haushaltsabfällen in Abfallverbrennungsanlagen mit Wärmerückgewinnung verbrannt. Dies entsprach rund 0,24 % des gesamten Primärenergieverbrauchs in der Gemeinschaft. Für die Bundesrepublik Deutschland lag dieser Anteil fast doppelt so hoch (s. Tabelle 4).

Von Bedeutung für die Energienutzung ist der Trend zur gemeinsamen Abfall-Klärschlamm-Verbrennung, die zur Zeit in 6 Großanlagen praktiziert wird. Diese Kombination ist insbesondere unter dem Gesichtspunkt einer gesicherten Wärmenutzung sinnvoll, da Konditionierung, Entwässerung und Trocknung des Schlammes einen hohen Energieeinsatz erfordern. Kombinierte Müll-Klärschlamm-Verbrennungsanlagen können aber auch noch Energie für andere Zwecke, z.B. Eigenbedarf der Anlagen, zur Verfügung stellen.

Aufgrund eines ausreichenden und relativ preisgünstigen Primärenergieangebots sowie struktureller Vorgaben des Energiemarktes ist es in der Vergangenheit nicht immer gelungen, für die aus der Abfallverbrennung erzeugte Energie angemessene Erlöse zu erzielen. Die Bewertung dieser Energie ist selbstverständlich abhängig von der Absicherung der Dampfleistung (möglichst geringe Schwankungen in der Dampfmenge und -qualität) und der unterschiedlichen Gewichtung der kommunalen Aufgaben (Stromerzeugung, Fernwärmeproduktion, Abfallbeseitigung). Trotzdem sollte zukünftig durch bessere Abstimmung der Energieversorgungs- und Abfallentsorgungskonzepte erreicht werden können. daß die Energie aus der Abfallverbrennung auf ein gebührendes Bewertungsniveau angehoben wird, wodurch in einigen Fällen erhebliche Minderungen der Abfallbeseitigungskosten zu erzielen wären.

Für die Energierückgewinnung ist es u.a. interessant, welchen Einfluß die aufgrund des allgemeinen Trends zur Materialrückgewinnung und -verwertung vielfach durchgeführte getrennte Sammlung von Wertstoffen, insbesondere Papier, auf den Heizwert hat.

Der Papier-/Pappegehalt in hausmüllähnlichen Abfällen (Haus- und Geschäftsmüll) beträgt gegenwärtig in der Bundesrepublik ca. 15 bis 35 Gew.-%. Im Mittel dürfte mit einem Anteil von 25 Gew.-% gerechnet werden können. Hiervon abweichende höhere Werte treten besonders in städtischen Ballungsgebieten auf.

Vergleicht man den Heizwert der Papierfraktion, der zwischen 11 700 und 18 600 kJ/kg schwanken kann, mit dem des Hausmülls, so muß bei diesem bei Abnahme des Papiergehalts eine Heizwertreduktion auftreten, da etwa 40 bis 50 % des Hausmüll-Heizwerts auf dem Beitrag der Papierfraktion beruht. Untersuchungen haben ergeben, daß Heizwertverminderungen um 5,7 bis 7,4 % auftreten können (Tabelle 5). Diese Abnahmen dürften Höchstwerte darstellen, da z.B. angenommene geringere Heizwerte der Papierfraktion nur Reduktionen im Bereich von

2 bis 3 % zur Folge haben.

Die vorstehend beschriebene Minderung des Heizwertes wird mehr oder weniger durch die Abnahme der Glas- und Metallgehalte kompensiert, wenn weitergehende Wertstofferfassungssysteme (z.B. Bringcontainer, "Grüne" und "Blaue" Tonnen) angewendet werden. Selbst bei einer Papierrückgewinnungsrate von 50 % ist sogar eine Erhöhung des Heizwertes (Größenordnung 5 - 6 %)möglich, wenn die Rückgewinnungsquoten z.B. für Glas und Eisen entsprechend hoch sind (60 - 80 %). Eine zusätzliche Aussortierung von Kunststoffen wird diesen Heizwertgewinn i.a. wieder ausgleichen.

4. Abgasemissionen

Art und Menge der in den Abgasen einer Müllverbrennungsanlage enthaltenen Inhaltsstoffe hängen vorwiegend von der Zusammensetzung der Abfälle, der Art des Verbrennungssystems, der Abgasführung und den Verbrennungsbedingungen ab. In Tabelle 6 sind u.a. die typischen Schwankungsbreiten der wesentlichen Bestandteile der ungereinigten Abgase aus Müllverbrennungsanlagen angegeben.

Darüber hinaus sind die in Spuren auftretenden Schwermetalle bzw. Schwermetallverbindungen, insbesondere Zink, Blei, Cadmium, Nickel, Chrom und Quecksilber, von Bedeutung. Diese Verbindungen werden überwiegend als Staubinhaltsstoffe partikelförmig emitiert. Es treten aber auch dampfförmige Anteile auf - vor allem beim Quecksilber -, die besonders problematisch einzuschätzen sind.

Bei der Diskussion über die Müllverbrennung wird im Hinblick auf die Beurteilung des Mülls als Brennstoff zur Energieerzeugung häufig ein Vergleich der Umweltbelastungen durch Müllverbrennungsanlagen und konventionelle Kohle-Kraftwerke angestellt. Ein solcher Vergleich, wegen der im allgemeinen sehr unterschiedlichen Zielsetzung der Anlagen nur bedingt sinnvoll, ist durch die Gegenüberstellung der auf das Energiepotential bezogenen spezifischen Emissionsdaten möglich. Tabelle 7 zeigt, daß die Müllverbrennung hinsichtlich der Staub- und bestimmter Schadgasemissionen nicht schlechter zu bewerten ist als die Kohleverbrennung. In bezug auf die Schwermetall- und Kohlenmonoxidemissionen fällt der Vergleich aber ungünstiger aus. Eine Gegenüberstellung der absoluten Schadstoffmengen zeigt aber auch, daß die Müllverbrennungsanlagen nur eine geringe Bedeutung für die Gesamtemissionsbilanz im Bereich der "klassischen" Schadstoffe SO_2,

NO_x und Staub (bedingt auch HCl) haben. Dies dürfte sich auch bei einem verstärkten Einsatz von Hausmüll in Heizkraftwerken nicht ändern. Diese Betrachtung verdeutlicht jedoch ebenso, daß die Reduzierung der Schwermetallemissionen bei der Müllverbrennung ein vorrangiges Ziel sein muß. Weiterhin gilt es, die relativ hohen Kohlenmonoxid-Emissionen, vor allem im Hinblick auf die Entstehung hochtoxischer organischer Schadstoffe, erheblich zu mindern. Kohlenmonoxid in den Abgasen ist als Indikator für den Grad der vollkommenen Verbrennung und damit auch der Bildung vorgenannter Schadstoffe anzusehen.

Die Betriebserfahrungen mit modernen Abgasreinigungsanlagen (Staubabscheidung und Schadgasabscheidung) haben ergeben, daß die festgelegten Emissionsgrenzwerte für Staub, Chlorwasserstoff und Fluorwasserstoff teilweise erheblich unterschritten werden. Darüber hinaus werden in der Regel auch die Emissionen an Schwefeldioxid deutlich reduziert.

Die verstärkte Anwendung der Schadgasabscheidung (Gaswäsche bzw. Trocken- oder Quasitrockensorption) wird deshalb mittelfristig zu einer bedeutsamen Abnahme der Gesamtemissionen führen. Für ein Großteil der installierten Verbrennungskapapzität sind bereits Anlagen zur Schadgasabscheidung verfügbar oder im Entstehen. Das Schwergewicht künftiger Emissionsminderungsmaßnahmen wird, wie oben verdeutlicht, im Bereich der Schwermetallverbindungen und der chlororganischen Substanzen liegen. Die bevorstehende Novellierung der TA Luft trägt der Entwicklung der Abgasreinigungstechnik, aber vor allem auch den aktuellen Forderungen zur Luftreinhaltung Rechnung. In Tabelle 6 sind die z.Z. noch geltenden wesentlichen Bestimmungen den Vorschlägen im Novellierungsentwurf gegenübergestellt. Es wird besonders darauf hingewiesen, daß bei den Schwermetallen eine teilweise Umgruppierung in Abhängigkeit von Toxizität und Akkumulierbarkeit innerhalb der angegebenen drei Klassen vorgenommen wurde. Darüber hinaus soll festgelegt werden, daß bei erheblichem Anteil dampfförmiger Schwermetall-Emissionen (Quecksilber!) eine Einzelfallbeurteilung zur Schadstoffreduktion durchzuführen ist. Den aktuellen Forderungen nach Verbesserung der Verbrennungsbedingungen trägt der Novellierungsentwurf u.a. dadurch Rechnung, daß der Grenzwert der Kohlenmonoxid-Emission, die ein Maß für Vollkommenheit der Verbrennung darstellt, erheblich reduziert wurde.

5. "Dioxine"

Als hochtoxische organische Schadstoffe können neben den polychlorierten Dibenzodioxinen (PCDD) und polychlorierten Dibenzofuranen (PCDF) sowie deren Vorstufen auch polycyclische aromatische Kohlenwasserstoffe (PAH), polychlorierte Biphenyle (PCB) und Terphenyle (PCT) in Spuren emittiert werden. Es ist weitgehend auszuschließen, daß diese Substanzen primär im Abfall enthalten sind. Vielmehr ist davon auszugehen, daß sie sich zwangsläufig unter bestimmten Bedingungen während des Verbrennungsvorganges neu bilden. Dieses Phänomen beschränkt sich nicht auf die Abfallverbrennung, sondern kann auch bei vielen anderen thermischen Umsetzungsprozessen, bei denen bestimmte organische Stoffe und Chlorverbindungen beteiligt sind, mehr oder weniger intensiv auftreten.

Neuere Untersuchungen über Dioxin-Emissionen aus Hausmüllverbrennungsanlagen zeigen, daß die Gesamtemissionen (dampfförmiger und partikelgebundener Anteil) von PCDD und PCDF in einem Bereich von 300 bis 500 ng/m^3 ($1\ ng = 10^{-9} g$) liegen, während die Konzentration der besonders toxischen Verbindung 2,3,7,8-Tetrachlor-Dibenzodioxin (2,3,7,8-TCDD) zwischen 0,1 bis 1 ng/m^3 liegt. Insgesamt können bis zu 210 PCDD- und PCDF-Einzelverbindungen gebildet werden, von denen nur einige wenige als hochgiftig eingestuft werden.

Trotz der vielzähligen, relativ umfangreichen Dioxin-Messungen der letzten Zeit sind die bisher in der Bundesrepublik durchgeführten Untersuchungen an Müllverbrennungsanlagen als Stichprobenuntersuchungen ohne repräsentative Befunde anzusehen. Dennoch lassen die vorliegenden Erkenntnisse bereits jetzt den Schluß zu, daß die üblichen Konstruktionen der Anlagen und deren normale Betriebsweisen (u.a. Feuerraumtemperaturen 800 - 1000° C, Sauerstoffgehalt in den Abgasen 8 - 12 %), die in Verbindung mit den Anforderungen der TA Luft zu sehen sind, gewährleisten, daß keine besorgniserregenden Dioxin-Mengen aus Hausmüllverbrennungsanlagen emittiert werden.

Das Risiko der Dioxinemissionen aus Müllverbrennungsanlagen für die Umwelt wurde von zahlreichen Expertengruppen fast ausschließlich anhand der 2,3,7,8-TCDD-Konzentrationen abgeschätzt und überwiegend als äußerst gering eingestuft. Der Sicherheitsfaktor zwischen einer noch tolerierbaren Atemluftkonzentration und der möglichen Immissionskonzentration im höchstbelasteten Bereich einer Müllverbrennungsanlage beträgt mindestens 3 Zehnerpotenzen. Man geht davon aus, daß dieser Sicherheitsabstand auch das Gefährdungspotential durch die übrigen PCDD- und PCDF-Verbindungen abdeckt.

Selbstverständlich müssen entsprechend dem Vorsorgeprinzip Maßnahmen getroffen werden, um auch diese Schadstoffemissionen fortlaufend so weit wie möglich zu vermindern. Hierfür erscheint es wichtig, die Fahrweisen der Müllverbrennungsanlagen dahingehend zu optimieren, daß bei allen Betriebszuständen eine weitgehend vollkommene Verbrennung sichergestellt ist.

Darüber hinaus sind weitere systematische Untersuchungen vorgesehen, um die Kenntnisse über die Zusammenhänge zwischen der Entstehung von Dioxinen und anderen organischen Schadstoffen sowie der Bauart und den Betriebsparametern einer Müllverbrennungsanlage zu verbessern und deren Auslegungskriterien weiter zu optimieren.

Hierfür wurde im Jahre 1984 ein umfangreiches bundesweites Untersuchungs-, Meß- und Analysenprogramm eingeleitet, das aus Mitteln des Bundesministers für Forschung und Technologie gefördert wird. An insgesamt etwa 15 Abfallverbrennungsanlagen wird über zwei Untersuchungswege die Beeinflussung der "Dioxin"-Bildung durch unterschiedliche Konstruktionen und verfahrenstechnische Besonderheiten sowie durch Veränderung der wichtigsten Betriebsparameter wie Temperatur und Sauerstoffgehalt studiert.

Im Vorfeld der sehr kosten- und zeitaufwendigen Untersuchungen sind die noch vorhandenen Unsicherheiten in der schwierigen Dioxin-Meßtechnik abzubauen. Die Anforderungen an eine präzise Untersuchungsmethodik sind bisher nicht eindeutig festgelegt. Vorliegende Ergebnisse aus Dioxinmessungen verschiedener Meßinstitute sind kaum vergleichbar. Es müssen deshalb die Voraussetzungen für eine ausreichende Qualitätskontrolle und -sicherung der analytischen Daten geschaffen werden.

Das Gesamtprogramm begann Anfang 1985 und wird zwei bis drei Jahre dauern.

6. Feste Rückstände

Die festen Rückstände aus der Müllverbrennung gliedern sich auf in Verbrennungsschlacke, Flugasche, Filterstaub und feste Rückstände aus der Schadgasabscheidung (s.Tabelle 8).
Entsprechend der vorstehenden Reihenfolge nehmen die erforderlichen Aufwendungen für eine unbedenkliche Verwertung oder Ablagerung zu.

Nach den bisher vorliegenden Erkenntnissen ist durch die Verwertung von Müllverbrennungsschlacke in bestimmten Einsatzgebieten des Straßen- und Wegebaus eine Verunreinigung des Grundwassers nicht zu befürchten. Entsprechend einem von der Länderarbeitsgemeinschaft Abfall verabschiedeten Merkblatt ist es jedoch nicht vertretbar, die Filteraschen aus der Abgasreinigung mit den Verbrennungsschlakken zu vermengen, da sie in erheblich größerem Maße auslaugbare toxische Bestandteile (Schwermetallverbindungen) enthalten. Sie sollten deshalb unter besonderen Vorkehrungen deponiert werden. Dies gilt auch mit Einschränkungen für die festen Rückstände aus der Schadgasabscheidung.

Sofern die Verbrennungsschlacken nicht verwertet werden, ist ihre Ablagerung unter den gleichen Voraussetzungen wie bei Hausmüll oder mit diesem gemeinsam möglich. Diese Einschätzung gilt nach den bislang vorliegenden Erkenntnissen auch in bezug auf mögliche Spurenverunreinigungen durch "Dioxine". Bei der Beurteilung des Gefährdungspotentials durch Dioxin-Spuren in den einzelnen Rückstandsgruppen sind die Anreicherungseffekte in der Stoffkette Schlacke-Filterstaub-Reingasstaub zu berücksichtigen, die vor allem von der Zusammensetzung und Struktur der festen Rückstände (Kornaufbau, spez. Kornoberflächen) abhängen.

Bei Untersuchungen an Verbrennungsschlacken lagen die Dioxingehalte fast ausschließlich unterhalb der Nachweisgrenze. Sofern Konzentrationen nachgewiesen werden konnten, waren diese erheblich geringer (bis 100fach) als bei Filterstäuben.

Da Dioxine nur sehr gering wasserlöslich sind und wegen ihrer hohen Adsorptionsneigung eine große Immobilität besitzen, ist eine Auslaugung aus Filterstäuben durch Niederschlagswasser bzw. durch Sikkerwasser aus Deponien nicht zu erwarten, sofern ein Kontakt mit Lösemitteln, Lösevermittlern, Ölen oder organisch belasteten Sickerwässern aus anderen Deponiebereichen vermieden wird.

Die Rückstände aus der Schadgasabscheidung fallen je nach angewandtem Abgasreinigungsverfahren in sehr unterschiedlichen Qualitäten und Mengen an (s. Tabelle 8). Für die Entwicklung der Abgasreinigungstechnik wird es u.a. aus ökonomischen Gründen von Bedeutung sein, ob künftig die Ablagerung von Sonderabfällen mit hohen Gehalten an wasserlöslichen Salzen auf obertägigen Deponien erheblich eingeschränkt werden muß. Unter Umständen wird es erstrebenswert sein, Abgasreinigungsverfahren anzuwenden, bei denen die einer separaten Behandlung zuzuführenden Rückstände mit möglichst hohen Schadstoffkonzentrationen (Schwermetalle) und in relativ geringer Menge anfallen. Verfahren, bei denen verwertbare Rückstände (z.B. mit hohem Gehalt an Natriumchlorid) anfallen, werden dabei von Vorteil sein.

7. Tendenzen

Die Müllverbrennung wird auch zukünftig einen erheblichen Beitrag zur Entsorgung des anfallenden Hausmülls und hausmüllähnlicher Abfälle leisten müssen. Sie ist in erster Linie eine dem Umweltschutz dienende Abfallbehandlungsmethode, sie ist aber, wie auch andere Verfahren, nicht in der Lage, sämtliche abfallrelevanten Umweltprobleme zu lösen. Diese Erkenntnis gilt es zu berücksichtigen, will man die Umweltbeeinträchtigungen, die sich vor allem aus den Emissionen luftfremder Schadstoffe ergeben, auf ein vertretbares Maß reduzieren.

Ziel einer verantwortlichen Umweltpolitik wird es in verstärktem Maß sein, die Umweltbelastungen durch die Müllverbrennung so gering wie möglich zu halten und schädliche Emissionen weiter zu minimieren. Dabei kommt der Optimierung vorhandener und der Entwicklung neuer Abgasreinigungsverfahren ein hoher Stellenwert zu. Die Verminderung der Schadstoff-Emissionen kann aber auch durch Primärmaßnahmen, wie Substitution schadstoffreicher Produkte, Müllvorbehandlung und -sortierung und feuerungstechnische Maßnahmen, erreicht werden. Diese Möglichkeiten sollten künftig verstärkt beachtet werden, damit der Aufwand für die Sekundärmaßnahmen (Abgasreinigung, Sonderbehandlung der Rückstände) in erträglichen Grenzen gehalten werden kann.

Literatur

- Technische Anleitung zum Schutz gegen Lärm - TA Lärm - vom 16.07.1968, zur Allgemeinen Verwaltungsvorschrift über genehmigungsbedürftige Anlagen nach § 16 der Gewerbeordnung, übergeleitet nach § 66 des BImSchG (Beilage zum Bundesanzeiger Nr. 137 vom 26.07.1968).
- Gesetz zur Ordnung des Wasserhaushalts, i.d. Fassung der Bekanntmachung vom 16.10.1976 (BGBl. I S. 3017), zuletzt geändert durch 18. StrÄndG vom 28.03.1980 (BGBl. I S. 373)(Wasserhaushaltsgesetz -WHG)

- Gesetz über die Beseitigung von Abfällen, i.d.Fassung der Bekanntmachung vom 05.01.1977 (BGBl. I S. 41, ber. S. 288) zuletzt geändert durch das Zweite Gesetz zur Änderung des Abfallbeseitigungsgesetzes vom 04.03.1982 (BGBl. I S. 281) (Abfallbeseitigungsgesetz-AbfG)

- Gesetz zum Schutz vor schädlichen Umwelteinwirkungen durch Luftverunreinigungen, Geräusche, Erschütterungen und ähnliche Vorgänge vom 15.03.1974 (BGBl. I S. 721, ber. S. 1193) zuletzt geändert durch Zweites Gesetz zur Änderung des Abfallbeseitigungsgesetzes vom 04.03.1982 (BGBl. I S. 281)(Bundes-Immissionsschutzgesetz-BImSchG)

- Vierte Verordnung zur Durchführung des Bundes-Immissionsschutzgesetzes (Verordnung über genehmigungsbedürftige Anlagen - 4. BImSchV) vom 14.02.1975 (BGBl. I S. 499, ber. S. 727), geändert durch Verordnung vom 27.06.1980 (BGBl. I S. 772)

- Technische Anleitung zur Reinhaltung der Luft - TA Luft - Allgemeine Verwaltungsvorschrift zur Änderung der Ersten Allgemeinen Verwaltungsvorschrift zum Bundes-Immissionsschutzgesetz, vom 23.02.1983 (GMBl. S. 94)
  sowie
  Entwurf einer Zweiten Allgemeinen Verwaltungsvorschrift zur Änderung der Ersten Allgemeinen Verwaltungsvorschrift zum Bundes-Immissionsschutzgesetz, vom 24.07.1985

- Barniske, L.; Voßköhler, H.: Abfallverbrennung in der Bundesrepublik Deutschland - Stand 1980 -; Müll und Abfall 12 (1980) Nr. 9, S. 263/274

- Umweltbundesamt: Luftreinhaltung '81
  -Entwicklung, Stand, Tendenzen - Erich Schmidt-Verlag, Berlin 1981

- Umweltbundesamt - Texte 39/82: Stand der Lärmbekämpfungstechnik bei Müllverbrennungsanlagen und Möglichkeiten der Lärmminderung (TÜV Rheinland e.V.)

- Angenend, F.-J.; Bursik, A.; Dannöhl, R.; Heinke, A.; Kowalczyk, U.; Schirmer, U.: Abwässer aus Müllverbrennungsanlagen; VGB Kraftwerkstechnik 63, Heft 10, Oktober 1983, S. 907/912

- Barniske, L.: Energie aus Abfall; in Handbuch Abfallbeseitigungsrecht für die betriebliche Praxis (Kennzahl 18/308, 26.Erg.-Lief. Dez. 83); WEKA-Verlag Fachverlag für Verwaltung und Industrie, Kissing

- Umweltbundesamt: Jahresbericht 1983

- Barniske, L.: Stand der Müllverbrennung in der Bundesrepublik Deutschland; in Referatesammlung zum 4. abfallwirtschaftlichen Fachkolloquium, 26./27.04.1984, KABV Saar

- Eichele, E.: Rauchgasreinigung bei thermischen Abfallverwertungsanlagen in Bayern (Hausmüll);
  in Referatesammlung zum 4. abfallwirtschaftlichen Fachkolloquium, 26./27.04.1984, KABV Saar

- Angerer, G.; Böhm, E.; Schön, M.: Vergleich abluftseitiger Emissionen bei Müllheizkraftwerken, Kohleheizkraftwerken sowie bei Haushaltsfeuerungen; in Referatesammlung zum 4. abfallwirtschaftlichen Fachkolloquium, 26./27.04.1984, KABV Saar

- Braun, H.; Vogg, H.: Vergleich der abluftseitigen Emissionen bei Müllverbrennungsanlagen und Kohleheizkraftwerken; in Recycling 1984, E. Freitag-Verlag für Umwelttechnik Berlin 1984
- Nottrodt, A.; Ballschmiter, K.: Emissionen von polychlorierten Dibenzodioxinen und polychlorierten Dibenzofuranen aus Abfallverbrennungsanlagen; Müll und Abfall 16 (1984) Nr. 11, S. 313/330
- Merkblatt "Verwertung von festen Verbrennungsrückständen aus Hausmüllverbrennungsanlagen"; in Müll-Handbuch, Kennzahl 7055 (Lfg. 1/84); Erich Schmidt-Verlag, Berlin
- Vogg, H.: Kritische Anmerkungen zur abwasserfreien Rauchgasreinigung bei Müllverbrennungsanlagen; in Referatesammlung zur Tagung "Abwasserfreie Rauchgasreinigung hinter Abfallverbrennungsanlagen", 14.05.1984; VDI-Gesellschaft Verfahrenstechnik und Chemieingenieurwesen
- Barniske, L.: Emissionen bei Müllverbrennung; Umweltmagazin 14 (1985) Nr. 1, S. 24/29
- Reimer, H.: Anlagentechnische Maßnahmen zur Emissionsverringerung an chlorierten Kohlenwasserstoffen aus Hausmüllverbrennungsanlagen; Müll und Abfall 17 (1985) Nr. 2, S. 38/43
- Bosse, K.: Behandlung der Reaktionsprodukte aus abwasserfreien Rauchgasreinigungsverfahren bei der Abfallverbrennung; Müll und Abfall 17 (1985) Nr. 3, S. 78/83
- Umweltbundesamt-Berichte 5/85: "Sachstand Dioxine"; Erich Schmidt-Verlag, Berlin 1985
- Vogg, H.: Stand und Entwicklungstendenzen der Müllverbrennung; der landkreis (1985) Nr. 2, S. 92/94
- Huter, O.; Lahl, U.; Zeschmar, B.: Entwicklungsstand der Hausmüllverbrennung in der Bundesrepublik Deutschland; wlb wasser, luft und betrieb (1985) Nr. 6, S. 49/52

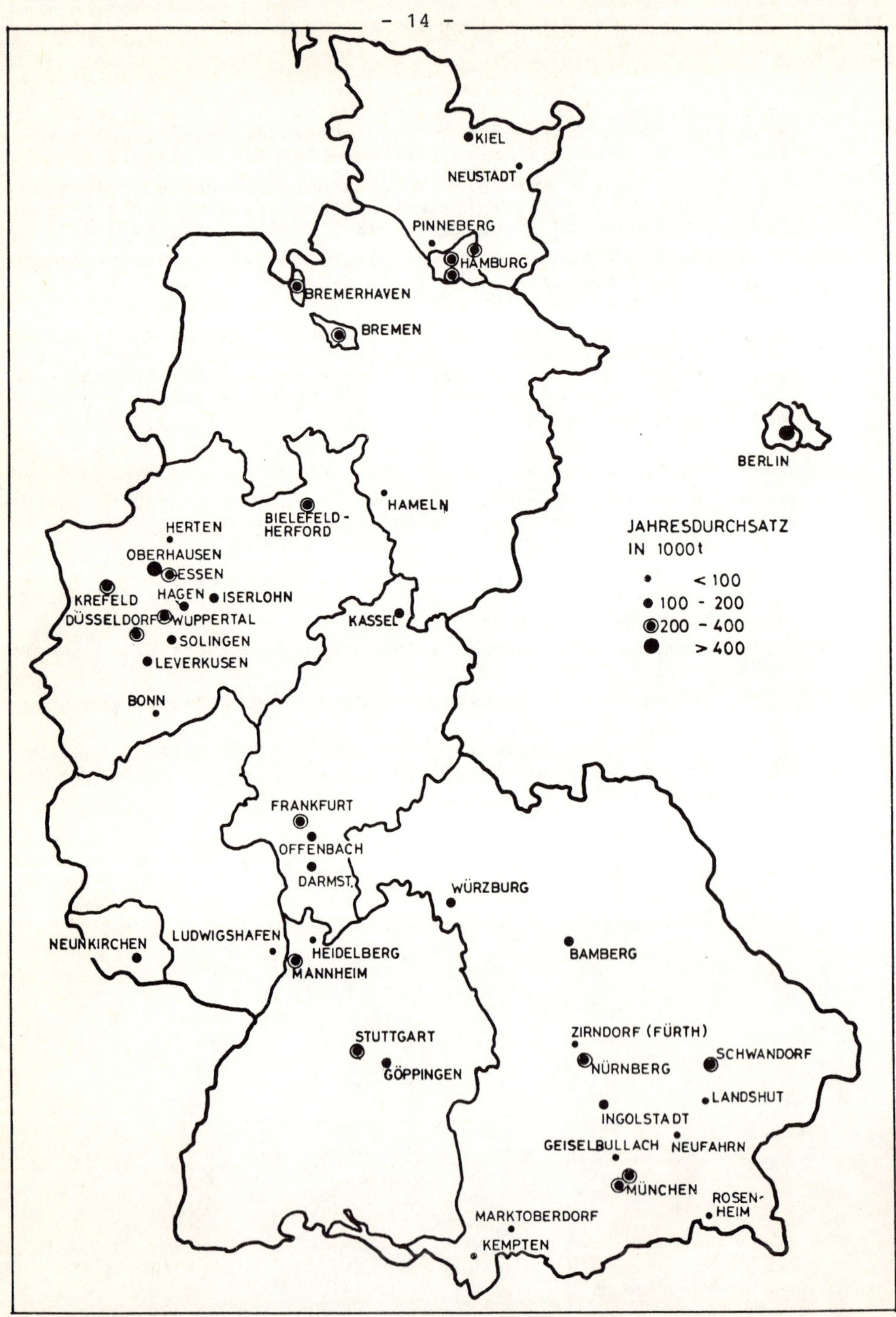

Abb. 1 Standorte der Müllverbrennungsanlagen in der Bundesrepublik Deutschland (Stand 1984)

Tabelle 1 Entwicklung der Abfallverbrennung in der Bundesrepublik Deutschland

	Anzahl der Anlagen	Abfall-Durchsatz in 1.000 t/a	Angeschlossene Einwohner in 1.000 E	Angeschlossene Einwohner in % der Gesamtbevölkerung	Durchschnittlich angeschlossene Einwohner in 1.000 E/Anlage
Bis 1965	7	718	2.450	4,1	350
Bis 1970	24	2.829	8.590	14,4	358
Bis 1975	33	4.582	13.590	22,0	411
Bis 1980	42	6.343	17.730	28,9	422
Bis 1985	46	8.000	21.200	34,4	460

Tabelle 2 Stand und Planung der Abfallverbrennung in den Bundesländern

Bundesland	Anzahl der MV-Anlagen		Einwohneranschlußquote in %	
	1983	voraussichtl. 1995	1983	voraussichtl. 1995
Baden-Württemberg	4	8	16,1	35
Bayern	13	20	47,6	70
Berlin	1	1	58,5	65
Bremen	2	2	100	100
Hamburg	2	2	73,6	80
Hessen	4	8	39,7	85
Nieder-[1] sachsen	1 (+1)	2 (+1)	8,1	15
Nordrhein-Westfalen	12	14	37,1	45
Rheinland-Pfalz	1	2	6,9	20
Saarland	1	3	26,4	70
Schleswig-Holstein	3	5	42,7	60
Gesamt	44	67	33,2	50

1) unter Anrechnung der über die Einwohnerzahl von Bremen hinausgehenden Zahl von angeschlossenen Einwohnern

Tabelle 3 Primärenergieträger in der Bundesrepublik Deutschland und theoretische Energie-Substitutionspotentiale für Hausmüll[1] (1982)

Energieträger	Verbrauch		Substitutionspotentiale[2] in %	
	PJ	Anteil in %	für 100 % Hausmüll[3]	für verbrannten Anteil des Hausmülls[4]
Steinkohle	2250	21,3	7,8	2,7
Braunkohle	1130	10,7	15,5	5,4
Mineralöl	4680	44,3	3,7	1,3
Naturgas	1620	15,3	10,8	3,8
Kernenergie	615	5,8	28,5	9,9
Wasserkraft	175	1,7	64,1	22,3
Sonstige	100	0,9		
Gesamt	10570	100,0	1,66	0,58

1) einschließlich Sperrmüll und hausmüllähnlicher Gewerbemüll

2) jeweils auf die einzelnen Energieträger bezogen; unterschiedliche thermische Wirkungsgrade und Umwandlungsverluste nicht berücksichtigt

3) 21 Mio t/a ≙ 175 PJ/a

4) 7,2 Mio t/a ≙ 61 PJ/a

Tabelle 4 Anwendung der Müllverbrennung im internationalen Vergleich (Stand 1980)

	Bundesrepublik Deutschland	Europäische Gemeinschaft	Japan	USA
Anteil der verbrannten Abfallmenge (%)	28	23	65	10
Anteil der für Energieverwertung verbrannten Abfallmenge (%)	27,4	13,1	23,5	2,0
Anteil der gewonnenen Abfallenergie am Gesamtprimärenergieverbrauch (%)	0,46	0,24	0,28	0,04

Tabelle 5 Einfluß der getrennten Altpapiersammlung auf die Heizwerte von Hausmüll für drei unterschiedliche Ausgangspapiergehalte (Rückgewinnungsquote 25 %)

Papiergehalt des anfallenden Hausmülls (Gew.-%)	15	25	35
Papiergehalt im zu beseitigenden "Restmüll" (Gew.-%)	11,7	20,0	28,8
Geschätzter Heizwert des Ausgangsmülls (kJ/kg) (kcal/kg)	8160 (1950)	9290 (2220)	10470 (2500)
Heizwertreduktion durch getrennte Sammlung von Altpapier (%)	5,7	6,7	7,4

Tabelle 6 Emissionswerte (mg/m³) für Anlagen zur Verbrennung von Hausmüll und ähnlichen Stoffen (Durchsatz > 0,75 t/h)

Schadstoffe	Meßwerte[1]		Grenzwerte der TA Luft	
	Rohgas	Reingas	Fassung 1974[2]	Novellierungsentwurf[3]
Chlorwasserstoff	700-900	50-900	100	50
Fluorwasserstoff	3-9	0,5-9	5	2
Schwefeldioxid	200-300	70-300	--	200
Stickstoffoxide	200-300	150-300	--	500
Kohlenmonoxid	50-600	50-600	1000	100
Organische Stoffe angegeben als Gesamtkohlenstoff	20	20	--	20
Staub	2000-10000	20-100	100	50
Besondere Staubinhaltsstoffe	(Abscheidung Roh-/Reingas 90 %)		(alte Klasseneinteilung!)	(neue Klasseneinteilung!)
-Klasse I, z.B. Cd, Hg		0,01-0,1	20	0,2
-Klasse II, z.B. Ni, Co		0,01-1,3	50	1
-Klasse III, z.B. Cu, Pb		0,2-2	75	5

1) nach Meßergebnissen aus bayerischen Müllverbrennungsanlagen (unterschiedlicher Stand der Abgasreinigung)

2) bezogen auf 11 % O_2 (feuchtes Abgas)

3) bezogen auf 11 % O_2 (trockenes Abgas)

Tabelle 7 Emissionsfaktoren und Grenzwerte (kg/TJ) für Müllverbrennungsanlagen und Kohlekraftwerke

Schadstoffe	Müllverbrennungs-anlagen		Kohlekraftwerke (300 MW)	
	Emissions-faktoren	Grenzwerte[1)]	Emissions-faktoren	Grenzwerte[2)]
Chlorwasserstoff	30-500	33	10-80	34
Fluorwasserstoff	0,3-5	1,3	0,3-7	5
Schwefeldioxid	40-400	130	70-900	135
Stickstoffoxide	90-180	300	70-500	270
Kohlenmonoxid	30-400	65	10-20	85
Staub	10-60	33	15-90	17
Blei	0,1-0,2	(siehe Tabelle 3)	0,003-0,2	---
Cadmium	0,02-0,06		0,001-0,008	
Quecksilber	0,06-0,3		0,01	

Untere Werte der Emissionsfaktoren gelten für Neuanlagen

1) nach Novellierungsentwurf TA Luft

2) nach der Großfeuerungsanlagenverordnung (GfAVO)

Tabelle 8 Feste Rückstände aus der Müllverbrennung

Rückstand	Spez. Anfall (trocken) in kg/t Abfall
Schlacke (Rostabwurft, Rostdurchfall, Flugasche aus den Kesselzügen)	250 - 350
Filterstaub aus der Abgasentstaubung	10 - 40
Rückstände aus der Schadgasabscheidung	
a) Naßverfahren	5 - 12
b) Trockenverfahren ohne Staub	10 - 40
c) Trockenverfahren mit Staub	30 - 70

Stoffliche Verwertung oder energetische Nutzung von Hausmüll

H.-J. Pietrzeniuk

Inhaltsverzeichnis

1. Einleitung

Sowohl die stoffliche Nutzung von Abfällen als auch ihre thermische Verwertung kann jeweils nur die zweit- oder drittbeste Möglichkeit für den Umgang mit Abfällen sein. Das haben auch die Politiker seit langem erkannt und fordern zumindestens in ihren Reden und allgemeinen Programmen den unbedingten Vorrang der Abfallvermeidung. Geht es dann jedoch um die Umsetzung des Gesagten, dann vermißt man die notwendigen konkreten Maßnahmen zur Abfallvermeidung und es bleibt allenfalls die Frage, die auch Gegenstand meines Beitrags ist: Stoffliche- oder energetische Nutzung von Abfällen.

Ich muß es mir wegen der Kürze der mir zur Verfügung stehenden Zeit leider versagen, die Gründe und Ursachen für dieses Verhalten ein wenig näher zu beleuchten.

Wir sind hier auf einer Fachtagung zur Müllverbrennung und so soll man sich nicht wundern, daß das Vertrauen, das in die Müllverbrennung gesetzt wird, zu mindestens hier ungebrochen ist. Und die Angaben, die mein Vorredner, Herr Barniske, Ihnen machte, sprechen ja eine deutliche Sprache.

Derzeit können in 46 Müllverbrennungsanlagen (MVA) rd. 8 Mio t/a Abfälle verbrannt werden. Etwa 21 Mio Einwohner, d.h. 34 % der Gesamtbevölkerung, sind diesen Anlagen angeschlossen. Darüberhinaus sollen - wenn man die derzeit in Bauvorbereitung, Planfeststellung und Planungsdiskussion befindlichen Projekte zusammenzählt - in den nächsten 10 Jahren weitere 23 Müllverbrennungsanlagen entsprechend einer Gesamtkapazität von rd. 4 Mio t/a gebaut werden; zusätzlich zu Kapazitätserweiterungen bestehender Anlagen in einer Größenordnung von rd. 0,5 Mio t/a. /1/
Unterstellt man eine Stagnation des heutigen Müllaufkommens von etwa 25 Mio t/a /2/, so bedeutet dies, daß Mitte der neunziger Jahre etwa die Hälfte der Siedlungsabfälle verbrannt würden.

Woher kommt dieser Optimismus in die Entwicklung einer Technologie, die in der letzten Zeit doch ständig für negative Schlagzeilen gesorgt hat? Ist es die Ansicht das Müllverbrennungsanlagen problemloser geworden sind, ist es das Fehlen der Alternative, haben die anderen Abfallbehandlungsmethoden versagt oder ist es die schlichte Ignoranz des Ingenieurs?

Deshalb hier einige kritische Anmerkungen zur Müllverbrennung. Dabei beschränke ich mich auf die Punkte: Wirtschaftlichkeit, Flexibilität, Akzeptanz und Umweltverträglichkeit.

2. Wirtschaftlichkeit und Flexibilität

Müllverbrennungsanlagen sind heute technische Großanlagen mit Investitionskosten von 150 bis 250 Mio DM. D.h., über einen Zeitraum von 20 bis 40 Jahren wird eine gewaltige Kapitalmenge festgelegt. Der Zwang zur Amortisation erzeugt den Zwang, die Kapazität einer solchen Anlage auch optimal zu nutzen. Eine wesentliche Verringerung der Müllmenge kann die Betreiber der Anlage schon bald in wirtschaftliche Schwierigkeiten bringen. Mit anderen Worten, die notwendige Flexibilität, die gerade im Umgang mit Hausmüll, also einem Stoff dessen Anfall sehr stark vom inividuellen Verhalten der Bürger abhängt, erforderlich ist, ist hier nicht oder nur unzureichend gegeben. Es ist gut zu verstehen, daß die Bestrebungen der getrennten Sammlung und der stofflichen Verwertung und auch die schüchternen Versuche mit der Abfallvermeidung ernst zu machen, auf Mißtrauen bei den Betreibern dieser Anlagen stoßen. Es entspricht der Eigendynamik solcher Großtechnologien, und dazu hat sich die Müllverbrennung inzwischen entwickelt, daß sie sich immer weiter vervollkommnet, immer "sophistischer" wird und damit immer komplizierter, schwerer zu beherrschen und auf Störungen des Inputs, in diesem Zusammenhang der Menge und Zusammensetzung des Hausmülls, immer empfindlicher reagiert. Die Beherrschung dieser Störanfälligkeiten ist enorm kostenaufwendig. Somit bewegen sich die Kosten für die Müllverbrennung inzwischen im Bereich von 80,- und 140,- DM; je nach Alter der Anlage und damit auch verlangtem Aufwand für den Umweltschutz.

3. Akzeptanz

Hier muß unterschieden werden von wem diese Großtechnologie akzeptiert werden soll. Es kann angenommen werden, daß die Bevölkerung der Müllverbrennung eher skeptisch bis ablehnend gegenüber steht. Das zumindestens zeigen die Schwierigkeiten bei der Durchsetzung vorhandener Planungen. Dabei gründet sich ihre Ablehnung vor allem auf Gesichtspunkte des Umweltschutzes. Sie fürchtet Luft- und Wasserverschmutzung. Auf der anderen Seite kann man bei der Bevölkerung, Dank des gestiegenen Umweltbewußtseins und des zunehmenden Verständnisses für die Recycling-Idee mit einer großen Akzeptanz für die Verfahren rechnen, die nachvollziehbar sind und unter Mitwirkung der Betroffenen die knappen Werkstoffe umweltfreundlich recyclieren.

Die anlagenbauende Industrie steht der Müllverbrennung naturgemäß positiv gegenüber, handelt es sich doch um lukrative Aufträge der öffentlichen Hand, die langfristig kalkulierbar sind. Dazwischen befinden sich die Verantwortlichen, die öffentlichen Hände. Diese Verwaltung und Parlamente sitzen gewöhnlich zwischen den Stühlen des Bürgerwillens einerseits und er betriebswirtschaftlichen Rentabilität, Verfügbarkeit und Flexibilität andererseits.

4. Umweltverträglichkeit

Da Prof. Tabasaran ausführlich auf die Umweltverträglichkeit der Müllverbrennungsanlagen eingehen wird, beschränke ich mich hier auf die Reststoffproblematik. Vorab ein allgemeiner Hinweis: MVA werden - auch wenn sie durch aufwendige Abscheidetechnik in der Lage sind- die neuen Grenzwerte der TA Luft zu unterschreiten, immer Emittenten bleiben. Bei einem Grenzwert von 0,2 mg/m^3 Abgas für Quecksilber emittiert eine solche Anlage etwa 25 g Quecksilber in der Stunde (5000 - 6000 m^3/t HM) und das in einer sehr reaktiven Form und über mindestens 4000 Stunden im Jahr. Diese Betrachtung verdeutlicht - wie mein Vorredner es bereits ausdrückte - daß die Reduzierung der Schwermetallemissionen ein vorrangiges Ziel sein muß. Weiterhin gilt es, die relativ hohen Kohlenmonoxid-Emissionen - vor allem in Hinblick auf die Entstehung hochtoxischer organischer Schadstoffe - erheblich zu mindern.

Ein anderes Problem stellen die in erheblichen Mengen produzierten Reststoffe dar. Nach Aussagen der LAGA /3/ können je nach Zusammensetzung des Mülls und der Art der Verbrennungsanlage je Tonne Müll 250 - 450 kg Rohschlacke, 40 - 70 Kg Filterstaub, sowie 5 - 8 kg Salze als Reaktionsprodukte aus der Abgasreinigung, die entweder naß, quasitrocken oder trocken erfolgen kann, entstehen. Nur bei den nassen Waschverfahren entsteht eine verwertbarer Rückstand. Bei den trockenen oder quasitrockenen Reinigungsverfahren ensteht dagegen ein Gemisch aus wasserlöslichen Salzen, freiem Kalk und - wenn nicht vorher abgetrennt - Filterstaub. Solche Stoffgemische entziehen sich - vor allem wegen des hohen Salz- und Schwermetallgehalts einer Verwertung. Da sich gleichzeitig die Filterstaubmenge durch die Kalkzugabe mindestens verdoppelt, entsteht durch diese Art der Abgasreinigung ein neues, kostenverursachendes Abfallproblem.

Nehmen wir den ungünstigsten Fall einer Müllverbrennungsanlage an, die mit einer trockenen oder quasitrockenen Abgasreinigungsanlage ausgerüstet ist und die zur Einhaltung des strengen Chloridwertes von 50 mg/m^3 überstöchiometrisch mit dem Faktor 3 - 5 betrieben werden muß, dann entstehen also bei der Verbrennung von einer Tonne Müll 550-600 kg Reststoffe von denen etwa 100 kg sehr schwer zu beseitigender Sonderabfall darstellt. Folgt man den am Markt befindlichen Vorschlägen zur Verfestigung dieser 100 kg Flugstäube mit irgendwelchen Zuschlägen (Zement) im Verhältnis 1 : 1, dann sind weitere 100 kg Sonderabfall zu beseitigen. Auf die Tatsache, daß zur Herstellung der Verfestigungszuschläge ebenfalls Rückstände und Emissionen in Kauf genommen werden müssen soll hier nicht weiter eingegangen werden. Übrig bleibt das ungute Gefühl, daß zur Beseitigung des Hausmülls eines Stoffes, der sich vor der Einsammlung meistens in den Küchen der Haushalte befindet- eine sehr aufwendige Technik installiert wird, die nicht nur eine ständige Quelle von Emissionen ist, sondern auch Abfallstoffe produziert, die z.T. beträchtlich schwieriger als Hausmüll zu beseitigen sind.

Ist die stoffliche Verwertung eine Alternative?

Voraussetzung für die stoffliche Verwertung von Haushaltsabfällen ist entweder die getrennte Sammlung der Abfälle oder die mechanische Aufbereitung gemischt eingesammelter Abfälle.

Es gibt derzeit drei große mechanische Aufbereitungsanlagen: Fa.Trienikens in Neuß, Bundesmodell Reutlingen, Tübigen und RZR, Herten. Bis auf die Anlage in Neuß, die zumindestens für den Geschäftsmüll wirtschaftlich betrieben werden kann, haben die anderen Anlagen ihr hochgestecktes Ziel nicht erreicht. Die Hertener Anlage ist mehr oder weniger eine Anlage nicht zur stofflichen Verwertung, sondern zur Aufbereitung des Mülls zum Zwecke des Verbrennens. Die Reutlinger Anlage dient im wesentlichen der Aufbereitung des Mülls zur Herstellung von Kompost. Die Vorteile dieser großtechnischen Anlagen sind nicht sichtbar. Es könnte allenfalls angenommen werden, daß der Gesamtmüll einer Region - unabhängig von er Akzeptanz - durch den Bürger in die Aufbereitung gelangt. Dann allerdings müßten bei den Hauptfraktionen nach der Aufbereitung (Papier, Kunststoffe, Glas, Metall, Kompost) Qualitäten erzeugt werden können, die eine Vermarktung ermöglichen. Das ist derzeit bei diesen Anlagen nur bezogen auf einzelne Fraktionen der Fall. Deswegen werden sich die folgenden Ausführungen nur auf die verschiedenen Systeme der Getrenntsammlung beziehen: Folgende Systeme sind derzeit etabliert bzw. in Erprobung: /4/

5. Mehrkammermüllsystem (MKS)

Die Müllbehälter werden durch eine senkrechte Zwischenwand in eine Kammer für Wertstoffe (Papier, Glas) und einer Kammer für den Rest geteilt (Wertstoffe: 30 - 45 %, Rest: 55 - 70 %). Das Müllfahrzeug erhält die gleiche Teilung.

Vorteile:

- gleicher Sammelaufwand
- kein zusätzlicher Platz
- Müllreduktion ca. 30 %

Nachteile:

- geringere Flexibilität wegen hohen technischen und wirtschaftlichen Aufwand
- schlechte Papierqualität

Dieses System wird sich wegen der großen Technischen Schwierigkeiten wahrscheinlich nicht durchsetzen.

6. Oberrader/ Berliner Modell

Die übliche Mülltonne wird ergänzt durch separate Wertstofftonnen getrennt für Glas und Papier.

Vorteile:
- gute Qualität der Wertstoffe
- hohe Flexibilität
- Müllreduktion 30 - 50 %

Nachteile:
- eventuelle Platzprobleme
- höherer Sammelaufwand

Dieses System hat gute Chancen sich in Ballungsgebieten durchzusetzen, da eine hohe Wertstoffqualität ohne zusätzlicher Sortierung erreicht werden kann. Eine getrennte Schadstoffsammlung (Batterien, Farben etc.) sollte allerdings angeschlossen werden.

7. Grüne Tonne

Die Mülltonne wird ergänzt durch eine Wertstofftonne, die die Wertstoffe Papier, Glas, Metall, Kunststoffe und Textilien gemischt aufnimmt:

Vorteile:
- Müllreduktion ca. 30 %

Nachteile:
- schlechte Papierqualität
- hygienisch bedenklich
- hoher Sortieraufwand (Kosten, Energie)
- geringe Flexibilität (Sachzwang: höherer Sammelaufwand)

Es ist erstaunlich, wie schnell sich das System "Grüne Tonne" durchgesetzt hat. Dahinter steckt vor allem die große Aktivität von interessierten Privatfirmen, die hier ein profitables Betätigungsfeld erkannten. Der notwendige Sortieraufwand wurde zunächst heruntergespielt. Für die Erreichung einer vermarktbaren Papierqualität ist dieser jedoch beträchtlich. Die gegenwärtige Euphorie wird deswegen mit den bestehenden und zukünftig sich noch verschärfenden Absatzschwierigkeiten einer nüchterneren Betrachtung weichen.

8. Modell Witzenhausen

Die übliche Mülltonne wird ergänzt durch eine grüne Tonne in die nur die organischen Reststoffe (Garten- und Kückenabfälle) gelangen.

Vorteile:
- sehr gute Kompostqualität
- Müllreduktion 30 - 50 %

Nachteile:
- Wertstoffe Glas, Papier, Metall, Kunststoffe werden weiterhin deponiert.
- Absatzmöglichkeiten für Kompost sind regional sehr unterschiedlich
- Platzbedarf

Diese System hat gute Chancen sich in weniger dicht besiedelten Gebieten durchzusetzen. Es ist sinnvoll, insbesondere dann, wenn zusätzlich für die Wertstoffe und Schadstoffe Bringstationen (Container oder für Schadstoffe mit Aufsichtspersonen besetzte Stationen) eingerichtet werden und die Bevölkerung motiviert wird, diese zu benutzen. Dann dürfte sich - eine hohe Akzeptanz bei der Bevölkerung unterstellt - eine Müllreduktion von mehr als 50 % erreichen lassen.

Die Abschätzung der erreichbaren Müllreduktionen bei den Getrenntsammelsystemen beruht auf der Annahme, daß das jeweilige

System von der Bevölkerung zu 100 % angenommen wird. Das kann jedoch nicht immer angenommen werden. Bei einer Verringerung der Teilnahme auf 70 % oder 50 %, verringern sich die Müllreduktionen natürlich entsprechend. D.h., zur erfolgreichen Durchführung der getrennten Sammlung, ist eine dauerhafte Motivation der Bevölkerung erforderlich. Dadurch unterscheiden sich im übrigen diese meist sehr flexiblen Systeme von den Großtechnologien der Müllverbrennung und der mechanischen Aufbereitung. Bei diesem ist die Mitwirkung der Bevölkerung nicht erforderlich.

Vergleicht man nun die Müllverbrennung mit den Systemen der Getrenntsammlung, erkennt man, daß beide ohne eine Deponie nicht auskommen. Je nach Verwertungsgrad der MV-Schlacken und der Art der Abgasreinigung, können die noch abzulagernden Reststoffe oder der Restmüll vom Gewicht her, durchaus in ähnlichen Größenordnungen liegen. Die Müllverbrennung weist erheblich Nachteile bei der Umweltverträglichkeit und der Flexibilität und Wirtschaftlichkeit auf. Dennoch wird auf sie nicht verzichtet werden können. Der Hauptgrund dafür liegt darin, daß die Sicherung des Absatzes und der Verwertung der zurückgewonnen Wertstoffe bei der stofflichen Verwertung nicht gewährleistet ist. Hier ist noch ein beachtlicher Handlungsbedarf erkennbar.

Die Antwort auf die mir in diesem Beitrag gestellten Frage kann also nicht lauten entweder Müllverbrennung oder stoffliche Verwertung, sondern sowohl Müllverbrennung als auch stoffliche Verwertung. Die Müllverbrennung ist nicht abzuschaffen, sie muß aber umweltverträglicher gemacht werden und die wünschenswerte und umweltschonende stoffliche Verwertung kann vor allem aus markttechnischen aber auch aus werkstofftechnischen Gründen und Gründen, die im menschlichen Verhalten liegen, nicht beliebig ausgeweitet werden. In jedem Fall sind Deponien notwendig, deren Errichtung nach den neusten Erkenntnissenumweltgerechter erfolgen muß. Vor allem aber muß endlich ernst gemacht werden mit der Abfallvermeidung. Die stoffliche und thermische Verwertung darf nicht als Synonym für Umweltschutz mißbraucht werden. Die Umwelt wird vor allem durch die Vermeidung von Abfall geschont. Der Gesetzgeber hat mit der 4. Novelledes Abfallbeseitigungsgesetzes und der Novellierung des § 5,3 des Bundesemissionsschutzgesetzes die Voraussetzungen auch für die Abfallvermeidung geschaffen. Diese auszufüllen sind wir als Verantwortliche und als Bürger gefordert.

Literaturverzeichnis

(1) Barniske, L.: Stand und Tendenzen, in: Thomé-Kozmiensky: Müllverbrennung und Umwelt, EF-Verlag für Energie und Umwelttechnik GmbH, Berlin 1985

(2) Pautz, D., Pietrzeniuk, H.-J.: Abfall und Energie, Erich-Schmidt Verlag, Berlin 1984

(3) Merkblatt: Verwertung von festen Verbrennungsrückständen aus Hausmüllverbrennungsanlagen, Länderarbeitsgemeinschaft Abfall, 1984

(4) Arbeitsgruppe Abfallwirtschaft Darmstadt: Schatz in der Mülltonne, Darmstadt 1985

Umweltverträglichkeit von Müllverbrennungsanlagen

O. Tabasaran

Inhaltsverzeichnis

1. Allgemeines

Zu Beginn dieses Jahrhunderts standen bei der Müllverbrennung die Aspekte der Hygiene und der Volumenreduktion sowie eine Vereinfachung des Deponienbetriebes im Vordergrund, so daß eine zufriedenstellende Veraschung allein meist als ausreichend betrachtet wurde. Das steigende Wissen um die ökologischen Zusammenhänge lenkte die Aufmerksamkeit dann auf die umwelttechnischen Gesichtspunkte und die Preisentwicklung der fossilen Energieträger auf die ökonomischen Aspekte der Verbrennung. Insbesondere bei möglicher Kraft-Wärme-Kopplung mit Einspeisung in vorhandene Wärmenetze können Müllheizkraftwerke heute oft auch kostenmäßig attraktive Lösungen darstellen.

Durch den Verbrennungsvorgang werden der feste Kohlenstoff und dieorganischen Bestandteile des Mülls in kurzen Zeiträumen chemisch oxidiert. Als Endprodukte bleiben Schlacke, Asche,Rauchgasreinigungsrückstände und Schrott übrig. Nutzbar ist in der Regel die freigesetzte Energie zur Strom- und/oder Dampferzeugung, und teilweise die Schlacke für Bauzwecke.

Die Verbrennungstechnik verdient heute das Prädikat ausgereift und bewährt. Neue Rostkonstruktionen gewährleisten in Verbindung mit entsprechender Steuerung der Luftzufuhr und der zweckmäßigen Gestaltung des Feuerungsraumes sowie der Nachbarkammern eine optimale thermische Oxidation. Die Anlagenverfügbarkeiten betragen 80 % und mehr.

Das bereits vorhandene technische Instrumentarium ermöglicht es, die Auflagen der neuen TA-Luft in vollem Umfang und darüber hinaus zu erfüllen.

Die spezifischen Kosten der Abfallverbrennung sind in erster Linie eine Funktion des jährlichen Durchsatzes und der oft mit der Wahl des Standortes zusammenhängenden Erlössituation. Übliche Netto-Preise liegen gegenwärtig zwischen 30 DM/t und ca. 120 DM/t. Da die Kapitalaufwendungen in etwa konstant bleiben, die Betriebskosten sich leicht erhöhen, die Erlöse jedoch wahrscheinlich schneller wachsen werden, kann in absehbarer Zeit der Zustand eintreten, daß Müllheizkraftwerke preiswerter betrieben werden können.

Wegen den spezifischen technisch-ökonomischen Randbedingungen benötigt ein Müllheizkraftwerk jedoch Durchsätze von in der Regel über 100 000 t/a. Insbesondere wegen möglicher Verkehrsbelästigungen sind an den Standort daher angemessene Anforderungen zu stellen.

Die Akzeptanz durch die Bevölkerung ist nicht immer von vornherein gegeben; umfangreiche Aufklärungsaktivitäten zur Erhöhung des Informationsstandes mitunter auch der politischen Entscheidungsträger können notwendig werden.

2. EMISSIONEN

Die Verminderung von Emissionen aus Abfallheizkraftwerken spielt bei der Konzeption neuer Anlagen eine der Hauptrollen. Diese gilt, neben Maßnahmen zum Lärmschutz und der ordnungsgemäßen Entsorgung der Rückstände, in erster Linie der Minimierung von Schadstoff-Frachten wie Stäube, Schwermetalle und Halogenkohlenwasserstoffe sowie Schwefeloxide und Dioxine bzw. Furane in den Rauchgasen. In nächster Zukunft werden sich die Anstrengungen auch auf die Stickoxid-Emissionen ausdehnen.

2.1 RAUCHGASE

Die technischen Möglichkeiten zur Minimierung von Emissionen aus Abfallheizkraftwerken haben sich in den letzten Jahren so weit fortentwickelt, daß die Grenzwerte auch der neuen TA-Luft unterschritten werden können. In bestimmten Fällen kann sogar die gesamte Emissionssituation einer Region durch den Betrieb eines Abfallheizkraftwerkes, dessen Rauchgasreinigung dem aktuellen Stand der Technik entspricht, eine Verbesserung erfahren, wenn die Emissionen anderer thermischer Kraftwerke durch die Substitution fossiler Brennstoffe mittels der Energie im Abfall teilweise ersetzt werden.
So hat z. B. das Institut für Systemtechnik und Innovationsforschung der Frauenhofer-Gesellschaft zur Förderung der angewandten Forschung e.V., Karlsruhe, nach einer eingehenden Untersuchung festgestellt, daß bei dem mit einer Kapazität von etwa 210.000 t/a geplanten Müllheizkraftwerk der Auswurf für alle Schadstoffe unter den Bagatellgrenzen liegen wird.
Das Aufrechnen der durch das Müllheizkraftwerk verursachten Emissionen mit den durch Strom- und Fernwärmelieferungen bei Haushalten, Betrieben und Kraftwerken des Elektrizitätsverbundes wegfallenden Emissionen ergab, daß durch die Müllverbrennung in der Summe eine Abnahme der jährlich emittierten Mengen von SO_2 um ca. 165 t und von NO_2 um ca. 72 t eintreten wird, der eine geringfügige Zunahme der Cd-Emissionen um ca. 0,069 t gegenübersteht, wenn der Effekt der Cadmiumemissionsreduzierung mittels Aussortierung cadmiumhaltiger Metallverbindungen und eine von Hausmüll getrennte Sammlung von Altbatterien nicht berücksichtigt wird (1).

Zur Rauchgasreinigung werden auf dem Markt trockene, quasi-trockene und nasse Verfahren angeboten. Die insgesamt günstigsten Reinigungsleistungen lassen sich derzeit mittels Naßadsorbern realisieren. Hier werden die Rauchgase meist einer Entstaubung in Elektrofiltern zugeführt, wobei am Ende Reingasstaubgehalte von 10 - 20 mg/m³ erreicht werden können; mit filternden Entstaubern wie z. B. Gewebefiltern lassen sich im Extremfall die Werte bis auf 10 bis 5 mg/m³ vermindern. Nach dem E-Filter werden zwei Wäscherstufen angeordnet, wobei in der ersten Stufe vor allem Staub, HCl und HF aus dem Rauchgas aufgenommen wird. Als Waschmedium wird hier Wasser eingesetzt. Die zweite Stufe dient im wesentlichen der So_2-Adsorption, wozu ein wässriges Medium zum Einsatz kommt, das i.a. durch Zudosierung von NaOH in schwach alkalischem Bereich gehalten wird.

Metalldämpfe bzw. Stäube und deren Oxide, hauptsächlich Pb, Zn, aber auch Cd und Hg werden in der Regel durch eine Venturistufe adsorbiert, die je nach Hersteller in der ersten oder zweiten Wäscherstufe angeordnet sein kann.

Die Waschwässer der ersten und der zweiten Stufe werden im Kreislauf geführt. Ein Teilstrom wird äquivalent den ausgewaschenen Substanzen abgezogen und durch neues Waschmedium ersetzt. Die so entstehenden Abwässer können durch verschiedene Behandlungsverfahren eingedampft oder so gereinigt werden, daß die Schwermetalle in immobilisierter Form vorliegen und die Einleitungsbedingungen ins öffentliche Kanalnetz erfüllt werden.

Bei neuen Konzepten wird eine dritte Stufe vorsorglich für die Entstickung der Rauchgase vorgesehen. Es ist davon auszugehen, daß in den nächsten zwei Jahren technisch akzeptable Lösungen zur Stickoxidelimination aus dem Rauchgas der Müllverbrennung auf dem Markt angeboten werden, obwohl die rohen Rauchgase mit 200 - 300 mg/m³ (NO_x) von vornherein eine relativ geringe - Stickoxidbelastung aufweisen.

Nach dem Stand der Technik können derzeit etwa folgende Werte eingehalten werden (alle Werte in mg/nm³, 273 K, 1.013 mbar, tr, auf 11 % O_2 bezogen):

Staub	:	10 - 15
Cd + Hg + Tl	:	0,15 - 0,2
As + Cr + Co + Ni + Se + Te	:	0,2 - 0,5
Sb + Pb + Cn + F + Mn + V + Cu	:	1,0 - 3,0
Cl^- (HCl)	:	10 - 15
F^- (HF)	:	0,7 - 1,0
$SO_2 + SO_3$	:	30
CO	:	30 - 100
NO_x	:	derzeit 120 bis 200 in 2 Jahren vermutlich 70

Mit solchen Reingaswerten fallen zukünftig, wie bereits erwähnt, Müllverbrennungsanlagen auch größerer Kapazität in den Bereich des Bagatellfalls gemäß der TA-Luft, für den die Bestimmung der Kenngrößen für die Vorbelastung, Zusatzbelastung und Gesamtbelastung für den jeweils emittierten Schadstoff nicht erfoderlich ist (siehe TA-Luft 1983, Abschnitt 2.6.1.1).

Für eine Anlage mit 210.000 t/a läßt sich folgende Gegenüberstellung auflisten:

	Schornsteinemissionen	
	Abschnitt 2.6.1.1 TA-Luft 1983 (kg/h)	AHKW nach dem Stand der Technik (kg/h)
Blei	0,5	Klassen I, II und III : 0,32
Cadmium	0,01	
Thallium	0,01	
Staub	15	1,7
Chlor	20	1,7
HCl (Cl^-)	20	1,7
HF (F^-)	1	0,12
CO	1.000	6
SO_2	60	5
NO_x (NO)	40	36

Bei Ausschreibungen, mit denen der Verfasser letztes und dieses Jahr zu tun hatte, wurde mit den Anlageherstellern über die nachstehend aufgelisteten Emissionsgrenzwerte verhandelt:

	MVA-Neunkirchen (1984)	MHKW-Wehrden (1984)	MVA-Ludwigshafen (1985)	MVA-Stuttgart (1985)
Staub	20	20	15	10 - 15
Cd+Hg+Tl	0,15	0,15	0,2	0,2
As+Cr+Co+Ni+Se+Te	0,5	0,5	1,0	1,0
Sb+Pb+Cn+F+Cu+Mn+V	3,0	1,0	5,0	5,0
Cl^- (HCl)	15	15	10	10
F^- (HF)	0,5	0,5	1,0	1,0
SO_2 + SO_3	30	30	30 - 50	70
NO_x	-	-	70 ?	70 - 200 ?

Neben den bisher behandelten Emissionen im Rauchgas hat in letzter Zeit die Diskussion um Dioxine und Furane in der Abluft von Müllverbrennungsanlagen Vorbehalte gegen diese Art der Abfallbehandlung erweckt.

Dioxine und Furane bestehen aus Kohlenstoff, Wasserstoff, Chlor und Sauerstoff. Die Summenformel z. B. von 2,3,7,8-TCDD (in 2,3,7,8-Stellung chloriertes Tetrachlor-dibenzo-p-dioxin; bekannt als "Seveso-Gift") lautet: $C_{12}H_4Cl_4O_2$. Dioxine und Furane können sich, vereinfacht gesagt, unter Sauerstoffmangel theoretisch bei der unsachgemäßen Verbrennung von chlorhaltigen Brennstoffen bilden. Bis 700 C sind sie beständig. Eine ordnungsgemäße Verbrennung bei hoher Temperatur und ausreichender Verweilzeit verursacht ihre Zerstörung. Moderne Müllheizkraftwerke sind in der Lage, diese Stoffe zu oxidieren, so daß als Endprodukte harmlose Verbindungen wie Kohlendioxid, Wasserstoff und Chlorwasserstoff entstehen, wobei Chlorwasserstoff durch Waschen eliminiert werden kann.

Neuere Konstruktionen können eine ausreichende Unterbindung der Schwelgassträhnen sowie eine Verweilzeit für die Rauchgase von mindestens zwei Sekunden bei einer Temperatur von über 1000 °C nach der Sekundärluftzufuhr in der Nachbrennkammer gewährleisten.

2.2 ABWASSER

Neben Abwässern aus dem Sanitärbereich fällt in einem Müllheizkraftwerk an kritischem Abwasser, sofern eine Naßwäsche für die Rauchgase vorgesehen würde, das Überschußwasser aus der nassen Rauchgaswäsche an, das vor der Einleitung in ein öffentliches Kanalnetz einer Behandlung unterzogen werden muß, sofern es nicht eingedampft wird.

Die Hilfsmittel zur Abwasserbehandlung weisen je nach Hersteller Unterschiede auf. Es wird sowohl mit den Mitteln der "klassischen" Chemie als auch mit für diesen Zweck speziell entwickelten moderneren Mitteln gearbeitet. Der prinzipielle Verfahrensablauf mit Mitteln der "klassischen" Chemie verläuft folgendermaßen:

Das ausgeschleuste Abwasser wird von ca. 60 - 65 °C auf etwa 30 °C abgekühlt. Die Abwässer der ersten Stufe werden mit Kalkmilch neutralisiert, wobei neben löslichem $CaCl_2$ auch (bedingt) unlösliche CaF_2 und (Schwer)metallhydroxide entstehen.

Das Abwasser der zweiten Stufe wird mit diesem neutralisierten Abwasser der ersten Stufe vermischt. Dabei bildet sich Kochsalz und wenig löslicher Gips, der ausfällt. Dabei werden auch Flugstaubanteile und sonstige Feinstpartikel (Metalloxide) eingeschlossen und mitgefällt.

Da eine Ausfällung der Schwermetalle, insbesondere Cadmium und Quecksilber, mit diesen Maßnahmen allein nicht mit absoluter Sicherheit unter die geforderten Grenzwerte möglich ist, wird zusätzlich noch Na_2S zudosiert.

Na_2S reagiert mit den Schwermetallen zu Sulfiden, welche die unlöslichsten chemischen Metallverbindungen darstellen und damit die Sicherheit für geringst mögliche Gehalte im Abwasser geben.

In der nächsten Station wird das Abwasser mit $FeCl_3$-Lösung versetzt, um überschüssiges Na_2S wieder zurückzunehmen, wobei Fe_2S_x und NaCl entstehen. Da das $FeCl_3$ im Überschuß zudosiert wird, werden Eisen-III-Hydroxid-Flocken gebildet, die noch zusätzlich Feinstäube, Kolloidale und auch organische Stoffe binden und niederschlagen. Diese Wirkung wird durch Zugabe von Flockungsmitteln (Polyelektrolyten) verstärkt.

Das auf diese Weise gekühlte, neutralisierte und entgiftete Abwasser fließt aus dem Klärbecken zur Endkontrolle und enthält außer $CaCl_2$, NaCl und wenig $CaSO_4$ nur noch Spuren von Metallen.

Es können nach dem Stand der Technik folgende Abwasserqualitäten erreicht werden:

	erreichbare Konzentrationen in mg/l
Blei	ca. 0,03
Cadmium	ca. 0,005
Nickel	ca. 0,02
Quecksilber	ca. 0,003
Zink	ca. 0,3
Silber	ca. 0,001

Das so gereinigte Abwasser aus der Rauchgasreinigung kann somit in die öffentliche Kanalisation eingeleitet werden. Eine Zerstörung von Beton durch das im Abwasser noch vorhandene Sulfat ist nicht zu erwarten, da dieses an das im Überschuß vorhandene Calcium der Waschabwässer gebunden ist.

Da die Schwermetalle in Sulfidform im Schlamm festgelegt sind, kann dieser nach entsprechender Entwässerung auf einer Deponie, die nach dem Stand der Technik aufgebaut ist und betrieben wird, abgelagert werden.
Möglich ist es, die Salze (NaCl, $CaCl_2$) aus dem gereinigten Abwasser zurückzugewinnen und beispielsweise im Winterdienst einzusetzen.

2.3 FESTE ABFALLSTOFFE

Neben der Schlacke entstehen bei der Müllverbrennung noch Flugasche aus den Elektrofiltern und Salze bzw. Schlamm aus der Rauchgaswäsche.
Die Schlacke kann nach Klassierung entweder im Straßen- und Wegebau oder Lärmschutzwallbau u.ä. verwendet oder auf einer Deponie eingebaut werden. Sofern die Schlacke abgelagert wird, kann auf einer basisgedichteten und drainierten Monodeponie u.U. auch der Flugstaub mit eingebaut werden. Für die Entsorgung des Flugstaubes allein bieten sich u.a. auch Untertagedeponien an.

2.4 LÄRM

Die Lärmemissionen aus dem anlagentechnischen Bereich lassen sich durch die Auswahl der Aggregate und lärmmindernde Maßnahmen wie Einkapselungen u.ä. reduzieren.

Darüberhinaus ist es ratsam, den Standort so zu wählen, daß weder aus der Anlage selbst noch durch den anliefernden Verkehr unzumutbare Belästigungen lärmempfindlicher Einrichtungen zu besorgen sein müssen.

2.5 GERÜCHE

Die Müllanlieferung erfolgt bei modernen Anlagen in einer Halle.
Durch die Ansaugung von Verbrennungsluft aus dem Bunkerbereich wird im Bereich der Speicherung der Abfälle ein Unterdruck erzeugt, so daß eine Geruchsausbreitung außerhalb der Anlage vermieden werden kann.

3. SCHLUSSBEMERKUNGEN

Die Verbrennung von Siedlungsabfällen in Müllheizkraftwerken zählt zu den bewährten, erprobten Methoden der Abfallwirtschaft, die durch die Volumenreduktion sowie Inertisierung der Abfälle die Schonung von knappem Deponieraum ermöglicht. Darüberhinaus hilft die Verwertung der gewonnenen Energie originäre, nicht regenerierbare Kohlenwasserstoffe - wie Kohle, Erdöl, Erdgas, sprich Resourcen, zu sparen und deren Emissionen teilweise zu eliminieren. Am richtigen Standort ordnungsgemäß errichtet, kann die Müllverbrennung nach dem Stand der Technik über den Beitrag zur thermischen Abfallnutzung hinaus auch einen Beitrag zur Verbesserung der Luftqualität leisten. Zu erwarten ist, daß diese Methode auch bei zukünftigen abfallwirtschaftlichen Planungen, oft als integrierter Konzeptbestandteil, eine bedeutende, angemessene Rollen spielen wird.

---

(1) Institut für Systemtechnik und Innovationsforschung der Frauenhofer-Gesellschaft zur Förderung der angewandten Forschung e.V.: Grundbelastung der Luft im Stadtgebiet von Pirmasens. Gutachten erstellt im November 1984 im Auftrag der Stadtverwaltung und der Kreisverwaltung Pirmasens.

Wie werden sich die neue TA-Luft und andere Grenzwertvorgaben auf die Gestaltung zukünftiger Rauchgasreinigungsanlagen auswirken?

B. Fürmaier

Inhaltsverzeichnis

1.Vorbemerkungen

Die Novelle zur TA Luft 83 wurde zwischenzeitlich von der Bundesregierung verabschiedet und dem Bundesrat (Bundesratsdrucksache 349/85) zur Zustimmung zugeleitet. Die Novelle beinhaltet im wesentlichen eine Änderung des Teils 3 der TA Luft, in dem die emissionsbegrenzenden Maßnahmen für genehmigungsbedürftige Anlagen nach der 4. BImSchV, die ebenfalls novelliert wurde und zum 1.11.85 in Kraft tritt, festgelegt sind. Ziele der Novellierung der TA Luft sind, die emissionsbegrenzenden Anforderungen an die technische Entwicklung anzupassen, den Genehmigungs und Überwachungsbehörden klare Vorgaben für ihre Entscheidungen zu geben und eine bundeseinheitliche Genehmigungspraxis sicher zu stellen. Der Teil 3 ist so aufgebaut, daß in dem Punkt 3.1 die allgemeinen Regelungen zur Emissionsbegrenzung, in dem Punkt 3.2 Vorschriften zur Messung und Überwachung von Emissionen und in dem Punkt 3.3 besondere Regelungen für bestimmte Anlagenarten enthalten sind. Das heißt, daß grundsätzlich die Festlegungen in 3.1. anzuwenden sind, soweit in 3.3 nicht spezielle Anforderungen für einzelne Anlagen getroffen werden.

Weiterhin wurden in Ziffer 4 Anforderungen an Altanlagen aufgenommen. Hier wird festgelegt, daß bei Altanlagen z.B. bei Überschreitung der zulässigen Immissionswerte im Umfeld der Anlage Sanierungsmaßnahme unverzüglich durchgeführt werden müssen. Bei Überschreitung der in Teil 3 festgelegten Emissionsgrenzwerte sind je nach Höhe der Überschreitung (3-fach; 1 1/2-fach bis 3-fach; 1-fach bis 1 1/2-fach) Sanierungsmaßnahmen innerhalb 3 Jahren, 5 Jahren bzw. 10 Jahren durchzuführen. Durch diese Regelung soll erreicht werden, daß Altanlagen spätestens 10 Jahre nach Erlaß der novellierten TA Luft hinsichtlich der emissionsmindernden Maßnahmen dem Standard von Neuanlagen entsprechen.

2. Anforderungen gemäß TA Luft an Abfallverbrennungsanlagen

Unter Berücksichtigung der allgemeinen Anforderung nach 3.1 (allgemeine Regelung zur Emissionsbegrenzung) und 3.2 (Messung und Überwachung von Emissionen) sowie 3.3.8.1.1 (Anlagen zur teilweisen oder vollständigen Beseitigung von festen oder flüssigen Stoffen durch Verbrennen) sind an Abfallverbrennungsanlagen künftig folgende Anforderungen zu stellen:

- Müllbunker für feste Abfälle

  Im Müllbunker muß der Luftdruck niedriger als der Atmosphärendruck sein;

  abgesaugte Luft ist der Feuerungsanlage zuzuführen;
  bei Stillstand der Anlage ist die abgesaugte Luft über den Schornstein abzuleiten; wenn Stillstand länger als 3 Tage andauert, müssen zusätzliche Maßnahmen (z.B. Müllbunkerräumung) durchgeführt werden.

  Ausnahmen:
  Wenn Abfälle in Einwegbehältern oder Einwegverpackungen der Verbrennung zugeführt werden, oder bei Anlagen, bei denen durch bauliche und betriebliche Maßnahmen oder aufgrund der Beschaffenheit der Abfälle die Entstehung von Geruchsemissionen

vermieden wird, kann auf die Errichtung eines Müllbunkers verzichtet werden.

- Lagertanks

  o flüssige Abfälle sind in geschlossenen Behältern zu lagern;

  o Luftabsaugung für offene Übergabestellen;

  o abgesaugte Luft sowie Verdrängungsluft aus Lagertanks ist der Feuerung zuzuführen;

  o bei Anlagenstillstand ist die Abfallannahme über offene Übergabestellen und das Befüllen des Lagertanks unzulässig, wenn keine emissionsmindernden Maßnahmen durchgeführt werden.

- Zusatzfeuerung

  Die Anlagen sind mit einer Zusatzfeuerung auszurüsten (Zündbrenner)

- Nachverbrennung

  o Feuerraum oder nachgeschalteter Nachverbrennungsraum erforderlich

  o nach Zuführung der l e t z t e n Verbrennungsluft (Sekundär- bzw. Tertiärlufteintrag) muß die Nachverbrennungstemperatur mindestens 800° C betragen.
  Bei Abfällen mit Gehalten an polychlorierten aromatischen Kohlenwasserstoffen (wie z.B. PCB oder PCP), die über den üblichen Spurengehalten des Hausmülls liegen, muß die Nachverbrennungstemperatur mindestens 1200° C betragen.

  o Anfahrvorgang
  Abfallbeschickung erst, wenn o.a. Temperaturen über Hilfsbrenner erreicht sind;

o Abfahrvorgang

Die o.a.. Mindesttemperaturen sind über Hilfsbrenner solange aufrecht zu erhalten, bis sich keine Abfälle mehr im Feuerraum befinden.

- Bezugsgrößen und Emissionsgrenzwerte

Hinsichtlich des Abgasvolumens beziehen sich die Emissionsgrenzwerte künftig generell auf t r o c k e n e s Abgas im Normzustand (0° C; 1013 mbar). Hinsichtlich des Sauerstoffgehaltes wird unterschieden zwischen Verbrennungsanlagen für Hausmüll und hausmüllähnliche Abfälle mit einer Durchsatzleistung 0,75 t/h (O_2-Bezug auf 17 Vol.%) und Verbrennungsanlagen für Hausmüll und hausmüllähnliche Abfälle mit einer Durchsatzleistung 0,75 t/h (O_2-Bezug auf 11 Vol.%) sowie Verbrennungsanlagen für sonstige Abfälle (O_2-Bezug auf 11 Vol.%). Die bisher gültigen Emissionsgrenzwerte und die im Zuge der Novellierung der TA Luft vorgesehenen Emissionsgrenzwerte für Abfallverbrennungsanlagen und die entsprechenden Bezugs größen sind in den Tabellen 1 und 2 wiedergegeben. Hierbei ist bei den schwermetallhaltigen Stäuben zu berücksichtigen, daß die Novelle unter Pkt. 3.1.4 noch die Bestimmung enthält, daß bei wesentlichen gas- und dampfförmigen Anteilen dieser Stoffe zu prüfen ist, ob unter Berücksichtigung der besonderen Umstände des Einzelfalles besondere Maßnahmen zur Emissionsminderung zu fordern sind. Der Novellierungsvorschlag enthält weiterhin unter Punkt 3.1.7 Emissionsbegrenzungen für organische Stoffe. Bei einem optimalen Verbrennungsvorgang, was Voraussetzung für die Einhaltung eines CO-Grenzwertes von 50 mg/m^3 ist, dürfte die Einhaltung bzw. wesentliche Unterschreitung dieser Grenzwerte jedoch keine Probleme bereiten.

In Tabelle 3 sind die erforderlichen kontinuierlichen Emissionsmessungen aufgeführt. Hinsichtlich der Aufzeichnung und Auswertung der Meßwerte ist in der Novelle folgendes enthalten:

- Aufzeichnung der Meßwerte als 1/2 h-Mittelwerte; umgerechnet auf die jeweiligen Bezugswerte der Emissionsgrenzwerte.

- Häufigkeitsverteilung mit mindestens 20 Klassen; Neubeginn der Einteilung der Häufigkeitsverteilung zu Beginn jedes Kalenderjahres; Häufigkeitsverteilung soll jederzeit ablesbar sein und 1 x täglich aufgezeichnet werden.

- Ermittlung des Tagesmittelwertes aus den Halbstundenmittelwerten.

- Speicherung der Tagesmittelwerte als Häufigkeitsverteilung.

- Emissionsgrenzwerte gelten als eingehalten, wenn die Auswertung der Häufigkeitsverteilung für alle Jahresbetriebsstunden innerhalb eines Kalenderjahres ergibt, daß die festgelegten Emissionsbegrenzungen nicht überschritten wurden. Der Bundesinnenminister veröffentlicht Richtlinien über die Auswertung und Beurteilung kontinuierlicher Emissionsmessungen.

3. Sonstige Vorgaben

Wie unter Pkt. 1 dieser Ausführungen erläutert wurde, erfolgen diese Festlegungen im Rahmen der Novellierung der TA Luft in Anpassung an die technische Entwicklung. Insofern ist grundsätzlich keine Veranlassung gegeben, niedrigere Emissionsgrenzwerte im Einzelfall vorzuschreiben. In letzter Zeit werden jedoch von Antragstellern bei Genehmigungsverfahren für Neuanlagen und im Zuge der Nachrüstung von weitergehenden Rauchgasreinigungsanlagen bei bestehenden Anlagen z.T. niedrigere Emissionswerte angestrebt (z.B. HCL; HF; NO_x; SO_2). Im Zuge der Planung einer Neuanlage hat z.B. ein Ingenieurbüro folgende Emissionswerte vorgeschlagen:

- Staub	10 mg/m^3	- Stäube Kl. I	0,1
- HCl	5 mg/m^3	- Stäube Kl. II	0,5
- HF	0,5 mg/m^3	- Stäube Kl. III	1,0
- SO_2	25 mg/m^3		
- NO_x	70 mg/m^3		

Diese Bestrebungen sind zum einen in dem Bemühen verankert, eine größtmögliche Minimierung der Umweltbelastung zu erreichen und zum anderen durch die Anstrengungen bestimmt, in der Öffentlichkeit die Akzeptanz derartiger Anlagen zu verbessern. Inwieweit derartige Vorgaben unter Berücksichtigung des Standes der Technik und der künftigen kontinuierlichen Erfassung zahlreicher Emissionsparameter realisierbar sind, soll unter Punkt 4 dieser Ausführungen abgehandelt werden.

4. Auswirkung der künftigen Emissionsbegrenzungen auf die Rauchgasreinigung bei Abfallverbrennungsanlagen

Grundsätzlich kann hierzu bemerkt werden, daß die in der Novelle zur TA Luft enthaltenen Emissionsgrenzwerte, die durch Maßnahmen zur Rauchgasreinigung beeinflußbar sind, sowohl beim Einsatz von

- Trockenverfahren (Kalkzugabe in Reaktor und Staubab scheidung über Gewebefilter oder Elektrofilter)

- Halbtrockenverfahren (Kalkmilch - oder Natronlaugezugabe über Sprühtrockner und Staubabscheidung über Gewebefilter oder Elektrofilter)

- Naßverfahren (2-stufiges Wäschen mit vorgeschalteter Staubabscheidung)

eingehalten werden können.

Probleme werden sich jedoch bei Altanlagen hinsichtlich der Einhaltung des CO-Emissionswertes von 100 mg/m^3_n ergeben, da die notwendigen Nachrüstungsmaßnahmen zur Verbesserung der Feuerführung (z.B.Rostumbau, Umbaumaßnahmen im Feuerraum) nur bedingt möglich sind.

Hinsichtlich des Einsatzes von Trockenverfahren ist jedoch zu bemerken, daß diese bezüglich der erforderlichen HCl - Abscheidung an die Grenze ihrer Möglichkeiten stoßen und nur bei einer intensiven Kalkausnutzung (Kalkrückführung mit Schaffung neuer reaktiver Oberflächen) künftig bestehen werden können. Eine generelle Wertung des Einsatzes der verschiedenen Rauchgasreinigungsverfahren in Bezug auf die künftigen Grenzwertvorgaben ist jedoch nicht möglich. Dies muß im Einzelfall unter Berücksichtigung des Einsatzbereiches (z.B. Hausmüllverbrennung oder Sondermüllverbrennung) sowie der Anforderungen an die Abwasser-und Rückstandsbeseitigung beurteilt werden. Zu den unter dem Einfluß örtlicher Gegebenheiten z.T. erkennbaren Bestrebungen zur Einhaltung niedrigerer Emissionswerte als in der Novelle zur TA Luft enthalten (siehe Pkt. 3 dieser Ausführung) ist u.a. folgendes auszuführen:

- Die verschiedenen Rauchgasreinigungstechnologien haben unterschiedliche Verfahrensschwerpunkte. So ist z.B. beim Einsatz 2-stufiger Wäscher eine größtmögliche Minimierung der sauren Abgasbestandteile (SO_2; HCl, HF) zu erreichen, während beim Einsatz von Gewebefiltern eine optimale Feinstaubabscheidung und damit eine größtmögliche Reduzierung der Emission an schwermetallhaltigen Stäuben erreicht wird. Auf die nachfolgenden Ausführungen von Herrn Dipl.-Ing. Knorr wird in diesem Zusammenhang verwiesen.

- An Abfallverbrennungsanlagen erprobte Verfahren zur NO_x-Reduzierung stehen derzeit noch nicht zur Verfügung.Derartige Technologien mit dem Einsatz von Katalysatoren bzw. Aktivkohlefiltern unter Zugabe von NH_3 sind derzeit in Pilotanlagen für Großfeuerungsanlagen in Erprobung. Eine direkte Übertragung der Betriebserfahrungen derartiger Anlagen auf die NO_x Reduzierung hinter Abfallverbrennungsanlagen ist jedoch bei der wesentlichen inhomogeneren Abluftzusammensetzung bei Abfallverbrennungsanlagen nicht möglich. Primärmaßnahmen zur Optimierung der Feuerführung hinsichtlich einer Minimierung des Entstehens von Stickstoffoxiden sind grundsätzlich möglich, stehen jedoch konträr zu dem Bemühen, durch möglichst hohe Verbrennungstemperaturen eine Minimierung der Emissionen an polychlorierten aromatischen Kohlenwasserstoffen zu erreichen.

- Da, wie oben erläutert, in Abhängigkeit des zur Anwendung kommenden Rauchgasreinigungsverfahrens unterschiedliche Schwerpunkte zur Emissionsminderung gesetzt werden, ist zu überlegen, welche Maßnahmen einen wirkungsvollen Beitrag zur Emissionsminderung leisten.

Gerade in Bezug auf die Setzung von Schwerpunkten bei der Rauchgasreinigung ist ein Bezug zur Gesamtemissionssituation einzelner Schadstoffe und zu Feuerungsanlagen, die mit fossilen Brennstoffen beaufschlagt werden (z.B. Kohle) durchaus von Interesse. Im folgenden werden deshalb beispielhaft SO_2- und NO_x-Emissionen in der Bundesrepublik Deutschland sowie die spez. Emissionen für Steinkohle- und Braunkohlekraftwerke den Emissionen aus Hausmüllverbrennungsanlagen gegenübergestellt.

- Schwefeldioxid

Gesamtemission in der Bundesrepublik Deutschland 1982 rd. 3 Mio t, (2); davon Kraftwerke und Heizwerke 62,1 %;

Im Vollzug der Großfeuerungsanlagenverordnung wird bis Ende dieses Jahrzehnts eine erhebliche Reduktion an SO_2 stattfinden. Im folgenden Vergleich mit den SO_2-Emissionen aus Hausmüllverbrennungsanlagen wird deshalb eine Gesamt-SO_2-Emission von 1,5 Mio t angenommen. Nach Barniske (1) werden in der Bundesrepublik Deutschland 1985 8 Mio t Abfälle in 46 Hausmüllverbrennungsanlagen verbrannt. Geht mann von einer künftigen Verbrennungsquote von 50 % der Abfälle aus, was in etwa einem Abfalldurchsatz von 12 Mio t/a entspricht und setzt für die SO_2 - Emission den Grenzwert in der Novelle zur TA Luft von 200 mg/m^3 ein, so ergibt sich eine Jahresfracht an SO_2 aus Hausmüllverbrennungsanlagen von rd. 12 000 t. Bezogen auf die o.a. Gesamtjahresemission von 1,5 Mio t würde der Anteil der Hausmüllverbrennung an der SO_2Emission in der Bundesrepublik Deutschland rd. 0,8 % betragen.

- Stickoxide

Gesamtemission in der Bundesrepublik Deutschland 1982 rd.3,2 Mio t, (2); davon Verkehr 54,6 %; Kraftwerke und Heizwerke 27,7 %. Für die folgende Vergleichsrechnung wird eine NO_x-Jahresemissionsfracht von 2,5 Mio t/a bis Ende des Jahrzehnts angenommen Bei den o.a. 12 Mio t Abfällen ergibt sich bei einer mittleren spez. Emissionsrate an NO_x von 200 mg/m^{3}t eine Jahresfracht an NO_x durch die Abfallverbrennung von rd. 12 000 t. Bezogen auf die o.a. Gesamtjahresemission von 2,5 Mio t würde der Anteil der Hausmüllverbrennung bei der NO_x-Emission in der Bundesrepublik Deutschland rd. 0,5 % betragen.

- Vergleich der spez. Emissionen von Steinkohle- und Braunkohlekraftwerken mit Hausmüllverbrennungsanlagen unter Berücksichtigung des unterschiedlichen Heizwertes dieser Brennstoffe.

  Ein Vergleich der in Tabelle 4 enthaltenen Daten zeigt deutlich auf, daß bei intensiver Rauchgasreinigung die Abfallverbrennungsanlagen bei den Emissionsparametern Staub, HCl, HF, SO_2 und NO_x in der gleichen Größenordnung liegen, wie bei mit Steinkohle und Braunkohle befeuerten Kraftwerksanlagen.

  Wesentlich ungünstiger bezüglich des Emissionsverhaltens von Abfallverbrennungsanlagen stellt sich jedoch die Situation bei den schwermetallhaltigen Feinstäuben dar. Berücksichtigt man jedoch die Abscheideleistung bezüglich Feinstaub beim Einsatz von Gewebefiltern bei Abfallverbrennungsanlagen (3) so zeigt sich, daß hierdurch bezüglich der schwermetallhaltigen Feinstäube Emissionsraten in der gleichen Größenordnung wie bei mit Steinkohle oder Braunkohle befeuerten Kraftwerken erreicht werden kann, ohne daß hier wesentliche Nachteile bei der Emission saurer Rauchgasbestandteile in Kauf genommen werden müssen.

5. Schlußbemerkung

Die Novelle zur TA Luft beinhaltet bezüglich der Festlegungen von Emissionswerten für Abfallverbrennungsanlagen erhebliche Reduzierungen der bislang geltenden Emissionsgrenzwerte. Mit den bislang entwickelten und im Einsatz befindlichen Rauchgasreinigungstechnologien zur Entstaubung und zur Abscheidung saurer Rauchgasbestandteile können diese Emissionswerte grundsätzlich eingehalten werden, wobei bei Wäschern 2-stufige Systeme (sauer-alkalisch) zum Einsatz gelangen müssen. Welche Verfahren jeweils zum Einsatz gelangen, muß im Einzelfall unter Berücksichtigung der örtlichen Situation, insbesondere bezüglich der Belange der Abwasser- und Rückstandsbeseitigung sowie der Setzung von Schwerpunkten bei Luftreinhaltung entschieden werden. Probleme für Altanlagen werden sich vor allem hinsichtlich des CO-Emissionswertes ergeben, da hier Nachrüstungsmaßnahmen nur bedingt möglich sind.

Literaturhinweise

(1) Barniske, Lothar
Verbrennung und Pyrolyse von Abfällen
Umwelt 3/85

(2) Dritter Immissionsschutzbericht der Bundesregierung
Bundesminister des Inneren

(3) Knorr, Wolfgang
Vergleich der Ergebnisse aus Messungen von Rauchgasreinigungsanlagen hinter Müllverbrennungsanlagen in Bayern
Fachtagung "Müllverbrennung und Umwelt"
Berlin, Oktober 1985

Konzepte der Feuerraumgestaltung zur Reduzierung von Schadstoffemissionen aus Müllverbrennungsanlagen

J. Martin, G. Schetter

1. Einleitung:

Die thermische Abfallverwertung durch Verbrennung war in jüngster Zeit aufgrund zahlreicher durchgeführter Emissionsmessungen mit positiver Analyse in Bezug auf polychlorierte Kohlenwasserstoffe Gegenstand öffentlicher Diskussionen. Da dieses Verfahren einen bedeutenden Anteil der Abfallentsorgung darstellt und auch langfristig nicht zu ersetzen ist, gaben diese Diskussionen den Anstoß für mehrere Forschungs- und Entwicklungsprogramme mit dem Ziel, die ursächlichen Zusammenhänge zwischen thermischer Abfallverwertung und Schadstoffverminderung zu ergründen. Parallel mit dieser Entwicklung verläuft - sowohl national als auch international - eine immer weiterreichende Verschärfung der Auflagen für den Schadstoffausbrand aus Müllverbrennungsanlagen.

Die Einhaltung dieser gesetzlichen Auflagen kann prinzipiell über Maßnahmen aus folgenden Bereichen erfolgen:

- Verminderung des Schadstoffeintrages in die Müllverbrennung durch Recycling bzw. Vorsortierung des Rohmülls
- gesetzliche Vorschriften zur Rücknahme besonders toxischer bzw. gefährlicher Substanzen durch den Hersteller oder geeignete Sammelstellen
- Primärmaßnahmen an der Verbrennungsanlage durch Optimierung der Feuerraumgestaltung, verbunden mit der Betriebsweise der Anlage
- Sekundärmaßnahmen an der Verbrennungsanlage durch dem Kessel nachgeschaltete Rauchgasreinigungsverfahren

Die Anstrengungen zur Verminderung von Schadstoffemissionen erstrecken sich derzeit auf alle vorgenannten Bereiche. Für den Hersteller von Müllverbrennungsanlagen bedeutet dies, daß aus der Kenntnis der über einen langen Zeitraum unter verschiedenen

Bedingungen gesammelten Erfahrungen und unter Miteinbeziehung neuester wissenschaftlicher Ergebnisse Konzepte zur optimalen Gestaltung von Feuerräumen entwickelt werden mußten und müssen.

2. Zusammenhang zwischen der Gestaltung einer Müllfeuerung und dem Ablauf der Verbrennungsreaktionen.

Die konstruktive Optimierung des Verbrennungsablaufes bei der Überführung des Brenngutes in Energie und Verbrennungsrückstände erstreckt sich auf die Rostfeuerung einerseits und auf die Feuerraumgestaltung andererseits. Dabei gilt es, die Einzelvorgänge

- Trocknung des Mülls
- Vergasung, d.h. Überführen der festen Müllbestandteile in den gasförmigen Zustand
- Verbrennung, d.h. Oxidation der unverbrannten Gase mit der Verbrennungsluft bei hohen Temperaturen

dergestalt zu verbinden, daß der Ausbrand fester und gasförmiger Verbrennungsrückstände sichergestellt ist.

Der Mechanismus der Energiefreisetzung läßt sich im wesentlichen durch die beiden stark exothermen Reaktionsgleichungen für die Vergasung

$$2\ C + O_2 \rightarrow 2\ CO$$

und die Verbrennung

$$2\ CO + O_2 \rightarrow 2\ CO_2$$

beschreiben. Daraus ergibt sich auch der Zusammenhang zwischen Gasausbrand und Temperatur, die ihrerseits als Indikator für den Gasausbrand aufgefaßt werden kann. Die Reaktion für die Überführung der Kohlenwasserstoffe in Kohlendioxid und Wasser verläuft ebenfalls exotherm, jedoch sind - insbesondere bei ringförmigen Strukturen - ausreichend hohe Flammentemperaturen erforderlich, um die Energiebarriere bei der Aufspaltung der Ringstruktur zu überwinden.

Die Tatsache, daß gerade einige toxische bzw. cancerogene Chlororganika (z.B. PCB) zu ihrer Zerstörung relativ hohe Energien bzw. Temperaturen erfordern, führte immer stärker zu der Forderung nach hohen Temperaturen und Verweilzeiten auch bei der Hausmüllverbrennung. Sondermüllverbrennungsanlagen mit Drehrohrfeuerung und Nachbrennkammer arbeiten schon seit mehreren Jahren nach diesen Grundsätzen und konnten durch einige Meßreihen beweisen, daß die Emissionskonzentrationen an Dioxinen und Furanen hier sehr niedrig bzw. unterhalb der Nachweisgrenze liegen. Labortechnisch ermittelte Diagramme über den Zusammenhang von Zerstörungswirkungsgrad, Temperatur und Verweilzeit untermauern zudem diese Forderung in ihrer Tendenz (Bild 1).

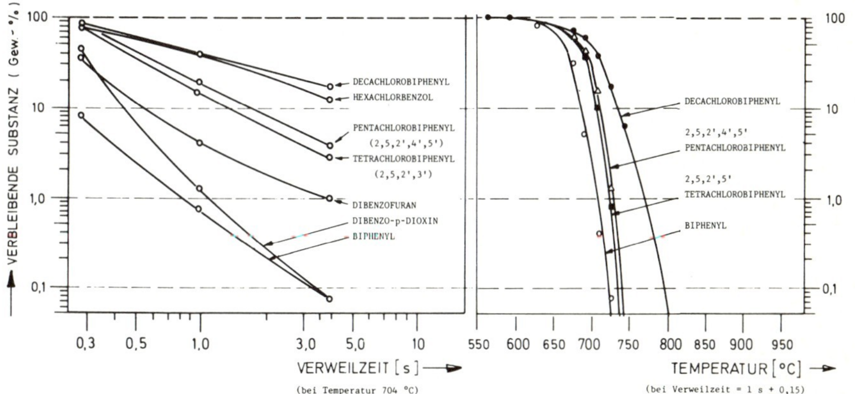

Bild 1: Zusammenhang von Zerstörungswirkungsgrad, Verweilzeit und Temperatur bei einigen Chlororganika [1]

Diese Zusammenhänge lassen sich aufgrund der Verbrennungstheorie grundsätzlich auf die Hausmüllverbrennung übertragen. Daher erstaunt es nicht, daß schon bald erste Konzepte zur Realisierung von Hausmüllverbrennungsanlagen mit hohen Temperaturen und langen Verweilzeiten bei diesen Temperaturen entwickelt wurden. Einige zum Teil schwerwiegende Nachteile müssen dabei allerdings in Kauf genommen werden, wie

- Erhöhung des NO_x-Ausstoßes
- Verkürzung der Reisezeiten durch teigige, klebrige Flugasche
- Anwachsungen an den ungekühlten Brennkammerwänden
- Schlackenfluß in der Nachbrennkammer
- Zuführung von Fremdenergie in Form von Öl oder Gas
- Verschlechterung der Wirtschaftlichkeit und des Wirkungsgrades der Gesamtanlage.

Die Konzepte von Hausmüllverbrennungsanlagen mit Hochtemperaturbereichen (Bild 2) erfordern daher eine noch ausgeprägtere

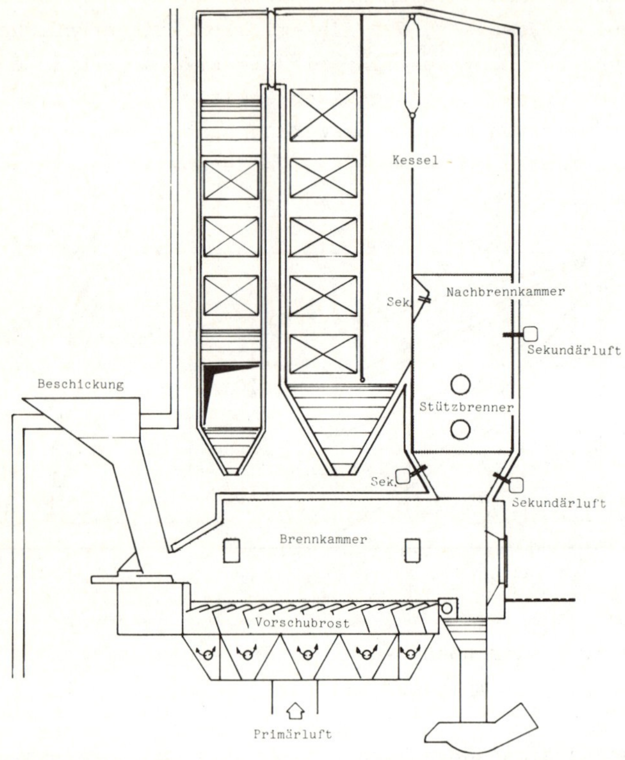

Bild 2: Konzeption einer Hochtemperaturverbrennungsanlage für den Hausmüll

Unterteilung in die einzelnen Zonen Trocknung, Vergasung und Verbrennung. Um dabei die Menge an Zusatzenergie auf ein vertretbares Maß zu beschränken, ist es notwendig, die Primärluftzugabe zugunsten des Sekundärluftanteils so weit wie möglich zu reduzieren, um auf diese Weise zu einer Erhöhung des Temperaturniveaus in der Nachbrennkammer beizutragen. Hierdurch liegen zwangsläufig Gase mit kälteren Temperaturen oder nicht ausreichender Verbrennungsluftkonzentration vor, die dann bis zum Eintritt in die Nachbrennkammer an einem schnellen und vollständigen Ausbrand gehindert werden. In dieser Zeit werden aber mit großer Wahrscheinlichkeit weitere ringförmige Kohlenwasserstoffe wie Dioxine und Furane erst gebildet. Die Nachbrennkammer muß also nicht nur die im Rohmüll enthaltenen und freigesetzten Kohlenwasserstoffe umsetzen, sondern auch einen unter Umständen erheblichen Anteil aus neu synthetisierten Produkten.

Eine nach dem vorstehenden Konzept erstellte Anlage muß also ständig mit einer effektiven Nachverbrennung betrieben werden, um nicht deutliche Nachteile gegenüber einer konventionellen Müllverbrennungsanlage - selbst emissionsseitig - zu bringen. Außerdem besteht die Gefahr, daß, bei einer unvollständigen Zerstörung von z.B. Dioxinverbindungen, Radikale entstehen, die als sogenannte "Precursor" in den Kessel gelangen und sich bei zunehmender Abkühlung zu den Ausgangsschadstoffen rekombinieren.

3. Möglichkeiten und Grenzen der konventionellen Feuerungskonzeption zur Schadstoff-Minimierung.

Für den Bildungs- und Zerstörungsmechanismus verschiedenster Schadstoffe sind die Parameter
- Verbrennungstemperatur
- Verweilzeit der Gase bei entsprechenden Temperaturen und zusätzlich der
- Turbulenzgrad im verbrennungsbereich

als wesentliche Einflußgrößen anzusehen. Bis heute bestehen aber noch keine klaren Vorstellungen über die Größenordnungen der obigen Parameter. So differieren die Forderungen im Bereich der Verbrennungstemperaturen im Nachverbrennungsraum zwischen 800 °C und 1200 °C, und für Verweilzeiten werden Werte von 0.3 s bis 2 s genannt. Größere Unsicherheit besteht noch über die Art und Größe der Turbulenz, zumal sich hier die mathematische Erfassung ungewöhnlich kompliziert darstellt.

Die eigentliche Problematik des Zusammenhangs zwischen Verbrennungsprozeß und Vermeidung von toxischen Emissionen wird vor allem auf dem Gebiet der Dioxine und Furane noch verstärkt durch die Tatsache, daß die heute einsetzbare Analytik bei den Messungen allenfalls zu Mittelwerten über einen Untersuchungszeitraum führt. Aus diesem Grund ist es notwendig, durch die

Überwachung von Hilfsgrößen (wie Feuerraumtemperatur, Kohlenmonoxid und Gesamtkohlenwasserstoffe) eine bestmögliche Minimierung des Ausstoßes von toxischen chlorierten Kohlenwasserstoffen zu erzielen.

3.1 Die theoretische Verbrennungstemperatur als thermodynamische Grenze der Müllverbrennung.

Erste orientierende Aussagen für den Verbrennungsprozeß lassen sich aus der Betrachtung der theoretischen Verbrennungstemperatur ableiten. Die Wärmebilanz für die Feuerung besagt, daß der Energieeintrag aus dem Müll und gegebenenfalls aus der sensiblen Wärme der Verbrennungsluft abzüglich der Feuerungsverluste in die Enthalpiezunahme der Flammengase übergeht. Aus der Anwendung dieser Wärmebilanz läßt sich die theoretische Verbrennungstemperatur in Abhängigkeit vom Müllheizwert für verschiedene Luftüberschußzahlen berechnen (Bild 3). Bei der

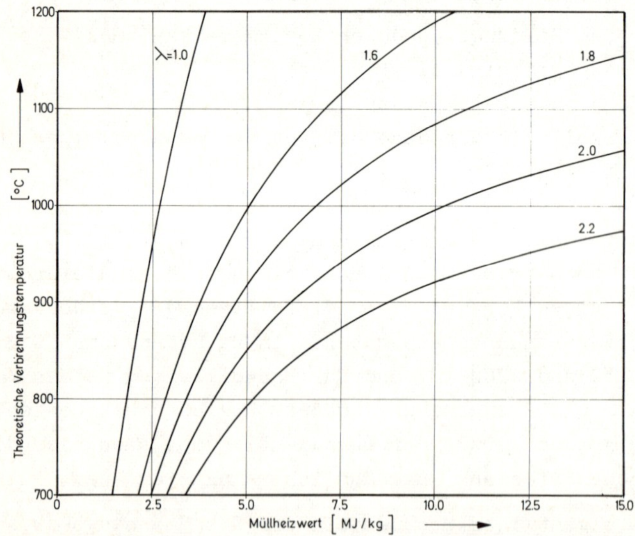

Bild 3: Abhängigkeit der theoretischen Verbrennungstemperatur vom Müllheizwert bei verschiedenen Luftüberschußzahlen

Ermittlung der dargestellten Kurvenscharen wurden die in [2] angegebenen statistischen Gleichungen für Hausmüll zugrundegelegt. Ferner wurde angenommen, daß die Verbrennungsluft nicht vorgewärmt ist, d.h. über die sensible Wärme der Verbrennungsluft der Feuerung keine Energie zugeführt wird.

Aus den hier dargestellten Abhängigkeiten läßt sich entnehmen, daß die Temperaturverhältnisse in gewissen Grenzen über den Luftüberschuß gesteuert werden können. Dabei ist allerdings zu beachten, daß bei der Abfallverbrennung eine Betriebsweise mit kleinen Luftüberschußzahlen ($\lambda \rightarrow 1.0$) eine deutliche Verschlechterung des Ausbrandes, insbesondere fester Rückstände und eine Verringerung der Lebensdauer des Rostbelages zur Folge hat. Die Kurvenscharen verdeutlichen vor allem die thermodynamischen Grenzen des Müllverbrennungsprozesses. Demnach lassen sich bei einer realistischen Betriebsweise mit Luftüberschußzahlen im Bereich von 1.8 bis 2.2 keine Temperaturen von 1200 °C erreichen, sofern keine Zusatzenergien eingesetzt werden. Treten höhere Temperaturen auf, was bei der Müllverbrennung im Bereich der Flammen über dem Brennbett der 1. und 2. Rostzone durchaus der Fall ist, so rühren diese Temperaturen von geringeren Luftüberschußzahlen bei der Primärverbrennung oder Oxidation heizwertreicher Vergasungsprodukte her. Nach der letzten Sekundärluftzuführung zeigen derartige Temperaturen, daß Bereiche mit unterschiedlichen Sauerstoffgehalten auftreten, die ihrerseits nachweisen, daß die gute Durchmischung der Verbrennungsgase nicht gewährleistet ist.

3.2 Wärmeübertragung im Flammenraum.

Die Frage der Wärmeübertragung in Feuerräumen von Müllverbrennungsanlagen konzentriert sich auf die Problemstellung, inwieweit der Temperaturabbau der Flammengase zu einer kritischen Verminderung der Verweilzeit bei entsprechenden Temperaturen führt. Zur Beurteilung dieser Frage wird das eindimensionale Rechenmodell zur Simulation von Feuerräumen, das in [3] ausführlich beschrieben ist, zugrundegelegt. Die Modellvorstellungen beruhen im wesentlichen auf der Unterteilung des Feuerraumes in die Bereiche

- wärmeeinspeisende Zone (Primärverbrennung auf dem Rost),
- Flammenraum (bis Ende Abstampfung, Nachverbrennung),
- Strahlraum.

Die mit diesem Rechenmodell durchgeführte Parameterstudie basiert auf den geometrischen Feuerraumdaten der MVA Würzburg. Der Müllheizwert wurde zwischen 8 MJ/kg und 14 MJ/kg variiert, wobei Luftüberschußzahlen von $\lambda = 1.8$ und $\lambda = 2.2$ zugrundegelegt wurden. In Abhängigkeit des Wärmedurchgangs der Abstampfung, charakterisiert durch die Wärmeleitfähigkeit λ_A und die Dicke s_A, lassen sich die Temperaturen am Ende des Flammenraumes (Bild 4) und die Nachverbrennungstemperaturen (Bild 5) berechnen.

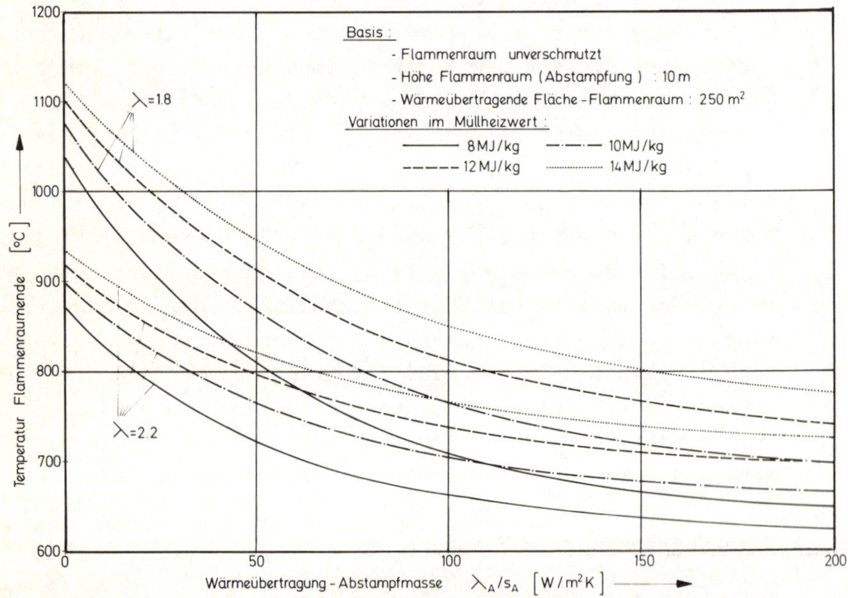

Bild 4: Abhängigkeit der Flammenraumendtemperatur von der Abstampfmasse im Flammenraum

Unter der Nachverbrennungstemperatur wird diejenige Temperatur verstanden, die gemäß der TA-Luft [4] im Nachverbrennungsraum hinter der letzten Verbrennungsluftzuführung vorliegt. Der Vergleich der Bilder 5 und 6 verdeutlich den Einfluß der Wärmeabgabe an die Flammenraumwände. Es zeigt sich, daß in Abhängigkeit der verwendeten Abstampfmasse die Nachverbrennungstemperaturen bis zu 200 °C höher liegen als die Temperaturen am Flammenraumende.

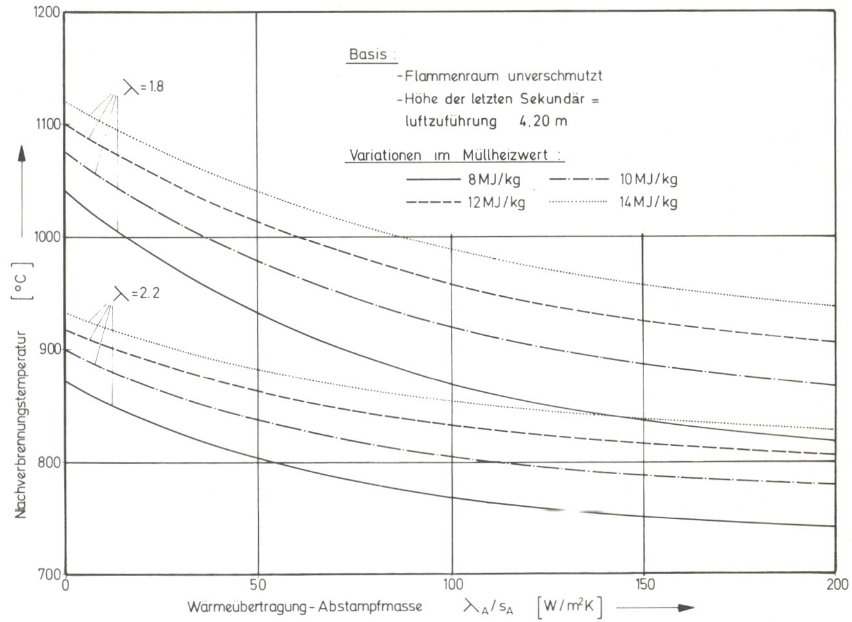

Bild 5: Abhängigkeit der Nachverbrennungstemperatur von der Abstampfmasse im Flammenraum

Dies bedeutet, daß neben den Temperaturen auch die Verweilzeit in die Betrachtung miteinbezogen werden muß. In Bild 6 sind die Verweilzeiten bei 800 °C bzw. 1000 °C in Abhängigkeit von der Abstampfmasse graphisch dargestellt. Dabei wird unter Verweilzeit diejenige Zeit verstanden, die die Gase ab der letzten Verbrennungsluftzuführung mindestens auf dem entsprechenden Temperaturniveau verbringen, d.h. daß die Verweilzeit von etwa 1 s im Bereich der Hauptverbrennung (Rost bis letzte Verbrennungsluftzuführung) nicht mitberücksichtigt ist. Die Untersuchung der Verweilzeiten zeigt, daß realistische Forderungen hinsichtlich Temperatur und Verweilzeit, wie sie in der TA-Luft formuliert sind bzw. waren, durchaus trotz Wärmeübertragung im Feuerraum erfüllt werden können.

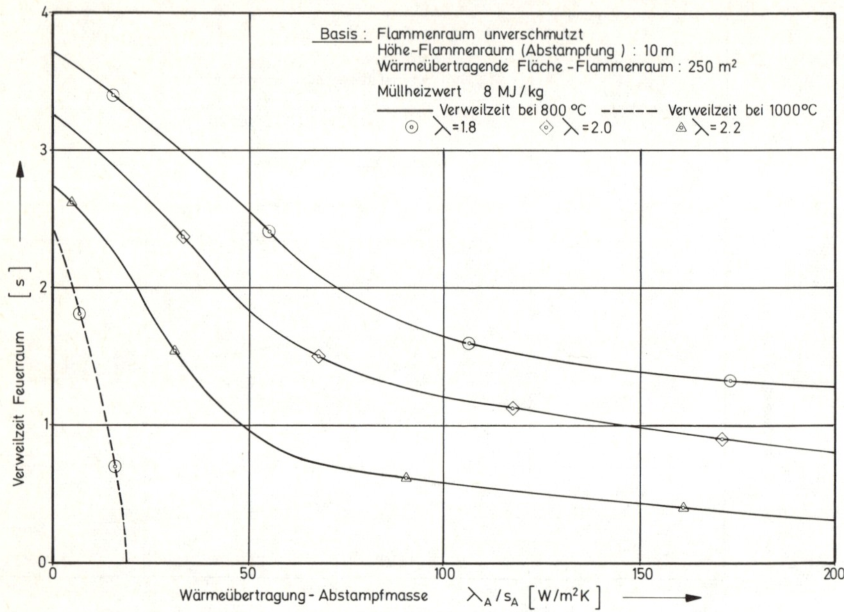

Bild 6: Verweilzeiten im Nachverbrennungsraum in Abhängigkeit von der Abstampfmasse im Flammenraum

Weitergehende Vorstellungen, z.B. 1000 °C für 2 Sekunden nach der letzten Sekundärluftzuführung, die schon fallweise diskutiert und in Ausschreibungen verlangt wurden, lassen sich bei den in der Bundesrepublik Deutschland üblichen Müllheizwerten theoretisch nur noch mit fast vollständiger Vermeidung der Wärmeübertragung im Feuerraum und für Luftüberschußzahlen $\lambda \lessapprox 1.8$ erreichen. Werden diese Werte aber als Mindestforderung für jeden beliebigen Punkt im Feuerraumquerschnitt erhoben, muß man bereits - aufgrund der bei Müllverbrennungsanlagen unvermeidlichen ungleichmäßigen Temperaturverteilung - zu weitergehenden Maßnahmen greifen. Einzige Möglichkeiten sind dann eine wirksame Vorsortierung des Rohmülls mit dem Ziel der Heizwertanreicherung (z.B. FLUFF-Verbrennung) oder der Einsatz von Zusatzbrennstoffen (Kohle, Öl, Gas). Werden schließlich Garantiewerte von 1100 °C und darüber verlangt, bleibt nur noch die in Bild 2 dargestellte Konzeption einer Hochtemperaturverbrennungsanlage für Hausmüll in Verbindung mit Zusatzbrennstoffen.

3.3 Hoher Turbulenzgrad im Flammenbereich.

Mit der Forderung nach einem hohen Turbulenzgrad im Flammenbereich wird dem Zusammenhang zwischen den strömungstechnischen Vorgängen und den chemischen Reaktionsmechanismen in der Flamme Rechnung getragen. Auf der Basis des Grundsatzes "Gemischt = Verbrannt" kann durch geeignete Verbrennungsluftzuführung eine vollständige Durchmischung der Verbrennungsprodukte im Flammenbereich und damit eine bestmögliche Qualität der Rauchgase erzielt werden. Dabei kommt der Primärluftzuführung, verbunden mit dem Rostsystem, mindestens die gleiche Bedeutung zu wie der Sekundärluftverteilung. Insbesondere läßt sich durch einen hohen Druckverlust des Rostbelages eine über die Rostbreite nahezu gleich verteilte Primärluftzuführung erzielen. Da in Rostlängsrichtung unterschiedliche Abbrandzustände des Mülls auftreten, ist es hierbei notwendig, daß die Primärluftzuführung diesen Verhältnissen angepaßt wird, so daß auch bei der Primärverbrennung keine Bereiche mit stark differierenden Gaskonzentrationen entstehen, die ihrerseits Strähnen zur Folge haben. Mittels der Sekundärluftverteilung muß unter Ausnutzung strömungstechnischer Turbulenzen die Sekundärverbrennung bei ausreichender Sauerstoffzufuhr erfolgen. Die Gestaltung dieses Bereiches hängt wesentlich von dem verwendeten Rostsystem und den Müllqualitäten ab, so daß in jedem Einzelfall das Feuerraumkonzept auf die vorgegebenen Verhältnisse abzustimmen ist. Mit Konzepten zur Feuerraumgestaltung, wie sie z.B. in [5] beschrieben sind, lassen sich demnach nicht zwangsläufig emissionsseitige Verbesserungen erzielen, sondern nur in Abstimmung mit der Rostkonzeption.

4. Das Martin-Konzept als Primärmaßnahme zur Reduzierung der Schadstoffemissionen.

Die Konzeption der Martin-Feuerung basiert auf den Forderungen:

1. Möglichst rascher Übergang des Mülls vom kalten Zustand bis zur intensiven Abbrandphase,

2. Fixieren der unterstöchiometrischen Reaktionsvorgänge bei der Beschickung auf einen sehr kleinen Bereich,
3. Vollständiges Erfassen der Vergasungsprodukte mit Verbrennungsluft,
4. Schaffung von Zonen höchster Temperaturen und ausreichender Sauerstoffzufuhr in den emissionsrelevanten Bereichen,
5. Vermeidung von Gaskonzentrationsschwankungen,
6. Beibehaltung des derzeitigen Standards bezüglich Reisezeiten und Verfügbarkeiten.

Wie in Bild 7 schematisch dargestellt ist, setzt die Mülltrocknung und -vergasung durch die vom Flammenkörper herrührende

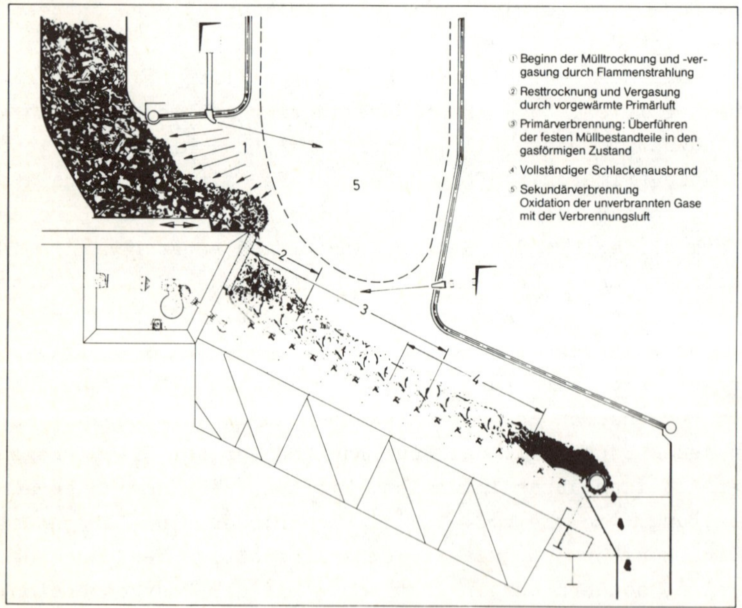

Bild 7: Konzeption der Martin-Müllfeuerung

Flammenstrahlung bereits auf dem Beschicktisch ein. Diese Vorgänge werden im Brennbett des vorderen Rostbereiches vollständig abgeschlossen und - bedingt durch den Bewegungsablauf des Rückschubrostes - sofort von der Verbrennung der festen Müllbestandteile auf dem Rost überlagert. Zünden und Ausbrennen in der Brennschicht laufen durch ständige Rückführung bereits gezündeter Glutteilchen und Zuführung von Primärluft bei gegenseitiger Unterstützung gleichzeitig ab. Die bei der Restvergasung auf dem Rost entstehenden und aus dem Brennbett entweichenden unverbrannten Gase oxidieren unmittelbar anschließend im Flammenraum durch Vermischung mit der verbleibenden Primärluft bei hohen Temperaturen.

Trotz aller konstruktiven Maßnahmen läßt es sich nicht vermeiden, daß aus dem Bereich der Beschickung unverbrannte Gase entweichen. Diese Vergasungsprodukte entstehen hauptsächlich aus dem "leichtflüchtigen" Anteil des Mülls, d.h. es ist eine Vielzahl organischer Verbindungen bis hin zu den Produkten der Kunststoff-Vergasung in konzentrierter Form enthalten. Dabei handelt es sich um den kohlenwasserstoff-emissionsrelevanten Bereich der Feuerung, der theoretisch sogar zur Bildung von Dioxin- und Furan-Verbindungen beitragen kann. Deshalb muß über die vordere Sekundärluftzuführung nicht nur genügend Sauerstoff zur Oxidation bereitgestellt, sondern auch ein vollständiges Erfassen dieser Gase gewährleistet werden.

Die Verwirklichung dieser Konzeption in verschiedenen Anlagen zeigt, daß durch die im Gleichstrom betriebene Anordnung der vorderen Sekundärluftzuführung ein wesentlicher Beitrag zur vollständigen Verbrennung geleistet werden kann [6]. Durch den stark exothermen Charakter der vorherrschenden Reaktionsmechanismen entsteht eine Zone sehr hoher Temperaturen (1100 bis 1350 °C), durch die alle Verbrennungsprodukte aus dem vorderen Bereich der Feuerung hindurchströmen müssen. Hier schließt sich direkt das Gebiet der Hochtemperatur-Sekundärverbrennung an, wobei ein kontinuierlicher Übergang erzielt wird. Im Gegensatz zu den Konzepten der Stufenverbrennung bedingt diese Art der Luftzuführung sogar in der Tendenz eine Erhöhung des Primärluftanteils (≙ mehr Luft im vorderen Rostbereich) und eine Verminderung des Sekundärluftanteils (≙ weniger Luft durch die hinteren Düsenreihen).

Der hintere Bereich der Feuerung ist hinsichtlich Kohlenwasserstoffen nicht mehr emissionsrelevant. Hier genügt es, auf eine sichere Vermeidung von CO-Strähnen zu achten und über intensive Schürung eine gute Schlackenqualität zu erreichen. Die Bedeutung der Sekundärluftzuführung in der Rückwand liegt deshalb hauptsächlich in der Aufrechterhaltung des Turbulenzgrades der Flamme.

Zusammenfassend läßt sich festhalten, daß das Martin-Konzept einer Feuerraumgestaltung zur Reduzierung von Schadstoffemissionen keine tiefgreifenden Änderungen an der bestehenden Bauform vorsieht, sondern daß über geschickte Feuer- und Luftführung, zusammen mit einer modernen, prozessorgesteuerten Leistungsregelung, unter Ausnützung systemspezifischer Eigenheiten ebenfalls beste Emissionsverhältnisse geschaffen werden können.

5. Literaturverzeichnis.

[1] Duvall, D.S., Rubey, W.A.: Laboratory evaluation of high-temperature destruction of polychlorinated biphenyls and related compounds, EPA-Report No. 600/2-77-228.

[2] FDBR: Handbuch Wärme- und Strömungstechnik, Vulkan Verlag Essen, 1975.

[3] Schetter, G.: Simulation von Feuerräumen in Müllverbrennungsanlagen, wird in Kürze in BWK erscheinen, 1985.

[4] Entwurf einer zweiten Allgemeinen Verwaltungsvorschrift zur Änderung der ersten Allgemeinen Verwaltungsvorschrift zum Bundes-Immissionsschutzgesetz, 1985.

[5] Reimer, H.: Emissionsverringerung an Kohlenwasserstoffen aus Hausmüllverbrennungsanlagen, Phoenix International, Heft 1, 1985.

[6] Leitmeir, E., Schetter, G.: Maßnahmen zur Reduzierung der Schadstoffemissionen aus Müllverbrennungsanlagen, Vortrag anläßlich des VDI-Seminars "Thermische Müllverwertung in der kommunalen Versorgungswirtschaft", Wien, 1985.

Primär-Maßnahmen zur Minimierung von Schadstoffen aus Müllverbrennungsanlagen

K. Horch, A. Christmann

Inhaltsverzeichnis

1. EINLEITUNG

In den letzten Jahren lag der Schwerpunkt in der Diskussion über die Umweltrelevanz von Müllverbrennungsanlagen eindeutig auf Sekundärmaßnahmen zur Vermeidung von rauchgasseitigen Emissionen, d.h. Rauchgasreinigungssystemen wurde die erste Priorität zugeordnet.
Hieraus ergab sich eine forcierte Entwicklung von Rauchgasreinigungsanlagen für die klassischen Schadstoffe HCl, HF, SO_2, Staub und Schwermetalle. Heute stehen Rauchgasreinigungsverfahren für Müllverbrennungsanlagen zur Verfügung, die die niedrigsten Emissionswerte aller Feuerungsanlagen ermöglichen. (1), (2), (3)

Für Hausmüllfeuerungen ist die Weiterentwicklung aufgrund neuer Erkenntnisse und verschärfter Emissionsgrenzwerte wieder mehr in Bewegung gekommen. Bisher wurde eine Müllfeuerung daraufhin ausgelegt, den inhomogenen Brennstoff betriebssicher zu veraschen, eine bestimmte Ausbrandgüte von Schlacke und Abgas zu erreichen, Korrosionen und Verschlackungen zu vermeiden und möglichst eine konstante Dampfmenge zu erzeugen. Neuerdings werden diese Kriterien ergänzt um die Forderung nach Vermeidung der Entstehung bzw. Freisetzung organischer Substanzen, insbesondere von halogenierten Kohlenwasserstoffen. Obwohl die Mechanismen von Entstehung und Vernichtung dieser Stoffe noch unzureichend geklärt sind, kann man heute davon ausgehen, daß eine Optimierung der Feuerung im Hinblick auf Ausbrand, Temperatur und Vermeidung von Bedienungsfehlern ein Schritt in die richtige Richtung ist. Die TA-Luft 85 hat dem Rechnung getragen durch Absenkung des CO-Grenzwertes von 1000 auf 100 mg/m³ und die Einführung eines zusätzlichen Grenzwertes für C organisch von 20 mg/m³.

Die in dieser Arbeit vorgestellten anlagentechnischen Maßnahmen zur Feuerungsoptimierung beschränken sich auf Rostfeuerungen für Hausmüll. Einflüsse der Brennstoffzusammensetzung und -vorbehandlung sind an anderer Stelle bereits beschrieben worden (4).

2. AUFGABENSTELLUNG

Bisher wurde die Ausbrandgüte lediglich an folgenden Parametern gemessen:

- dem Anteil an brennbaren Substanzen in Schlacke und Flugstaub,
- dem Anteil an vergärbaren Substanzen in der Schlacke
  und am CO-Gehalt in den Rauchgasen.

Thermisch stabile organische Verbindungen, wie z.B. polyhalogenierte Dibenzodioxine, stellen ein neues Maß für die Ausbrandgüte dar und zwingen zu neuen Überlegungen. Da diese Stoffe nicht kontinuierlich gemessen werden können, muß auf andere Parameter zur Überwachung der Ausbrandgüte zurückgegriffen werden. Nach heutigem Kenntnisstand können hierzu die Gehalte an CO, CH und O_2 sowie die Temperatur herangezogen werden.
Voraussetzung für die Aussagefähigkeit einer CO-Gehaltsbestimmung im Feuerraum ist es allerdings, daß der CO-Wert möglichst nicht durch Mischung einer Strähne mit sehr hohem CO-Gehalt mit einem hohen Anteil mit niedrigem CO-Gehalt auf ein niedriges Niveau gebracht wird, sondern daß die CO-Entstehung an der Quelle verhindert bzw. minimiert wird. Dies kann durch anlagentechnische Maßnahmen, wie z.B.

- Luftverteilung und -vorwärmung
- Brennstoffdosierung
- Feuerraumgestaltung
- Konstruktion des Rostes

erreicht werden.

Die Betriebsweise der Feuerung darf nicht nur allein ins Ermessen des Betriebspersonals gestellt werden, sondern muß derart automatisiert werden, daß Luftverteilung und -menge, Rostvorschub und Müllzuteilergeschwindigkeit fortlaufend den aktuellen Verbrennungssituationen im Feuerraum angepaßt werden.

Die Temperaturen im Feuerraum sind möglichst ohne Einsatz von Fremdenergie soweit anzuheben, wie es der Schmelzpunkt der Schlacke und Asche zuläßt. Darüber hinaus ist dafür zu sorgen, daß die Verweilzeit der Rauchgase in Zonen hoher Temperatur möglichst hoch wird.

3. FEUERUNGSTECHNISCHE GRUNDLAGEN

Grundlage der Berechnung des Luftbedarfes ist die Elementaranalyse des Brennstoffes. Hieraus läßt sich der stöchiometrische Luftbedarf L_{min} berechnen (5). Da sicherzustellen ist, daß auch bei schwankender Brennstoffzusammensetzung und ungleichmäßiger Belegung des Brennstoffes auf dem Rost immer und überall ausreichend Verbrennungsluft zur Verfügung steht, muß mit einem Luftüberschuß gefahren werden. Der Luftüberschuß läßt sich im Betrieb der Anlage durch Erfassen der Gehalte an O_2 und CO sowie der Temperatur überwachen. Ein zu nied-

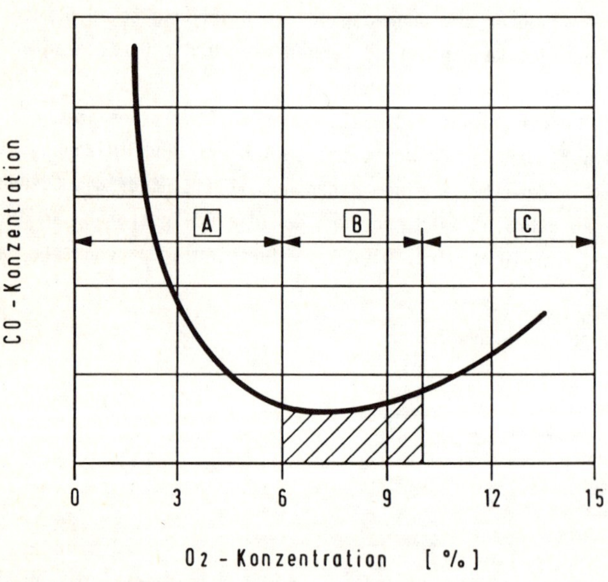

Bild 1: Beziehung zwischen CO- und O_2-Gehalt im Rauchgas

riger Luftüberschuß führt ebenso wie ein zu hoher zu erhöhter CO-Bildung. Bei zu niedrigem Luftüberschuß entsteht CO durch Luftmangel, bei zu hohem Luftüberschuß wird die erforderliche Reaktionstemperatur nicht erreicht, es entsteht CO durch die sogenannte kalte Verbrennung.
Bild 1 zeigt quantitativ diesen Zusammenhang.
Es gibt einen optimalen Bereich für den Luftüberschuß, in diesem Bild dargestellt als O_2-Wert im Abgas, in dem die CO-Werte ein Minimum erreichen. Dieser liegt zwischen 6,0 und 10,5 % O_2, d.h. einem Luftüberschuß von n = 1,4 bei 2,0.

Andererseits ist der Luftüberschuß möglichst niedrig zu halten, da er einen erheblichen Einfluß auf die Feuerraumtemperatur ausübt.

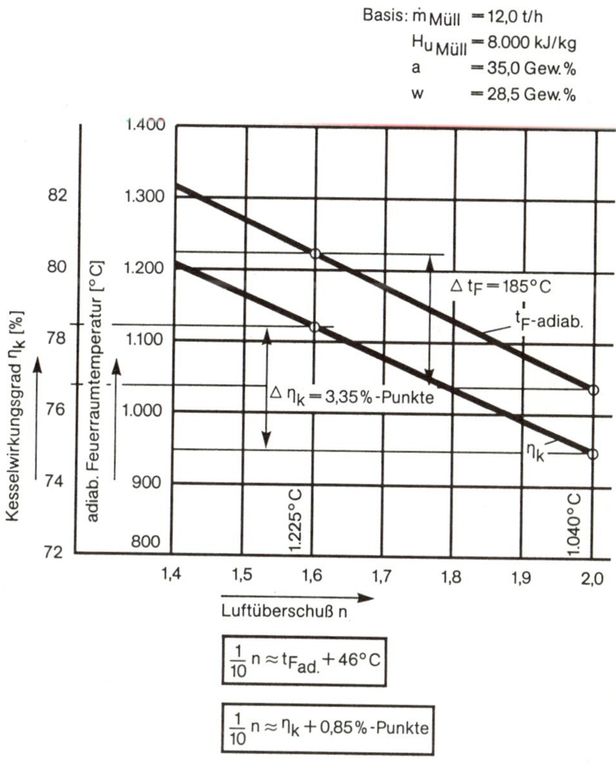

Bild 2: Einfluß des Luftüberschusses auf die adiabate Feuerraumtemperatur und den Kesselwirkungsgrad

Dieser Zusammenhang ist in Bild 2 dargestellt. Man erkennt in dem Bild, daß bei einer Absenkung des Luftüberschusses von n = 2 auf n = 1,6 die adiabate Feuerraumtemperatur um 185 °C ansteigt.

Die Reduzierung der Luftüberschußzahl hat auch ein kleineres Abgasvolumen zur Folge (Bild 3). Eine Verringerung von n = 2,0 auf n = 1,6 reduziert den Abgasvolumenstrom um etwa 20 %. Rauchgasreinigung, Saugzug und Kamin können somit kleiner bemessen werden.

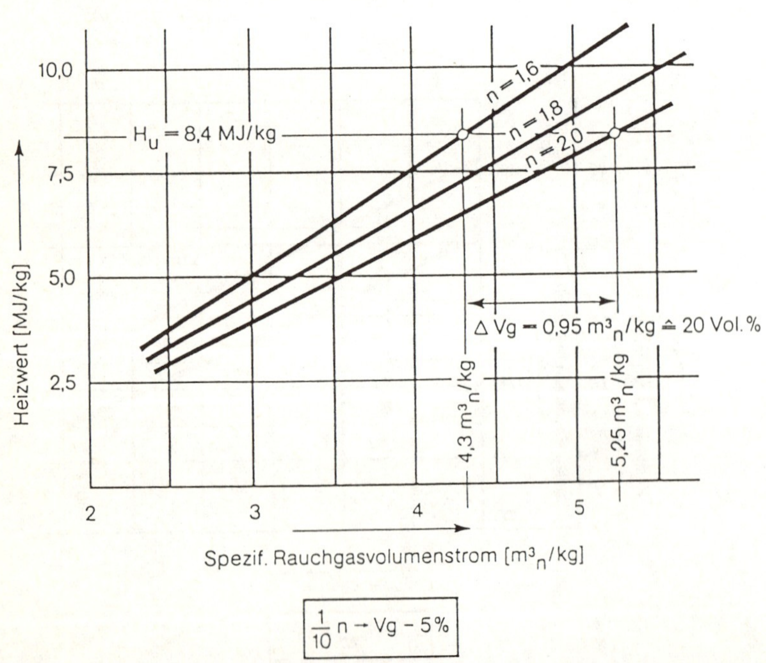

Bild 3: Einfluß des Luftüberschusses auf den Rauchgasvolumenstrom

Eine Reduzierung des Luftüberschusses kann nur dann ohne negativen Einfluß auf die Ausbrandgüte sein, wenn die Verbrennungsluft-Verteilung auf die einzelnen Luftzonen des Rostes ständig dem Heizwert und damit dem Abbrandverhalten des Mülls angepaßt wird.
Bild 4 zeigt die Verteilung der Verbrennungsluft auf die einzelnen Luftzonen für einen hohen und einen niedrigen Heizwert. Bei niedrigem Heizwert verzögert sich die Trocknung und der Zündvorgang.

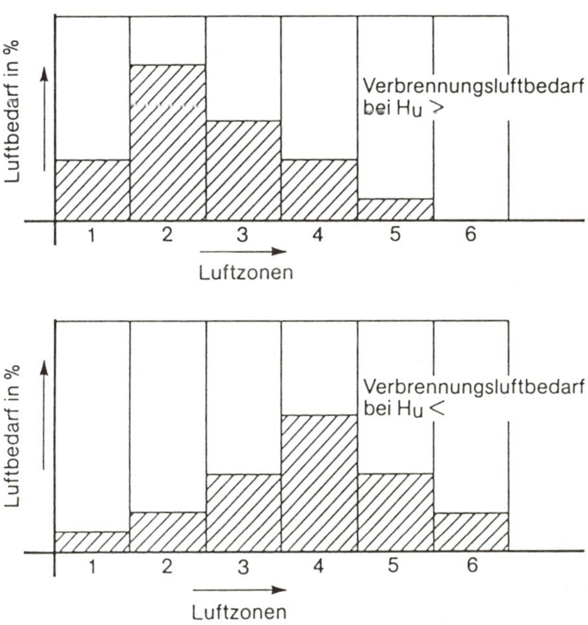

Bild 4: Primärluftbedarf bei unterschiedlichem Heizwert

Die Hauptverbrennungszone verschiebt sich weiter nach hinten, die Unterwindverteilung ist dieser Situation anzupassen. Eine Vergleichmäßigung des Abbrandverhaltens auch bei sich änderndem Heizwert wird möglich durch unterschiedliche Vorwärmung der Primärluft in den einzelnen Luftzonen.

Die automatische Anpassung der Unterwindverteilung an sich ändernde Heizwerte ist regelungstechnisch problematisch, Lösungswege werden in Kapitel 4 vorgestellt.

Für die Entstehung thermisch stabiler Chlorierter Kohlenwasserstoffe wird für die weiteren Überlegungen davon ausgegangen, daß der Bereich der Trocknung und Zündung des Mülls besonders kritisch ist.
Der Müll zündet zunächst lokal an einigen Stellen während benachbarte Stellen die Zündtemperatur noch nicht erreicht haben. Es ergibt sich ein Übergangsbereich, in dem ein relativ niedriges Temperaturniveau vorliegt. Damit verbunden ist die Entstehung erhöhter CO-Konzentrationen und vermutlich auch der organischen Schadstoffe. Es ist dafür zu sorgen, daß die Zeit bis zur Zündung minimiert wird und der kritische Teilgasstrom einer intensiven Nachverbrennung zugeführt wird.

4. ANLAGENTECHNISCHE MASSNAHMEN

Zu folgenden Auslegungskriterien einer Feuerung werden nachfolgend die Optimierungsmöglichkeiten angegeben:

a) Feuerraumgeometrie
b) Feuerraumwände
c) Verbrennungsroste
d) Brennstoffdosierung
e) Primärluftverteilung und -temperatur
f) Sekundärluft

g) Anordnung der Brenner
h) Feuerungsautomatisierung

a) Feuerraumgeometrie

Bild 5 zeigt 3 Varianten zur Feuerraumgestaltung. Es handelt sich dabei um eine Gleichstromfeuerung, eine Gegenstromfeuerung und eine Mittelstromfeuerung.

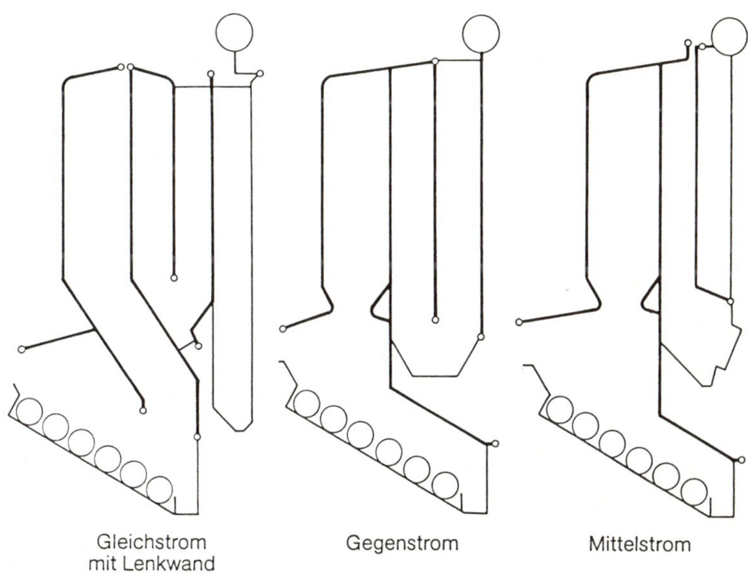

Bild 5: Feuerraumgeometrien

Die Bezeichnungen sind aus der Strömungsrichtung der Rauchgase in Bezug auf die Mülltransportrichtung hergeleitet. Bei der Gleichstromfeuerung bereitet es bei niedrigen Heizwerten Schwierigkeiten den Brennstoff in angemessener Zeit zu trocknen und zu zünden, während bei hohen Heizwerten in dieser Hinsicht keine Probleme bestehen. Es besteht bei Gleichstromfeuerungen die Möglichkeit bei niedrigen Heizwerten durch hohe Primärluftvorwärmung im Trocknungs- und Zündbereich das Zündverhalten zu unterstützen. Die Gegenstromfeuerung kennt diese Probleme nicht und wurde ursprünglich deswegen insbesondere für niedrige Heizwerte eingesetzt. Sie hat allerdings den Nachteil, daß Teilgasströme aus dem Zündbereich auf direktem Wege in den ersten Kesselzug gelangen können

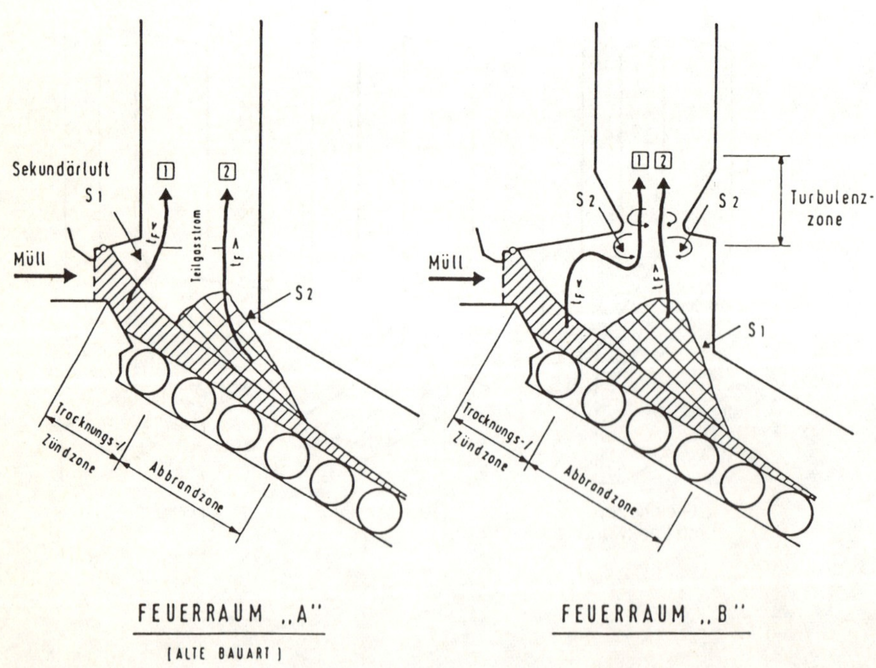

Bild 6: Vergleich Gegenstrom-/Mittelstromfeuerung

ohne, wie es bei der Gleichstromfeuerung der Fall ist, zwangsweise die heißeste Zone passieren zu müssen. Die Mittelstromfeuerung stellt einen Kompromiß zwischen beiden Lösungen dar.

In Bild 6 wird eine Gegenstromgeometrie - hier mit A) bezeichnet - mit einer Mittelstromgeometrie - bezeichnet mit B) - verglichen. Man erkennt, daß bei der Variante A) der mit 1 bezeichnete Teilstrom aus dem Trocknungs- und Zündbereich auf direkten Weg in den ersten Kesselzug gelangen kann. In der Variante B) wird dieser Teilstrom umgelenkt und in einer Turbulenzzone mit dem heißen Teilstrom 2 aus dem Hauptverbrennungsbereich vermischt. Unter den Turbolatoren wird

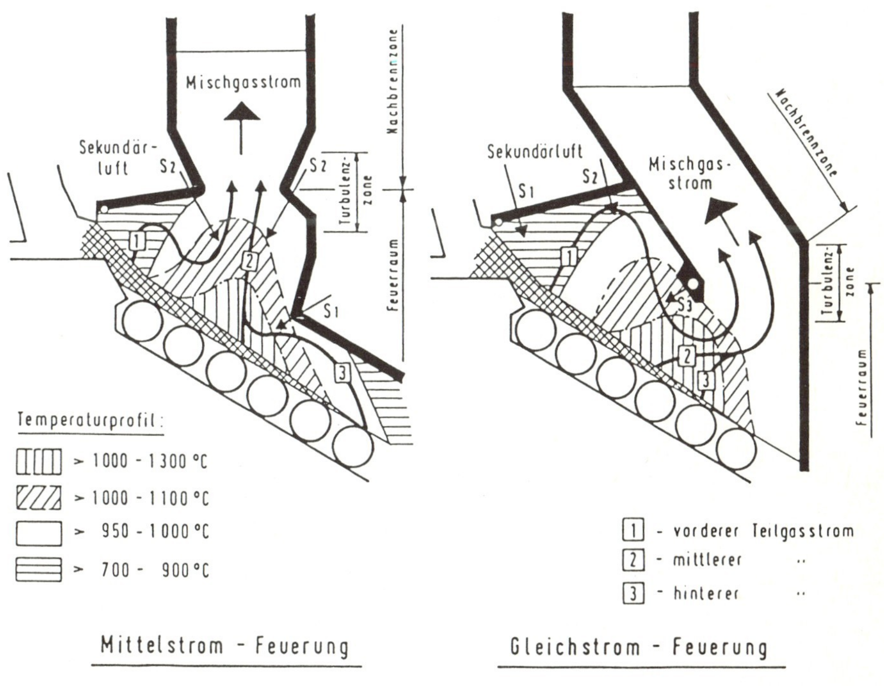

Bild 7: Teilgasströme und Temperaturfelder

Sekundärluft mit hoher Geschwindigkeit eingeblasen. Diese Sekundärluft unterstützt einerseits die Mischung und stellt andererseits den erforderlichen Sauerstoff für die CO-Restoxidation zur Verfügung. (6)

Bild 7 zeigt den Teilgasstromverlauf und Temperaturprofile für Mittelstrom- und Gleichstromfeuerungen. Beachtet man insbesondere den Teilgasstrom 1, der aus dem Zündbereich stammt, so erkennt man, daß dieser bei der Gleichstromfeuerung einen wesentlich längeren Weg, d.h. eine längere Verweilzeit aufweist. Er wird bei der Gleichstromfeuerung zwangsweise durch die heißeste Zone geführt. Dagegen muß bei der Mittelstromfeuerung sorgfältig darauf geachtet wer-

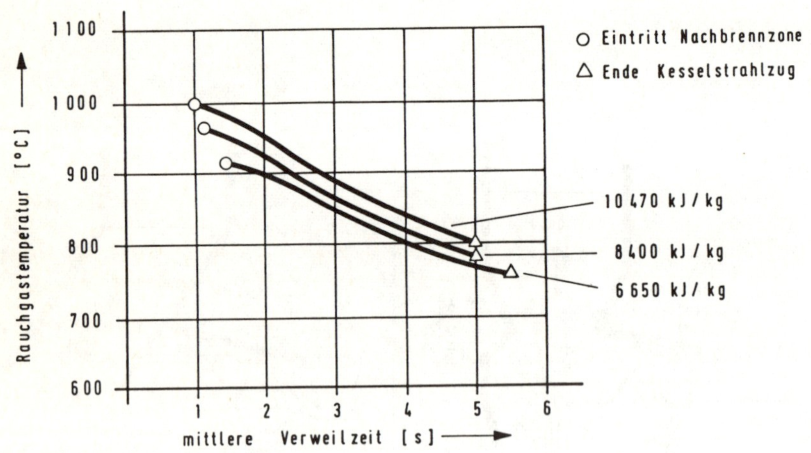

Rauchgastemp. °C	innerhalb Nachbrennzone	Feuerraum + Nachbrennzone
> 950	0,3	1,4
> 900	1,25	2,35
> 850	2,15	3,25
> 800	3,3	4,4

Verweilzeiten bei Hu = 8 400 kJ/kg

Bild 8: Verweilzeit der Rauchgase in Abhängigkeit von der Rauchgastemperatur

den, daß durch Gestaltung der Feuerraumdecke und Unterstützung durch die Sekundärluft dieser Teilgasstrom in die heißeste Zone umgelenkt wird. Daß dies möglich ist, wurde durch Modellversuche nachgewiesen. (7)

Die Auswertung der Strömungswege in Zusammenhang mit den Temperaturfeldern ergibt Verweilzeiten, die in Bild 8 dargestellt sind. Bild 8 enthält eine Tabelle, in der die Verweilzeit der Rauchgase in Abhängigkeit von der Rauchgastemperatur für einen Heizwert von 8400 kJ/kg und eine Mittelstromfeuerung angegeben sind. Die mittlere Verweilzeit im Bereich über 800 °C beträgt 4,4 Sek. und selbst über 950 °C beträgt sie noch 1,4 Sek.. Betrachtet man lediglich die Nachbrennzone, das ist der Bereich, der nach der letzten Luftzugabe beginnt, so beträgt die Verweilzeit noch 0,3 Sek. für Temperaturen über 950 °C.

Zusammenfassend läßt sich zur Feuerraumgeometrie folgendes sagen:
Für höhere Heizwerte, wie sie heute meist vorliegen, geht die Tendenz zu Gleichstromfeuerungen, da bei diesem System absolut sichergestellt ist, daß eventuelle Produkte unvollständiger Verbrennung aus dem Zündbereich durch die heißeste Zone geführt werden und dort ohne Sekundärmaßnahmen ausbrennen können. Bei Auslegung für ein breiteres Heizwertband, d.h. für Anlagen bei denen häufig sehr niedrige Heizwerte auftreten, kommen Mittelstromfeuerungen in Frage, wobei jedoch auf eine gute Strömungsführung und Vermischung des Teilgasstromes aus dem Zündbereich zu achten ist.

b) Feuerraumwände

Die Feuerraumwände sind so zu gestalten, daß einerseits nicht zuviel Wärme dem Feuerraum entzogen wird und andererseits eine Temperatur eingehalten wird, die eine Verschlackung der Wände verhindert.
Folgende Wandkonstruktionen wurden daraufhin untersucht:
- vollkeramische Wand
- Membranrohrwand, bestiftet und bestampft
- SIC-Taillensteine mit Verdampferrohren zur Wandkühlung

Die Berechnungen zeigen, daß eine optimierte Wandgestaltung mit gekühlten Taillensteinen bis zu 120 °C höheren Temperaturen in der Nachbrennzone führt als bei der herkömmlichen Bauweise mit bestampften Membranwänden. Der Wärmeabbau innerhalb des Feuerraumes kann bei einer derartigen Konstruktion um ca. 60 % % verringert werden.

Eine Sonderstellung in der Seitenwandgestaltung bildet das System K + K, bei dem die luftgekühlten Seitenwände zum Verbrennungsluftsystem gehören. Über dieses System wird in (8) berichtet. Es kommt an der MVA Hamm zum Einsatz, wo sich zur Zeit vier Verbrennungseinheiten für je 8,5 t/h Mülldurchsatz in der Inbetriebnahme befinden.

c) Verbrennungsroste

Die Anforderungen an ein Verbrennungsrostsystem können wie folgt dargestellt werden:

- Die Primärluft muß in Längsrichtung gesehen in mindestens fünf Sektionen unabhängig voneinander einstellbar sein.

- Die Transportgeschwindigkeit des Rostes muß in mindestens drei Sektionen, d.h. im Zündbereich, in der Hauptverbrennungszone und im Ausbrandbereich unabhängig voneinander verstellbar sein.

- Es muß dafür gesorgt sein, daß durch die Rostbewegung eine ausreichende Schürung bewerkstelligt wird. Dies sollte allerdings nicht mittels Stürzen in der Hauptverbrennungszone geschehen, da an einem Roststurz die Schürung in extrem kurzer Zeit durchgeführt wird, so daß es kaum möglich ist, die Verbrennungsluft dem aktuellen Luftbedarf nachzufahren. Ein Roststurz vor dem Ausbrandrost kann dann akzeptiert werden, wenn der Sturz mit Verbrennungsluft versorgt wird.

- Der Rostbelag sollte gleichmäßige Luftschlitze oder Luftöffnungen aufweisen, die auch unter thermischer und mechanischer Belastung ihre Gleichmäßigkeit beibehalten. Auch ist darauf zu achten, daß der Luftaustritt zwischen Rost und Seitenwand in Grenzen gehalten wird.

d) Brennstoffdosierung

Die Brennstoffdosierung bzw. der Müllzuteiler muß eine möglichst kontinuierliche Dosierung erlauben. Die Abwurfstelle des Zuteilers ist durch geeignete Wahl der Geometrie derart von dem Zündbereich zu trennen, daß auch bei hohen Heizwerten, d.h. bei sehr zündwilligem Müll, ein Rückbrennen auf die Aufgabevorrichtung vermieden wird. Eine Kontinuität in der Brennstoffzuführung ist auch durch Optimierung von Stößelbeschickern erreichbar.

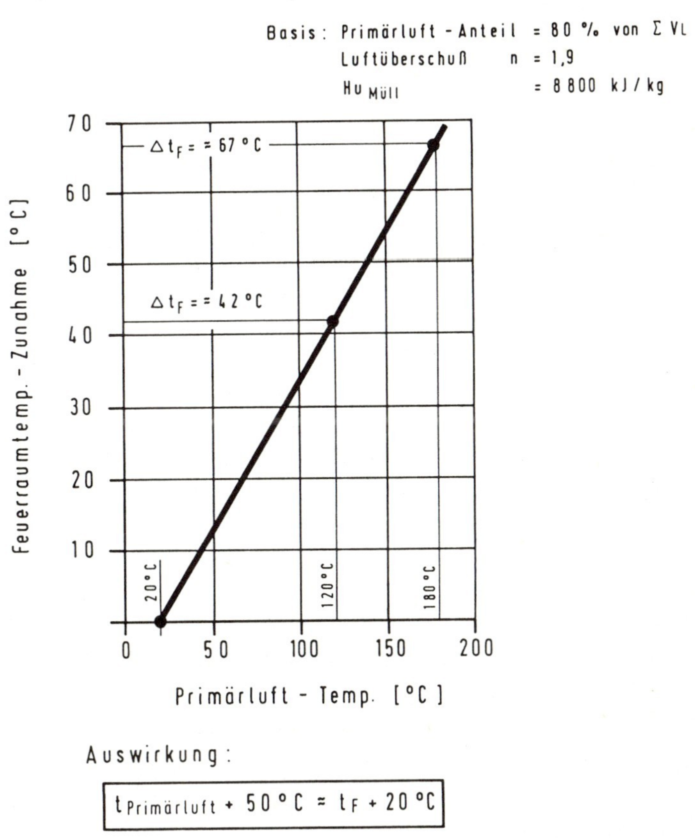

Bild 9: Erhöhung der Feuerraumtemperatur durch Primärluft-Vorwärmung

Es ist möglich, die Sekundärluft in ein Luftregelungssystem derart einzubeziehen, daß die Sekundärluftmenge von der Automatik entsprechend der CO-Werte im Nachbrennraum beeinflußt wird.

Es ist selbstverständlich, daß die Sekundärluft in allen Lastbereichen mit sehr hohem Impuls eingeblasen werden muß, da nur auf diese Weise eine ausreichende Durchmischung erzielt werden kann.

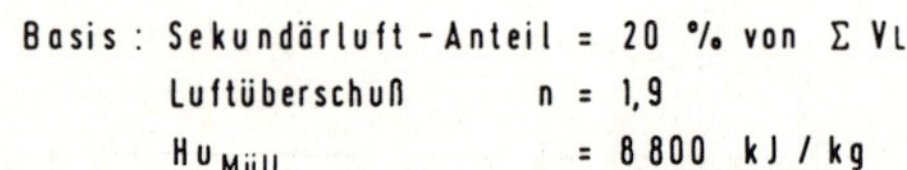

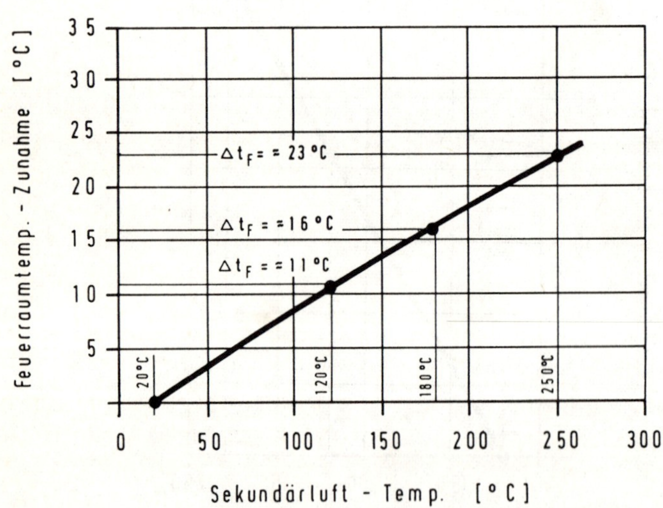

Auswirkung :

$t_{Sek.-Luft} + 50\,°C \approx t_F + 5\,°C$

Bild 10: Erhöhung der Feuerraumtemperatur durch Sekundärluft-Vorwärmung

e) Primärluft

Die Primärluft bzw. der Unterwind ist entsprechend dem Müllheizwert und dem Abbrandverhalten auf die Unterwindzonen zu verteilen. Bei hohen Heizwerten liegt die Hauptverbrennungszone, das ist die Zone mit dem größten Luftbedarf, näher an der Aufgabestelle als bei niedrigen Heizwerten. Diese Anpassung an schwankende Heizwerte kann von einem Regelungssystem, das unter h) beschrieben wird, übernommen werden.

Um die Trocknung und das Zünden des Brennstoffes zu beschleunigen, wird die Primärluft in der ersten Zone höher vorgewärmt. Damit wird der Tendenz entgegengewirkt, daß verzögerte Zündung örtlich Pyrolyseeffekte erzeugt. Diese sind besonders kritisch im Hinblick auf die Entstehung von Produkten unvollständiger Verbrennung. Das Temperaturniveau in diesem kritischen vorderen Brennkammerbereich wird durch die Luftvorwärmung und die beschleunigte Zündung deutlich angehoben. Bild 9 zeigt den Einfluß der Primärluftvorwärmung auf die Feuerraumtemperatur. Man erkennt, daß eine Vorwärmung auf 120 °C einen Anstieg der Feuerraumtemperatur um 42 °C zur Folge hat. Eine Vorwärmung auf 180 °C ergibt eine Temperatursteigerung um 67 °C.

f) Sekundärluft

Der Anteil der Sekundärluft ist grundsätzlich möglichst niedrig zu halten. Dies gelingt insbesondere bei einer Gleichstromfeuerung, da hier durch die zwangsweise Führung der Teilgasströme aus dem Zündbereich durch die heiße Zone ein schnellerer Abbau der Zwischenprodukte der Verbrennung im Gegensatz zu anderen Feuerungsarten erfolgt, wo ein größerer Aufwand erforderlich ist, um mittels Sekundärluft und Mischung diesem Abbau nachzuhelfen.

Das nächste Bild 10 zeigt den Einfluß der Sekundärluftaufheizung auf die Temperaturen im Feuerraum. Man erkennt, daß eine Aufheizung auf z.B. 180 °C eine Temperaturerhöhung von 16 °C bewirkt. Eine Anhebung auf 250 °C bringt lediglich eine Temperatursteigerung um weitere 7 °C.

g) Brenneranordnung

Die herkömmliche Brenneranordnung am Beginn der Nachbrennzone, d.h. unmittelbar hinter der letzten Luftzuführung, muß in Frage gestellt werden. Statt dessen bietet sich eine Stützbrenneranordnung direkt im Feuerraum an. Bild 11 zeigt einen Vergleich der Temperaturverläufe für diese beiden Brenneranordnungen. Beide Anordnungen sind in der Lage, die geforderten 800 °C hinter der letzten Luftzugabe zu erzeugen, die Anordnung im Feuerraum hat jedoch den Vorteil, daß die Temperatursteigerung bereits innerhalb des Feuerraumes wirksam wird und die Verweilzeit der Rauchgase in Temperaturen über 900 °C von 0,7 s auf 2,5 s verlängert wird.

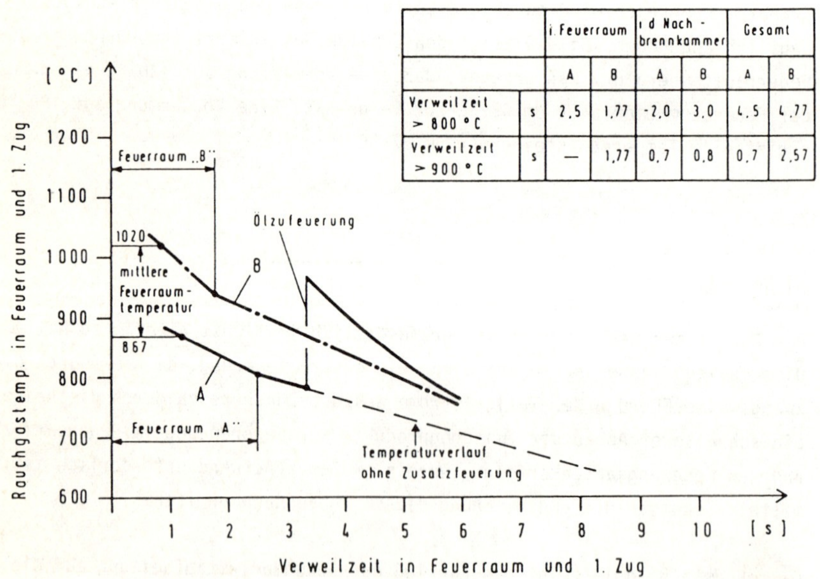

		i. Feuerraum		i d Nach-brennkammer		Gesamt	
		A	B	A	B	A	B
Verweilzeit > 800 °C	s	2,5	1,77	-2,0	3,0	4,5	4,77
Verweilzeit > 900 °C	s	—	1,77	0,7	0,8	0,7	2,57

Bild 11: Einfluß der Brenneranordnung auf Temperaturen und Verweilzeiten

Die Auswirkungen zeigen sich nicht nur in einem besseren gasseitigen Ausbrand sondern auch in einem geringerem Anteil an Unverbranntem in der Schlacke.

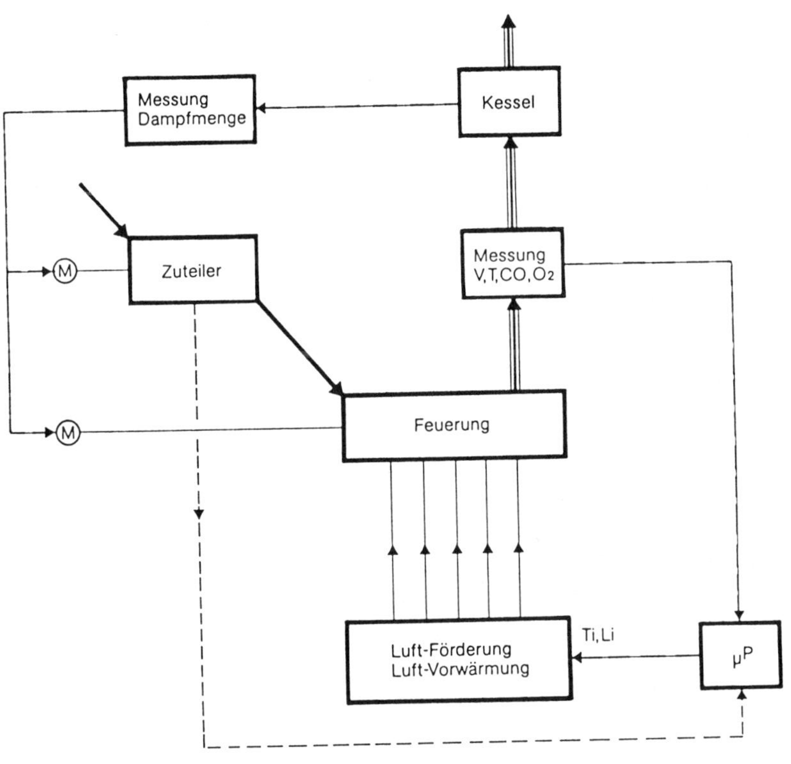

Bild 12: Konzept einer Feuerungsregelung

h) Feuerungsautomatisierung

Die Verbrennungsluftmenge und -verteilung muß automatisiert werden und darf nicht - wie heute noch oft üblich - ins alleinige Ermessen des Betriebspersonals gestellt werden. Hierzu ist ein Konzept entsprechend dem Bild 12 vorstellbar.

Aus der Messung der Abgasmenge und der Differenz der Temperaturen vor und nach Kessel ermittelt ein Rechner unter Berücksichtigung der Luftzahl n den Mindestluftbedarf und stellt diesen Wert am Verbrennungsluftgebläse ein. Der Abgasverlust wird aus Abgasmenge und -temperatur berechnet. Übrige Verluste werden als Konstante eingegeben. Die Luftzahl wird vom Rechner derart optimiert, daß sich die maximale Betriebstemperatur einstellt, wobei bestimmte Vorgaben an CO- und O_2-Gehalten einzuhalten sind.

Die Aufteilung der Verbrennungsluft auf die einzelnen Unterwindzonen wird darüber hinaus automatisiert. Aus der zuvor errechneten aktuell entbundenen Wärmemenge kann unter Aufschaltung der Stellgröße des Brennstoffdosierers und unter Berücksichtigung einer Totzeit ein - wenn auch grobes Maß - für den Heizwert ermittelt werden. Bei sinkendem Heizwert wird die Temperatur der Verbrennungsluft in der Vorwärmzone maximiert und der Hauptluftstrom weiter von der Aufgabe weggeschoben. Hierfür können feste Zuordnungen Unterwindverteilung zu Heizwert im Rechner vorprogrammiert werden.

Der Mikroprozessor verfährt in etwa wie folgt:
Ausgehend von einer aktuellen Temperatur im Nachbrennraum bei eingehaltenem maximalen CO-Wert vermindert der Prozessor die Unterwindmenge um einen kleinen Schritt und ermittelt die Veränderung von Temperatur und CO als Konsequenz dieser Luftveränderung. Ergibt sich eine Temperatursteigerung ohne Erhöhung des CO-Wertes, so wird ein zweiter Schritt in der gleichen Richtung durchgeführt. Diese Optimierungsschritte für die Temperatur werden so oft wiederholt bis eine vorgegebene Maximaltemperatur erreicht ist. Sinngemäß verfährt der Prozessor bei Überschreiten einer vorgegebenen CO-Grenze. Zunächst wird schrittweise die Unterwindmenge erhöht und die daraus resultierenden Temperatur- und CO-Änderungen ausgewertet. Dabei wird der Einfluß des O_2-Gehaltes entsprechend der in Bild 1 dargestellten Zusammenhänge mitverrechnet.

Der Rechner sorgt also dafür, daß immer nur die absolut notwendige Luftmenge eingegeben wird, um einerseits eine möglichst hohe Temperatur und andererseits einen möglichst niedrigen CO-Wert zu erhalten. Der optimalen Feuerführung wird bei diesem Konzept Vorrang vor der Konstanz der Dampferzeugung eingeräumt, d.h. es werden keine Kompromisse in der Feuerführung zugelassen, um die Dampfmenge konstant zu fahren. Als Stellgröße für die Dampfmenge kommen neben der Zuteilergeschwindigkeit Eingriffe in die Schürbewegung und die Vorwärmtemperatur in Frage, nicht jedoch in die Luftmenge und Luftverteilung.

Dieses Regelungskonzept befindet sich zur Zeit in der Entwicklung. Dabei werden zunächst die verschiedenen Einflußgrößen und ihre Verknüpfungen untereinander mathematisch beschrieben und in einen Simulationsrechner eingegeben. Die Ergebnisse der Simulationsrechnung werden mit Praxistests verglichen. Bei Abweichung zwischen Simulation und Praxistests wird das Programm verändert.

5. NO_x-PROBLEMATIK

Optimierungsmaßnahmen an der Feuerung, die zu einem Anheben der Feuerraumtemperaturen und intensiver Gasmischung führen, sind zwangsläufig mit erhöhter Stickoxidentstehung verbunden. Die NO_x-Werte liegen heute üblicherweise zwischen 250 und 350 mg/Nm³, angegeben als NO_2, und werden sich durch die beschriebenen Maßnahmen auf etwa 400 bis 500 mg/Nm³ erhöhen.
Eine Reduzierung durch feuerungstechnische Maßnahmen ist nicht möglich, da alle der Temperatur- und Ausbrandoptimierung entgegenwirken würden. Es verbleibt also nur die Anwendung von Sekundärmaßnahmen.
Hierzu kommen drei Konzepte in Frage:

- Thermische Reduktion durch Einblasen von NH_3 mit der Sekundärluft,
- Oxidation des NO zu NO_2 mit anschließender NO_2-Wäsche in der Rauchgasreinigungsanlage,

- Selektive katalytische Reduktion in einer Katalysatoranlage nach der Rauchgaswäsche.

Mit allen Konzepten ist eine Absenkung des NO_x-Emissionswertes unter 200 mg/Nm³ möglich.

6. BEISPIEL FÜR EINE OPTIMALE MÜLLFEUERUNG

Bild 13 zeigt den Feuerraum des geplanten Kessel 3 der MVA Ludwigshafen. An dieser Feuerung sind die beschriebenen Maßnahmen weitestgehend in die Praxis umgesetzt worden. Zur Verdeutlichung sollen die wesentlichen Elemente dieser Feuerung nachfolgend nochmals herausgestellt werden.

a) Feuerraumgestaltung

Es handelt sich hierbei um eine Gleichstromfeuerung mit Walzenrost-System, ähnlich dem technischen Konzept des Kessels 6 der MVA Düsseldorf. Im Gegensatz zur Düsseldorfer Lösung ist in diesem Fall der Kesselstrahlzug vertikal abgehend auf den hinteren Bereich des Feuerraumes aufgesetzt. Die Kesselzüge sind zur Müllaufgabe hin verlaufend angeordnet.

Der Wärmeabbau innerhalb Feuerraum und Nachbrennzone wurde gegenüber bisherigen Ausführungen durch die folgenden Maßnahmen erheblich reduziert:

- Die Feuerraumseitenwände im Trocknungs- und Zündbereich (1. Walze) sind aus keramischem Material, d.h. keine wärmeaufnehmenden Kesselrohre. Durch die intensive Wärmeeinstrahlung aus dem Feuerraum und dem Speicherungsvermögen wird diese temperaturkritische Zone "heiß" gehalten. Unterstützt wird dies durch zusätzliche Primärluftaufheizung im Bereich Walze 1.

- Die gesamten Seitenwände im übrigen Feuerraum und in der Nachbrennzone sind mit Verdampferrohren und Taillenstein-Abschottung ausgekleidet. Dieses Konzept reduziert gegenüber bisherigen Konstruktionen den Wärmedurchfluß erheblich und verhindert sicher eine Verschlackung der Wände.

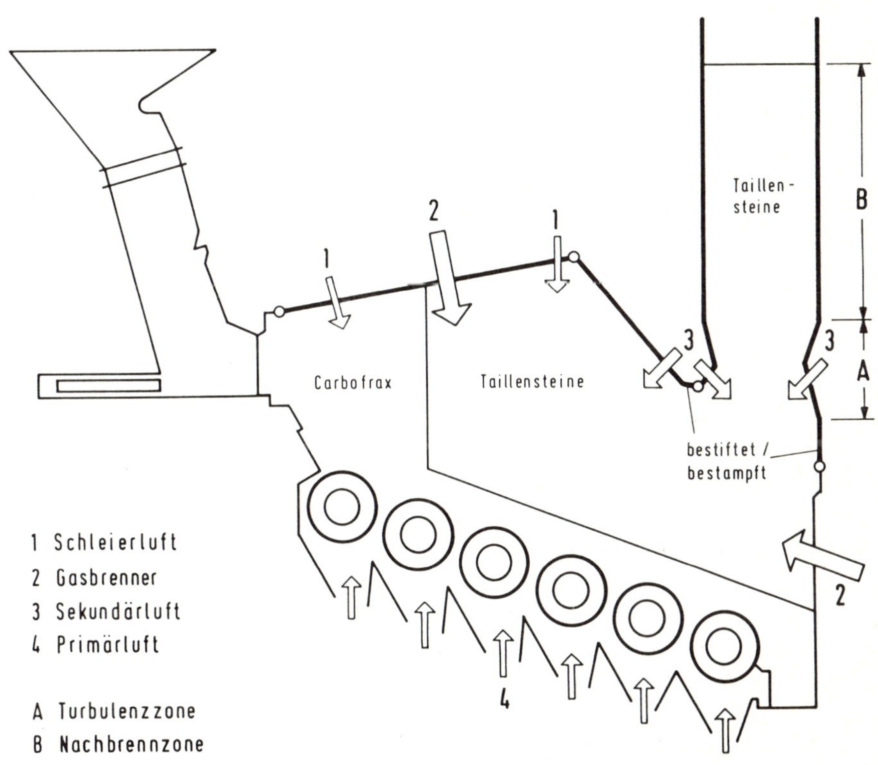

Bild 13: Feuerraum MVA Ludwigshafen

- Der vordere kritische Teilgasstrom hat eine lange Verweilzeit und wird absolut sicher durch den heißen Temperaturbereich geführt.
  Am Übergang Feuerraum zur Nachbrennzone wird der Gasstrom durch entsprechende geometrische Ausbildung mit Strömungsnasen sowie Zugabe durch Sekundärluft mit hohem Impuls nochmals intensiv vermischt.

b) Brenneranordnung

Die Placierung der Zusatzbrenner erfolgt innerhalb des Feuerraumes in der vorderen Decke (Brenner 1) sowie in der Feuerraumrückwand (Brenner 2). Dadurch ist sichergestellt, daß im Falle minderwertiger Müllqualität das Temperaturniveau nicht erst innerhalb der Nachbrennkammer sondern bereits im Feuerraum angehoben wird.

Bei einem erwarteten mittleren Müllheizwert von 8000 kJ/kg ist mit einer Temperatur der Rauchgase Ende Feuerraum von ca. 1070 °C zu rechnen. Die mittlere Verweilzeit der Rauchgase beträgt dabei für

- größer 800 °C ca. 5,2 Sek.
- größer 900 °C ca. 4,2 Sek.
- größer 1000 °C ca. 3,3 Sek.

Eine thermische Aufspaltung chlorierter Kohlenwasserstoffe ist unter diesen Bedingungen nach den heute vorliegenden Erkenntnissen mit absoluter Sicherheit gegeben.

c) Luftsystem

- sichere Luftversorgung durch ausreichenden Primärluftanteil bereits im Feuerbett, dadurch Ausschluß reduzierender Atmosphäre und damit der Gefahr der Entstehung toxischer Verbindungen,
- gezielter Einsatz von Sekundärluft mit hoher Geschwindigkeit,

- niedriger Gesamtluftüberschuß von max. n = 1,8.
  Somit auch nach Sekundärluftzugabe sichere Überschreitung der Reaktionstemperatur mit optimalem Gasausbrand (niedriger CO-Gehalt),
- homogenes Gefüge in der Gaszusammensetzung in Bezug auf Temperatur und O_2-Gehalt durch Intensivmischung im Bereich der Turbulenzzone.

d) Automatik

Komplettierung der vorgenannten Maßnahmen durch eine integrierte Prozeßüberwachung und -steuerung mit Feuerungsautomatik. Diese Maßnahmen führen zu einer niedrigen CO-Konzentration ähnlich wie bereits am Kessel 6 der MVA Düsseldorf realisiert. Dort wurden CO-Konzentrationen bereits am Ende der Nachbrennstrecke zwischen 0,001 bis 0,002 Vol. %, d.h. 10 - 25 mg/Nm³ gemessen.

7. ZUSAMMENFASSUNG

Es wurden Möglichkeiten aufgezeigt, eine Rostfeuerung für Hausmüll derart weiterzuentwickeln, daß die maximal möglichen Temperaturen ohne Verwendung von Zusatzbrennstoffen und unter Beachtung der betrieblichen Anforderungen erzielt werden. Insbesondere bezwecken die vorgestellten Maßnahmen eine Verbesserung des Ausbrandes zur Vermeidung schädlicher organischer Verbindungen.

Die Anwendung der vorgestellten Maßnahmen wird zur weiteren Verbesserung der Emissionssituation bei der Müllverbrennung führen. Diese Verbesserung wird - bedingt durch die öffentliche Diskussion - vielerorts zur Realisierung neuer Müllheizkraftwerke für notwendig erachtet, obwohl es als nachgewiesen gelten kann, daß moderne Müllheizkraftwerke heute bereits keine umweltrelevanten Emissionen aufweisen.

8. LITERATURVERZEICHNIS

(1) Horch, Klaus : Stand der Rauchgasreinigungstechnik für Müllverbrennungsanlagen. GIT-Verlag, Supplement Umwelt 3/85

(2) Horch, Klaus : Stand der Rauchgasreinigung in Müllverbrennungsanlagen, - Möglichkeiten und Grenzen. VDI-Berichte Nr. 554, 1985

(3) Kisters, Theodor : Die Zukunft der thermischen Abfallbehandlung, - Planung einer schadstofffreien Müllverwertungsanlage. Babcock-Symposium Abfallbehandlung, Oberhausen 19.3.85

(4) Christmann, Arvid : Einfluß einer Brennstoffvorbehandlung auf den Prozeß einer Müllverbrennungsanlage. Techn. Mitteilungen des "Haus der Technik eV", Heft 5, Mai 1985

(5) Hämmerli, Herbert : Grundlagen zur Berechnung von Müllfeuerungen. Verlag E. Freitag, Müllverbrennung und Rauchgasreinigung, Berlin 1983

(6) Christmann, Arvid : Müllverbrennung VDI-Bildungswerk, Seminar Düsseldorf 13.+14.7.1985, BW 6634

(7) Braun, Bruno u. Hungerhoff, J. : Strömungstechnische Untersuchungen zur Ausbildung von Feuerräumen in Müllverbrennungsanlagen. VGB-Tagung Müllverbrennung 1977

(8) Künstler, Hans Beeinflussung des Verbrennungsablaufs durch gezielte Zuführung der Luft.
Verlag E. Freitag, Müllverbrennung und Umwelt, Berlin 1985

Beeinflussung des Verbrennungsablaufs durch gezielte Zuführung der Luft

H. Künstler

1. Einführung

Die Praxis zeigt, dass die Forderungen der Betreiber von Abfallverbrennungsanlagen nach

- maximaler Energieausnutzung
- lange Reisezeiten und Verfügbarkeiten
- vertretbaren Betriebskosten
- Einhaltung der Umweltgesetze (Luft, Wasser, Ausbrand, usw.)

nur erreichbar sind, wenn das Hauptverfahren - die Verbrennung - die dazu notwendigen Voraussetzungen und Bedingungen erfüllt.

Mindestens 70 % der in der Literatur publizierten technischen Probleme in den der Verbrennung nachgeschalteten Verfahrensstufen Kessel und Elektrofilter lassen sich bei objektiver Beurteilung auf die ungenügende Qualität der in der Feuerung produzierten Rauchgase zurückführen. Kriterien für die Qualität der Rauchgase sind u.a.:

- Ausbrand
- Temperaturverteilung
- Strähnenprofile
- Geschwindigkeitssprofile
- Staubbeladung

Die Praxis zeigt jedoch auch, dass bei Anlagen mit den obgenannten technischen Problmen zu oft die Folgen bekämpft werden, anstatt Massnahmen zu ergreifen, um das Entstehen dieser Symptome zu unterbinden, bzw. wesentlich zu reduzieren.

Anhand der Erklärung des Verbrennungsablaufes soll dargelegt werden, welche Massnahmen ergriffen werden können, um eine optimale Feuerung zu erzielen.

2. Allgemeine Vorgänge bei der Verbrennung

Folgende Vorgänge können bei der thermischen Behandlung von Brennstoffen, zu denen auch Abfall dazugehört, beobachtet werden:

- Trocknung
- Entgasung
- Vergasung
- Verbrennung.

Jedem dieser Vorgänge sind Temperaturen und Parameter zugeordnet, die die Reaktionsgeschwindigkeit beeinflussen:

a) Die Trocknung des Materials erfolgt bei Temperaturen um 100° C. Dabei kann die Trocknung durch Strahlung aus dem Feuerraum (Oberflächentrocknung) oder durch konvektive Wärmeübertragung durch ein Trägermedium (Gas, Luft, Rauchgas, usw.) erfolgen. Um diesen Vorgang zu beschleunigen, muss entweder die der Strahlung ausgesetzte Oberfläche gross sein oder das Trägermedium vorgewärmt sein.

b) Bei der Entgasung werden flüchtige Bestandteile bei Temperaturen um 250° C und höher ausgetrieben. Dabei handelt es sich einerseits um Wasser, andererseits um Schwelgase, Kohlenwasserstoffe usw. Eine reine Entgasung ist nur dann möglich, wenn keine oxidierenden Mittel vorhanden sind. Da die Zündtemperatur dieser Entgasungsprodukte relativ tief, nämlich bei 250 - 350° C liegt, entzünden sie sich augenblicklich bei Vorhandensein von z.B. Sauerstoff. Die Entgasung ist nur von der zugeführten Wärmemenge abhängig.

c) Unter Vergasung versteht man die Umsetzung von fixem Kohlenstoff zu gasförmigen Produkten. Dieser Vorgang spielt sich vorwiegend bei hohen Temperaturen ab (zwischen 500 - 600° C) Nebst der Temperatur wirken Wasserdampf und Sauerstoff als reaktionsfördernd.

d) Die Verbrennung letztlich beinhaltet die vollständige Oxidation der aus den erwähnten Vorgängen entstandenen brennbaren Gasen. Als Verbrennungsprodukte entstehen Kohlendioxid und Wasserdampf als wesentlichste Bestandteile.

2.1 Theoretische Feuerung

Unterstellt man einmal, dass der Brennstoff, wie er auf den Rost aufgegeben wird, eine grosse Wärmeleitfähigkeit besitzt (wie z.B. Oel), so ist zur Erreichung eines vollständigen Ausbrandes der Schlacke nur in der Vergasungszone eine kleine Menge Sauerstoff erforderlich (die übrigen Vorgänge sind lediglich eine Funktion der eingebrachten Wärmemenge), d.h. dass praktisch die gesamte zur Verbrennung erforderliche Luftmenge in die Gasphase eingegeben werden könnte (z.B. durch die Sekundärluftdüsen).

Ein solches System hätte wesentliche Vorteile gegenüber den konventionellen Rostfeuerungen, denn damit würden die üblicherweise durch den Unterwind aufgewirbelten Abfallpartikel (Flugasche) die Rauchgase nicht belasten. Durch die geringe Flugaschebelastung könnten im Brennraum höhere Temperaturen (Verringerung des Luftüberschusses) ohne Probleme für die nachgeschalteten Elemente erreicht werden.

Zudem wäre mit der zur Verfügung stehenden grossen Sekundärluftmenge eine ausserordentlich gute Durchwirbelung und somit ein optimaler Ausbrand der Rauchgase erzielbar. Ein solches System könnte, unter Vernachlässigung der Vergasungszone, als Pyrolyse mit aufgesetzter Nachverbrennung bezeichnet werden.

2.2 Praktische Feuerung

Die eben genannte Voraussetzung der grossen Wärmeleitfähigkeit ist jedoch bei Abfallbrennstoff nicht gegeben. Aus diesem Grunde ist man bei Rostfeuerungen auf einen Wärmeträger oder einen Wärmespender angewiesen. Dies erfolgt durch Zugabe von Luft in die Abfallschicht, die zur Erhöhung der Reaktionsgeschwindigkeit vorgewärmt sein kann. Die Folgen dieser Luftzuführung sind lokale Brandherde, die einerseits wieder Wärme für den Reaktionsablauf liefern, andererseits wieder Rauchgase von sehr unterschiedlicher Konsistenz und Temperatur produzieren.

Bei den meisten Verbrennungsverfahren, so auch bei der Abfallverbrennung, sind die vier Vorgänge

- Trocknung
- Entgasung
- Vergasung
- Verbrennung

räumlich sowie zeitlich nicht scharf voneinander trennbar. Teilweise laufen die Vorgänge parallel ab und beeinflussen sich dementsprechend gegenseitig.

3. Verbrennungsablauf

3.1 Chemische Betrachtung

Der komplexe Verbrennungsablauf bei einer Rostfeuerung ist wegen der Vielzahl der beeinflussenden und ständig wechselnden Einzelfaktoren schematisch unvollkommen und nur annähernd darstellbar.

Das Verketten der beschriebenen Vorgänge führt zu Verknüpfungen der chemischen Reaktionen zwischen den Sauerstoff-Molekülen, dem Kohlenstoff und dem Wasserstoff.

Es genügt nicht, nur die Oxidation der Hauptbestandteile des Brennstoffes wie

$$C + O_2 = CO_2 \quad \text{(Kohlendioxid)}$$

$$2\,C + O_2 = 2\,CO \quad \text{(Kohlenmonoxid)}$$

oder

$$2\,H_2 + O_2 = 2\,H_2O \quad \text{(Wasserdampf)}$$

zu betrachten, sondern es gilt auch die vielfältigen Reaktionen zwischen

$$H_2 + C = C_mH_n \quad \text{(Kohlenwasserstoffe)}$$

oder

$$C + H_2O = CO + H_2$$

und deren Abbau zu beachten.

Im glühenden Zustand nimmt der Kohlenstoff so begierig Sauerstoff auf, dass er ihm den CO_2-Molekülen entreisst, wenn kein freier Sauerstoff verfügbar ist. Es findet also eine Reduktion

$$CO_2 + C = 2\ CO$$

statt.

Dieser Vorgang ist nicht nur von der zugeführten Luftmenge, sondern auch von der Brennstoff-Schichtdicke und von der vorhandenen fühlbaren Wärme abhängig.

Ein weiterer, oftmals übersehener Vorgang ist die thermische Spaltung von Wasser, welches zusammen mit der Verbrennungsluft ins Feuerbett eingetragen wird. Bei den herrschenden hohen Temperaturen wird das Wasser zu Wasserstoff und Sauerstoff gespalten und dadurch Wärmeenergie verbraucht, was wiederum andere chemische Vorgänge beeinflusst.

$$H_2O + \text{Wärme} = H_2 + \tfrac{1}{2}\ O_2$$

Bereits das einfachste Verbrennungsmodell (Kohlenstoffverbrennung = Kohlenstoff + Sauerstoff) ist im unterstöchiometrischen Bereich - obwohl berechenbar - schwierig d.h. unzureichend exakt darstellbar.

Auch ohne die Nebenbestandteile im Brennstoff Abfall zu berücksichtigen, ist ersichtlich, dass die chemischen Zusammenhänge in der Brennstoffschicht äusserst komplex sind.

Mit dem heterogenen Brennstoff Abfall ist es nicht möglich, über der gesamten Breite und Fläche des Rostes gleiche Verhältnisse zu haben.

3.2 Thermische Betrachtung

3.2.1 Statisch

Um den Verbrennungsablauf thermisch richtig zu erfassen, sind Kenntnisse über die unterstöchiometrische (Luftüberschusszahl $n < 1$) "Verbrennung" von grösster Wichtigkeit, und zwar deshalb, weil im überstöchiometrischen Bereich ($n > 1$) durch vermehrte Zugabe von Luft nur eine Abkühlung der Rauchgase erreicht wird.

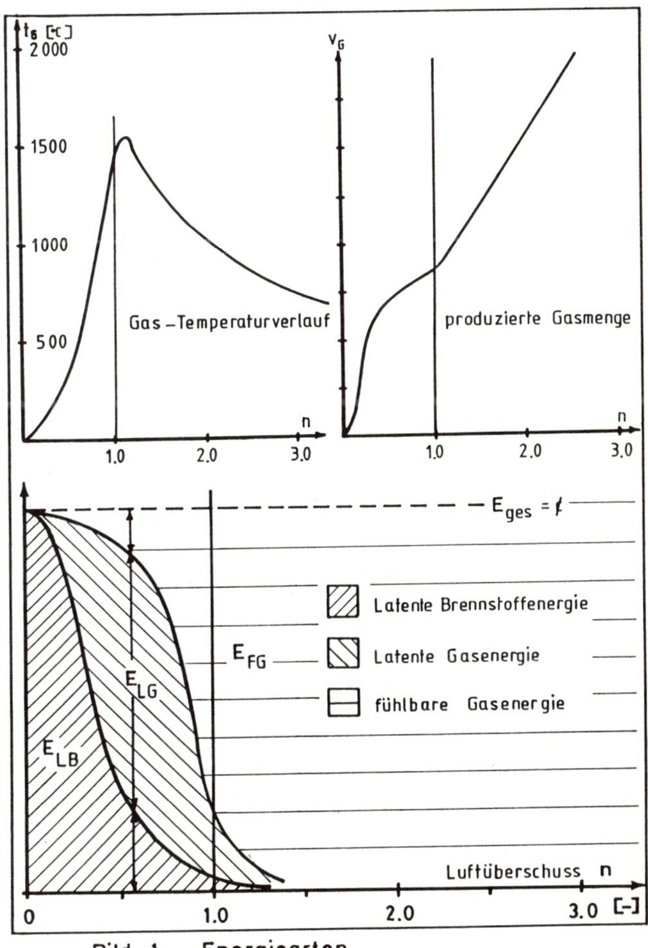

Bild. 1 Energiearten

Lässt man vorläufig den chemischen Verbrennungs-Ablauf unberücksichtigt, dann ist vor allem wichtig zu wissen, wo und in welcher Form die im Abfall steckende, latente Energie in Abhängigkeit des Luftüberschusses übergeht.

In Bild 1 sind diese Verhältnisse dargestellt, wobei parallel dazu die theoretische Endtemperatur der Gase mit der entsprechenden Gasmenge gezeigt wird.

Die Gesamtenergie in Form von
- latenter Brennstoffenergie
- latenter (unverbrannter) Gasenergie CO, C_mH_n, H_2, usw.
- fühlbarer (verbrannter) Gasenergie CO_2, usw.

ist, über den Gesamtbereich des Luftüberschusses gesehen, konstant.

Im mittleren Bereich der unterstöchiometrischen "Verbrennung" liegt der grösste Anteil der Energie in Form von unverbrannten Gasen als latente Energie vor.

Wird eine vollständige Oxidation dieser Gase mit Sekundärmassnahmen nicht erreicht, dann durchströmen diese Gase die nachgeschalteten Verfahrensstufen mit entsprechend verheerenden Folgen.

Diese in Bild 1 dargestellten Energieformen können sich je nach Verbrennungsverfahren noch weiter in Richtung erhöhten Luftüberschuss verschieben, d.h. dass die Auslegung speziell des Feuerraumes und der Luftzuführung, oder die Stelle, an der die latente Energie in fühlbare Energie umgewandelt wird, eine entscheidende Rolle spielt und den Bereich der latenten Gasenergie wesentlich beeinflusst (die Durchmischung der Gase ist massgebend).

3.2.2 Dynamisch

Ueber die Länge einer Rostfeuerung, d.h. in der Aufenthaltszeit eines Abfallpartikels auf dem Rost gesehen, verläuft die Energieentbindung, vereinfacht dargestellt, entsprechend Bild 2.

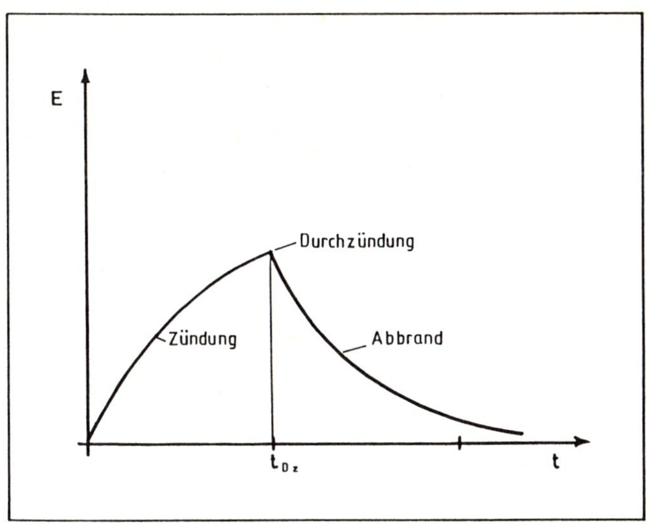

Bild 2 : Energieentbindung in Funktion der Zeit

Die ansteigende Linie stellt die Zündung des Brennstoffes, der höchste Punkt die Durchzündung, die abfallende Linie den Ausbrand der Feststoffe und die Abkühlung der Schlacke dar.

Durch die Veränderung u.a. der zugegebenen Luftmenge in die konstante Brennstoffschicht kann der Durchzündungspunkt resp. die Zeit von der Initialzündung bis zur Durchzündung stark beeinflusst werden (siehe Bild 3). Die anderen beeinflussenden Faktoren wie Lufttemperatur, Heizwert und Schichthöhe des Brennstoffes werden hier nicht berücksichtigt.

Durch Zugabe von Luft in die Zündzone wird die Zeit der Zündphase verkürzt und umgekehrt verlängert.

Als Faustregel gilt: doppelte Unterwindmenge entspricht einer Halbierung der Durchzündungszeit t_{DZ}. Gleichzeitig verändert sich die pro Zeiteinheit (Flächeneinheit) entbundene Energiemenge beträchtlich. Die Energie insgesamt bleibt jedoch konstant.

Dieses Phänomen ist jedoch nach der dargelegten statischen thermischen Betrachtung (s. 3.2.1) nur möglich, wenn die Zündphase prinzipiell in dem Bereich geschieht, in dem noch alle drei Energieformen vorhanden sind, d.h. im unterstöchiometrischen Bereich bzw. an der Grenze zwischen Unterstöchiometrie und Ueberstöchiometrie.

In diesem Bereich

- ist nur mit Luftzugabe durch die Brennstoffschicht ein vollständiger Ausbrand der Gase nicht erreichbar
- ist die Brennstoffschicht-Temperatur in Abhängigkeit der zugeführten Primärluftmenge stark beeinflussbar
- ist eine niedrige Entbindung der fühlbaren Energiemenge (siehe Bild 3) aus Rostbelastungsgründen erwünscht.

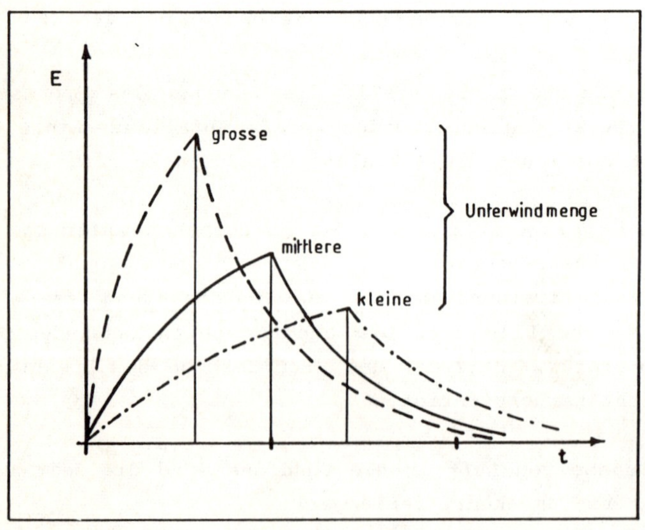

Bild 3: Energieentbindung in Funktion der Unterwindmenge

4. Luftzuordnung

4.1 Theoretisch

Damit die erwünschte gleichmässige Temperaturverteilung über den ganzen Querschnitt und über die Länge der Feuerung erreicht wird, müsste die zugeführte Unterwind-Luftmenge proportional der entbundenen Energiemenge erfolgen, wie in Bild 4 dargestellt.

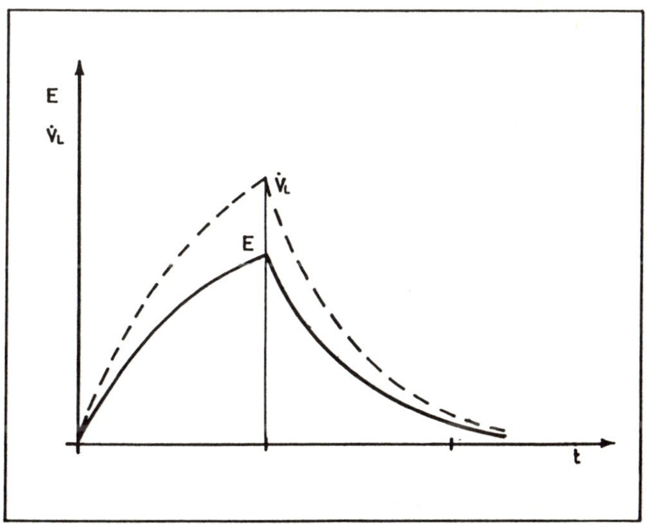

Bild 4: Luftzuordnung zur Energieentbindung

In der wichtigsten Phase, der Zündphase, ist diese Zuordnung wie in Kapitel 3 beschrieben, jedoch nicht möglich, da

a) immer fühlbare <u>und</u> latente Energie vorhanden ist
b) eine Annäherung an die theoretisch idealen Verhältnisse, eine unerwünscht kurze Zündzone und hohe Temperaturen zur Folge hat.

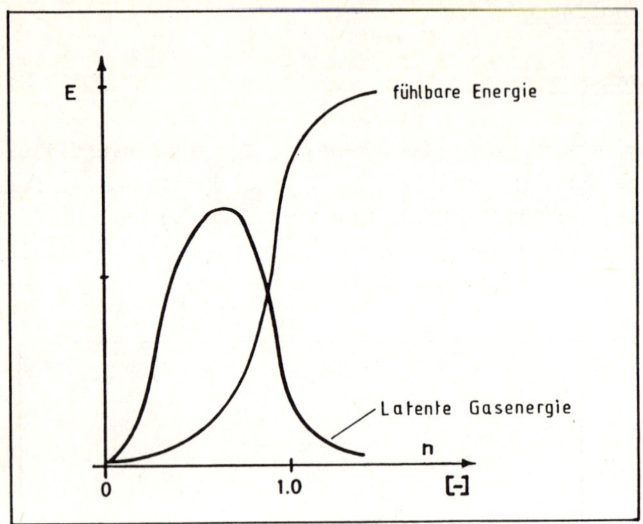

Bild 5 : Energieformen als absolute Grösse

Bild 5 zeigt im unterstöchiometrischen Bereich den Verlauf der latenten und fühlbaren Energiemenge in absoluter Grösse.

Um diesen Bereich unter Kontrolle zu halten, ist es erforderlich, eine Trennung zwischen

- Unterwind, zur Erzeugung fühlbarer Wärme und
- Sekundärluft, zur Umwandlung latenter Gaswärme

zur Verfügung zu haben, mit der Möglichkeit, diese beiden Luftmengen proportional zu den entstehenden Energieformen variieren zu können. Dass es sich dabei um sehr grosse Sekundärluftmengen handelt, ist aus Bild 5 gut ersichtlich.

4.2 Praktisch

Beim K + K - System wird, nebst der bei allen Rostsystemen üblichen Aufteilung des Unterwindes in verschiedene regelbare Zonen, der ganze Feuerraum von Sekundärluft in Form von Plattenluft umgeben (siehe Bild 6).

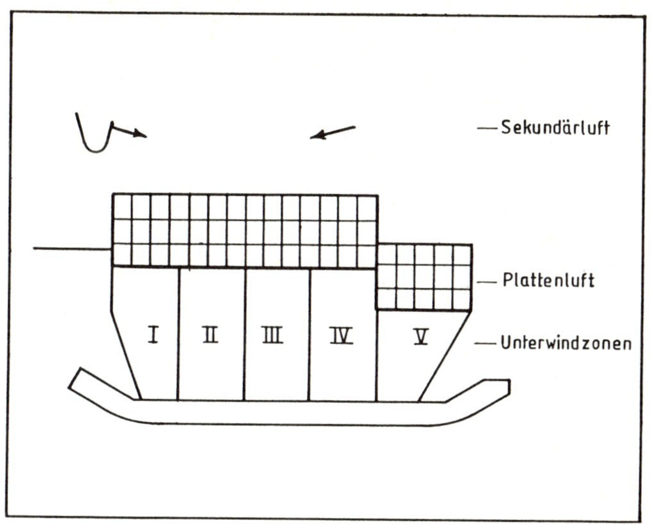

Bild. 6: Aufteilung der Verbrennungsluftmenge

Diese Plattenluft ist, ähnlich dem Unterwind, in verschiedene individuell regelbare Zonen unterteilt. Innerhalb dieser Zonen besteht noch die Möglichkeit, die Luftverteilung in den einzelnen Luftfeldern vorzugeben (siehe Bild 7).

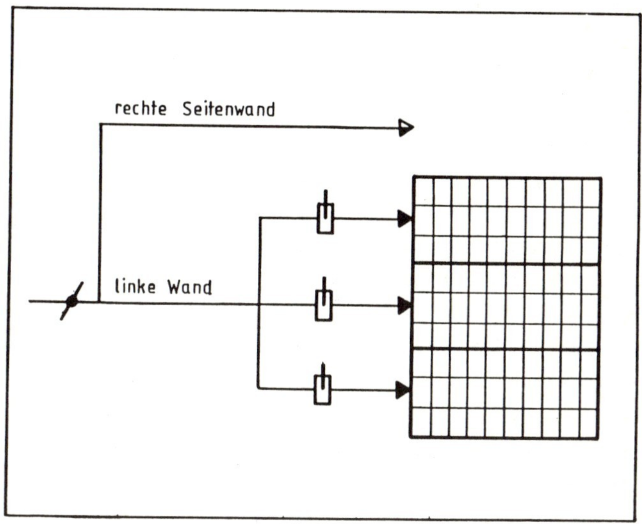

Bild. 7: Beispiel einer Plattenluftzone

Unabhängig der absoluten, in eine Rost-Plattenluftzone eingebrachten Luftmenge, kann somit zusätzlich die Unterwind- und die Plattenluftmenge untereinander variiert werden (siehe Bild 8).

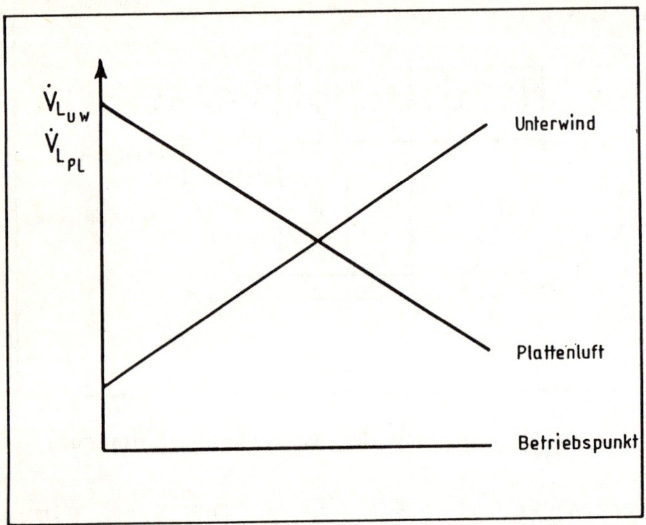

Bild. 8: Variation der Luftmenge innerhalb einer Zone

Etwaige, den Feuerraum verlassende, latente Energie wird durch die Sekundärlufteindüsung in fühlbare Energie umgewandelt.

5. Schlussbetrachtung

Je höher der Heizwert des Brennstoffes liegt, desto wichtiger wird es, die Zündphase zu verlangsamen.

Diese Bremswirkung ist jedoch nur möglich, wenn die Feuerung in die Phase vermehrter Entbindung von latenter Gasenergie gebracht wird. Da es sich in dieser Phase um sehr grosse latente Energiemengen handelt, ist es erforderlich, mit grossen Luftmengen frühzeitig in die Gasphase eingreifen zu können, um damit einen optimalen Ausbrand der Gase sowie eine gleichmässige Temperaturverteilung sicherzustellen.

2. Rauchgasreinigung

Rauchgas-Reinigungs-Verfahren

K. Kijewski

1. Einleitung

Aufgrund der gesetzlichen Bestimmungen sind bei zu planenden oder zu erweiternden Müllverbrennungsanlagen Grenzwerte für verschiedene Abgaskomponenten festgelegt, die nur mit einer über die Entstaubung hinausgehenden Abgasreinigung erreicht werden können. Für die Abscheidung dieser gasförmigen Schadstoffe aus dem Rauchgas haben sich die Verfahren der Absorptions- und der Adsorptionstechnik bewährt.

Bei der Rauchgasreinigung gibt es, bezogen auf den Aggregatzustand, in dem der Reaktant ein- und wieder ausgetragen wird, drei unterschiedliche Verfahren.

- nasse Verfahren: Es wird eine Waschlösung verwendet. Die Reaktionsprodukte liegen in wässriger Form vor (Bild 1).

- quasi-trockene Verfahren: Die Waschlösung verdampft im Rauchgasstrom und die Reaktionsprodukte werden in trockener Form abgeschieden (Bild 2).

- trockene Verfahren: Der Reaktant wird im trockenen Zustand in den Rauchgasstrom ein- und ausgetragen (Bild 3).

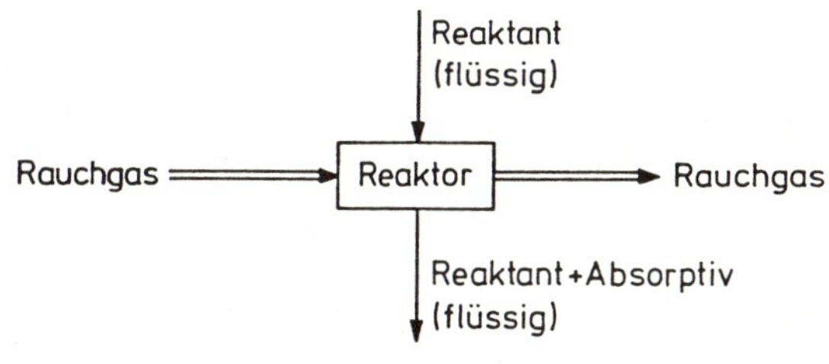

Bild 1
Schema der nassen Reinigung

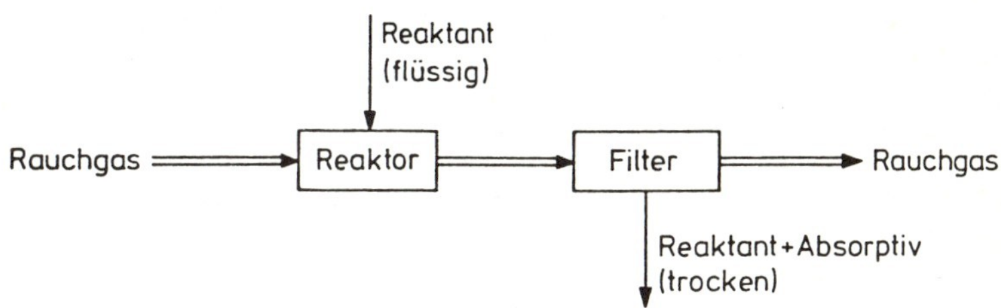

Bild 2
Schema der quasi-trockenen Reinigung

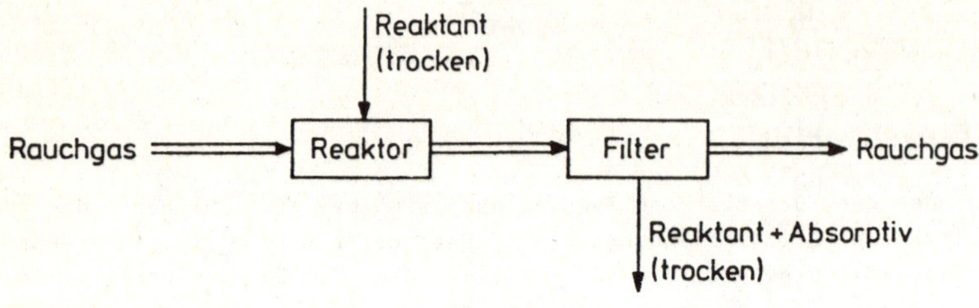

Bild 3
Schema der trockenen Reinigung

2. Nasse Reinigungsverfahren

Zur Schadgasabscheidung wird eine Waschflüssigkeit mit den zu reinigenden Abgasen in innigen Kontakt gebracht, so daß ein Stofftransport von der Gasphase in die flüssige Phase stattfindet. Dort werden die Gase chemisch absorbiert. Maßgebend für den Absorptionsvorgang ist die zur Verfügung gestellte Austauschfläche und deren laufende Erneuerung, die Verweilzeit im Absorptionsraum, die Wahl der Waschflüssigkeit zur Erzielung einer hohen Konzentrationsdifferenz.

Daraus ergeben sich folgende mögliche oder notwendige Verfahrensschritte:

1. Abscheidung der Feststoffe in einem trockenen Entstauber

Obwohl der Naßwäscher grundsätzlich in einem Arbeitsgang sowohl die Staubabscheidung als auch die Abtrennung der Schadgase besorgen könnte, hat sich die apparative Trennung beider Aufgaben als vorteilhaft erwiesen. Die Trennung gewährleistet eine bessere Führung des Prozesses durch eine dem Entstaubungsgrad entsprechende Verminderung der im Wäscher anfallenden Schlammenge.

Die im Feststoffabscheider abgetrennten Schwermetall-Bestandteile können bei der Wäsche nicht mehr in Lösung gehen. Dies vermindert den Aufwand für die Behandlung des Waschwassers. Die Entsorgung der Rückstände wird vereinfacht, da diese durch die Trennung trocken anfallen und nicht erst entwässert werden müssen.

Bezüglich der Schwermetalle kann die Entstaubung im Gewebe- oder Elektrofilter jedoch nur als Vorentstaubung bezeichnet werden, da sich die Schwermetalle im wesentlichen in der Feinstfraktion oder in der Gasphase befinden.

Die Abfalltechnik kannte früher die Siebrest-Verbrennung als eine der schwierigsten Fakultäten. Die daraus gewonnenen Erkenntnisse liessen uns später die Verbrennung von Hausmüll mit niedrigsten bis höchsten Heizwerten problemlos be-
werkstel -
ligen. D ie
Wärm en
utzu ng v
on Abfäl
- len aus
der holz
verar bei
tend - en
Indust -
rie knüpft an diese Problemstellung an hier kommt unser Wissen und Können zum Tragen. Deshalb : Verzichten Sie nicht auf unsere langjährige Erfahrung.

Refuse management knew the compost residue combustion as the most difficult problem. Later on the perception therefrom permitted us to build household waste incinerators with high to low heating values without difficulties. The power
- producti
on from
was te d
eriv ing
from w
oodpro -
ducts in
dust ries
en ters
- into a
similar problematic nature. Our knowledge and capability are most advantageous to solve such problems. Therefore: Why not try our prooved know-how?

K+K Ofenbau AG
Bachmattweg 24 · **CH-8048 Zürich**
Tel. 01-645777
Telex: 822232 kkzh ch

K+K Ofenbau GmbH
Xantener Str. 4 · **D-4040 Neuss**
Tel. 02101-55081
Telex: 8518005 kuko d

Energiegewinnung durch Abfallverbrennung

Haus- und Gewerbeabfälle, Siebreste, Recyclingmaterial

Hausmüllverbrennung

Die **K+K-Technologie** basiert auf der Beherrschung der Verbrennung von Abfällen mit hohen Heizwerten. Die Probleme, die bei konventionellen Feuerraumsystemen naturgemäß entstehen, können bei der **K+K-Technologie** nicht auftreten. Der beste Beweis für die Qualität der **K+K-Technologie** ist die Vielzahl der in den vergangenen 10 Jahren von **K+K** umgebauten Hausmüllverbrennungsanlagen. Diese Anlagen sind seitdem problemlos mit z. T. erheblichen Leistungssteigerungen im Dauerbetrieb.

Verfahrenstechnik

K+K-Verfahrenstechnik bedeutet die Beherrschung des Verbrennungsprozesses im Feuerraum, d.h. allseitig geführtes Feuer, vollständiger Ausbrand der Abfälle, inerte Rauchgase, lange Reisezeiten, keine Verschlackungs- und Korrosionsprobleme.
Der patentierte **K+K-Rost** erzielt durch die besondere Luftführung und durch die Anordnung und Mechanik seiner Rosteinheiten eine optimale Schürung und gleichmäßige Durchlüftung des Abfalls. Hierdurch wird eine einwandfreie Verbrennung auf der gesamten Rostfläche erreicht.
Die patentierten **K+K-Plattenwände** ermöglichen eine kontrollierte Feuerführung parallel zu den Feuerraumseitenwänden und im Zusammenwirken mit den **K+K-Sekundärluftbalken** eine vollständige Duchwirbelung der Rauchgase. Dadurch wird ein optimaler Ausbrand auch der Rauchgase erreicht.

Kleinkraftwerke

K+K-Kleinkraftwerke zur kostengünstigen Erzeugung von **Heißwasser** und **Dampf** für Industriebetriebe. Abfälle wie z. B. zellulosehaltige Früchtereste, Holzreste, Kartonagen, Verpackungsmaterial, andere organische Abfälle wie Textilien, Leder, Gummi, Altöle usw., brennbare Abfallgemische aus Industrie und Gewerbe sowie heizwertreiche Abfälle, die wirtschaftlich nicht zum Recycling oder zur Kompostierung geeignet sind, können sinnvoll genutzt werden.
Mit einer Verbrennungskapazität von z.B. 6 t/h können bei einem Heizwert von 16.700 kJ/kg ca. 30 t/h Dampf erzeugt werden.
K+K beherrscht die Verbrennungstechnologie und liefert diese Kleinkraftwerke schlüsselfertig.

Derartige überlegungen können sinnvoll nur für Neuanlagen angestellt werden. Bei der Nachrüstung von Altanlagen ist es wegen zu kleiner Dimensionierung der vorhandenen Entstauber mitunter notwendig, erhebliche Mengen Staubes im Wäscher abzuscheiden. Als Beispiele seien die Anlagen Iserlohn und Kiel genannt.

2. Konditionierung der Rauchgase mittels Wasser

Bevor die eigentliche Abscheidung der Schadgase vorgenommen werden kann, muß der Rauchgasstrom konditioniert werden, um eine Verdampfung im Wäscher zu verhindern. Die Rauchgase werden hierzu in einem Sättiger durch Eindüsung von Wasser auf Sättigungstemperatur abgekühlt.

3. Abscheidung der Schadgase in einem 1- oder 2-stufigen Naßwäscher

Leistungsfähigkeit und Wirtschaftlichkeit eines nassen Absorptionsverfahrens werden in erster Linie von den Eigenschaften der verwendeten Waschflüssigkeit bestimmt. Der Preis war bei der Entscheidung, Wasser als Absorptionsmittel zu verwenden, ausschlaggebend. Folgende Eigenschaften erleichterten die Wahl:

- hohe Löslichkeit für HCl und HF, mit der Folge einer optimalen Ausnutzung der Neutralisationsmittel,

- geringe Löslichkeit für die nach der Neutralisation mit Kalk entstehenden Produkte, wie z.B. Calciumsulfat ($CaSO_4$), und

- hohe Verdampfungsenthalpie.

Die Fähigkeit des Wassers HCl und HF zu absorbieren, steigt innerhalb gewisser Grenzen mit abnehmendem pH-Wert an, so daß der pH-Wert meist auf Werte zwischen 0,5 und 1,5 eingestellt wird. In diesem Bereich ist jedoch die Absorption für SO_2 nur gering. Soll daher das SO_2 ebenfalls entfernt werden, so wird meist eine 2-stufige Konstellation angewandt. Der ersten Stufe wird nur Wasser zugesetzt, der pH-Wert sinkt entsprechend. Abgeschieden wird HCl und HF. Der zweiten Stufe wird alkalisiertes Wasser bei pH 6 - 7 abhängig vom gewünschten Abscheidegrad zugesetzt. Abgeschieden wird dort dann SO_2.

Die Neutralisation kann für die erste Stufe nach der Absorption mit dem preiswerteren $Ca(OH)_2$ erfolgen, während in der zweiten Stufe zur Vermeidung von Verkrustungen auf Natronlauge zurückgegriffen wird, da seine Salze eine höhere Löslichkeit aufweisen.

Die neuere Entwicklung geht daher dahin, ausschließlich Kalk als Neutralisationsmittel in einer einstufigen Wäsche einzusetzen (geplante MVA Essen Karnapp II und SMVA Schwabach). Dies bringt Vorteile hinsichtlich der Chemikalienkosten und der Löslichkeit der Rückstände. Ob sich durch verfahrenstechnische Maßnahmen Verkrustungen sicher vermeiden lassen, muß abgewartet werden.

4. Abscheidung der im Rauchgas verbliebenen Flüssigkeitströpfchen

Wird das Abgas bei H_2O-Taupunkttemperatur in den Schornstein abgegeben, ist eine Tropfenabscheidung von großer Bedeutung, um die Kondensation und den Tropfenauswurf des Schornsteins möglichst gering zu halten. Darüberhinaus müssen die Feinsttropfen und Aerosole möglichst wirkungsvoll abgeschieden werden, da ihnen nicht nur der schwermetallhaltige Feinstaub anhaftet, sondern auch die entstandenen Säure-Aerosole emittiert werden können. Das gegebenenfalls im Schornstein anfallende Kondensat wird dem Waschwasserkreislauf wieder zugeführt.

5. Aufheizung der Rauchgase zur Verhinderung von Korrosionen im Kamin

Die Rauchgase der Müllverbrennungsanlage weisen nach der Wäsche Temperaturen um 60 °C auf. Sie sind mit Wasserdampf gesättigt. Eine auch nur geringfügige Temperaturabsenkung, wie sie im Kamin auftritt, führt zu einer Tröpfchenbildung im Gasstrom. Solche Tropfen weisen aufgrund der Restkonzentration an Säure einen pH-Wert zwischen 0 und 1 auf, sind also hoch korrosiv. Die Beherrschung dieser Korrosionen stellte teilweise ein ernsthaftes Problem dar. So wurde in der MVA Iserlohn durch fortschreitenden Zerfraß die Standfestigkeit des Kamins gefährdet. Das Problem ist jedoch bei Neuanlagen durch eine Gummierung oder säurefeste Ausmauerung lösbar.

Für Anlagen, bei denen die Bauart des Kamins oder die Genehmigungsbehörde eine Ableitung der Rauchgase bei Taupunkttemperatur nicht zuläßt, ist eine Wiederaufheizung der Rauchgase erforderlich. Sie müssen dann um 10 - 12 °C über den H_2O-Taupunkt aufgeheizt werden.

Für eine Wiedererwärmung stehen unterschiedliche Verfahren zur Verfügung. Die Wahl eines solchen Verfahrens ist grundsätzlich unabhängig von der Art der gewählten Wäsche.

Die Wiederaufheizung kann regenerativ durch einen Rohgas-Reingas-Wärmetauscher erfolgen. Den Rohgasen wird Energie vor der Wäsche entzogen und nach der Wäsche wieder zugeführt. Die erzielbaren Wiederaufheizungswerte sind bei diesem Verfahren am größten und das Abgasvolumen wird nicht vergrößert.

Die bei der direkten Wiedererwärmung eingesetzten Aggregate sind korrosionsgefährdet. Dies wird zu mindern versucht, indem bei anderen regenerativen Systemen die Energie des Rohgases nicht direkt an das Reingas abgegeben, sondern zunächst an einen anderen Wärmeträger - Luft oder Thermoöl - weitergegeben wird. Im Falle der Luft wird diese direkt dem kalten Gasstrom beigemischt, im Falle des öls heizt dieses zunächst einen Luftstrom, der den nassen Gasen zugeführt wird.

Bei einem anderen System wird ein Dampfluftvorwärmer (Dampfluvo) betrieben, dessen Luftstrom den kalten Rauchgasen beigemischt wird.

Die Wahl des Systems dürfte aufgrund wirtschaftlicher Gesichtspunkte getroffen werden. Da die Verfahren einen sehr unterschiedlichen Aufwand an Betriebskosten benötigen - die regenerativen einen geringeren als der Dampfluvo - ist die angestrebte Endtemperatur von ausschlaggebender Bedeutung für die Entscheidung.

6. Aufbereitung der Abwässer vor der Abgabe an einen Vorfluter oder Rückführung in den Waschkreislauf

Sofern in der Nähe der Anlage ein aufnahmefähiger Vorfluter zur Verfügung steht, dürfte im allgemeinen auf die Eindampfung der Abwässer aus der Gasreinigung verzichtet werden, obwohl die Abwasseraufbereitung inzwischen ebenfalls zu einem umfangreichen Verfahrenskomplex geworden ist. Nach heutigem Stand besteht eine Abwasseraufbereitungsanlage mindestens aus einer Neutralisations-, einer Fällungsstufe mit Zusätzen für die Schwermetallabscheidung, einer Sedimentation und einem Entwässerungsaggregat für den abgezogenen Schlamm. In einem Fall werden Schwermetalle sogar mit einem Ionentauscher entfernt (MVA Bielefeld). In anderen Fällen wird der in die Reinigungsanlage durch Flugstaub eingebrachte Schlamm vor der Fällung entfernt, um eine Teilmenge mit geringer Schwermetallkonzentration zu erhalten.

7. Eindampfung der Abwässer zur Erzielung eines abwasserlosen Prozesses

Für die Eindampfung des Abwassers kann entweder ein ein- oder mehrstufiger Oberflächenwärmetauscher mit Fremdenergie oder das Verfahren des Misch-Wärmetauschs unter Ausnutzung der in den Rauchgasen enthaltenen latenten Wärme angewandt werden. Beide Verfahren sind im praktischen Einsatz.

Der Oberflächenwärmetauscher wird betrieben mit Sattdampf oder leicht überhitztem Dampf mit einem Druck von 3.000 bis 8.000 hPa. Das Verfahren scheint zunächst aufgrund energetischer und betriebstechnischer Nachteile ungünstig. Korrosion und Verkrustung bereiten immer wieder Probleme. Soll das getrocknete Produkt als Sekundärrohstoff eingesetzt werden, so ist dies jedoch nur auf diesem Wege möglich.

Für den Misch-Wärmetausch wird ein Sprühtrockner vor dem Staubabscheider eingebaut, der ein Temperaturgefälle im Rauchgas von 110 bis 150 °C zwischen Kesselaustrittstemperatur und Sättigungstemperatur ausnutzt.

3. Quasi-trockene Reinigungsverfahren

Das Sprühabsorptionsverfahren zur quasi-trockenen Rauchgasreinigung ist ein relativ neuer Anwendungsbereich des seit langem in der chemischen und der Nahrungsmittelindustrie verwandten Verfahrens der Sprühtrocknung. Es wird dort eingesetzt zur Herstellung pulverförmiger Trockenprodukte aus Lösungen oder Suspensionen. Der wesentliche Unterschied besteht darin, daß bei der Sprühabsorption nicht das getrocknete Produkt, sondern das gereinigte Rauchgas im Mittelpunkt steht. Daher war die Entwicklung eines Zerstäubungssystems notwendig, das den gesamten Rauchgasstrom erfaßt.

Als wichtigste Merkmale der Sprühabsorption sind die Zerstäubung eines geeigneten Absorbens und der intensive Kontakt des Absorbernebels mit dem Rauchgasstrom zu nennen. Sie schaffen bestmögliche Voraussetzungen für die Reaktionen zwischen den Schadgaskomponenten und dem in der Flüssigkeit enthaltenen Absorbens.

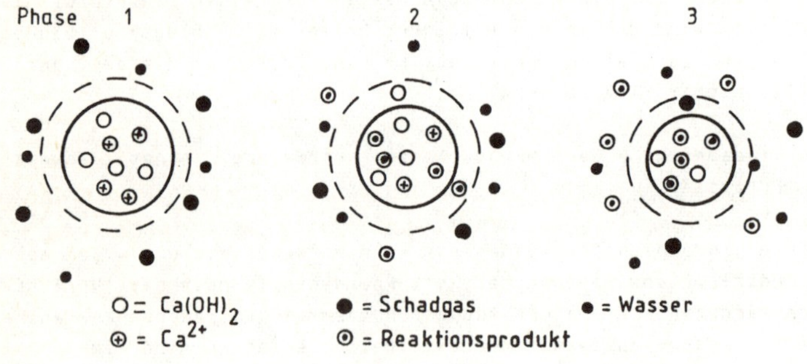

Bild 4

Gas-Feststoff-Reaktion bei der Sprühabsorption

Bild 4 zeigt in Phase 1 die Situation unmittelbar nach dem Eindüsen. Der Tropfen enthält größtenteils gelöstes (dissoziiertes) Calciumhydroxid und eine Restmenge als feste Partikel. Umgeben ist der Tropfen von Schadgas- und Wassermolekülen.

Nach und nach verdampft ein Teil des Wassers (Phase 2). Das Schadgas reagiert mit dem Additiv wie folgt /1/:

- Diffusion der Schadgaskomponente durch die Gasphase und die den Tropfen umgebende Grenzschicht

- Lösen und Dissoziation der Schadgase im Tropfen

- Chemische Reaktion zwischen den Ionen des Additivs und denen des Schadgases

- Ersetzen von abreagierten Ca^{2+}-Ionen durch Lösen von festem Calciumhydroxid im Tropfen. Die Sättigungskonzentration von etwa 2 g/l bleibt erhalten.

Demzufolge sind folgende Verfahrensschritte notwendig oder möglich:

1. trockene Vorabscheidung von Flugstaub

Sofern eine Vorabscheidung des Staubs vorgesehen ist, erfolgt sie in einem Vorzyklon, der in den Sprühreaktor integriert sein kann. Dadurch wird der Rauchgasstrom von bezüglich der Abscheidung der Schadgase inerten Partikeln weitgehend befreit und der nachgeschaltete Staubabscheider entsprechend entlastet.

2. Eindüsung und Vermischung des Absorbens

Das Neutralisationsmittel (z.B. Calcium-, Natrium- oder Magnesiumhydroxid) wird als wäßrige Lösung bzw. Suspension in den Reaktor eingedüst und reagiert mit den im Gasstrom enthaltenen sauren Komponenten HF, HCl, SO_2/SO_3 sowie, allerdings nicht beabsichtigt, CO_2. Menge und Konzentration des Absorbermediums müssen derart bemessen sein, daß einerseits die im Rauchgas enthaltene latente Wärme zur Verdampfung des Wassers ausreicht, ohne daß ein Taupunkt unterschritten wird, und andererseits die erforderlichen Abscheidegrade der Schadstoffe erzielt werden. Die entstehenden Neutralsalze fallen trocken an.

Bei der Wahl des Neutralisationsmittels müssen verschiedene Gesichtspunkte berücksichtigt werden:

- Abscheidegrade für HCl, HF und SO_2
- Verhalten der Reaktionsprodukte
- Kosten für die Chemikalie

Die deutlich schlechtere HF-Abscheidung von NaOH gegenüber $Ca(OH)_2$ läßt den Einsatz von Kalkmilch als sinnvoll erscheinen. Die Handhabung der Reststoffe und die Berücksichtigung der Kosten lassen Natronlauge ebenfalls ungünstig erscheinen, wie auch die Tatsache, daß der Abscheidegrad für CO_2 beim NaOH am größten ist. Verfahrenstechnisch bietet eine Lösung aus NaOH gegenüber der Suspension mit $Ca(OH)_2$ Vorteile. Das verwandte Neutralisationsmittel ist in praktisch allen Fällen eine Suspension aus $Ca(OH)_2$.

Die maximale Konzentration der Suspension ist aus verfahrenstechnischen Gründen begrenzt. Die zur Verfügung stehende Temperaturdifferenz zwischen Austritt Kessel und Austritt Entstauber sollte mindestens 80 °C betragen. Die minimale Rauchgastemperatur nach der Verdüsung ist ebenfalls begrenzt (120 °C), um einerseits ein pulveriges Produkt zu erhalten und andererseits, um Korrosionen nicht auftreten zu lassen.

Im Unterschied zu den sauer bis schwach alkalisch betriebenen Wäschern tritt bei der Sprüh- und Trockensorption zusätzlich das Kohlendioxid als unerwünschter Reagenzverbraucher auf. Neben der Reaktionsfähigkeit der einzelnen beteiligten Komponenten

$$SO_3 > HF > HCl > SO_2 > CO_2$$

spielt auch das Konzentrationsverhälnis eine Rolle. Bezogen auf einen Wert von 100 mg/m³ HCl ist die CO_2-Konzentration etwa 3000mal so groß. Daher erfolgt auch eine Abscheidung von CO_2 in nicht unerheblichem Maße.

Als zentrales Problem der quasi-trockenen Rauchgasreinigung kann die Art und Qualität der Verdüsung angesehen werden. Hier ist ein sehr feiner und über den gesamten Querschnitt des Reaktors gleichmäßig verteilter Tröpfchennebel erwünscht, um einen hohen Reinigungseffekt zu erzielen. Tröpfchen und feuchte Partikel aber, die an die Reaktorwandung geraten, führen dort unweigerlich zu Anbackungen.

Ziel muß es daher sein, eine möglichst schmale Zone an der Wand zu schaffen, die von dem Nebel nicht erreicht wird. Die Realisierung dieses Komplexes wird auf zwei Wegen erreicht, nämlich durch den Einsatz von Sprühdüsen und Rotationszerstäubern.

Beim Einsatz von Düsen wird im allgemeinen nicht eine zentrale Düse verwendet, sondern je nach Größe des Reaktors 4 - 10 Düsen ringförmig angeordnet. Bei den eingesetzten Formen handelt es sich um Zweistoffdüsen mit einem spitzen Sprühwinkel. Dadurch kann der Querschnitt nicht allzu groß werden, der Reaktor wächst in die Höhe. Neben den Beurteilungskriterien, wie Form des Sprühkegels und Tropfenspektrum, kommt es entscheidend auf die strömungs- und wärmetechnischen Details an, die Anbackungen auch im Bereich des Düsenkörpers und -kopfes verhindern.

Völlig vermeiden lassen sich Anbackungen jedoch bislang auch bei optimierten Systemen nicht. In einigen Fällen verläßt man sich daher nicht darauf, daß diese bei Erreichen einer bestimmten Größe von selbst abfallen, sondern setzt Abreinigungssysteme zum Säubern der Reaktorwandung ein und spült Düsen und -köpfe.

Bei Scheibenzerstäubern entsteht ein sehr flacher Sprühkegel, der große Flächen abdeckt. Die Scheibe rotiert mit 6.000 bis 24.000 min^{-1}. Die Reaktoren erhalten ein gedrungenes Äußeres.

3. Abscheidung des Absorbens zusammen mit dem Flugstaub aus dem Rauchgasstrom

Für die Abscheidung des Reaktionsprodukts und des Flugstaubs aus dem Rauchgasstrom stehen zwei unterschiedliche Aggregate zur Verfügung.

Beim Elektrofilter wird das abgeschiedene Partikel sofort aus dem Rauchgasstrom entfernt. Beim Gewebefilter wird der Staub abgeschieden und periodisch abgezogen. Das Verbleiben im Rauchgasstrom dehnt den Reaktionsraum auf den Entstauber aus, so daß hier nachträglich der Abscheidegrad erhöht wird und der Kalkbedarf sinkt. Die Kalkschicht im Filtergewebe bietet dem Rauchgasstrom einen nicht unerheblichen Widerstand, so daß der Energieaufwand beim Gewebefilter höher ist.

4. Maßnahmen zur Senkung des Chemikalienbedarfs

Bei allen quasi-trockenen Systemen wird das Neutralisationsmittel mit einem überschußfaktor zwischen 1,5 und 4 in Abhängigkeit vom System und den Randbedingungen gefahren. Um die Kosten für das benötigte Reaktionsmittel und die zu entsorgenden Reststoffe zu vermindern, kann ein Teil des Reaktionsmittels rezirkuliert werden. Dies birgt jedoch Schwierigkeiten in sich, da das nunmehr trockene Produkt erst wieder angefeuchtet werden muß, um mit der frischen Suspension eingedüst zu werden. Die Rezirkulation kommt nicht so zum Tragen, wie bei trockenen Verfahren.

4. Trockene Reinigungsverfahren

Die Schadgasabscheidung mit einem trockenen Verfahren erfolgt durch Adsorption der abzuscheidenden Gase an einen, dem Rauchgasstrom trocken zugeführten, Reaktanten. Der Reaktionsablauf am eingespeisten Partikel ist in Bild 5 dargestellt. Phase 1 liegt unmittelbar nach dem Einblasen vor. Während der Reaktionsfolge laufen folgende Schritte nebeneinander ab /1/:

- Diffusion der Schadgaskomponente durch die Gasphase und die das Partikel umgebende diffuse Grenzschicht

- Diffusion der Schadgaskomponente durch die Poren des Reaktionsprodukts auf die Oberfläche des reaktionsfähigen Feststoffkerns

- chemische Reaktion der Schadgaskomponente mit dem Feststoff

- Diffusion der gasförmigen Reaktionsprodukte nach außen durch die Reaktionsprodukt-Schicht

- Diffusion der gasförmigen Reaktionsprodukte von der Partikeloberfläche durch die diffuse Grenzschicht in die Gasphase

Phase 3 zeigt das Reaktionsprodukt, nachdem die Reaktionen aufgrund zu langer Diffusionszeiten zum Erliegen gekommen sind.

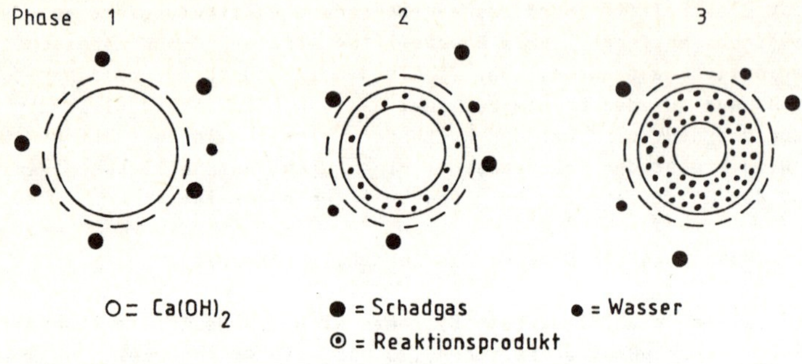

Bild 5
Gas-Feststoff-Reaktion bei der Trockensorption

Die dazu erforderlichen Verfahrensschritte unterscheiden sich nicht wesentlich von denen quasi-trockener Systeme. Sie gliedern sich auf in:

1. Vorabscheidung des Staubs

Eine Abscheidung des Grobstaubs kann in einem Zyklon erfolgen, um die Flugasche, die an der Gasabscheidung nahezu unbeteiligt ist, vor dem Reaktor zu entfernen. Dies entlastet den eingesetzten Staubabscheider, insbesondere auch dann, wenn eine Rezirkulation des teilverbrauchten Reaktionsproduktes erfolgen soll. Der inerte Staub wird in diesem Fall nicht zusätzlich im Kreislauf gefahren. Durch Differenzierung der bei der Rauchgasreinigung anfallenden Reststoffe kann gegebenenfalls die Beseitigung oder Verwertung der Rückstände vereinfacht werden.

2. Konditionierung der Rauchgase

Unter Konditionierung soll in diesem Zusammenhang die Befeuchtung der Rauchgase verstanden werden. Der Unterschied zu den quasi-trockenen Verfahren vermindert sich in diesem Fall auf die Tatsache, daß die Zugabe von Wasser und Reaktant nicht simultan als Lösung oder Suspension, sondern nacheinander als Flüssigkeit und Feststoff erfolgt. Die Reaktionsverhältnisse passen sich dann denen einer quasi-trockenen Anlage an.

Detaillierte Untersuchungen von Schuch /2/ haben in übereinstimmung mit allgemeinen Grundsätzen der Reaktionskinetik ergeben, daß die Reaktionsgeschwindigkeit von HCl mit $Ca(OH)_2$ in trockener Form durch eine Temperaturerhöhung ansteigt, so daß der Abscheidegrad unter sonst gleichen Versuchsverhältnissen deutlich erhöht wird.

Durch die Wassereindüsung verläuft in Großteil der Abscheidung jedoch in der flüssigen Phase. Hierdurch wird die Reaktionsgeschwindigkeit derart erhöht, daß mit zunehmender Absenkung der Temperatur die Abscheideleistung weiter steigt. Die Verbesserung der Reaktionsbedingungen wirkt sich mehr noch als beim HCl in einer Erhöhung der SO_2-Abscheidung aus.

3. Eintrag des Reaktanten und Einbindung der Schadgase

Im Reaktor wird das Reagenz mit dem Rauchgasstrom vermischt. Die Beherrschung der gleichmäßigen Verteilung ist dabei ein spezifisches Verfahrensmerkmal des Herstellers. Zur einfacheren Rückführung des Adsorbens kann in den Reaktor ein Zyklon eingesetzt werden, der gleichzeitig den Feinentstauber entlastet.

Bislang wird von allen Herstellern einhellig $Ca(OH)_2$-Pulver eingesetzt. Dies ist in erster Linie begründet in der erheblich größeren spezifischen Oberfläche des Hydrats gegen über dem Oxid. Das CaO zeigt Werte von etwa 1 m^2/g, beim Ablöschen zum Hydrat vergrößert sich diese Oberfläche auf 15 - 30 m^2/g. Dieser Vorteil wird erkauft mit einer Verringerung der Schüttdichte um 60 - 70 %.

4. Abscheidung des Reaktionsprodukts und des Flugstaubs

Für die Art der Entstaubung bieten sich zwei unterschiedliche Systeme an, nämlich das Elektrofilter und das Gewebefilter. Das Elektrofilter ist das einfachere Gerät, das wegen gegenüber dem Gewebefilter geringerem Druckverlust mit einem entsprechend kleinerem Saugzug auskommt. Das Gewebefilter wirkt durch die sich aufbauende Schicht aus dem Reaktionsmittel als Festbettreaktor.

5. Maßnahmen zur Senkung des Chemikalienbedarfs

Zur Senkung des Chemikalienbedarfs wird üblicherweise eine Rückführung des abgeschiedenen und unverbrauchten Neutralisationsmittels vorgesehen, insbesondere, wenn auf ein Gewebefilter verzichtet wird. Der abgeschiedene Reststoff wird dabei bis zu zehnmal im Kreis gefahren, bevor eine Ausschleusung erfolgt. Wichtig dabei ist die Rückführung der geeigneten Korngrößen (z.B. $> 8\ \mu m$) und die Entlastung des Staubabscheiders von einem großen Teil der Flugasche durch eine Vorabscheidung. Sinnvoll bei einer Rezirkulation scheint zu sein, den Staub vor dem erneuten Einblasen zwischenzulagern. Während der Lagerung gleicht sich die Schadstoffkonzentration zwischen dem Partikelkern und der äußeren Partikelschicht aus, so daß beim folgenden Einblasen die Abscheidefähigkeit erhöht ist.

5. Literatur

(1) Glinka, U.: Trockensorptionsverfahren - MVA Oberhausen - Grundlagenuntersuchungen der Trockensorption - Einfluß und Wirkungsweise des Gewebefilters auf Staub, Schadgase, Schwermetalle, in: Deutsche Babcock Anlagen AG (Hrsg.): II. Symposium Rauchgasreinigung, Manuskript der Tagung vom 29.11.1983 in Oberhausen, S. 55 - 77

(2) Schuch, P.G.: Trockensorption von Chlorwasserstoff, Fluorwasserstoff und Schwefeldioxid aus Rauchgasen in einer halbtechnischen Versuchsanlage, Forschungsberichte des Landes Nordrhein-Westfalen, Nr. 2097, Westdeutscher Verlag, Opladen 1980

Vergleich der Ergebnisse aus Messungen an Rauchgasreinigungsanlagen hinter Müllverbrennungsanlagen in Bayern

W. Knorr

1. Vorbemerkungen

In Bayern werden derzeit 14 Müllheizkraftwerke (MHKW) und Müllkraftwerke (MKW) betrieben, in denen ca. 54 Gew.% des in Bayern anfallenden Aufkommens an Hausmüll, an hausmüllähnlichen Industrie- und Gewerbeabfällen sowie an Sperrmüll von insgesamt 3,7 Mio. t/a thermisch behandelt werden. Eine Übersicht der Anlagenstandorte, der Durchsatzleistungen und der jeweils eingesetzten Abgasreinigungsverfahren zeigt Tabelle 1. Demnach sind derzeit an den insgesamt 36 Verbrennungslinien der 14 MHKW und MKW folgende Abgasreinigungssysteme im Einsatz:

- 15 Verbrennungslinien mit E-Filter
- 1 Verbrennungslinie mit Wäscher
- 8 Verbrennungslinien mit E-Filter und Wäscher
- 6 Verbrennungslinien mit Trockenabsorber und Gewebefilter (einschl. des im Herbst 1985 in Betrieb gehenden Ofens 3 im MKW Geiselbullach)
- 3 Verbrennungslinien mit Trockenabsorber und E-Filter
- 3 Verbrennungslinien mit Sprühabsorber und E-Filter.

Bezogen auf die installierte Durchsatzleitstung erfolgt bei 50 % bereits eine weitergehende Abgasreinigung. Die Verbrennungslinien, die infolge ihres Baujahres bislang nur mit E-Filtern ausgerüstet sind, werden im Verlauf der nächsten Jahre mit weitergehenden Abgasreinigungsanlagen nachgerüstet.

2. Vergleich der Ergebnisse von Emissionsmessungen

In den Tabellen 2 und 3 sind Mittelwerte einer Auswahl von unterschiedlichen Meßreihen dargestellt, die an den dort aufgeführten Verbrennungslinien seit 1981 im Rahmen von Grundsatzuntersuchungen, Abnahmemessungen und Kontrollmessungen durchgeführt wurden.

Die Meßzeiträume lagen zwischen 1 Tag und 14 Tagen. Die Auswahl der betrachteten Verbrennungslinien und Meßwerte erfolgte insbesondere im Hinblick darauf, Unterschiede in der Wirksamkeit verschiedener Abgasreinigungskonzepte und, bei den feuerungstechnisch relevanten Parametern, Unterschiede zwischen Anlagen älterer und neuerer Bauart darzustellen. Auf der Grundlage der Tabellen 2 und 3 wird zu den einzelnen Parametern folgendes festgestellt:

2.1 Kohlenmonoxid (CO) und unverbrannter organischer Kohlenstoff (Tabelle 2)

Die Meßergebnisse zeigen im wesentlichen auf, daß bei den 1984 in Betrieb gegangenen Verbrennungslinien die Emissionen an Kohlenmonoxid und an unverbranntem organischen Kohlenstoff in der Regel deutlich niedriger liegen als bei den Anlagen, die in den 70er Jahren in Betrieb gegangen sind. Dies ist auch das Ergebnis intensiver Anstrengungen und Untersuchungen bei den Herstellern von Müllverbrennungsanlagen, die die Feuerungsverhältnisse maßgeblich beeinflussenden Faktoren zu optimieren (Feuerraumbemessung und -gestaltung, Verbrennungsluftzuführung, Rostkonstruktion, Feuerungsleistungsregelung usw.).

Bei Altanlagen, deren Erneuerung noch nicht absehbar ist, muß im Einzelfall versucht werden, durch feuerungstechnische Maßnahmen die CO-Emissionen möglichst in den Bereich des künftigen Grenzwertes von 100 mg/m_n^3 (trocken) zu drücken.

2.2 Stickoxide (NO_x) (Tabelle 2)

Die Ergebnisse zeigen, daß die Gehalte an Stickoxiden im Abgas von Müllverbrennungsanlagen in einer Größenordnung von 170 ÷ 340 mg/m_n^3 (feucht) liegen und damit insgesamt verhältnismäßig niedrig sind. Der künftige Grenzwert von 500 mg/m_n^3 (trocken) kann somit ohne den Einbau von Entstickungsanlagen eingehalten werden.

Es sei in diesem Zusammenhang vermerkt, daß der Beitrag der Emissionen an NO_x durch Müllverbrennungsanlagen an den Gesamtemissionen an NO_x,insbesondere aus Kraftwerken, Kfz-Verkehr, mit ca. 0,5 % äußerst gering ist und daß zur Verminderung der NO_x-Gesamtemissionen Maßnahmen bei den Hauptemittenten gegenüber Maßnahmen bei der Müllverbrennung vorrangig notwendig sind.

2.3 Gasförmige anorganische Chlorverbindungen (HCl) (Tab. 2)

Die aufgeführten Meßwerte zeigen, daß bei den Verbrennungslinien mit weitergehenden Abgasreinigungssystemen, die Reingaskonzentrationen überwiegend in der gleichen Größenordnung liegen und jeweils deutlich unter dem für diese Anlagen festgesetzten Grenzwert von 100 mg/m_n^3 (feucht) liegen. Was die mit Naßwäscher ausgerüsteten Anlagen betrifft ist festzustellen, daß bei der 1981 in Betrieb gegangenen Anlage die HCl-Emissionen mit Werten von 28-33 mg/m^3 (feucht) deutlich niedriger liegen, als bei den Linien aus dem Jahre 1978 und in einer Größenordnung liegen, wie sie teilweise auch bei anderen Anlagen mit Abgaswäschern in der Bundesrepublik Deutschland und in der Schweiz, teilweise noch mit geringeren Werten, gemessen wurden.

Die Wirksamkeit der Anlagen mit Sprühabsorption und Trockenabsorbtion wird wesentlich beeinflußt durch die eingesetzte Menge an Kalkhydrat und die Kalkausnutzung. Wie Untersuchungen der Abgasreinigungsrückstände bei diesen Anlagen ergeben haben, bestehen die Rückstände zu 40 bis 50 Gew.% aus nicht umgesetztem Kalkhydrat. Bei der Sprühabsorption wird hier die Kombination mit Gewebefilter von Interesse sein, einer Konzeption, wie sie beim MHKW Rosenheim vorgesehen ist. Hier kann erwartet werden, daß nicht verbrauchter Kalk am Gewebefilter teilweise zusätzlich umgesetzt werden kann, so daß bei gleichem Kalkeinsatz eine weitere Reduktion unter den in der TA Luft derzeit vorgesehenen Grenzwert von 50 mg/m_n^3 (trocken) erfolgt. Im Falle Rosenheim wird dies auch von der vorgesehenen Lieferfirma garantiert.

Bei den Trockenabsorptionsanlagen mit nachgeschalteten Gewebefilter wurden bei Messungen des Bayer. Landesamtes für Umweltschutz (LfU) an den aufgeführten Anlagen Kalkverbräuche von ca. 30 kg/t Müll ermittelt.

Wie erste Messungen an einer kürzlich in Betrieb gegangenen Verbrennungslinie ergeben haben, bei der im Rahmen der Trockenabsorptionsanlage mit Gewebefilter eine Kalkrückführung mit Kalkkonditionierung erfolgt, sind Reingaswerte von ca. 25 mg/m_n^3 (trocken) möglich bei einem mittleren Kalkverbrauch von ca. 15 ÷ 20 kg/t Müll. Diese Werte sind jedoch noch nicht über einen längeren Zeitraum abgesichert.

2.4 Gasförmige anorganische Fluorverbindungen (HF) (Tab. 2)

Hier zeigt sich, daß die Reingaswerte bei den Trocken- und halbtrockenverfahren mit Werten zwischen 0,02 und 1 mg/m^3 tendenziell relativ deutlich unter den Werten liegen, die bei den 1-stufigen Wäschern gemessen wurden (1-4,7 mg/m_n^3) und deutlich unter dem angestrebten Grenzwert von 2 mg/m_n^3 (trocken). Dies ist zurückzuführen einmal auf den hohen Kalküberschuß bei den Trockenverfahren und zum anderen auf die hohe Affinität von Fluor zu alkalischen Medien.

2.5 Schwefeldioxid (SO_2) (Tab. 2)

Die Meßwerte zeigen, daß die SO_2-Konzentrationen im Rohgas von Müllverbrennungsanlagen mit Werten zwischen 200 und 380 mg/m_n^3 (feucht) insgesamt niedrig liegen, insbesondere im Vergleich zu Feuerungsanlagen, die mit fossilen Brennstoffen betrieben werden. Bei den hier betrachteten weitergehenden Abgasreinigungssystemen kann der im Rahmen der Novellierung der TA Luft vorgesehene Grenzwert von 200 mg/m_n^3 (trocken) deutlich nur von der dargestellten Kombination Sprühabsorption mit E-Filter unterschritten werden, was im Vergleich zur Trockenabsorption auf eine optimale Verteilung des Absorptionsmittels Kalkmilch im Sprühtrockner zurückzuführen sein dürfte.

Wenngleich auch bei den Verbrennungslinien mit Trockenabsorbern und Gewebefilter der vorgesehenen Grenzwert im Mittel unterschritten wird, ist eine deutliche und betriebssichere Einhaltung dieses Grenzwertes nur bei intensiverer Kalkausnutzung mit Kalkrückführung zu erwarten. Dies wird durch erste Messungen an der bereits erwähnten und 1985 in Betrieb gegangenen Verbrennungslinie bestätigt. Bei den mit 1-stufigen Waschanlagen ausgerüsteten Anlagen erfolgt, wie man aus den Meßwerten ersehen kann, praktisch keine SO_2-Reduktion, so daß der Grenzwert von 200 mg/m_n^3 (trocken) bei Wäschern nur mit 2-stufiger Ausführung, allerdings dann auch deutlich, eingehalten werden kann. Damit wird dann auch eine weitere Absenkung bei den gasförmigen anorganischen Chlorverbindungen möglich, auch die Einhaltung des für die gasförmigen anorganischen Fluorverbindungen angestrebten Grenzwertes von 2 mg/m_n^3 (trocken).

2.6 Gesamtstaub (Tab. 3)

Die Meßwerte zeigen, daß bei den mit Gewebefiltern ausgerüsteten Verbrennungslinien ausgesprochen niedrige Reingasstaubgehalte erreicht werden, wobei die Schwankungsbreite der Meßwerte an diesen drei Verbrennungslinien zwischen 2 und 6,7 mg/m_n^3 (feucht) lag. Der bei der Kombination Sprühabsorber und E-Filter aufgeführte Mittelwert von 4 mg/m_n^3 (feucht) ist zurückzuführen auf eine großzügig bemessenen E-Filter und auf einen vergleichsweise niedrigen Rohgasstaubgehalt von ca. 1.100 mg/m_n^3 (feucht). Auch bei der Kombination E-Filter und 1-stufige Wäsche zeigen die dargestellten Mittelwerte, daß der künftige Grenzwert von 50 mg/m_n^3 (trocken) problemlos und deutlich unterschritten werden kann.

2.7 Schwermetallhaltige Stäube und gasförmiges Quecksilber (Tab. 3)

Die dargestellten Meßergebnisse für die Gehalte an besonderen staubförmigen Schwermetallverbindungen zeigen die hohe Wirksamkeit der Gewebefilter bei der Feinstaubabscheidung, wobei sich Abscheidegrade von größer 99,99 % ergeben.

Die dargestellten Meßergebnisse zeigen weiterhin auf, daß auch mit entsprechend bemessenen E-Filtern und Naßwäschern die künftigen Grenzwerte für die besonderen staubförmigen Schwermetallverbindungen von 0,2 mg/m_n^3 (Klasse I), von 1 mg/m_n^3 (Klasse 2) und von 5 mg/m_n^3 (Klasse 3), jeweils bezogen auf Abgas trocken, deutlich unterschritten werden. Da ein wesentlicher Schwerpunkt bei der Abgasreinigung hinter Müllverbrennungsanlagen jedoch darin liegt, die Freisetzung toxischer Schwermetallverbindungen weitgehend zu minimieren, ist für eine wirksame Feinstaubreduktion und damit einer weitgehenden Verringerung der Schwermetallemissionen Anlagensystemen der Vorzug zu geben, die mit Gewebefiltern ausgerüstet sind.

Bezüglich der Emissionen an gasförmigem Quecksilber zeigen die aufgeführten Werte, daß bei den Systemen mit Trockenabsorption und Gewebefiltern keine nennenswerte Verminderung eintritt.

Während bei der dargestellten Kombination Sprühabsorption mit E-Filter ein Abscheidegrad von ca. 52 % errechnet werden kann, lassen sich die höchsten Abscheidegrade mit Naßwäschern erzielen. Diese Abstufung ergibt sich dadurch, daß die Abscheideleistung für gasförmiges Quecksilber wesentlich abhängt von der Temperaturabsenkung im jeweiligen System und bei niedrigen Betriebstemperaturen, wie dies bei Naßwäschern gegeben ist, am höchsten ist.

Es liegen allerdings auch Ergebnisse von Messungen vor, die an Sprühabsorbern unterschiedlicher Bauart durchgeführt wurden, mit Abscheideleistungen von > 70 %, so daß bei der Verminderung des gasförmigen Quecksilbers noch andere Einflußgrößen, wie z.B. Input, Geschwindigkeit der Temperaturabsenkung, Oberfläche der Sorptionsflüssigkeitströpfchen, Art der nachgeschalteten Entstaubungsanlage, ggf. wirksam werden.

Weitere und ggf. standardisierte und somit auch annähernd vergleichbare Untersuchungen sind hier ohne Zweifel zur Absicherung und Beurteilung bisher gewonnener Erkenntnisse notwendig.

3. Schlußbemerkung

Bei den dargestellten und beurteilten Meßwerten handelt es sich, wie bereits ausgeführt, um die Ergebnisse von Kurzzeituntersuchungen mit unterschiedlichen Meßzeiträumen. Eine Absicherung dieser Werte, über längere Betriebszeiten, insbesondere bei den Neuanlagen, wird über die Auswertung der Ergebnisse der kontinuierlich registrierenden Meßgeräte erfolgen. Hierzu wurden bereits und werden die Anlagen mit elektronischen Auswerteeinheiten ausgerüstet, wobei die normierten Meßwerte auf Datenträger abgespeichert werden und dann im LfU auf der Grundlage der Festlegungen der TA Luft ausgewertet werden.

Literatur:

Knorn Chr., Fürmaier B.
Ergebnisse von Emissionsmessungen an Abfallverbrennungsanlagen
Müll und Abfall 2/84

Fürmaier B.
Gesamtbetrachtung der Emissionswerte aus Abfallverbrennungsanlagen in Bayern in Relation zu den verschiedenen Gasreinigungsverfahren und deren weitere Entwicklung; Diskussions-Forum Umweltechnik Transparent - Rauchgasreinigung - Heißgasfiltration-, Grainau 1985

Fichtel K.
Ergebnisse von Emissionsmessungen des Bayer. Landesamtes für Umweltschutz an den MHKWen Kempten, Würzburg und München-Nord. Diskussions-Forum Umwelttechnik Transparent - Rauchgasreinigung - Heißgasfiltration, Grainau 1985

Knorr W.
Ergebnisse von Emissionsmessungen an den Müllheizkraftwerken Kempten und Würzburg
W. Knorr; 5. abfallwirtschaftl. Kolloquium des KABV Saar, 1985

Tabelle 1: Kenndaten der bayerischen Hausmüllverbrennungsanlagen
Stand: August 1985

Standort	Ofeneinheiten, Inbetriebnahme	Feuerungssystem	Abgasreinigungssystem	
			derzeitige Ausrüstung	Nachrüstmaßnahmen
Bamberg	2 x 6,0 t/h 1978 1 x 6,0 t/h 1981	Gegenschub-Umwälzrost Klärschlammeinblasung	Elektrofilter und Venturiwäscher	entbehrlich
Geiselbullach	1 x 6,0 t/h 1975 2 x 6,0 t/h (im Bau bzw. in Betrieb)	Gegenschub-Umwälzrost Vorschubrost	Elektrofilter Trockenabsorption und Gewebefilter	Ofen 1 künftig nur Standby-Betrieb mit Abgasreinigung über Trockenabsorption und Gewebefilter
Ingolstadt	2 x 7,0 t/h 1978 1 x 10 t/h 1983	Vorschubrost Klärschlammeinblasung Gegenlauf-Überschubrost	Elektrofilter und Bodenkolonnenwäscher	entbehrlich
Kempten	1 x 4,0 t/h 1975 1 x 5,0 t/h 1977 1 x 7,0 t/h 1984	Vorschubrost	Elektrofilter Elektrofilter, Trockenabsorption und Gewebefilter	Planung für Nachrüstmaßnahmen abgeschlossen
Landshut	1 x 3,0 t/h 1972 1 x 3,0 t/h 1974 1 x 6,0 t/h 1981	Vorschubrost	Elektrofilter	Nachrüstmaßnahmen im Stadium der Vorprüfung
Marktoberdorf	1 x 2,0 t/h 1974	Mehrstufenschwenkrost	Radialstromwäscher	Erhöhung der Reinigungsleistung des Wäschers im Jahr 1985 und Einbau eines Gewebefilters 1986
München-Süd	1 x 40 t/h 1969 1 x 40 t/h 1971	Rückschubrost	Elektrofilter	Nachrüstmaßnahmen in Planung
München-Nord	2 x 25 t/h (Block 2) 1964 2 x 20 t/h (Block 3) 1984	Rückschubrost Klärschlammeinblasung	Elektrofilter Quasi-Trockenabsorptionsverfahren; Elektrofilter	Planungen im Zusammenhang mit Erneuerung der Blöcke 1 (bereits stillgelegt) und 2 werden derzeit durchgeführt
Neufahrn	1 x 3,0 t/h 1978	Vorschubrost	Elektrofilter	Trockenabsorptionsverfahren mit Gewebefilter mit Anlagenvergrößerung befindet sich im Planfeststellungsverfahren
Nürnberg	3 x 12,5 t/h 1968 1 x 20,0 t/h 1981	Vorschubrost Rückschubrost	Elektrofilter Quasi-Trockenabsorptionsverfahren, E-Filter (1985)	Nachrüstung bereits in Planung
Rosenheim	1 x 4,5 t/h 1963 1 x 6,0 t/h 1970	Walzenrost	Elektrofilter	Vergabe für quasitrockene Absorption mit Gewebefilter steht bevor
Zirndorf	1 x 4,0 t/h 1971 1 x 4,6 t/h 1977	Vorschubrost	Elektrofilter und Gaswäscher	entbehrlich
Würzburg	2 x 12,0 t/h 1984	Rückschubrost Klärschlammzuführung	Trockenabsorption und Gewebefilter	entbehrlich
Schwandorf	3 x 18,7 t/h 1983	Gegenlauf-Überschubrost	Trockenabsorption und Elektrofilter	entbehrlich

Tabelle 2: Ergebnisse von Emissionsmessungen an bayerischen Hausmüllverbrennungsanlagen (Werte als Mittelwerte von unterschiedlichen Meßreihen in mg/m^3_n (feucht, 11 % O_2))

- gasförmige Emissionen -

	Inbetriebnahme	CO (mg/m^3)	Gesamt-C (mg/m^3)	NO_X (mg/m^3)	HCl (mg/m^3)	HF (mg/m^3)	SO_2 (mg/m^3)
Verbrennungslinien mit E-Filter	1975	442	6,1	212	798	3,3	217
	1963	225	-	255	660	2,3	-
	1968	53	n.n.	238	830	8,7	174
Verbrennungslinien mit E-Filter und 1-stufiger Wäsche	1978	79	3,9	213	67;66;73	1; 4,7	259;265;169
	1981	359	-	-	28 ÷ 33	1,9÷2,1	305 ÷ 378
	1978	490	3,4	169	63	2,8	209
Verbrennungslinie mit Sprühabsorption und E-Filter	1984	-	-	-	58	1	53 (225)
Verbrennungslinien mit Trockenabsorber und Gewebefilter	1984	42	-	337	60 (887)	0,02(11,6)	126 (293)
	1984	90	2	332	38 (373)	0,32	189
	1984	106	3	323	52 (786)	0,05(4,1)	168

- : Keine Messungen bei den jeweiligen Meßreihen

Werte in Klammern ÷ Rohgasgehalte

Tabelle 3: Ergebnisse von Emissionsmessungen an bayerischen Hausmüllverbrennungsanlagen (Werte als Mittelwert von unterschiedlichen Meßreihen in mg/m_n^3 (feucht, 11 % O_2))

- Emissionen an Staub und an Schwermetallen -

	Inbetrieb-nahme	Staub (mg/m³)	Stäube Klasse I TA Luft neu (mg/m³)	Stäube Klasse II TA Luft neu (mg/m³)	Stäube Klasse III TA Luft neu (mg/m³)	Hg gasförmig* (mg/m³)
Verbrennungslinien mit E-Filter	1975	76	0,11	0,44	2,16	-
	1963	-	-	-	-	-
	1968	85	0,053	1,27	0,92	
Verbrennungslinien mit E-Filter und 1-stufiger Wäsche	1978	21,4;9,3	0,042	0,01	0,71	0,02(0,7)
	1981	10	-	-	-	-
	1978	61	0,009	0,04	0,16	-
Verbrennungslinie mit Sprühabsorption und E-Filter	1984	4,5(1097)	0,012 (0,7)	0,01 (1,14)	0,29 (17,4)	0,27(0,6)
Verbrennungslinien mit Trockenabsorber und Gewebefilter	1984	4	0,00008	0,00006	0,00015	0,22-0,57 (0,21-1,3)
	1984	2,5	0,00023	0,0008	0,00085	0,12 0,16
	1984	2,7	0,00043	0,0008	0,0168	0,15(0,17) 0,21(0,23)

- : Keine Messungen bei den jeweiligen Meßreihen   Werte in Klammern ÷ Rohgasgehalte

* Meßwerte Hg-gasförmig : Einzelwerte

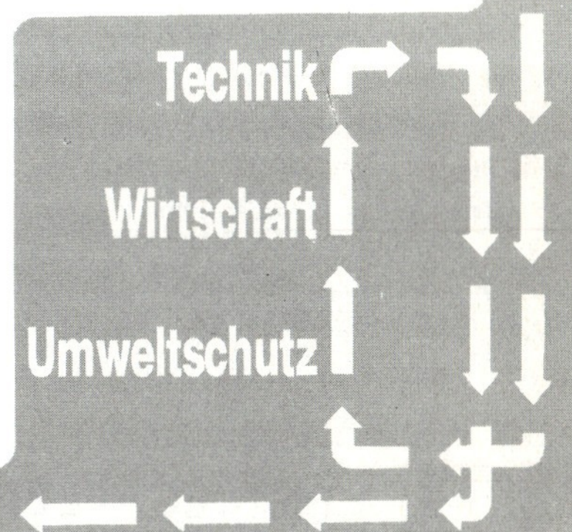
Technik
Wirtschaft
Umweltschutz

Grenzen der Rauchgasreinigungsverfahren aus der Sicht des Herstellers

L. Leisegang

In den vergangenen 10 Jahren haben folgende Faktoren zu einer beschleunigten Verschärfung der Anforderungen an die Emissionsqualität und -fracht von MVA geführt:

1. Das Bestreben der politischen Instanzen, dem zugenommenen Umweltbewußtsein verwaltungsrechtlich Rechnung zu tragen.

2. Das Bestreben der örtlichen Genehmigungsbehörden, im Hinblick auf die zukünftige Entwicklung einen ausreichenden Sicherheitsabstand von den verschärften Forderungen zu halten und sie damit weiter zu verschärfen.

3. Das Bestreben der Hersteller, mit Leistungen zu glänzen, um Wettbewerbsvorteile zu erlangen oder zu verteidigen.

Tabelle 1 zeigt die Entwicklung der verwaltungstechnischen Anforderungen |3|.

Tabelle 1

Entwicklung der verwaltungsrechtlichen Forderungen nach TA-Luft für Emissionswerte aus Müllverbrennungsanlagen

	TAL 74	TAL Entwurf 83	TAL Entwurf 85
Bezugsebene	Normal feucht	Normal feucht	Normal trocken
HCl	100	50	50
HF	5	5	2
SO2 / SO3	-	500	200
NOx	-	500	500
Staub gesamt	100	50	50
besonderer anorg. Staub			
Kl. I	20*	0,2	0,2
Kl. I + II	50*	1	1
Kl. I + II + III	75*	5	5

* Nicht vergleichbar wegen geänderter Klassenzuordnung

Tabelle 2 zeigt anhand von planerischen Vorgaben die Entwicklung von Anforderungen an den Hersteller von Rauchgasbehandlungsanlagen aus neueren Ausschreibungen.

Tabelle 2

Geforderte Emissionskonzentrationen aus Ausschreibungen

Bezugsbasis: Nm³ trocken	1984		1985			
			Neunkirchen		Stuttgart	
		RF*		RF*		RF*
Gasförmige Stoffe:						
HCl	30-50		50		20	
HF	1-3		1,0		1	
SOx	80-200		150		100	
NOx	250-300		-		-	
Staub gesamt	30-50		30		10	
besonderer anorg. Staub:						
Kl. I	0,2		0,2		0,2	
Kl. I + II	0,8-1		1,2		-	
Kl. I + II + III	3-5		6,2		-	

* RF = Rückhaltefaktor

Man sieht, daß die Forderungen im konkreten Fall noch weit über die neuesten Forderungen der Verwaltungsvorschriften hinausgehen.

Die Bedeutung dieser Entwicklung für den Hersteller von Rauchgasbehandlungsanlagen wird erkennbar, wenn ein bereits in der Kerntechnik angewandtes Konzept der Gas- und Wasserreinigung auch auf das Gebiet der Müllverbrennung angewendet wird:

In diesem Gebiet werden zur Definition von Anforderungen an die Abscheideleistung bei Abluft- und Abwasserbehandlungsanlagen an Stelle von Abscheidegraden, die immer über 90 % liegen und daher zunehmend nichtssagend werden, Dekontaminations- oder <u>Rückhaltefaktoren</u> angewendet.

Der Rückhaltefaktor ist definiert als:

- Verhältnis der Eingangsbeladung zur Ausgangsbeladung, also

$$RF = \frac{C1}{C2}$$

wobei C1 - Eingangsbeladung in mg/Nm³
C2 - Emissionskonzentration in mg/Nm³

An einem Beispiel soll das verdeutlicht werden:

- Einem Abscheidegrad von 90 % entspricht ein Rückhaltefaktor von 10
- Einem Abscheidegrad von 95 % entspricht ein Rückhaltefaktor von 20
- Einem Abscheidegrad von 99 % entspricht ein Rückhaltefaktor von 100

Im Bereich um 90 bis 99 % ändert sich also der Abscheidegrad "nur" um 10 %, der Rückhaltefaktor jedoch um 1000 % oder um das 10-fache.

Bei weiterer Steigerung der Abscheidegrade, beispielsweise von 99 auf 99,9 %, akzentuiert sich das Zahlenspiel:

Der Abscheidegrad steigt nur um 0,9 %, der Rückhaltefaktor steigt jedoch von 100 auf 1000, also wieder um das 10-fache.

Um zu zeigen, in welchem Bereich der geometrischen Progression bezüglich der Abscheidegrade und der dazugehörigen Rückhaltefaktoren wir uns z.Zt. befinden, wurde in Tabelle 3 die Entwicklung von 1974 bis heute zusammengestellt.

Tabelle 3

Entwicklung der geforderten Abscheidegrade und Rückhaltefaktoren 1974 - 1985 für Müllverbrennungsanlagen

	Angenommene Eingangskonzentration mg/Nm³ (feucht)	TAL 74		TAL 83		TAL 85		Anforderung an Hersteller aus Ausschreibungen	
		% η	RF	% η	RF	% η	RF	% η	RF
Gasförmige Stoffe									
HCl	2000	95	20	97,5	40	98	47	99,6	235
HF	40	87,5	8	87,5	8	95,7	23	99,6	47
SOx	900	0	1	44,4	1,8	81,1	5,3	95,2	21
NOx	600	0	1	0	1,2	28,6	1,4	98,6	70
H2O	15 Vol.%	–	–	–	–	–	–	–	–
Partikelförmige Stoffe									
Staub ges.	4000	97,5	40	98,8	80	98,9	94	99,7	314
Besonderer anorg. Staub									
Kl. I	1	0	1	80	5	83,3	6	87,5	8
Kl. I + II	5	0	1	80	5	83,3	6	91,7	12
Kl. I+II+III	50	0	1	90	10	91,7	12	98,6	74

Dabei wurde von mittleren Eingangskonzentrationen für Hausmüllverbrennungsanlagen entsprechend publizierter Werte ausgegangen.

Die Tabelle zeigt, daß die geforderten Rückhaltefaktoren zum größten Teil über 10 liegen, in einem Bereich also, wo weitere Steigerungen der Abscheidegrade eine exponentielle Steigerung der Rückhaltefaktoren bedeuten.
Die Schwerpunkte liegen dabei bei Staub und HCl, für die die höchsten RF gefordert werden.

Die scheinbar niedrigen RF für "Besondere anorganische Stäube", im Wesentlichen Schwermetalle, bedeuten dabei ebenfalls eine Progression, da es sich hierbei fast ausschließlich um Aerosole mit Korndurchmessern unter 1 µm handelt.

Die Diskussion über die Rückhaltefaktoren wurde so ausführlich angelegt, weil sie auf eine Gesetzmäßigkeit der Verfahrenstechnik hinweist: In der Regel ist eine Veränderung des Rückhaltefaktors mit einer korrelierten Veränderung des Aufwands verbunden, um das neue Ziel zu erreichen.
Diese Veränderung kann die Form erhöhten Investitionsaufwands, erhöhten Betriebsmitteleinsatzes oder beider Faktoren annehmen.

Zwei Beispiele mögen dies verdeutlichen:

Entwicklung für HCl: Chlorwasserstoff

Die Senkung der Emissionsgrenzwerte von 100 auf 50 auf 30 mg/Nm³ bedeutete:

Bei den Naßverfahren:
entweder die Addition einer zweiten Stufe oder eine wesentliche Erhöhung des Wasserverbrauchs und damit der Neutralisationsanlage - also eine Erhöhung von sowohl Kapitalaufwand als auch Betriebskosten.

Bei den Trockenverfahren:
eine Erhöhung des Betriebsmitteleinsatzes in kg CaO/kg HCl, wie Abb. 1 zeigt |4|.

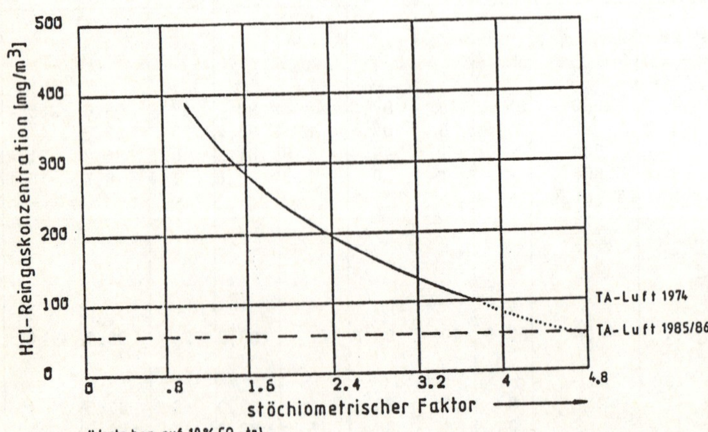

Abb. 1: Stöchiometrischer Faktor in Abhängigkeit von der Reingaskonzentration

Entwicklung für Staub:

Die Senkung von 100 auf 50 mg/Nm³ bedeutete:

Bei den Trockenverfahren:
- Einsatz eines E-Filters mit 3 statt 2 Abscheidefeldern oder
- Einsatz eines entsprechend größer ausgelegten Gewebefilters.

Bei den Naßverfahren:
- Vorschaltung einer Trockenabscheidestufe (siehe oben) oder
- Erhöhten Energieeinsatz durch Erhöhung des Waschflüssigkeitsumlaufes oder des Druckverlustes (bei Venturiwäschern) oder beiden.

Grundsätzlich bedeutet eine Verdopplung des Rückhaltefaktors eine Verdopplung des Einsatzes von Ressourcen für den davon betroffenen Anlagenteil.

Das muß jedoch nicht bedeuten, daß die Betriebskosten (unter Berücksichtigung von Kapital- und variablen Kosten) sich verdoppeln, da die Gesamtkosten sich aus vielen Verfahrensstufen zusammensetzen.

Daneben sind jeweils Verfahrensvarianten möglich, die durch neue Ansätze Probleme gar nicht erst entstehen lassen oder sie auf einfache Weise lösen.

In diesem Zusammenhang darf auf das QTV-Verfahren hingewiesen werden, das von unserem Haus vertreten wird. Dort wird insbesondere hinsichtlich der Schwermetallabscheidung und der Abwasserbehandlung ein neuer Weg beschritten, der sich erstmalig an einer Sondermüllverbrennungsanlage zu bewähren hat.

Das Verfahren ist bereits ausführlich beschrieben worden und beruht auf einer alkalischen abwasserlosen Rauchgaswäsche.
Durch die alkalische Prozessführung wird neben guten Abscheideergebnissen für saure Stoffe einschließlich SO_x eine Schwermetallabscheidung bewirkt, die diese -anders als bei den bisher bekannten Naßwäschen -nicht erst in Lösung bringt, so daß sie mit den Rückständen in oxidischer Form als Feinstaub abgeschieden werden.

Ein Verfahrensschema für eine ausgeführte Anlage zur Reinigung der Abgase aus einer Sondermüllverbrennung, Gasleistung 38.000 Nm3f/h zeigt Abb. 2.

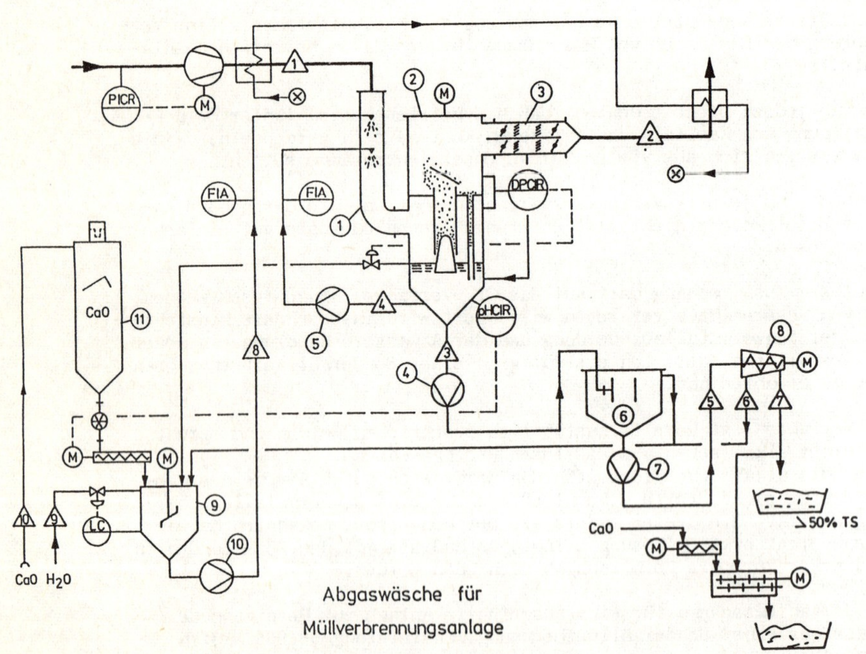
PICR
M
1
2
M
3
2
FIA
FIA
1
DPCIR
CaO
11
4
5
pHCIR
8
3
4
6
8
M
5
6
7
M
7
M
9
LC
10
9
10
CaO
H2O
≥50% TS
CaO
M
M
Abgaswäsche für
Müllverbrennungsanlage

Abb. 2

Die Rauchgasbehandlung besteht zunächst aus einer Abkühlung in einem Wärmetauscher, der zum Zwecke der Rauchgaswiedererwärmung mit Thermoöl betrieben wird.
Es folgt die Restsättigung mit anschließender Venturiwäsche und Tropfenabscheidung. Nach Wiedererhitzung in einem zweiten Wärmetauscher geht das Gas mit einer Temperatur von 130 °C in die Atmosphäre, wobei der vorhandene keramische Kamin der Anlage weiter betrieben wird.
Die Schlämme aus der Wäsche werden solange aufkonzentriert, bis sie im Gleichgewicht mit dem ausgetragenen Produkt, einem Rückstand mit mehr als 50 % Feststoffgehalt, sind. Damit arbeitet das Verfahren abwasserfrei.

Abb. 3: Rauchgasreinigungsanlage nach dem QTV(R)-Verfahren nach Sondermüllverbrennung 38.000 Nm^3/h

Erzielte Emissionsergebnisse zeigt Tabelle 4.
Sie beziehen sich auf Normalbasis, trocken.

Tabelle 4

Emissionswerte QTV (R) - Verfahren Sondermüllverbrennung

Zeitpunkt	Betriebswerte delta p mbar Wäscher	Betriebswerte pH	Rohgas Staub mg/Nm³	Reingas HCl mg/Nm³ tr.	Reingas HF mg/Nm³ tr.	Reingas SO2 mg/Nm³ tr.	Reingas NOx mg/Nm³ tr.	Reingas Staub mg/Nm³ tr.
22.20	51	8,0	350	15	0,65	80	n.g.	27
23.00	50	7,7	320	14	0,6	70	n.g.	25
23.30	49,5	7,4	320	17	0,55	70	n.g.	27
0.30	50	7,0	350-400	23	0,55	70	n.g.	30
2.30	48	7,1	320	17	0,45	5	n.g.	29
3.40	48	6,8	340	18	0,45	10	n.g.	30
3.50	20	7,5	340	18	0,45	10	n.g.	30
3.57	25	7,8	390	56	0,45	5	n.g.	41
4.04	55	7,8	340	37	0,55	5	n.g.	29
4.10	50	7,7	340	26	0,5	5	n.g.	30
5.30	50	6,6	320	26	0,4	10	n.g.	29
23.15	58	6,8	425	26	<0,2	25	160	25
0.15	58	8,0	400	15	<0,2	10	170	26
0.40	20	7,4	460	102	<0,2	15	140	27
1.45	46	7,3	460	26	<0,2	15	120	30

Temperatur nach Wäsche: 71 °C, ges.
H2O-Gehalt nach Wäsche: 35 Vol.%

Diese Ergebnisse sind umso bemerkenswerter, als sie wegen Fehlens der Wärmerückgewinnung bei einem Wasserdampfgehalt von etwa 35 Volumenprozent erzielt wurden.

Die Nachrüstung der Anlage erfolgte, um eine Anpassung der Emissionen vom Stand vor 1974 auf den zu erwartenden Stand der TA-Luft 85 zu erreichen und diesen, wenn möglich, zu überschreiten. Die Nachrüstung bedingte einen Investitionsaufwand von DM 5 Mio für einen Durchsatz von rund 40.000 Nm³/h.

Der Betriebsaufwand beträgt:

			Einheitspreis DM
Strom	300	kW	-,15 / kWh
Wasser	9000	kg/h	1,-- / t
Kalk CaO	100	kg/h	110,-- / t
Rückstand	400	kg/h	70,-- / t

Bei einem Zins- und Abschreibungssatz von je 8 %, einem Ersatzteilbedarf von 4 % der Investitionssumme sowie einem Personalbedarf von 1 Mann/a ergeben sich bei etwa 6000 Betriebsstunden/Jahr Betriebskosten von DM 1.600.000,--/a für die Nachrüstung.
Damit wird der heutige Aufwand für eine Nachreinigung einer bestehenden Anlage deutlich.

Grenzen der Reinigung:

Die Frage liegt nahe, wo die technischen Grenzen einer Rauchgasbehandlung liegen.
Um diese Frage zu beantworten, hilft wieder das Konzept der Rückhaltefaktoren RF und der Vergleich mit dem in der Nukleartechnik bekannten Konzept der Dekontaminationsfaktoren.
Die heutigen technischen Grenzen für die Abgasbehandlung liegen in der Tat bei den in der Nukleartechnik geforderten Werten für die Abscheidung partikelförmiger Verunreinigungen, die sich dort naturgemäß wegen des Zwecks der Reinigung - Reduktion von Radioaktivität - auch besonders gut nachweisen lassen.

Durch Schaltung zusätzlicher Verfahrensstufen wie Kondensation, mehrstufige Wäschen, Wiederaufheizung und anschließende Schwebstoff-Filtration werden Rückhaltefaktoren von 10 Exp 7 oder mehr als 10 Millionen erreicht. Hierüber liegen ausführliche Erfahrungsbericht bspw. der Gesellschat für Kernforschung, Karlsruhe vor |1|. Im Beispiel der Tabelle 3 würde dies zu Endgehalten an partikelförmigen Verunreinigungen von 0,4 Mikrogramm/m^3 führen.

Eine Entwicklung in diese Extreme erscheint nicht wahrscheinlich.

Dagegen wird eine weitere Behandlungsstufe erkennbar, die in Zukunft eine Rolle spielen wird, die Aufgabe der NOx-Abscheidung. Sie gewinnt insofern an Bedeutung, als sie sich konträr zur Anforderung der Dioxinvernichtung verhält.

Hier wird die Entwicklung wohl einerseits in Richtung einer zusätzlichen Verfahrensstufe "Entstickung" auf der Reingasseite der Rauchgasbehandlung gehen. Zum anderen werden verfahrenstechnische Maßnahmen im Feuerraumbereich dieses Doppelproblem reduzieren.

Damit sind die technischen Grenzen aufgezeigt. Der dafür erforderliche wirtschaftliche Aufwand kann derzeit nicht beziffert werden, da mit einer solchen Ausweitung neue Probleme im großtechnischen Maßstab gelöst werden müssten.

Nicht wir als Ingenieure und Anlagenbauer sind hier die Entscheidungsträger, sondern politische Wertungen sind erforderlich!

Rezirkulation von Calziumhydroxid bei einem trockenen Rauchgasreinigungsverfahren

H.-J. Regler

1. Einleitung

Im Frühjahr 1983 wurde dem Konsortium von Roll/BBC der Auftrag erteilt, bei der Müllverbrennungs- und Kompostierungsanlage Geiselbullach den bestehenden 6 t/h-Ofen um zwei weitere Verbrennungseinheiten mit ebenfalls jeweils 6 t/h Durchsatzleistung zu erweitern. Die beiden nachgeschalteten Rauchgasreinigungslinien dienen auch zur Abgasreinigung des seit 1975 im Betrieb befindlichen Ofens, da das Abgas mittels eines Bypasses über jeweils eine der beiden Rauchgasreinigungsanlagen geführt werden kann. Allerdings sind die beiden Abgasreinigungsanlagen so ausgelegt, daß stets nur zwei Öfen gefahren werden können, so daß in der Regel die alte Einheit nur für Wartungs- und Reparaturarbeiten zugeschaltet wird. Sie hat also eine Stand-by-Funktion, zumal die neuen Öfen nahezu den gesamten Haus- und Gewerbemüll aus den beiden Landkreisen Fürstenfeldbruck und Dachau mit ca. 280.000 Einwohnern thermisch verwerten können. Der gewonnene elektrische Strom wird seit Sommer d.J. in das Netz der Isar-Amperwerke eingespeist.

Nach intensiven Untersuchungen hat man sich für das Trockensorbtionsverfahren der Firma Fläkt entschieden, wobei der Rezirkulation im Hinblick auf eine verbesserte Kalkausnutzung und weitere Senkung der Restemissionen besondere Bedeutung zukam. Diese im Technikumsmaßstab erprobte Rückführung des im Gewebefilter abgeschiedenen Staub-Kalk-Gemisches wurde großtechnisch erstmalig bei der MVA in Geiselbullach verwirklicht.

HUGO PETERSEN

Fortschrittliche Spitzentechnik für Rauchgasreinigung und Schadstoff-entsorgung

zum Thema: Rauchgasreinigung in Müll- und Abfallverbrennungsanlagen nach dem Petersen-AFA-Verfahren

(Absorptions-Filterungs-Adsorptions-Verfahren)

Die Ingenieure des Hauses Hugo Petersen haben ein neues Verfahren zur praktisch vollständigen Reinigung von Rauchgasen aus Müll- und Abfallverbrennungsanlagen entwickelt.

In den drei Abscheidestufen

☐ Absorption ☐ Filterung ☐ Adsorption

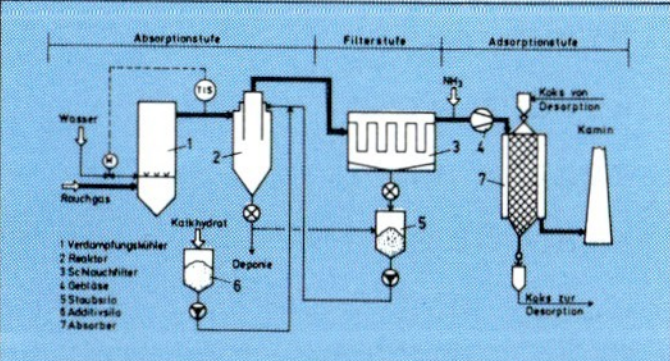

werden stufenweise alle Schadstoffe mit höchsten Wirkungsgraden aus den Rauchgasen abgeschieden. Simultan erfolgt somit die Abscheidung von

Schwefeldioxid	(SO_2)	Schwermetallen, vor allem	
Chlorwasserstoff	(HCl)	Blei	(Pb)
Fluorwasserstoff	(HF)	Cadmium	(Cd)
		Quecksilber	(Hg)
		und deren Verbindungen organischen Schadstoffen	(PAH; PCB; PCDD; PCDF)

sowie die Reduktion der Stickoxide.

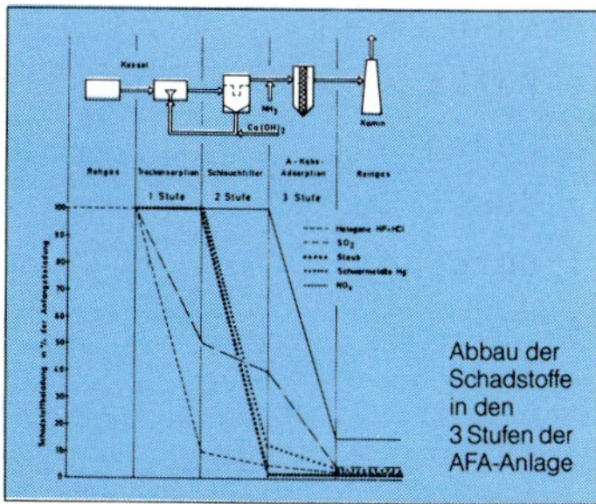

Abbau der Schadstoffe in den 3 Stufen der AFA-Anlage

Als Endreinigungsstufe wird ein Aktivkoksadsorber eingesetzt, welcher sich durch zahlreiche Vorteile auszeichnet:

- ☐ Die Reaktionstemperatur des Aktivkohle-Katalysators liegt im Bereich der Rauchgaseintritts-Temperatur in den Kamin, daher keine zusätzliche Aufheizung der Gase erforderlich
- ☐ Niedrige Katalysatorkosten
- ☐ Mit Ammoniak als Reduktionsmittel entstehen die umweltunschädlichen Produkte Wasserdampf und Stickstoff
- ☐ Hoher Wirkungsgrad
- ☐ Einfacher Betrieb
- ☐ Keine Vergiftungsgefahr des Katalysators
- ☐ Beladener Aktivkoks kann regeneriert werden
- ☐ Keine Probleme bei der Entsorgung des verbrauchten Aktivkoks-Katalysators
- ☐ Keine Begrenzung für Last- und Temperaturänderungsgeschwindigkeiten, insbesondere auch beim An- und Abfahren der Kesselanlagen
- ☐ Problemloser Betrieb auch im niedrigen Lastbereich
- ☐ Kein Betriebsstillstand bei Katalysatoraustausch
- ☐ Modulbauweise, daher gute Extrapolierbarkeit
- ☐ Aktivkokstransport mit pneumatischer Schubförderung, daher geringer Koksverschleiß
- ☐ Einfache Nachrüstmöglichkeit für bestehende Anlagen
- ☐ Absenkung der Rauchgastemperatur auf ca. 100–190 °C ohne Korrosionsgefahr möglich, daher wesentliche Verbesserung der Wärmenutzung

Eine der 4 Großversuchsanlagen für die A-Koks-Endreinigungsstufe, die sich in Betrieb, Planung und Montage befinden.

Verlangen Sie nähere Informationen über unsere Möglichkeiten, auch Ihr Problem individuell und wirtschaftlich zu lösen.

HUGO PETERSEN

Gesellschaft für verfahrenstechnischen Anlagenbau mbH & Co. KG
Dantestraße 4–6, D-6200 Wiesbaden
Telefon 06121/39217, Telex 04-186709

Zeitgemäße Abfalltechnik ist aktiver Umweltschutz.

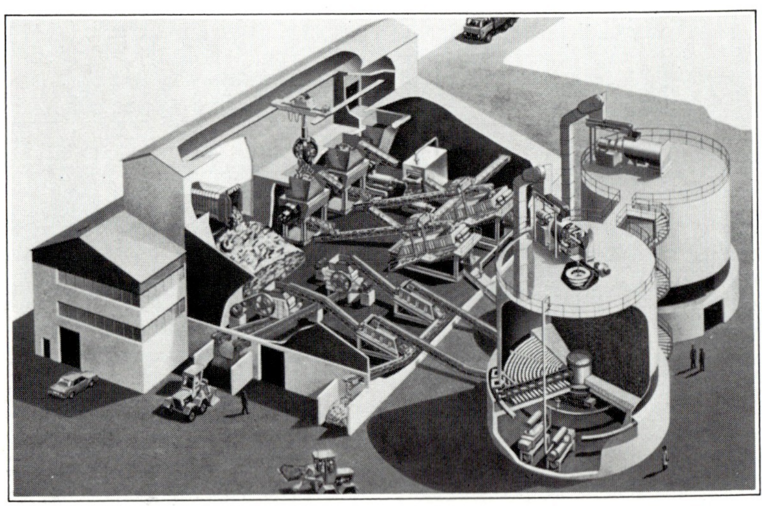

Kompostierungsanlagen – perfekt in Konzeption und Technik.

Auf diesem Sektor arbeiten die Firmen Steinmüller und Gebr. Weiss KG, Dillenburg, zusammen. Die seit Jahren bewährten Weiss-Bio-Reaktoren (System Kneer) bilden die Grundlage für die Umwandlung von Hausmüll und Klärschlamm in Kompost. Bei diesem Verfahren wird der Rotteprozeß durch Zwangsbelüftung des Bio-Reaktors zuverlässig gesteuert.

Ein Team von langjährig erfahrenen Spezialisten befaßt sich mit der Planung, Konstruktion, Fertigung und Montage von Kompostierungsanlagen.

Die Vorzüge dieses Verfahrens liegen sowohl im biologischen als auch im technischen Bereich:

Biologische Vorteile	Technische Vorteile
Hygienisierung	Kompakte Bauweise
Humifizierung	Kontinuierliches Verfahren
Strukturveränderung	Saug-Druck-Kombinationsbelüfung
Geruchsfreiheit	Optimale Verwertung der Abfallstoffe
Problemlose Lager- und Transportfähigkeit	Geringer Wartungsaufwand

Energietechnik
Verfahrenstechnik
Umwelttechnik

L. & C. Steinmüller GmbH
Postfach 100 855 / 100 865
D-5270 Gummersbach
Tel.-Sammel-Nr. 0 22 61 / 85 - 0
Telex 884 551 - 30

2. Anlagenbeschreibung

Jede der beiden Rauchgasreinigungsanlagen besteht aus zwei Reaktoren und einer Schlauchfilteranlage mit 6 Kammern und 420 Teflon-Nadelfilz-Schläuchen, die eine Gesamtfilterfläche von über 1.000 m² darstellen. Auf den zusätzlichen Einbau von Elektrofiltern als Vorabscheider wurde verzichtet. Die Siloanlage, die für beide Linien ausgelegt ist, besteht aus einem Rückstandssilo, einem Rezirkulationssilo (jeweils 150 m³ Fassungsvolumen), einem Flugstaubsilo mit 210 m³ Volumen und einem Frischkalksilo, das ein Volumen von 100 m³ hat.

Das Rohgas wird mit einer Temperatur von ca. 200° - 210° zunächst im unteren zyklonartig ausgebildeten Bereich des Reaktors vorgereinigt, d.h. es findet eine Staubvorabscheidung in der Größenordnung von ca. 60 % - 70 % statt. Im darüberliegenden zylinderischen Reaktionsteil wird neben Frischkalk das Rezirkulationsprodukt - ein Kalk-Staub-Gemisch - eingedüst. Das vorgereinigte Gas wird anschließend zum Gewebefilter geführt. Dort erfolgt die Staubabscheidung mit einem Wirkungsgrad von > 99 %. (Bild 1 und 4)

3. Rezirkulationsverfahren

Unter Berücksichtigung nachstehender Rohgasschadstoffbelastungen wurden 1983 bei einem garantierten Kalkeinsatz von maximal 148 kg/h und Linie mit einem wasserlöslichen Anteil von $Ca(OH)_2$ von 83,5 % und einer Oberfläche von 14 m²/g folgende Emissionsgrenzwerte vertraglich vereinbart:

Reingas	Rohgas
50 mg/m³ HCl	i.M. 1.000 mg/m³ HCl
100 mg/m³ SO_2	i.M. 350 mg/m³ SO_2
3 mg/m³ HF	i.M. 10 mg/m³ HF
30 mg/m³ Staub	i.M. 8.000 mg/m³ Staub
3 mg/m³ Schwermetalle der Klasse I TA-Luft 1974	

Alle Konzentrationsangaben beziehen sich auf feuchtes Gas mit 11 % Sauerstoff.

Die Rezirkulationstechnik besteht darin, daß das im Gewebefilter abgeschiedene Gemisch aus Calciumverbindungen und Flugasche über das Rezirkulationssilo erneut den Reaktoren zugeführt wird. Mit diesem "Altkalk" wird in den Reaktoren die Staubkonzentration und damit die Oberfläche zur Anlagerung der Schadgase HCl, HF, SO_2 stark vergrößert. D.h. die Begegnungschancen für die Reaktionspartner Staub und Schadgase werden bei Einsatz dieses Systems wesentlich verbessert. Außerdem wird den Reaktionspartnern für den langsamen, zeitintensiven Vorgang der Diffussion mehr Verweildauer gegeben. Ein HCl-Molekül z.B. hat nach dem schnelleren Kontakt im Rezirkulationssilo Gelegenheit ins Innere des Staubkorns zu wandern und den dortigen noch ungenutzten Kalk zu verbrauchen.

Um auch bei Anstieg der Schadgaskonzentrationen im Rohgas die Emissionswerte gleichmäßig auf einem Niveau unterhalb der Grenzwerte zu halten, muß eine Möglichkeit geschaffen werden, die eine Dosierung des Frischkalks erlaubt. Diese Dosierung erfolgt über Schnecken. Den Transport in die Reaktoren übernehmen pneumatische Fördersysteme, an deren Ende speziell ausgebildete Düsen die Stäube über den Reaktorquerschnitt verteilen. Analog zum Frischkalk wird auch das Staub-Kalk-Gemisch in die Reaktoren eingetragen. Die Kalkmenge wird von der SO_2-Konzentration im Rohgas bestimmt.

Zur Kontrolle der Rauchgasreinigung wurde eine Fülle von Reingasmeßinstrumenten installiert:

Für HCl das Ecometer und für HF das Sensimeter G von Bran & Lübbe, für SO_2 der Uras 3 G und O_2 das Magnos von H & B sowie für Staub die Konzentrationsmeßgeräte von Sick. Zur Kontrolle der Feuerung wird CO mit einem Uras 3 G gemessen. Alle Meßwerte werden als Dreiminuten- und Halbstunden-Mittelwerte von einem Data Locker von Philips normiert, gedruckt und elektronisch gespeichert.

4. Messungen an der MVA Geiselbullach

Im Probebetrieb der Linie II, der von April bis Juni 1985 stattfand, zeigte es sich schnell, daß der garantierte Wert für den Kalkverbrauch sehr gut eingehalten und sogar bedeutend unterschritten werden kann. Auch die Emissionswerte von HCl und SO_2 lagen bedeutend niedriger als die garantierten Grenzwerte. Natürlich ist es bei störungsfreiem Betrieb auch kein Problem den Staubgrenzwert mit einem Gewebefilter einzuhalten. Er liegt im Mittel zwischen 4 und 7 mg/Nm³.

Im Juni 1985 wurde von den Firmen von Roll/Fläkt die Leistungsmessung zur Vorbereitung der Übergabe der Anlage vorgenommen. Durch die umfangreiche Ausrüstung der Anlage auf der Reingasseite mit fest installierten Konzentrationsmeßinstrumenten war die Voraussetzung gegeben, zusammen mit beigestellten Rohgasmeßinstrumenten ein dichtes Feld von gleichzeitig gemessenen Daten zu sammeln (Bild 2). Es wurden alle für die Bewertung der Schadgasabscheidung im Verhältnis zum Kalkeinsatz wichtigen Parameter festgehalten.

- im Rohgas HCl, SO_2, Feuchte und O_2
- im Reingas HCl, SO_2 und O_2 sowie
- die Kalkdosierung.

Bei Staub und CO war die Zuordnung der Rohgas- und Reingaswerte ohne Bedeutung.

Tab. 1 zeigt die Mittelwerte der am 19.6.85 zwischen 08.00 und 16.00 Uhr kontinuierlich gemessenen sowie die am 19. und 20.6.85 manuell gezogenen und naßchemisch gemessenen Werte. Zur Tab. 1 ist folgendes anzumerken:

a) Die kontinuierlichen HCl-Meßwerte auf der Roh- und Reingasseite liegen - nach den manuell ermittelten zu urteilen - etwas zu tief. Da die Ergebnisse der Überprüfung der Werkskalibrierung bei den Reingasinstrumenten durch den TÜV Bayern noch nicht vorliegen, soll eine Bewertung an dieser Stelle unterbleiben.

 Mess. ergaben......

b) Die kontinuierlich und manuell ermittelten SO_2-Reingasmeßwerte liegen befriedigend nahe beieinander. Die erreichten Reingaswerte sind ausgesprochen gut. Dies gilt um so mehr, als mit sinkender Konzentration die Chemisorption von SO_2 an Kalk immer schwieriger wird, und gilt unabhängig von den festgestellten relativ niedrigen Ausgangskonzentrationen. Bei einem rohgasseitigen Halbstundenmittelwert von ca. 300 mg/Nm³ SO_2 (i.N., feucht, 11 % O_2) wurde ein Abscheidegrad von ca. 80 % erreicht, obwohl die Frischkalkdosierung unterdurchschnittlich blieb.

c) Die HF-Reingaswerte sind wie immer bei Chemisorption mit Kalk kein Problem. Sie liegen deutlich unter 1 mg/Nm³. Es ist offensichtlich, daß das HF-Emissionsmeßgerät entbehrlich ist. Auch der Entwurf zur neuen TA-Luft vom 15.2.85 sieht für HF keine kontinuierliche Messung vor.

In Tab. 2 sind ausgewählte Betriebsparameter für die Abscheideleistung aufgeführt. Der dort angegebene Kalkverbrauch wurde auf zwei Arten ermittelt:

- Registrierung des Steuerungssignals für die Dosierschnecken des Frischkalks
- Zählungen der Umdrehungen der Dosierschnecke und Ablesung in Halbstunden- bzw. Stundenabständen.

In beiden Fällen wurden die erhaltenen Meßzahlen in den Massenstrom von Frischkalk (kg/h) anhand einer während zweier Monate aus den verbrauchten Kalklieferungen ermittelten Eichkurve umgerechnet. Die Übereinstimmung ist relativ genau. Die ermittelten Löschkalkverbräuche von 11,4 bis 15,4 kg/t Müll sind sehr günstig und verdeutlichen den guten Wirkungsgrad des Rezirkulationssystems.

Im Bild 3 sind Balkendiagramme aus einem Vortrag von B. Fürmaier zusammengefaßt (3). Es ist offensichtlich, daß das Gewebefilter bei allen partikelförmigen Schwermetallen unübertroffen ist. Der SO_2-Wert der Sprühsorptionsanlage liegt in der selben Höhe wie der in Geiselbullach. Dagegen liegen die HCl-Emissionswerte aller 5 Anlagen deutlich höher als an der hier vorgestellten trockenen Rauchgasreinigungsanlage. Allerdings kann man wegen der Betriebstemperatur des Gewebefilters, die etwa zwischen 205° und 220° C liegt, mit keiner guten Quecksilber-Dampfabscheidung rechnen, wie dies auch im Bild 3 Nr. 4 zu erkennen ist. Hier hilft nachweislich nur eine Temperaturabsenkung auf etwa 140° - 160° C (1) (2), die mit einem vorgeschalteten Verdampfungskühler zu erreichen ist.

5. Reststoffbeseitigung

Durch den mehrfachen Einsatz des Additivs wird neben der Einsparung von Betriebsmittelkosten eine Reduzierung der zu deponierenden Abgasreinigungsrückstände erzielt. Dieser bedeutende Vorteil der Rezirkulationstechnik bewirkt letztlich neben einem geringeren Transportkostenaufwand eine Verlängerung der Deponienutzungsdauer.

Nach langfristigen bayerischen Feldversuchen (4) ist keine nennenswerte Auslaugung von Schwermetallen zu befürchten, wenn man die angefeuchteten Rückstände aus der Rauchgasreinigung im Verhältnis 1 : 1 mit Schlacke ablagert, weil durch sie der Sickerwasser-ph-Wert reguliert wird. Zur Abdichtung der Reststoffdeponie gegen das Eindringen des Sickerwassers in das Grundwasser genügt der Standard von Hausmülldeponien. Die erfaßten Sickerwässer können problemlos einer kommunalen Kläranlage zugeführt werden. Es besteht deshalb keine Veranlassung, Rückstände aus der Rauchgasreinigung auf einer Sondermülldeponie einzubauen.

6. Zusammenfassung

An der Linie 2 für 6 t/h Müll in der MVA Geiselbullach wurden mit insgesamt ca. 70 - 80 kg/h Frischkalk mit einer Trockensorptionsanlage mittlere Reingaswerte von 20 - 45 mg/m³ HCl, 40 - 70 mg/m³ SO_2 und $<$ 0,5 mg/m³ HF erzielt. Nach den bisherigen noch kurzen Betriebserfahrungen kann man sagen, daß die Erwartungen in die Reinigungsleistung der Trockensorptionsanlage in der MVA Geiselbullach übertroffen wurden. Die Anlage befindet sich bei langfristiger Bestätigung der Emissionswerte von HCl, SO_2 und partikelförmigen Schwermetallen in einer Spitzenstellung in Bayern.

Tab. 1: Ergebnisse der Messungen am 19. und 20.6.85 in der MVA Geiselbullach

Alle Werte sind auf 11 % O_2 im feuchten Rauchgas bezogen und in mg/m³ angegeben.

	HCl im Rohgas	SO_2	HF	Feuchte	HCl im Reingas	SO_2	HF
A) Mittelwerte kont. Messungen 19.06., 8.00 - 16.30 Uhr	564	183	-	14,7	24	56	0,4
B) Einzelwerte maneulle Messungen 19.06., Fläkt	924	122	2,9	-	33-39	47-61	0,02-0,0
C) Einzelwerte manuelle Messungen 19.06., von Roll	-	-	-	-	41	42-44	-
D) Einzelwerte manuelle Messungen 20.06., von Roll	1111 1143	221 224	-	-	51-54	52-71	-

Tab. 2: Betriebsdaten zu den Messungen am 19./20.06.85

	$\dot{m}$ Müll t/h	$\dot{V}$ Rauchgas m³/h (i.N.)	$\dot{m}$ Löschkalk kg/h	T Kesselausg. °C
19.06.85	6,95	32000	79	220
20.06.85	4,47	24600	69	205

Literatur:

(1) Pfeiffer Klaus-Dieter; Mosch, Heinrich: Trockene Rauchgasreinigung in Müllverbrennungsanlagen, Vortrag anläßlich der VGB-Konferenz Müllverbrennung 1984 in Essen, 28.-29.11.1984

(2) Bergström, Jan; Lundquist, Johan: Kvicksilveravskilning ur rökgaser från SYSAV: s avfallsvärmeverk i Malmö, DRAV Driftstudie Avfallsbehandling Nr 20, Januar 1985

(3) Fürmaier, Bartholomäus: Gesamtbetrachtung der Emissionswerte aus Abfallverbrennungsanlagen in Bayern in Relation zu den verschiedenen Gasreinigungsverfahren und deren weiteren Entwicklung, Vortrag anläßlich der Tagung "Umweltforum Transparent" in Grainau am 13.5.1985

(4) Schriftenreihe Bayerisches Landesamt für Umweltschutz, Heft 55: Auslaugverhalten von Rückständen aus Abfallverbrennungsanlagen - Rückstandsdeponie Großmehring, R. Oldenbourg Verlag 1983

Müllverwertungsanlage Geiselbullach

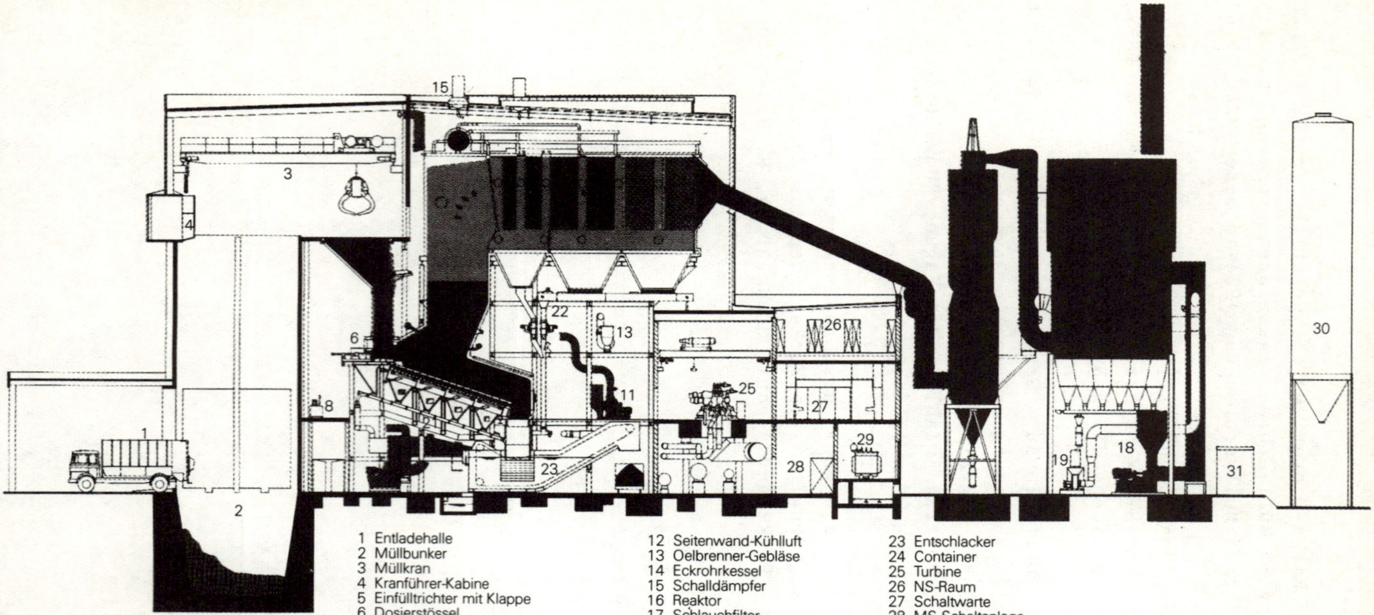

1 Entladehalle
2 Müllbunker
3 Müllkran
4 Kranführer-Kabine
5 Einfülltrichter mit Klappe
6 Dosierstössel
7 Verbrennungsrost
8 Hydr. Station f. Rost- u. Stösselantrieb
9 Oelbrenner
10 Primärluft-Gebläse
11 Sekundärluft-Gebläse
12 Seitenwand-Kühlluft
13 Oelbrenner-Gebläse
14 Eckrohrkessel
15 Schalldämpfer
16 Reaktor
17 Schlauchfilter
18 Saugzeug
19 Warmhaltekreislauf-Gebläse
20 Schornstein-Anlage
21 Rostentäschung
22 Kesselentaschung
23 Entschlacker
24 Container
25 Turbine
26 NS-Raum
27 Schaltwarte
28 MS-Schaltanlage
29 Trafo-Raum
30 Kalksilo
31 RG-Mess-Station

Bild 1

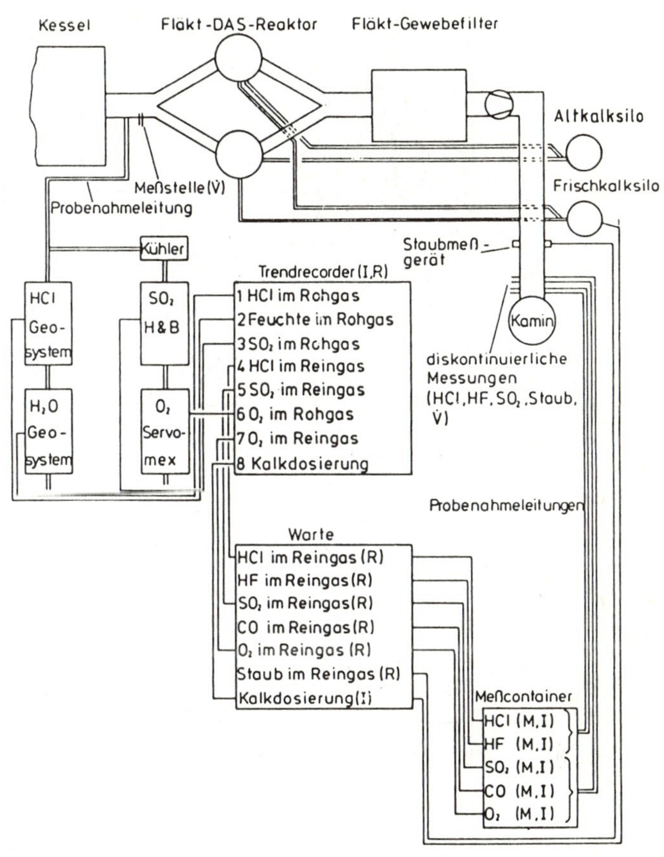

Bild 2 : Meßanordnung (M=Messung, I=Anzeige, R=Registrierung)

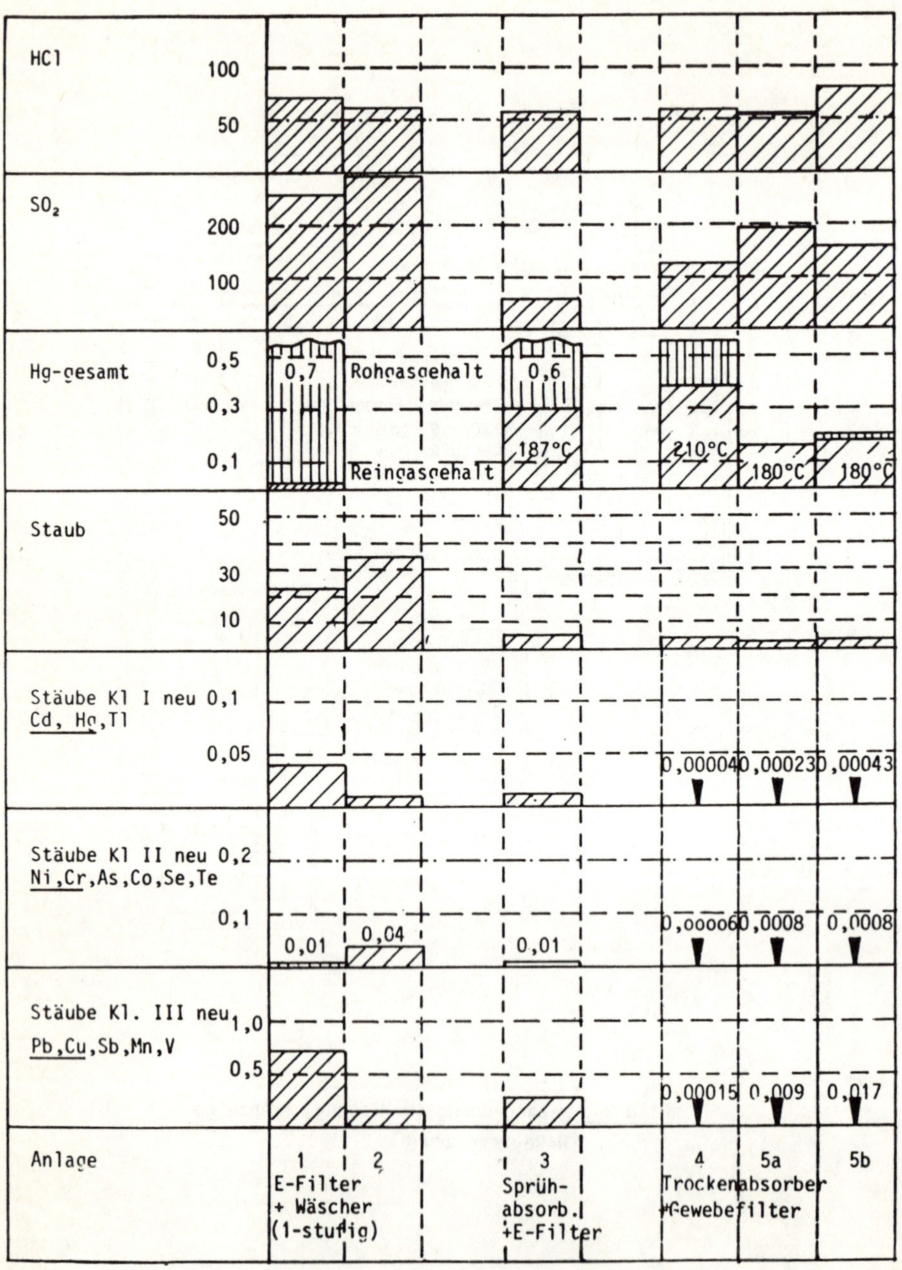

Bild 3: Mittlere Emmissionskonzentration bei 5 bayerischen MVA in mg/m³ (iN/11% O_2 nach B. Fürmaier feucht)

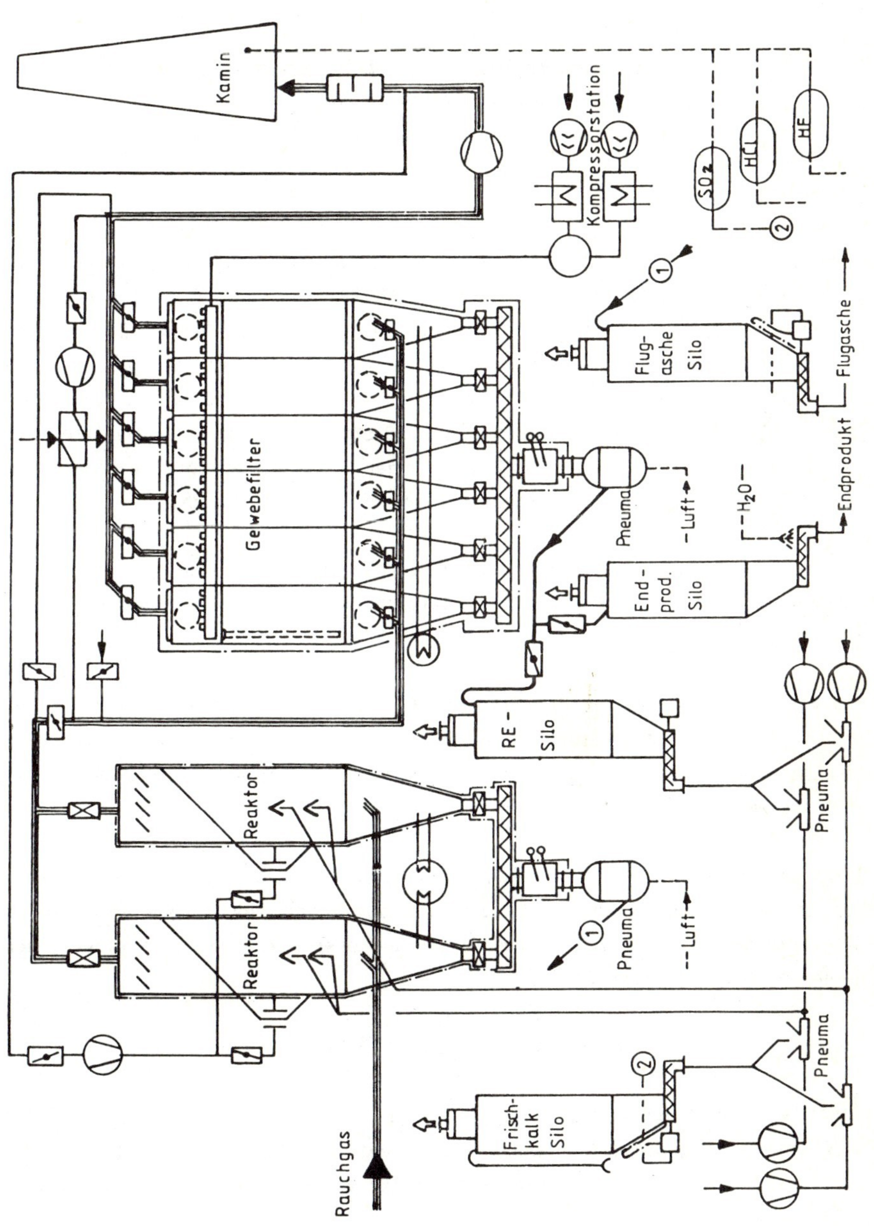

Bild 4 Fließschema - Rauchgas - reinigungsanlage / MVA Geiselbullach

Planung von Rauchgasreinigungsanlagen

G. Rinn, V. Grumbrecht

1. Einleitung

Die äußerst niedrigen Emissionsgrenzwerte der "Technischen Anleitung zur Reinhaltung der Luft" 1) zwingen die Betreiber von Müllverbrennungsanlagen, die Schadstoffemissionen ihrer Anlagen drastisch zu reduzieren. Bisherige Erfahrungen haben gezeigt, daß dies nur mit den Müllverbrennungsanlagen nachgeschalteten Rauchgasreinigungsanlagen wirkungsvoll erreicht werden kann. So müssen zur Minderung der Staubemission (incl. Schwermetalle) Elektrofilter oder Gewebefilter und zur Minderung der Chlorwasserstoff(HCL)-, der Fluorwasserstoff(HF)- und der Schwefeldioxid(SO_2)-Emission Sorptionsverfahren eingesetzt werden.

Die technischen Alternativen oder Wahlmöglichkeiten einer Rauchgasreinigungsanlage sind für den Betreiber einer Müllverbrennungsanlage vielgestaltig und unübersichtlich.

In den meisten Fällen kann der Betreiber einer Müllverbrennungsanlage die technisch zweckmäßigste und wirtschaftlich günstigste Maßnahme bzw. das entsprechende Rauchgasreinigungsverfahren nur finden, wenn er bereits im anfänglichen Planungsstadium systematisch und systemorientiert vorgeht. 2)

Darüberhinaus werden durch eine solche Vorgehensweise u. U. mögliche begleitende Emissionsminderungsmaßnahmen, wie z. B. Separierung von schadstofführendem Abfall, Ertüchtigung der Müllverbrennungsanlage oder die Errichtung einer neuen Verbrennungslinie, gefunden.

2. Systematische und systemorientierte Planung 3, 4, 5)

Planung ist die gedankliche Vorwegnahme künftiger Aktivitäten, welche die Entwicklung des Planungsgegenstandes aktiv beeinflussen will. Bereits mit der Planung werden die Weichen für die Funktionstüchtigkeit und den Nutzwert des zu realisierenden Systems gestellt.

Systematische und systemorientierte Planung wird von W.F. DAENZER als "SYSTEMS ENGINEERING" bezeichnet. Die Systematik der Planung findet ihren Ausdruck in der Vorgehensweise und der Organisation des Planungsprozesses. Die Systemorientierung berücksichtigt in besonderem Maße die zu erfüllende Funktion des Systems und die daraus resultierenden Anforderungen und Wechselwirkungen des Systems mit seiner Umwelt, d.h. mit anderen Systemen.

Ausgangspunkt bzw. Anstoß zur Planung ist ein Problem, im vorliegenden Fall die Schadstoffemission einer MVA, das mit Hilfe der Planung (Problemlösungsprozeß) einer Lösung zugeführt wird. Dabei sollen alle relevanten Einflußfaktoren und die kausalen Zusammenhänge, die zum Problem führen, berücksichtigt werden. Dies wirkt der Gefahr, das System zu eng abzugrenzen (Gefahr des Kurrierens an Symptomen) entgegen.

Planung ist die Voraussetzung für eine wirtschaftliche Problemlösung. In Abbildung 1 ist die Wirtschaftlichkeit der Planung dargestellt.

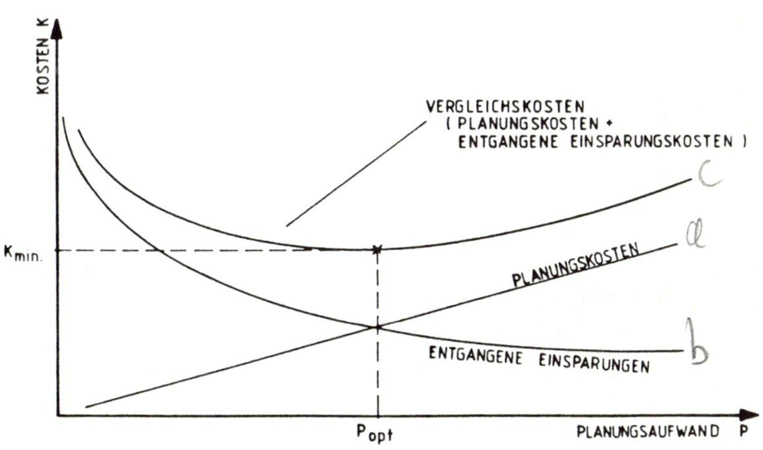

Bild 1: Wirtschaftlichkeit der Planung

Zu hohem Aufwand bei "Überplanung" stehen bei "Unterplanung" Fehlerbehebung, Nacharbeiten und Terminverzüge gegenüber.

Das Planungsteam muß die direkten und indirekten Abhängigkeiten zwischen Planungskosten und Investitions- und Betriebskosten ständig beachten. Dabei kommt den ersten Planungsstufen, bei noch relativ geringem Planungsaufwand große Bedeutung zu. Die Möglichkeiten zur Kostenbeeinflussung sind in den konzeptionellen Schritten am Anfang besonders groß und gehen mit zunehmendem Planungsfortschritt laufend zurück. So haben Änderungen kurz vor Beginn der Ausführung, da sie meist isoliert betrachtet werden, negative Auswirkungen auf die gesamte Termin- und Kostensituation.

Die realistische Einschätzung des Planungsumfangs führt in der Regel zu einer Reduzierung des Planungsumfangs. Im allgemeinen ist aber eher ein "zuviel" als ein "zuwenig" vorteilhaft.

Wer soll nun die Planung durchführen? Es hat sich bisher gezeigt, daß es vorteilhaft ist, die Planung von externen Stellen durchführen zu lassen. Die Vorteile externer Planung sind in Abbildung 2 dargestellt.

Neutralität

Breite Erfahrungsbasis

Vergleichsmöglichkeiten

Keine Betriebsblindheit

Geringere Belastung der betriebs-
eigenen Mitarbeiter

Keine Abhängigkeit von betrieblichen
Unterstellungsverhältnissen.

Bild 2: Vorteile externer Planung (Beratung)

3. Vorgehensmodell der systematischen und systemorientierten Planung

In Abbildung 3 ist das Vorgehensmodell des Systems Engineering schematisch dargestellt.

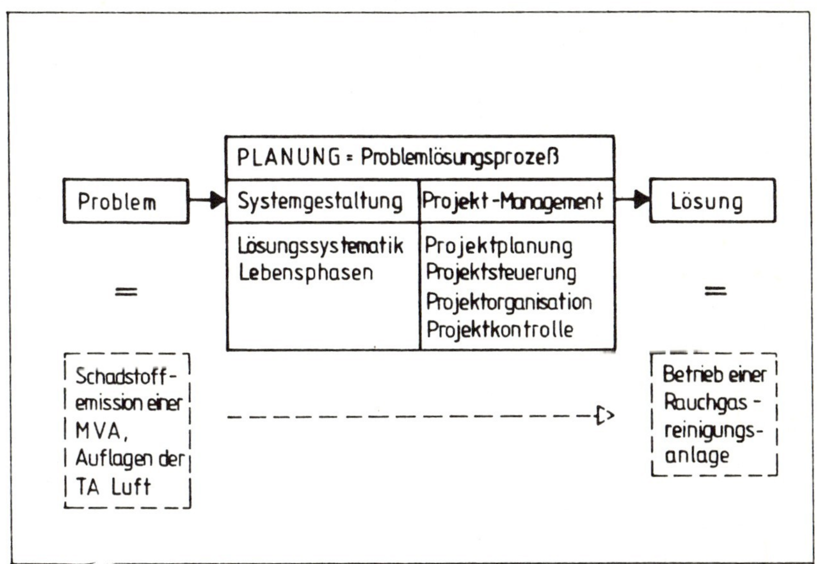

Bild 3: Systems Engineering
Vorgehensmodell: Planung einer Rauchgasreinigungsanlage

Der Problemlösungsprozeß enthält zwei abgrenzbare Komponenten:

- die Systemgestaltung als eigentliche konstruktive Arbeit an der neuen Lösung,

- das Projekt-Management, d.h. Fragen der Organisation und Koordination des Problemlösungsprozesses.

In Abbildung 4 ist das detaillierte Vorgehensmodell mit den Lebensphasen, der Lösungssystematik und dem Projekt-Management dargestellt.

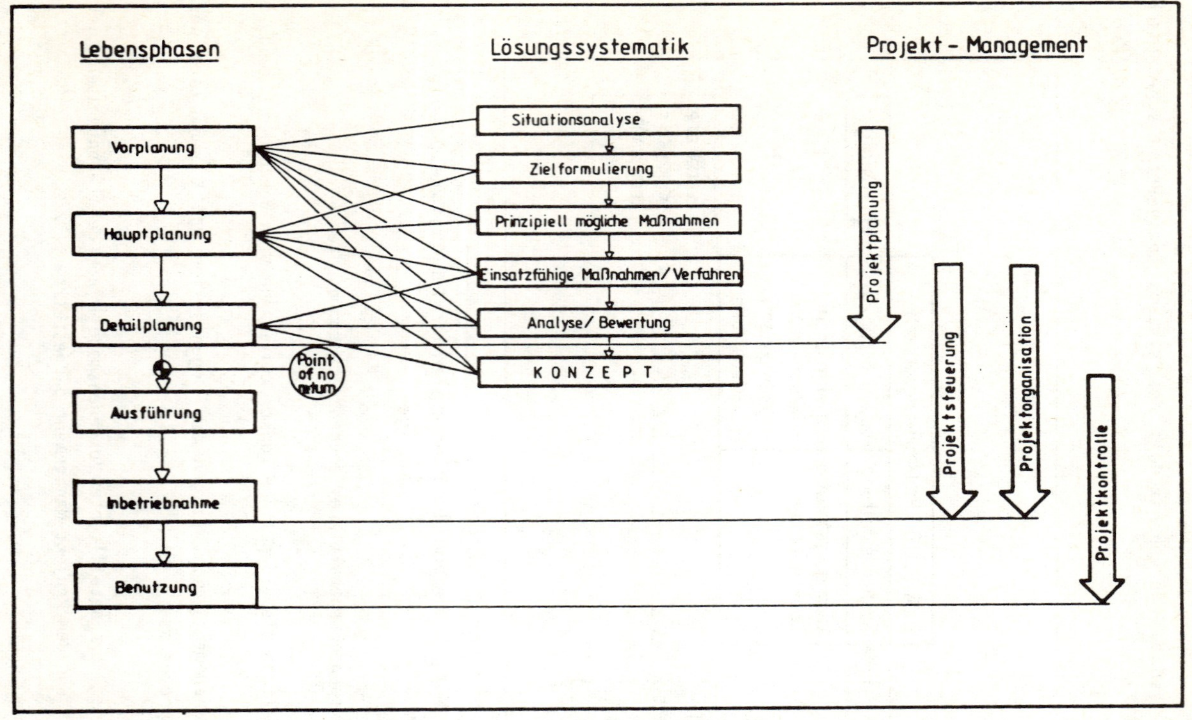

Bild 4: Planung einer Rauchgasreinigungsanlage
Vorgehensmodell: Lebensphasen - Losungssystematik - Projekt - Management

Wesentlich ist, daß die Lebensphasen (Planungsstufen) weder klar voneinander abgegrenzt noch ausschließlich nacheinander durchzuführen sind. Vielmehr handelt es sich um fließende Übergänge mit einem Ineinandergreifen der einzelnen Stufen und zahlreichen Rückkopplungen im Planungsablauf.

Die Möglichkeiten, das Projekt nicht weiterzuführen, werden von der Vorplanung über die Hauptplanung bis zur Detailplanung zunehmend geringer. Am Ende der Detailplanung (Vergabe, Genehmigung) ist eine Beendigung des Projektes nicht mehr zu vertreten (Point of no return).

Nachfolgend wird auf die einzelnen Lebensphasen, die Komponenten der Lösungssystematik und des Projekt-Management unter besonderer Berücksichtigung der Planung einer Rauchgasreinigungsanlage näher eingegangen.

4. Planung einer Rauchgasreinigungsanlage

In Abbildung 5 ist das System "Rauchgasreinigungsanlage und seine Beziehung zur Umwelt dargestellt.

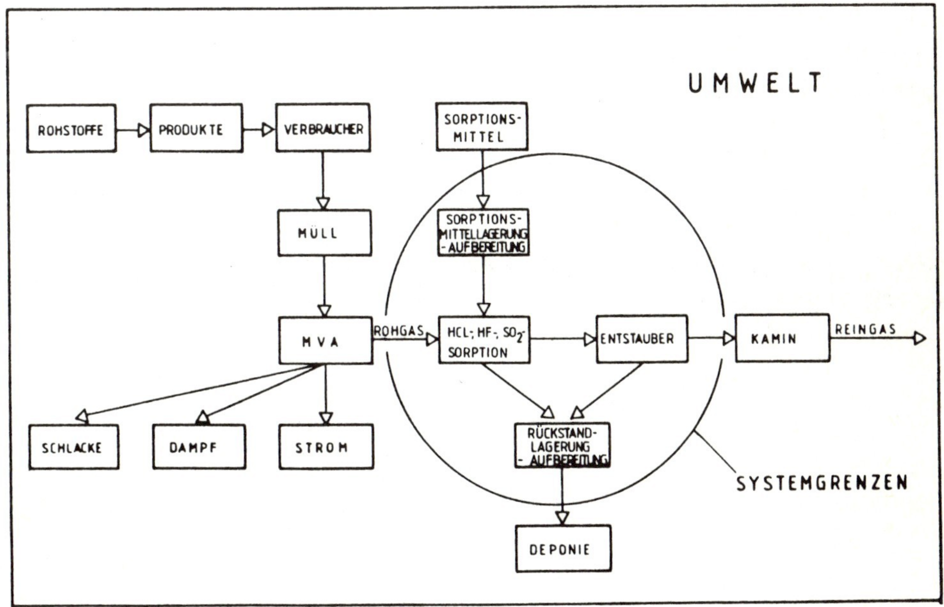

Bild 5: System - Rauchgasreinigungsanlage

Die wesentlichen zu berücksichtigenden Wechselwirkungen mit der Umwelt sind: der Sorptionsmitteleinsatz, Entsorgung des Rückstandes (Deponie); Reingasaustritt in die Atmosphäre, Zusammensetzung des Mülls (Schadstoffgehalt), Betriebsweise der MVA und der Einfluß auf die Kosten der Müllverbrennung, Dampf- und Stromerzeugung.

Zukünftige Einflüsse auf das System (z. B. Rückgang der Verwendung von z. B. PVC, Quecksilber und Cadmium) und sekundäre oder gar tertiäre Auswirkungen des Systems (z. B. Deponiesickerwasser) sollten ebenfalls berücksichtigt werden.

4.1 Das Problem

Anstoß für die Planung einer Rauchgasreinigungsanlage sind die von der TA-Luft festgelegten Emissionsgrenzwerte. Verursacht wird das Problem durch im Müll enthaltenen Schadstoff.

4.2 Lebensphasen und Lösungssystematik

Die Unterscheidung zeitlich voneinander abgegrenzter Lebensphasen stellt eine Konkretisierung und Erweiterung der Vorgehenskomponente vom Groben zum Detail dar. Sie ermöglicht damit einen stufenweisen Planungs-, Entscheidungs- und Konkretisierungsprozeß.

Die Lösungssystematik ist ein Vorgehensleitfaden, der innerhalb jeder Lebensphase mehrfach zur Anwendung kommen kann. Bezeichnet man das Lebensphasenmodell als Makro-Strategie, so könnte man bei der Lösungssystematik von einer Mikro-Strategie sprechen. Die verschiedenen Aktivitäten sind nachstehend stichwortartig zusammengestellt.

4.2.1 Vorplanung

4.2.1.1 Situationsanalyse

- Ermittlung technischer Daten
- Emissionswerte/Grenzwerte (IST-SOLL-Vergleich)
- zu erwartende, zukünftige Grenzwerte
- Überprüfung des Gesamtsystems MVA
- Vergleich mit anderen MVA´s
- zu Verfügung stehender Platz
- Kostenzuordnung Müllverbrennung, Strom-, Dampferzeugung
- Müllanalyse
- Müllaufkommen

4.2.1.2 Zielformulierung

- Entsorgung von Rückstandsprodukten
- keine neg. Einfluß auf den Betrieb der MVA
- evtl. Überdimensionierung (Vorleistungen)
- technisch realisierbare und für den Betreiber zumutbare Verfahren
- evtl. Unterscheidung zwischen Muß- und Wunschzielen
- Beginn des Erstellens eines Kriterienplanes

4.2.1.3 Prinzipiell mögliche Maßnahmen/Verfahren

- Sicherstellung, daß keine aussichtsreichen Verfahren übersehen werden
- Grobe Kosten und Terminschätzung

4.2.1.4 Bewertung/Analyse

4.2.1.5 Konzept (Beispiel)

- Stillegung von zwei Verbrennungslinien
- Neubau einer Linie mit Rauchgasreinigung
- Kontakt zu den Genehmigungsbehörden
- Kein Abwasser
- Entscheidung Planung weiterzuführen.
- Spätestens zu diesem Zeitpunkt sollten die behördlichen Auflagen hinsichtlich der Emissionen (Abgas, Wasser, Lärm) vorliegen, ohne die ein weiteres Vorgehen aus Kostengründen unverantwortlich ist.

4.2.2 Hauptplanung

4.2.2.1 Zielformulierung

- Fortführung und Erweiterung des Kriterienplans

4.2.2.2 Zweckmäßige Maßnahmen/Verfahren

- Kosten- und Terminplanung
- Entsorgungsmöglichkeit
- Anpassung an gegebene Verhältnisse

4.2.2.3 Bewertung/Analyse

- Technische Kriterien
- Wirtschaftliche Kriterien
- Kriterien gemäß Zielformulierung (4.2.1.2/4.2.2.2)

4.2.2.4 Konzept

- Entscheidung für Verfahrensvariante
  (z. B. Sprühabsorption, Elektrofilter)
- Kontakte zu den Genehmigungsbehörden
- Erstellen einer Ausschreibung
- Entscheidung Planung weiterzuführen
- Kapitalbedarfsplan

4.2.3 Detailplanung

4.2.3.1 Zweckmäßige Verfahren

- Einholung von Angeboten
- Kosten- und Terminermittlung

4.2.3.2 Bewertung/Analyse

- Angebots- und Verfahrensvergleich
- gezielte Beeinflussung des Verfahrens, Verfahrensoptimierung,
  Anpassung an bestehende Verhältnisse

4.2.3.3 Konzept

- Entscheidung das Projekt auszuführen
- Vergabe
- Einleitung des Genehmigungsverfahrens
- Endgültiges Konzept zum Bau der Anlage mit allen Hilfsbetrieben und
  Nebenanlagen, Sozialbereiche und Verkehrsanschlüsse
- Sicherstellung der Finanzierung

4.2.4. Ausführung

Unter dem Begriff Ausführung ist im weitesten Sinne die Herstellung bzw. Errichtung der Rauchgasreinigungsanlagen gemäß dem Konzept der Detailplanung zu verstehen. Alle geplanten Arbeiten und Maßnahmen werden von den beauftragten Firmen verantwortlich durchgeführt. Die Leitung, Koordinierung und Überwachung dieser Tätigkeit gehören jedoch ebenso wie die laufende Termin- und Kostenkontrolle zum Aufgabenbereich des Projektleiters.

4.2.5. Inbetriebnahme

Die Rauchgasreinigungsanlage wird mit allen Hilfs- und Nebenaggregaten in Betrieb genommen. U. U. müssen an bestimmten Anlagenteilen Anpassungen durchgeführt werden. Nach dem Probebetrieb wird die Anlage dem Benutzer übergeben.

4.2.6. Benutzung

In dieser Phase soll die Erfolgskontrolle stattfinden. Die effektive Wirkungsweise der Rauchgasreinigungsanlage, der effektive Aufwand und der Ablauf des gesamten Projektes müssen kritisch analysiert werden. Betriebserfahrungen sind zu sammeln, die für die Verbesserung der Anlage oder bei der Neuerrichtung analoger Anlagen verwendet werden können.

4.3. Projekt-Management

Die Erfahrung zeigt, daß bereits Projekte der Größenordnung einer Rauchgasreinigungsanlage nur dann erfolgreich durchgeführt werden können, wenn dafür entsprechende organisatorische Vorkehrungen (Projekt-Management) getroffen werden. Aus diesem Grund wird hier kurz auf das Projekt-Management eingegangen.
Aufgabe des Projekt-Management ist die organisatorische Abwicklung, der Einsatz und die Koordinierung der erforderlichen Personen und Mittel von der Vorplanung bis zur Inbetriebnahme der Rauchgasreinigungsanlage.

4.3.1. Projektplanung

Gegenstand der Projektplanung soll die Planung von Etappenzielen (Lebensphasen), der Ablauf- und Aufbauorganisation, die Abschätzung des mutmaßlichen Aufwands, die Terminierung des Ablaufs, die Budgetierung im Sinne einer Zeit- und Kostenvorgabe und die Planung des Projektinformations- und -dokumentationssystems (incl. Planung der Projektkontrolle) sein.

4.3.2. Projektsteuerung

Unter Projektsteuerung ist die Zuordnung von Aufgaben, Kompetenzen und Verantwortungen, die Anleitung, Motivierung, Abschirmung von Mitarbeitern, die Überwachung des Problemlösungsprozeßes, das Eingreifen von Maßnahmen bei Planabweichungen und die Koordinierung über verschiedene Lebensphasen, zwischen Arbeitsgruppen am Projekt zu verstehen.

4.3.3. Projektkontrolle

Projektkontrolle sollte als eine gezielte Projektüberwachung während des Planungsablaufs verstanden werden, damit die Möglichkeit besteht notfalls korrigierende Maßnahmen einzuleiten.

4.3.4. Projektorganisation

Betrachet man das Projekt-Management nicht in funktioneller (4.3.1-4.3.3) sondern in institutioneller Hinsicht, so tritt die Projektorganisation in den Vordergrund und damit die Art und Anordnung von Arbeitsgruppen, Steuerungs- und Entscheidungsgremien sowie deren Aufgaben, Kompetenzen und gegenseitige Beziehungen.

4.4 Die Lösung

Bei der allgemein dargestellten Planung einer Rauchgasreinigungsanalge stellt die Probelmlösung den Betrieb einer Rauchgasreinigungsanlage dar.
Die Emissionsgrenzwerte und die Anforderung des Betreibers hinsichtlich Technik und Wirtschaftlichkeit sind erfüllt: der Betreiber hat die für ihn zweckmässigste Anlage installiert.

5. Schluß

Jede MVA weist Besonderheiten auf, die bei der Planung und Errichtung einer Rauchreinigungsanlage berücksichtigt werden müssen. Eine Rauchgasreinigungsanlage von der Stange gibt es nicht. Die hier beschriebene Vorgehensweise der systematischen und systemorientierten Planung kann dem Betrieber einer MVA helfen, für den entsprechenden Standort und seine Anforderung die jeweils zweckmäßigste Rauchgasreinigungsanlage auszuwählen. Darüber hinaus besteht für den Auftraggeber bei Anwendung dieser Vorgehensweise eine große Sicherheit, daß Planung , Ausführung und Betrieb mit einem Minimum an Kosten auskommen.

Die Wirklichkeit sieht leider in vielen Fällen anders aus. Wesentliche Ursachen hierfür können sein:

-Trotz nicht genau definierter Randbedingungen (Emissionsgrenzwerte) seitens der Genehmigungsbehörde ist der Betreiber gezwungen, zu einem bestimmten Termin eine Rauchgasreinigungsanlage zu errichten (vgl. Pkt. 4.2.1.5.);

-Starker Druck bzw. Einfluß politischer Gremien, geringe Erfahrungen mit vergleichbaren Projekten oder geringe Fachkenntnisse (Rauchgasreinigung) lassen ein vernünftiges Vorgehen nicht zu;

-Öffentliche Diskussion über Emissionsgrenzwerte, die zwar technisch mit großem Aufwand durchführbar sind, allerdings unter unzumutbaren Bedingungen für den Betreiber und deren Wirksamkeit selbst unter ökölogischen Aspekten zweifelhaft ist.

Literatur

1. 1. Allgemeine Verwaltungvorschrift zum Bundes-Immissionsschutzgesetz vom 24.07.85 (TA-Luft).

2. Rinn, G
Systematische Planung bei der Errichtung von Abgasreinigungsanlagen
Chem.-Ing.-Tech 57 (1985) S.431-439

3. Klettner, H., Schmidt, J., Greim, H.-R.
Leitfaden der systematischen Fabrikplanung
C. Hanser Verlag, München, Wien 1984

4. Daenzer, W. F.
Systems Egineering
Verlag Industrielle Organisation, Zürich 1982

5. Dreger, W.
Möglichkeiten der Systemtechnik für die Planung von Abfallbehandlungsanlagen
in Planung von Abfallbehandlungsanlagen S. 10
Hrsg. K. J. Thome-Kosmiensky, Berlin 1985

Zur Erstickung der Rauchgase von Müllverbrennungsanlagen

H. Reimer

Inhaltsverzeichnis

1.0 Einleitung

Im Jahre 1984 sind in Verbindung mit dem Planfeststellungsverfahren für den Neubau der Müllverbrennungsanlage Esslingen des Landkreises Esslingen von der Genehmigungsbehörde (RP Stuttgart) erstmalig Auflagen hinsichtlich der Entstickung von MVA-Rauchgasen gemacht worden. Ähnliche Forderungen wurden etwa gleichzeitig vom RP Karlsruhe beim Genehmigungsverfahren für die erweiterte Rauchgasreinigungsanlage der bestehenden MVA Mannheim gemacht. Im Jahre 1985 wurde sodann die Entstickung auch für das Projekt MVA Stuttgart - Installation einer Rauchgaswaschanlage-(RP Stuttgart) und das Neubauprojekt MVA Ludwigshafen (RP Neustadt an der Weinstraße) gefordert. Für drei dieser insgesamt vier Entstikkungsprojekte sind inzwischen nach entsprechenden Preis- und Leistungswettbewerben zwischen ausführenden Lieferfirmen die Lieferaufträge erteil, und zwar

- MVA Mannheim; Deutsche Babcock Anlagen AG, Krefeld

- MVA Ludwigshafen; Deutsche Babcock Anlagen AG, Krefeld

- MVA Stuttgart; Von Roll AG, Zürich

Bei der Vergabe dieser Lieferaufträge, der Fixierung der Garantiezusagen und bei der Angebotsprüfung für das vierte Objekt MVA Esslingen (dort ist die Vergabe vorläufig zurückgestellt) wurden Erfahrungen gemacht, die in eindrucksvoller Weise demonstrieren, daß die Entstickung der Rauchgase von Müllverbrennungsanlagen noch nicht als dem Stande der Technik entsprechend bezeichnet werden kann. Die Angaben der Lieferfirmen über Chemikalienverbräuche, grundsätzliche Verfahrensfragen wie z.B. die Wahl der Reagenz usw. weisen im Zeitraum Oktober 1984 bis August 1985 erhebliche Abweichungen, Korrekturen und "Nachbesserungen" auf, die den Rückschluß erlauben, daß bezüglich der Entstickung von Müllverbrennungsrauchgasen noch erhebliche Unsicherheiten bestehen.

Die bisher vorliegenden Erfahrungen - Stand September 1985 - sollen im vorliegenden Bericht in gedrängter Form zusammengefasst werden.

2.o Umweltrelevanz

Müllverbrennungsanlagen zur Veraschung von Hausmüll, hausmüllähnlichem Industrie- und Gewerbemüll, Sperrmüll sowie gegebenenfalls kommunalen Klärschlämmen werden aufgrund einschlägiger Bestimmungen der TA Luft mit einer Mindest-Feuerraumtemperatur von 8oo °C betrieben. Die effektiven Feuerraumtemperaturen ausgeführter Müllverbrennungsanlagen liegen im stationären Betrieb bei ca. 1.ooo °C, lediglich bei An- und Abfahrvorgängen wird der Temperaturbereich von 8oo °C, zeitlich eng begrenzt, nicht deutlich überschritten. Ab ca. 1.050 bis 1.100 °C besteht je nach Zusammensetzung der zur Verbrennung kommenden Abfälle die Gefahr der Schlackenerweichung, die bei fast allen am Markt befindlichen Rostkonstruktionen zu Verstopfungen und deshalb betrieblichen Schwierigkeiten führen können. Temperaturbereiche oberhalb 1.050 °C im Feuerraum werden deshalb nach Möglichkeit im stationären Betrieb vermieden.

Ein effektives Temperaturniveau von ca. 1.000 °C im Feuerraum führt zu Stickoxid-Rauchgasbeladungen von 300 bis 500 mg/m³. Damit enthalten die ungereinigten Rauchgase von Müllverbrennungsanlagen erheblich weniger Stickoxide - überwiegend als NO - als die Rauchgase von Kraftwerkskesseln oder stationären bzw. mobilen Verbrennungsmotoren, bei denen die Verbrennungsvorgänge in der Regel nahstöchiometrisch bei wesentlich höherem Temperaturniveau verlaufen. Die Rohgasbeladung von Kraftwerksrauchgasen liegt deshalb selbst bei Anwendung feuerungstechnischer Primärmaßnahmen zur Verringerung der Stickoxidbildung immer noch um den Faktor 2 bis 3 höher als in Hausmüllverbrennungsanlagen. Insbesondere gilt dieses jedoch für die Rohgasbeladung mit Stickoxiden bei Verbrennungsmotoren, gleichgültig, ob als Otto- und Dieselmotoren.

Die Frage nach der Umweltrelevanz einer Entstickung bei Müllverbrennungsanlagen erscheint deshalb berechtigt. Die folgende Abschätzung für das Gebiet der Bundesrepublik Deutschland zeigt den relativ unbedeutenden Anteil der Müllverbrennungsanlagen an der Gesamt-Stickoxidbilanz:

Nach einschlägigen Veröffentlichungen zahlreicher Autoren, darunter auch offiziellen Verlautbarungen, z.B. des Umweltbundesamtes und des Bundesministers des Innern beträgt die Gesamt-Emission an Stickoxiden in der Bundesrepublik Deutschland jährlich ca. 3,0 Mio.Tonnen. Hiervon entfallen 55 % auf den Verkehr, 28 % auf Kraftwerke und Fernheizwerke und 17 % auf sonstige Emittenten.

In den ca. 45 Müllverbrennungsanlagen, die in der Bundesrepublik Deutschland installiert sind, werden jährlich etwa 9,0 Mio.Tonnen

Müll verbrannt. Das spezifische Rauchgasvolumen liegt im Durchschnitt bei 6.ooo m³ Rauchgas je Tonne Müll. Setzt man die Stickoxid-Rohgasbeladung mit einem Mittelwert von o,4 g/m³ hoch an, so ergibt sich eine jährliche Emission aus allen Müllverbrennungsanlagen auf dem Gebiet der Bundesrepublik Deutschland von

$$9 \times 10^9 \frac{\text{kg Müll}}{\text{a}} \times 6 \frac{\text{m}^3 \text{ Rauchgas}}{\text{kg Müll}} \times 0{,}4 \times 10^{-3} \frac{\text{kg } NO_x}{\text{m}^3 \text{ Rg}} = 21.600 \frac{\text{t } NO_x}{\text{a}}$$

Dieses entspricht

$$\frac{21.600 \text{ t/a}}{3.000.000 \text{ t/a}} \times 100 = 0{,}72 \text{ \% der Gesamtemission}$$

Selbst bei Bezug auf die Stickoxid-Gesamtemission der artverwandten Kraft- und Fernheizwerke ergibt sich lediglich ein Wert von

$$\frac{21.600 \text{ t/a}}{0{,}28 \times 3 \text{ Mio.t/a}} \times 100 = 2{,}57 \text{ \%}$$

Bei diesem geringen Gesamtanteil ergibt sich die naheliegende Frage, ob eine Entstickung bei Einzelanlagen überhaupt von umwelttechnischer Bedeutung ist, weil selbst die regionalen Auswirkungen in Standortnähe kaum über 1 % Zusatzbelastung im Immissionsbereich hinausgehen.

Völlig unverständlich erscheint die Forderung nach Entstickung auf Reingaswerte zwischen 7o und 1oo mg/m³, ausgedrückt als NO_2 und bezogen auf 11 % O_2, vor dem Hintergrund einschlägiger Auflagen der Großfeuerungsanlagen-Verordnung (GFAV), bei der lediglich Reingaswerte von 8oo mg/m³ bis 1.8oo mg/m³ gefordert werden.

Bereits seit Inkrafttreten der TA Luft 1974 ist es in der umwelttechnischen Genehmigungspraxis üblich, die Schornsteinhöhe nach den zulässigen Immissionsgrenzwerten für NO_x auszulegen. Das führt in der Regel zu höheren Schornsteinen als sich nach der bis dahin üblichen SO_2-Auslegung ergeben würde. Die Beibehaltung dieser Praxis, d.h. die anzustrebende Immissionsverringerung in bodennahen Luftschichten durch Verteilung zu erzwingen, erscheint sinnvoll. Die Umweltrelevanz der Entstickung der Rauchgase von Müllverbrennungsanlagen ist nicht gegeben. So berechtigt es ist, andere Schadstoffe, die typisch für den Betrieb von Müllverbrennungsanlagen sind, hierunter insbesondere Schwermetalle, Chlorwasserstoff und bedingt Schwefeldioxid, in der Emission zu verringern, weil hier zumindest am Standort derartiger Anlagen nicht verkennbare, unter Umständen sogar dominante Einflüsse an den genannten Schadstoffen vorliegen, so unberechtigt ist die pauschale Forderung nach Entstickung.

3.o Umweltrechtliche Situation in der Bundesrepublik Deutschland

Nach der am 24. Juli 1985 vom Bundeskabinett verabschiedeten "Technischen Anleitung zur Reinhaltung der Luft 1985" sind gemäß dem einschlägigen Abschnitt 3.3.8.1.1 (Anlagen zur teilweisen oder vollständigen Beseitigung von festen oder flüssigen Stoffen durch Verbrennen) die Emissionen an Stickoxiden nicht begrenzt. Das steht im Gegensatz z.B. zu den Forderungen von Feuerungsanlagen für Kohle, Koks usw. mit einer Feuerungs-Wärmeleistung von weniger als 5o MW (hierunter fielen auch sämtliche Müllverbrennungsanlagen!), für die ein Unterschreitung von 3oo bzw. 5oo mg/m³ NO_x je nach Feuerungsart gefordert wird.

Obgleich die Verordnung über Großfeuerungsanlagen vom 22. Juni 1983 für Müllverbrennungsanlagen nicht maßgeblich ist, liegt es nahe, einen Vergleich mit den dort behandelnden Feuerungsanlagen herzustellen. Die GFAV fordert für Feuerungsanlagen mit festen Brennstoffen, bezogen auf NO_2 8oo bis 1.8oo mg/m³ und lässt damit im Reingas Werte zu, die erheblich über der Rohgasbeladung bei Müllfeuerungen liegen.

Hinsichtlich der umweltrechtlichen Situation in der Bundesrepublik Deutschland kann daher ohne Einschränkung festgestellt werden, daß ein Zwang zur Anwendung der Entstickung bei Müllverbrennungsanlagen nicht besteht. Auch wenn man berücksichtigt, daß die TA Luft im Gegensatz zur Großfeuerungsanlagen-Verordnung einen Ermessensspielraum enthält, der Verschärfungen dann zulässt, wenn sie dem Stande der Technik nach möglich sind, muß der Rückgriff auf diese Möglichkeit bezüglich der Entstickung von Müllverbrennungs-Rauchgasen zurückgewiesen werden, weil entsprechende Verfahren noch nicht dem Stande der Technik entsprechen.

Die Genehmigungsbehörden in Baden-Württemberg, besonders im Bereich der Regierungsbezirke Stuttgart und Karlsruhe, die erstmals entsprechende Forderungen gestellt haben, haben sich auf die Ergebnisse einer japanischen Versuchsanlage mit katalytischer Entstickung berufen, die jedoch nur Labormaßstab hat und noch weniger als die heute von den Lieferfirmen bevorzugten naß-chemischen Verfahren (siehe unten) als erprobt oder den Stand der Technik normierend bezeichnet werden kann. Mit anderen Worten: Die umweltrechtliche Situation, wie sie hinsichtlich Müllverbrennungsanlagen allein durch die einschlägige TA Luft gekennzeichnet ist, enthält keinerlei zwingende Auflagen zur Entstickung der Rauchgase aus Müllverbrennungsanlagen.

4.o Verfahrens- und Anlagentechnik

4.1 Chemische Grundprozesse

Die katalytische Entstickung unter Verwendung von Ammoniak scheint für Müllverbrennungsanlagen ungeeignet. Ihre Anwendung macht zunächst eine wirkungsvolle Abscheidung von Schwermetallen erforderlich, wenn wirtschaftliche Standzeiten für den Katalysator erzielt werden sollen. Hierfür ist bei quasi-trockener und trockener Rauchgasreinigung eine Abkühlung auf 14o °C Rauchgastemperatur, bei nasser Rauchgasreinigung sogar eine Abkühlung auf 55 bis 6o °C erforderlich. Der katalytische Entstickungsprozeß arbeitet demgegenüber bei einem Temperaturniveau von etwa 35o °C, so daß je nach vorangeschaltetem Reinigungsprozeß ein erheblicher Wiedererwärmungsbedarf besteht. Selbst wenn dieser zum großen Teil durch Rauchgas-Rauchgas-Wärmetauscher abgedeckt werden kann und nur die Verluste unter Verwendung von dampfbeaufschlagten Wärmetauschern ersetzt werden müssen, entstehen energietechnische Nachteile von erheblichem Umfang. Viele Müllverbrennungsanlagen jedoch verfügen über Frischdampftemperaturen unter 35o °C, so daß Primärenergie für die erforderliche Rauchgaserwärmung eingesetzt werden muß. Hierbei treten, wie sich durch Modellrechnungen leicht nachweisen lässt, Stickoxid-Emissionen in gleicher Größenordnung, wie beim Müllverbrennungsprozeß auf, so daß die Plausibltät einer derartigen Prozeßführung nicht gegeben ist.

Die katalytische Entstickung mittels Ammoniak stellt chemisch gesehen eine Reduktion der Stickoxide in die Bestandteile Wasserdampf und Stickstoff dar. Das sogenannte EDTA-Verfahren, wie es von Ciba Geigy-Von Roll in Vorschlag gebracht wird, ist ebenfalls reduzierend, jedoch absorptiv. Hierbei handelt es sich jedoch um ein naßchemisches Verfahren; es besteht daher die Notwendigkeit, das im Wasser "unlösliche" NO in Lösung zu bringen, damit die gewünschten Reaktionen in der Waschflüssigkeit ablaufen. Beim Ciba-Geigy - Von Roll-Verfahren wird der Waschsuspension Eisen-

EDTA-Komplexsalz zugegeben. Mit diesem Zusatz gelingt es, das schwerlösliche Stickstoffmonoxid an den Komplexbildner zu addieren, dadurch in Lösung zu halten und mit bei pH-Werten ca. 7 Natriumsulfit durch Reduktion das Stickoxid in molekularen Stickstoff zu überführen. Wesentliches Element des Verfahrens ist die simultane SO_2-Abscheidung, wobei das im Rauchgas enthaltene SO_2 primär reagiert und nur der fehlende Sulfitbedarf durch Zugabe der Chemikalien abgedeckt wird. Die Reaktionsgleichungen hierfür lauten:

1. $NO_{(g)} \rightleftarrows NO_{(fl)}$

2. $NO_{(fl)} + Fe^{2+} \cdot EDTA_{(fl)} \rightleftarrows Fe^{2+} \cdot EDTA \cdot NO_{(fl)}$

3. $Fe^{2+} \cdot EDTA \cdot NO_{(fl)} + SO_3{}^{2-}{}_{(fl)} \rightleftarrows Fe^{2+} \cdot EDTA_{(fl)} + SO_4{}^{2-}{}_{(fl)} + 1/2\ N_{2(g)}$

g = in der Gasphase befindlich

fl = in der flüssigen Phase befindlich

1. Absorption von NO in der flüssigen Phase (läuft ohne zusätzliche Maßnahmen - siehe Gleichung 2 - nicht genügend quantitativ ab)

2. Addition von NO an den Eisen (II) EDTA-Komplex

3. Reduktion des NO zu elementaren Stickstoff

Das Verfahren ist im "Staub - Reinhaltung der Luft" 4o (4), 137/42 (198o) näher beschrieben.

Erfahrungen mit der Anwendung dieses Verfahrens in Müllverbrennungsanlagen liegen bisher nicht vor. In der MVA Stuttgart-Münster soll eine nach diesem Verfahren arbeitende Entstickungsanlage installiert werden, für die die schweizerische Firma Von Roll AG einen Lieferauftrag erhalten hat. Dieser Lieferer hat das gleiche Verfahren auch für die MVA Ludwigshafen in Vorschlag gebracht, ist dort aber im Wettbewerb unterlegen.

Wie groß die Unsicherheit hinsichtlich der Anwendung des EDTA-Verfahrens, besonders was den EDTA-Verbrauch und den Sulfit-Verbrauch betrifft, noch ist, ergibt sich unter anderem daraus, daß die Firma Von Roll AG die Angaben bei unveränderten Randbedingungen hinsichtlich Rohgasbeladung und Reingasforderung nach Abgabe eines verbindlichen Angebotes im Zuge der Festlegung der Pönalen für gegebene Garantiewerte

von 13,5 kg auf 16,6 kg EDTA/h

und bezüglich Sulfit

von 1o3 kg auf 16o kg Sulfit/h

erhöhen musste, weil die zunächst angenommenen Stöchometrie-Faktoren, unklare Querreaktionen usw. eine erhebliche Korrektur erforderten. Die insgesamt niedrigen Mengen dürfen nicht unterschätzt werden, 1 kg EDTA kostet ca. DM 5.ooo,--, Sulfit immerhin noch 8oo,-- DM/t.

Ein weiteres absorptiv wirkendes reduzierendes Verfahren hat die schweizerische Firma GFE - Lugar, Sursee, vorgeschlagen und im Wettbewerb für die Rauchgasreinigung der MVA Stuttgart angeboten. Es handelt sich um ein bisher, und zwar auch im Labormaßstab noch nicht ausreichend erprobtes Verfahren, das den Einsatz eines Gemisches von Harnstoff und Salzen der Amidosulfonsäure vorsieht.

Dabei werden die Aminostickstoffe, der Kohlenstoff und Schwefel oxidiert, die Stickoxide reduziert, so daß Stickstoffreaktionsprodukte nur noch in elementarer Form auftreten. Daneben entstehen Kohlendioxid und Sulfate.

Das GFE-Verfahren ist in der uns zugänglichen Literatur in dieser Form nicht beschrieben, so daß diese Darstellung allein auf den Angaben des Herstellers fußt. Völlig ungeklärt bleibt bei diesem Verfahren, wie das NO in Lösung gebracht bzw. zu NO_2 aufoxidiert wird. Die von GFE geäusserte Vorstellung, daß NO läge aufgrund der vorangegangenen Waschstufen und der niedrigen Rauchgastemperatur weitgehend als NO_2 vor, kann nicht nachvollzogen werden. Im übrigen ist GFE in der Endphase der Verhandlungen für Stuttgart nicht mehr bereit gewesen, die notwendigen Garantien hinsichtlich der geforderten Reingaswerte von 7o mg/m³ abzugeben, ohne weitere Versuche im technischen Maßstab vorzusehen.

Neben den genannten reduzierenden Verfahren hat die Deutsche Babcock Anlagen AG in Mannheim, Ludwigshafen, Stuttgart und Esslingen ein oxidierendes Verfahren vorgeschlagen. Da das im Abgas von Müllverbrennungsanlagen überwiegend auftretende NO - im Gegensatz zu NO_2 - in wässrigen Lösungen nur schwer löslich ist, wird die naheliegende Strategie verfolgt, NO zu NO_2 aufzuoxidieren. Zunächst sollte als Oxidationsmittel Kaliumpermanganat als Sauerstoffträger eingesetzt werden. Hierauf waren auch zunächst die Gewährleistungen für den Anwendungsfall in der MVA Mannheim abgestellt. Verschiedene Gründe haben Babcock bewogen, Natriumchlorit als Oxidationsmittel zu verwenden. Das gebildete Stickstoffdioxid lässt sich in der Kalkwaschflüssigkeit als Nitrit-/Nitrat-Verbindungen mit den übrigen Reaktionsprodukten der Rauchgaswäsche ausschleusen. Auch das Babcock-Verfahren, für das folgende Reaktionsgleichungen bie pH-Werten von ca. 3 bis 4 gelten:

1. $NO_{(g)} \rightleftarrows NO_{(fl)}$

2. $2\,H^+ + ClO_{2(fl)} + NO_{(fl)} \rightleftarrows Cl^-_{(fl)} + NO_{2(fl)} + H_2O_{(fl)}$

g = in der Gasphase befindlich

fl = in der flüssigen Phase befindlich

Es gibt ausser Versuchen im Labor-Maßstab und nur kurzfristigen Testläufen in technischem Maßstab (MVA Krefeld) keine abgesicherten Erkenntnisse, die auf längeren Betriebseinsätzen basieren. Wie groß auch die Unsicherheit bezüglich dieses Verfahrens noch ist, mag man daran erkennen, daß die garantierten Stöchiometrie-Faktoren bezüglich des $NaClO_2$-Verbrauches zwischen dem Liefervertrag MVA Mannheim und Ludwigshafen von 2,o auf 1,3 abgesenkt wurden - in einem Zeitraum von ca. 6 Monaten.

4.2 Integration in die Rauchgasreinigung einer Müllverbrennungsanlage

Die folgenden Ausführungen beziehen sich hauptsächlich auf das Von Roll - Reduktions-Verfahren und das Babcock - Oxidationsverfahren. Wie sich aus den beigefügten vereinfachten Verfahrensfließbildern ergibt, ist die Integration eines naßchemischen Entstickungsverfahrens dann besonders einfach, wenn auch die übrigen Schadstoffe durch Naßabsorption abgeschieden werden. Während auf diese Weise die Integration in apparatetechnischer und rohrleitungstechnischer Hinsicht problemlos erscheint, sind nach dem derzeitigen Erfahrungsstand keine endgültigen Aussagen über die Integration in regelungstechnischer Hinsicht möglich. Welcher Zusatzaufwand hinsichtlich Dosierung, Rohgas-/Reingasmessungen usw. für die Entstickung betrieben werden muß, lässt sich noch nicht abschliessend beurteilen, insbesondere nicht beim Von Roll-Verfahren, wo durch die Simultanabscheidung erhebliche Neben- und Querreaktionen eine Minimierung der Chemikalienverbräuche erschweren.

Für die quasi-trockene und trockene Rauchgasreinigung ist die Integration eines naß-chemischen Entstickung nicht ohne weiteres möglich. Hier müsste eine zusätzliche Absorptionsstufe installiert werden, um den Entstickungsprozeß als nachgeschalteten Verfahrensschritt zu integrieren. Der Bauaufwand hierfür dürfte erheblich sein und wird deshalb von keinem der Lieferanten für quasi-trockene und trockene Systeme in Erwägung gezogen bzw. angeboten. Inwieweit hier die katalytische Entstickung eine Chance haben könnte, muß die Zukunft zeigen.

Die Anlagentechnik beschränkt sich bei Integration in einen insgesamt naß-chemischen Rauchgasreinigungsprozeß auf die Installation von Vorratsbehältern für die zusätzlich benötigten Reagenzien, deren Förderung und Dosierung. Die Baugröße des Wäschers wird gegebenenfalls dadurch verändert, daß ausreichend große Verweilzeiten geschaffen werden müssen, was nach den vorliegenden Firmenangaben jedoch nur für Von Roll gilt. Hinzu kommen die elektro- und regelungstechnischen Komponenten. Die gesamte Anlagentechnik für die naß-chemische Entstickung ist deshalb relativ einfach und vom Platzanspruch her gesehen als gut integrationsfähig zu bezeichnen.

5.o Kommerzielle Aspekte

5.1 Investitionen

Die Zusatzinvestitionen für die naß-chemische Entstickung lassen sich nicht exakt beziffern. Die im folgendenen angegebenen Investitionen sind Näherungswerte aus den Angeboten für die Objekte Mannheim, Stuttgart und Ludwigshafen. Diese Investitionen sind als Zusatzaufwand vor dem Hintergrund zu verstehen, daß ohnehin eine naß-chemische Reinigung nach dem Prinzip der abwasserlosen Naßreinigung vorgesehen ist. Ferner ist einschränkend anzumerken, daß die hier genannten Zusatzinvestitionen besonders im Falle Stuttgart und Ludwigshafen zwar unter Wettbewerbsdruck zustandegekommen sind aber damit noch nicht erwiesen ist, daß es sich um den Aufwand deckende Preise handelt. Die anbietenden Firmen sind in der derzeitigen Phase noch sehr um Referenzobjekte bemüht und stellen ihr Preisgebaren hierauf unter Umständen mehr ab als auf die Erzielung von aufwandsdeckenden Preisen. Andererseits sind die Risiken der einzuhaltenden Garantien (Reingaswerte) derzeit seriös noch kaum abschätzbar.

Diese Einschränkungen vorangestellt, können näherungsweise folgende Zusatzinvestitionen für die naß-chemische Entstickung erwartet werden:

MVA Mannheim:

Zusatzinvest insgesamt (Preisbasis Frühjahr 1985)
1,o Mio.DM zuzüglich Mehrwertsteuer für 2 Naßabsorptionsstrassen von je 15o.ooo m^3/h Rauchgasvolumen.
Oxidationsverfahren Babcock.

MVA Ludwigshafen:

Zusatzinvest insgesamt (Preisbasis Frühjahr 1985)
o,75 Mio.DM zuzüglich Mehrwertsteuer für 2 Naßabsorptionsstrassen von je 54.ooo m^3/h Rauchgasvolumen.
Oxidationsverfahren Babcock.

MVA Stuttgart:

Zusatzinvest insgesamt (Preisbasis Sommer 1985)
1,8 Mio.DM zuzüglich Mehrwertsteuer für 3 Naßabsorptionsstrassen von je 18o.ooo m^3/h Rauchgasvolumen.
Reduktions-Verfahren Von Roll.

Diese Zahlenangaben stellen nur grobe Anhaltswerte dar, da aufgrund der engen Verzahnung der naßchemischen Entstickung mit der übrigen Rauchgaswäsche eine klare apparatetechnische Abgrenzung gar nicht möglich ist, wie z.B. Wäscher, Reststoffentsorgung etc. In jedem Fall wird aber deutlich, daß die Investitions-Aufwendungen für die Entstickung im Vergleich zu den notwendigen Aufwendungen der übrigen Rauchgaswäsche sehr gering sind. Dieses gilt allerdings nicht für die Betriebskosten.

5.2 Betriebskosten

Eine echte Betriebskostenberechnung kann wegen der nicht nachprüfbaren bzw. schwer vergleichbaren Investkosten nur schwer durchgeführt werden.

Auch eine Berechnung der nur für die Entstickung anfallenden laufenden Kosten steht unter der Einschränkung, daß alle Verbrauchsangaben lediglich auf Firmenauskünften basieren (Garantiewerte) und im großtechnischen Maßstab nicht nachgewiesen sind. Langfristige Mittelwerte, wie sie sonst für derartige Berechnungen einzusetzen sind, fehlen zum jetzigen Zeitpunkt.

Die Betriebskosten sollen daher nur in einer Bandbreite abgeschätzt werden. Die Preise für die teilweise "neuartigen" Entstickungschemikalien sind zwar verifiziert worden, wie sich diese Kosten jedoch bei größerem Bedarf und diesem neuen Markt entwickeln, kann noch nicht beurteilt werden.

Die von uns im Rahmen der genannten Projekte Ludwigshafen und Stuttgart durchgeführten Betriebskostenberechnungen haben gezeigt, daß die Entstickungskosten bei beiden Lieferfirmen wesentlich von den Chemikalienverbräuchen bestimmt werden; der Verbrauch an Strom, Wasser, Kalk bzw. Natronlauge zum Neutralisieren etc. spielen wegen der geringen Menge bzw. der relativ niedrigen Kosten keine ausschlaggebende Rolle - jedenfalls nicht für die Entstickung isoliert betrachtet. Diese übrigen Kostenfaktoren werden als weitgehend gleichwertig angesehen - trotz bestehender Unterschiede - und daher nicht weiter betrachtet.

Die in Bild 4 gezeigten Kurven geben die Entstickungskosten je Tonne Müll an, wobei nur der Chemikalienverbrauch der Entstickung betrachtet wird. Basis der Berechnung ist ein Rohgasgehalt für SO_2 von 800 mg/m³, also relativ hoch - jedoch in Mannheim und Stuttgart so vorgegeben. Dabei unterscheiden sich die beiden Verfahren darin, daß mit niedrigerem SO_2-Gehalt der Chemikalienverbrauch bei Babcock sinkt, da Nebenreaktionen entfallen, bei Von Roll dagegen ansteigt, da der fehlende Sulfitanteil für die Entstickung zugegeben werden muß. Für andere SO_2-Rohgasgehalte ergeben sich daher Verschiebungen.

Im übrigen zeigen die von uns durchgeführten Kostenberechnungen, daß die tatsächlichen spezifischen Kosten unter Berücksichtigung von Invest sowie unter Einbeziehung der Abscheidung von HCl, HF und SO_2 sehr viel näher beieinander liegen als Bild 4 dieses zeigt.

Bild 1

Verfahren von Roll

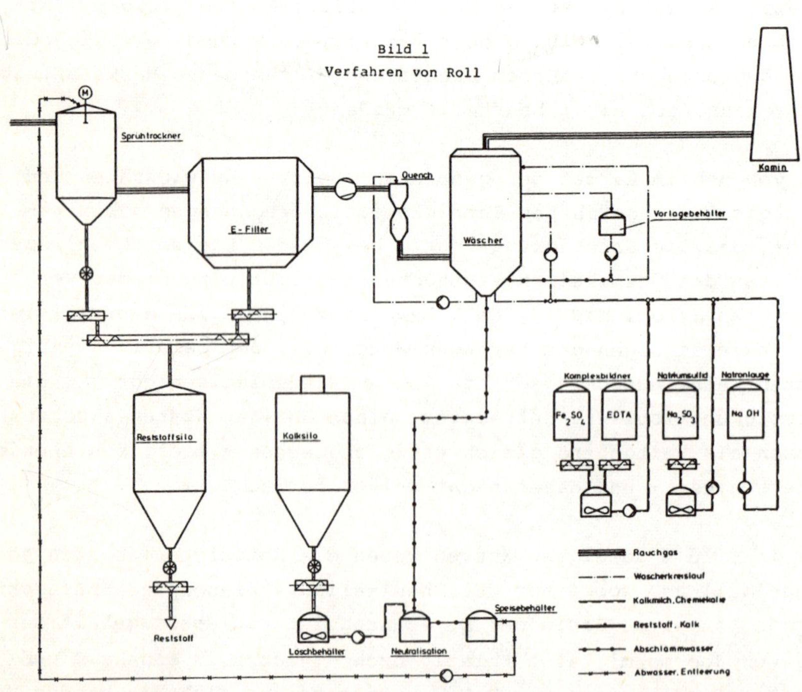

Bild 2
Verfahren Lugar

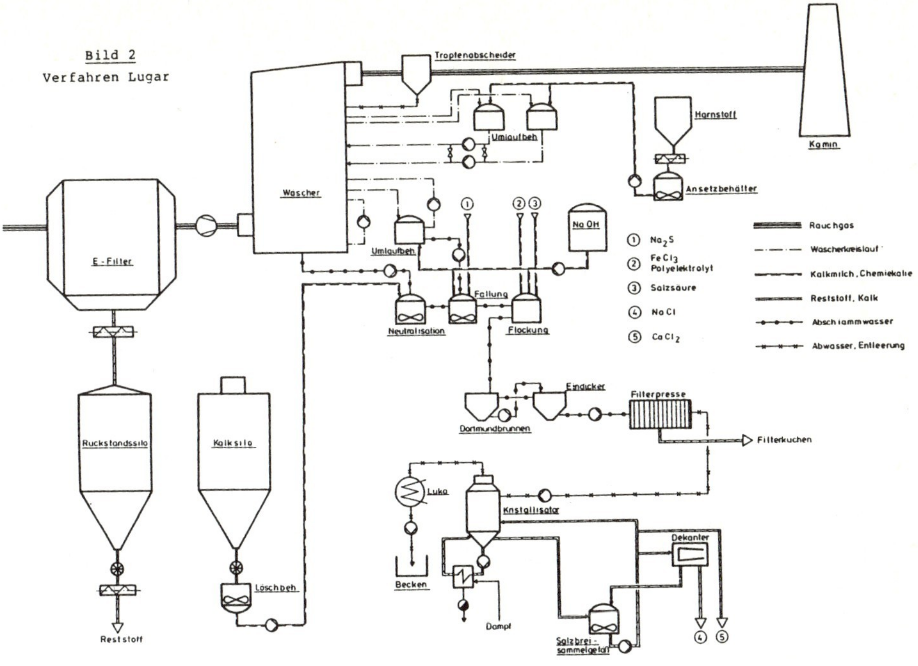

Tropfenabscheider
Harnstoff
Kamin
Umlaufbeh
Ansetzbehälter
Wascher
E-Filter
Umlaufbeh
Na OH
Fällung
Neutralisation
Flockung
Eindicker
Filterpresse
Dortmundbrunnen
Filterkuchen
Rückstandssilo
Kalksilo
Luko
Kristallisator
Dekanter
Becken
Dampf
Löschbeh
Salzbrei-sammelgefäß
Reststoff

① Na_2S
② $FeCl_3$ Polyelektrolyt
③ Salzsäure
④ NaCl
⑤ $CaCl_2$

Rauchgas
Wascherkreislauf
Kalkmilch, Chemiekalie
Reststoff, Kalk
Abschlammwasser
Abwasser, Entleerung

Bild 3
Verfahren Babcock

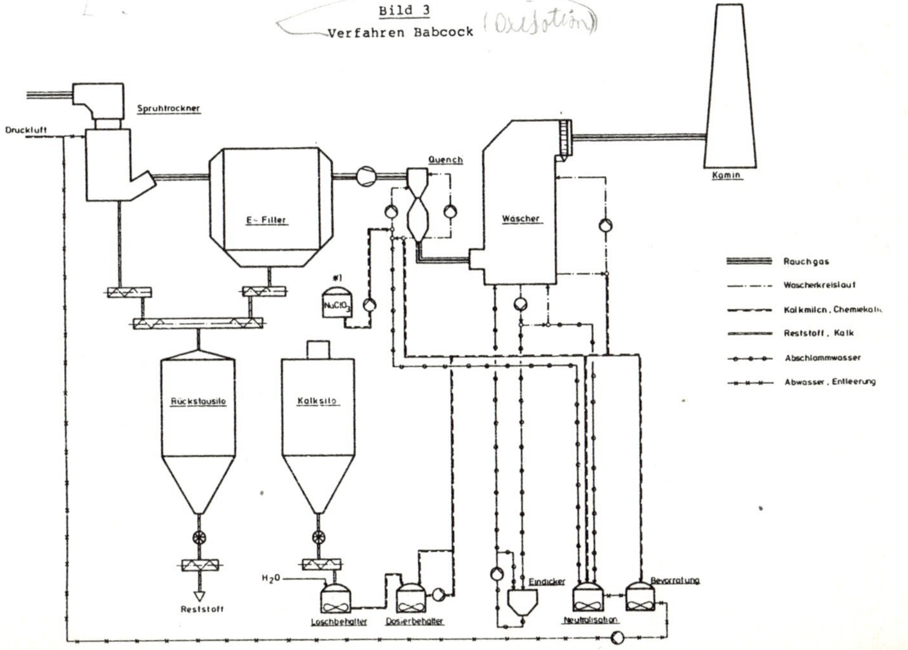

Sprühtrockner
Druckluft
E-Filter
Quench
Wäscher
Kamin
$NaClO_3$
Rückstausilo
Kalksilo
H_2O
Reststoff
Löschbehälter
Dosierbehälter
Eindicker
Neutralisation
Bevorratung

Rauchgas
Wascherkreislauf
Kalkmilch, Chemiekalie
Reststoff, Kalk
Abschlammwasser
Abwasser, Entleerung

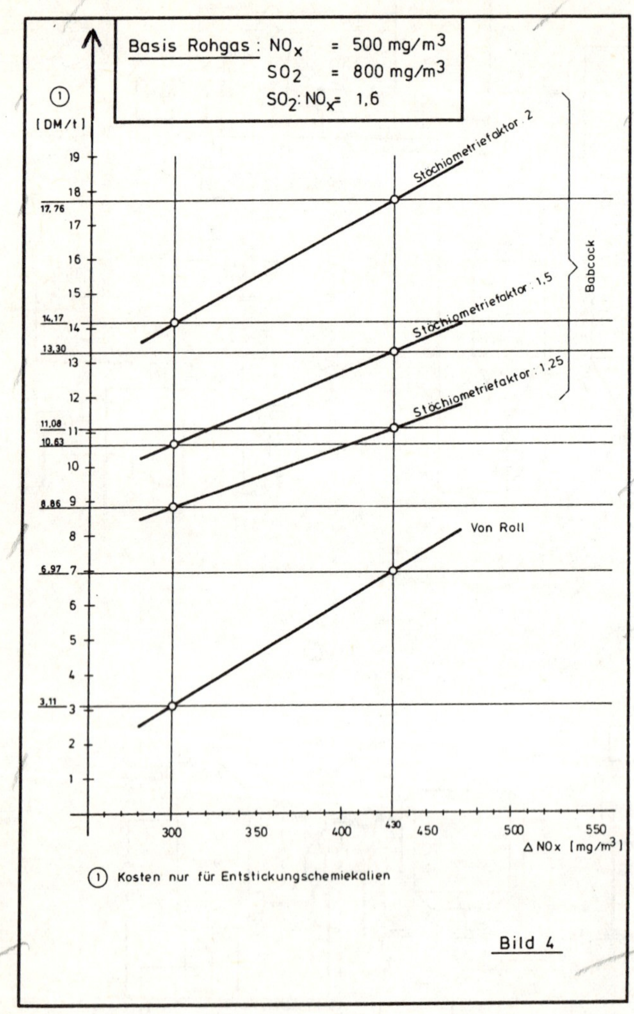
Basis Rohgas : NO_x = 500 mg/m³
SO_2 = 800 mg/m³
SO_2: NO_x = 1,6
① [DM/t]
19
18
17,76
17
16
15
14,17
14
13,30
13
12
11,08
11
10,63
10
8,86
9
8
6,97
7
6
5
4
3,11
3
2
1
300
350
400
430
450
500
550
Δ NOx [mg/m³]
Stöchiometriefaktor : 2
Stöchiometriefaktor : 1,5
Stöchiometriefaktor : 1,25
Babcock
Von Roll
① Kosten nur für Entstickungschemiekalien

Bild 4

Einsatzmöglichkeiten von Aktiv-Koks zur Rauchgasreinigung in Abfallbehandlungsanlagen

U. Cleve

Inhaltsverzeichnis:

1. Schadstoffemissioen aus Kraftwerken, Müll- und anderen Abfallverbrennungsanlagen

Industrie und Haushalte sind in allen Bereichen von der Nutzung, d.h. dem Verbrauch, von Energie abhängig. Energie wird als Warmwasser, Dampf oder Strom entweder extern bezogen, in Kraftwerken, Industriekraftwerken, Müll- und Abfall- Verbrennungsanlagen erzeugt. Brennstoffe zur Erzeugung und Deckung des Energiebedarfs sind die fossilen Brennstoffe, d.h. als feste Brennstoffe Kohle und Braunkohle, als flüssige Brennstoffe Erdöl und Destillate sowie Erdgas, Synthesegas, Müll, Abfall und sonstige Produktionsrückstände. Alle diese Brennstoffe können jedoch nur durch Verbrennung nutzbar gemacht werden.Verbrennung bedeutet aber zwangsläufig das Entstehen von Rauchgasen und damit Emissionen von Luftschadstoffen.

Der Umfang der Emissionen ist abhängig von der Menge

- des eingesetzten Brennstoffes
- der Zusammensetzung des Brennstoffes
- der Feuerung bzw.der Verbrennungsprozeßtechnologie

Alle drei Faktoren bestimmen einzeln, gemeinsam oder in Wechselwirkung die notwendigen Verfahren der Verbrennung, der Wärmenutzung, der Gasreinigung und letztendlich auch der Entsorgung.Die weitaus größte Bedeutung für den notwendigen Umfang der Rauchgasreinigung und damit das auszuwählende Verfahren hat die Zusammensetzung des Brennstoffes.Daraus ergibt sich, bevor die einzelnen Verfahren bzw.Verfahrenkombinationen besprochen werden, erst einmal die grundsätzliche Einteilung in

- Verbrennungsanlagen zur Energieerzeugung, d.h. Erzeugung von elektrischem Strom, Dampf, Druckluft oder auch Wärme,
- Anlagen zur Rückstandsverbrennung und Entsorgung mit oder auch ohne Energieerzeugung sowie
- Heizwärmeerzeugung in Industrie und Haushalten.

Die gesetzlichen Auflagen und damit auch die Genehmigungsverfahren unterscheiden sich bei den einzelnen Aufgabenstellungen bzw. zu betreibenden Anlagen sowie auch durch die zur Verbrennung gelangenden Stoffe. (1; 2; 3;)

Kraftwerke und industrielle Verbrennungsanlagen erfüllen mit fallweise wechselnden Schwerpunkten auch Aufgaben der Entsorgung von Abfallbrennstoffen.Die Entsorgung nicht verbrennbarer Nebenprodukte ist häufig problematisch und fast immer teuer. Es liegt nahe, bei energetisch interessanten bzw.bei entsorgungsaufwendigen Nebenprodukten eine standortnahe Verbrennung mit Wärmenutzung durchzuführen. Neben- oder Abfallprodukte sind in ihrer

Vielfältigkeit naturgemäß nicht so einfach zu klassifizieren wie die fossilen Brennstoffe für Energieerzeugung. Die Palette der Abfallbrennstoffe reicht vom Verpackungsmaterial (Holz,Kunststoffe, Textilien) über Produktionsrückstände , feste, flüssige,gasförmige, organische Produkte, Farben,Alt-Öl,Lösungsmittel,Schwefelwasserstoffe etc. bis zu Materialrücklaufprodukten wie Gipsstoffe, Medikamente, Altreifen, etc.

Bei den Verbrennungsprozessen werden die enthaltenen Schadstoffe freigesetzt. Bekannterweise sind die Verbrennungsprozesse

$$C + O_2 \longrightarrow CO_2 \quad \text{sowie} \quad S + O_2 \longrightarrow SO_2$$

stark exotherme Prozesse. Bei den hohen Verbrennungstemperaturen entstehen auch die übrigen Schadstoffe. Einen gesonderten Vorgang nimmt hierbei die Entstehung des NO ein. Das NO entsteht durch den in den Brennstoffen enthaltenen Stickstoff sowie durch das thermische Stickoxid, das bei der Verbrennung entsteht. Die Höhe der Stickoxidemissionen ist bekannterweise stark abhängig von der Verbrennungstemperatur, deshalb haben auch Schmelzkammer- und Zyklonfeuerung die höchsten Stickoxidkonzentrationen,während Gasfeuerung und Müllverbrennungsanlagen bei niedrigen Verbrennungstemperaturen auch niedrige Stickoxidemissionswerte aufweisen. (4)

Ein filterndes Medium, das zur Lösung der Emissionsprobleme besonders gute Eigenschaften aufweist, ist Aktivkoks. Er besitzt ein hohes Adsorptionsvermögen für feste und gasförmige Schadgase aller Art,insbesondere für SO_2, und hat ferner eine katalytische Eigenschaft zur Reduktion der Stickoxide bei Zugabe von Ammoniak.

2.Technische Eigenschaften von Aktivkoks und dessen Anwendung in Rauchgasreinigungsanlagen

2.1 Herstellung von Aktivkohlen

Als Rohstoff für die Herstellung von Aktivkohlen dienen Holzkohle, Braunkohle, Kokskohle, Torfkohle oder auch Steinkohle.Aktivkohlen werden üblicherweise durch Wasserdampf oder Gasaktivierung hergestellt. Mit beiden Verfahren können poröse Kohlen erzeugt werden, die aus einem Gemisch von amorphem und mikrokristallinem Kohlenstoffgefüge bestehen.Die freien Räume in der Kohle werden als Poren bezeichnet, wobei man je nach Durchmesser nach Mikro-, Meso- und Makroporen unterscheidet. Mikroporen sind Poren mit einem Durchmesser bis zu etwa 20 A, Poren mit einem Durchmesser zwischen 20 - 500 A nennt man Meso-, größere Poren Makroporen. Die innere Oberfläche wird vornehmlich durch die Mikroporen bestimmt, sie kann zwischen 500 und 1400 m^2/g betragen. Die Makroporen bestimmen primär das Porenvolumen.

Eigenschaften von Aktivkohlen, die großtechnisch bei der Rauchgasreinigung eingesetzt werden, sollen sein

- hohes Porenvolumen zur Erzielung einer hohen Beladung, insbesondere mit SO_2 bzw. H_2SO_4

- hoher Anteil von Mikroporen zur Erzielung einer möglichst großen inneren Oberfläche, dies ist insbesondere bei der Stickoxid reduktion von Bedeutung, wobei die kritischen Moleküldurchmesser zu beachten sind;

- möglichst geringer Druckverlust

- möglichst kleine Gasverweilzeit

- hohe Festigkeit, insbesondere um Abrieb bei Transport des Kokses sowie bei mechanischer Beanspruchung innerhalb der Anlage zu minimieren;

- hoher Zündpunkt der Kohle

- definierter Aschegehalt

Diese geforderten Eigenschaften stehen einander zum Teil entgegen, so daß es eines wesentlichen Produktions-Know-how`s bedarf, um zu einem für einen bestimmten Anwendungsfall optimalen Koks zu kommen.

Mehreren Firmen ist es im Rahmen ihrer Entwicklungsarbeiten gelungen, einen solchen Adsorptionskoks zu finden, der aus einer fein verteilten, aufbereiteten und mit Luft voroxidierten Steinkohle durch Verformung in einer Strangpresse unter Verwendung von Pech als Bindemittel und einer thermischen Nachbehandlung hergestellt wird. Dieser "Aktiv-Koks" kann in zylindrischen Formteilen von 2 - 12 mm Durchmesser gepreßt werden.

Es kommt bei der Herstellung somit wesentlich darauf an, Aktivkohle mit definierten inneren Strukturen,also definierten Porenradienverteilungen zu erzeugen. (1) 5

2.2 Das Grundprinzip der Adsorption von SO_2 an A-Koks

Von den an der inneren Oberfäche liegenden Kohlenstoffatomen gehen anziehende Kräfte, hauptsächlich die van der Waal` schen Kräfte, auf die zu adsorbierenden Moleküle aus. Durch diese werden die Gasmoleküle an der inneren Oberfläche angereichert.Hierbei stellen sich Adsorptionsgleichgewichte ein,wobei die Beladehöhe des Adsorbens von der Konzentration bzw. dem Partialdruck des Adsorptives abhängt.

Das Grundprinzip des Verfahrens zur SO_2-Abscheidung (2) beruht auf der adsorptiven Bindung der SO_2-Moleküle an Aktivkoksen.Das Schwefeldioxid wird adsorptiv an der inneren Oberfäche der porösen Aktivkokse gebunden und in Gegenwart von Sauerstoff zu Schwefeltrioxid aufoxidiert, wobei sich dann das Schwefeltrioxid mit Wasserdampf zu Schwefelsäure umsetzt.Die gebildete Schwefelsäure wird im Porensystem gespeichert.Die so in Form von Schwefelsäure beladenen Aktivkokse werden für den erneuten Einsatz thermisch regeneriert. Die Schwefelsäure zersetzt sich dann bei Temperaturen oberhalb 350°C unter Verbrauch von Kohlenstoff zu Schwefeldioxid, Wasser und Kohlendioxid. (6; 7; 8;)

Die Bindung der Chlor- und Fluor- Verbindungen an den Aktivkoks erfolgt adsorptiv und läuft nahezu unabhängig von der NO_2- und NO-Abscheidung bzw.-Reduktion ab.Ferner werden mit Hilfe von Aktivkoks aus dem Rauchgas von Abfallverbrennungsanlagen auch die organischen Schadstoffe wie PCDD,PCDF,PAH und PCB sowie toxische anorganische Elemente bzw. deren Verbindungen sowie Schwermetalle und ihre Verbindungen wie z.B. Cadmium, Quecksilber,Blei u.ä. adsorptiv abgeschieden.

Im Reingas sind diese Schwermetalle teilweise dampfförmig enthalten und lassen sich deshalb mittels Aktivkoks adsorbieren. Um die Wirksamkeit der Aktivkokse zur Adsorption dieser verschiedenen Schadstoffe zu testen, laufen z.Zt. Untersuchungen. Die im technischen Prozeß eingesetzten Aktivkokse sind geformte zylindrische Produkte mit einem Korndurchmesser von normalerweise 5 und 9 mm. Neben den Eigenschaften einer hohen SO_2 - Beladung und katalytischen Wirksamkeit zur NO - Zersetzung weisen die Aktivkokse eine geringe Reaktionsfähigkeit gegenüber Sauerstoff und hohe Stoßhärte auf.

2.3 Das Grundprinzip der Reduktion von Stickoxiden mit Aktivkoks

Die Aktivkokse weisen neben der Eigenschaft, Schwefeldioxid zu binden, auch katalytische Eigenschaften zur Zersetzung der im Rauchgas vorhandenen NO-Moleküle auf. In Gegenwart von Ammoniak als Reduktionsmittel wird NO zu N_2 und H_2O umgesetzt. Der Reaktionsmechanismus der katalytischen NO -Umsetzung ist vereinfacht dargestellt.Man geht von der Modellvorstellung aus,daß im ersten Schritt NH_3 adsorptiv gebunden wird, das dann mit den NO auf der Aktivkoks-Oberfläche unter Bildung von N_2 und H_2O reagiert. Die Reaktionstemperaturen liegen hierbei bei etwa 80 - 150°C. Bis zu einer Temperatur von etwa 80°C wird das NO adsorptiv gebunden.

2.4 Die simultane SO_2-Adsorption und NO_x- Reduktion

Das in einer Filteranlage von Staub gereinigte Rauchgas hat noch eine Temperatur von 100-150°C und wird dann mittels eines Gebläses durch die Aktivkoks - Adsorptionsschichten gedrückt. Vor dem Gebläse wird dem Rauchgasstrom Ammoniak zugegeben. In dem Adsorber laufen dann folgende chemische Hauptreaktionen simultan ab:

$$6\ NO + 4\ NH_3 \longrightarrow 5\ N_2 + 6\ H_2O$$

$$2\ SO_2 + O_2 + 2\ H_2O \longrightarrow 2\ H_2SO_4$$

$$2\ SO_2 + 4\ NH_3 + O_2 + 2\ H_2O \longrightarrow (NH_4)_2\ SO_4$$

Das Rauchgas wird in diesen Adsorbern praktisch vollständig entschwefelt. Die Abscheidung der Stickoxide erfolgt zu etwa 80 % . Wie man aus der rechten Seite der obigen Reaktionsformel entnehmen kann, werden bei der Umsetzung der Stickoxide Stickstoff und H_2O, also Wasserdampf, als unschädliche Produkte erzeugt,diese werden mit dem Rauchgas abgeführt.

Im Aktivkoks bildet sich H_2SO_4, also Schwefelsäure, sowie $(NH_4)_2SO_4$ also Ammoniumsulfat.

Die Beladefähigkeit des A-Kokses ist begrenzt, der muß also desorbiert, d.h. regeneriert werden.

2.5 Die Regenerierung von mit SO_2 beladenen A-Koksen

Die Regenerierung der Aktivkokse erfolgt in einem Desorber. Er wird hier mit einem heißen Kreislaufgas im Temperaturbereich zwischen 350°C und 550°C in Kontakt gebracht.
Hierbei laufen dann folgende Reaktionen ab:

$$2\ H_2SO_4 + C_2 \quad 350^{\circ}\ C \quad SO_2 + 2\ H_2O + CO_2$$

$$NH_4\ 2(SO_4) \quad 550^{\circ}C \quad SO_2 + N_2 + 4\ H_2O \qquad (5)$$

d.h.Schwefelsäure und Ammoniumsulfat werden wieder zu SO_2, N_2,

H_2O und CO_2 zersetzt.Gleichzeitig werden die adsorbierten Schwermetalle und der Rest von Halogenen ausgeschieden.Das Gas enthält nur eine geringe Restmenge von Flugstaub und Aktivkoks, diesen in Form von Abrieb.Dieses stark verunreinigte Gas muß nun gereinigt werden. Allerdings ist das Gasvolumen im Verhältnis zur ursprünglichen Rauchgasmenge der Kesselanlage sehr klein und beträgt etwa nur 0,5 % der Rauchgasmenge. Der regenerierte Aktivkoks wird im Wärmetauscher auf etwa 120°C abgekühlt und zum Adsorber zurückbefördert.Das Desorptionskreislaufgas muß nun einer Reinigungsanlage zugeführt werden.

3. Besondere Anforderungen an Rauchgasreinigungsanlagen für Müllverbrennungsanlagen

Die Inhomogenität des Brennstoffes Müll ist die charakteristischste und wesentlichste Planungsgrundlage sowohl für die Feuerung als auch für die Rauchgasreinigung, und bei der Auslegung sollten beide gemeinsam betrachtet werden, (9; 10; 11; 12;)

Diese Parameter sind dabei von Bedeutung:

- Homogenität und Zusammensetzung des Mülls
- Stückgröße und Stückgrößenverteilung
- Zündtemperatur und Reaktionsfähigkeit
- Strömungswiderstand des Mülls und des Rostes
- Heizwert der brennbaren Fraktion
- Prozentuale Zusammensetzung aus Brennbarem, Asche und Wasser
- Gehalt an flüchtigen Bestandteilen
- Gehalt an Schadstoffen und Schadstoffzusammensetzung
- Schmelzpunkt der Asche

Dabei ist zu beachten, daß sich die Zusammensetzung des Mülls ständig sehr kurzzeitig ändern kann.Zur Optimierung des Verbrennungsablaufs kann eine Reihe feuerungstechnischer Maßnahmen vorgenommen werden.
Feuerführung und die Inhomogenität des Mülls bewirken eine ständige Änderung der Schadstoffbelastung der Rauchgase für

- SO_2
- CO
- NO_x
- der Schwermetalle, vor allem der toxischen anorganischen Elemente, z.B. Cadmium, Quecksilber, Blei und deren Verbindungen
- der anorganischen Schadstoffe die PCDD, PCDF, PAH und PCB

Die Konzentration dieser Schadstoffe zeigt relativ hohe Bandbreiten.

Dieser Gesichtspunkt bedarf einer besonderen Beachtung bei Auslegung, Planung und Bau von Rauchgasreinigungsanlagen,und bestimmt damit wesentlich die Auswahl des Reinigungsverfahrens. Aktivkoks ist zur Lösung dieser komplexen Aufgaben besonders gut geeignet. Untersuchungen haben gezeigt, daß der wesentliche Vorteil des A-Kokses bei einen guten katalytischen Eigenschaften zur Reduktion der Stickoxide sowie - und dies trifft insbesondere für Müllverbrennungsanlagen zu - bei dem hohen Rückhaltevermögen für feste und gasförmige Schadstoffe aller Art liegt.Auf diesen Überlegungen heraus wurde in 3-stufiges Verfahren (AFA-Verfahren) entwickelt, das sich besonders zum Einsatz in Müllverbrennungsanlagen eignet.

4. Beschreibung des 3-Stufen-AFA-Verfahrens

4.1 Gesamtüberblick über das AFA-Verfahren

Das Verfahren ermöglicht die trockene Abscheidung bzw. Bindung von den in den Rauchgasen aus der Müllverbrennung enthaltenen festen und gasförmigen Schadstoffen aller Art sowie von Schwermetallen. Es besteht im Prinzip aus den drei Abscheidestufen:

- der Absorptionsstufe durch Zugabe von Additiven, im wesentlichen $Ca(OH)_2$, in den Rauchgasen, wobei für die Art der Einbringung verschiedene Möglichkeiten bestehen;

- der Filteranlage, wobei entweder ein Elektro-Filter oder ein

Schlauch/Gewebe -Filter eingesetzt wird, zur Abscheidung des Staubes und eines großen Teils der Schwermetalle;

- der Adsorption der restlichen Schadstoffe in einem Aktiv-Koks-Filter, wobei durch Zugabe von Ammoniak in den Rauchgasstrom vor die A-Koks-Schicht diese als Katalysator wirkt und hierdurch auch die Stickoxide reduziert werden können.

Der wesentliche Vorteil dieses Verfahrens liegt darin, daß das aus den Kesselanlagen austretende Rauchgas bei in etwa gleichbleibend hohen Temperaturen diese drei Abscheidestufen nacheinander durchströmt und mit dem gleichen Temperaturniveau, also ohne Wiederaufheizung, gereinigt in den Kamin eintreten kann. Das Verfahren ist auch weitgehend abwasserfrei.

4.2 Die Absorptionsstufe:Erste Reinigungsstufe: Der Trockensorptionskreislauf mit Additiven

Die Trocken- oder Sprühsorption mittels Additiven ist in vielen Anlagen erprobt (13; 14; 15; 16;). Es können mit unterschiedlich hohen Abscheidegraden CaO, $Ca(OH)9_2$,MgO und auch andere Additive eingesetzt werden. (17; 18; 19;):

Magnesiumoxid ist das teuerste Adsorbens.Am wirtschaftlich geeig netsten hat sich Ca $(OH)_2$ erwiesen. Das frische Additiv $Ca(OH)_2$ wird hierbei in den Rauchgaskreislauf eingebracht; dies kann an verschiedenen Stellen des Rauchgasstromes am Ende der Kesselanlage geschehen. Calciumhydroxid dient hierbei vorzugsweise zur Bindung von HCl, HF und eines Teils des SO_2. Einen wesentlichen Einfluß auf den Einbindegrad haben die Gastemperaturen, der Tau punkt und das stöchiometrische Verhältnis Ca/Schadstoff. Durch verschiedene konstruktive Maßnahmen oder durch Einbau von Reaktoren läßt sich eine gute Mischung des Additivs mit den Rauchgasen realisieren. Im Rauchgasstrom finden dann im gesamten Temperaturbereich folgende Reaktionen statt: (10)

$$2\ HCl + Ca(OH)_2 \longrightarrow CaCl_2 + 2\ H_2O$$

$$2\ HF + Ca(OH)_2 \longrightarrow CaF + 2\ H_2O$$

$$2\ SO_2 + 2\ Ca(OH)_2 \longrightarrow 2\ CaSO_3 \times 1/2\ H_2O + H_2O$$

$$SO_3 + Ca(OH)_2 + H_2O \longrightarrow CaSO_4 \times 2\ H_2O$$

Der erreichbare Abscheidegrad für die Schadstoffe SO_2 HCl und HF ist unterschiedlich hoch, gleichzeitig findet nur eine geringe Umsetzung von Calciumsulfit das teiweise wasserlöslich ist, zu Calciumsulfat, also Gips, der deponiefähig ist, statt.

Das System Steinmüller besteht aus:

1. Verdampfungskühler zum Einstellen der optimalen Rauchgastemperatur und eines günstigen Feuchtigkeitsgehaltes
2. Reaktor zum Vermischen des eingeblasenen Additivs mit dem Rohgas
3. Filter zum Abscheiden des staubförmigen Reaktionsproduktes und der Flugasche, mit Rückführung der abgeschiedenen Produkte
4. Saugzugventilator für die Gasförderung zur Überwindung der Anlagenwiderstände
5. Staubsilo
6. Additivsilo für Kalkhydrat.

Zur besseren Ausnutzung der Additive werden diese nach Abscheidung in der Filteranlage mehrfach rezirkuliert. Dabei wird nur eine Teilmenge jeweils aus dem Kreislauf abgezogen,der erreichte Stöchiometriefaktor liegt etwa bei 2.

4.3 Zweite Reinigungsstufe: Die Staubabscheidung

Die Abscheidung des Flugstaub -Kalk -Calciumsulfitgemisches im Rauchgas soll in einer Filteranlage erfolgen. Grundsätzlich sind hierfür Elektro- und Schlauch/Gewebefilter geeignet. Der Vorteil des Elektrofilters liegt in dem geringeren (20; 21; 22;) Druckverlust und damit niedrigeren Energieverbrauch. Der Vorteil des

Gewebefilters liegt in der besseren Abscheideleistung, es werden Staubgehalte von 10 mg/m^3 bis max.20 mg/M^3 erreicht. Ein weiterer Gesichtspunkt, der für den Einsatz des Gewebefilters spricht, ist die Erfahrung, daß in der sich auf der Oberfläche der Filterschläuche absetzenden Staubschicht eine Nachreaktion erfolgt, d.h., daß die Additive besser ausgenutzt werden und auch die Abscheidung der Schwermetalle besser ist. Dieser Vorteil kommt besonders bei Anlagen mit Trockensorption zum Tragen. Gewebefilter haben erfahrungsgemäß auch ein besseres Abscheidevermögen für Feinstäube. Bei der Verbrennung entstehende Schwermetall- Schadstoffverbindungen kondensieren auf der Oberfläche feinster Staubpartikel und können dadurch bei nicht ausreichendem Abscheidevermögen des Filters mit ausgetragen werden. (23)

Die im Gewebefilter abgeschiedene Mischung aus Flugstaub, Kalk, Calciumsulfit wird über einen Zwischenbunker teilweise wieder in den Rauchgaskreislauf zurückbefördert.

4.4 Endreinigung der Rauchgase der Müllverbrennungsanlagen mit Aktivkoks-Adsorber 24

Das Rauchgas tritt nach der Filteranlage in die Aktivkoks-Adsorptionsschicht ein. Diese stellt die dritte und letzte Reinigungsstufe dar.Vor dem Gebläse wird dem Rauchgas noch Ammoniak zugegeben.
Das Rauchgas wird in diesem Adsorber praktisch vollständig entschwefelt. Desgleichen liegt eine sehr hohe Adsorptionsfähigkeit auch für die dampfförmigen Schwermetalle vor. Die Reduktion der Stickoxide bei Zugabe von Ammoniak erfolgt zu etwa 8o %. Gleichzeitig werden die geringen noch vorhandenen Mengen an Halogenen hier abgeschieden. Das vor dem Adsorber zugefügte Ammoniak wird bei der Reaktion praktisch vollständig verbraucht.Das Rauchgas ist nunmehr weitestgehend gereinigt und wird über den Kamin abgeführt.

Der Wanderbett-Adsorber ist erprobt und ermöglicht

- eine gleichmäßige Beladung der Koksschicht mit Schadstoffen
- einen geringen Druckverlust
- eine Regelung der Wandergeschwindigkeit des Aktivkokses durch den Adsorber in Abhängigkeit von der Höhe der Beladung
- einen geringen Abrieb beim A-Koks

Ein wesentliches Charakteristikum der Aktivkoks - Adsorptionsschicht ist es, daß ein plötzlicher Durchbruch der Schadstoffe nicht erfolgen kann. Bei zu hoher Beladung bzw. Überladung entsteht lediglich ein Abfall des Wirkungsgrades.

Die A-Koksschicht hat weiter ein gutes Rückhaltevermögen für Feinstäube. Sie bildet damit eine zweite Abscheidezone für die vorerwähnt mit Schwermetallverbindungen angelagerten Staubpartikel. Dies ist um so bedeutungsvoller, da die im Müll aufgefundenen Massenteile von Schwermetallen um Durchschnitt um ein bis zwei Zehnerpotenzen höher liegen, als in fossilen Brennstoffen. Entsprechendes gilt für die organischen Schadstoffe.

5.Regenerierung und Reinigung des Desorptionsgases

Die Regenerierung der Aktiv - Kokse erfolgt in einem Desorber. Hierin wird der Koks mit Fremdenergie auf die Desorptionstemperatur aufgeheizt. (17)

Das Desorptionsgas wird dann einer mehrstufigen nassen Reinigungsanlage (25) zugeführt.In der ersten Stufe, einem als Sprühturm ausgeführten Oxidationsreaktor, wird bei niedrigem pH Wert eine Vorabscheidung des Schwefeldioxids sowie die vollständige Einbindung von Flußsäure und Salzsäure durchgeführt und gleichzeitig im Sumpf durch eingeblasene Luft die Oxidation des Calciumsulfits zu Calciumsulfat vorgenommen.

In der zweiten Stufe, die als Turboagglomerator ausgeführt ist, findet die Restabscheidung des SO_2 und die Abscheidung der staubförmigen Gasbestandteile bis zum gewünschten Reingasgehalt statt.Das gereinigte Gas wird dem Kesselrauchgas vor dem A-Koks-Adsorber wieder zugemischt, so daß dieser Kreislauf in sich geschlossen ist.

Das aus der Naßwaschanlage wieder austretende feuchte Gas hat eine Temperatur von etwa 60°C. Durch Zumischung dieser relativ kleinen Kaltgasmenge in den Hauptrauchgasstrom wird es praktisch auf die Temperatur des Rauchgasstromes aufgewärmt.Damit kann der Abgasstrom aus der Naßwäsche im Hauptstrom wieder vollständig gereinigt werden. Aus dem Abscheidekreislauf wird kontinuierlich ein Teilstrom der mit Calciumsulfat und Flugasche verunreinigten Kreislaufflüssigkeit abgezogen und durch Frischwasser ersetzt. Die Schadstoffsuspension wird über Voreindicker und Bandfilter getrennt. Ein Teil des Filtrats kann als Ansetzwasser für Kalkmilch zurückgeführt werden bzw. es wird in den Rauchgaskreislauf wieder eingedüst.Damit ist dieses Verfahren vollkommen abwasserfrei.

6. Zusammenfassung und Abscheideleistung der Rauchgasreinigung nach dem HP - AFA - Verfahren

Im neuen Entwurf des BMI für den Emissions-Teil der TAL vom 15.o2.85 sind folgende Grenz-Emissionswerte vorgesehen.

- Kohlenmonoxid (CO) 100 mg/m^3
- Gesamtstaub 50 mg/m^3
- Stickoxide (NO) 500 mg/m^3
- Schwefeldioxid (SO_2) 2oo mg/m^3
- Fluorwasserstoff (HF) 2 mg/m^3
- Chlorwasserstoff (HCl) 50 mg/m^3
- Summe der Schwermetalle
  Klasse I Cd, Hg; 0,2 mg/m^3
  Klasse II Ni, Cr; 1 mg/m^3
  Klasse III Pb, Ca; 5 mg/m^3

Alle Werte sind bezogen auf den Normzustand (0°C; 1013 mbar) feuchtes Abgas und 11 % O_2.

Diese Werte sind mit diesem Verfahren auch bei stark schwankenden Zusammensetzungen der Schadstoffkomponenten sicher weit unterschreitbar.

Die Vorteile dieses Verfahrens sollen abschließend nochmals zusammengefaßt werden:

- Im Absorptionssystem werden durch das Einbringen von Kalk vor allem die Halogena abgeschieden; durch das gleichzeitige teil weise Abscheiden von SO_2 wird die Korrosionsgefahr in allen kalten Anlagenteilen der Kesselanlage gemindert.

- Die Rauchgastemperatur kann von derzeit 220 - 280°C auf etwa 130-150°C abgekühlt und die Wärme zusätzlich genutzt werden.

- Das Temperaturniveau der Rauchgase entspricht den Anforderungen des nachgeschalteten Aktivkoks - Adsorbers. Dies ist eine Voraussetzung der Abscheidung der Stickoxide.

- Alle drei Abscheidestufen werfen keine Probleme bei Teillast, An-oder Abfahren der Kesselanlage auf. Der Betrieb der Kesselanlage kann also weitergeführt werden wie bisher.

- Wegen der normalen Rauchgastemperaturen am Schornsteinende und dem normalen Feuchtigkeitsgehalt der Rauchgase ist die Gefahr der Bildung einer Wasserdampffahne am Kesselende auf wenige, sehr kalte Tage im Jahr beschränkt.

- Die Kombination Trockensorption im ersten Kreislauf unter Verwendung der aus diesem Kreislauf abgeschiedenen Mischung aus Flugstaub, Kalk und Calciumsulfit im nassen Reinigungssystem des Desorptionsgases führt zu einer praktisch vollständigen Ausnutzung des Absorptionsmittels Kalk. Der Kalkverbrauch ist damit nicht höher als bei nassen Verfahren, während bisher der Kalkverbrauch bei nassen Verfahren um den Faktor 2-4 niedriger war als bei Trockensorption.

- Das Verfahren arbeitet praktisch abwasserfrei,nur die geringen Mengen aus dem nassen Kreislauf der Abgasdesorption müssen abgeleitet werden.

- Flugstaub und das im nassen Teil erzeugte Flugstaub-Gips-Gemisch können deponiert werden.

- Kesselasche und die Flugasche, die im Zyklon abgeschieden werden, können weiter wie bisher deponiert werden.

- Ein Durchbruch von Schadgasen durch die Aktivkoksschicht ist praktisch ausgeschlossen.

- Wegen der teilweisen Vorabscheidung von SO_2 im ersten Abscheikreislauf kann der Aktivkoks-Adsorber einfacher, d.h. mit nur einer Schicht, ausgeführt werden.

- Der Betrieb der Anlage ist einfach; der Wartungsaufwand wird, wie durch die vorhergehende Erläuterungen zur Korrosionsgefahr gezeigt,gering sein. Wegen der Taupunktabsenkung am Kesselende könnte er sich ggf. sogar vermindern. Der Wirkungsgrad der Kesselanlage wird verbessert.

- Das Verfahren eignet sich auch zur Nachrüstung von Altanlagen.

- Das Verfahren ermöglicht eine platzsparende Anordnung mit verhältnismäßig niedrigen Investitionskosten.

Da bewährte, robuste, einfache Bauteile verwendet werden,ist die Anwendung dieses Verfahrens auch bei einer Erstanlage ohne grosses Risiko möglich.

Literaturverzeichnis

1) P.Davids; G.Günther; N.Haug und M. Lange "Luftreinhaltung bei Kraftwerks- und Industriefeuerung" Brennstoff-Wärme-Kraft 31 (1979) Nr. 4, April

2) Klaus Lützke
"Emissionen von Stickstoffoxiden aus Feuerungsanlagen (Industrie und Haushalt)" Staub - Reinhaltung der Luft Nr. 35 (1975) Nr.4, April

3) Hans Jürgen Brumsack;Ulrich Förstner; Hartmut Heinrichs
"Umweltprobleme durch metallreiche Verbrennungsprodukte - potentielle Emissionen aus Kohlekraftwerken der Bundesrepublik Deutschland"

4) M.Lange
"Vorschriften und Vollzug von Anforderungen zur NO_x-Emissionsbegrenzung bei Großfeuerungsanlagen"
NO_x-Symposium Karlsruhe 1985

5) Degussa-Informationsschrift
"Aktivkohle für den Umweltschutz"

6) Harald Jüntgen
Bergbau-Forschung GmbH
Forschungsinstitut des Steinkohlebergbauvereins
"Grundlage der Adsorptionsverfahren"

7) Harald Jüntgen; Karl Knoblauch; Dieter Zündorf
"Technische Erprobung von Aktivkoks aus Steinkohle für eine adsorptive Abgasentschwefelung mit intergrierter thermischer Regeneration" Chemie-Ing.-Technik, 45. Jahrg. 1973, Nr. 19

8) Ekkehard Richter; Karl Knoblauch; Harald Jüntgen
"Simultane Entfernung von SO_2 und No_x unter den Bedingungen der Rauchgasreinigung von Kraftwerken" Chemie-Ing.Technik, 52 (1980) Nr. 5

9) Thomé-Kozmiensky, K.J.
"Müllverbrennungsanlagen in der Bundesrepublik Deutschland und in der Schweiz"

1o) C. Haink; K. Kijewski
"Tagung Müllverbrennung und Rauchgasreinigung, Berlin 1983"

11) K.E. Lorber
"Zusammensetzung des Mülls und die durch Müllverbrennungsanlagen emitierten Schadstoffe" Tagung Müllverbrennung und Rauchgasreinigung, November 1983

12) H. Hämmerli
"Grundlagen zur Berechnung von Müllfeuerungen"
Tagung Müllverbrennung und Rauchgasreinigung Nov. 1983

13) P.G. Schuch
"Trocken-Sorption von Chlor-Wasserstoff, Fluor-Wasserstoff in Schwefeldioxid aus Rauchgasen in einer halbtechnischen Versuchsanlage" Forschungsberichte des Landes NRW, Nr. 2907

14) M.Y. Chughtai; S. Michelfelder
"Schadstoffeinbindung durch Additiv-Einblasung in die Flamme" Brennstoff-Wärme-Kraft, Nr. 35/1983, Nr. 3 März

15) H. Mohrenstecher, G. Heilemann
"Meßergebnisse und Erfahrungen mit einer trockenen Rauchgasreinigung hinter der Müllverbrennung" Vortrag Tagung Müllverbrennung und Rauchgasreinigung, Berlin, November 1983

16) W. Weisweiler; R. Kohler
"Untersuchung von Rauchgasen mittels Kalkstein und Kalk bei hohen Temperaturen" Staub-Reinhaltung der Luft, Band 44/84, Nr. 2

17) Chr. Marnet; B. Kassebohm; J. Bewerunge
"Die quasi-trockene Rauchgasreinigung - System Düsseldorf" Tagung Müllverbrennung und Rauchgasreinigung, November 1983

18) A. Christensen; B. Fallenkamp; J.T. Möller
"Sprüh-Trocken-Absorption zur Abgasreinigung nach Müllverbrennungsanlagen" Tagung Müllverbrennung und Rauchgasreinigung, Berlin 1983

19) K.D. Pfeiffer
Rauchgasreinigung mit dem Fläkt-DAS-Verfahren in Müllverbrennungsanlagen" Tagung Müllverbrennung und Rauchgasreinigung, Berlin 1983

20) K. Lützke; R. Wilkes
"Filternde Abscheider hinter Feuerungsanlagen" Bericht über eine USA-Reise, Staub - Reinhaltung der Luft, 38/78, Nr.11, November

21) W. Gosens; U. Grabenhorst
"Einsatz eines Schlauchfilters hinter einem Schmelzkammerkessel" VGB-Kraftwerkestechnik, Heft 1, Januar 1968

22) U. Cleve
"Filternde Abscheider für Kohlekraftwerke" Staub - Reinhaltung der Luft, Nr. 39/40, 1979, Nr. 19, Sept./Okt. 1979

23) K. E. Lorber
"Müllverbrennung und Schwermetall - Emissionen" Müll und Abfall 6/1980

24) H. Brauer
"Die Absorptionstechnik - ein Gebiet mit Zukunft" Chemie-Ingenieur-Technik 57 (1985)

25) K.Lehmann
"Nasse Rauchgasreinigungsverfahren mit Aerosol-Abscheidern als Endreinigungsstufe" Technische Mitteilungen Hdt, Heft 5/1985

Marina Franke

Umweltauswirkungen durch Getränkeverpackungen

Systematik zur Ermittlung der Umweltauswirkungen von komplexen Prozessen am Beispiel von Einweg- und Mehrweg-Getränkebehältern

EF-VERLAG für Energie- und Umwelttechnik GmbH

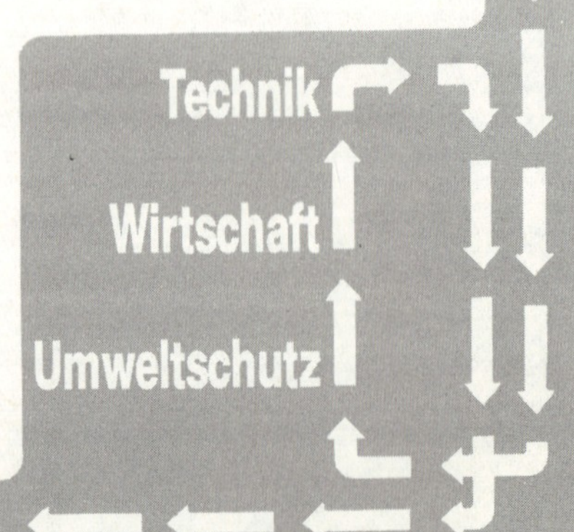

3. Rückstände aus Müllverbrennung und Rauchgasreinigung

Beurteilung der Rückstände aus Müllverbrennungsanlagen

D. O. Reimann

Inhaltsverzeichnis

1. Vorbemerkung

Bei der Müllverbrennung als Abfallverwertungssystem sind die Nutzung der Schlacke mit ihren Inhaltsstoffen und die Beseitigung der Reststoffe aus der Rauchgasreinigung zu unterscheiden.

Nach dem Bundesimmissionsschutzgesetz § 5 müssen Reststoffe, worunter insbesondere auch die Schlacke aus Müllverbrennungsanlagen einzustufen ist,ordnungsgemäß und schadlos verwertet werden, soweit dies technisch machbar und wirtschaftlich vertretbar ist. Kann dieses Verwertungsgebot wegen der Undurchführbarkeit vorgenannter Voraussetzungen nicht realisiert werden, so sind Reststoffe als Abfälle zu deponieren.

2. Baustoff und Schrott aus der Schlacke

Um eine ordnungsgemäße und schadlose Verwertung zu ermöglichen, bedarf es der Festlegung der praktizierbaren Nutzungsart.Bei der Schlacke aus der Müllverbrennung gilt hierfür das LAGA-Merkblatt wonach die Schlacke zum Straßen- und Wegebau, für Dammschüttungen und Auffüllungen eingesetzt werden kann. Voraussetzung für die Schlackewiederverwertung ist die Filterstaubfreiheit, so daß sich als Konsequenz die getrennte Erfassung von Stäuben und Schlacke ergibt.

Als weiterer Schritt zur Optimierung der Schlackenwiederverwertung wird in Bamberg im Naßentschlacker durch Waschwasserabzug eine Schlackewaschung zur Trennung leichtlöslicher Salze betrieben. Im nachfolgenden Bild 1 werden Frachtangaben über die Schlacke gemacht. Aus 1 Mg Müll entstehen bei den üblichen Zusammensetzungen des heterogenen Verbrennungsproduktes - bestehend aus ca.35 % organischer Substanz,35 % mineralischer Substanz und 30 % Wasser - 310 bis 320 Kg trockene Schlacke. Durch den Waschvorgang erhöht sich das Schlackegewicht auf ca. 380 bis 390 kg, gleichbedeutend 15 - 20 % H_2O. Auf die Bedeutung des Salzhaltigen Waschwassers wird nachfolgend noch eingegangen. Die Schlacke benötigt ca. 6 - 8 Wochen Ablagerungszeit,um während dieser Reaktionszeit die Voraussetzungen für die anschließende Absiedung zu erlangen. Neben einer Absiedung über verschiedene Körnungen wird durch Magnete der Schrott separiert.Aus 384 kg Schlacke Mg^{-1}Müll entstehen auf diese Art in Bamberg 6o kg Schrott,304 kg Baustoff in der Körnung 0 - 64 mm und 20 kg Bauschutt gröber als 64 mm.

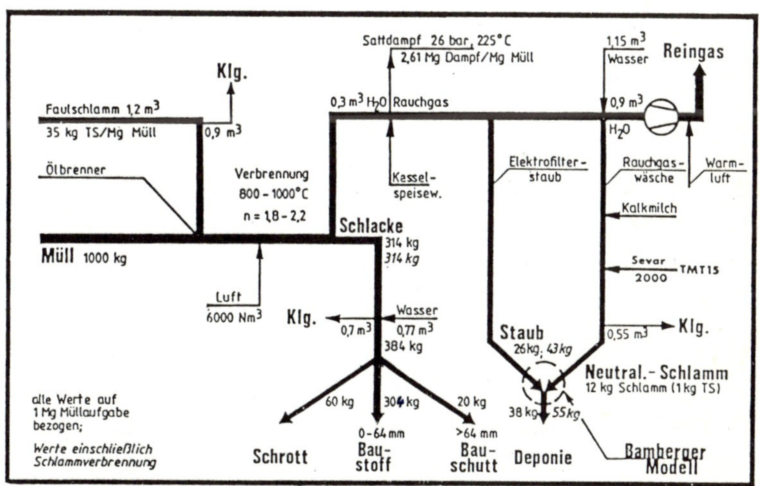

Bild 1

Bamberger Müllverbrennungsschema mit speziellen Frachtangaben pro Mg Müll.

Der Schlackebaustoff dient als Ersatz für Naturprodukte wie Sand und Kies. Ab Lager werden 4 - 5 DM Mg^{-1} Schlacke verlangt. Der Vergleichspreis für Kies und Sand hängt stark von der Nähe zu Gruben ab und schwankt zwischen 6 und 15 DM Mg^{-1}.Schlacke sollte somit nicht nur aus ökologischen, sondern auch aus ökono mischen Gründen Wiederverwendung finden. Aus optischen Gründen und wegen der möglichen Staubgefahr bei langen Trockenzeiten sowie der an der Oberfläche oftmals angetroffenen Glasscherben sollte die Schlacke immer abgedeckt werden und hauptsächlich als Unterbau Einsatz finden. In Köln, Hamburg und Bamberg wird die Schlacke als konkurrenzfähiger Baustoff eingestuft und abgesetzt. Die Aufgabe der kommunalen und überregionalen Entsorgungsträger endet nicht bei der Müllanfuhr zur Müllverbrennung, sondern beinhaltet auch die Schlackenverwertung.

In Bamberg wird keine Schrottvorsortierung im Müll durchgeführt. Der zu erzielende Marktpreis für den Schrott zur Stahlherstellung schwankt stark und liegt zur Zeit frei Hütte bei ca. 100 - 150 DM Mg^{-1}. Als erzielbarer Ertrag können ab Aufbereitungsanlage jedoch nur 40 - 60 DM Mg^{-1} erzielt werden. Diese Preisdifferenz zwischen Ertrag und möglichen Ankaufspreis der Hütte ist auf hohe Transportkosten und eine oftmals nicht unbedeutende Gewinnspanne des Zwischenhandels zurückzuführen. Bei dem Bauschutt größer als 64 mm handelt es sich im wesentlichen um Steine, nicht verbrannte Holzreste, mineralische Konglomerate u.ä., die gefahrlos auf einer Bauschuttdeponie abgelagert werden können.

Es stellt sich wiederholt bei Politikern und Bürgern bei der Wiederverwendung von Schlacke die Frage, ob es sich um ein problemloses, ungefährliches Produkt handelt. Neben den Aussagen des bereits eingangs erwähnten LAGA-Merkblattes muß man sich über die Bedeutung der Salzfrachten klar sein. Bild4 zeigt, daß ungefähr 0,5 kg Chloride Mg^{-1}Müll (insgesamt 1,04 kg Chloride Mg^{-1} Müll) bzw. 1,3 kg Chloride Mg^{-1} Schlacke nach der in Bamberg praktizierten Schlackenwaschung abgetrennt werden können. Durch den gezielten Waschvorgang auf dem Müllheizkraftwerk werden somit die leicht wasserlöslichen Chloride aus dem Baustoff beseitigt und als ungefährliche Konzentration der Kläranlage bzw. dem Vorfluter zugeführt.Führt diese Ableitung der Salze zu Schwierigkeiten, läßt sich auch die energieintensive Eindampfung der aufkonzentrierten Salzabwässer praktizieren.

Die Kosten für die Schlackeaufbereitungsanlage bei ca. 60 000 mg Schlacke und Schrott a^{-1} betragen ungefähr 350 000 DM Jahreskosten, gleichbedeutend 5 - 6 DM Mg^{-1} Schlacke oder 2,50 DM Mg^{-1} Müll. Durch die Schlackewiederverwertung und den Schrottverkauf sind z.Zt. folgende Erträge erzielbar:

7 800 Mg	Schrott à 50,-- DM Mg^{-1}	390 000,-- DM a^{-1}
50 000 Mg	Schlacke à 4,-- DM Mg^{-1}	200 000,-- DM a^{-1}
2 200 Mg	Bauschutt Deponie- und Transportgebühren à 12,-- DM Mg^{-1}	- 26 000,-- DM a^{-1}
		564 000,-- DM a^{-1}
	abzüglich Jahreskosten	-350 000,-- DM a^{-1}
	möglicher Gewinn	214 000,-- DM a^{-1}

Der Überschuß von umgerechnet 3,5o DM Mg^{-1} Schlacke ist jedoch nur dann zu realisieren, wenn die aufbereitete Schlacke absetzbar ist, und die Haupteinnahme bei der Schlackeaufbereitung - nämlich die aus der Schrottgewinnung - nicht durch Vorsortieren drastisch eingeschränkt wird. Der reine Schlackeverkauf macht die Schlackeaufbereitung zu einem Zuschußgeschäft und stellt sie damit wirtschaftlich gesehen in Frage. Somit kann das überzogene Vorsortieren von Schrott im Extremfall der Absicht des Bundesimmissionsschutzgesetzes widersprechen, da die Wirtschaftlichkeit der Schlackeaufbereitung in Frage gestellt wird und demzufolge Schlacke als Abfallprodukt eingestuft und deponiert werden müßte.

3. Reststoffe aus der Rauchgasreinigung

Bei der Rauchgasreinigung müssen zwei getrennte Verfahrensschritte unterschieden werden, und zwar einerseits die Entstaubung, andererseits die Kondensation bzw. chemische Bindung der gasförmigen Schadstoffe und Schwermetalle. Ausschlaggebend für die Schadstoffe im Rauchgas sind die Bestandteile des Mülls. Durch die Verbrennung und die temperaturabhängige Umwandlung von Schadstoffen Schwermetallen und deren Verbindungen entstehen Schadstoffe in der gasförmigen Phase. Neben den Stäuben durchwandern somit diese gasförmigen Schadstoffe die Kesselanlage. Das Rauchgas wird dabei durch die Energienutzung im Abhitzekessel auf Temperaturen von ca. 200 - 250°C abgekühlt. Durch diesen Abkühlungsvorgang kondensieren zum Teil bereits die Schwermetalle und Schwermetallverbindungen, abhängig von der Kondensationstemperatur. So lassen sich bei diesen höheren Temperaturen insbesondere bereits wieder kondensiertes Blei, Cadmium, Zink, Nickel usw. in dem Rauchgas nachweisen, die sich ein Trägermedium suchen. Einerseits bieten sich hierfür die Oberflächen der Staubteilchen, andererseits das freie Chlor als Trägermedium an. Als Elektrofilterstaub fallen in Bamberg ca. 25 - 30 kg Mg^{-1} Müll an. Aus der sauren Naßwäsche, wie sie in Bamberg mit einer Waschwassermenge von 0,55 m^3 Mg^{-1} Müll betrieben wird, fallen ca.12 kg 8 %iger Neutralisationsschlamm (1 kg TS Mg^{-1} Müll) an. Diese zwei Abfallprodukte sind schadlos zu deponieren, wozu sich das Bamberger Modell anbietet, auf das nachfolgend noch eingegangen wird.

4. Elektrofilterstaub

Über die Zusammensetzung der Inhaltsstoffe des Elektrofilterstaubes gibt die Tafel 1 Aufschluß. In den Spalten 2 und 3 sind die Gesamtkonzentrationen als Mittelwerte und in der gesamten Schwankungsbreite in mg kg^{-1} TS aufgelistet. Von Bedeutung für die Deponierung des Filterstaubes ist die Eluierbarkeit nach dem deutschen Einheitsverfahren (DEV) S4. Bei diesem Lösungsverfahren werden 100 g TS Elektrofilterstaub in 1 l destilliertem bzw. auf pH 4 angesäuertem Wasser gemischt, 24 Stunden lang geschüttelt und anschließend untersucht. Es zeigt sich, daß die bei pH 4 gefundenen Werte insbesondere bei Zink,Cadmium und Kupfer angestiegen sind.

Tafel 1

Ergebnisse von Elekrofilterstaubuntersuchungen

Bezeichnung	Gesamtkonzentration		Eluat	DEV S4
	Mittelwert	Schwankungsbreite	H_2O	pH 4
	mg/kg TS	mg/kg TS	mg/l*	mg/l*
1	2	3	4	5
pH-Wert	11,7	11,5—12,4	11,7	4
Glühverl.	2,5%	0,95—3,7%	—	—
BSB_5	20	—	—	—
CSB	(1250)	1020;1450	—	—
Cl^-	40 200	17 570—43 000	4000	—
SO_4^-	42 800	20 980—94 000	2480	—
F^-	180	60—310	6,5	—
NO_3^-	510	480—550	0,2	—
Pb	5250	4140—6340	3,2	4,3
Cd	325	100—486	0,05	28,1
Zn	15 325	9000—21 250	1,5	753
Ni	140	74—302	0,04	0,61
Hg	3,9	1,4—18,9	0,0018	0,0015
Cr	207	154—279	0,043	0,057
Cu	1105	738—1530	0,053	2,59
Tl	0,8	0,21—1,6	0,02	—
Sb	(672)	290;1054	—	—
Ag	(40)	31;50	—	—
Br	(175)	50;305	—	—
Se	(17)	17	—	—
Co	(38)	38	—	—
Fe	(30 500)	28 000;33 000	—	—

* 100 g TS/l

Mit diesen mg l^{-1}- Angaben besitzt man natürlich noch keine praxisbezogene Aussage über die Konzentration im Abwasser, da hierfür die tatsächlichen Deponiegegebenheiten eine wesentlich Rolle spielen. Das Deponieren des Einzelproduktes Filterstaub kann zur Staubbindung nur nach Anmaischen mit Wasser oder einen anderen flüssigen Produkt (ca. 15 - 20 % Feuchte) erfolgen.

5. Abwasser und Sorptionsschlamm aus der Rauchgaswäsche

In Bild 2 werden das Fließschema und die Behandlungsschritte des Rauchgaswaschwassers in Bamberg dargestellt. Durch die Naßwäsche ist mann in der Lage, die Rauchgastemperatur auf ca. 60-65° (Sättigungstemperatur) abzusenken und damit ideale Voraussetzung für die Kondensation von sauren Schadstoffen und leichtflüchtigen Schwermetallen zu erreichen.

Welche Bedeutung der Rauchgaswäsche zukommt, ist aus den Bildern 3 und 4 zu ersehen.

Ca. 5 kg Cl Mg^{-1} Müll werden bei der Naßwäsche ausgewaschen und gelangen im Abwasser in die Kläranlage bzw.den Vorfluter, soweit diese die Belastungen durch weitestgehende Verdünnung aufnehmen können. Im Bedarfsfall läßt sich auch die Eindampfung anwenden.

Bei der Beseitigung des Problemschwermetalls Quecksilber gelanca. 3 g Mg^{-1} Müll aus der gasförmigen Phase in die wässrige Phase durch die saure Rauchgaswäsche. Die verbleibenden Emission an Quecksilber beläuft sich auf 0,42 g Mg^{-1} Müll, gleichbedeutend 0,070 mg Hg gas- und staubförmig NM^{-3} Reingas.

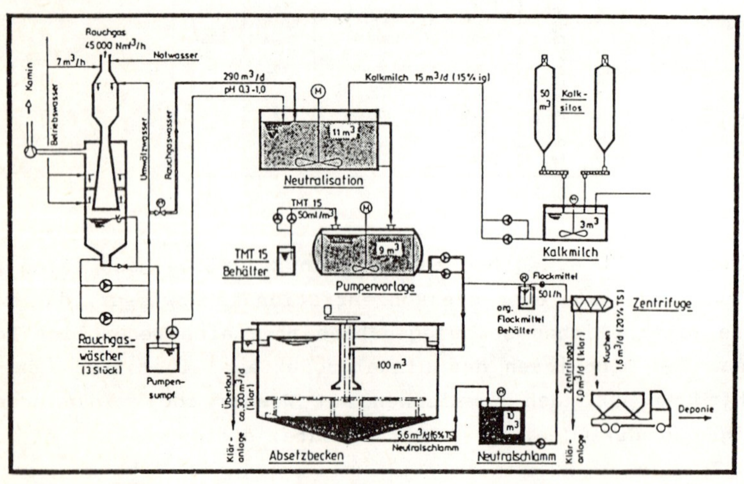

Bild 2

Fließschema und Behandlungsschritte des Rauchgaswaschwassers.

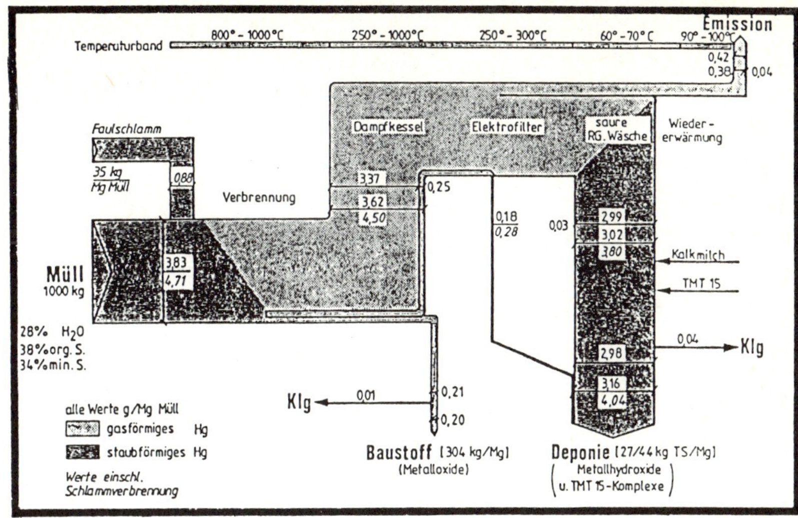

Bild 3

Spez. Hg-Frachtverteilung im MHKW Bamberg mit TMT 15 Fällung;mit und ohne Schlammverbrennung

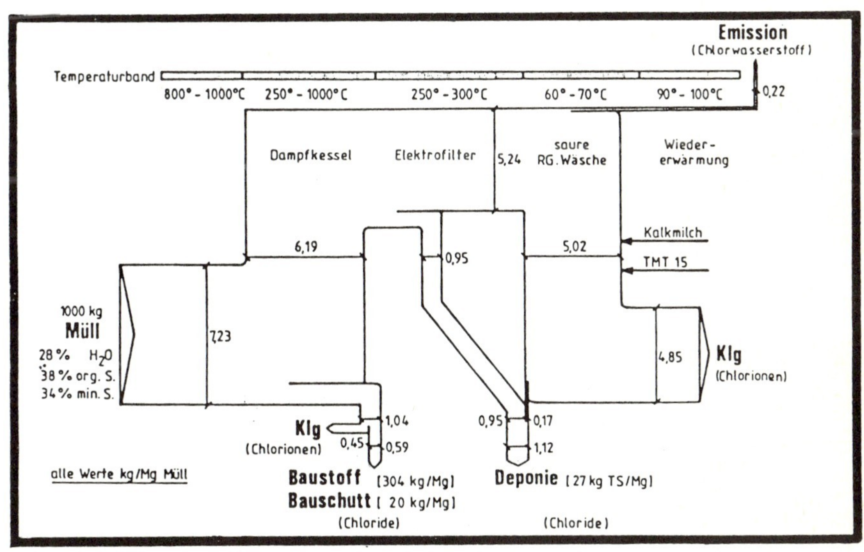

Bild 4

Spez. Cl-Frachtverteilung um MHKW Bamberg mit Bamberger Modell

Die Schadstoffe werden somit in das saure Abwasser überführt und als Hydroxidschlämme nach der Neutralisation ausgefällt. Probleme bereitet die Bindung von Hg, welches sich bei der Kalkmilchneutralisation nur zu ca. 20 - 30 % binden läßt. Restwerte von Hg in Höhe von 3 mg^{-1} und weit höher sind keine Seltenheit. Der zulässige Abflußwert von 0,05 mg^{-1} wird dabei um ein Vielfaches überschritten. Erst durch die TMT 15 - Behandlung (neuerdings SEVAR 2000) gelingt es, die viel zu hohe Quechsilberkonzentration bis unter die zulässigen Einleitungsbedingungen abzusenken. Der aus dem Absetzbecken abgezogene Sorptionsschlamm weist nach ca. 24 h Eindickzeit eine Trockensubstanz von 7-9 % auf. Die spezifische Menge der Trockensubstanz beträgt etwa 1 kg mit Schadstoffen und Schwermetallen kontaminiertes Produkt bzw. etwa 12 kg Neutralisationsschlamm bei 8 % TS pro Tonne Müll. Die Dichte des Neutralisationsschlammes liegt geringfügig über 1,0 Mg/m^3, wobei die Farbe, abhängig vom Alter und den Inhaltsstoffen des Schlammes, zwischen Hellbraun und Dunkelgrau schwankt.

<u>Tafel 2</u>

Neutralisationsschlamm bei Rauchgaswaschwasser von 0,55 m^3/Mg Müll

Bezeichnung	Gesamtkonzentration		Eluat	DEV S4
	Mittelwert	Schwankungsbreite	H_2O	pH 4
	mg/kg TS	mg/kg TS	mg/l*	mg/l*
1	2	3	4	5
pH-Wert	9,7	9,4—9,9	7,5	4
Glühverl.	—	—	—	—
BSB_5	(40)	20; 60	—	—
CSB	(450)	340; 550	—	—
Cl^-	166 000	156 000—174 000	8670	—
SO_4^-	4100	2590—5550	253	—
F^-	(40)	40	4,8	—
NO_3^-	900	810—960	86	—
Pb	2785	2020—3490	0,21	2,2
Cd	170	140—360	0,035	7,4
Zn	6400	5080—8800	0,04	175
Ni	835	430—1650	0,019	4,08
Hg	1900	1320—2975	0,0012	0,0018
Cr	186	104—332	0,006	0,04
Cu	385	320—450	0,006	0,66
Tl	0,45	0,25—0,62	nn	nn
Sb	(730)	730	—	—
Ag	(9)	9	—	—
Br	(120)	120	—	—
Se	(120)	120	nn	nn
Fe	(31 000)	31 000	—	—

* 100 g TS/l
nn = nicht nachweisbar

Ergebnisse mit höheren und niedrigeren Belastungen und Salzkonzentrationen sind im wesentlichen auf unterschiedliche Zugabemengen von Waschwasser bei der Rauchgaswäsche zurückzuführen. Die Waschwassermengen schwanken anlagen - und betriebsspezifisch zwischen 0,3 und 1,0 M^3/Mg Müll, wobei der Bamberger Wert bei 0,55 m^3/Mg liegt.

Der Neutralisationsschlamm, der aus der Rauchgasabwasserbehandlung als Hydroxidschlamm und unlöslicher TMT 15- Schwermetallverbindung entsteht, kann in Dekantern auf 20 - 25 % TS entwässert werden.Dieser stichfeste pasteuse Schlamm weist nur eine sehr geringe Eluierbarkeit aus und kann deshalb auf Hausmülldeponien abgelagert werden.

6. Reststoffbehandlung nach dem Bamberger Modell

In Bamberg stellte sich das Problem in der Art, daß zwei getrennte Restprodukte abzulagern waren, einmal der angemaischte Elektrofilter, zum anderen der Neutralisationsschlamm. Zur Vereinfachung dieser Zweiwegigkeit wurde von mir das Bamberger Modell entwickelt. Unter dem Bamberger Modell ist die gemeinsame Behandlung von Elektrofilterstaub und Neutralisationsschlamm zu verstehen.

Das Verfahren des Bamberger Modells ist aus Bild 5 zu ersehen. Der aus den Elektrofiltern anfallende Staub wird über pneumatische Druckförderer der Firma Westenberg in Frechen in ein Silo transportiert. Parallel dazu wird der sedimentierte Neutralisationsschlamm nach einer Mengenmessung gezielt gemeinsam mit dem Staub aus dem Staubsilo einem Zwangsmischer der Firma Gebrüder Loedige zugegeben. Das Mischprodukt gelangt über Transportbänder in Container und wird von dort auf die Hausmülldeponie gefahren.

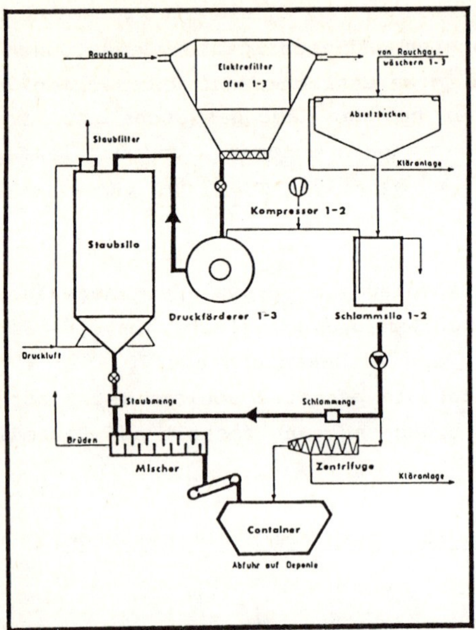

Bild 5

Elektrofilterstaub-Sorptionsschlammerfassung und -behandlung Bamberger Modell

Bezeichnung	Gesamtkonzentration		Eluat	DEV S4	Langzeitberegnung**
	Mittelwert	Schwankungsbreite	H_2O	pH 4	pH 4
	mg/kg TS	mg/kg TS	mg/l*	mg/l*	mg/l*
1	2	3	4	5	6
pH-Wert	—	—	10,7	4	4
BSB_5	—	—	11	—	—
CSB	—	—	88	—	—
Cl^-	—	—	3640	—	3300
SO_4^-	—	—	3080	—	—
F^-	170	50 — 290	16	11	—
Pb	5190	4850 — 5460	0,33	3,0	94×10^{-3}
Cd	326	296 — 382	0,05	8,2	10×10^{-3}
Zn	14 200	12 000 — 17 900	0,08	302	407×10^{-3}
Ni	116	101 — 127	0,011	0,54	$2,3 \times 10^{-3}$
Hg	43	41 — 44	0,0023	0,0010	$0,3 \times 10^{-3}$
Cr	205	160 — 314	0,028	0,28	$0,8 \times 10^{-3}$
Cu	1075	920 — 1370	0,08	3,21	$7,6 \times 10^{-3}$
Tl	0,9	0,51 — 1,20	nn	nn	nn

* 100 g TS/l
** Langzeitberegnung: 171 d mit 200 mm/d; pH 4
nn = nicht nachweisbar

Tafel 3

Mischprodukt: E-Filterstaub: Neutralisationsschlamm (8 % TS);
2 Gew.-Teile: 1 Gew.-Teil

Die Vorteile des Bamberger Modells sehen wie folgt aus:
Das nach dem Bamberger Modell erzeugte Mischprodukt weist gegenüber den Einzelprodukten Elektrofilterstaub und Neutralisationsschlamm folgende Vorteile auf:

1. Erzeugung eines problemlosen, staubfreien Misch-, Transport und Deponiegutes

2. Einsatz von bewährten Verfahren und Maschinen zur Förderung und Behandlung der Einzelprodukte und des Mischproduktes.

3. Geringer Eluierbarkeit durch verbesserte chemische Bindung der Schadstoffe unter Einsatz des neu entwickelten Fällungsmittels SEVAR 2000 für die Quecksilberbindung im Rauchgaswaschwasser

4. Geringer Sickerwasseranfall (ca.5 % der Beregnungsmenge) bei ordnungsgemäßem Aufbringen und Verdichten, da mit dem Mischprodukt nach einer Abbindzeit von ca. 6 - 8 Wochen eine geschlossene, verdichte, staubfreie und gut befahrbare Oberfläche geschaffen werden kann

5. Erzeugung eines für die Abdeckung von Hausmülldeponien gut geeigneten Materials, welches als Unterbauschicht für die spätere Rekultivierung Verwendung finden kann (evtl. Monodeponie).

7. Zusammenfassung

Eine gut betriebene Müllverbrennungsanlage zeichnet sich dadurch aus, daß in ihr der Hauptanteil der Rückstände schadstoffarm und nur geringe Restproduktmengen gezielt schadstoffangereichert erzeugt werden. Schadstoffarme Schlacke läßt sich bei guter Feuerungsführung und Nachbehandlung herstellen, die nach Aufbereitung größtenteils als Baustoff und Schrott Verwendung finden kann. Die Schlackenmenge beträgt ca.30-40 Gewichtsprozente des Mülls bzw. 90 Gewichtsprozente der Gesamtreststoffe.

Die schadstoffangereicherten Feststoffprodukte sind Filterstaub, Sorptionsstoffe und bedingt auch die Kesselasche. Die Menge der mit Schadstoffen aufkonzentrierten Produkte beträgt insgesamt ca. 3 - 4 Gewichtsprozente des Mülls bzw. 8 - 10 Gewichtsprozente der Gesamtreststoffe. Durch Anwendung des Bamberger Modells lassen sich diese Problemstoffe gemeinsam behandeln und weitestgehend umweltschonend ablagern.

8. Literaturverzeichnis

(1) Reimann, D.O.: Gas- und staubförmiges Quecksilber bei der Müllverbrennung, 4. Abfallwirtschaftliches Fachkolloquium Saar, April 84, Umweltmagazin 6/84, Müllhandbuch, Kennzahl 7641, Lieferung 4/85

(2) Reimann,D.O.:Reinigung von Rauchgaswässern im MHKW Bamberg mit Schwerpunkt auf der Quecksilberreliminierung durch TMT 15 - Zugabe, VGB-Kraftwerkstechnik 3/84 und Technik, Wirtschaft, Umweltschutz Band 7

(3) Kowalczyk, U./Trichatschke,J.:Behandlung von Abwässern aus Müllverbrennungsanlagen, VGB - Kraftwerkstechnik 10/1982

(4) Reimann, D.O.:Chlorverbindungen im Müll und in der Müllverbrennung - Einfluß des Kunststoffes PVC, Müll und Abfall 6/84

(5) Reimann, D.O.:Erfassung, Transport und Behandlung von Flugstäuben - Bamberger Modell, Vortrag bei VGB-Konferenz Müllverbrennung 1984 in Essen, VGB - Kraftwerkstechnik 65,Heft 7/1985

(6) Dr. Fichtel, K./Beck, W./Giglberger, J.: Auslaufverhalten von Rückständen aus Abfallverbrennungsanlagen, Bayer LFU Heft 55

(7) Reimann, D.O.: Behandlung von Abwässern und Schadstoffen aus Müllverbrennungsanlagen, Seminar beim VDI-Bildungswerk - Abfallbehandlung und - verwertung durch Müllverbrennung - BW 6637 13./14.6.85

(8) Reimann, D.O.:Schadstoffe in Abwässern aus kommunalen Müllverbrennungsanlagen sowie Einfluß der thermischen Faulschlammkonditionierung, Müll-Handbuch, Kennzahl 7640, Lieferung 4/85

(9) Dr. Knorn, C./Fürmaier, B.: Ergebnisse von Emissionsmessungen an Abfallverbrennungsanlagen, Müll und Abfall 2/84

(10) Reimann, D.O.:Mercury and its treatment in Gas and Dust of Garbage Incineration, ISWA specialized Seminar - Incineration Emissions of Heavy Metals and Particulares-Copenhagen 18./19.9.85

Beurteilung der Rückstände aus der Rauchgasreinigung und Konsequenzen für die Verfahrensauswahl

K. Bosse

Ziel der Müllverbrennung ist neben der schnellen Hygienisierung in erster Linie die Reduzierung des Abfallvolumens. Um die ökonomisch nicht gerade billige und wegen der Emissionen ökologisch umstrittenen Verbrennung zu rechtfertigen, muß gewährleistet sein, daß die aus der Müllverbrennung resultierenden Rückstände in Menge (Volumen) und Schädlichkeit deutlich geringer sind, als der Ausgangsstoff Abfall. Der Idealfall wäre erreicht, wenn alle Komponenten des Abfalls durch die Verbrennung in eine Form gebracht werden könnten, die eine stoffliche Verwertung ermöglicht.

Im wesentlichen entstehen bei der Müllverbrennung drei feste Stoffströme

- Rohschlacke
- Filterstäube
- Rückstände aus der Schadgasreinigung

Pro Tonne Hausmüll ist bei der Verbrennung mit folgenden Rückstandsmengen zu rechnen (1):

250 - 450 kg	Rohschlacke
40 - 70 kg	Filterstaub
ca. 8 kg	Salze aus der Schadgasabscheidung (reines Reaktionsprodukt).Diese Menge erhöht sich bei den trokkenen Schadgasreinigungsverfahren in dem Maße wie eine überstöchiometrische Fahrweise erforderlich ist.

Eine Tonne Rohschlacke enthält noch (1):

30 - 50 kg	Überkorn (nicht verwertbar)
120 - 150 kg	Eisenschrott
800 - 850 kg	verwertbare Schlacke

Die oben aufgeführten Zahlen zeigen, daß die Rohschlacke mengenmäßig den Hauptanteil der Rückstände ausmacht. Die Schrottauslese aus der Rohschlacke zur Wiederverwendung in der Eisen- und Stahlindustrie ist seit langem bekannt und wird praktisch bei allen Müllverbrennugsanlagen durchgeführt.

Stark zugenommen hat auch die Aufarbeitung der Rostschlacken zu einem wegen seiner speziellen Eigenschaften geschätzten und darüber hinaus preiswerten Straßen- und Wegebaumaterial. Inzwischen sind umfangreiche Untersuchungen über die straßenbautechnischen und ökologischen Eigenschaften des Materials duchgeführt worden, die in zwei Merkblättern der F.G.f. Straßen- und Verkehrw.- sowie der Länderarbeitsgemeinschaft Abfall (LAGA) ihren Niederschlag fanden (1,2).

Angesichts dieser positiven Ergebnisse muß heute nachdrücklich betont werden, daß es keine technischen, ökonomischen oder ökologischen Gründe geben sollte, das gesamte Aufkommen der verwertbaren Rostschlacken aus der Müllverbrennung im Straßen- und Wegebau einzusetzen.

Die Zwischenbilanz fällt für die Verbrennung bis hierher recht positiv aus, da von ursprünglich 100 % Abfall nach der Verbrennung und Verwertung der Schlacke nur noch 5 - 10 Gew. % übrig geblieben sind, nämlich neben dem nicht verwertbaren Anteil der Rohschlacke die Filterstäube und die Rückstände aus der Schadgasabscheidung.

Die thematische Behandlung der beiden Stoffströme aus der Rauchgasreinigung, die Filterstäube und die Salze aus der Schadgasneutralisation erweist sich insofern als schwierig, da diese Stoffe je nach Rauchgasreinigungsverfahren gemeinsam oder getrennt erfaßt werden. Für die Reinigung von MVA-Rauchgasen haben sich im Verlaufe der technischen Entwicklung drei Basisverfahren durchgesetzt.

- nasse Verfahren
- Halbtrockenverfahren
- Trockenverfahren

Durch Kombination untereinander sowie Erweiterungen können aus diesen Basisverfahren weitere Verfahrensvarianten entwickelt werden, die die einzelnen Nachteile der Basisverfahren ausgleichen sollen. Im folgenden werden fünf Basisverfahren bzw. Kombinationen vorgestellt, die im wesentlichen alle heute installierten Rauchgasreinigungssysteme erfassen.

<u>Naßwäsche mit Abwasserabgabe (3)</u>

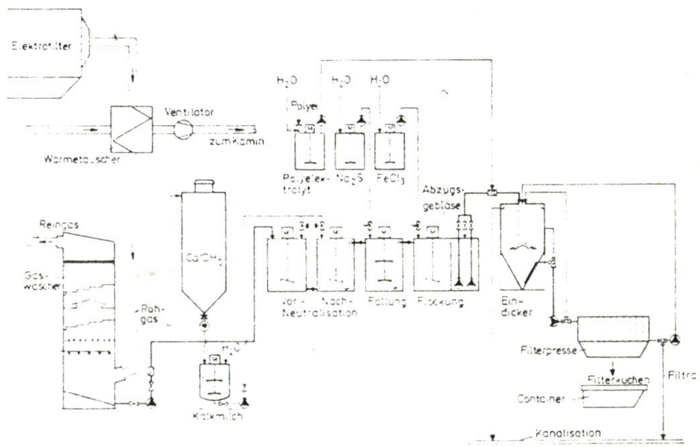

Bild 2

Rauchgasreinigung mit Abwasserbehandlung und Feststoffabtrennung - Naßverfahren mit Abwasserabgabe

Das Verfahren ist bezüglich der Rückstände am günstigsten zu beurteilen, hat jedoch den Nachteil, daß neben einer hohen Salzfracht auch bei aufwendiger Reinigung noch Spuren toxischer Schwermetalle in die Vorflut gelangen. Aus diesem Grunde wurde das Verfahren um einen Eindampfteil für das Waschwasser erweitert zur Naßwäsche ohne Abwasserabgabe: (3)

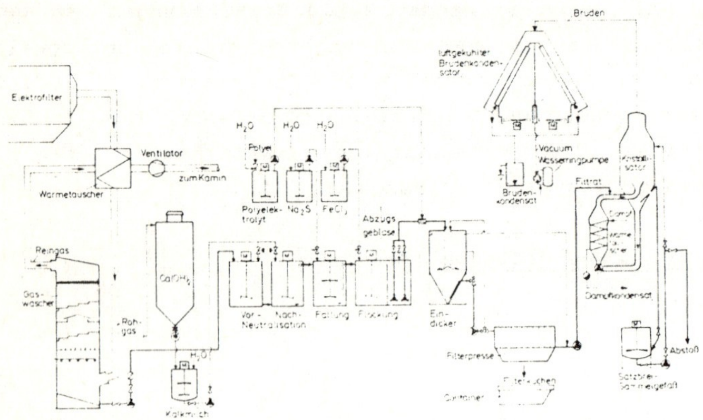

<u>**Bild 3**</u>

Rauchgasreinigung mit Abwasserbehandlung, Feststoffabtrennung und Eindampfung (alternativ: Sprühtrocknung) Naßverfahren - abwasserlos

Ersetzt man das Neutralisationsmittel Kalk durch Natronlauge, so kann man bei entsprechender Reinigung der Sole ein Kochsalz in einer Reinheit gewinnen,das in der chemischen Industrie als Rohstoff eingesetzt werden kann. Tab.1 zeigt die Analyse eines Kochsalzes aus der Rauchgaswäsche der MVA Iserlohn im Vergleich zu einem handelsüblichen Salz. (4)

Bild 4 zeigt das Verfahrensschema eines halbtrockenen,Bild 5 das eines trockenen Rauchgasreinigungsverfahrens (3). Beim halbtrockenen Verfahren wird das Neutralisationsmittel als Suspension,beim Trockenverfahren als feines Pulver mit dem Rauchgas in Kontakt gebracht.Filterstaub,Neutralisationssalze und überschüssiges Neutralisationsmittel werden in der Regel gemeinsam abgeschieden und entsorgt. Eine Kombination aus Naß- und Halbtrockenverfahren ist das Ciba-Geigy-Verfahren (Bild 6), bei dem Filterstäube und Neutralsalze ebenfalls gemeinsam abgeschieden werden.

	Salz, Deutsche Solvay Vergleich	Salz aus Eindampfungsanlage (pH-Wert 10)
Natriumchlorid (berechnet über den Chloridgehalt)	99,7	99,9
Wassergehalt	0,01 %	0,01 %
pH-Wert (10 %-Lösung)	6,05	6,05
Phosphat-Ionen	schwach positiv	n. n.
Cyanid-Ionen	4,25 mg/kg	0,14 mg/kg
Fluorid-Ionen	0,32 mg/kg	6,33 mg/kg
Arsen	0,02 mg/kg	0,03 mg/kg
Calcium	1 285 mg/kg	21 mg/kg
Cadmium	0,013 mg/kg	3,93 mg/kg
Chrom	0,02 mg/kg	n. n.
Eisen	7,58 mg/kg	6,82 mg/kg
Kalium	518 mg/kg	68,4 mg/kg
Magnesium	104 mg/kg	1,66 mg/kg
Nickel	1,02 mg/kg	1,0 mg/kg
Blei	1,20 mg/kg	2,40 mg/kg
Zink	4,25 mg/kg	20,7 mg/kg

Bild 1

Chemische Zusammensetzung des Salzes aus der Abgaswäsche der MVA Iserlohn

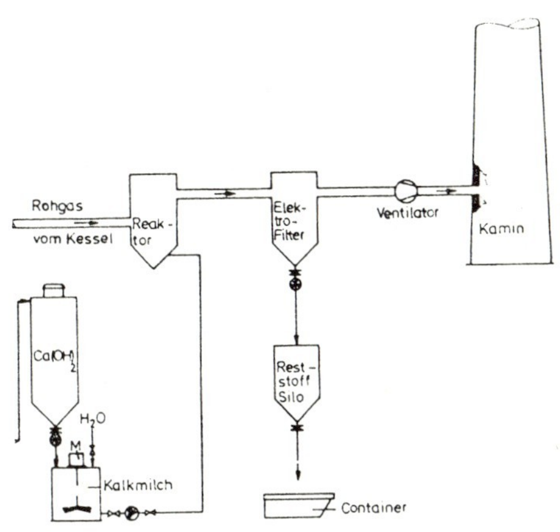

Bild 4

Rauchgasreinigung mit Sprühreaktor, Filtration und Reststoff-zwischenlagerung - Halbtrockenverfahren

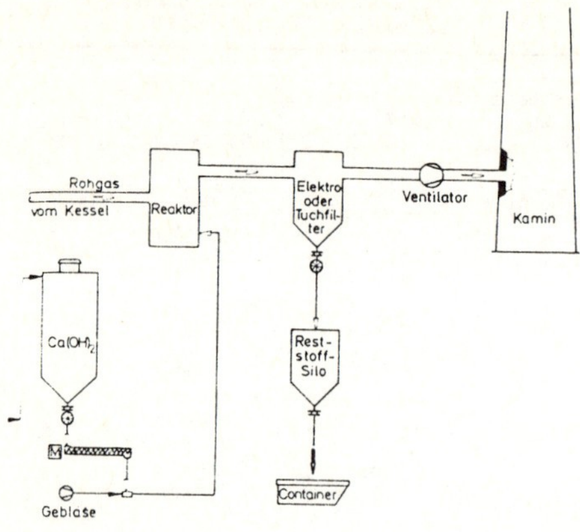

Bild 5

Rauchgasreinigung mit Trockenreaktor, Filtration und Reststoffzwischenlagerung - Naßverfahren

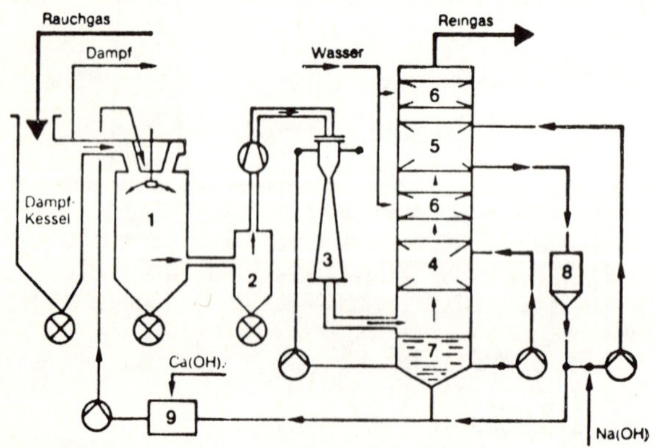

Bild 6

Verfahrensprinzip des abwasserfreien Rauchgaswaschsystems der Sondermüllverbrennungsanlage Biebesheim

Angesichts der unterschiedlichen Rauchgasreinigungstechnologien ist zu erwarten, daß die festen Rückstände aus diesen Verfahren in Menge und Zusammensetzung differieren. In Tabelle 2 ist das Mengenaufkommen der Reststoffe aus einzelnen Verfahren aufgeführt. Die Aufstellung ist allerdings etwas verzerrt, da bei den nassen Verfahren der Filterstaub, der bei einer Annahme von 5 g/m^3 Staub im Rohgas mit etwa 25 kg anzusetzen ist, nicht berücksichtigt ist. (3)

Bild 7

Reststoffe aus Rauchgasreinigungsanlagen - Art und Menge

RESTSTOFFE AUS RAUCHGASREINIGUNGSANLAGEN

- ZUSAMMENSETZUNG UND MENGEN -

ZU ENTSORGENDE RESTSTOFFE CA. WERTE IN LTR. PRO TONNE ABFALL	NASSE RAUCHGASREINIGUNG		HALBTROCKENE RAUCHGASREINIGUNG BEI 4-FACHEM STÖCHIOM. ÜBERSCHUSS		TROCKENE RAUCHGASREINIGUNG BEI 5-FACHEM STÖCHIOM. ÜBERSCHUSS	
	HCL/HF	HCL/HF + [illegible]	HCL/HF	HCL/HF + SO_2	HCL/HF	HCL/HF + SO_2
ABWASSER (GEREINIGT)	130	180	-	-	-	-
FILTERKUCHEN STAUB-CaF_2-MES-CaO +$CaSO_4$ bei SO_2-ABSCHEIDUNG	4 ①	7 ①	-	-	-	-
CaO	-	-	68 ②	76 ③	75 ②	83 ④
NaCl (NACH EINDAMPFUNG)	-	4,8	-	-	-	-
$CaCl_2$ (NACH EINDAMPFUNG)	-	6,5	-	-	-	-

RESTSTOFFE, IN DENEN DIE ABGESCHIEDENEN SCHADSTOFFE KONZENTRIERT SIND:

① MIT CA. 55 % TROCKENSUBSTANZ (STICHFEST)

② INCL. ROHGASSTAUB (5 GRAMM PRO M^3 RAUCHGAS)

③ SO_2-ABSCHEIDUNG BIS CA. [illegible] % MÖGLICH

④ SO_2-ABSCHEIDUNG BIS CA. 50 % MÖGLICH

RAUCHGASKONZENTRATIONEN (IM MITTEL)

ROHGAS		REINGAS	
HCl =	1.000 mg/m^3	HCl =	[illegible] 30 mg/m^3
HF =	15 mg/m^3	HF =	[illegible] 1 mg/m^3
SO_2 =	400 mg/m^3	SO_2 =	[illegible] 50 mg/m^3

Was macht die Entsorgung der Rückstände aus der Rauchgasreinigung so schwierig?

Betrachtet man zunächst nur den reinen Filterstaub, so ist es im wesentlichen die Kombination von löslichen Salzen und dem Gehalt an toxischen zum Teil leicht flüchtigen Schwermetallen. Dazu kommt, daß in einigen Filterstäuben Spuren der hochtoxischen chlorierten Dioxine gefunden wurden. Es ist die Kombination der

Schadstoffe, die die Möglichkeit von Vorbehandlungsmaßnahmen zur Eliminierung bzw. Immobisisierung der Schadstoffe stark einschränkt. Eine chemische Verfestigung und Immobilisierung, die für die Schwermetalle denkbar ist, wird durch den hohen Gehalt an löslichen Chloriden praktisch verhindert.

Eine thermische Behandlung wie z.B. Sinterung oder Einschmelzen erscheint im Hinblick auf die flüchtigen Schwermetalle und die Chloride wenig sinnvoll. Aus diesem Grunde bleibt im Augenblick nur die Ablagerung dieser Reststoffe in geeigneten Deponien. Die Deponietechnik ist durch die Natur der Inhaltsstoffe vorgezeichnet. Nachdem Untersuchungen bestätigt haben, daß die Dioxine so fest an die anorganische Matrix gebunden sind, eine wäßrige Eluation ausgeschlossen werden kann, ergibt sich als erste Forderung, die Rückstände aus der Rauchgasreinigung so abzulagern, daß eine Berührung mit organisch belastetem Stickerwasser ausgeschlossen werden kann. Das Potential an Schwermetallen gebietet in jedem Falle eine Kontrolle und Behandlung des Sickerwassers, auch wenn Untersuchungen gezeigt haben, daß die Schwermetallkonzentrationen im Rohsickerwasser z.T. an der Nachweisgrenze liegen, jedoch fast immer unterhalb der Einleitegrenzwerte der Industrie, in denen mit Schwermetallen gearbeitet wird.

Ein besonderes Problem bereiten die löslichen Salze, die bis etwa 10 % des Filterstaus ausmachen. Es ist bekannt, daß Salze, insbesondere Chloride in einer oberflächigen, von Niederschlagswasser durchströmten Deponie auf Dauer nicht festlegbar sind. Die heute verfolgten Deponiekonzepte gehen daher davon aus, eine gewisse Belastung der Deponiesickerwässer mit löslichen Neutralsalzen wie NaCl und $CaCl_2$ zu tolerieren. Ob diese Salzbelastung unter dem Aspekt des Grundwasserschutzes auch in Zukunft toleriert wird, ist noch nicht entschieden. Es sei darauf hingewiesen, daß im Rahmen der momentan erarbeiteten TA-Abfall als eines der wichtigsten Elemente allgemein gültige Anforderungen an Deponien erarbeitet werden.

Bezogen auf das hier vorliegende Problem ist zu klären, ob es in Zukunft noch als sinnvoll erachtet wird, Stoffe auf die Deponie zu bringen, von denen man weiß, daß sie früher oder später mit dem Sickerwasser wieder aus der Deponie herausgespült werden.

Wie sind die verschiedenen Reinigungsverfahren im Hinblick auf ihre Rückstände zu bewerten?

Ein Blick auf die Tabelle 2 und die Bilder 2 - 6 zeigt, daß der mengenmäßige Anfall der Rückstände umso größer wird,je einfacher sich die Verfahren darstellen. Das läßt den Verdacht aufkommen, daß hier der Abfallbeseitiger,in diesem Falle der Deponiebetreiber, die verfahrenstechnisch elegante und einfache Lösung der Trocken- und Halbtrockenverfahren mit einem Mehraufwand an Deponietechnik kompensieren muß. Durch die strengen Auflagen der Luftreinhaltung ist man gezwungen, mit hohem stöchiometrischen Überschuß an Neutralisationsmittel zu fahren. Das bewirkt zunächst ein erhebliches Mehraufkommen an Rückständen, und zwar in dem Maße, daß sich das Aufkommen der zu deponierenden Rauchgasreinigungsrückstände bei vollständiger Einführung der trockenen und halbtrockenen Verfahren zumindest verdoppeln würde. Wesentlicher ist jedoch, daß durch den hohen Gehalt an überschüssigem Kalk sich ein so hoher pH-Wert in der wäßrigen Aufschlämmung einstellt, daß amphothere Metalle wie Blei und Zink merklich wieder in Lösung gehen. Die Ablagerung dieser hochalkalischen Rückstände wird aus diesem Grunde nur in Vermischung mit der übrigen Rostschlacke aus der Verbrennung empfohlen (6). Damit wird aber ein wesentlicher Vorteil der Müllverbrennung,nämlich der Umwandlung von Abfall zu 90 % in verwertbares Straßen- und Wegebaumaterial verspielt.

Die nassen Verfahren erzeugen deutlich weniger Rückstände, da sie nahstöchiometrisch gefahren werden. Bei den Verfahren mit Soleeindampfung kann ein verwertbares Salz gewonnen werden. Bei den Verfahren mit Abwassergabe ist es technisch möglich, die in die Gewässer gelangende Schwermetallfracht auf geringe Reste zu senken. Hinsichtlich der Salzableitung ist es mehr eine philosophische Frage, ob man es vorzieht, Salze kontrolliert, über einen überschaubaren Zeitraum, nämlich der Betriebszeit der MVA, einzuleiten, oder ob man akzeptiert, daß praktisch dieselbe Salzfracht in einen nicht überschaubaren Zeitraum über Grund- und Sickerwasser in die Umwelt gelangt.

Aus abfallwirtschaftlicher Sicht sind für die Rückstände aus der Rauchgaswäsche von MVA`n folgende Ziele anzustreben:

- Minimierung des Mengenaufkommens
- Einstellung einer Mischung,deren wäßrige Aufschlämmung einen für die Rückhaltung der Schwermetalle günstigen pH-Wert aufweist
- Entwicklung sickerfreier Deponietechniken
- Untersuchung, ob Filterstäube durch Laugung so weit von Salzen befreit werden können, daß sie anschließend durch entsprechende Verfestigung deponiefähig zu machen sind.

Literaturverzeichnis

1. Forschungsgesellschaft für Straßen- und Verkehrswesen
Merkblatt über die Verwendung von industriellen Nebenprodukten im Straßenbau - Teil Müllaschen

2. Länderarbeitsgemeinschaft Abfall
Merkblatt über die Verwertung von festen Verbrennungsrückständen aus Hausmüllverbrennungsanlagen

3. Anonym
Rauchgasreinigung nach der Abfallverbrennung Umweltmagazin 5, 1984, S. 34 - 36

4. Persönliche Mitteilung

5. Erbach, G.:
Erfahrungen mit dem abwasserfreien Rauchwaschsystem Müllverbrennung und Rauchgasreinigung, E. Freitag-Verlag für Umwelttechnik, S. 683

6. Knorr, W.:
Auflagen und technische Einrichtung bei neuen Deponien, auf denen salzhaltige Rückstände aus der thermischen Behandlung von Hausmüll abgelagert wird. Vortrag auf dem Seminar 118025 Salzhaltige Rückstände aus der Behandlung von Hausmüll der Technischen Akademie Wuppertal

Verfestigung von Stäuben

K. Fichtel

1. Einleitung

Bei der Verbrennung von Abfällen entstehen nicht nur Kohlendioxid, Wasserdampf und gasförmige Schadstoffe, sondern es fallen noch feste Reaktionsprodukte an. Es handelt sich hierbei um Rostschlacke und Flugstaub, aus dem Feuerraum ausgetragenes und an E-Filtern abgeschiedenes feinkörniges Material. Hinzu kommen in letzter Zeit noch die Feststoffe aus der weitergehenden Abgasreinigung, vorzugsweise der Trockensorption.

Mit welchen Mengen ist zu rechnen?

Bei E-Filterstaub sind es 25 bis 50 kg/t Hausmüll, beim Trockensorptionsrückstand 20 bis 40 kg/t.

Die Beseitigung erfolgt in Bayern derart, daß diese Feinstäube zur Rostschlacke gegeben und mit dieser zusammen deponiert werden. Für die Beseitigung von Flugstäuben gilt nämlich weiter die Empfehlung der Länderarbeitsgemeinschaft Abfallbeseitigung vom 5./6. April 1984: "Schlacken und Flugstaub können gemeinsam abgelagert werden". Siehe hierzu Bericht der beim Bundesminister des Inneren eingerichteten Arbeitsgruppe "Dioxin in Müllverbrennungsanlagen" (1). Im Hinblick auf ihren nicht unerheblichen Gehalt an wasserlöslichen Stoffen ist in Erwägung gezogen worden, sie gesondert abzulagern, um die Deponierbarkeit der Rostschlakke zu erhöhen. Die gesonderte Ablagerung erfordert jedoch eine weitergehende Behandlung der Feinstäube derart, daß die Wechselwirkung Feinstäube-Niederschlagswasser weitestgehend oder besser ganz ausgeschlossen wird, um die Auslaugung der wasserlöslichen Bestandteile zu verhindern. Es stellte sich demnach die Aufgabe, die Stäube in einen Zustand überzuführen, der der Auslaugung entgegenwirkt. Die in diesem Zusammenhang untersuchte Verfestigung ist nichts anderes als der Versuch, aus feinpulverigen Stoffen feste Massen herzustellen, die

- mechanisch genügend stabil sind, um die Befahrbarkeit der Deponie zu gewährleisten

- die Wasserdurchlässigkeit so weit als möglich herabzusetzen, um die Auslaugung wasserlöslicher Stoffe und von Schadstoffen so gering als möglich zu halten.

Nachfolgend wird auf die Versuche des Bayerischen Landesamtes für Umweltschutz zur Verfestigung der Feinstäube, aufgeteilt in die Kapitel Flugstaub und Trockensorptionsstaub, eingegangen. Gleichzeitig wird auch Bezug auf andere Arbeitsgruppen, insbesondere des Bundesamtes für Umweltschutz, Bern, genommen.

2. Verfestigung von Flugstaub

Tabelle 1 gibt die chemische Zusammensetzung verschiedener Flugstäube aus der MVA Ingolstadt wieder, Tabelle 2 zeigt die Werte weiterer Anlagen (2). Diese Flugstäube bestehen aus einer unlöslichen Calcium-Aluminiumoxid-Silikat-Matrix, die noch wasserlösliche Stoffe, vornehmlich Kalium- und Calciumchloride enthält. So schwankt der Chloridanteil von 2,2 - 7,8 %. Der auslaugbare Anteil liegt im Bereich von 10 bis 26 %. Siehe auch Tabelle 3.

Gleich zu Beginn der Verfestigungsversuche war eine grundsätzliche Entscheidung zu treffen:

- Verfestigung unter Bildung von Pellets, d.h. Endlagerung als Deponie mit vollem Niederschlagsdurchlaß oder

- Verfestigung zu einem Block mit Ableitung des Niederschlagwassers an der Oberfläche, d.h. Schaffung einer wasserundurchlässigen Masse beliebiger Größe.

2.1. Verfestigung unter Pelletierung

Die Leichtigkeit der Überführung von schwer mischbarem Staub in einfach zu handhabende Kugeln (Pellets) waren der Anlaß, zuerst die Verfestigung von Flugstaub unter Zugabe von Zement, Kalkhydrat und Wasser zu untersuchen. Auf die Bedeutung von Zement und Kalkhydrat wird noch später eingegangen.

Bei bekannten Firmen, die sich mit der Pelletierung von Stäuben befassen, wurden aus Flugstaub (MVA Geiselbullach) und Wasser, sowie aus Flugstaub, 10 % Zement PZ 35 Kalkhydrat und Wasser auf Pelletiertellern Pellets von etwa 15 mm Durchmesser hergestellt. Sie wurden nach 8 Tagen Erhärtung bei Raumtemperatur im Trockenschrank bei erhöhter Temperatur auf eine Restfeuchtigkeit von etwa 1 - 2 % getrocknet. Zur Prüfung auf Auslaugbarkeit wurden insgesamt 28 kg in Säulen aus Glas mit 10 cm Durchmesser gefüllt, wobei eine addierte Schichthöhe von 4 m erreicht wurde. Durch Aufgeben von Wasser wurde auf Wechselwirkung zwischen wasserlöslichen Salzen und Niederschlagswasser geprüft.

Als erste Beobachtung wurde festgestellt, daß die Pellets Wasser aufsaugen, also Transportmöglichkeiten in das Innere und natürlich auch heraus bestehen. An den abfließenden Eluaten wurden folgende Salzgehalte ermittelt:

Eingesetzte Mischung	Salzgehalt des ersten Eluats g/l
Flugstaub-Wasser	393
Flugstaub, 10 % $Ca(OH)_2$, 10 % Zement, Wasser	393

Die Ergebnisse zeigen deutlich, daß Pellets aus Flugstaub und Wasser sowie Pellets aus Flugstaub, Kalkhydrat, Zement und Wasser bei Kontakt mit Wasser als feste Körper erhalten bleiben, aber so porös sind, daß die wasserlöslichen Bestandteile von eindringendem Wasser gelöst, an die Oberfläche der Pellets transportiert und mit dem abfließenden Wasser abgeben werden. Damit wurde die Hauptaufgabe der Verfestigung, die Unterbindung der Wechselwirkung lösliche Salze-Niederschlagswasser nicht gelöst. Dies ist wohl darauf zurückzuführen, daß die Pelletierung von Flugstaub zu einer locker gerollten Kugel führt, die zu porös ist. Als Methode zur Vermischung von Pulvern und Wasser hat die Pelletierung durchaus Vorteile. Vertretbar ist die Pelletierung von Flugstaub an einer MVA, der Transport zur Deponie und die Verdichtung der noch weichen Pellets zu einer festen Masse, die der Erhärtung überlassen wird.

2.2. Verfestigung von Flugstaub zu einer festen Masse - Monolithverfahren-

Als weitere Verfestigungsmethode wurde die Überführung von Flugstaub unter Zugabe von Zuschlägen in eine wasserdichte Masse geprüft. Zielsetzung war, diese Masse in noch verformbarem Zustand auf eine Deponie zu verbringen, großflächig zu verteilen und schichtweise einen Monolith, d.h. einen Block, in den Abmessungen der Deponie herzustellen. Zielsetzung war also die Überführung von Flugstaub unter Zugabe von Wasser und Bindemitteln in eine pastöse Masse, die pumpbar ist, auf der Deponie einfach ausgebracht werden kann und schließlich zu einer möglichst wasserundurchlässigen Masse erstarrt, auf der Niederschlagswasser oberflächlich abläuft.

2.2.1. Wahl der Bindemittel

Als Bindemittel wurden Zement und Kalkhydrat, überall verfügbare Massenprodukte der Bauindustrie ausgewählt. Für diese Bindemittel sprach auch, daß bei ihrer Anwendung die ganze Vielfalt der Mörtelzusatzmittel, d.h. Verflüssiger, Dichtungsmittel, Abbindebeschleuniger oder Verzögerer und Luftporenbildner, zur Verfügung steht, praktisch die gesamte Erfahrung und ausgereifte Technologie der Betonherstellung.

Die Verfestigung von Flugstaub aus Müllverbrennungsanlagen mit den anorganischen Bindemitteln Zement, hydraulischer Kalk und Branntkalk wurde im Sommer 1977 begonnen.

Es wurden rund 120 Versuche durchgeführt, die das eindeutige Ergebnis brachten, daß Flugstaub der Anlage Geiselbullach mit Zement PZ 35 verfestigt werden kann. Im Hinblick auf Druckfestigkeit und Wasserdurchlässigkeit hatte sich nachfolgendes Mischungsverhältnis besonders bewährt:

- Flugstaub	100 Gew.Teile
- Zement PZ 35	10 Gew.Teile
- Kalkhydrat	10 Gew.Teile
- Wasser	45 Gew.Teile
- Dichtungsmittel Fro-Be(LP), Plastocrete(DM)	0,055 ml

Die Trockenstoffe wurden hierbei zuerst vorgemischt und dann mit der benötigten Menge Wasser + Dichtungsmittel zu einer zäh-pastösen Mischung verrührt. Das auf diese Weise hergestellte Gemisch war etwa 4 Stunden verarbeitbar und erstarrte im Verlauf weiterer 12 Stunden zu einer festen Masse, die nach einer Gesamtlagerzeit - Erstarren plus Erhärten - von 48 Stunden hart und wasserbeständig *) war.

Zu den Dichtungsmitteln Fro-Be(LP) und Plastovrete (DM) ist zu bemerken, daß es sich im Falle von Fro-Be(LP) um einen flüssigen Luftporenbildner auf Vinsolbasis (Holzdestillationsprodukt) handelt, der Mikroluftporen bildet, die in das Betongefüge eingebaut werden. Die durch das überschüssige Anmachwasser entstehenden Kapillaren im Betonstein sollen durch den Einbau dieser Mikroluftporen, deren maximaler Durchmesser nach Firmenangaben 0,3 mm betragen, unterbrochen werden, d.h. der Kapillareffekt wird aufgehoben und die Wasseraufnahmefähigkeit des Betons herabgesetzt. Im weiteren wirken diese Poren wie Expansionsgefäße im Falle von Frost/Tauwechsel und sollen verhindern, daß im Beton Risse entstehen. Ebenso soll der Kristallisationsdruck auskristallisierender Salze abgebaut werden.

Das Dichtungsmittel Plastocrete (DM) ist ein Dichtungsmittel auf modifizierter Ligninsulfonatbasis zur Herstellung von Sperrbeton.

Plastocrete (DM) reduziert die Oberflächenspannung des Wassers. Es bewirkt dadurch eine bessere Benetzung und Aufschließung des Zementkornes. Es soll ein dichtes Betongefüge gewährleisten und durch die beschränkte Einführung von Mikroluftporen die kapillare Saugfähigkeit herabsetzen.

Nach den Empfehlungen der Vertriebsfirma wird es zweckmäßigerweise in Kombination mit Fro-Be eingesetzt.

*)Als wasserbeständig wurden zu diesem Zeitpunkt Formlinge angesehen, die bei der Permeabilitätsbestimmung oberflächlich keine Risse oder Zerfallserscheinungen zeigten. Nachfolgend wird in diesem Falle von Oberflächenbeständigkeit gesprochen.

Im vorliegenden Fall wurden nach den Empfehlungen der Herstellerfirma 0,05 ml Plastochrete (DM) und 0,005 ml Fro-Be (LP) je Versuchssatz verwendet.

2.2.2. Eigenschaften des Flugstaub-Betons

Der nach 2.2.1. hergestellte Flugstaub-Beton wurde auf folgende Eigenschaften untersucht:

- Druckfestigkeit

- Durchlässigkeit

- Auslaugbarkeit

Auf Wasserbeständigkeit nach VERAK I (3) wurde zu diesem Zeitpunkt noch nicht geprüft.

Hierbei wurde die Druckfestigkeit hinsichtlich der Befahrbarkeit der Deponie für ausssagekräftig gehalten, während die Bestimmung der Durchlässigkeit und der Auslaugbarkeit Kennwerte zur Beurteilung der Wasserlöslichkeit liefern.

- Druckfestigkeit

Im Zuge von Mischversuchen bei einer Mischerfirma wurden Prüfwürfel zur Bestimmung der Druckfestigkeit hergestellt,an denen nach 28 Tagen Härtezeit bei Raumtemperatur Werte von 2,8 N/mm^2 gemessen wurden.

Nach diesem Meßergebnis reicht die Druckfestigkeit von Flugstaub-Beton aus, um die Befahrbarkeit der Deponie mit Flugstaub-Transportfahrzeugen zu gewährleisten. In VERAK I sind 1,6 N/mm^2 als ausreichend angegeben.

- Durchlässigkeit bzw. Permeabilität sowie Auslaugbarkeit

Zur Kennzeichnung der Durchlässigkeit von Flugstaub-Beton wurde der Permeabilitätskoeffizient P ermittelt. Hierzu wurde das pastöse Material in Kunststofformen von 6,8 cm Durchmesser und 4 cm Höhe gefüllt und solange verdichtet bis die Ausscheidung von Wasser begann.

Zur Härtung wurden die Formkörper in den Formen belassen. Die Härtezeit betrug 2 und 28 Tage bei Raumtemperatur. Nach Ablauf der vorgesehenen Erhärtungszeit wurden die Formköper den Formen entnommen und in die Vorrichtung zur Bestimmung des Permeabilitätskoeffizienten eingesetzt. Ein Schnitt der Vorrichtung zur Bestimmung des Permeabilitätskoeffizienten ist in Abb. 1 wiedergegeben. Die Bestimmung des Permeabilitätskoeffizienten erfolgte mit deionisiertem Wasser. Die mathematische Beziehung zur Berechnung des Permeabiltätskoeffizienten lautet:

$$\text{Permeabilitätskoeffizient } P \text{ (cm/sec)} = \frac{\text{Sickerwassermenge (cm}^3\text{/sec) x Probendicke (cm)}}{\text{Probenfläche (cm}^2\text{) x Wasserdruck (cm)}}$$

Im vorliegenden Fall betrug die Probendicke 4 cm, die Probenfläche 36,3 cm^2 und der Wasserdruck 30 cm. Die Bestimmung der Sickerwassermenge erfolgte graphisch. Hierzu wurde die Sickerwassermenge in ml/min in Abhängigkeit der Zeit aufgetragen. Zur Bestimmung des Permeabilitätskoeffizienten wurde die Sickerwassermenge aus der Phase des gleichbleibenden Sickerwasseranfalls verwendet.

Anhand zahlreicher Versuche wurden die nachfolgend zusammengestellten Permeabilitätskoeffizienten ermittelt.

Permeabilitätskoeffizient von Flugstaub-Beton

Luftporenbildner	Permeabilitätskoeffizient P 2 Tage Erhärtung cm/sec	28 Tage Erhärtung cm/sec
Ohne	$3 . 10^{-6}$	$3 . 10^{-6}$
Fro-Be/Plastocrete(DM)*	$6 . 10^{-7}$	$6 . 10^{-7}$

* Produkte der Firma Sika GmbH, 2 Hamburg 60

Interesssant ist, daß sich die Permeabilitätskoeffizienten des Flugstaub-Betons nach 2 und 28 Tagen Erhärtungsdauer nicht unterscneiden.

Die Zugabe von Luftporenbildner setzt die Permeabilität merklich herab.

Zur Veranschaulichung dieser Permeabilitätskoeffizienten sei angeführt, daß aus einer Flugstaub-Beton-Deponie, deren Grundfläche 10 000 m^2 und deren Höhe von 4 m beträgt, bei einer permanent einwirkenden Wasserschicht von 5 cm Höhe auf der Flugstaub-Beton-Oberfläche im Monat 9,7 m^3 Sickerwasser anfallen, wenn die Durchlässigkeit durch den Permeabilitätskoeffizienten 3.10^{-6} cm/sec gekennzeichnet ist. Diese Menge verringert sich bei einem Permeabilitätskoeffizienten von 6.10^{-7t} cm/sec auf 1,9 m^3 pro Monat.

Obige Sickerwassermengen wurden unter der Annahme eines konstanten Wasserdruckes von 5 cm Wassersäule errechnet. In der Praxis dürfte dieses jedoch nur selten der Fall sein, da durch entsprechende Gestaltung der Deponieoberfläche ein rascher Abfluß des Niederschlagswassers gewährleistet werden kann. Falls eine Deponie aufgebaut wird, die gut verdichtet ist und keine oder nur wenige Risse aufweist, kann davon ausgegangen werden, daß weniger Sickerwasser als berechnet anfällt.

Zum Sickerwasser selbst ist festzustellen, daß es nach den bisherigen durchgeführten Laboruntersuchungen in Zusammenhang mit der Bestimmung der Permeabilitätskoeffizienten sehr hoch mit anorganischen Salzen belastet ist. 40 - 90 g/l ! Dies dürfte darauf zurückzuführen sein, daß nur ein Teil des zugeführten Anmachwassers durch chemische Reaktionen abgebunden wird, das nicht verbrauchte Restwasser salzlösend auf den Flugstaub-Beton wirkt und falls es aus dem Beton herausgedrückt wird, als salzhaltiges Sikkerwasser erscheint.

Nach der Durchführung der Permeabilitätsprüfung wurde der Zustand des Prüflings registriert. Festgehalten wurden Risse, Aufwölbungen, Abplatzungen und Totalauflösungen. Im Falle der oben angeführten Mischungen waren nach etwa 4 -5 Stunden Wassereinwirkungen die Prüflinge unverändert hart und von glatter Oberfläche.

· Auslaugbarkeit

Die Auslaugbarkeit oder Eluierbarkeit des Flugstaub-Betons wurde zu diesem Zeitpunkt noch nach der Richtlinie S 4 der Deutschen Einheitsverfahren zur Wasser-, Abwasser- und Schlammuntersuchung (DEV) ermittelt. Die Anwendung dieser Methode auf verfestigten Flugstaub ist zweifellos problematisch. Geht sie doch mit der Zerkleinerung einer festen Masse einher, die zuvor aus Pulver verfestigt worden ist.Sie kann daher nur als orientierendes Prüfverfahren angesehen werden. Später wurden die unzerkleinerten Prüflinge in Wasser gelegt und die Auslaugbarkeit über einen bestimmten Zeitraum verfolgt.

Während beim reinen Flugstaub rund 26 % wasserlösliche Bestandteile festgestellt wurden, waren es beim Flugstaub-Beton nach 28 Tagen Härtezeit immer noch 18 % (bezogen auf den Flugstaubanteil).

Die Auslaugbarkeit konnte also nur um 30 % vermindert werden.

Daraus ist zu folgern, daß es das primäre Ziel der Einbettung von Flugstaub in Beton sein muß,das Eindringen von Niederschlagswasser in den Deponiekörper zu verhindern, um unerwünschte Auslaugungsvorgänge zu vermeiden. Dies kann durch rasche Ableitung des Niederschlagswassers von der Oberfläche oder durch eine speielle Versiegelung geschehen.

Die Erkenntnisse dieser Untersuchungen wurden nun auf die Verfestigung des Flugstaubes aus der MVA Region Ingolstadt übertragen.

2.2.3. Verfestigung von Flugstaub aus der MVA Region Ingolstadt

An der MVA Region Ingolstadt sollte das Konzept der getrennten Ablagerung von Schlacke und Flugstaub unter Verfestigung des letzteren technisch realisiert werden. Dazu wurden auf der Deponie Großmehring Kassetten angelegt, deren Untergrund zum Grundwasser hin abgedichtet wurde. Desgleichen wurden Einrichtungen zum Erfassen des Sickerwassers und des Oberflächenwassers installiert.

Die chemische Untersuchung des Flugstaubes der MVA Region Ingolstadt ergab einen Anteil des Auslaugbaren von 12 %. Der Flugstaub aus der MVA Geiselbullach wies dagegen 26 % Wasserlösliches auf.

Zur Verfestigung des Flugstaubes wurde das erarbeitete Mischungsverhältnis angewandt.

- Flugstaub 100 Teile
- Zement PZ 35 10 Teile
- Kalkhydrat 10 Teile
- Luftporenbildner 0,05 ml
- Wasser 45 Teile

Es entstand wieder eine pastöse Masse, die der Erhärtung überlassen wurde.

Folgende Ergebnisse wurden erzielt:

Meßgröße	Erhärtungszeit 2 Tage	14 Tage
Permeabilitätskon. P (cm/sec)	1,4 . 10^{-6}	0
Oberflächenwasserbeständigkeit	zerfallen	beständig

Die Bestimmung der Oberflächenwasserdurchlässigkeit anhand der Ermittlung des Permeabilitätskoeffizienten P brachte formal zufriedenstellende Ergebnisse. Überraschend war die schlechte Erhärtung nach 2 Tagen. Dieses Ergebnis steht im deutlichen Gegensatz zu den Erfahrungen, die sich aus den Verfestigungsversuchen mit Flugstaub der MVA Geiselbullach ergeben hatten.

In der Folgezeit wurde versucht, durch gezielte Versuche und Untersuchungen die signifikanten Eigenschaftsunterschiede der beiden Flugstäube herauszuarbeiten, auf die das unterschiedliche Erhärtungsverhalten zurückgeführt werden konnte.

Folgende chemische und physikalische Unterschiede waren feststellbar:

Kenndaten der Flugstäube aus den Hausmüllverbrennungsanlagen Geiselbullach und Ingolstadt

MVA	Auslaugbarkeit %	Chloridgehalt %	Sulfatgehalt (SO_3) %	Phosphatgehalt (P_2O_5) %	Feinanteil 0,1 bis 0,3 mm %
Geiselbullach III[1)]	21,0	3,8	4,8	1,7	33
Ingolstadt III[1)]	9,4	2,2	7,3	4,1	50

1) Es wurden aus beiden Anlagen über Jahre Proben gezogen. Auffällig sind bei den Kenndaten der Anlage Ingolstadt

- der höhere Feinanteil

- die höheren Gehalte an Chlorid, Sulfat und Phosphat,

- der niedere Chloridgehalt und

- die deutlich geringere Auslaugbarkeit.

Versuche, die Erhärtung durch Erhöhung des Zementanteils zu beschleunigen, waren ohne Erfolg.

Anschließend wurde der niedere Chloridgehalt des Flugstaubes durch Zugabe von Calciumchlorid, das auch als Erhärtungsbeschleuniger bei Beton bekannt ist, gezielt erhöht.

Verschiedene Versuchsreihen ergaben folgendes Ergebnis:

Ein Gemisch aus

- Flugstaub 100 Teile
- Zement 20 Teile
- Calciumchlorid 7,5 Teile
- Wasser 45 Teile
- Luftporenbildner 0,055 ml

erhärtete innerhalb von zwei Tagen. Folgende Werte wurden bestimmt:

Meßgröße	Erhärtungszeit 2 Tage	14 Tage
Permeabilitäts-kon. P (cm/sec)	$1,6 \cdot 10^{-6}$	o
Oberflächen-wasserbeständigkeit	beständig	beständig

Weitere Grundsatzuntersuchungen ergaben, daß anstelle von Kalkhydrat auch Branntkalk eingesetzt werden kann. Weiterhin ist es möglich anstelle von Wasser Sickerwasser aus einer Schlacke-Flugstaub-Deponie einzusetzen. Im Anwendungsfall betrug der Salzgehalt etwa 30 g/l, der Chloridgehalt 20 g/l. Die Mischung erhärtet langsamer, liefert jedoch nach 5 Tagen Erhärtung eine Masse, deren Permeabilitätskoeffizient P 0 beträgt und die bei oberflächlicher Wassereinwirkung unverändert bleibt.

Insgesamt lassen sich die Ergebnisse dahingehend interpretieren, daß die Verfestigung von Flugstaub zu wasserdichten, festen Massen mit Zement und Kalkhydrat in vertretbarem Mischungsverhältnis möglich ist.

2.2.4. Verfestigung von Flugstaub aus der Abfallverbrennungsanlage Zuchwil

1984 wurde dem LfU Elektrofilterasche aus der Abfallverbrennungsanlage Zuchwil zur Verfestigung zur Verfügung gestellt. Entgegen den bisher erarbeiteten Ergebnissen traten bei der Verfestigung Probleme auf.

Es zeigte sich, daß mit dem üblichen Mischungsverhältnis bei Zugabe von 45 Teilen Wasser auf 100 Teile Flugstaub keine pastöse Masse sondern ein krümeliges Produkt entstand. Die pastöse Masse wurde erst bei einer Wasserzugabe von 90 Teilen!! erreicht. Aus dieser Masse gefertigte Formlinge wurden der Erhärtung in den Formen überlassen und nach 2,8 und 28 Tagen auf Permeabilität und Beständigkeit bei Wasserlagerung untersucht.

Meßgröße	Erhärtungszeit 2 Tage	8 Tage	28 Tage
Permeabilitäts- kon. P (cm/sec)	$1,7 \cdot 10^{-5}$	$1,6 \cdot 10^{-5}$	durchlässig[1)]
Wasserbeständigkeit[2)]	unbeständig	unbeständig	beständig

1) Der stark geschwundene Formling ließ keine Messung zu.
2) Wasserlagerung

Die viel zu hohe Wassergruppe war die Ursache dieses schlechten Ergebnisses.

Aufbauend auf den Ergebnissen der in VERAK I niedergelegten Ergebnisse wurde nun versucht, mehr Einsicht in die Zusammenhänge der Verfestigung des Flugstaubes zu bringen. Nach den bisherigen Erfahrungen bedingen die Eigenschaften des Flugstaubes im hohen Maße den Erhärtungsverlauf. Es wurden verschiedene Versuchsreihen durchgeführt, deren wichtigste Ergebnisse nachfolgend zusammengestellt sind. Untersucht wurden vor allem der Einfluß des Wasseranteils auf Permeabilität und Wasserbeständigkeit bei Lagerung der Proben im Wasser.

Tabelle 4 gibt die Ergebnisse wieder.

Folgende Erkenntnisse lassen sich gewinnen. Flugstaub aus Zuchwil kann ohne Bindemittel zu einem harten, wasserbeständigen Flugstaub-Beton verfestigt werden. Die Wasserdurchlässigkeit ist jedoch hoch.

Bei Verwendung von Zement und Kalkhydrat werden bei einem Wasserzusatz von 58 % wasserbeständige, druckfeste Massen erhalten, deren Wasserdurchlässigkeit zufriedenstellend ist.

Wie steht es mit der Auslaugbarkeit? Zum Vergleich kommen nur Probe 1 und Probe 6 der Tabelle 4.

Probe	Kenndaten des Eluats nach 7 Stunden Lagererung in Wasser			
	2 Tage Erhärtungszeit		28 Tage Erhärtungszeit	
	pH	Chloridgehalt mg/l	pH	Chloridgehalt mg/l
1	9,2	2110	9,4	2680
6	11,3	1135[1)]	11,6	862[2)]

1) Von insgesamt 5391 mg Chlorid wurden 1135 mg ausgelaugt, d.h. 21 %.
2) Es wurden 16 % ausgelaugt.

Die höhere Permeabilität der Probe 1 macht sich auch im Ausmaß der Auslaugbarkeit bemerkbar.

Wenn mit der bindemittelfreien Mischung aufgrund ihrer Druckfestigkeit und Wasserbeständigkeit weitergearbeitet werden soll, dann muß die Permeabilität herabgesetzt werden.

Als Möglichkeiten bieten sich folgende Zusätze an:

- Luftporenbildner und Dichtmittel

- oberflächliche Versiegelung

Umfangreiche und fundierte Versuche zur Verfestigung von Flugstaub am Beispiel des Flugstaubes der MVA Zuchwil wurden unter Leitung des Schweizerischen Bundesamtes für Umweltschutz durchgeführt und die Ergebnisse im Bericht KERAK I dokumentiert (3). Die Verfestigung des Flugstaubes mit und ohne zusätzlicher Bindemittel erfolgte nach bodenmechanischen Grundsätzen. Nach Bestimmung des optimalen Wassergehaltes nach Proctor wurden zylindrische Proben hergestellt. Nach 7 und 28 Tagen Lagerung der Proben im Feucht- und Trockenraum wurde das Risseverhalten und das Verhalten nach Wasserlagerung bewertet und die Druckfestigkeit bestimmt. Es wurde eine Gesamtbewertung von 24 verschiedenen Mischungen gegeben.

Als Bindemittel wurden eingesetzt:

- Portlandzement

- Portlandzement/Kalkhydrat 1:1

- Gips (Kalkhydrat 1:1)

- Portlandzement/Betonit 10:1

- Lafargezement (Tonerdeschmelzzement)

Es wurde festgestellt, daß der optimale Wassergehalt der Flugasche bei 38 % liegt. Die insgesamt besten Ergebnisse wurden mit einer Mischung mit 100 % Lafargezement erzielt. Aus Kostengründen ist jedoch auch hier Portlandzement der Vorzug zu geben.

Interessanterweise verfolgt das Schweizerische Bundesamt für Umweltschutz die Konzeption, die Asche zuerst zu waschen und dann erst zu verfestigen.

2.2.5. Zusammenfassende Bewertung

Die Verfestigung Flugstaub aus Abfallverbrennungsanlagen bedarf in jedem Fall einer gründlichen Untersuchung. Noch nicht erkannte Faktoren beeinflussen den Wasserbedarf, der seinerseits wieder von erheblicher Auswirkung auf Permeabilität und Druckfestigkeit ist.

2.3. Verfestigung von THR-Produkten

Filterstäube aus der trockenen oder quasitrockenen Abgasreinigung (THR-Produkt) weisen einen hohen Anteil an leichtlöslichen Claciumchlorid auf. Siehe Tabelle 5. Im Anschluß an die Erprobung des Hölterverfahrens wurden auch Versuche zur Verfestigung des Filterstaubes durchgeführt. Er bestand aus 31 % Calciumchlorid, 50 % Calciumhydroxid und 10% Calciumcarbonat, der Rest waren Calciumsulfat und Flugstaub.

Vorversuche ergaben, daß eine Eigenverfestigung bei Zugabe von 75 % Wasser nur kurzzeitig zu festen Produkten führte. Nach längerem Stehen zerfielen die Formlinge wieder.

Es wurde nun mit Mischungen gearbeitet, die neben dem THR-Produkt noch definierte Mengen Flugstaub oder Schlacke aus Hausmüllverbrennungsanlagen enthielten.

Mit folgenden Mischungen wurden wassserdichte Massen erhalten: Tabelle 6.

Auffallend ist, daß wasserundurchlässige Formlinge erhalten werden konnten. Bei oberflächlicher Einwirkung von Wasser traten während 3 bis 5 Stunden keine Schädigungen auf.

Den Mischungen mit Schlacke wird der Vorzug gegeben, da

- der Zementbedarf niedrig ist,
- die mechanische Festigkeit höher und
- die Mischbarkeit gut ist.

Insbesondere letzterer Punkt könnte für die praktische Anwendung von Bedeutung sein.

In einem Feldversuch wurden

- 35,3 kg Schlacke-Flugstaub
- 18,0 kg THR-Produkt
- 3,5 kg Zement
- 11,0 kg Wasser

in einem normalen Betonmischer gemischt und die mörtelartige Masse in einem Betonring von 30 cm Durchmesser und 0,8 m Höhe gefüllt. In 3 Jahren Bewitterung war kein Sickerwasser feststellbar. Lediglich eine Schicht von 1 cm Stärke platzte auf.

Nachzutragen ist noch, daß alle Mischungen nach 3 Stunden zu erhärten begannen.

Zur Überprüfung der obigen Ergebnisse auf Allgemeingültgkeit wurden mit THR-Produkt der quasitrockenen Abgasreinigungsanlage von Block 3 des MHKW München Nord ergänzende Untersuchungen durchgeführt. Zum Einsatz kamen das im E-Filter abgeschiedene THR-Produkt (siehe Tabelle 5) und staubfreie Schlacke.

Untersucht wurden die Verfestigung ohne und mit Zementzusatz und die Anwendung von unterschiedlichen Mengen THR-Produkt. Tabelle 7 gibt die Mischungsverhältnisse wieder.

Die Prüfkörper wurden nach 2 und 28 Tagen Erhärtung auf

- Wasserdurchlässigkeit (Permeabilitätskoeffizient P),

- Druckfestigkeit

- Wasserbeständigkeit (Lagerung in Wasser) und

- Chloridauslaugung

als wesentliche Kennwerte zur Beurteilung der Verfestigung untersucht.

Der Tabelle 7 ist zu entnehmen, daß die Erhärtung etwa 1 Tag in Anspruch nahm. Die Permeabilitätskoeffizienten sind mit 10^{-6} (kein Zementzusatz, 2 Tage Erhärtung) bis rund 10^{-7} sehr niedrig. Mit zunehmender Erhärtungsdauer ist eine Zunahme der Durchlässigkeit zu verzeichnen. Dagegen nimmt die Druckfestigkeit zu und erreicht bei Probe 2 nach 28 Tagen 6,4 N/mm^2. Angestrebt wurden für verfestigte Rückstandsdeponien 1,5 N/mm^2.

Die zementhaltigen Proben waren schon nach 2 Tagen Erhärtung bei Lagerung in Wasser (24 Stunden) stabil, während die zementfreie Probe zerfiel.

Weiterhin zeigen die Werte der Chloridauslaugung (24 Stunden Lagerung des Probezylinders in Wasser), daß mit zunehmender Erhärtungsdauer die Auslaugbarkeit abnimmt. Auffällig ist wiederum, daß die zementfreie Probe leicht auslaugbar ist. Nach 24 Stunden Wasserlagerung sind bereits 78 % der Chloridmenge in die wässrige Phase übergegangen.

Bei den zementhaltigen Proben liegen die Auslaugwerte nach 28 Tagen Erhärtung bei 20 bis 26 %.

Insgesamt zeigt sich, daß aus Schlacke, THR-Produkt, Zement und Wasser eine rasch erhärtende Masse entsteht, die ausreichende Druckfestigkeit aufweist und gegen das Eindringen von Niederschlagswasser hinreichend dicht ist.

3. Zusammenfassung

Die Verfestigung der flugfähigen Reaktionsprodukte der Abfallverbrennung, Flugstaub und THR-Produkt, mit dem hydraulischen Bindemittel Zement ist möglich. Es wurde gefunden, daß bei Flugstaub die Menge des Anmachwassers von erheblichem Einfluß auf die Druckfestigkeit und Wasserdurchlässigkeit ist.

Überraschend einfach erwies sich die Verfestigung des THR-Produkts, wenn dies mit Schlacke und Zement gemischt wird. Das Schlacke/THR-Verhältnis kann im weiten Bereich variiert werden.

Zur Vertiefung des Erkenntnisstandes sind nun großtechnische Versuche erforderlich.

Literaturverzeichnis:

(1) Amtsblatt des Bayer. Staatsministeriums für Landesentwicklung und Umweltfragen, 14. Jhg., Nr. 8, Seite 99 bis 102.

(2) K. Fichtel, W. Beck und J. Giglberger: Auslaugverhalten von Rückständen aus Abfallverbrennungsanlagen, Schriftenreihe des Bayer. Landesamtes für Umweltschutz, Heft 55, 1983.

(3) Bundesamt für Umweltschutz, Bern, VERAK I, Verfestigungsversuche mit Elektrofilterasche und Rückständen aus der chemischen Abgasreinigung von Kehrichtverbrennungsanlagen. Bericht der Betonstraßen AG, CH-5103 Wildegg.

Tab.: 1 Chemische Zusammensetzung des Flugstaubes der MVA Region Ingolstadt

Bestandteil		Probe Nr. 984 13.01.78	Probe Nr. 992 10.03.78	Probe Nr. 1045 02.06.78	Probe Nr. 2229/1 18.12.81
Kalium	%	1,9	1,9	2,0	7,5
Natrium	%	–	–	–	7,5
Calcium	%	9,4	12,5	6,0	3,7
Chlorid	%	2,2	5,6	5,4	7,8
Sulfat	%	8,7	8,7	9,3	13,8
Phosphat[1]	%	5,6	2,3	1,3	–
Kieselsäure (SiO_2)	%	27,0	19,3	20,1	–
Chrom	%	0,04	0,03	0,03	0,01
Nickel	%	0,01	0,01	0,01	0,003
Kupfer	%	0,1	0,1	0,2	0,04
Zink	%	1,0	2,1	2,5	0,8
Cadmium	%	0,03	0,03	0,03	0,03
Blei	%	0,7	0,8	1,2	0,4
Quecksilber	%	< 0,0004	< 0,0004	< 0,0004	< 0,0005
Kohlenstoff	%	1,3	2,4	1,3	2,8
Wasserstoff	%	0,1	0,2	0,0	0,4
Stickstoff	%	0,1	< 0,1	0,7	0,1
Glühverlust	%	3,9	6,0	8,8	5,2
Auslaugbares[2]	%	10	13,6	11,7	–

[1] Angegeben als PO_4; [2] Bestimmt nach DEV S 4

Tab.: 2 Chemische Zusammensetzung des Flugstaubes der MVA Region Ingolstadt im Vergleich zu Flugstäuben anderer Abfallverbrennungsanlagen

Bestandteil		MVA Region[1] Ingolstadt 1980/81	MVA Geisel-bullach 1981	MVA Lands-hut 1981
Natrium	%	–	3,9	6,7
Kalium	%	1,9	3,3	7,8
Calcium	%	9,3	2,7	6,2
Magnesium	%	–	1,2	3,0
Chlorid	%	4,4	3,8	7,5
Sulfat	%	8,9	0,6	3,6
Phosphat	%	3,0	0,3	0,8
Fluorid	%	–	0,003	0,003
Kieselsäure	%	22,0	32,0	31,0
Blei	%	0,9	0,5	1,6
Zink	%	1,9	1,6	2,9
Nickel	%	0,01	0,02	0,005
Cadmium	%	0,03	0,03	0,07
Chrom	%	0,03	0,05	0,04
Kupfer	%	0,2	0,1	0,2
Quecksilber	%	0,0001	0,007	0,0006
Kohlenstoff (organisch)	%	–	2,9	0,8
Wasserstoff	%	–	0,3	0,2

Tabelle 3: Aus Flugstaub, MVA Landshut, ausgelaugte Bestandteile.

Säulenauslaugung, 1,25 m Höhe, 6,2 kg

Parameter	Gehalt des Eluats mg/l	Insgesamt ausgelaugte Menge mg/kg
Natrium	10900	1850
Kalium	18800	3221
Calcium	720	123
Chlorid	22500	3855
Sulfat	20290	3921
Fluorid	7	1,3
Blei	0,8	0,12
Nickel	<0,02	<0,003
Zink	0,7	0,11
Cadmium	0,14	0,02
Abdampfrückstand	67700	
Insgesamt ausgelaugte Menge		105000 (10%)

Tab.: 4

Flugstaub Zuchwil
Permeabilität, Wasserbeständigkeit und Druckfestigkeit in Abhängigkeit des Wassergehaltes. Zuschlagstoffe, Zement 10 %, Kalkhydrat 10 %.

Probe-Nr.	Wassergehalt	Permeabilitätsk.P		Wasserbeständigkeit[1)]		Druckfestigkeit[2)]	
		7 Tage	28 Tage	7 Tage	28 Tage	7 Tage	28 Tage
	%	cm/sec	cm/sec			N/mm^2	N/mm^2
1	35	$1,8.10^{-4}$	$1,7.10^{-4}$	best.	best.	(1,4)	(1,8)
Reverenzprobe ohne Zement und Kalkhydrat							
2	35	$4,6.10^{-4}$	$2,5.10^{-4}$	best.	best.	(0,5)	(0,4)
3	40	$9,6.10^{-5}$	$7,3.10^{-5}$	teilbest.	teilbest.	(1,1)	(0,8)
4	45	$9,5.10^{-5}$	$9,4.10^{-5}$	Sandet	best.	(1,4)	(0,8)
5	50	$6,1.10^{-5}$	$2,5.10^{-5}$	Sandet	best.	(1,4)	(1,1)
6	58	$4,8.10^{-6}$	$4,0.10^{-6}$	best.	best.	(1,1)	(1,4)
7	65	$4,0.10^{-6}$	$1,3.10^{-5}$	unbest.	unbest.	(0,3)	(0,5)

1) Lagerung der Formlinge in 800 ml Wasser.

2) Die Proben wurden mit 718 $kJ.m^{-3}$ verdichtet. Die Druckfestigkeit ließ sich nur annähernd mit Hilfe einer Presse zur Herstellung von IR-Preßlingen bestimmen.

Tabelle 6:

Verfestigung von THR-Produkten unter Zugabe von Flugstaub oder Schlacke

THR Produkt	Flugstaub	Schlacke	Zement	Wasser	Permeabilität und Wasserbeständigkeit[1)] 2 Tage Erhärtung P	H_2O-Best.	8 Tage Erhärtung P	H_2O-Best.
g	g	g	g	g	cm/sec		cm/sec	
68	100	---	15	85	0	best.	0	best.
68	100	---	20	73	0	best.	0	best.
68	---	100	5	42	0	best.	0	best.
68	--	100	10	38	0	best.	0	best.

1) Beständigkeit bei oberflächlicher Einwirkung von Wasser während des Permeabilitätstestes.

Tabelle 5

Kenndaten von Rückständen der trockenen und quasitrockenen Abgasreinigung bei Müllheizkraftwerken

Parameter		MHKW Würzburg Rückstand Gewebefilter	MHKW Kempten Rückstand Gewebefilter	MHKW München-Nord Block 3, Linie 1 Rückstand E-Filter
Wassergehalt	(%)	2	2	0,5
Hauptbestandteile[1)]				
- $CaCl_2$	(%)	18	21	23
- $CaSO_4$	"	6	5	7
- $Ca(OH)_2$	"	46	46	55
- $CaCO_3$	"	14	7	11
- Unlösliches (Flugstaub)	"	16	21	4
- Auslaugbares	"	24,5	22	28
Schwermetalle[1)]				
- Cadmium	(mg kg)	142	142	265
- Nickel	"	23	33	20
- Quecksilber	"	2	4	
- Thallium	"	<20	<20	<20
- Blei	"	2300	2183	2500
- Kupfer	"	298	317	215
- Chrom	"	56	100	100
- Zink	"	6290	7833	5800

1) Die Werte beziehen sich auf Trockensubstanz.

Tabelle 6:

Verfestigung von THR-Produkten unter Zugabe von Flugstaub oder Schlacke

THR Produkt	Flugstaub	Schlacke	Zement	Wasser	Permeabilität und Wasserbeständigkeit[1)			
					2 Tage Erhärtung		8 Tage Erhärtung	
g	g	g	g	g	P cm/sec	H_2O-Best.	P cm/sec	H_2O-Best.
68	100	---	15	85	0	best.	0	best.
68	100	---	20	73	0	best.	0	best.
68	---	100	5	42	0	best.	0	best.
68	--	100	10	38	0	best.	0	best.

1) Beständigkeit bei oberflächlicher Einwirkung von Wasser während des Permeabilitätstestes.

Tabelle: 7

Versuchsergebnisse der gemeinsamen Verfestigung von Schlacke/ Flugstaub aus der MVA Ingolstadt und des THR-Produktes aus der Versuchsanlage in Ebenhausen

Vers.Nr.	Gemischzusammensetzung Schlacke g	Zement g	THR-Prod. g	Wasser g	Beobachtungen zum Erstarren und Erhärten
3	100	0	20	15	1 Tag Erhärtung
1	100	10 PZ 35	70	48	"
2	100	10 PZ 35	20	18	"

Vers.Nr. Permeabilität, Wasserbeständigkeit, Druckfestigkeit und Chloridauslaugung nach 2 Tagen Erhärtungszeit

Vers.Nr.	Permeabilitätskoeff. cm/sec	Wasserbeständigkeit des Formlings	Druckfestigkeit N/mm^2	Chloridauslaugung ./.
3	$2,0.10^{-6}$	Zerfallen	nicht meßbar	78
1	$1,7.10^{-7}$	Stabil	1,4	27
2	$7,4.10^{-8}$	Stabil	1,9	42

Vers. Nr. Obige Werte nach 28 Tagen Erhärtung

Vers. Nr.	Permeabilitätskoeff.	Wasserbeständigkeit	Druckfestigkeit	Chloridauslaugung
3	-	-	-	-
1	$1,8.10^{-6}$	Stabil	3,6	20
2	$3,0.10^{-7}$	Stabil	6,4	26

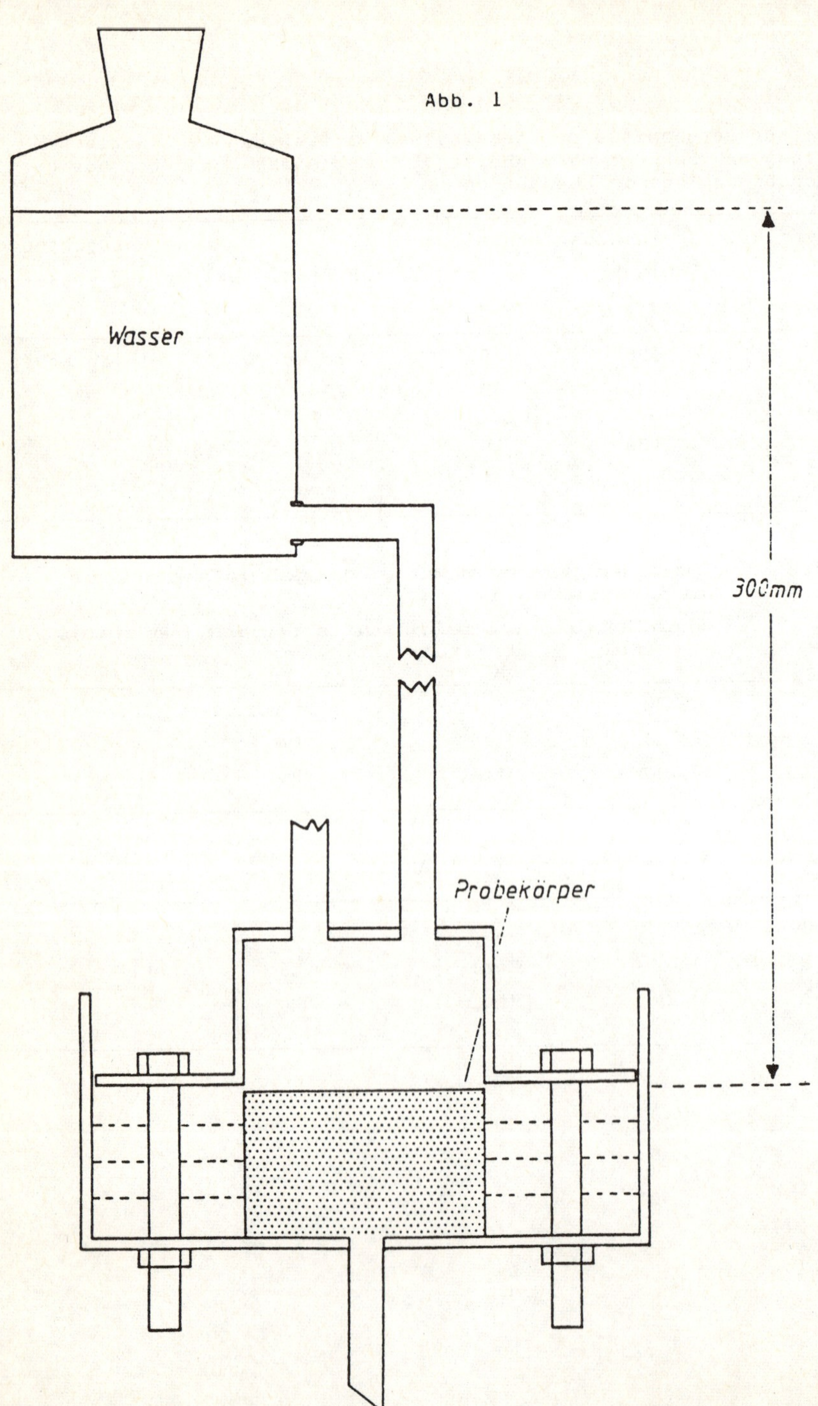
Abb. 1
Wasser
300mm
Probekörper

Konditionierung salzhaltiger Rückstände aus Rauchgaswaschsystemen zum Zwecke der sicheren Ablagerungen

P. G. Maurer

Zusammenfassung

Im Rahmen eines im Auftrag vom Bundesminister für Forschung und Technologie geförderten FuE-Vorhabens werden von der NUKEM GmbH, Hanau, im Auftrag der Hessischen Industriemüll GmbH, Wiesbaden, Labor- und Technikumsversuche zur Konditionierung von Salzen aus der Trockenabgaswäsche der Sonderabfallverbrennungsanlage Biebesheim durchgeführt /1/. Das Problem der Erzielung einer hohen Einbringungsrate wasserlöslichen Salzes in eine Zementmatrix ist gelöst. Über eine spezielle Mischungsreihenfolge von Salz, Zement und Wasser unter Ausnutzung der aus der Hydratation des Salzes freiwerdenden Wärme bei der Herstellung des Verfestigungsproduktes sowie durch Zugaben von Zusatzstoffen wie Natriumsulfid und Kalkhydrat können wasser- und auslaugbeständige druckstabile Zementprodukte mit 40 bis 55 Gew.% Salzgehalt hergestellt werden.

Auf Basis aller im Rahmen einer experimentellen Qualitätssicherung gewonnenen Ergebnisse kann mit der sogenannten Sandwich-Deponietechnik ein erfolgversprechendes Verfahrenskonzept empfohlen werden. Die Sandwich-Deponietechnik, eine Kombination von Konditionierungs- und Deponieverfahren, umfaßt eine Bodenflächen-, Oberflächen- und Zwischenschichtversiegelung sowie den Aufbau eines Diffusionsbarrierensystems während der homogenen Zementierung des Salzes.

1. Allgemeines

Die Sonderabfallverbrennungsanlage in Biebesheim, die Anfang des Jahres 1982 von der Hessischen Industriemüll GmbH, Wiesbaden, in Betrieb genommen wurde, hat neben vielen Neuerungen als wesentlichste ein quasi-trockenes Rauchgasreinigungssystem.

Nach Drehrohrofen, Nachbrennkammer und Dampfkessel gelangen die Abgase aus der Sonderabfallverbrennung in das neu konzipierte Abgasreinigungssystem, das einerseits über die hohe Reinigungsleistung eines Naßwäschers mit Aerosolabscheidung verfügt und andererseits einen abwasserfreien Austrag der Schadstoffe ermöglicht. Am Feststoffaustrag des sogenannten Trockenreaktors bzw. Sprühtrockners fallen je Verbrennungsstraße bis zu 800 kg Trokkenrückstand bzw. Salz pro Stunde an. Hauptbestandteile dieser großteils wasserlöslichen Salze sind vor allem Calcium- und Natriumsalze, die vorwiegend als Chloride und Sulfate vorliegen. Bei den Nebenbestandteilen handelt es sich im wesentlichen um eine ganze Reihe von Metall- bzw. Schwermetallsalzen und -oxiden, wobei auch andere als die vorgenannten Anionen vorkommen.

Die Salze werden derzeit in die Untertagedeponie Herfa-Neurode eingelagert. Diese Entsorgungsmethode ist ein wesentlicher Kostenfaktor beim Betrieb der Sonderabfallverbrennungsanlage.

Um eine sichere übertägige Deponierung realisieren und gewährleisten zu können, muß das einzulagernde Endprodukt folgenden Hauptanforderungen genügen:

- Immobilisierung der Schadstoffe, d.h. große Auslaugbeständigkeit und keine stoßartige Freisetzung

- Alterungsbeständigkeit, d.h. mechanische und chemische Integrität des Endproduktes in relativ kurzer Zeit.

Unter dem Gesichtspunkt, daß bei allen Endprodukten unabhängig von Inhaltsstoffen und Art des Matrixmaterials immer eine Wasserdurchlässigkeit auftritt, sei es am stabilen Produkt selbst oder durch nicht auszuschließende Rißbildung, muß die Integri-

tät und das Auslaugverhalten des Produktes so sein, daß über eine beliebig lange Zeit die nicht auszuschließende ausgelaugte Menge an wasserlöslichen Salzen (z. B. NaCl oder $CaCl_2$) und toxischem Metall (Pb, Cd etc.) lediglich eine Konzentration im Elutionsmittel bzw. Sickerwasser erreicht, die umweltunbedenklich ist und ohne Nachbehandlung abgeleitet werden kann, d.h. das Prinzip der maximalen Verdünnung über die Zeit ist unumgänglich. Infolgedessen kann die Entscheidung für ein Konditionierungsverfahren und ein entsprechendes Produkt nur zum Ziele haben, das vorgenannte Prinzip voll zu erfüllen und über experimentelle Qualitätssicherung abzusichern.

Besondere Berücksichtigung muß bei der Entwicklung des Verfahrens dessen Wirtschaftlichkeit finden. Grundvoraussetzungen hierzu sind:

- hohe Salzbeladung im Endprodukt
- Minimierung des Abfallvolumens und
- einfaches Verfahrenskonzept.

Unter diesen Randbedingungen und Voraussetzungen wurden im Labor und Technikum mehrere Verfahrenskonzepte untersucht und entsprechende Endprodukte charakterisiert.

2. Ausgangsdaten und Randbedingungen

2.1 Menge und zeitlicher Anfall des Salzes

Je nach Art des zu verbrennenden Abfalls und entsprechendem Betrieb des Rauchgaswaschsystems an der Sonderabfallverbrennungsanlage Biebesheim sind unterschiedliche Mengen an Salz pro Zeit zu erwarten. Die bei unterschiedlichen Messungen an der Anlage ermittelten Mengen führten zu folgenden Minimal- und Maximalwerten:

- 200 bis 800 kg Salz/h je Verbrennungsstraße
- 10 bis 40 t Salz/d beim Betrieb beider Verbrennungsstraßen im Schichtbetrieb
- 3000 bis 11500 t Salz/a bei 7200 Betriebsstunden je Verbrennungsstraße

Im Jahresmittel sollten demnach bei Auslastung der Verbrennungsanlage rund 6000 - 8000 t Salz in Zukunft zu entsorgen sein.

2.2 Art und Zusammensetzung des Salzes

Die Hauptbestandteile des Salzes aus der Rauchgaswäsche sind die Chloride und Sulfate der Elemente Calcium und Natrium. Nebenbestandteile sind toxische Metallverbindungen, deren Einzelgehalte meist unter 1 Gew.% liegen. Die Metallionen sind - wie das Löslichkeitsverhalten des Salzes im Wasser zeigt - überwiegend an Chlorid oder Sulfat gebunden. Das Salz ist stark hygroskopisch. Die Gesamtwasserlöslichkeit bewegt sich bei über 60 bis über 80 Gew.% je nach Betrieb der Verbrennungsanlage und des Waschsystems.

Eine mittlere Zusammensetzung sowie die Schwankungsbreite in der Zusammensetzung von 35 Salzanalysen gibt die Tabelle 1 wieder.

2.3 Derzeitige Entsorgung und Kosten

Das an der Sonderabfallverbrennungsanlage anfallende Salz aus dem quasi-trockenem Rauchgaswaschsystem wird derzeit in gebrauchte Schutzcontainer mit einem Fassungsvermögen von rund 800 kg abgefüllt und dann zur Untertagedeponie Herfa-Neurode zur Einlagerung transportiert.

Bei einem Preis von ca. 350 DM pro t einzulagerndes Salz belaufen sich derzeit die Gesamtentsorgungskosten auf 2.200 bis 3.300 TDM pro Jahr. Bei Übergang zu anderen Verpackungen, z. B. neue Schutzcontainer oder gebrauchte oder neue 200-l-Fässer können sich die Kosten auf 385 bis 560 DM/t Salz erhöhen.

Tabelle 1: Minimal-, Maximal- und Mittelwerte für die chemische Zusamensetzung des zu konditionierenden Salzes

Element		Konzentration in Gew.- %		
		Minimalwert	Maximalwert	Im Mittel
Hauptbestandteile				
Calcium	Ca	1.7	18.1	12.1
Natrium	Na	2.8	20.0	8.6
Chlorid	Cl^-	17.1	51.5	39.8
Sulfat	SO_4^{2-}	11.4	33.3	21.4
Nebenbestandteile				
Aluminium	Al	0.34	0.50	0.41
Blei	Pb	0.25	0.80	0.58
Cadmium	Cd	0.02	0.09	0.03
Chrom	Cr	0.03	0.06	0.05
Eisen	Fe	0.50	2.80	1.41
Kupfer	Cu	0.001	0.32	0.27
Magnesium	Mg	0.24	0.35	0.29
Nickel	Ni	0.02	0.04	0.03
Quecksilber	Hg	0.002	0.014	0.007
Silizium	Si	1.5	2.4	1.8
Zinn	Su	<0.01	<0.01	<0.01
Zink	Zn	0.14	3.30	1.15
Fluor	F^-	0.24	2.40	0.97

3. Stand der Technik

In der Bundesrepublik Deutschland wird durch den bereits bestehenden Betrieb und die Neuinstallation von trockenen und quasitrockenen Rauchgasreinigungen hinter Abfallverbrennungsanlagen das Aufkommen von wasserlöslichen, mit toxischen Metallen verunreinigten Salzen in den nächsten Jahren auf 200.000 bis 300.000 t/a ansteigen.

Die von der Hessischen Industriemüll GmbH praktizierte Entsorgung der Einbringung der Salzrückstände in die Untertagedeponie Herfa-Neurode ist aus Kapazitäts- und auch Kostengründen nicht möglich. Auch sollte die Untertagedeponie für andere hochtoxische Abfälle offen gehalten werden.

Eine alternative Einbringung der Salzrückstände in andere untertägige Hohlräume, z. B. offene Salzkavernen, die aus geologischen Gründen verfüllt werden müssen, ist möglich, doch sind derzeit für diese Methode ebenfalls noch Entwicklungsarbeiten erforderlich.

Eine stoffliche Verwertung von Salzrückständen aus trockenen und quasi-trockenen Verfahren, bei denen als fester Rückstand ein Gemisch aus wasserlöslichen Salzen, Calciumverbindungen und Flugstaubanteilen anfällt, ist praktisch auszuschließen.

Eine übertägige Ablagerung der Salzrückstände in Sonderabfalldeponien ohne Konditionierung und ohne Immobilisierung der Schadstoffe, wie z. B. in Kunststoffsäcken, in Fässern oder in folienabgedichteten Tonkassetten, kann keine zufriedenstellende Problemlösung sein. Ein absoluter Wasserabschluß ist nicht realisierbar und ein Wassereinbruch nicht auszuschliessen. Die Salze werden entweder "stoßartig" oder in kurzen Zeiträumen über das Sickerwasser ausgetragen, das wiederum einer kostenintensiven Nachbehandlung bedarf.

Es bleibt als kurzfristig realisierbare Entsorgung die Immobilisierung der Schadstoffe über Verfestigung, Versiegelung und Einlagerungstechnik in der Art, daß eine mögliche Elution lediglich zu Eluatkonzentrationen führt, die zumindest den Anforderungen der gesetzlichen Ableitbedingungen genügt und bei welcher eine stoßartige Freisetzung der Schadstoffe über lange Zeiträume ausgeschlossen ist.

Auf dem Gebiet der Verfestigung von Sonderabfällen sind eine Vielzahl von Verfahren bekannt und z. T. im Einsatz /3/. Als Konditionierungsmittel dienen Zement, Flugasche, Wasserglas, Puzzolan, Kalk, Gips, Thermoplaste oder organische Polymere. In Tabelle 2 sind einige bekannte Verfestigungsverfahren zusammengestellt. Alle diese Verfahren sind lediglich darauf ausgelegt, solche Sonderabfälle zu verfestigen, die großteils Metalle in bereits immobilisierter Form enthalten. Vordringlich sind jedoch solche Sonderabfälle einer Vorbehandlung bzw. einer Konditionierung zu unterziehen, die aufgrund hoher Wasserlöslichkeit das auftretende Sickerwasser mit hoher Salzfracht, toxischen Metallen und schwerabbaubaren organischen Stoffen belasten. Sonderabfälle, auf welche dies zutrifft, sind insbesondere Salze aus der Rauchgasbehandlung und aus unterschiedlichen Industriezweigen. Gerade hierfür, d.h. Einbringung hoher Salzfrachten, sind die bisher existierenden Verfestigungsverfahren nicht ausgelegt.

Bei allen Verfahren sind trotz des vielfachen Einsatzes noch viele Fragen in bezug auf Kontrolle von Prozeß und Produkt offen, die im Hinblick auf das Langzeitverhalten und somit die Langzeitsicherheit einer Deponie von besonderer Bedeutung sind. Ferner zeigt sich, daß die Anwendbarkeit eines Verfahrens sehr stark von der Sonderabfallzusammensetzung abhängig ist und hierdurch bedingte teuere Vorbehandlungsschritte die Gesamtkosten der Konditionierung erheblich erhöhen.

In der Bundesrepublik Deutschland stellt die Verfestigung von Sonderabfällen eine relativ neue Technologie dar und keine der angeführten Verfahren konnte sich bisher durchsetzen. Die wesentlichen Gründe hierfür sind:

- Unsicherheit über das Langzeitverhalten der Endprodukte

Tabelle 2: Auswahl von Verfestigungsverfahren für Sonderabfall

Verfahren	Matrix	Eignung
Bölsing, Hannover	Fettsäure, Paraffin Erdalkalioxide	Ölschlämme Säureharze
Chemfix, England	Alkalisilikate Härtemittel	Säureharze Metallschlämme
DCR(LECO) Bremen	Kalk, Alkalisilikate	Schlämme
Epple, Stuttgart	Calciumhydroxid, Kieselgur, Sägemehl	Säureharze Ölschlämme
GFS, München	Flugasche, Hydraulische Bindemittel	Mineralölhaltige Schlämme
KFA, Jülich	Gips, Bimsstein Wasserglas	Ölschlämme
Knauf, Iphofen	Chemiegipse oder Anhydrid, Zuschlagstoffe	Säureharze Ölschlämme
POZ-O-TEC, USA	Flugasche, Kalk	SO_x-Schlämme Klärschlamm Anorg. Schlämme
Sealosafe, England	Puzzolan, Zement, Zuschlagstoffe	Anorganische Schlämme

- Wechsel im Verfahren je nach Abfallart und je nach Zusammensetzung des gleichen Abfalls
- Wirtschaftlichkeit.

Ein Leitfaden zur Konditionierung und Deponierung von Sonderabfällen analog wie in den USA existiert in der Bundesrepublik Deutschland nicht /2, 3/.

4. Verfahrenskonzepte und Charakterisierung von Produkten

4.1 Überblick

Vor Beginn der Untersuchungen zur Konditionierung wasserlöslicher Rückstände bzw. Salze aus der Trockenabgaswäsche der Sonderabfallverbrennungsanlage Biebesheim waren im Hinblick auf eine Erarbeitung von möglichen Verfahrenskonzepten und entsprechenden deponiefähigen Produkten folgende grundsätzlichen Fragen zu klären:

- Mit welchen Konditionierungsmaterialien kann eine sichere und kostengünstige Konditionierung erreicht werden?

- Welche Verfahrenskonzepte bieten sich nach Festlegung der Konditionierungsmaterialien an?

Als Konditionierungsmaterial kommen aus Kostengründen nur Zement mit evtl. Flugaschenzusatz, Gips und evtl. Bitumen infrage (Tabelle 3). Organische Stoffe als Versiegelungsmaterialien und Zusatzstoffe zur Produktverbesserung dürfen ebenfalls aus Gründen der Wirtschaftlichkeit maximal 10 - 15 Gew.%, bezogen auf Salz,ausmachen.

Auf Basis dieser Festlegungen, d.h. Verfestigungsmaterialien Zement, Gips und evtl. Bitumen sowie Anteil von Versiegelungsmaterialien und Zusatzstoffen maximal 10 - 15 Gew.%, bezogen auf Salz, wurden folgende vier Hauptverfahrenskonzepte (Abb.1) für die Arbeiten aufgestellt:

<u>I. Variante:</u> Homogene Konditionierung mit hohem Salzanteil (>40 Gew.% im Endprodukt) und Zusatzstoffen (Wasserglas, Aerosil, Bentonit, Ruß, Schwefel, Fe-Späne)

Tabelle 3: Kosten für Verfestigungsmaterialien

	Einkaufs-preis DM/t	Einbringungs-rate Salz Gew.%	Preis Verfesti-gungsmaterial DM/t Salz
Vinylester	4500	90	500
Methylmethacrylat	3500	90	390
Styrol	1200	65	450
Bitumen	500	65	270
Zement	130	55	105
Gips	100	55	80

<u>II. Variante:</u> Herstellen des Produktes analog Variante I gekoppelt mit einer Oberflächenversiegelung (Sandwich-Deponiekonzept)

<u>III. Variante:</u> Kompaktierung des Salzes ohne und mit hydrophober Zusätze (Wachse, Paraffine) mit nachfolgender Versiegelung mit Bitumen, Polymeren und Wachsen

<u>IV: Variante:</u> Heterogene Konditionierung, d.h. Aufbau eines Mehrfachbarrierensystems mit dem Prinzip der Entkopplung von zu konditionierendem Salz und Endprodukteigenschaften bestimmender salzfreier Zementmatrix

Zur Untersuchung dieser Varianten wurden weit über 500 Proben hergestellt und im Hinblick auf Produkt- und Verfahrensentwicklung folgende Hauptparameter untersucht:

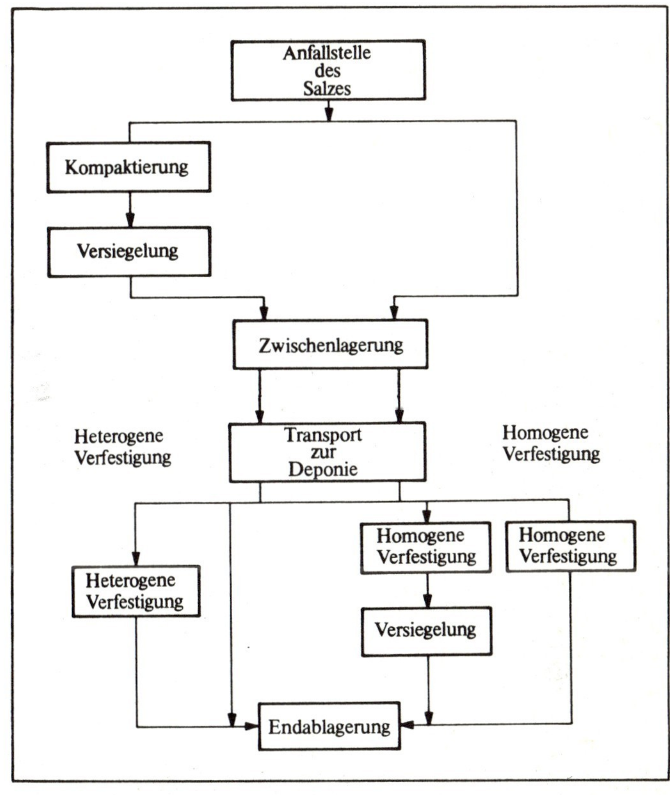

Abbildung 1: Salz aus trockener Rauchgaswäsche einer Sonderabfallverbrennungsanlage
Mögliche Konditionierungskonzepte

- Verarbeitbarkeit
- Wasserbeständigkeit des Endprodukts
- Auslaugverhalten
- Mechanische Festigkeit
- Verhalten des Endproduktes in sulfathaltigen Lösungen.

Über die Untersuchungen zu den einzelnen Verfahrensvarianten und die Charakterisierung entsprechender Endprodukte wird nachfolgend berichtet.

4.2 Homogene Konditionierung

4.2.1 Bitumen

Prinzipiell wäre auf Basis von Voruntersuchungen eine Einbringung der Trockenrückstände in Bitumen bis zu einer Einbringungsrate von 15 bis 20 Gew.% denkbar. Folgende wesentliche Gründe sprechen jedoch gegen eine solche Konditionierung:

- Im Gegensatz zur Verfestigung mit basisch reagierenden, hydraulischen Bindemitteln findet bei der Einbringung von Salzen in Bitumen keine chemische Fixierung der toxischen Metalle, Hydroxidbildung oder Einbau in Bindemittelstruktur, statt. Eine Vorbehandlung, z. B. Auflösung und Fällung, ist auszuschließen. Aufgrund dieser Gegebenheit werden die wasserlöslichen Metalle in gleicher Größenordnung wie Chlorid ausgelaugt.

- In bezug auf Wirtschaftlichkeit würde sich bei einer Einbringungsrate von 15 - 20 Gew.% Salz allein der Preis für das Verfestigungsmaterial ohne Betriebs- und sonstige Nebenkosten auf ca. 2.000 bis 2.830 DM pro t Salz belaufen.

4.2.2 Gips

Im Hinblick auf ein kostengünstiges Verfahren, z. B. teilweiser Einsatz von Rauchgasgips, wurden auch homogene Verfestigungen mit Gips bis zu einer Einbringungsrate von 30 Gew.% im Endprodukt durchgeführt.

Die Produkte mit 30 Gew.% Salzgehalt zerfallen selbst nach 5 d Trockenzeit in Wasser bereits nach 24 Stunden. Produkte mit niedrigeren Einbringungsraten sind zwar etwas wasserstabiler, zeigen jedoch sehr schlechte Druckfestigkeits- und Auslaugwerte.

Diese Art der Konditionierung wurde aufgrund der erzielten Ergebnisse nicht weiterverfolgt.

4.2.3. Zement

4.2.3.1 Allgemeine Produktentwicklung

Zementierte Endprodukte mit Salzgehalten von über 40 Gew.% wurden bisher noch nicht hergestellt und qualifiziert. Aus der Zementindustrie ist bekannt, daß der Wasser-/Zementwert (W/Z-Wert) für die Qualität des Endproduktes eine entscheidende Rolle spielt. Niedrige W/Z-Werte führen zu Produkten mit

- hoher Biege-, Zug- und Druckfestigkeit
- geringerer Porosität, d.h. gutes Auslaugverhalten
- hoher Sulfatbeständigkeit bei entsprechender Zementauswahl.

Die Einstellung niedrigerer W/Z-Werte wird durch die Verarbeitbarkeit des Produktes begrenzt. Diese Gegebenheit tritt speziell bei der Einbringung großer Salzmengen ein. Die Gründe für diese im normalen Anwendungsbereich von Zement nicht auftretende Problematik sind:

- Extremes Verhältnis Trockenprodukt (Salz/Zement)/Wasser
- Eigenverbrauch des Salzes an Wasser infolge der hygroskopischen Eigenschaften des Salzes (Anlagerung von Kristallwasser)

Durch die Erarbeitung einer speziellen Mischungsreihenfolge von Salz, Zement und Wasser unter Ausnutzung der Konkurrenzreaktionen, Kristallwasseranlagerung des Salzes und Hydratation des Zementes, lassen sich wasserbeständige (nach 1 d Abbindezeit) und druckfeste (> 80 N/mm^2) homogene Salz-/Zementprodukte mit Salzgehalten von 40 - 55 Gew.% herstellen.

4.2.3.2 Auslaugverhalten

Zur Bestimmung der Auslaugung der Salz-/Zementprodukte werden Probekörper mit bekanntem Volumen-/Oberflächenverhältnis (Prismen 20 x 20 x 80 mm) eingesetzt und kontinuierlich über längere Zeiten nach dem Deutschen Einheitsverfahren zur Sickerwasserbestimmung S4 /4/ im dynamischen System ausgelaugt. Die S4-Methode wurde dahingehend geändert, daß zur Bestimmung der eluierten Stoffe nach 1 d, 2 d, 4 d, 7 d, 30 d, 180 d und 360 d Proben gezogen werden. Die Auswertung der Auslauguntersuchungen erfolgt nach Formeln des amerikanischen ISO-Standardtests DIS 6961.

Als Leitsubstanzen wurden neben der Chloridauslaugung zur Beurteilung der Metallauslaugung die Elemente Blei, Cadmium, Chrom, Nickel und Zink ausgewählt.

Die Ergebnisse der Langzeit-Auslaugung über 1 a für Metalle, die noch nicht abgeschlossen ist, sind in Tabelle 4 zusammengestellt.

Tabelle 4: Metallauslaugung über ein Jahr an homogen zementierten Salz-/Zementprodukten

	Salz	Salz-Eluat		Salz-/Zementprodukt Auslaugung	
	Gew.%	%	mg/l	%	mg/l
Blei	0,440	4,3	19	< 0,3	< 0,06
Cadmium	0,017	94,0	16	< 0,3	< 0,05
Chrom	0,083	< 0,3	< 0,2	< 0,3	< 0,3
Nickel	0,040	23,0	9	< 3,0	< 0,5
Zink	1,200	48,0	580	< 0,04	< 0,2

Bei der Untersuchung der Chloridauslaugung, bei welcher von vornherein davon ausgegangen wurde, daß für reine homogene Zementprodukte nur eine bedingte Zurückhaltung zu erwarten ist, standen zwei Fragen im Vordergrund:

- Überprüfung einer diffusionskontrollierten Auslaugung
- Ermittlung der geometrischen Abhängigkeit der Chloridauslaugung.

In Tabelle 5 sind die Ergebnisse für die Chlorid-Auslaugung von mehreren homogen zementierten Salzproben (Prismen 20x20x80 mm) mit 40 und 50 Gew.% Salzanteil zusammengefaßt.

Tabelle 5: Zusammenfassung der Chlorid-Auslaugung von homogen zementierten Salzproben mit 40-50 Gew.% Salzanteil

Auslaugzeit	%-Auslaugung Salzgehalt im Endprodukt	
h	40 Gew.%	50 Gew.%
6	27	45
24	43	70
48	57	96
96	72	96
144	85	96
624	92	96

Die Auslaugung des Chlorids erfolgt diffusionskontrolliert, was auch an größeren Probekörpern (100x100x100 mm) überprüft wurde. Erste Abschätzungen zur Auslaugung eines Endprodukt-Deponiekörpers (10x10x5 m, 150 t Chloridgehalt) führten unter konservativen Annahmen zu dem Ergebnis, daß ohne weitere Maßnahmen, z. B. Versiegelung, bei einem Eluat-Volumen von 15.000 m^3 im Jahr in 10 a maximal 12 t Chlorid bzw. 8 % des Chlorids ausgelaugt würden.

Zur Verbesserung des Produktes in bezug auf Chlorid-Auslaugung wurden unterschiedliche Einflüsse untersucht:

- Art der Zementsorte
- W/Z-Abhängigkeit
- Zusatz von Stoffen zur Porositätserniedrigung bzw. zur Verstopfung der Poren (Aerosil, Bentonit, Ruß, Schwefelblüte, Wasserglas)

- Zusatz von Stoffen zur Hydrophobierung (Stearate, Wachse, Polymere)

Produkte mit Portlandzement zeigen die besten Eigenschaften sowohl in bezug auf Auslaugung als auch Wasserbeständigkeit nach 1 d und mechanische Stabilität. Hochofenzementanteile (bis 50 Gew.%) oder Flugaschenzusatz (bis 30 Gew.%) zum Portlandzement verschlechtern die Auslaugung nicht wesentlich (maximal 10 % höhere Werte bei gleichen Auslaugzeiten). Eine W/Z-Abhängigkeit der Auslaugung ist gegeben. Im Vergleich liegen Probekörper mit einem W/Z-Wert von 0,3 bei gleicher Auslaugzeit rund 30 % niedriger in der Auslaugrate als ein Produkt mit einem W/Z-Wert von 0,7.

Eine gravierende Verbesserung der Auslaugeigenschaften durch Verstopfung der Poren oder Hydrophobierung wird aus Gründen der hohen Salzeinbringungsrate nicht erreicht. Die besten Ergebnisse wurden durch die Zugabe von Wasserglas und Aerosil erzielt. Bei einer Zugabe von ca. 7 Gew.% Wasserglas (Na_2SiO_3) oder ca. 1 % Aerosil wird die Cl-Auslaugung im Vergleich zu Zementprodukten ohne Zusatz in gleichen Zeiträumen um ca. 8 - 10 % reduziert.

Der Zusatz von Stoffen zur Hydrophobierung führte nicht zum gewünschten Erfolg.

4.2.3.3 Mechanische Stabilität

Die Biege-, Zug- und Druckfestigkeit von konditionierten Probekörpern wurde nach entsprechenden DIN-Vorschriften (DIN 1164, Teil 7) bestimmt.

Für Produkte mit 40 Gew.% Salzanteil und einem W/Z-Wert von 0,4 wurden nach 28 d Aushärtung folgende Werte erhalten:

- Vor Chlorid-Auslaugung
  . Biege- und Zugfestigkeit 5 - 6 N/mm^2
  . Druckfestigkeit 80 -90 N/mm^2

- Nach Chlorid-Auslaugung
  . Biege- und Zugfestigkeit 8 - 9 N/mm^2
  . Druckfestigkeit 60 - 70 N/mm^2

Die Druckfestigkeiten nicht ausgelaugter Produkte liegen höher als normale Zementkörper ohne Salzbeladung. Nach Auslaugung wurden immer noch Festigkeitswerte erreicht, wie sie bei nicht mit Salz beladenen Zementprodukten auftreten.

Bei W/Z-Werten > 0,5 vermindert sich die Druckfestigkeit um rund 30 %. Flugaschenzusätze bis zu 30 Gew.% ändern die mechanische Stabilität kaum.

4.3 Homogene Konditionierung mit Versiegelung (Sandwich-Deponiekonzept)

4.3.1 Optimierung homogener Konditionierungsprodukte

Die grundsätzliche Machbarkeit der homogenen Verfestigung von Salzen aus Rauchgaswaschsystemen mit Endprodukten mit Salzgehalten von über 40 Gew.% wurde im Rahmen der Versuche nachgewiesen. Punkte wie Auslaugverhalten, Korrosionsbeständigkeit und insbesondere Verarbeitungstechnik wurden bzw. werden zum Teil noch untersucht und optimiert.

Eine weitere Verbesserung in bezug auf Produkteigenschaften der homogenen Konditionierungsprodukte können nur noch auf zwei Wegen erreicht werden:

- Reduzierung bzw. weitgehende Ausschaltung des Wasserzutritts an das Produkt durch eine weitgehend wasserundurchlässige und chemisch-resistente Oberflächenversiegelung

- Aufbau eines Diffusionsbarrierensystems in der Art, daß bei der Herstellung des Produktes ein Salzkonzentrationsgradient erzeugt wird, so daß an den Randzonen des Produktes salzfreier Zement vorliegt. Hierdurch wird erreicht, daß durch eine dichte salzfreie Zementbarriere sowohl dem Eindringen von Wasser als auch dem Austritt von Salz ein erhöhter Widerstand entgegengegesetzt wird. Die Wasserdurchlässigkeit des Zementes ist abhängig vom Gehalt an Kapillarporen und somit vom W/Z-Wert und dem Hydrationsgrad des Zements, so liegt beispielsweise bei einem W/Z-Wert von 0,45 und einem Hydrationsgrad von 60 % die Wasserdurchlässigkeit bei Werten $< 10^{-11}$ cm/s, was einer maximalen Eindringtiefe des Wassers von < 2 cm entspricht.

Beide Wege können - wie folgt - realisiert werden:

- Bodenflächenversiegelung, Vorlage einer Versiegelung, Zementierung
  Oberflächenversiegelung nach ein oder mehreren Tageschargen

- Aufbau des Salzkonzentrationsgradienten über die Mischtechnik.

Durch die Versiegelung nach ein oder mehreren Tageschargen wird ein schichtweiser sogenannter sandwichartiger Aufbau des Deponieproduktes erreicht (Abb. 2), der wiederum zwei Vorteile hat:

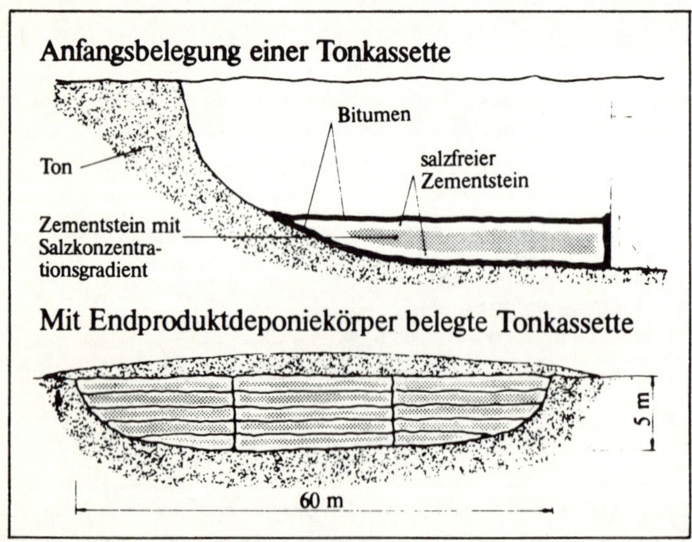

Abbildung 2: Sandwich-Deponiekonzept

- Durch die zwischen dem Zementkörper befindlichen plastischen Versiegelungsschichten werden sich im Produkt bildende Risse gebrochen bzw. aufgehalten.

- Risse in Zwischenzementschichten werden durch Einkriechen des plastischen Versiegelungsmaterials abgedichtet.

Mehrere sandwichartige Deponiekörper werden an den Zwischen- und Seitenwänden über eine Versiegelungsschicht untereinander verbunden und abgedichtet.

Für Probekörper ohne Salzkonzentrationsgradienten nur mit Bitumenversiegelung wurden in Auslauguntersuchungen über 1 a, die in Tabelle 6 zusammengestellten Werte, ermittelt.

Tabelle 6: Chlorid- und Metall-Auslaugung über 1 a an bitumenbeschichteten homogen zementierten Salzproben

	Salz	Salz-Eluat		Salz-/Zementprodukt Auslaugung	
	Gew.%	%	mg/l	%	mg/l
Blei	0,440	4,3	19	< 0,3	< 0,06
Cadmium	0,017	94,0	16	< 0,1	< 0,02
Chrom	0,083	< 0,3	< 0,2	< 0,3	< 0,2
Nickel	0,040	23,0	9	< 0,2	< 0,2
Zink	1,200	48,0	580	< 0,02	< 0,1
Chlorid	30,0	> 98,0	37500	6,1	2300

Auf Basis dieser Ergebnisse würde sich für einen Endprodukt-Deponiekörper (10 x 10 x 5 m, 150 t Chloridgehalt) ohne Berücksichtigung einer Bitumenzwischenversiegelung und eines Salzkonzentrationsgradienten bei einem Eluatvolumen von 15.000 m^3 im Jahr in 10 a eine Auslaugung von rund 100 kg bzw. ca. 0,07 % ergeben.

Die chemische Resistenz und das Langzeitverhalten von Bitumen als Versiegelungsmaterial und als Matrixmaterial hat sich in der Historie und in seiner Anwendung bei der Entsorgung von radioaktiven Abfällen gezeigt.

Durch den Aufbau eines Diffusionsbarrierensystems sollte noch eine wesentliche Verbesserung im Auslaugverhalten erreicht werden.

4.4 Heterogene Konditionierung

4.4.1 Allgemeines Verfahrensprinzip

Unter dem primären Gesichtspunkt der totalen Entkopplung von zu konditionierendem Produkt und einbindender Matrix, wodurch sekundär auch eine weitgehende Unabhängigkeit von der Art und Beschaffenheit des zu konditionierenden Produktes erreicht würde, wurden in den Laborversuchen auch zwei mögliche Verfahrenskonzepte zur heterogenen Einbindung der Salze aus der trockenen Rauchgaswäsche untersucht. Dieses Prinzip der Verfestigung hätte ferner den Vorteil, daß alle im Hinblick auf Auslaug- und Langzeitbeständigkeit erforderlichen Endprodukteigenschaften allein durch die umhüllende Matrix vorgegeben und erfüllt werden könnten.

Zur Erfüllung des vorgenannten Konditionierungsprinzips bieten sich zwei Verfahrensvarianten (Abb. 1, Kap. 4.1) an:

- Salzkompaktierung ohne und mit hydrophoben Zusätzen bzw. Bindemittel und eine sich anschließende Versiegelung mit chemischresistenten und fast wasserundurchlässigen Versiegelungsmaterialien, d.h. alleinige Konditionierung mit organischen Materialien

- Aufbau eines Mehrbarrierensystems in der Art, daß das Salz als versiegelte diskrete Formkörper ohne oder mit hydraulischem Bindemittel in eine optimale, für die Einlagerung geeignete Zementmatrix eingebunden wird.

Die wichtigsten Laborergebnisse zur Überprüfung der Realisierbarkeit dieser beiden Verfahrensvarianten werden nachfolgend kurz präsentiert.

4.4.2 Salzkompaktierung mit Versiegelung

Durch Pressen des trockenen Salzes bei 300 bar werden formstabile feste Salzpellets erhalten. Die Wasserbeständigkeit dieser Pellets liegt - wie zu erwarten war - bei maximal 5 min. Zur Erhöhung der Wasserbeständigkeit wurden zwei Wege beschritten:

- Kompaktierung unter Zusatz von Hydrophobierungsmittel (Wachse, Paraffine, Hydrophobierungsmittel auf Silikonbasis u.v.a) oder Zusatz von polymerisierfähigen organischen Polymeren (Acrylate, Isocyanate, Styrole etc.)

- Versiegelung der ohne oder mit Zusatzstoffen kompaktierten Salze mit weitgehend wasserundurchlässigen Materialien (vorgenannte Polymere und Reinbitumen).

Zusammenfassend kann die Aussage getroffen werden, daß kein Produkt länger als zwei bis drei Tage im Wasser beständig blieb. Die Gründe hierfür sind, daß bereits geringste durch die Versiegelungsschicht (selbst bei Bitumenversiegelung) eindiffundierte Wassermengen dazu führen, daß das Salz durch Kristallwasseranlagerung einen Quelleffekt zeigt und die Versiegelungsschicht Risse bekommt oder aufplatzt.

4.4.3 Mehrbarrierensystem

Aufgrund der Erkenntnisse und der bei der Salzkompaktierung gewonnenen Erfahrungen wurde das Prinzip des Aufbaues eines Mehrbarrierensystems dahingehend geändert, daß kein reines versiegeltes Salz direkt in eine stabile Matrix eingebunden wird.

Analog wie bei der homogenen Zementierung wird, ausgehend von einer trockenen Mischung Salz/Zement nach Wasserglas- oder Aerosil- und Wasserzugabe unter Druck ein hochverdichteter sphärischer Formkörper mit 60 - 70 Gew.% Salzgehalt hergestellt. Bereits nach 5 Stunden können diese Formkörper mit Bitumen versiegelt werden. Das Problem, Zerstörung der Versiegelungsschicht durch Quelleffekt, tritt nicht auf. Eine relativ gute Auslaugbeständigkeit ist selbst dann noch gegeben, wenn im Bitumen zur Erhöhung der Salzeinbringrate und Erniedrigung der Kosten bis zu 40 Gew.% Salz homogen eingebunden sind. Die Untersuchungen zur Charakterisierung der Formkörper sind noch nicht abgeschlossen.

5. Wirtschaftlichkeit

Auf Basis der Untersuchungen und mit derzeitigem Wissensstand kann als Konditionierungs- und Deponiekonzept die Sandwich-Deponietechnik empfohlen werden.

Die Investitionskosten für eine Konditionierungsanlage (Abb. 3) sollten sich nach derzeitiger Schätzung im Bereich von 1000 - 2000 TDM bewegen. Die Konditionierungskosten liegen in der nachfolgend aufgeführten Größenordnung:

	DM pro t Salz
Transport	30,--
Verfestigung (Material)	100,--
Versiegelung	45,--
Personal	15,--
Instandhaltung, Wartung etc.	5,--
Abschreibung (3 Jahre, 7 % Zins)	5,--
Gesamt (ohne Ablagerungskosten)	200,--

Ein Flugaschezusatz ist bei dieser Preiskalkulation nicht berücksichtigt. Aufgrund der Untersuchungen kann, ohne daß gravierende Änderungen in den Produkteigenschaften auftreten, ein 10 - 30 Gew.% Zusatz von Flugasche anstelle von Zement erfolgen, was zu einer 5 - 15 %igen Reduzierung des Konditionierungspreises führen würde, d.h. 170 - 190 DM pro t Salz bzw. 150 - 170 DM pro m^3 Endprodukt aufgrund der bei einer Konditionierung eintretenden Volumenreduzierung im Vergleich zum trockenen Salz.

Im Hinblick auf die Festlegung der Ablagerungsgebühren ist daraufhinzuweisen, daß es durch die Konditionierung zwar zu einer Gewichtszunahmen des Endproduktes, aber gleichzeitig zu einer mindestens 10 %igen Volumenreduzierung bezogen auf das trockene Salz kommt. Aufgrund dieser Tatsache wäre beim Deponiebetreiber zu überprüfen, anstelle einer gewichtsbezogenen eine volumenbezogene Ablagerungsgebühr zu erheben.

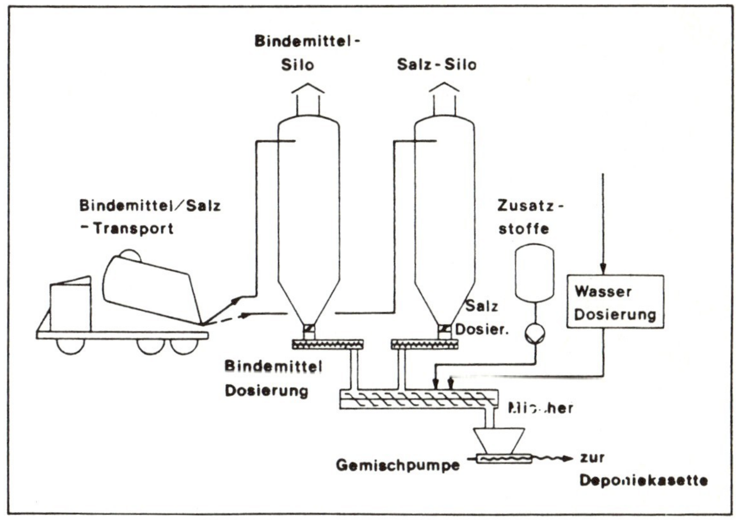

Abbildung: 3 Konditionierungsanlage für Sonderabfall

6. Ausblick

Eine übertägige Deponierung von wasserlöslichen Salzen erscheint unter der Randbedingung in bezug auf Auslaugung "Maximale Verdünnung über die Zeit" realisierbar.

Das Sandwich-Deponiekonzept von NUKEM wird derzeit im Technikumsmaßstab weiter unter dem Prinzip der experimentellen Qualitätssicherung getestet. Für 1986 ist der Bau und Betrieb einer Demo-Anlage geplant. Ein entsprechendes Meßprogramm ist vorgesehen.

7. Literatur

/1/ FuE-Vorhaben im Auftrag des BMFT
Planung, Bau und Messung einer thermischen Sonderabfallbehandlungsanlage
Hessische Industriemüll GmbH, Wiesbaden
NUKEM GmbH, Hanau
Förderkennzeichen 14 300 80 I

/2/ Umweltbundesamt Berichte 1/82
U. Wiedemann
Verfahren zur Verfestigung von Sonderabfällen und Stabilisierung von verunreinigten Böden
E. Schmidt Verlag, Berlin 1982

/3/ EPA - IAG - D4 - 0 569
GUIDE TO THE DISPOSAL OF CHEMICALLY STABILIZED AND SOLIDIFIED WASTE
U.S. Environmental Protection Agency
Cincinnati, Ohio 45268

/4/ Deutsche Einheitsverfahren zur Wasseruntersuchung
Fachgruppe Wasserchemie in der GdCh
Verlag Chemie, Weinheim (1979)

Verwertung von Flugaschen aus Müllverbrennungsanlagen und ihre Problematik

L. Graf zu Münster

Inhaltsverzeichnis

1. Die Verwertung von Flugasche

Die Verwertung von Flugasche aus MVA's heißt praktisch: V e r - f e s t i g u n g, um den mehr oder minder vorhandenen, hydraulischen Charakter der Flugasche zu nutzen.
Flugaschen aus MVA's sind nun so unterschiedlich, wie die variierenden Verbrennungstemperaturen und - modalitäten. Sie schwanken saisonal - wie der Müll, aus dem sie stammen - haben unterschiedliche, chemische Zusammensetzungen,sowie variierende Sieblinien. Funktioniert die Verbrennung nicht gut, dann ist auch noch ein hoher eventuell zu hoher - Anteil unverbrannter Partikel vorhanden. Je nach Anlage und Art der Feuerung haben wir auch- bei sonst gleicher Qualität - t r o t z d e m oft unterschiedliche Abbindefähigkeiten.Ist eine Rauchgaswäsche oder Reinigung vorhanden, so wird häufig das REA-Material mit der Flugasche vermischt, meist sogar auch noch mit der Schlacke, was eine Verwertung nicht unbedingt erleichtert. Macht man sich aber die Mühe,die vielgeschmähte Flugasche doch einmal etwas genauer anzusehen, so kann man - mit etwas Phantasie und Ausdauer - in ihr j e n e Qualitäten finden, die meistens eine nutzbringende Verwertung ermöglichen.
Eine Verfestigung alleine wäre aber volkswirtschaftlich wenig sinnvoll, da der Betreiber - meist eine Kommune - ja auch noch Schlämme, Sickerwässer und Ähnliches zu entsorgen hat, die sich gut dafür eignen, als kontaminierter Feuchtigkeitsträger, die

Flugasche, unter Zuhilfenahme eines A k t i v a t o r s oder K a t a l y s a t o r s, zu binden und damit a l l e Schadstoffe, sowohl in der Flugasche, als auch in den Schlämmen, bzw. Sickerwässern, zu i m m o b i l i s i e r e n. Das dies gut funktioniert, bestätigte das Umweltbundesamt bereits 1982. Natürlich sind hier eine Vielzahl von Rezeptvariationen n ö t i g und m ö g l i c h, um auf die speziellen Eigenschaften der j e w e i l i g e n Flugasche und- noch mehr - des Feuchtigkeitsträgers einzugehen.
Hierbei darf des Endziel nicht aus dem Auge gelassen werden! Eine große Zahl wissenschaftlicher Gutachten aus renommierten Labors, sowie die Praxis mit den vielfältigsten Flugaschen und Schlämmen bestätigen immer wieder, daß die Verwertung von Flugasche aus MVA's eine r e a l e Lösung ist.
Der p u z z o l a n i s c h e E f f e k t, also: das langsame, aber stetig festere Abbinden muß nur r i c h t i g gemacht werden. Bei der Verarbeitung können die, in der Literatur zitierten Werte, leicht erweitert, bzw. o f t um ein Mehrfaches verbessert werden. Durch die Verfestigung werden nicht nur die Schwermetalle, auf Grund des basischen Milieus, schwer löslich, sondern auch ein bestimmter Anteil an leicht flüchtigen, organischen Substanzen mit eingebunden. In besonderen Fällen, und mit etwas Aufmerksamkeit, ist es möglich, durch Zusätze die Leichtflüchtigkeit dieser Stoffe zu stoppen, bzw. stark zu reduzieren. Schwerflüchtige Organica stellen keine so großen Probleme dar, sofern sie nicht a l l e i n e und mit e i n e r Flugasche verwertet werden sollen. Es ist hier auf alle Fälle möglich, einen w e s e n t l i c h e n höheren Prozentsatz mitzuverarbeiten, als von den leichtflüchtigen Lösungsmitteln oder CKW's.
Die G r e n z e n, nach denen Sie sicherlich fragen möchten, liegen einerseits in der Wirtschaftlichkeit- und in den Kosten einer Verbrennung andererseits. Schwieriger wird es, wenn die Flugasche mit Salzen aus der Rauchgaswäsche vermischt ist und dann verwertet werden soll, da die Verfestigung von Salzen mit Hilfe eines hydraulischen Verfahrens ja eigentlich die Quadratur des Kreises ist. In gewissen Grenzen ist jedoch auch dies möglich. Hier muß dann das Augenmerk auf besonders hohe Dichte gelegt werden und der Feuchtigkeitsträger ist sorgfältig zu wählen. Er

Weißblech-Recycling.
Ich war eine Dose.
WEISSBLECH RECYCLING
Ich war eine Bierdose aus Weißblech. Daß ich ihr im Moment so wenig ähnlich sehe, ist rein äußerlich. Innerlich sind wir noch immer verwandt. Sie können das ganz einfach mit einem Magneten überprüfen. Wenn Sie Ihr Bier das nächste Mal aus der Dose trinken, denken Sie daran, daß der Magnet täglich viele Millionen Dosen aus dem Müll holt, um sie wieder als wertvollen Schrott einzuschmelzen.
Weißblech-Recycling spart eine Menge Energie und Rohstoff und entlastet unsere Deponien. Sie können dabei helfen: Sorgen Sie bitte immer dafür, daß leere Dosen in den Mülleimer oder Container kommen und nicht auf die Straße. Das macht Nägel mit Köpfchen.
Informations-Zentrum Weißblech e. V., Kasernenstraße 36, 4000 Düsseldorf 1.
Weißblech.
Viel mehr als Verpackung.
IZW Mitgliedswerke: AG der Dillinger Hüttenwerke, Hoesch Stahl AG, Otto Wolff AG/Rasselstein AG

sollte nach Möglichkeit eine besonders hohe P u f f e r k a p a z i t ä t haben. Die Pufferkapazität einzelner Rezepturen spielt überhaupt eine große Rolle, da man bei der Verwertung schadstoffhaltiger Materialien - sowohl Flugasche als auch Feuchtigkeitsträger - auf gelegentlich vorkommende K o n z e n t r a t i o n s s p i tz e n der Ingredienzen gefaßt sein muß. Die Pufferkapazität der verwerteten Flugasche, also des Misch- oder Verfestigungsproduktes, ist nicht minder wichtig. Herr Dr.Meisch von der Universität Saarbrücken einer sehr detaillierten Studie die hohe Pufferkapazität des verfestigten, abzulagernden Materials gegenüber sauren Sickerwässer nachweisen. Mit dieser hohen Pufferkapazität, in Kombination mit einem niedrigen, also guten KF-Wert, läßt sich bequem die vielgefragte Langzeitwirkung errechnen, wie dies Peter Young von den englischen Harwell Laboratories erarbeitet hat. Er wies nach, daß ein Gemisch aus Flugasche einer MVA, Klärschlamm und Säureteer, kombiniert mit hydraulischen Binder, bei einer Sickermenge von 50 mm/Jahr und einer Schichtmächtigkeit von 1 Meter 180 Jahre benötigt werden um 1 % der Verunreinigungen freizusetzen. Würde man eine Schichtmächtigkeit von 10 Metern wählen, so würde sich die Zeitspanne um das 10-fache, also auf 1.800 Jahre, erhöhen. Das oben erwähnte, nicht besonders dichte Produkt, war, zwecks besserer Kontrolle mit Cadmium Acetat angereichtert worden.

Da das Thema diese Referats:" Die Verwertung von Flugasche aus Müllverbrennungsanlagen und ihre Probleme" heißt, möchte ich zu letzteren noch einiges ausführen:
Die jüngste Studie des Batelle - Instituts für das Bundeswohnungsbauministerium zeigt, daß bisher noch keine volkswirtschaftlich nennenswerte Verwertung der Flugaschen aus MVA's zu verzeichnen ist. Obwohl die Technik der Verwertung - sowohl im Labor nachgewiesen - als auch in der Industrie als vorhanden angesehen wird- stehen ihr immer noch viele Hemmnisse praktisch technischer, juristisch administrative und psychologischer Art im Wege. Ich darf mir erlauben, Ihnen einmal einige davon - ohne Anspruch auf Vollständigkeit hier aufzuzählen. Man kann diese Hemmnisse in die soeben zitierten, drei Kategorien einteilen:

1.2. Praktische Hemmnisse, die der Verwertung entgegenstehen

1.) Es findet häufig keine Trennung der Flugasche von den anfallenden Rostschlacken und - falls eine Rauchgas- Entschwefelungsanlage vorhanden ist-von den REA - Rückständen statt. Oft wird sogar bewußt vermengt und die Flugasche benetzt, weil man auf diese Weise nur e i n Entsorgungsprodukt hat, und sich nicht die Mühe machen will, die Entsorgung der unterschiedlichen Materialien auch unterschiedlich durchzuführen.

2.) Solange es noch geduldet wird, daß das unter 1) zitierte Mischgut weggeworfen wird, ohne daß einerseits die zweifelsfrei vorhandenen Schadstoffe zur Kenntnis genommen werden, bzw. der mögliche Nutzeffekt Anwendung findet, liegt k e i n e praktische Notwendigkeit zur Verwertung vor, da eine solche Verwertung ja auch etwas Geld kosten würde.

3.) Seitens der Anlagebauer und -betreiber wird z u w e n i g Wert auf eine gleichbleibende, hohe Qualität der Flugasche und ihrer Verwertbarkeit gelegt. Dies ist zwar verständlich, denn Zweck der MVA ist ja die M ü l l v e r b r e n n u n g und nicht die A s c h e p r o d u k t i o n. Ein bißchen mehr allgemeine Aufmerksamkeit dies Problem betreffend, wäre sicherlich möglich und sehr von Vorteil.

4.) Ein marktwirtschaftlich-praktisches Hemmnis sind die oft noch relativ hohen Kosten der Verwertung, sowie die unterschiedlichen Massenströme, sowohl vom Anfall und Bedarf, innerhalb der Jahreszeit, als auch örtlich-geographisch gesehen. Erhöhte Kosten in der bisherigen, konventionellen Entsorgung werden sicherlich diese Kostenschere schließen.

5.) Entsorgungsprobleme werden oft zu wenig koordiniert. Jeder ist froh, noch eine halbwegs funktionierende Lösung der Entsorgung zu haben, ohne sich genügend mit den Nachbarbetrieben über die eigenen und deren Probleme abzustimmen. Die Abfallbörse und die privaten Entsorgungsunternehmen leisten hier zwar schon gute Dienste, aber es reicht noch nicht. Es geht durch separate Deponierung v i e l z u v i e l wertvoller Deponieraum verloren. Eine sinnvolle Nutzung der Flugasche könnte eine wesentliche Verbesserung der Deponietechnik bringen und anfallende Sickerwassermengen drastisch reduzieren.

2.1. Juristische und administrative Hemmnisse

1.) Es gibt, bedauerlicherweise, trotz vielseitiger Bemühungen, immer noch keine, allgemein gültigen, realistischen und genauen Grenzwerte für die gesamte Bundesrepublik, oder noch besser: für die EG. Die neue TA - Abfall soll diese Lücke zwar schließen, es wird aber sicher noch einige Zeit vergehen, bis sie erlassen ist!

2.) Die Frage: Abfall oder Produkt? wird uneinheitlich ausgelegt. Der eine Behördenrepräsentant besteht darauf, daß es so lange ein Abfall sei, bis man etwas dafür bezahlt bekommt. Der andere vertritt die Meinung, die sich nach meiner Auffassung langsam durchzusetzen scheint, daß der Verwertete Abfall ein Produkt sei, sobald die Entsorgung mit der Verwertung weniger Geld kostet, als bisher.

3.) Mangels präziser Grenzwerte sind viele Entscheidungsträger schlicht überfordert, richtige und auf dem letzten, wissenschaftlichen Stand basierende Entscheidungen zu fällen. Das Ergebnis dieser Situation können entweder zu laxe oder zu überzogene Anforderung an ein herzustellendes Verwertungsprodukt Flugasche sein.

4.) Aus menschlicher Schwäche haben viele Entscheidungsträger im Falle der Verwertung und auch Entsorgung immer noch eine viel zu große Vorliebe für das "St.-Florians-Prinzip". Umweltschutz muß sein, verwertet werden soll auf alle Fälle, lt. neuestem Gesetz - nur nicht bei uns.

2.2. Psychologische Hemmnisse

1.) Es wird oft eine Hysterie über enthaltene Schadstoffe betrieben- nur weil man auf einmal im Besitz der hochempfindlichen Geräte ist, die diese Schadstoffe in kleinsten Konzentrationen nachweisen können. Das Geschäft mit der Angst floriert und jene, die es betreiben, kennen oft nicht einmal den Unterschied zwischen einem ppm und einem ppb.

2.) Es ist leichter den "Mülltourismus" zu propagieren, als verantwortungsbewußt einer soliden Verwertung zuzustimmen, selbst wenn der Tourismus ein Mehrfaches kostet.

3.) Wenn ein Verfahren relativ "simpel" erscheint und nicht Millionen an Subventionen verschlingt oder verschlungen hat, und nicht von großen Konzernen ver- oder betrieben wird, k a n n e s d o c h n i c h t g u t s e i n!

4.) Die Blüten unseres förderativen Systems sind s o prächtig, daß Ergebnisse aus Nachbarländern, sogar nur aus benachbarten Regierungsbezirken , im e i g e n e n RP-Bereich e r n e u t teuer hinterfragt werden müssen. Hier berühren wir auf alle Fälle auch die politische Seite der "psycholog. Hemmnisse", über die ich mich hier nicht auslassen- sie jedoch auch nicht unerwähnt lassen möchte!

Dies alles führt dazu, daß die längst fällige, volkswirtschaftlich interessante, großvolumige Anwendung der F l u g a s c h e n v e r w e r t u n g noch sehr zu wünschen übrig läßt. Die vorhandenen Technologien sollten genutzt werden. Um aber dies endlich zu ermöglichen brauchen wir e i n h e i t l i c h e R i c h t l i n i e n und G r e n z w e r t . Diese Werte müssen natürlich regelmäßig kontrolliert werden. Wir brauchen auch durchgreifende Kontrollen gegen einfaches W e g w e r f e n und größere Aufmerksamkeit gegenüber den vielen, potentiellen Möglichkeiten der Anwendung und Nutzung. Das gesamte Gebiet der Verwertung sollte differenzierter angesehen werden. Es ist zwar vieles, aber nicht alles machbar und ein jedes Ding hat seinen Preis. Weil einzelne Fraktionen der Reststoffe der MVA's e i n z e l n besser- und hochwertig sind, sollten diese auch getrennt produziert und sogar optimiert werden, sowohl vom Anlagenkonzept her, wie bei der atmosphärischen Wirbelschichtfeuerung, als auch vom Betrieb her. Mit etwas Mühe lassen sich viele, gute Eigenschaften aus der Flugasche erarbeiten und auch volkswirtschaftlich nutzbar machen. Der puzzolanische Effekt der Flugasche kann aktiviert werden. Die hohe Dichte eines Flugasche-

Verwertungsproduktes ermöglicht den Einsatz im Tiefbau, zur Abdichtung und auf den Deponien, unter Zuhilfenahme von entsprechenden Aktivatoren und/oder Katalysatoren.

Besonders das langsame Aushärten ermöglicht den Einsatz als Dichtungsmasse, zumal die Schwindfaktoren so klein sind, daß sie die Freiheit von Rissen - bei entsprechender Verarbeitung - ermöglichen. Die Anpassungsfähigkeit durch Rezeptvariationen an unterschiedliche Anforderungen: dicht oder hart, bzw. Verträglichtkeit mit Schadstoffgehalten in einem Feuchtigkeitsträger, ist s o groß, daß die großvolumige Verwertung der F l u g a s c h e aus MVA's trotz aller oben zitierten Probleme - eine große Zukunft hat. Es handelt sich nicht um das Märchen von "Dornröschen", sondern eher um "Aschenputtel"aber auch letzteres Märchen kommt nach vielen, mühsamen Wegen zu einem guten Ende.

4. Analysen an Müllverbrennungsanlagen

Staubmessungen in Abgaskanälen

T. Gast, K. U. Kramm

Zusammenfassung:

Am Beispiel der Staubmengenmessung in einem Abgaskanal werden die Probleme bei der Probenahme erläutert. Dabei wird dem Meßaufbau nach VDI 2066 ein Aufbau mit Nulldrucksonden gegenübergestellt. Das Arbeitsprinzip der Nullrucksonde wird an ausgewählten Bauformen erklärt.
Danach werden die gängigen Staubkonzentrationsmeßverfahren und ihre Fehlermöglichkeiten behandelt. Zum Abschluß werden zwei neue Meßgeräte vorgestellt. Bei dem gravimetischen Staubkonzentrationsmeßgerät wird die abgeschiedene Masse aus der Differenz der Brutto- und Tarawägung ermittelt.
Dagegen wird bei dem anderen Staubkonzentrationsmeßgerät die Masse mit Longitudinalschwingungen bestimmt.

Probenahme aus Abgaskanälen

Die Richtlinie VDI 2066 beschreibt Verfahren zur Bestimmung der Staubbeladung und des Staubmassenstromes eines durch definierte Querschnitte strömenden Staub-Gas-Gemisches /1/.
Bei der Probenahme aus Abgaskanälen sollen die Merkmale der ursprünglichen Probe erhalten bleiben /2/ und der entnommene Teilstrom repräsentativ für den Hauptvolumenstrom sein.
Diese Forderungen werden erfüllt, wenn die angewendeten Verfahren und Geräte einer Reihe von Bedingungen genügen /1, 3 /.

Die Staubverteilung von strömenden Staub - Luft - Gemischen in Rohrleitungen wurde von mehreren Autoren untersucht /4,5,6,/. Auf diesen Ergebnissen fußt die in den Richtlinien beschriebene Vorgehensweise bei Staubmessungen. Sie ist ein praktischer Kompromiß zwischen meßtechnischen Aufwand und erzielbarer Meßgenauigkeit. Für die strömungsgerechte (geschwindigkeitsgleiche) Absaugung des staubbeladenen Teilstromes wird in der Richtlinie ein Meßaufbau vorgeschlagen, der auf die Verhältnisse in Rauchgaskanälen zugeschnitten ist. Im Einzelfall muß immer zuerst nachgeprüft werden, welche Parameter als konstant anzusehen sind. Im hier beschriebenen Beispiel wurde eine Staubkonzentrationsmessung im Abgaskanal eines Trockners durchgeführt. Bei der in Abbildung 1 gezeigten Anordnung zur Geschwindigkeitsmessung ist es notwendig die Gasfeuchte zu bestimmen, die sich während des Betriebes erheblich ändern kann, denn zur Messung der Gasgeschwindigkeit mit dem Prantl-Staurohr muß die daraus folgende Dichteänderung mit berücksichtigt werden.

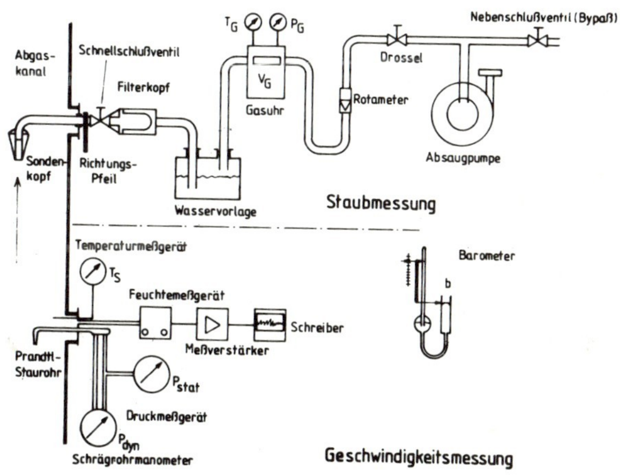

Bild 1 Beispiel für einen Meßaufbau nach VDI 2066

Solange diese Messungen nur einmal bei der Inbetriebnahme einer Anlage durchgeführt werden, mag der Aufwand vertretbar sein. Ändern sich jedoch die Zustandsgrößen des Gases, dann müssen auch einzelne Betriebszustände untersucht werden; die Kosten steigen dann erheblich.

Abweichend von dem Vorschlag in der VDI-Richtlinie ist hier der Probenahmekopf außerhab des Rauchgaskanales angebracht. Dies erweist sich als sehr nützlich, denn der Verschlußdeckel am Abgaskanal bleibt geschlossen; die Strömungsverhältnise im Abgaskanal bleiben ungestört. Das Rauchgas strömt durch den Sondenkopf und das Schnellschluß - Kugelventil zum Filterkopf. Bis zum Filterkopf wird die Leitung geheizt. Das Reingas durchläuft zusätzlich eine Wasservorlage zur Gasreinigung, die außerdem zur Dichtigkeitsprüfung der gesamten Meßeinrichtung dient. Das innerhalb einer bestimmten Meßzeit abgesaugte Volumen wird an der eingezeichneten Gasuhr abgelesen. Das unter Meßbedingungen kalibrierte Rotameter ermöglicht die ständige Kontrolle des Volumen-Stroms. Dieser kann mit Hilfe eines Nebenschlußventiles und einer Drossel laufend berichtigt werden. Anhand der in den VDI-Richtlinien angegebenen Formeln zur Berechnung des abzusaugenden Volumenstromes läßt sich ein Rechenprogramm erstellen, mit dem bei Geschwindigkeitsschwankungen im Abgaskanal die Absauggeschwindigkeit ständig korrigiert werden kann. Diese laufende Korrektur erfordert jedoch Geschick und Erfahrung. Erst wenn die Messungen beendet ist, kann das tatsächlich abgesaugt Volumen mit den auf der Basis jeweils neuer Zustandsgrößen berechneten Werten verglichen werden. So liegt der Gedanke nahe, die Probenahme zu automatisieren, um dynamische Messungen zu ermöglichen.

Die Teilstromentnahmesonde

Wie schon gesagt, muß dem Abgaskanal ein repräsentativer Teilstrom entnommen werden /7/. Die Entnahmegeschwindigkeit sollte dabei mindestens gleichgroß wie die Geschwindigkeit am Ort der Sonde im Kanal /8/ oder bis zum Faktor 1,1, /9/ größer als diese sein.

Wird diese isokinetische Bedingung nicht eingehalten, so ergeben sich Entmischungserscheinungen, die als Ursache erheblicher Meßfehler anzusehen sind. Dies wurde durch eine Reihe von theoretischen und experimentellen Untersuchungen belegt /10, 11, 12, 13/. Eine quantitative Abschätzung der Meßfehler hat Bohnet, M. /13/ vorgenommen.

In Anbetracht der verschiedenen Betriebszustände sowie der schwankenden Strömungsgeschwindigkeit und des veränderlichen Filterwiderstandes sollte eine Regelung des entnommenen Volumenstromes durchgeführt werden. Dies kann sowohl durch das Bedienungspersonal durch Verstellen der Drossel auch mittels einer Zuluftklappe erfolgen als auch durch eine entsprechende Schaltung zur Drehzahlsteuerung der Pumpe. Prinzipiell ist eine solche Regelung mittelbar über die Pumpendrehzahl, die Variation des Sondenquerschnittes /15/ oder mittels eines verstellbaren Zylinders in einer Venturidüse /14/ durchführbar. Wegen des großen mechanischen Aufwands beim Verstellen des Sondenquerschnitts wird bei Staubkonzentrationsmeßgeräten auf eine Regelung des abgesaugten Volumenstromes durch die Drehzahländerung einer Pumpe zurückgegriffen.
Die angesprochenen Nachteile des Staubmeßplatzes wurden schon sehr früh erkannt /16/. Bei den Staubkonzentratiosmeßgeräten mit Teilstromentnahme wird deshalb die Absauggeschwindigkeit geregelt oder gesteuert /17/. Dichteschwankungen konnten dabei jedoch nicht korrigiert werden. Dazu können der statische und / oder dynamische Druck bzw. die Geschwindigkeitsmessung mit einem Flügelrad-Anemometer bei gleichzeitiger Tempraturmessung herangezogen werden, um mit einem Mikrorechner die Absauggeschwindigkeit zu berechnen und einzuregeln /18,19/.

Die Wirkungsweise der Nulldrucksonden

Wesentlich einfacher wird die isokinetische Teilstromentnahme bei Verwendung einer Nulldrucksonde. Dieses Prinzip sei an einem Modell erläutert: Im Rauchgaskanal liegen zwei parallel zur Strömungsrichtung angeordnete Hohlzylinder

"1" und "2". An den Wandungen b und a dieser Zylinder wird als Differenz der dynamische Druck Δ p gemessen.

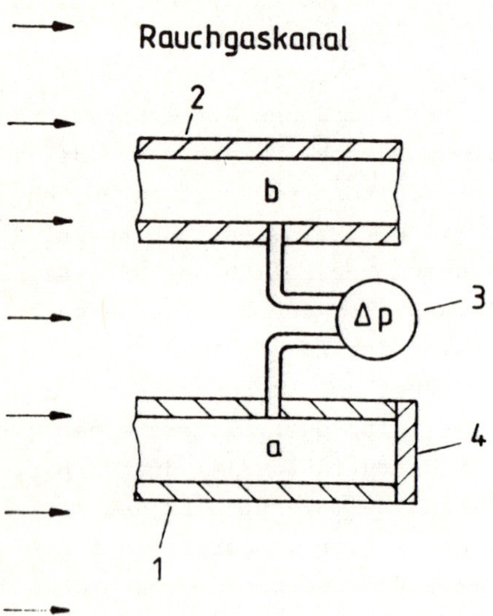

Bild 2: Prinzip der Nulldrucksonden

Ersetzt man die Abdeckung "4" durch ein Filterband oder Filter mit einem veränderlichen Strömungswiderstand (durch Filterporenverlegung) und saugt durch das Filter das Rauchgas an, dann zeigt sich die Geschwindigkeitsgleichheit in den Hohlzylindern dadurch, daß die gleichen statischen Drücke gemessen werden, d.h. die Druckdifferenz verschwindet.

Die Funktionsweise ist der des Prandtl-Staurohres sehr ähnlich. Die Druckverluste durch Reibung an den Wandungen sowie Drucksprünge aufgrund von Querschnittsänderungen sind nicht berücksichtigt. Bild 2 zeigt das Prinzip der Nulldrucksonden.

Schwankungen der Dichte wirken auf beide Meßzweige und heben sich bei Druckgleichheit auf.

Die Nulldrucksonde

Soll als Indikation für strömungsgerechte Absaugung die Gleichheit zweier statischer Drücke dienen, so müssen die Druckverluste am Sondeneinlauf korrigiert werden. Bereits 1966 schlug Muhlrad, W. /20/ vor, bei Nulldrucksonden die Korrektur durch eine spezielle Erweiterung im Bereich des Innendruckgebers vorzunehmen. Diese Anregung wurde von Düwel, U. und Dannecker, W. /21/ nahezu gleichzeitig mit den Verfassern dieses Berichtes aufgegriffen.
Eine weitere Korrekturmöglichkeit des Druckverlaufes ergibt sich durch Druckentnahme am Konus der Sonde /22,23,24/.

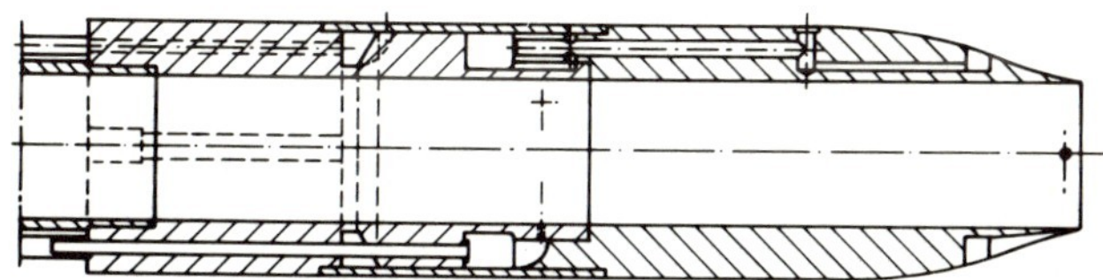

Nulldrucksonde (Bauart Steinmüller)

Bild 3: Nulldrucksonde mit Druckentnahme am Konus der Sonde

Die Druckverluste infolge Reibung werden durch Druckentnahme an den Sondenkonus (dyn. Druck) kompensiert. Die Druckentnahme - Bohrung für den statischen Druck im Sondenkanal ist in der unteren Bildhälfte eingezeichnet. Der Ringkanal in Bildmitte ist unterteilt. Der Innendurchmesser dieser Sonde beträgt 20 mm.

Eine Sonde, bei der die Korrektur der Druckverluste durch einem Diffusor im Bereich des Innendruckgebers durchgeführt wird, zeigt Abbildung 4.

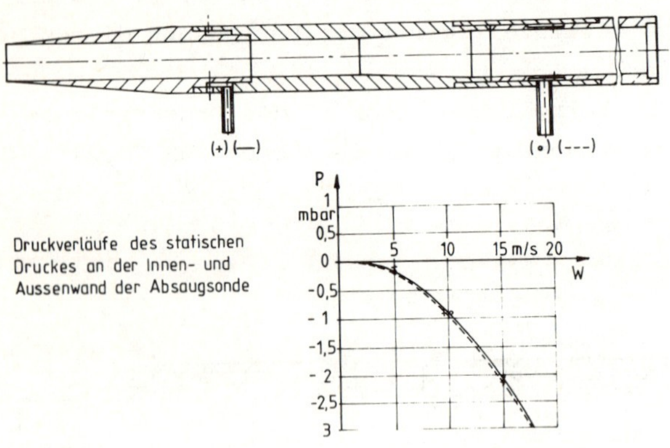

Bild 4: Die Nulldrucksonde mit Diffusor

Die Nulldrucksonde und der Verlauf der Drücke an den beiden Meßstellen in Abhängigkeit von der Gasgeschwindigkeit sind im Bild 4 dargestellt. Die Drücke an den beiden Meßorten stimmen überein, so daß die Druckdifferenz bei geschwindigkeitsgleicher Absaugung immer gleich Null ist. Diese Meßergebnisse gelten nur für den Saugkanal. Im Druckkanal steigt der statische Druck an der Außenwand der Sonde mit

zunehmender Geschwindigkeit. Es ergeben sich zur O-Line symmetrische Druckverläufe. Hier werden zwei Differenzdruckaufnehmer benötigt. Diffusor und die Ringkanäle der Sonde erfordern deren mehrfache Unterteilung. Die Einzelteile sind mit O-Ringen gegeneinander abgedichtet. Die verwendeten O-Ringe sind bis zu 180° C dauertemperaturbeständig. Bei Verwendung von Dichtringen aus PTFE (Telefon) ergibt sich eine Dauertemperaturbeständigkeit bis zu 320° C.
Diese Sonde wurde am Institut für Meß- und Regelungstechnik der Technischen Universität Berlin entwickelt /26,27/ und wird von der Firma Dr. Wazau, Berlin gefertigt und vertrieben.

Bekannt wurden Nulldrucksonden der Firma Gothe, Bochum und die Sonde EM 100 der Firma Sartorius, Göttingen. Labor- und Feldmessungen mit diesen beiden Nulldrucksonden wurden vom TÜV-Bayern 1980 durchgeführt /28/.
Die Testergebnisse waren zufriedenstellend. Die Sondendurchmesser variieren zwischen 10 und 32 mm.

Der Meßaufbau mit der isokinetischen Teilstrom-Entnahmesonde

Vergleicht man die beiden Meßaufbauten zur isokinetischen Teilstrom-Entnahme in Abbildung 1 und Abbildung 5 so wird sofort ersichtlich, daß der neue Meßaufbau erheblich übersichtlicher und bedienungsfreundlicher ist. Die eingezeichnete Drossel muß jeweils so eingestellt werden, daß der Differenzdrucktransmitter gerade den Druck "Null" anzeigt. Wie bei den weiter vorn besprochenen Versuchstand ist der Filterkopf außerhalb des Abgaskanales angebracht. Die Wasservorlage dient wiederum zur Dichtheitsprüfung des Meßaufbaues und auch zum Schutz der Pumpe. Das abgesaugte Volumen, bezogen auf Normalbedingungen, errechnet sich aus der Gastemperatur und dem Gasdruck an der Pumpe sowie dem Barometerstand.

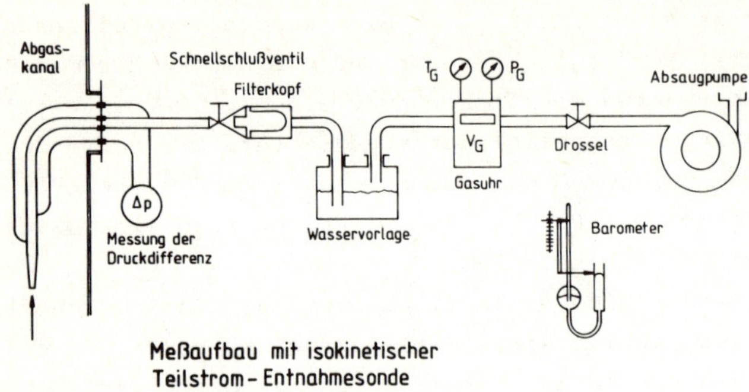

Bild 5 : Meßaufbau mit isokinetischer Teilstrom-Entnahmestelle

Der Meßaufbau (Bild 5) bietet gegenüber dem in Abbildung 1 gezeigten Aufbau den weiteren Vorteil, die tatsächlich emittierte Staubmenge direkt zu bestimmen; wenn an einem repräsentativen Punkt abgesaugt wird. Dazu können die Gasuhr und das Barometer aus dem Aufbau herausgenommen werden. Die Messungen der Gastemperatur, des Gasdrucks und des abgesaugten Volumens sowie die Barometerstandsmessung entfallen.
Aus dem Gesagten läßt sich folgern:
Eine allgemeingültige Patentlösund für die Messungen an Abgaskanälen gibt es nicht. Im Einzelfall muß nachgeprüft werden, welche Parameter und Zustandsgrößen als konstant anzusehen sind. Danach kann über die Gerätezusammenstellung entschieden werden. Oftmals erübrigt sich z.B. die Feuchtemessung, wie sie hier am Beispiel des Abluftkanales notwendig ist.
Die Nulldurcksonden erleichtern die Probenahme entscheidend, dynamische Messungen werden mit diesen erst möglich. Die emittierte Masse wird bei der Messung mit diesen Sonden direkt bestimmt.

Staubkonzentrationsmessungen

Bei der Emissionsüberwachung genehmigungsbedürftiger Anlagen werden Emmissionsmeßgeräte eingesetzt, die von Fachleuten der zuständigen Länderressorts und der Prüfinstitute im Sinne der Nr. 2.8.4 TA Luft in Verbindung mit den geltenden Richtlinien /29/ als geeignet anerkannt sind /30/. Zur Messung von Staubgehalt und Rauchdichte finden sich vorwiegend zwei Meßprinzipien /30/, nämlich die Schwächung eines Lichtstrahles infolge Absorption und B rechnung an den Staubteilchen zur Staubkonzentrationsmessung und Geräte, bei denen aus der Streuung von Kernstrahlung auf die Massenkonzentration geschlossen wird.

Optische Meßverfahren

Am weitesten verbreitet zur Staubkonzentrationsüberwachung in genehmingungsbedürftigen Anlagen sind die optischen Geräte. Eine einfache Anordnung zeigt Bild 6.

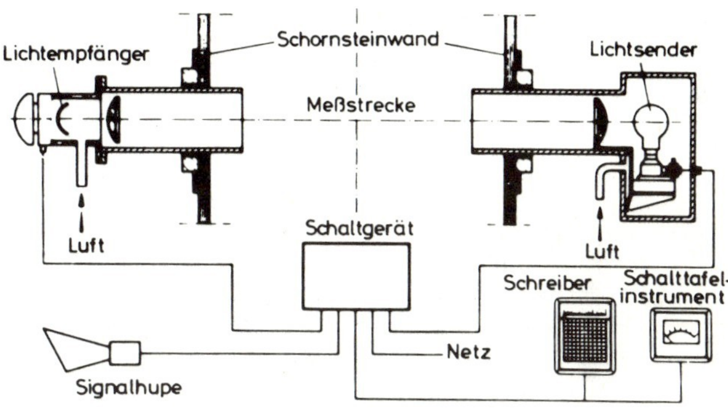

Bild 6: Einfache Anordnung zum Messen der Rauchdichte

Diese Geräte werden häufig auch als Rauchdichte-oder Staubdichtemesser bezeichnet. Solche Anlagen werden zur Zeit von den Firmen Durag Industrie Elektronik GmbH (Hamburg), E. Sick, Optik-Elektronik (München), AEG (Frankfurt M.) und Visomat-Geräte-GmbH angeboten.
Heute wird vorzugsweise das Zweilichtstrahlverfahren verwendet. Hierbei durchquert neben dem durch den Rauchgaskanal gesendeten Meßlichtstrahl ein Vergleichslichtstrahl eine zweite, rauchfreie Meßstrecke. Die Intensität des Meßlichtstrahles wird dann nicht mehr absolut sondern relativ zum Bezugslichtstrahl gemessen. Die Verfahren bedürfen der empirischen Kalibrierung. Solche Meßgeräte liefern sehr gute Ergebnisse, solange sich die optischen Eigenschaften der Stäube nicht ändern /31,32/. Diese Geräte sind zur Messung im Hauptstrom geeignet. Soll im Teilstrom gemessen oder wie bei Immissionsmessungen der Staubniederschlag bestimmt werden, dann kommen andere Meßprinzipien in Frage. Ein Beispiel für eine Filtrationsabscheidung und nachfolgende fotoelektrische Messung zeigt die Abbildung 7 . Die auf einem kontinuierlich laufenden Filterpapier abgeschiedene Staubmenge wird über Lichtschwächung ermittelt.
Hersteller von Meßgeräten, die nach diesen Prinzip arbeiten, sind die Firmen Sigrist (Schweiz) und Evans, Electroselenium Ltd.

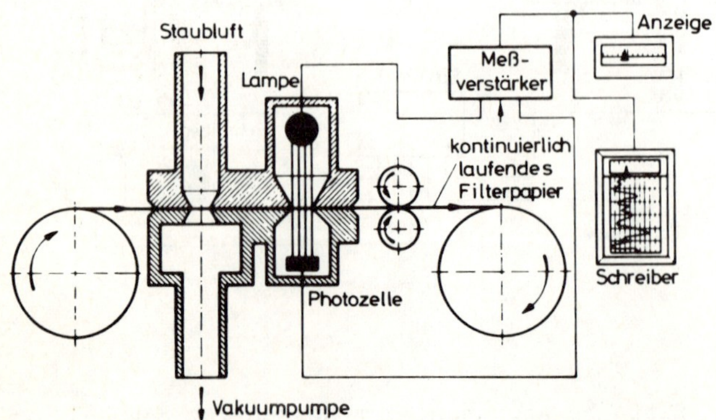

Bild 7: Staubgehaltsbestimmung über die Messung der Lichtabsorption (Bauart Fa. Gelmann Instruments, USA)

Diese Verfahren bedürfen ebenfalls der empirischen Kalibrierung. Bei Immissionsmessungen - hier ändert sich die Stoffzusammensetzung - wurden zwischen optischen - und gravimetrischen Messungen ein Korrelationskoeffizient von 0,47 ermittelt. Emissionsmessungen an einem Kohlekraftwerk mit einem auf der Messung der Lichtextinktion basierenden Meßgerät ergaben einen Korrelationskoeffizienten von 0,87 /33,32/.

Radiometriche Verfahren

Ähnlich wie bei den vorher besprochenen Gerät wird die Meßluft durch ein Filtermaterial gesaugt und die Zunahme des Flächengewichts des Filterbandes durch Messung der β - Strahlenabsorption ermittelt.

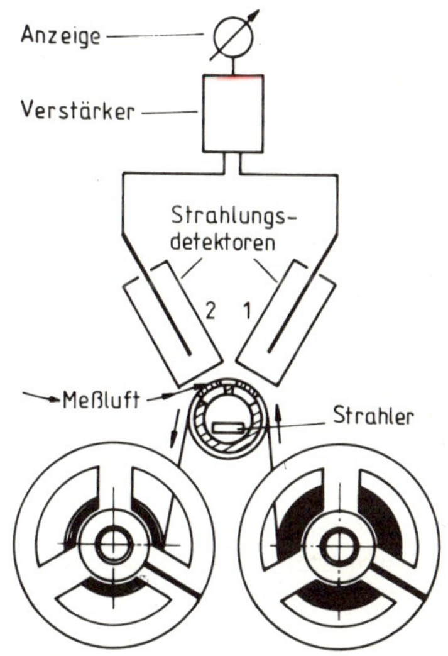

Bild 8 : Radiometrisches Meßgerät

Bild 8 zeigt ein Gerät mit radiometrischer Massenbestimmung. Das Filterband wird schrittweise vorwärts bewegt. An der Stelle 2 befindet sich die Bestaubungsstelle, an der Stelle 1 wird das Filterband durchstrahlt und die Strahlenabsorption des unbeaufschlagten Filters gemessen. Zusätzlich wurde ein automatischer Nullabgleich vorgesehen /34,35/. Meßgeräte nach dem radiometrischen Prinzip werden von FAG Kugelfischer Georg Schäfer & Co, Erlangen und VEREWA, Meß- und Regeltechnik Spohr in Mülheim angeboten.
Denzel und Horn berichten über ein weiteres Meßverfahren, das ebenfalls auf der Absorption von β- Strahlen durch niedergeschlagenen Staub beruht. Allerdings erfolgt hier die Abscheidung elektrostatisch auf eine kontinuierlich bewegte metallische Folie. Bei diesen Meßverfahren wurde von Geipel, W. /37/ die vermutete Abhängigkeit der Anzeige von der chemischen Zusammensetzung bestätigt. Als Korrelationskoeffizient zu den gravimetrischen Verfahren bei Immussionsmessungen ergab sich 0,83 /33/. Zu ähnlichen Ergebnissen kommen eine Reihe von Autoren /38,39,40,41, 42,43, / .

Andere physikalische Prinzipien

Das Staubmeßgerät Konitest nach Feifel und Prochaza /44/ benutzt als Meßgröße die durch Staubteilchen reibungselektrisch hervorgerufene Ladung (Bild 9). Hierbei erhält der aus dem Abgaskanal angesaugte Teilstrom bei Eintritt in das Gerät durch einen Leitapparat einen Drall, so daß die Partikel an die Wand eines Erregerrohres geschleudert werden und an diesen auf einer spiralförmigen Bahn entlang gleiten. Die an dem isolierten Rohr entstehende Ladung wird gemessen. Das Meßergebnis hängt außer von der Staubkonzentration auch von der Gasgeschwindigkeit, der Korngrößenverteilung, der Luftfeuchtigkeit u.a. m ab.
Über ein weiteres kontaktelektrisches Staubmeßgerät wird von Schütz berichtet. Dabei wird die Staubluft in einer Düse sehr stark beschleunigt. Die Staubteilchen treffen infolge ihrer Trägheit auf eine isoliert befestigte, kegelförmige Metallsonde auf. Die sich an der Sonde bildende elektrische Ladung wird ge-

messen und registriert /36/.

Beim Aerosol Ma$s Monitor (Fa. TSI, USA) wird der Staub elektrostatisch auf einem Schwingquarz kontinuierlich gemessen. Frequenzänderung und Staubgewicht stehen in einem direkten Zusammenhang. Die bei den hohen Frequenzen entstehenden Massenkräfte der Staubteilchen überwiegen gelegentlich die elektrostatische Haftkraft, so daß auch hier eine Kalibrierung notwendig wird /47/.

Beim kontinuierlichen Staubmeßgerät der Fa. Jouan (Frankreich) wird als Meßgröße der Druckanstieg benutzt, der sich bei Zunahme der Staubbelegung auf einem Papierfilter einstellt. Der gleichbleibendem Durchfluß hinten dem Filter sich bildende Unterdruck

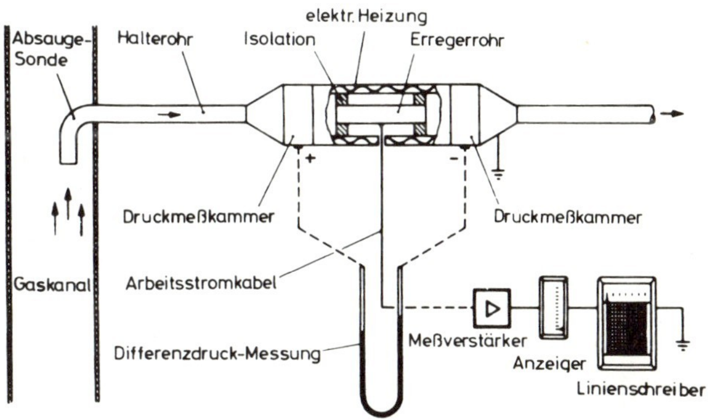

Bild 9: Messung der reibungselektrisch hervorgerufenen Ladung Bauart I.C. Eckardt

wird gemessen und aufgezeichnet. Da die meisten Eigenschaften und Wirkungen von Stäuben mengenabhängig sind, wäre eine direkte gravimetrische Staubmessung wünschenswert.

Gravimetrische Meßverfahren

Die Staubwaage nach Gast /48/ und das Automatisch - Gravimetrische Staubmeßgerät /49/ (AGS - 110) gestatten eine quasikontinuierliche, gravimetrische Staubmessung.

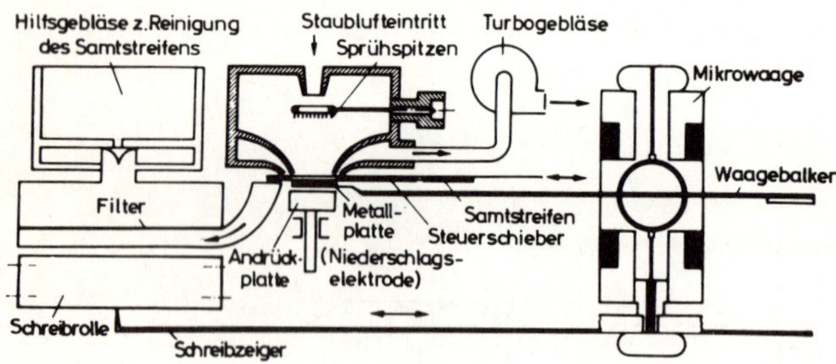

Bild 10: Staubwaage nach Gast

Der in der angesaugten Luft enthaltene Staub wird elektrostatisch auf einer Niederschlagsplatte abgeschieden, die am Balken einer elektronisch kompensierten Torsionswaage befestigt ist. Nach der Messung wird der Staub automatisch entfernt und kann für weitere Untersuchungen gesammelt werden. Das Prinzip einer automatisierten Weiterentwicklung der Staubwaage für Emissionsmessungen zeigt die Abbildung 11.

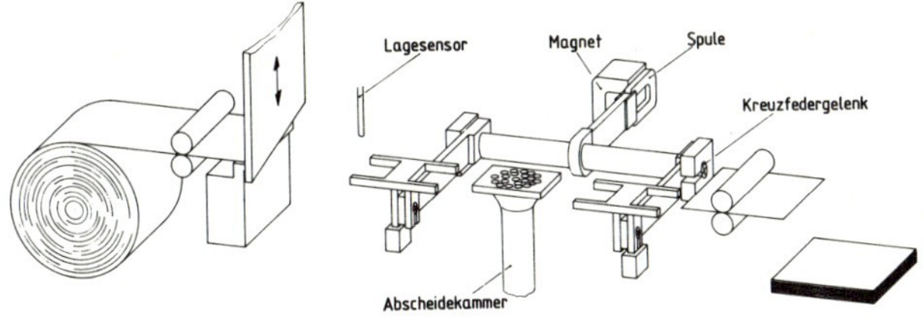

Bild 11: Staubwaage mit Filterabscheidung
Bauart Templin

Von einem Filtervorrat wird ein definierter Filterbandabschnitt abgeschnitten und auf der linken Waagschale tariert. Nach Abscheidung der Staubpartikel wird das Brutto-Gewicht mit der rechten Waagenschale bestimmt. Die Differenz der beiden Messungen wird angezeigt und ausgedruckt. Das Gerät erlaubt quasikontinuierliche Messungen. Zur Probenahme dient die im Bild 4 gezeigte isokinetische Teilstromentnahmesonde. Vergleichsmessungen nach diesem Prinzip mit gravimetrischen Messungen nach VDI 2066 ergaben Korrelationskoeffizienten von 0,89 /49/.
Hersteller dieses Meßgerätes ist die Firma H.Templin, Osnabrück, Sutthauser Str.

Staubkonzentrationsmeßgerät mit longitudinal schwingendem Filterband

Mit der Sonde wird aus dem Abgaskanal ein repräsentativer Teilstrom entnommen Bild 12.
Dieser strömt durch das Wegeventil zur Abscheidekammer. Dort wird der Staub am Filterband abgeschieden. Das piezoelektrisch angeregte Filterband schwingt lonitudinal in seiner ersten Eigenfrequenz. Die vom Filter aufgenommene Staubmasse nimmt an der Schwingung teil. Dies hat eine Änderung der Eigenfrequenz des Systems zur Folge. Die Frequenzänderung ist Anzeigegröße. Die Messung erfolgt quasikontinuierlich. Dieses Meßverfahren erlaubt Messungen im µg - Bereich /50,51/.

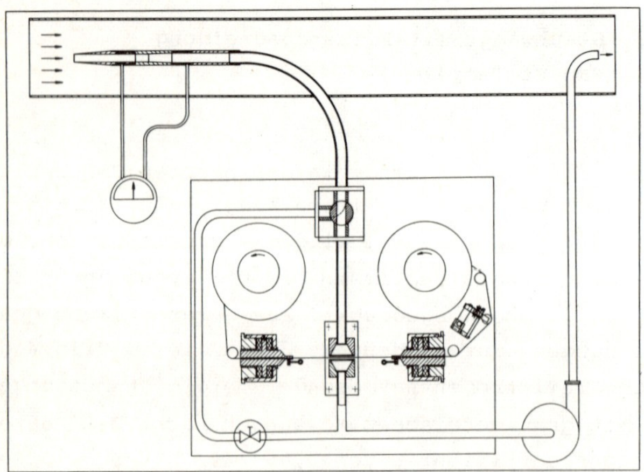

Bild 12: Staubkonzentrationsmeßgerät mit longitudinal schwingenden Filterband.

Zusammenfassende Übersichten über automatisch - registrierende Staubmeßgeräte wurden von Walter, E. /45/, Düwel, L. /36/, Gast, Th. /48/ Stahl /30/ und Gast, Th, Lange, M., Laskus.L /52/ erstellt.

Zusammenfassend läßt sich sagen, daß die Extinktionsmessungen sowie die Verfahren nach dem β - Rückstreuverfahren dort sichere Meßwerte liefern, wo die chemischen und physikalischen Eigenschaften der Stäube unverändert bleiben.
Die emittierte Masse korreliert mit der Mortalitätsziffer der Bevölkerung. Deshalb sollte möglichst die physikalische Größenart "Masse" detektiert werden.

/1/ VDI-Richtlinien 2066
Staubmessung in strömenden Gasen
Gravimetrische Bestimmung der Staubbeladung Blatt 1 bis 4
Beuth Verlag Berlin u. Köln

/2/ Gast,Th.: Lange, M.: Laskus, L.: Messung von Schwebestoffen
Handbuch der industriellen Meßtechnik
3. Auflage 1984
Vulkan-Verlag, Essen, S. 893

/3/ Gast, Th.: Kramm, K.U.: Firmenschrift:
Gesichtspunkte zur Teilstromentnahme aus Abgaskanälen
Isokinetische Probenahmesonde IPS
Dr. Ing. Wazau, Berlin 10, Keplerstr. 12

/4/ Zenker, P. Untersuchungen über die Staubverteilung von strömenden Staubluft - Gemischen im Rohrleitungen
Dissertation T.U. München 1970

/5/ Herrmann, I.: Staub in turbulenter Gasströmung - Staubverteilung und meßtechnische Probleme -
Dissertation T.U. München 1976
S. 131/145

/6/ Laskus, L. Ein Beitrag zur automatischen, gravimetrischen Bestimmung der Staubkonzentration im Rauchglas von Kraftwerken
Dissertation T.U. Berlin 1972

/7/ Batel, W.: Einführung in die Korngrößenmeßtechnik
Springer Verlag Berlin, Heidelberg
New York 1971, S. 14/18

/8/ Davies, C.N.: Zur Frage der Probleme von Aerosolen. Der Eintritt von Teilchen im Probenahmerohre und - köpfe
Staub - Reinh. Luft 28 (1968) Nr. 6
S. 219/225

/9/ Walter, E.: Zur Problematik der Entnahmesonden und der Teilstromentnahme für die Staubgehaltsbestimmung in strömenden Gasen,
Staub (1957) Heft 53, S. 880/898

/10/ Laskus, L.: Strunk, G.: Vögtlein, R.: Weiherer, G.: Untersuchungen des Rauchgasstaubes von Kraftwerken bei nichtisokinetischer Probenahme
Staub - Reinhalt Luft 41 (1981)
Nr. 7, S. 248/253

/11/ Badzioch S.: Correction for Anisokinetic Sampling of Gasburn Dust Particles
Journal of the Institute of Fuel 33, 1960, S. 106/110

/12/ Zenker, P.: Untersuchungen zur Frage der nicht geschwindigkeitsgleichen Teilstromentnahme bei Staubgehaltsbestimmungen in strömenden Gasen
Staub -Reinh. Luft 31 (1971)
Nr. 6, S. 252/256

/13/ Bohnet,M.: Staubgehaltsbestimmung in strömenden Gasen
Chemie-Ing.-Technik 45, (1973) Nr. 1
S. 18/24

/14/ Gast, Th.: Bestimmung des Feststoffgehaltes heißer Abgase mit der elektrischen Mikrowaage
Chemie-Ing.-Technik, 29 Jahrgang 1957,
S. 262/266

/15/ Twisselmann, L. Untersuchung einer Methode zur geschwindigkeitsgleichen Absaugung bei

Staub - Immissionsmessungen
Diplomarbeit am Inst. f. Meß- und
Regelungstechnik T.U. Berlin 1966

/16/ Muhlrad, W.: Eine neue Entnahmesonde zur Staubgehaltsbestimmung in strömenden Gasen
VDI-Bericht Bd. 7, 1955

/17/ Noss, E.: Ein normfähiges Meßgerät zur Staubgehaltsbestimmung in strömenden Gasen
VDI - Berichte Bd. 7, 1955, S. 5/10

/18/ Leschonski, K.: Geschwindigkeitsgleiche Teilstromabsaugung zur On - Linie
Partikelgrößenanalyse
Exponat zur Achema 1982/85
T.U. Claushal-Zellerfeld

/19/ Röthle, S.: Verfahren zur geschwindigkeitsgleichen Absaugung mit Differenzdrucksonden
Staub - Reinhalt. Luft 42 (1982)
Nr. 1 S. 6/10

/20/ Muhlrad, W.: Über die Verwendung von Nulldrucksonden zur Messung des Staubgehaltes in Rohrleitungen Staub - Reinhalt. Luft 26 (1966
Nr. 7, S. 302/304

/21/ Düwel, U.; Dannecker, W.: Neuartige Probenahmeeinrichtung zur Staubkonzentrationsmessung in Reingasen von Großfeuerungsanlagen zum Zwecke der Bestimmung anorganischer und organischer Staubinhaltsstoffe
Staub-Reinh. Luft 43 (1983) Nr. 7 Juli

/22/ Narjes, L.: Bestimmung von Stromdichteunterschieden, Kornmischungen und zeitlichen Staubstromschwankungen bei der pneumatischen Förderung von Steinkohle mit Hilfe der Nulldrucksonde
Staub 25 (1965) Nr. 7, Juli S. 256/260

/23/ Narjes, L.: Neuartige Nulldrucksonde zur quasi-isokinetischen Staubprobenahme bei hoher Staubbeladung Teil I u. II, ATM Archic für Technisches Messen V 1286-15, Januar 1964

/24/ Narjes, L.: Anwendung neuartiger Nulldrucksonden zur quasiisokinetischen Staubprobennahme in Dampfkraftanlagen Staub 25 (1965) Nr. 4 April S. 148/153

/25/ Gast, Th.: Staubmeßtechnik - eine Übersicht Technische Messen atm 1978, Heft 12, S. 427/435

/26/ Gast, Th.: Kramm, K.U.: Abschlußbericht zum Forschungsvorhaben Kraftwerksemissionsmessungen Programm Nr. 2.1.1.2.49 Der Bundesminister für Forschung und Technologie, Förderungsnummer 1-ET 1141 A Februar 1984

/27/ Gast, Th.; Kramm, K.U.: Firmenschrift Isokinetische Probenahmesonde IPS Gesichtspunkt zur Teilstromentnahme aus Abgaskanälen Dr. Ing. Wazau, Berlin Kepler Str.

/28/ Schneyer, P.: Labor- und Felduntersuchungen mit zwei Nulldrucksonden zur Staubemmisionsmessung TÜ 21 (1980) Nr. 5 S. 219/22

/29/ Bundeseinheitliche Praxis bei der Überwachung der Emission. Richtlinien für die Eignungsprüfung, den Einbau und die Wartung laufend aufzeichnender Emissionsmeßgeräte (Rundschreiben des BMJ vom 3.3.1975 und vom 18.9.1978) Gemeinsames Ministerialblatt (1975), S.367 (1978) S. 463

/30/ Stahl, H.: Untersuchungen zur kontinuierlichen Emissionsüberwachung genehmigungsbedürftiger Anlagen
Staub - Reinhalt. Luft 39 (1979) Nr. 3 März

/31/ Tölle. I.: Untersuchungen von lichtelektrischen Staubmeßgeräten zur Überwachung der Flugstaubemission von Dampfkesselfeuerungsanlagen, TÜV-Essen
Vortragsveröffentlichungen Haus der Technik (1966) Nr. 71 S. 5/23

/32/ Kirkiewicz, I.: Untersuchungen der Lichtextinktion in in verstaubten Medien
Staub - Reinhalt. Luft (1979) Nr. 1 Januar S. 12/15

/33/ Müller, S.: Test of sampling instruments for suspended particutate matter in ambient air.
Umweltbundesamt, Frankfurt/M
Beitrag zur Postersession anläßlich der Tagung Aerosols in Science, Medicine and Technologie 14.-16. Sept. 1983, München

/34/ Aurand, K.: Bosch, I.: Gerät zur kontinuierlichen Bestimmung der Bestimmung der Konzentration staubförmiger Luftverunreinigungen
Staub - Reinh, Luft Bd. 27 (1967) Nr. 10 S. 445/47

/35/ Dreiheller, H.: Wendt, H.: Kontinuierliche Staubmessung nach der radiometrischen Methode
Deutsches Vortragsmanuskript für die Jahrestagung der Gesellschaft für Aerosolforschung am 3. - 5.10.1979 in Düsseldorf

/36/ Düwel, L.: Neuester Stand der Entwicklung von Kontrollmeßgeräten zur Dauerüberwachung von Staubemissionen, Staub 28 (1968) S. 119/127

/37/ Geipel, W.: Untersuchungen an registrierenden Staubemissionsmeßgeräten
Registrierende Messung von Staubförmigen Emissionen, Bericht Nr. 6/77 der TU München Institut für Thermische Kraftanlagen von Sept. 1977, Verfahrungstechnik (1977) S. 626/630

/38/ Vetter, H.: Vergleichende Dauerbetriebserprobung von Staubdichtemeßgeräten hinter Braunkohlefeuerungen
Mitteilungen der VGB 49, Heft 1, Febr. 1969 S. 23/67

/39/ Laufhütte, D.W.: Betriebliche Erfahrungen mit registrierenden Staubemissionen
Mitteilungen der VGB 49, Heft 1, S. 15/23

/40/ Drena H.:
Fischötter, P.:
Felden, G.: Kontinuierliches Messen des Staubgehaltes in Luft und Abgasen mit Betastrahlen
VDI-Z . 106 (1964) Nr. 24
August, S. 1191/1195

/41/ Negrusz, H.;
Teisseyre, M.;
Mejer, J.: Radiometrisches Filter - Staubmeßgerät für Gase, Feingerätetechnik 30 Jg. Heft 2/1981 S. 51/52

/42/ Düwel, L.: Neuentwicklung in der registrierenden Staubmessung auf der Emissionseite
VDI-Bericht Nr. 149, 1970 S. 193/198

/43/ Thoenes , H.W.: Fortschritte in der meßtechnischen Erfassung von Luftverunreinigungen
Erdöl und Kohle- Erdgas
Bd. 36, Heft 5, Mai 1983 S. 195/196

/44/ Prochazka, R.: Registrierende Staubmessung mit dem Konitest
Staub - Reinh. Luft Bd. 26 (1966)
Nr. 5, S. 202/206

/45/ Walter, E.: Kontinuierlich arbeitende Überwachungsgeräte für den Staubgehalt ruhender Luft und strömender Gase
Staub 22 (1962) Nr. 4 10. April S. 162/65

/46/ König, W. Untersuchungen an elektrostatischen Staubgehaltsmeßgerät Konitest
Staub Bd. 21 (1961) Nr. 8 S. 355/357

/47/ Gast, Th.: Akustische Rückkopplung als Hilfsmittel bei der Bestimmung von Staubkonzentrationen mit Hilfe eines schwingenden Bandes Staub. Reinh. Luft Bd. 30 (1970) Nr. 6 S. 235/238

/48/ Gast, Th.: Registrierende Staubmeßgeräte
Staub 21 (1961), 136/139

/49/ Laskus, L. Ein Beitrag zur automatischen gravimetrischen Bestimmung der Staubkonzentration in Rauchgasen von Kraftwerken
Dissertation T.U. Berlin 1972

/50/ Gast, Th.: Kraftwerksemssionsmessungen BMFT-FB-
Bundesministerium für Forschung und
Technologie, Forschungsbericht T 84-228
Technologische Forschung und Entwicklung
Oktober 1984, Fachinformationszentrum
Karlsruhe

/51/ Kramm, K.U.: Meßwerterfassung mit Longitudinalschwingungen
Dissertation T.U. Berlin 1985

/52/ Gast, Th.: Lange, M.: Laskus, L.: Messung von Schwebstoffen Profos P.
Handbuch der industriellen Meßtechnik
3. Auflage Vulkan-Verlag Essen S. 890-915

Bestimmungen von Schwermetallen in Flugasche und Reingasstaub

K. E. Lorber

1. Einleitung

Eine Müllverbrennungsanlage stellt einen Hochtemperaturreaktor dar, in dem komplexe pyrochemische Reaktionen ablaufen. Aus der Sicht der Umwelttechnik kommt dabei jenen Umsetzungen besondere Bedeutung zu, die zur Bildung oder Freisetzung potentieller Schadstoffe führen. So werden die in Müll und Abfall enthaltenen Schwermetalle nach der Verbrennung in Abhängigkeit von den jeweiligen Mobilisierungsbedingungen in den drei Rückstandsphasen: Schlacke (Rostdurchfall), E-Filter-Staub (Flugasche) und Reingas (dampf- und teilchenförmige Emission) auf-

treten.
Untersuchungen, die kürzlich an einer Anlage in der Schweiz durchgeführt worden sind, lassen dabei das in Tabelle 1 dargestellte Verteilungsverhalten der betrachteten Schwermetalle erkennen.

Tabelle 1

Verteilungsverhalten von Schwermetallen bei der Müllverbrennung nach (1)

Element	Verteilung in Rückstandsphase [%]		
	Schlacke	E-Filter-Staub	Reingas
Fe	99	1	0,02
Cu	89	10	1
Zn	51	45	4
Pb	58	37	5
Cd	12	76	12
Hg	4	24	72

Zusätzliche Angaben:

a) Massenbilanz der Anlage in g/kg Müll

Verbrannter Müll	Feuchte:	170
	Organische Bestandteile:	600
	Anorganische Bestandteile:	230
Verbrennungsprodukte	Schlacke:	205
	E-Filter-Staub:	25

b) Betriebsdaten

Brennraumtemperatur	ca. 900°C
Abgastemperatur:	245 - 240°C

Ein Vergleich mit anderen Anlagen, der in derselben Arbeit (1) durchgeführt worden ist, zeigt, daß die Verteilung der Schwermetalle in den Rückstandphasen der Verbrennung nicht nur durch die physikalisch-chemischen Eigenschaften dieser Elemente und die anlagenspezifischen Parameter,sondern insbesondere auch durch die Müllzusammensetzung (Brennwert, Feuchte, Chlorgehalt) bestimmt wird.
Da nun die Zusammensetzung des zur Verbrennung gelangenden Mülls - sowohl was den Schwermetallgehalt als auch die vorher erwähnten Parameter (Brennwert, Feuchte, Chlorgehalt) betrifft - starken Schwankungen unterworfen ist, müssen Müllverbrennungsanlagen als variable Emissionsquellen angesehen werden, die durch häufiges Auftreten von Extremwerten, d.h. relativ großen Rauchgaskonzentrationsschwankungen charakterisiert sind.
Meß- und Analysenverfahren, die die Bestimmung von Schwermetallen in den Rückstandsphasen (Schlacke, E-Filterstaub, Reingas) der Müllverbrennung zum Ziel haben, müssen dieser speziellen Situation angepaßt werden, um statistisch brauchbare Ergebnisse zu erhalten (2).

In die Praxis der Emissionsüberwachung übertragen heißt dies, daß nach Möglichkeit kontinuierliche "real-time"-Messungen von Schwermetallen im Reingas durchzuführen wären, ähnlich wie dies bereits mit einigen gasförmigen Komponenten geschieht. Da solche automatische in-situ-Meßmethoden für teilchenförmige Schwermetalle zur Zeit in der Praxis noch nicht verfügbar sind, wird man versuchen, Methoden und Instrumente einzusetzen, die eine möglichst schnelle und automatisierbare Bestimmung der statistisch geforderten großen Zahl von Stichproben erlauben.

2. Analyse von Schwermetallen in E-Filter-Stäuben (Flugaschen)

Ein wesentliches Element der Schwermetallbestimmung in E-Filter-Stäuben ist die statistisch kontrollierte Probennahme (2). Dabei werden nach einem bestimmten Probenahmeplan an geeigneten zugänglichen Stellen des Elektrofilters (z.B.: Staubtrichter) Proben von jeweils ca. 1000 g gezogen und in Pulvergläsern aufgefangen. Auf die dabei auftretenden Schwierigkeiten (z.B.: Unterdruck im E-Filter) sei an dieser Stelle nicht näher eingegangen. Durch Zerkleinern und Homogenisieren muß aus der heterogenen Rohprobe eine repräsentative Analysenprobe aufbereitet werden. Dazu wird das Proben-Konglomerat in einer Achat-Mühle feingemahlen und danach durch ein 106 µm-Sieb geschickt und im "Über-Kopf-Schüttler" intensiv gemischt.

2.1. Sequentielle Einzelelementanalyse durch Atomabsorptionsspektrometrie (AAS)

Zur Bestimmung von Schwermetallen in E-Filter-Stäuben (Flugaschen) werden am häufigsten AAS-Verfahren oder naßchemische Methoden eingesetzt, die in ASTM-Standard-C 311 beschrieben sind (3). Konventionelle AAS-Verfahren setzen voraus, daß die zu analysierende Probe in einer homogenen Lösung vorliegt, d.h. die festen Staubproben müssen durch einen naßen Aufschluß in Lösung gebracht werden, bevor sie in der Flamme (Flammen-AAS) oder im Graphitrohr (flammenlose AAS) atomisiert werden. Der Aufschluß soll sicherstellen, daß die in den Staubproben vorliegenden interessierenden Schwermetallverbindungen der Analyse zugänglich sind und die notwendige Probenhomogenität hergestellt wird. Dabei ist zu beachten, daß die zu analysierenden Schwermetalle weder als ungelöster Rückstand vorliegen, noch als flüchtige Verbindungen entweichen dürfen. In der Praxis haben sich dabei folgende Aufschlußverfahren bewährt (4, 5, 6):

- Königswasseraufschluß
- Salpetersäureaufschluß
- Salpetersäure/Flußsäure-Druckaufschluß im Autoklaven

Wie aus einem in Tabelle 2 dargestellten Vergleich verschiedener AAS-Verfahren zur Bestimmung von Schwermetallen in NBS-SRM-1633 Coal Fly Ash hervorgeht, ist ein zeitraubender Totalaufschluß (Salpetersäure/Flußsäure-Druckaufschluß der Silikat-Matrix) nicht unbedingt erforderlich, da die interessierenden Elemente der Probe in relativ gut löslicher Form an der Oberfläche der glasartigen, kugelförmigen Flugascheteilchen angereichert sind (7).

Tabelle 2

Bestimmung von Schwermetallen in NBS-SRM 1633 Coal Fly Ash durch unterschiedliche AAS-Verfahren. Vergleich der Ergebnisse (5, 8)

AAS-Verfahren bzw. Methode	Ergebnisse in [µg/g]			
	Pb	Cd	Cu	Zn
Salpetersäureaufschluß	73±2	1,38±0,05	110±2	207±14
Königswasseraufschluß	73±2	1,41±0,06	111±3	186± 8
HNO_3/HF-Druckaufschluß alle nach (5)	72±2	1,50±0,05	130±5	205±11
NBS-zertifizierte Werte für SRM 1633	70±4	1,45±0,06	128±5	210±20
für SRM 1633 A		1,0 ±0,15		
Direkte Bestimmung durch ZEEMAN-AAS (8)		0,93± 0,17		208± 36

Um die Richtigkeit der Ergebnisse verifizieren zu können, ist für den in Tabelle 2 wiedergegebenen Vergleich von AAS-Verfahren bzw. Methoden eine Flugasche bekannter Zusammensetzung von National Bureau of Standards (NBS) herangezogen worden.

Diese Substanz (SRM-1633 bzw. SRM 1633a) entspricht der chemischen Zusammensetzung von E-Filter-Stäuben aus Kohlekraftwerken. Die in Müllverbrennungsanlagen anfallenden Flugaschen haben einen wesentlich höheren Schwermetallgehalt (9). Für die Säureaufschlußverfahren nach (5) sind jeweils 10 - 100 mg der zu untersuchenden Probe aufgeschlossen worden, wobei nur durch den HNO_3/HF-Druckaufschluß ein vollständiges Lösen der Probe zu erreichen war. Beim Königswasser- und Salpetersäureaufschluß blieben ungelöste Anteile (Silikate etc.) zurück, die verworfen wurden. Wie die in Tabelle 2 - mit 95 % Vertrauensbereich - dargestellten Ergebnisse zeigen, ist die Übereinstimmung der gefundenen Analysenwerten mit den zertifizierten Gehalten sehr gut. Die relative Standardabweichung, berechnet aus den Einzelwerten von jeweils 7 Aufschlüssen, liegt für Blei, Kupfer (Flammen AAS) und Cadmium (Graphitrohr) im Bereich von 3-5 %, für Zink (Flammen AAS) zwischen 5-7 %.

Als weitere direkte Methode zur Schwermetallbestimmung in Stäuben ist auch die ZEEMAN-AAS (SM1-Gerät von Erdmann & Grün, Wetzlar) eingesetzt worden. Der Vorteil dieser Methode liegt darin, daß hier für feste Probe direkt, ohne zeitaufwendigen Aufschluß oder andere Probenvorbereitungsschritte analysiert werden kann. Dies wird durch die ZEEMAN-Effekt-Untergrundkompensationstechnik ermöglicht (6, 10).

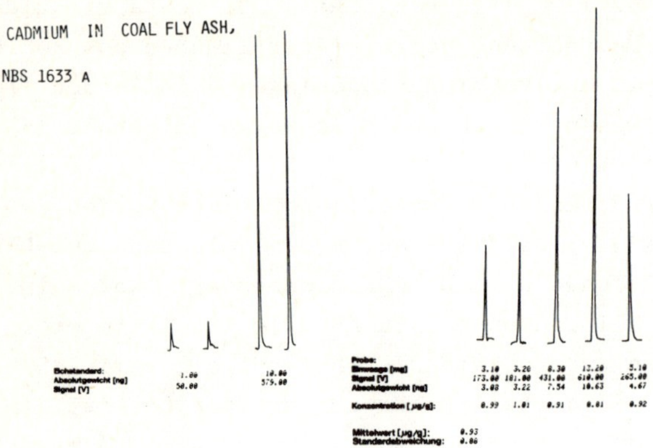

Bild 1

Direkte Bestimmung von Cadmium in NBS-SRM 1633a Coal Fly Ash durch ZEEMAN-AAS nach (8)

In Tabelle 2 und Bild 1 sind die Ergebnisse der direkten Schwermetallanalyse durch ZEEMAN-AAS festgehalten. Die Einwaagen betrugen zwischen 3-13 mg Staub für Cadmium und 1-2 mg Staub für Zink. Für die direkte Analyse von E-Filter-Stäuben aus Müllverbrennungsanlagen müssen bedingt durch die wesentlich höheren Schwermetallgehalte, Einwaagen im Mikrogrammbereich (ca. 100 µg) genommen werden. Und damit wird die Repräsentanz der Analysenprobe zum zentralen Problem der Analyse: durch Feinmahlen, Sieben und Mischen muß die Probe soweit homogenisiert werden, daß auch eine geringe Teilmasse von weniger als 100 bzw. 10 µg in ihrer chemischen Zusammensetzung der Zusammensetzung der Gesamtprobe (deren Masse im kg-Bereich und darüber liegt) entspricht. Dies erfordert zeit- und materialaufwendige Arbeitsschritte, die in der Praxis nicht immer zum gewünschten Ergebnis - der repräsentativen Analysenprobe - führen.
Die Atomabsorptionsspektrometrie ist im Spektralbereich von 193,7 nm (As) bis 852,1 nm (Cs) einsatzbereit. Die absoluten Nachweisgrenzen liegen für die Schwermetalle im 10^{-9} bis

10^{-13}g-Bereich. Da die Schwermetallkonzentrationen von E-Filter-Stäuben aus Müllverbrennungsanlagen im Prozent bis ppm-Bereich liegen, wird man vorteilhaft mit Flammen-AAS arbeiten. Das flüchtige Element Quecksilber wird nach der "Kaltdampfmethode" bestimmt. Die Eichung kann bei konventionellen AAS-Verfahren wie auch bei ZEEMAN-AAS mit Hilfe wässriger "Single-Element"-Standardlösungen erfolgen, wobei aliquote Teile der Probe nach der "Einzelelement-Standardadditionsmethode" mit bekannten Mengen des zu bestimmenden Elementes dotiert werden. Der gesuchte Wert wird dabei rechnerisch oder graphisch durch lineare Extrapolation der Regressionsgeraden ermittelt (4, 5).
Unspezifische Absorption, Matrixeffekte und Störungen bei der Atomisierung führen dazu, das einige Elemente im Staub durch AAS nicht problemlos zu bestimmen sind. Ein bekanntes Beispiel dafür ist Vanadium, das - wie ein Ringversuch gezeigt hat (11) - am besten durch photometrische Verfahren bestimmt wird.

Ein systematischer Nachteil der Atomabsorptionsspektrometrie liegt darin, daß die interessierenden Elemente nur einzeln und nacheinander bestimmt werden können (sequentielle Einzelelementanalysenmethode). Dies bedingt einen relativ großen Analysenzeitaufwand, der bei simultanen Multielementanalysenmethoden vermieden werden kann. So gelingt es durch die induktiv gekoppelte Plasma-Emissionsspektrometrie (ICP-ESA) bis zu 60 Elemente gleichzeitig in einer Probe zu bestimmen (12). Dabei werden die Atome durch ein Plasma thermisch angeregt und die ausgesandten elementspezifischen Emissionslinien durch ein aufwendiges optisches System (Vielkanalgerät nach Rowland-Kreis-Prinzip) getrennt voneinander zeitgleich registriert. Obwohl ICP-ESA-Systeme wesentlich teurer als herkömmliche AAS-Geräte sind, werden sie aufgrund der aufgezeigten Vorteile in jüngster Zeit häufig zur Schwermetallbestimmung in Stäuben eingesetzt (1, 13).

2.2. Simultane Multielementanalyse durch Röntgenfluoreszenzspektrometrie (RFA)

Energiedispersive Röntgenfluoreszenzspektrometrie (EDXRF) ist die Methode der Wahl, wenn eine Vielzahl fester "Vielkomponenten"-Proben innerhalb eines kurzen Zeitraumes sowohl qualitativ als auch quantitativ untersucht werden soll. Der entscheidende Vorteil dieser vollautomatisierbaren Analysen-Methode ergibt sich aus der Möglichkeit, direkte (ohne Probenvorbereitung) zerstörungsfreie Multielementanalysen zeitgleich durchführen zu können.

Für die Bestimmung von Schwermetallen in Stäuben und Flugaschen liegen die relativen Nachweisgrenzen konventioneller EDXRF-Verfahren im Bereich von 1-10 µg/g. So lassen sich im energiedispersiven Spektrum einer untersuchten Staubprobe, die dem E-Filter einer Müllverbrennungsanlage entnommen wurde, die Elemente: Al, Si, S, Cl, K, Ca, Ti, Cr, Mn, Fe, Cu, Zn, Pb, Br, Rb, Sr, Sn, Cd, Sb und Ba eindeutig nachweisen. Da für EDXRF-Verfahren die Einwaage im Gramm-Bereich liegt (ca. 3-5g E-Filter-Staub pro Probe), stellt die Repräsentanz der Analysenprobe im allgemeinen kein besonderes Problem dar. Wesentlich niedrigere Nachweisgrenzen - im unteren ppb-Bereich - lassen sich erzielen, wenn das Verfahren des "totalreflektierenden Probenträgers" (TRFA) angewandt wird (14).

Zur EDXRF-Bestimmung von Schwermetallen in staubförmigen Proben werden in der Praxis häufig folgende Verfahren eingesetzt:

- Lithiumtetraborat-Schmelztechnik (15)
- Preßkörper (Tabletten)-Technik
- Direkte Pulvertechnik

Während die beiden ersten Verfahren mit Probenvorbereitung (Herstellung einer glasartigen Schmelze bzw. Pressen eines Pellets unter Zusatz von Bindemittel) verbunden sind, erfor-

dert die einfache "Direkte Pulvertechnik" nur die Homogenisierung der Probe. Dazu wird der E-Filter-Staub in einem Achat-Mörser feingemahlen, gesiebt (106 µm-Sieb) und intensiv gemischt. Etwa 3-4g der pulverisierten Probe werden in einen "Mylar-Cup"-Probenbehälter gefüllt und ohne jede weitere Vorbehandlung im EDXRF zerstörungsfrei gemessen. Diese Art von pulverförmigen Proben stellen für Röntgenstrahlen "unendlich dicke" Schichten dar, die ohne gravierende Beeinträchtigungen durch Matrixeffekte analysiert werden können.
Ein sorgfältig durchgeführter Vergleich der drei hier angeführten Verfahren hat gezeigt, daß die "Direkte Pulvertechnik" bei der Bestimmung von Schwermetallen in Flugaschen den anderen beiden Verfahren vorzuziehen ist, da gut übereinstimmende Ergebnisse erzielt werden, ohne daß dabei die Probe vorbehandelt werden muß (9).

2.2.1. Lineare Multielement-Standard-Additionsmethode

Zur quantitativen Analyse fester Proben wird in der Röntgenfluoreszenzspektroskopie allgemein die Probe in konstanter geometrischer Anordnung (exakt festgelegte Meßgeometrie) gemessen und danach mit natürlichen oder synthetischen Standards genau bekannter Zusammensetzung verglichen, wobei die Matrix der Standards der Matrix der Probe so weit wie nur möglich ähnlich sein soll. Bei der Bestimmung von Umweltproben tritt nun häufig der Fall ein, daß keine natürlichen Standards erhältlich sind und die Herstellung synthetischer Standards mit erheblichem Arbeitsaufwand verbunden ist. Wenn nun die Probe in flüssiger oder pulverförmiger Form vorliegt, kann die einfache Methode der linearen Multielement-Standard-Addition zur quantitativen Bestimmung herangezogen werden.
Dazu wird die Probe in mehrere aliquote Portionen (jeweils ca. 3-4g Substanz) geteilt. Eine Teilprobe verbleibt im Originalzustand, während die anderen Teilproben mit mengenmäßig genau bekannten Zusätzen eines Multielementstandards "aufge-

stockt" werden. Zur Dotierung lassen sich sowohl Eichlösungen als auch eingewogene Reinsubstanzen verwenden. Die Ermittlung der ursprünglich in der Probe vorhandenen Analytkonzentrationen kann auf graphischen oder rechnerischem Weg erfolgen, indem die µg-Analyt, die pro g Probe addiert worden sind, als lineare Funktion der gemessenen Netto-Fluoreszenzintensitäten des betreffenden Elementes dargestellt werden. Die lineare Extrapolation der Ausgleichsgeraden ergibt dann den gesuchten Konzentrationswert in der "nicht aufgestockten" Originalprobe, Bild 2.

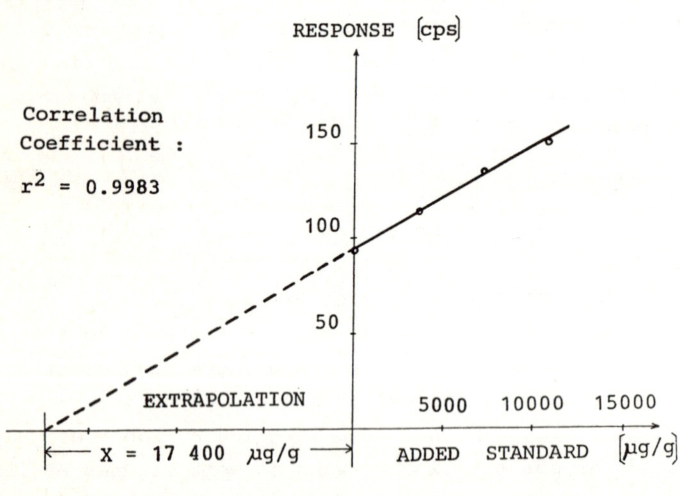

Bild 2

EDXRF-Bestimmung von Blei in E-Filter-Staub aus der Müllverbrennung nach der "Linearen Multielement-Standard-Additionsmethode (9). Graphische Auswertung.

Wie aus Bild 2 ersichtlich ist, erhält man eine Eichgerade (Bestimmtheitsmaß r^2 = 0,9983), da die zudotierten Standard substanzen im wesentlichen den gleichen Matrixeinflüssen unterliegen wie die in der Probe vorhandenen Analyten, d.h. der Matrixeffekt wird durch die Standardaddition kompensiert.

Damit eine lineare Extrapolation zulässig ist, müssen in der Praxis folgende Kriterien erfüllt sein:

- Die pulverförmige Probe muß möglichst feinkörnig und homogen in bezug auf Korngröße und Zusammensetzung sein.
- Für die einfallende Röntgenstrahlung soll die lose Pulverschicht "unendlich " dick sein. Dies ist für E-Filter-Staub-Proben bei einer Schichtdicke von ca. 1 cm (entsprechend 3g Substanz pro Mylar-Cup) erfüllt.
- Das Schüttgewicht ("Dichte") der Teilproben in den Mylar-Cup-Probenbehälter soll nicht wesentlich voneinander abweichen.
- Die Konzentration der addierten Standardsubstanzen in den Teilproben soll nicht zu hoch sein, damit sich die Matrices der "aufgestockten" Proben gegenüber der Matrix der Originalprobe nicht merklich verändert. Matrixeffekte, und damit nicht-lineare Eichfunktionen, lassen sich durch Verdünnen der Probe mit Quarzpulver (SiO_2) verhindern (16). Absorptionseffekte können auch über den Compton-Streupeak der Mo-Röhre korrigiert werden (17).

Da die Messung der Probe durch Röntgenfluoreszenz zerstörungsfrei erfolgt, kann die Standardadditionsmethode auch ohne Teilen der Probe durchgeführt werden. Dazu wird die unzerstört gebliebenen Originalprobe nach dem ersten Messen in mehreren Schritten mit Standard "aufgestockt" und nochmals gemessen. Bei der Auswertung muß die Gewichtsdifferenz berücksichtigt werden.

2.3. Ergebnisse

Im Rahmen einer umfassenden Untersuchung über das Verhalten von Schwermetallen bei der Müllverbrennung werden an der TU Berlin E-Filter-Staubproben analysiert, die über einen längeren Zeitraum hinweg wöchentlich einmal aus den 6 verschiedenen Staubtrichtern eines 2 Feld-Elektrofilters entnommen werden. Erste Teilergebnisse, die noch keinen Anspruch auf eine repräsentative Aussage erheben können, liegen für die Stichproben R 1.1. (Vorfilter "Ost") und R 1.4. (Nachfilter "Ost") vor. In Bild 3 und Bild 4 sind die energiedispersiven RFA-Spektren der in Pulverform zerstörungsfrei analysierten Filterstaubproben abgelichtet. Zum besseren Vergleich der beiden Spektren untereinander wurden bei der Darstellung einheitliche Maßstäbe gewählt, wobei zu beachten ist, daß die Teilspektren mit verschiedenen Vergrößerungsfaktoren (die in der rechten unteren Ecke der Spektren angezeigt sind) aufgenommen worden sind.
Ein erster Vergleich der beiden Spektren läßt signifikante Unterschiede in der Zusammensetzung der beiden E-Filter-Stäube erkennen: Die Stichprobe R 1.4. (Nachfilter) weist gegenüber der zur selben Zeit genommenen Stichprobe R 1.1. (Vorfilter) wesentlich höhere Gehalte an: Schwefel (S), Chlor (Cl), Kalium (K), Kupfer (Cu), Zink (Zn), Brom (Br), Rubidium (Rb), Zinn (Sn) und Cadmium (Cd) auf. Auch die Elemente: Chrom (Cr), Mangan (Mn), Eisen (Fe) und Antimon (Sb) sind gegenüber R 1.1. angereichert.
Die Stichprobe R 1.1. (Vorfilter) zeigt hingegen wesentlich höhere Gehalte an: Aluminium (Al), Silizium (Si), Kalzium (Ca), Titan (Ti), Strontium (Sr) und Barium (Ba), verglichen mit R 1.4. Dieses Ergebnis steht in guter Übereinstimmung mit der angeführten Literatur (7). Flüchtige Schwermetalle und Schwermetallhalogenide kondensieren bevorzugt an der Oberfläche kleiner Teilchen, die vorwiegend im Nachfilter abgeschieden werden.

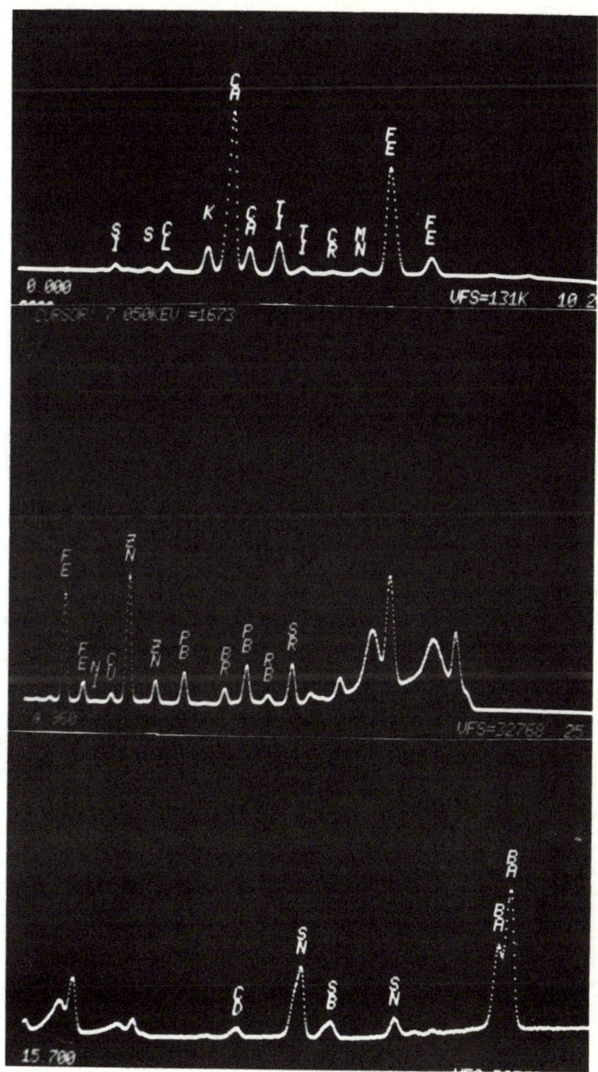

<u>Bild 3</u>

EDXRF-Spektrum der Stichprobe R 1.1. (E-Filter-Staub aus dem Vorabscheider "Ost")

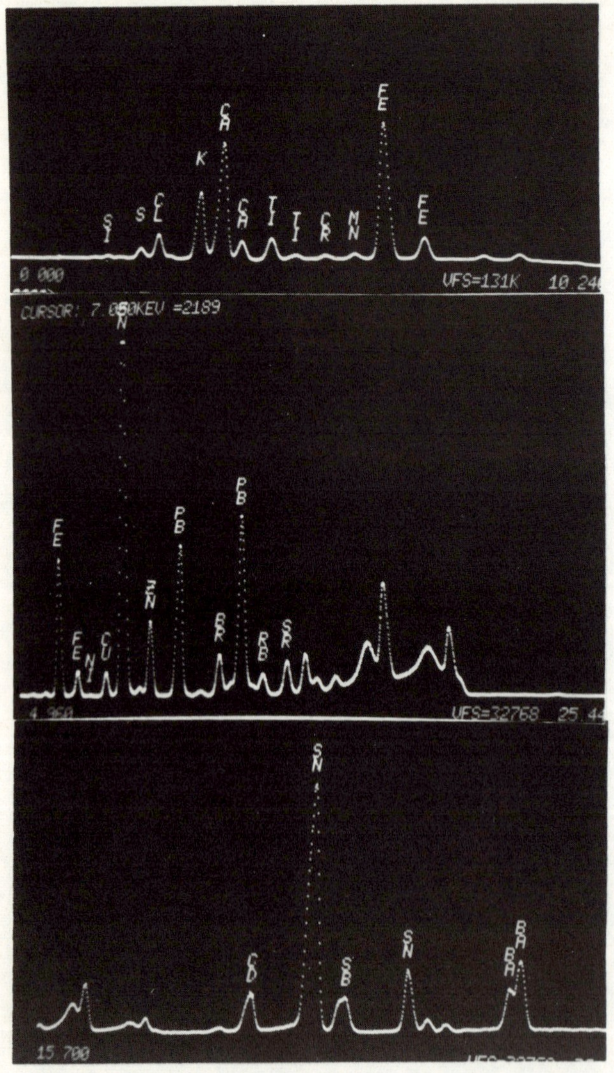

Bild 4

EDXRF-Spektrum der Stichprobe R 1.4. (E-Filter-Staub aus dem Nachabscheider "Ost")

Hingegen werden gröbere Flugaschen mit schlackenartiger Zusammensetzung bereits weitgehend im Vorfilter gesammelt. Es ist daher zu erwarten, daß in dem in größeren Mengen anfallenden Vorfilterstaub deutlich geringere Schwermetallkonzentrationen anzutreffen sind, während der in relativ kleinen Mengen abgeschiedene Nachfilterstaub im Vergleich dazu mit Schwermetallen angereichert ist. Für einige ausgewählte Schwermetalle ist dieses Ergebnis in Tabelle 3 quantitativ dargestellt.

Tabelle 3

Schwermetallgehalt [µg/g] der untersuchten E-Filter-Staubproben R 1.1. (Vorabscheider) und R 1.4. (Nachabscheider), bestimmt nach der "Linearen Multielement-Standard-Additionsmethode". Gegenüberstellung mit Literaturwerten (durchschnittlicher E-Filter-Staub) nach (18). Vertrauensbereich: C.L. = 95 %

Element	Massenanteile [µg/g]		
	R 1.1. (Vorfilter)	R 1.4. (Nachfilter)	E-Filterstaub nach (14)
Cd	168 ± 12	654 ± 31	250
Pb	2480 ± 89	18850 ± 662	5000
Cu	500 ± 47	2570 ± 253	1500
Zn	5830 ± 492	23970 ± 1181	15000

Wie ersichtlich, sind die aufgefundenen Konzentrationen im Nachfilterstaub um den Faktor 4 (Cd, Zn) bis 7,5 (Pb) höher als im untersuchten Vorfilterstaub. Die der Literatur (18) entnommenen Werte für einen "durchschnittlichen E-Filter-Staub" liegen dazwischen.

Da bei der Staubabscheidung große Massenanteile an umweltrelevanten Elementen mit der Flugasche aus dem Rauchgasstrom entfernt werden, ist es von Interesse, die Mobilität der

Staub-Inhaltsstoffe zu untersuchen. Dazu wurden erste Versuche zur Auslaugbarkeit von Vorfilter- und Nachfilterstäuben durchgeführt, deren Ergebnisse in Tabelle 4 festgehalten sind.

Tabelle 4

Elementspezifisches Auslaugeverhalten der untersuchten E-Flter-Staubproben R 1.1. (Vorabscheider) und R 1.4. (Nachabscheider) nach 20^h Rühren mit H_2O dest. bei 20°C

Element	Elementspezifischer Auslaugeverlust [%]	
	R 1.1. (Vorabscheider) pH = 9,8	R 1.4. (Nachabscheider pH = 7,4
Cl	96	97
Br	92	93
S	19	52
K	43	84
Rb	38	81
Sr	19	8
Ba	19	0
Sb	35	0
Al	2	14
Cd	0	60
Pb	0	5-11
Cu	0	15-20
Zn	0	1-10
unlöslich: Sn, Ca, Cr, Mn, Fe, Ti	0	0

Nach 20-stündigem Rühren (40 g E-Filter-Staub in 400 ml H_2O dest.) bei 20°C betrug der Auslaugeverlust für die Vorfilter-Staubprobe R 1.1. nur 1,4 Gewichts-%, der gemessene pH-Wert war 9,8. Die Nachfilter-Staubprobe R 1.4 hingegen zeichnete sich durch einen Auslaugeverlust von 18,9 Gewichts-% und einem pH-Wert von 7,4 aus.

Dieses unterschiedliche Auslaugeverhalten der beiden Proben ist auch aus den Ergebnissen von Tabelle 4 ersichtlich: Die Halogenide Cl^- und Br^- werden sowohl in R 1.1. als auch R 1.4. fast vollständig ausgelaugt, ihre Konzentration in der nicht ausgelaugten Probe ist jedoch in R 1.4. wesentlich grösser als in R 1.1. Unter den gegebenen Bedingungen zeigen die Alkalielemente K und Rb in der Nachfilter-Staubprobe deutlich stärkere Löslichkeit. Dies trifft partiell auch auf Cd, Pb, Cu und Zn zu, die in der Nachfilter-Staubprobe R 1.1. unlösliches Verhalten zeigen.

Ähnliche Elutionsversuche, die mit H_2O dest. an "durchschnittlichen" E-Filter Stäuben aus Müllverbrennungsanlagen durchgeführt worden sind, haben bei einem berichteten pH-Wert von 10 eine nur sehr geringe Löslichkeit (< 0,1% bis max. 1 %) für Cd, Pb, Cu, Zn, Ni und Sb erkennen lassen (18). Dies war zu erwarten, da die betrachteten Schwermetalle im pH-Bereich 4 - 12,5 weitgehend in ungelöster Form vorliegen.

Abweichend von dem aus der Literatur bekannten Auslaugeverhalten verhält sich Cd im Nachabscheider Staub R 1.4. Bei pH = 7,4 beträgt der beobachtete elementspezifische Auslaugeverlust 60%. Möglicherweise liegt hier Komplexbildung vor. Weitere Versuche, die mit verschiedenen Elutionsmitteln und bei verschiedenen pH-Werten durchgeführt werden, sollen darüber Aufschluß geben.

3. Analyse von Schwermetallen in Reingasstaub

Zur Analyse von Reingasstaub wird dem Abgas durch extraktive Probenahme ein repräsentativer Teilstrom entnommen und der darin suspendierte Staub in geeigneter Form abgeschieden. Sämtliche Teilstrom-Probenahme-Methoden zur gravimetrischen Staubmassenbestimmung können im Prinzip auch bei der Analyse von Reingasstäuben Anwendung finden. Über die Kriterien der isokinetischen Probenahme von Stäuben wird an anderer Stelle berichtet (19). Zum Abscheiden der Stäube werden allgemein hitzebeständige Filtermaterialien oder Impaktoren (zur gleichzeitigen Bestimmung der Korngrößenverteilung) verwendet.

3.1. Diskontinuierliche Methoden

Zur diskontinuierlichen Analyse von Schwermetallen in Reingasstaub wird häufig der in Bild 5 dargestellte Meßaufbau nach VDI 2066 zur Probenahme eingesetzt.

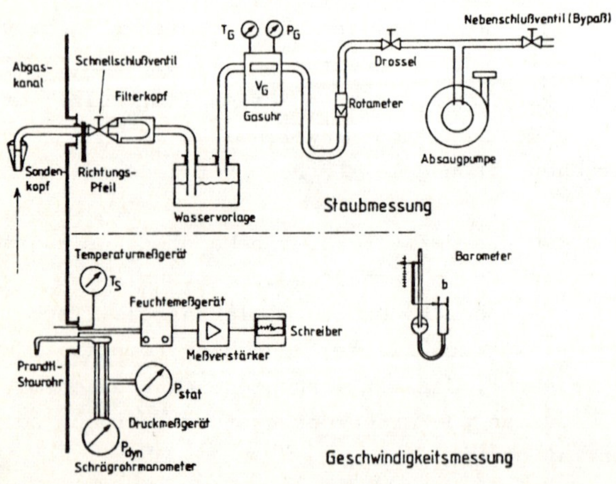

Bild 5

Meßaufbau nach VDI 2066, (20).

Dabei wird der Staub isokinetisch abgesaugt und im Filterkopf an einem Quarzwolle-Pfropfen abgeschieden. Häufig werden auch Glasfaserfilter eingesetzt. Nach erfolgter Probenahme muß das Filter gewogen und zur weiteren Analyse ins Labor gebracht werden. Die Bestimmung der Schwermetalle erfolgt nach Auslaugen der Filter mittels Königswasser oder Salpetersäure durch AAS.

Nachteilig wirken sich dabei neben dem relativ großen Zeitbedarf auch die Eigenschaften der verwendeten Filtermaterialien aus: es ist einerseits schwierig, die Schwermetalle quantitativ aus den Filter herauszulösen, andererseits stellt die Kontamination durch Filtermaterialien ein erstes analytisches Problem dar.

3.2. Prinzip eines quasi-kontinuierlichen Analysensystems (Schwermetall-Monitor)

Da Müllverbrennungsanlagen variable Emissionsquellen sind, die sich durch häufige Konzentrationsschwankungen auszeichnen, scheint eine kontinuierliche Messung angebracht.

In Bild 6 ist das Prinzip eines quasi-kontinuierlichen Schwermetallmonitors schematisch dargestellt.

Hier erfolgt die isokinetische Teilstromentnahme mit der Nulldrucksonde, wobei der Differenzdrucktransmitter die Absaugeleistung der Pumpe steuert. Der Staub wird auf einem endlosen Filterband abgeschieden, das zu longitudinalen Schwingungen angeregt wird. Aus der Änderung der Resonanzfrequenz ergibt sich dann die abgeschiedene Staubmasse. An diese bereits bestehende Meßapparatur (19, 20) soll on-line ein transportables energiedispersives Röntgenfluoreszenzanalysensystem zur automatischen Schwermetallanalyse gekoppelt werden. Erste Versuche, die mit beaufschlagten Filterbänder (Fluoropore) durchgeführt

Tabelle 5

Durchschnittliche Schwermetallkonzentrationen im Reingasstaub von Müllverbrennungsanlagen (18, 19) und geschätzte Staubmassen, die zur EDXRF-Detektion der Schwermetalle am Filter abgeschieden werden müssen. Annahme: Nachweisgrenze (MDL) liegt bei 10 µg/cm² bzw. 1 µg/cm².

Element	Massenanteile [µg/g] im Reingasstaub (18,19)	Zur EDXRF-Detektion benötigte Staubmasse [mg]	
		MDL: 10µg/cm²	MDL: 1 µg/cm²
Cd	1500 - 2000	7	0,5
Hg	1000 - 2000	10	0,5
Tl	1	10000	1000
Ni	100	100	10
Cr	200 - 300	50	5
As	100	100	10
Pb	30000	0,3	0,03
Cu	3000	3	0,3
Sb	3000	3	0,3
V	100	100	10
Zn	80000	0,1	0,01
Sn	4000	2,5	0,25

[durchgezogener Rahmen] Detektion möglich

[gestrichelter Rahmen] an der Grenze des Nachweisvermögens

worden sind, haben gezeigt, daß die Nachweisgrenzen des verwendeten Analysensystems um 1 µg/cm² liegen. In Tabelle 5 sind die geschätzten Staubmassen dargestellt, die zur Detektion der Schwermetalle am Filter abgeschieden werden müssen.

Wie aus Tabelle 5 ersichtlich, werden die Elemente: Blei, Kupfer, Antimon, Zink und Zinn aufgrund ihrer hohen Konzentration im Reingasstaub erwartungsgemäß keine Nachweisprobleme verursachen.

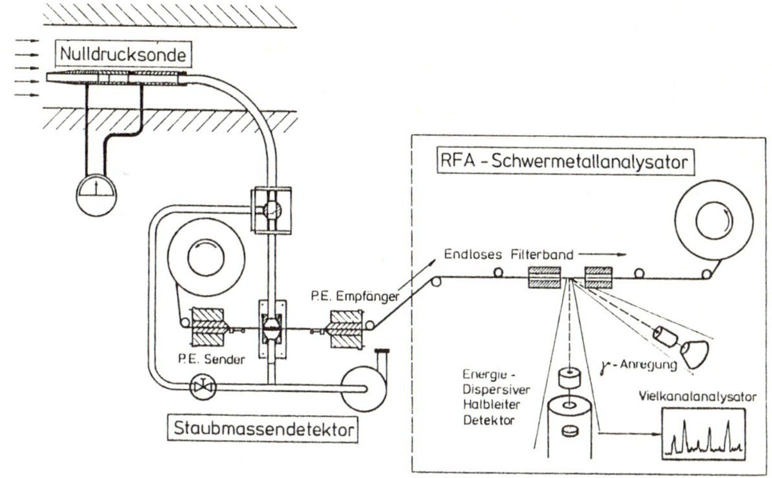

Bild 6

Prinzip eines quasi-kontinuierlichen Schwermetallmonitors, bestehend aus Nulldrucksonde, Staubmassendetektor (19, 20) und RFA-Analysensystem.

Auch Cadmium und Quecksilber sollten bei etwas längeren Sammelzeiten (Meßzeiten) detektierbar sein. Für Nickel, Chrom, Arsen und Vanadium ist die Detektierbarkeit fragwürdig. Nicht erfaßbar ist das in sehr geringen Konzentrationen vorliegende Thallium.

An der TU Berlin wird zur Zeit ein E & F Projekt vorbereitet, das die hier diskutierte Entwicklung eines quasi-kontinuierlichen Schwermetall-Monitors zum Ziel hat.

4. Zusammenfassung

Aufgrund der heterogenen Zusammensetzung von Abfall stellen Müllverbrennungsanlagen variable Emissionsquellen dar, die durch häufig auftretende Schwankungen der Emissionswerte gekennzeichnet sind. Damit die statistisch erforderliche Zahl von Messungen durchgeführt werden kann, sollen nach Möglichkeit automatisierbare Analysenmethoden eingesetzt werden. So können Schwermetalle in E-Filter Stäuben vorteilhaft durch energiedispersive Röntgenfluoreszenzspektrometrie (EDXRF) bestimmt werden. Untersuchungen, die nach der "Direkt-Pulvermethode" an Vor- und Nachabscheider Stäuben durchgeführt wurden, zeigen, daß sich umweltrelevante Schwermetalle bevorzugt im Nachabscheider niederschlagen.

Für die Analyse von Schwermetallen in Reingasstaub wird das Prinzip eines quasi-kontinuierlichen Schwermetall-Monitors diskutiert. Ein solches on-line-System, bestehend aus Nulldrucksonde, Staubmassendetektor und EDXRF-Analysensystem soll im Rahmen eines E & F-Vorhabens an der TU Berlin entwickelt werden.

5. Literatur

(1) Brunner, P.H.: Mass Balances of Elements for Solid Waste Incineration, Vortrag zum ISWA Spezialized Seminar: Incinerator Emissions of Heavy Metals and Particulates, Copenhagen 1985

(2) Lauritzen, S.: Statistical Principles for Emission Control, Vortrag zum ISWA Spezialized Seminar: Incinerator Emissions of Heavy Metals and Particulates, Copenhagen 1985

(3) American Society for Testing and Materials, Anual Book of ASTM-Standards, Part. 14. Philadelphia, USA, 1981

(4) Wegscheider, W., Lorber, K.E. und Müller, K.: Quantitative Intermethod Comparison of AAS and EDXRF for the Determination of Some Elements in Urban Dusts and Fly Ash, Int. Journ. Environ. Anal. Chem. 5, 171-187, 1978

(5) Müller, H.: Vergleichende Untersuchungen zur Bestimmung von umweltrelevanten Schwermetallen in Stäuben mittels Atomabsorptionsspektrometrie, Diplomarbeit im FG Luftchemie, TU Berlin, 1980

(6) Lorber, K.E.: Möglichkeiten der Analyse von Schadstoffen aus der Müllverbrennung, Rauchgasreinigung nach der Abfallverbrennung, Thomé-Kozmiensky (Hrsg.), ISBN 3-922021-077, Jürgen Kleindienst Offsetdruck, Berlin 1981

(7) Lorber, K.E.: Müllverbrennung und Schwermetallemission, Müll und Abfall 6, 169-172, 1980

(8) Kurfürst, U. und Grün, U.: persönliche Mitteilung, Applikationslabor von Erdmann & Grün KG, Wetzlar, 1980

(9) Lorber, K.E.: Monitoring of Heavy Metals by Energy Dispersive X-ray Fluorescence Spectrometry (EDXRF), Vortrag zum ISWA Spezialized Seminar: Incinerator Emissions of Heavy Metals and Particulates, Copenhagen 1985

(10) Wirz, P., Kurfürst, U. und Grobecker, K.H.: Mitteilung in: Labor Praxis, Mai 1980

(11) Lorber, K.E.: Quantitative Intermethod Comparison for the Analysis of Environmental Samples, Vortrag zur: Scientific Session on Environmental Analysis, Szombathely (Ungarn) 1977

(12) Bogdain, B.: Mitteilung in Labor Praxis, Mai 1979

(13) Lorber, K.E.; Rothe, G., Rosenbauer, G. und Zierock, K.H.: Microchemical Determinations of Environmental Pollutants on Soot Particles Emitted from Internal Combustion Engines. Vortrag zum 8th International Microchemical Symposium, Graz 1980

(14) Ketelsen, P. und Knöchel, A.: Multielementanalyse von Aerosolen mit Hilfe der Röntgenfluoreszenzanalyse mit totalreflektierendem Probenträger (TRFA). Publikation des Instituts für Anorganische und Angewandte Chemie, Universität Hamburg, 1983

(15) Lorber, K.E., Wegscheider, W., Spitzy, H., Heinrich, K.F.J. und Pella, P.A.: Development of EDXRF-Techniques for the Quantitative Multielement Analysis of Environmental Samples, Mikrochim. Acta, I, 209-218, 1978

(16) Lieser, K.H., Sommer, R., Hofmann, T. und Hoffmann, P.: Powder Dilution as a New Method of Elimination of Interelement Effects in Energy-dispersive X-Ray Fluorescence Analysis, Fresenius Z. Anal. Chem., 307, 177 - 184, 1981

(17) Spatz, R., Lieser, K.H., in: Fresenius Z. Anal. Chem., 293, 107, 1978

(18) Vogg, H.: Verhalten von (Schwer)-Metallen bei der Verbrennung kommunaler Abfälle, Chem.-Ing.-Techn. 56, 740-744, 1984

(19) Lorber, K.E.: Incineration of RDF and Incineration of Total Waste - Comparison of Emissions, Sorting of Household Waste and Thermal Treatment of Waste, M.P. Ferranti, G.L. Ferrero, Commission of the Europeen Communities, Elsevier Applied Science Publishers London and New York, ISBN 0-85334-382-9, 1985

(20) Gast, Th. und Kramm, K. U.: Staubmessung in Abgaskanälen, Vortrag zur Tagung: Müllverbrennung und Umwelt, Berlin 1985.

(21) Gast, Th. und Kramm, K. U.: Abschlußbericht Kraftwerksemissionsmessungen. BMfT, 1-ET 1141 A, 1984.

Analyse flüchtiger Schwermetalle im Rauchgas

A. Buekens

Inhaltsverzeichnis

Fast alle Abfälle, die durch Verbrennung beseitigt werden, enthalten größere oder geringere Mengen Schwermetalle, entweder in leicht erkennbarer (z.B. gegossene Gebrauchsgegenstände aus Nichteisenmetallen, Stahl- oder Messingteile mit metallisierter Schutzschicht, Lotnähte) oder in mehr versteckter Form (z.B. Pigmente, Kunststoffstabilisatoren, Füllstoffe, Farben, Tinten, Photosensibisatoren, Metallspuren in der Asche).

Verschiedene Schwermetalle werden bei hohen Temperaturen verfüchtigt. Bei der Müllverbrennung entweichen sie entweder in Form von dampfförmigen Metallen, Oxyden, Chloride und anderer Salze oder als von dem Rauchgasen mitgerissenen Partikeln.

Bei der allmählichen Abkühlung der Rauchgase werden die verdampften Metalle, Oxyde und Salze fast vollständig wieder zu teigigen und zunächst zu erstarrten Körpern kondensiert. Als Kondensationskerne treten vor allem die Flugaschenteilchen auf, die je nach Verbrennungstemperatur in amorpher oder, falls sie bei der Verbrennung geschmolzen sind, in glasartiger bzw. thermisch rekristallisierter Form anfallen.

Die Masse der Flugascheteilchen ist proportional zu D^3(D=Durchmesser) die verfügbare Oberfläche mit D^2. Die Feinstpartikel, die massenbezogen nur wenig zu der Staubbeladung der Rauchgase beitragen, verfügen jedoch über eine überproportional große Oberfläche, an der eine erheblichee Anreicherung der kondensierenden Schwermetalle erfolgt. Diese Anreicherung trifft vor allem zu für die Feinpartikeln, die vom Elektrofilter nicht erfaßt werden und durch den Kamin in die Atmosphäre entweichen. Die Metallemission ist also weitgehend mit der der Feinstpartikel verbunden. Zu dieser Regel gibt also es nur eine auffallende Ausnahme: die Emission des Quecksilbers, die vorwiegend - wegen des hohen Dampfdrucks dieses Metalls - dampfförmig erfolgt.

In diesem Beitrag werden einige Daten über Art und Menge der Schwermetalle im Müll erwähnt. Die thermodynamischen Gesetze, die die Verflüchtigung der Metalle beeinflussen, werden angegeben und die Kondensationsvorgänge erläutert.

Zunächst wird die eigentliche Probenahme - und Analyseproblematik der flüchtigen Schwermetalle behandelt.

2. Vorkommen der Schwermetalle im Müll

Die Anwesenheit der Schwermetalle im Müll ist mehrmals untersucht worden und zwar aus verschiedenen Gesichtspunkten heraus, z.B.

- das Vorkommen der Schwermetalle Antimon, Blei, Cadmium und Quecksilber in Gegenständen, die nach ihrer Anwendung (auch) im Hausmüll vorkommen können (1,2)
- die Verteilung verschiedener Schwermetalle in gewissen Fraktionen des Mülls, (u.a. Papier, Pappe, Kunststoff, organische Substanzen, Metall, Glas, Textilien, Leder, Feinmüll 8 mm, Feinmüll 8 - 40 mm) (3,4,5)
- die Hauptquellen der Emissionen von Zink, Blei, Cadmium, Quecksilber, oder Chrom (1,2,3)
- die Schadstoffentfrachtung des Hausmülls im Bundesgebiet (5, 6,7)

Die meisten dieser Daten sind noch relativ neu, so daß ihre Bewertung in verschiedenen Fällen noch nicht abgeschlossen ist. Die Hauptquelle des Chroms z.B. ist Hohlglas, aber selbstverständlich liegt dieses Metall im Glas in einer unlösbaren Form vor. In anderen Fällen aber sind Maßnahmen an der Quelle vorzuziehen. Das Quecksilber im Müll z.B. geht fast quantitativ in das Rauchgas über.

3. Umweltrelevanz der Schwermetallemissionen

Genaue Daten über die Mengen, Morphologie und chemische Zusammensetzung der Flugasche, vom E-Filter abgetrennt, und des Flugstaubs, das mit dem "Reingas" entweicht, sind erst seit etwa lo Jahren verfügbar. Seitdem sind die Analysenmethoden verfeinert, und die Daten zahlreicher und vollständiger geworden. Die Umweltrelevanz der Schwermetall - Emissionen ist von verschiedenen Autoren bewertet worden (8,9,10).

Bei diesen Untersuchungen und Beurteilungen fehlt im allgemeinen jedoch eine gemeinsame Basis, da die Zusammensetzung des verbrannten Mülls, der Aufbau der Müllverbrennung- und Gasreinigungsanlage, die Betriebsbedingungen und die Probenahme- und Analysetechnik unterschiedlich sind. Ebenso sind die Ziele und Voraussetzungen bei diesen Arbeiten kaum mit einander vergleichbar. Die gesammelten Daten sind deswegen nur beschränkt und mit Vorbehalt interpretierbar.

Schon bei frühen Messungen fiel auf (11,12), daß die Emissionen einiger Schwermetalle, wie z.B. Zn, Pb, Cd, Sn, Cu, Cr, nicht zu vernachlässigen sind. Auch ein Vergleich mit dem Flugstaub der Kohlenverbrennung fällt weitgehend nachteilig für die Müllverbrennung aus. Elemente wie Ag, Cd, Pb, Sb, Hg, Zn,und in geringerem Maße auch Mo, Cu, As und Th, zeigen eine erhebliche Anreicherung im Vergleich zur Zusammensetzung der Erdkruste an (2).

Auf Basis ihres Verhaltens bei der Müllverbrennung wurden die Elemente eingeteilt in Lithophile Elemente, die vorzüglich in glasartigen Silikastrukturen eingebaut werden, und Chalco - oder Atmosphile Elemente, die an Flugstaubpartikeln angereichert werden.

Die wichtigsten Chalcophilen Elemente sind: Na, Cl, Br, Cu, Zn, As, Ag, Cd, Sn, Sb, W. Indifferent sind: V, Cr, Mn, Fe, Co, Ni, Se.
Die meist verbreiteten Lithophilen Elemente sind: Mg, Al, Ca, Ti, Sc, La, Ce, Th, U.
In einem interessanten Beitrag vom U.S. Bureau of Mines werden für eine ganze Reihe Elemente die Bilanzen über die verschiedenen Teilströme, nämlich

- die Flugasche
- den Flugstaub
- den Rostabwurf
- die Abwässer

bilanziert. Aus einer Input/Output Analyse wird abgeleitet, daß Zn, Pb, Mn, Sn, Ni, Cr, Ba, Co und Ag mehr in den Emissionsströmen vorkommen, als aus ihren Gehalt im brennbaren Teil des Mülls abzuleiten ist. Ein zusätzlicher Beitrag wird wahrscheinlich vom nicht-brennbaren Teil geliefert.

Flugstaub trägt bei zu den städtischen Aerosolen. Partikel unterhalb 2-Mikron werden als inhalierbar betrachtet. Die emittierten Flugstäube sind fast 100 % inhalierbar.

Brunner und Zobrist (8) erwähnen negative Einflüsse auf die Arbeitsplatzsituation in einer Müllverbrennungsanlage, da in dem Blutspiegel gewisse Metalle der Beschäftigten nachgewiesen wurden. Auch die Immission der Stäube in der Umgebung einer Anlage, u.a. auf Gras, Spinat und andere Pflanzen ist erwähnenswert und problematisch.

Eine rechnerische Analyse der verschiedenartigen Immissionen, ausgeführt in den Niederlanden im Auftrag des Gesundheitsministerium, kommt demgegenüber zu dem Ergebnis, daß unter allen normalen Betriebsbedingungen die Immissionen weit unter den kritischen Werten bleiben (9).

Hervorzuheben ist auch, daß die Emissionen der Nichteisenhütten und sogar der PKW's eine viel größere Umweltbeträchtigung als die Emissionen der Müllverbrennung darstellen.

4. Vorgang bei Verdampfung und Kondensation

4.1. Übersicht

Wie bereits erwähnt, verdampfen mehrere Schwermetalle weitgehend bei der Temperatur der Müllverbrennung und kondensieren später in den kälteren Teilen der Rauchgaszüge. Weil sie sich größtententeils nicht an den groben, sondern an den feinen Flugascheteilchen anlagern, werden sie nur sehr unvollständig vom Elektrofilter erfaßt und abgetrennt.

Diese Verdampfungsvorgänge sind von verschiedenen, ziemlich gut bekannten Faktoren abhängig, wie dem Dampfdruck, der Verbrennungstemperatur, dem Auftreten oxydierender oder reduzierender Bedingungen, der Verfügbarkeit von Halogenen (die durch Salzbildung die Flüchtigkeit gewisser Schwermetalle steigern) usw.

Sind die Gesetzmäßigkeiten des Mitschleppens von Staubpartikeln und der Verdampfung bestimmter Metalle oder Salze ausreichend genau, so fehlt die Möglichkeit, den Umfang dieser Vorgänge vorauszusagen noch vollkommen. Die Verbrennung heterogener Materialien, wie Müll, ist noch immer eine empirische Wissenschaft. Nur für sehr bestimmte Systeme, wie z.B. Eisen/Zinn (Büchsen) sind diese Vorgänge gründlich erforscht worden (14).

Für Kondensation flüchtiger Metalle und Salze ist die Situation ganz ähnlich.

Verschiedene mathematische Modelle wurden vorgeschlagen mit dem Zweck, die Anlagerung der kondensierenden Schwermetalle und die Abhängigkeit der Konzentration von der Partikelgröße zu beschreiben. Natusch und Mitarbeiter (15) sind davon ausgegangen, daß die Kondensation auf gleiche Weise auf der ganzen verfügbaren Partikeloberfläche auftritt. Ihre experimentellen Ergebnisse wurden relativ gut durch die Gleichung

$$C = C_m + \frac{6 - C_s}{p - D}$$

beschrieben mit

C_m = die Konzentration des Metalls im Matrix des Partikels
C_s = die Konzentration des Metalls an der Oberfläche
p = die Dichte
D = der Durchmesser des Partikels.

Die Annahme einer gleichen Ablagerung ist von Flagan und Friedländer (16) kritisiert worden, da die Gleichung nur gültig wäre, wenn die Knudsen - Zahl höher als eins sei. Für kleinere Teilchen, in einem kontinuierlichen Raum, wäre C proportional zu D^{-2}, nicht zu D^{-1}. Ihre Theorie führt zu einer erheblich grösseren Anreicherung im Bereich der Feinstpartikel.

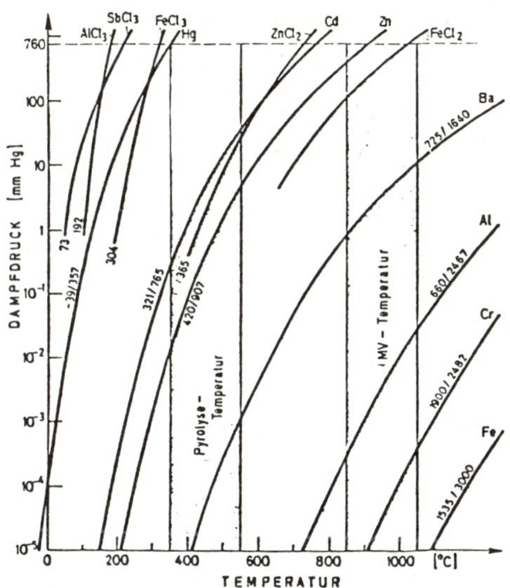

Bild 1

Dampfdruck einiger Metalle und ihrer Verbindung in Abhängigkeit der Temperatur (8)

Eine andere Theorie wurde von Smith el at (17) vorgeschlagen. Diese Autoren suchten eine Erklärung für die Steigung der Metallkonzentration mit abnehmender Korngröße im Mikronbereich (10 bis 1 Mikron) und für die konstanten Konzentrationswerte, die sie für noch kleinere Partikel, im Submikronbereich, beobachteten. Ihre Theorie geht davon aus, daß die Gasentwicklung innerhalb gewisser Flugascheteilchen zu einem Platzen dieser Partikel führen kann. Dadurch wird eine Unzahl äußerst kleiner, ziemlich homogener Partikel gebildet, aus denen koagulierende Teilchen im Bereich von 0,1 bis 1 Mikron gebildet werden.

Tabelle 3

Siedepunkt einiger wichtiger metallischer Verunreinigungen (18)

Metalle	Siedepunkt	Oxyde	Siedepunkt	Chloride	Siedepunkt °C
Hg	356	Hg_2O	d. 100	Hg_2Cl_2	400
		HgO	d. 500	$HgCl_2$	302
Cd	765	CdO	subl. 1559	$CdCl_2$	960
Zn	907	ZnO	> 2000	$ZnCl_2$	732
Pb	1740	PbO_2	d. 290	$PbCl_2$	950
		PbO	-		
Mn	1962	MnO_2	-	$MnCl_2$	1190
Ag	2212	Ag_2O	d. 300	AgCl	1550
		Ag_2O_2	d. 100		
Cu	2567	Cu_2O	d. 1800	CuCl	1490
		CuO	-	$CuCl_2$	d. 993
Cr	2672	Cr_2O_3	4000	$CrCl_3$	Subl. 1300
Fe	2750	FeO	-	$FeCl_2$	Subl.
		Fe_2O_3	-	$FeCl_3$	d. 315
Co	2870	CoO	-	$CoCl_2$	1049
				$CoCl_3$	-

Subl: subliniert

d : wird in seine Elemente zerlegt.

In welchem Maß diese Theorien, die für die Flugasche der Staubkohlefeuerung entwickelt wurden, auch auf die Müllverbrennung zutreffen, ist nicht bekannt. Bei der Müllverbrennung sind die Temperaturen niedriger und die Teilchen weniger homogen, zwei Faktoren, die die Vorhersage der zu erwartenden Phänomene erschweren.

4.2. Dampfdruck und Siedepunkt

In Tabelle 3 sind die Siedepunkte einiger wichtiger Metalle, Oxyde und Chloride angeführt. Es zeigt sich, daß vor allem Quecksilber, Cadmium und Zink bereits unterhalb der Verbrennungstemperatur flüchtig werden. Viele Schwermetalloxyde werden in ihre Elemente zerlegt, noch bevor sie ihren (theoretischen) Siedepunkt erreichen. Die meisten Metallchloride sind flüchtiger als ihre Metalle.

Die Flüchtigkeit der Metalle ist bereits erheblich, bevor sie ihren Siedepunkt erreichen. Die Temperaturabhängigkeit des Dampfdrucks P wird für einige Elemente und Verbindungen in Bild 1 dargestellt. Sie wird algebraisch mittels des Clausius - Clapeyron Gesetzes beschrieben:

$$\frac{d \ln P}{d \left(\frac{1}{T}\right)} = - \frac{\Delta H}{R} \qquad (1)$$

wo P = Dampfdruck, jede beliebige Einheit
T = absolute Temperatur, ^{o}K
$-\Delta H$ = latente Verdampfungswärme, kJ/kg
R = ideale Gaskonstante, kJ/^{o}C, kg

Bild 2
Freie Verdampfungsenergie in Abhängigkeit der Temperatur

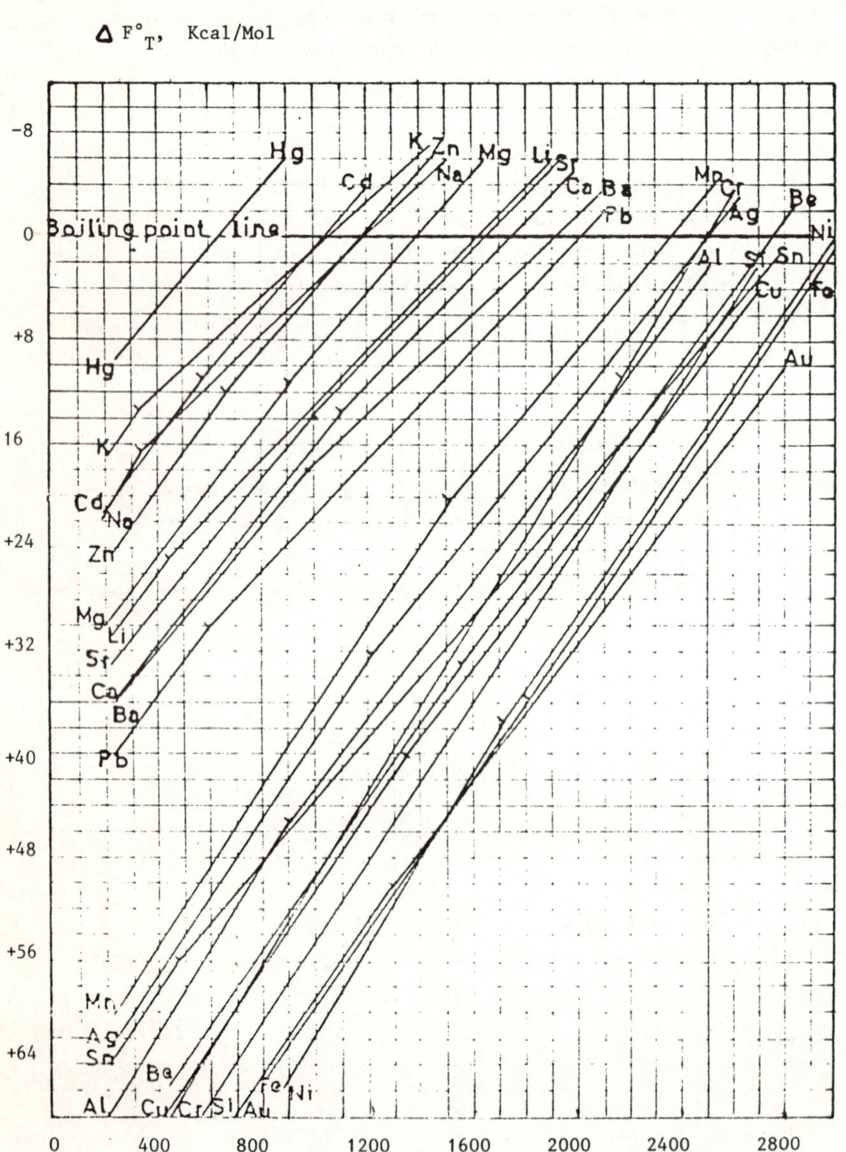

Bild 2 gibt die freie Energie der Verdampfung in einem Temperaturbereich von 0 - 3000 ^{o}K. Der Siedepunkt der erwähnten Metalle ist für $G^{o} = 0$ ablesbar.

Tabelle 1

Dampfdruck des Quecksilbers (mmHg) (18)

^{o}C	P	^{o}C	P
20	0,001201	220	32,133
60	0,02524	260	96,296
100	0,2729	300	246,80
140	1,845	340	557,90
180	8,796	380	1138,4

$1 \text{ mmHg} = \frac{100}{760}$ vol. % = 0,1316 ppm

Tabelle 2

Dampfdruck des Cadmiums (18)

^{o}C	P, mmHg
394	1
484	10
553	40
611	100
711	400
765	760

4.3. Umwandlung der Elemente, Oxyde und Salze

Die Oxydation der Metalle, bzw. Reduzierung der Oxyde, kann durch die Gleichgewichtsreaktion

$$\left[Me_xO_y\right] \text{fest} \leftrightarrows \left[x\ Me\right] \text{ fest} + \frac{y}{2}O_{2t}$$

dargestellt werden.

Bild 3

Bildungswärme der Metalloxyde

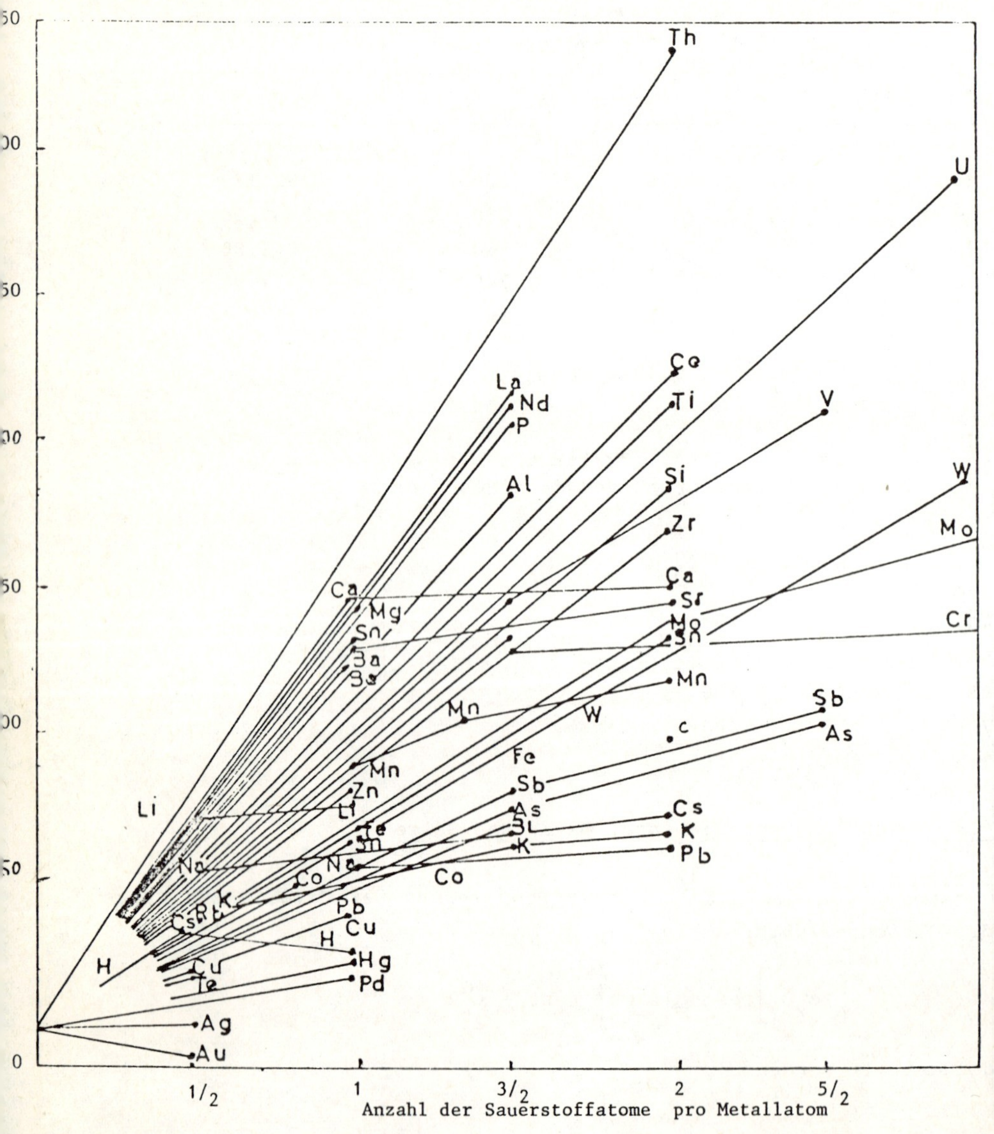

Bild 4
Bildungswärme der Metallchloride

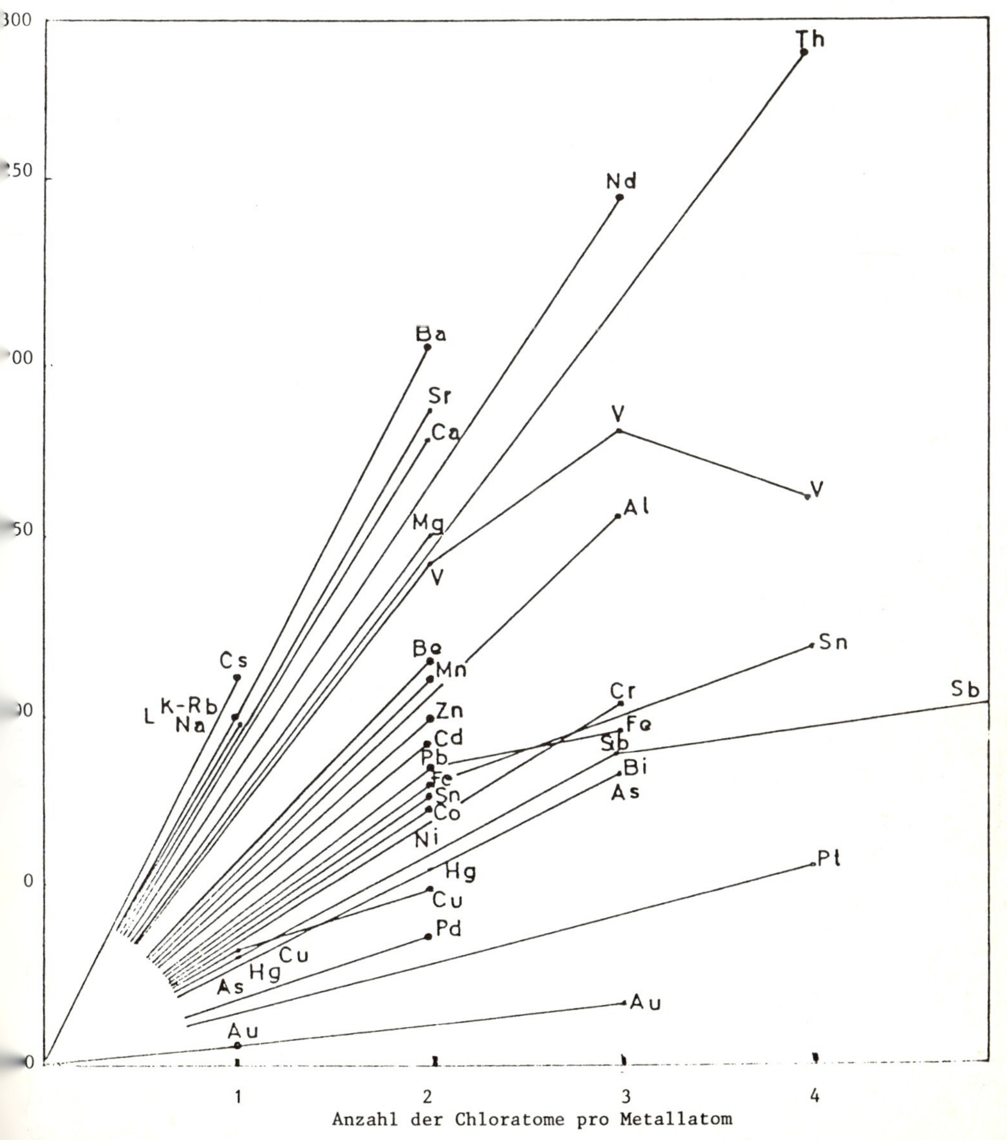

Die Gleichgewichtkonstante K wird also:

$$K = (P_{O2})^{y/2}$$

Analog gilt für die (De-) Chlorierung

$$\left[Me_x\ Cl_{2y}\right]_{fest} \rightleftarrows \left[x\ Me\right]_{fest} + y\ Cl_2$$

$$\text{mit } K = \left[P_{Cl_2}\right]^y$$

Dabei wird angenommen, daß sowohl das Metall als auch die Metallverbindung als Feststoff vorliegen.

Die Temperaturabhängigkeit der Gleichgewichtskonstante K wird beschrieben durch

$$\ln K = - \frac{\Delta G°}{RT}$$

mit G^o = freie Energie von Gibbs, kJ/Mol

$$\text{und} \quad \frac{d \ln K}{dT} = \frac{\Delta H°}{R T^2}$$

mit H^o = Bildungswärme aus den Elementen, kJ, Mol

Die Reaktionswärme ($-\Delta H$) ist für jede Reaktion aus den verschiedenen Standard-Bildungswärme $(-\Delta H_f^{o})_{298}$ der Reaktionspartner abzuleiten. Diese Berechnung entfällt in diesem Fall weil die Bildungswärme der Elemente alle gleich Null ist:

$$\Delta H = x\ (H_{f,Me}^{°})_{298} + \frac{y}{2}\ (H_{f}^{°},_{O_2})_{298} - (H_{f}^{°},_{Me_x,O_y})\ 298$$

$$= -\ (H_f^{°},\ Me_xO_y)\ 298$$

Die Neigung zur Oxyd-, bzw.Chloridbildung ist deswegen ohne weiteres den Bildern 3 und 4 zu entnehmen.

Es ist klar, daß die Bildungswärme der Oxyde und Chloride für die Edelmetalle recht niedrig ist, so daß sie bereits bei leichter Temperaturerhöhung in ihre Elemente zerlegt werden. Die viel stärkere Bindungsenergie der Verbindungen der Alkali- und Erdalkalimetalle, ist ebenfalls auffallend.

5. Probenahme und Analyse flüchtiger Metalle

5.1. Allgemeines

Die Probenahme der flüchtigen Metalle und Metallverbindungen ist mit erheblichen Problemen behaftet.

Zuerst ist die quantitative Erfassung von Metallspuren, die zudem über verschiedene Phasen verteilt sind, keine einfache Aufgabe. Bei der Entwicklung geeigneter Analyseverfahren soll der Erfassungsquote Aufmerksamkeit gewidmet werden.

Weiter sind die flüchtigen Verunreinigungen über die Gasphase und die Staubphase verteilt; außerdem können die Gaskomponenten sich adsorptiv an Staub- oder Rußteilchen anlagern. Diese Anreicherung ist von der Art des Metalls und von der Beschaffenheit der Oberfläche abhängig. Diese letzte Variable ist nur schwierig und unvollständig charaktisiert. Schließlich ist die Verteilung der Schwermetalle über die Partikel sehr uneinheitlich, mit stark erhöhten Konzentrationen an Feinpartikeln und an der äußeren Oberfläche der Partikeln.

Deswegen soll mit großer Sorgfalt beachtet werden, daß die Probenahme quantitativ und repräsentativ verfolgt.

Bild 5

Probenahmeapparat für niedrige Staubgehalte

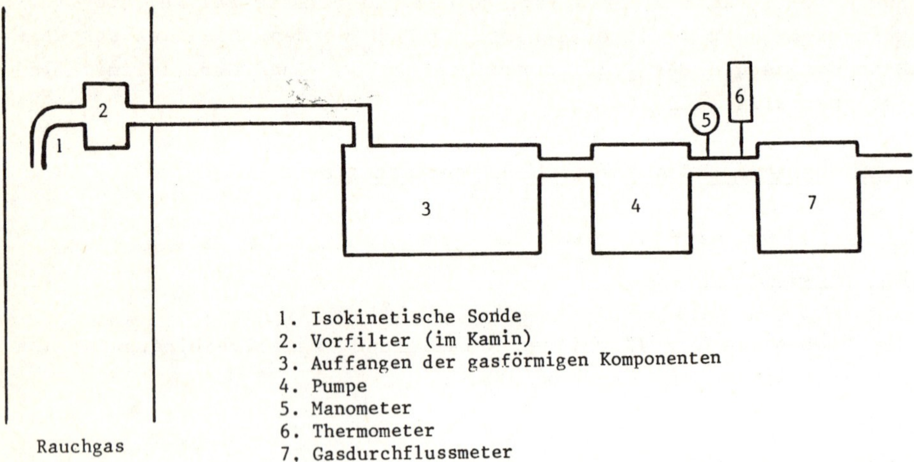

1. Isokinetische Sonde
2. Vorfilter (im Kamin)
3. Auffangen der gasförmigen Komponenten
4. Pumpe
5. Manometer
6. Thermometer
7. Gasdurchflussmeter

Bild 6

Probenahmeapparat für hohe Staubgehalte

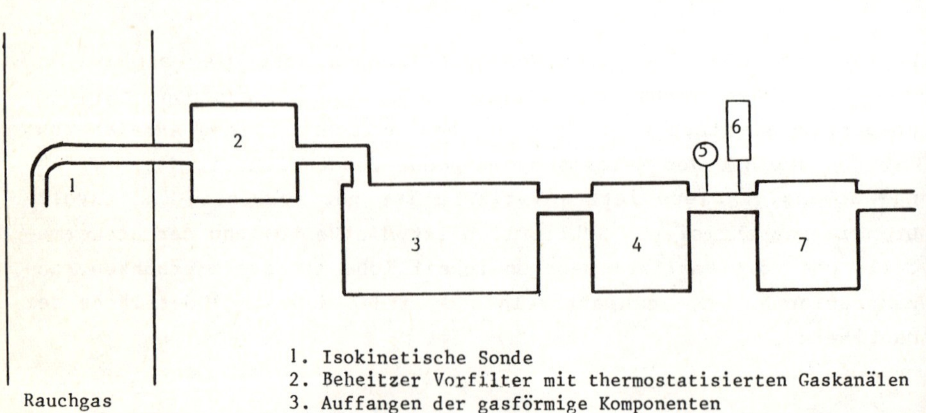

1. Isokinetische Sonde
2. Beheitzer Vorfilter mit thermostatisierten Gaskanälen
3. Auffangen der gasförmige Komponenten
4. Pumpe
5. Manometer
6. Thermometer
7. Gasdurchflussmeter

Das Probenahmeprotokoll wird an die Staubbeladung der zu analysierenden Rauchgase angepaßt. Bei niedrigen Staubgehalt wird im Kamin ein Vorfilter, der sich ständig auf der Rauchgastemperatur befindet, vorgeschaltet (Bild 5). Bei höherer Staubfracht soll ein Filterwechsel auf bequeme Weise erfolgen können, so daß dieser Vorfilter außerhalb des Kamins angeordnet wird (Bild 6). Die Rauchgase werden über eine beheizte Leitung angesaugt.

Selbstverständlich ist die Probenahme isokinetisch auszuführen, weil jede Verschiebung in den erfaßten Partikelmengen, bzw.- Grössenverteilung, die Resultate fühlbar beeinträchtigt.

5.2. Arbeitsgang bei der Probenahme und Analyse

Gasförmige Komponenten werden im allgemeinen, in einer Reihe Impinger, die sich in einem eisgekühlten Bad befinden, aufgefangen. Jeder Impinger ist mit einer Flüssigkeit, angepaßt an die Art der zu bestimmenden Komponenten, gefüllt.

Im Fall der Schwermetalle werden generell saure Waschflüssigkeiten, welchen Oxidationsmittel hinzugefügt werden, angewendet. Viel gebraucht wird Salpetersäure mit Kaliumpermanganat- oder Dichromat-Zugabe. Schwefelsäure wird weniger gebraucht, weil mehere Sulfate nur schwerlöslich sind.

Nach der Probenahme erfolgt die Bestimmung der Schwermetalle auf übliche Weise, u.a. durch

Atomabsorptionsspektrometrie (AAS)
anodische "Stripping" Voltametrie
induktiv gekoppelte Plasma-Technik, usw.

An den Filtern aufgefangener Staub ist zuerst einer sauren, oxydativen Digestion zu unterwerfen. Dabei werden unterschiedliche Mischungen nämlich HNO_3,HNO_3/HCl,H_2SO_4/HNO_3, $H_2O_2/HClO_4$ sowie noch andere Kombinationen gebraucht. Die so erhaltene Lösung ist nach

Verdünnung sofort für die Analyse brauchbar. Während der Digestion werden nicht nur die festen Metalle und Salze aufgelöst, sondern auch die organischen Verunreinigungen - die bei der Analyse stören können- zerstört.

5.3. Sonderverfahren

Fraglich bei den üblichen "Impinger" Methoden ist jedoch, ob die Abtrennung der zu bestimmenden Schadstoffe vollständig abläuft. Mit dem Zweck, diese Ausbeute zu steigern ist eine alternative Methode vorgeschlagen worden (20).

Rauchgas wird dabei angesaugt, vorfiltriert, und mit Salpetersäure-Schwaden vermischt. Die Reaktion erfolgt auf höherer Temperatur. Danach werden die aufgeschlossenen Metalle, zusammen mit dem Rauchgasstrom, mit kaltem Methanol tiefgekühlt. Eine Übersättigung tritt sofort auf und die Salpetersäureschwaden kondensieren auf den anwesenden Feinstaubpartikeln. (Bild 7).

Diese Teilchen werden größtenteils abgelagert an den Wänden des Kühlers, während der Rest wie früher im Impinger aufgefangen wird. Die Digestion tritt bei hohen Temperaturen und während der Kondensation auf.

Die Ausbeute der Metallentfernung aus dem Gasstrom wird mittels eines ^{65}Zn oder eines ^{203}Hg Tracer abgeschätzt. In beiden Fällen ist ein Entfernungsgrad von etwa 95 % erreicht worden. Offenbar gestattet diese Arbeitsweise eine vollständige Abtrennung der flüchtigen Metalle als die klassische Impinger-Methode.

<u>Bild 7</u>

Probenahme für Gase und Feinstpartikel

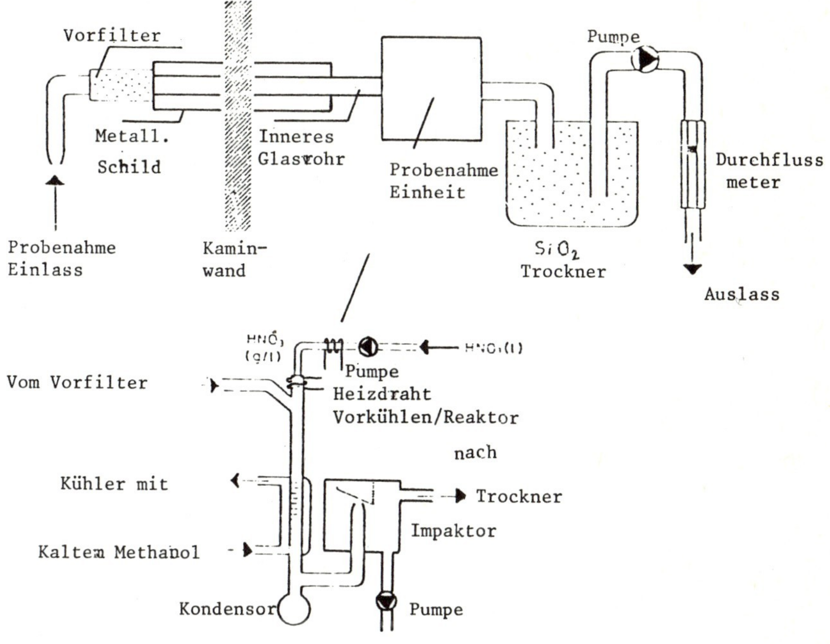

<u>Bild 8</u>

Vernebelungsrefluxkondensor

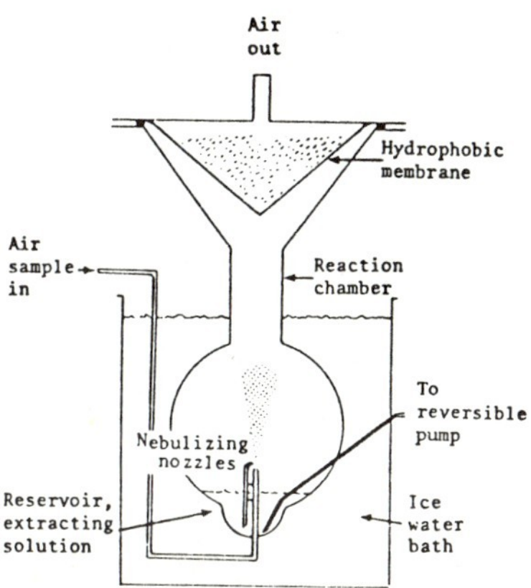

Bild 9

Vernebelungsrefluxkondensor (verbesserte Bauart)

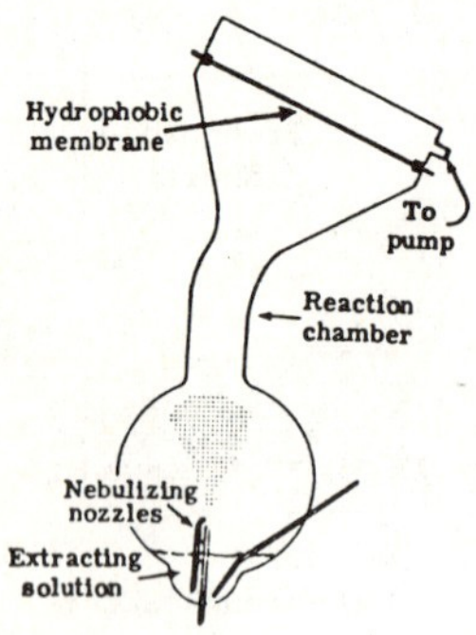

Eine andere vorgeschlagene Arbeitsweise wird in den Bildern 8 und 9 verdeutlicht (21). Das angesaugte Gas wird zur Vernebelung einer wässrigen Flüssigkeit angewendet. Der so erzeugte Nebel hat eine große verfügbare Oberfläche, an welcher sich die gasförmigen Komponenten und ebenfalls die Feinstpartikel anlagern. Der Wasserdampfnebel wird quasi-vollständig durch ein hydrophobes Membran aufgehalten und fließt in den Vernebelungsbehälter zurück. Diese etwas ungewohnte Methode soll sich ebenfalls durch einen hohen Abtrennungsgrade auszeichnen.

5.4. Quecksilber

Bei den dampfförmigen metallischen Schadstoffen nimmt das Quecksilber eine besondere Stellung ein, da es vorwiegend unter Dampfform vorliegt und sehr giftig ist. Außerdem soll das Quecksilber eben bei starker Übersättigung noch immer in der Gasphase bleiben (22).

Trotz der Schwierigkeiten, mit welchen die Bilanzierung des Quecksilbers behaftet ist, ist der Verbleib des Quecksilbers in einer Müllverbrennungsanlage dank der Arbeiten von Reiman (23) bekannt. Auch die Entfernung des dampfförmigen Metalls erst aus den Rauchgasen, danach aus den Waschwässern einer sauren Wäsche, ist technisch ausführbar und gestattet es, die auferlegte Emissionsgrenze sogar zu unterschreiten.

In einer weiteren amerikanischen Arbeit wird vorgeschlagen, die zu analysierenden Verbindungen mittels einer Reihe aufeinanderfolgenden, selektiver Absorptionsröhren aufzunehmen. Tabelle 4 bietet eine Übersicht der für diese Methode verwendeten unterschiedlichen Absorptionsröhren (24).

Tabelle 4

Zusammensetzung	Funktion
Glaswolle	Partikeln (zum Teil)
Chromosorb-W, 45-60 Mesh mit 3 % SE - 30	$HgCl_2$, Restpartikeln
Chromosorb-W, 45-60 Mesh mit 0,05 M NaOH	CH_3HgCl
Glaskugeln mit Ag-Ober-Flächenschicht	Hg
Glaskugeln mit Au-Ober-Flächenschicht	$(CH_3)_2Hg$

Die analytische Aufstellung wird in Bild 5 dargestellt.

Bild 10

Direkte Analyse der flüchtigen Metalle

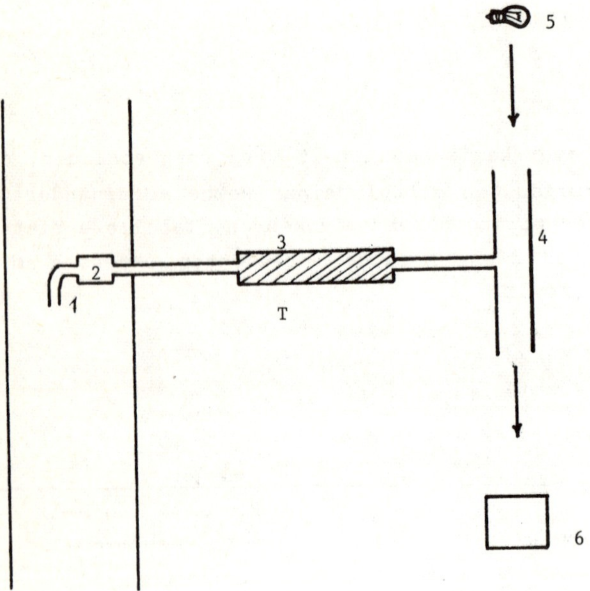

1. Isokinetische Sonde
2. Filter im Kamin
3. Quarzrohr mit Kohlenstoffgranulat
4. Quarzrohr
5. Lampe
6. Detektor
T. Aufheizung

Die Absorptionsröhren werden nach Beladung wieder aufgeheizt, so daß das Quecksilber und seine Verbindungen wieder in den Gasstrom übergehen. Nach einer Gleichstromentladung kann die Metallkonzentration durch Beobachtung der 253.65 nm Emissionsspektrallinien quantifiziert werden.

Einer weitere Methode (25) beruht auf der Anwendung eines mit Gold beschichteten Graphitofens. Nach Abtrennung des Staubs wird das gasförmig Quecksilber in der Goldschicht amalgamiert. Nach dem Ende der Probenahme wird dieser Graphitofen in einem AAS-Gerät aufgestellt und das Quecksilber gemäß eines genau programmierten Veraschungs- und Atomisationsprogramm ausgetrieben und bestimmt. Wenn die Beschichtung entfällt, kann der Ofen auch für die Bestimmung anderer Schwermetalle angewendet worden.

Eine andere Technik ermöglicht die direkte Bestimmung der Schwermetallkonzentration gleich am Probenahmeort.

Die analytische Aufstellung für flüchtige Metalle wird im Bild 10 ırgestellt.

ıs Gas strömt durch ein außen beheiztes Quarzrohr. Anwesende Oxy- werden durch eine Füllung aus granulierter Kohle reduziert. Die- Methode liefert gleich die erwünschten Meßresultate, ohne daß .e Probe kontaminiert wird. Nachteilig sind andererseits der Aufwand, einen voluminösen Apparat zur Meßstelle zu bringen, und die mögliche Unterschreitung der Detektionsgrenzen, falls die Konzentration niedrig ausfällt.

Metallisches Quecksilber ist direkt meßbar, weil die Reduktion des Oxyds und die Beheizung, notwendig zur Umwandlung des Metalls in atomaren Zustand entfallen.

6. Schlußfolgerungen

Die Problematik der Schwermetalle ist eine aktuelle, aber auch eine sehr komplexe Frage. Die Probenahme- und Analysemethode hat sich vor allem in den letzten Jahrzehnten entwickelt. Anzunehmen ist, daß Probenahmen und Analyse, di? flüchtige Metalle fast quantitativ erfassen und bestimmen, falls geeignete Methoden angewendet werden.

Auch die Beherrschung der dampfförmigen Emissionen ist heutzutage möglich. Dabei erscheint eine saure Wäsche, mit nachgeschalteter Fällung des Quecksilbers aus den Waschwässern die meist geeignete Lösung. Die Trockensorption ist wegen der höheren Verfahrenstemperatur bei der Entfernung des Quecksilbers weniger effektiv.

Literaturverzeichnis

(1) Greiner, B., et al: Chemisch-Physikalische Analyse von Hausmüll. Abfallwirtschaft Forschungsbericht 10303502 (im Auftrag des Umweltbundesamtes), Berlin 1983

(2) Schaaf, R.: Emissionen von Metallverbindungen bei der Verwertung und Beseitigung von Produkten, Müll und Abfall 15 (11), 277 - 283 (1983)

(3) Lorber, K.E.: Die Zusammensetzung des Mülls und die durch Müllverbrennungsanlagen emittierten Schadstoffe, in Thomè-Kozmiensky, K.J. (Hrsg.) Müllverbrennung und Rauchgasreinigung, Band 7 Technik, Wirtschaft, Umweltschutz, E.Freitag - Verlag für Umwelttechnik, Berlin 1983.

(4) Campbell, W.: Metals in the wastes we burn? Environ, Sci. Technol., 10, 437 - 439 (1976).

(5) Referatesammlung zum 4. abfallwirtschaftlichen Fachkolloquium KABV (Kommunaler Abfallbeseitigungsverband Saar), Saarbrücken 26 - 27. April 1984; u.a.Beiträge von O. Tabasaran, B. Greiner, P. Krauss, H. Schüssler, W. Bidlingmaier, M. Kranert, Roth, H. Rauschenberger, R. Neidhardt.

(6) Defregger, F.: Aktionen in Bayern zur getrennten Erfassung von Schadstoffkomponenten kommunaler Abfälle, Müll und Abfall 16 (2), 42 - 49 (1984).

(7) Fuchs, D.: Schadstoffentfrachtung des Hausmülls im Bundesgebiet, Stand und Tendenzen, Müll und Abfall 16 (2), 36 - 41 (1984).

(8) Brunner,P., Zobrist,J.: Die Müllverbrennung als Quelle von Metallen in der Umwelt, Müll und Abfall 15 (9), 221 - 227 (1983).

(9) Ministerie van Volkshuisvesting, Ruimtelijke Ordening en Milieubeheer. Luchtverontreinigingsaspecten van verbrandingsinstallaties voor huishoudelijk afval en bedrijfsafval, kamerstuk Tweede Kamer, Maart 1984.

(10) Vogg, H.: Verhalten von (schwer-) Metallen bei der Verbrennung kommunaler Abfälle, Chem.Ing.Techn, 56 (10), 740 - 744 (1984).

(11) Nottrodt, A., et al: Emissionen von polychlorierten Dibenzodioxinen und Müll und Abfall 16 (11), 313 - 330 (1984).

(12) Kirsch, H.: Composition of Dust in the waste gases of incineration plants, Conference Papers Conversion of Refuse to Energy, Montreux, Switzerland, November 3 - 5, 1975.

(13) Law, S.L., Gordon, G.E.: Sources of Metals in Municipal Incinerator Emissions, Environ. Sci. Techn. 13 (4), 432 - 8 (1979).

(14) Buekens, A., et al.: Erfahrungen aus den Messungen von organischen Schadstoffen an Verbrennungsanlagen für Haus- und Sondermüll in Müllverbrennung und Rauchgasreinigung, Hrsg. Karl J. Thome- Kozmiensky, Berlin 1983.

(15) Natusch, D., et al.: Environ. Sci. Technol., 8, 1107 (1974)

(16) Flagan, R., Friedlander, S.: presented at the Symposium on Aerosol Science and Technology at the 82nd National Meeting of the American Institute of Chemical Engineers, Atlantic City, N.Y. Aug. 29.- Sept 1., (1976).

(17) Smith, R.: Concentration Dependence upon Particle Sizes of Volatilized Elements in Fly Ash, Environ. Sci. Technol., 13 (5), 553 - 58, (1979).

(18) Handbook of Chemistry and Physics, 59 th Edition 1978-1979, CRC Press.

(19) Haemers, Cursusnota's Non Ferro Metallurgie, Rijksuniversiteit Gent.

(20) Søby, F., Tjell, J.C., Mosbaek, H., Hansen, J.A.: Gaseous and subsmicronic Stack emissions of heavy metals, International Scientistmeeting on household waste, June 9 - 12, Alcudia (Mallorca Spain).

(21) Cofer, W.R., Callvis, V.G., Talbot, R.W.: Improved Aqueous scrubber for collection of soluble atmospheric Trace gases. Environ. Sci.Technol., 1985, 19, 557 - 560.

(22) Otani, Y., Kanaoka, C., Matsui, S.: Behavior of metal mercury in gases. Environ.Sci.Technol., 1984, 18, 793 - 796.

(23) Reimann,: Chlorverbindungen in Müll und in der Müllverbrennung - Einfluß des Kunststoffs PVC, Müll und Abfall 16(6), 169 - 75, (1984).

(24) Braman, R.S., Johnson, D.L.: Selective absorption tubes and emission technique for determination of ambient forms of mercury in air, Environ.Sci.Technol., 8, 996 - 1003, (1974)

(25) Siemer, D.D.: Analyse of trace metals in the air, Environ. Sci. Technol., 12, 539 - 43, (1978).

Abscheidung von Restschadstoffen aus Müllverbrennungsanlagen mit nachgeschalteten Rauchgasanlagen

K. v. Beckerath

Theoretischer Teil

Der Aufsatz beschreibt ein Verfahren und Versuche zur möglichst weitgehenden Restentfernung von Schadstoffen aus Abgasen (Rauchgasen) von Verbrennungsanlagen und insbesondere Müll- und Sondermüllverbrennungsanlagen. Diese Schadstoffe liegen in Gas-, Aerosol- und/oder Staubform vor und können je nach dem sehr heterogenen Verbrennungsgut in nennenswertem Umfang mit dem Rauchgas ausgetragen werden.

Die Müllverbrennung als Methode zur ökonomischen Abfallverwertung und -beseitigung ist im Grundsatz unbestritten. Für die Umweltfreundlichkeit dieser thermischen Abfallbehandlung ist die Steuerung und Kontrolle der mit dem Verbrennungsabgasen verbundenen Emissionen von entscheidender Bedeutung, da auch sehr geringe Mengen aufgrund des hohen Mengen- bzw. Massedurchsatzes belastend wirken können. Die Leistungsfähigkeit der bisherigen Verfahren wurde weitgehend an den vom Gesetzgeber vorgegebenen Konzentrationsgrenzwerten orientiert (TA Luft, 1974). Die Technische Anleitung Luft (1974) bezieht die jeweiligen Grenzwerte auf ein feuchtes Abgas mit 11% Sauerstoff (O_2) und beläßt es somit dem Betreiber einer Anlage, etwa auftretende höhere Schadstoffkonzentrationen durch eine Art "Verdünnungsprinzip" noch immer unterhalb zulässiger Grenzwerte zu halten, obwohl in der Summenbilanz erhebliche Mengen an Schadstoffen emittiert werden. Bisher unberücksichtigt blieb die Tatsache, daß in Rauchgasen aus Verbrennungsanlagen enthaltene Schadstoffe, die unter Normalbedingungen Feststoffe darstellen ,als Schweb- oder Staubaggregate mitgeführt werden; derjenige Anteil der Schadstoffe, der sich aus dem Dampfanteil (vgl. Dampfdruckkurve) ergibt, ist bisher nicht berücksichtigt worden. Es ist aber bekannt, daß z.B. das Schwermetall Quecksilber anteilig mit Wasserdampf destilliert werden kann, wobei der Partialdampfdruck des Quecksilbers die Menge des über die dampfförmige Phase übergehenden Metalls bestimmt. Ähnlich liegen die Verhältnisse bei zahlreichen organischen Schadstoffverbindungen, die beispielweise durch Wasserdampfdestillation verdampft werden können. Wegen des hohen Massedurchsatzes muß deshalb auch bei sehr wenig flüchtigen Verbindungen mit einem nicht unbeachtlichen Verflüchtigungsgrad gerechnet werden.

Mit den bisher verwendeten Abgasreinigungssystemen, die in der Regel Elektrofilter in Verbindung mit Naßwäschern, Zyklonen und alkalischen Nachbehandlungen umfaßten, konnten zwar die derzeit gesetzten Grenzwerte sowohl bezüglich der Schadgasanteile wie CO, NO_x, HCl, HF und SO_2 als auch der Anteile an Schwermetallstäuben, wie Pb, Zn, Cu, Cr, Ni, Cd, Hg und Fe, eingehalten werden. Ob dies bei zukünftigen schärferen Regelungen wie sie im Novellierungsentwurf für die TA Luft (II) vorgesehen sind, gleichfalls zutrifft, muß zumindest in Frage gestellt werden.
Die bisher angewendeten Verfahren der Rauchgasreinigung sind an besondere Situationen schlecht anpaßbar, was bei Inkraftreten der Novellierung TA Luft mit zu erwartender Verschärfung der zulässigen Belastungsgrenzen im schlimmsten Fall sogar zur Außerbetriebsetzung einer Anlage, beispielsweise einer Müllverbrennungsanlage führen würde. Aber auch ohne vom Gesetzgeber vorgegebene Grenzwerte sollte die Emission von Schadstoffen im Interesse der Öffentlichkeit absolut, d.h. unabhängig von Verdünnungs- und Verdampfungseffekten, so niedrig wie möglich gehalten werden.

Die Abgase von Verbrennungsanlagen enthalten Wasserdampf; das mit diesen Abgasen transportierte System ist ziemlich komplex aufgebaut, da die einzelnen Komponenten tatsächlich sowohl in Gas aber auch in Aerosol- und Staubform vorliegen können. Die bisherigen Methoden zur Entfernung von Schwermetallgehalten aus

Abgasen beruhen vereinfacht auf der Annahme, daß diese Gehalte entweder selbst staubförmig sind oder sich aber vorwiegend an mitgeführten Staubteilchen anlagern und deshalb über deren Messung und Aussonderung, z.B. über die Elektrofilter, aus dem Abgas abgetrennt werden können. Mittlerweile hat sich jedoch die Erkenntnis durchgesetzt, daß Schwermetalle auch in Form von flüchtigen Verbindungen oder gebunden in Aerosolen mit den wasserdampfhaltigen Abgas ausgetragen werden. Da die Abregnungsfläche um den Kamin einer Verbrennungsanlage konstant unveränderlich bleibt, kommt es im Laufe der Zeit zu notwendigerweise ansteigenden Aufkonzentrierungen nicht nur in der Umgebungsluft bei Windstille, sondern auch im Boden. Die Folgen sind augenscheinlich.

Es konnte festgestellt werden, daß aus dem Kamin von Müllverbrennungsanlagen noch meßbare Mengen an Schwermetallen emittiert werden. Bei Anlagen, die über einen Naßwäscher verfügen, ist dabei überraschenderweise festgestellt worden, daß sich entgegen allen Erwartungen für bestimmte Schwermetalle zwar der Anteil der staubförmigen Schwermetallkomponenten meistens deutlich herabsetzen läßt (ausgenommen Quecksilber und in geringerem Ausmaße auch Nickel und Chrom); dagegen bei Schwermetallen wie Blei, Cadmium, Chrom und Nickel derjenige Anteil der Schwermetalle in Gas- und/ oder Aerosolform ansteigt, so daß mit dem wasserdampfhaltigen Restwaschgas weiterhin Schwermetallbelastungen ausgetragen werden.

Tabelle 1 faßt die Situation an einer Sondermüllverbrennungsanlage mit Naßwäscher zusammen. Der Aufkonzentrierung der Schwermetallgehalte ist bisher kaum Aufmerksamkeit geschenkt worden.

Tabelle 1

Rauchgaskomponente	Massenstrom (g/h) vor dem Wäscher			Massenstrom nach dem Wäscher		
	an Staub gebunden (1)	gasförmig ungebunden (2)	Summe aus (1) u. (2)	an Staub gebunden (1)	gasförmig ungebunden (2)	Summe aus (1) u. (2)
Gesamtstaub	100.000	-	100.000	7.535,0	-	7.535,0
Blei	3.075,6	10,4	3.085,6	347,0	37,4	385,0
Cadmium	98,6	11,7	110,3	9,6	12,6	22,2
Chrom	149,4	178,1	327,5	51,7	266,7	318,4
Nickel	108,2	537,7	646,3	95,6	526,9	622,4
Quecksilber	4,3	298,4	302,7	10,0	131,6	141,2
Fluorid (F^-)	-	9.059,2	9.059,2	-	130,3	-
Chlorid (Cl^-)	-	99.839,3	99.839,3	-	12.954,0	12.954,0
Sauerstoff in %		9,4			12,3	
Kohlendioxid (CO_2) in %		8,3			4,9	
Schwefeldioxid (mg(Nm³)		nicht gemessen			0,17	
Wassergehalt (kg/Nm³)		0,022			0,206*	
Abgastemperatur (°C)		268,1			92,3*	
Abgas-Volumenstrom (Nm³/h)		233,067			219.869*	

* Zusatz von Heißluft zur Wiederaufheizung des Gasstromes nach dem Wäscher

Die Messungen erfolgten an einer Sonderabfallverbrennungsanlage, bei der bisher hinter einem Elektrofilter ein zweistufiger, mit Natronlauge betriebener Venturiwäscher mit Tröpfchenabscheider angeordnet war. Die Messungen erstreckten sich über 1 Woche, wobei im einzelnen 16 Messungen vorgenommen wurden. Die Werte stellen die Mittelwerte dieser 16 Messungen dar. Sämtliche Werte wurden auf einen durchschnittlichen Massenstrom von 100.000 g/h Gesamtstaub vor dem Wäscher und nach dem Elektrofilter umgerechnet, um die Vergleichbarkeit herzustellen.

Die praktisch gefundenen Resultate bestätigen die vorstehende Aussage. Es besteht somit ein dringlicher Bedarf an einem wesentlich flexibler als bisher durchführbaren Verfahren, mit dem die Restmengen von Schadstoffen in Abgasen, sowohl organischer als auch anorganischer Natur und insgesamt einer Verbrennung mit sehr stark schwankenden Zusammensetzungen des Brenngutes, entfernt werden können.

Insbesondere ergibt sich ein besonders dringlicher Bedarf an einem Verfahren, mit dem gerade die in sehr niedrigen Konzentrationen in Rauchgasen und Waschrestgasen auftretenden Gehalte an gesundheitsschädlichen organischen Verbindungen und speziell an polyhalogenierten (z.B. polychlorierten) aromatischen Kohlenwasserstoffen (Dioxine, Benzofurane und dergl.), aber auch die Gehalte an Schwermetallen und Schwermetallverbindungen, wie sie beispielsweise in Tab. 1 genannt sind, insbesondere Verbindungen des Quecksilbers, Nickels, Blei, Cadmiums, Chroms und dergl., gleich in welcher Form diese Metalle bei der Müllverbrennung in die Rauchgase und in die Waschgase bzw. Behandlungsgase des Naß-, Halbtrocken- und Trockenverfahrens gelangen bzw. in diesen vorliegen, auf sichere und reproduzierbare Weise entsorgt werden können, so daß eine nicht mehr steuerbare und beherrschbare Verunreinigung der Luft auch im Umgebungsbereich einer Müllverbrennungsanlage mit einiger Verläßlichkeit ausgeschlossen werden kann.

Die Müllverbrennungsanlagen, die sich teilweise unmittelbar in der Umgebung von Wohngebieten befinden, werden zur Zeit nach dem Naßverfahren oder dem sogenannten Trocken- bzw. Halbtrockenverfahren bezüglich der Rauchgasbehandlung betrieben.

Beim Naßverfahren werden die Schadstoffe mit alkalischen Lösungen (Alkalihydroxide, Erdalkalihydroxide, insbesondere Natronlauge oder Kalkmilch) umgesetzt und in Form von Salzlösungen oder Dünnschlämmen ausgeschleust.

Beim halbtrockenen Verfahren werden die Rauchgase mit im allgemeinen alkalischen Lösungen oder Suspensionen (gelöschtem Kalk, Kalkstein, Ammoniak, Natriumhydroxid) in Sprühtrocknern behandelt. Beim Trockenverfahren werden die Rauchgase im Gegenstrombetrieb mit festen alkalischen Produkten (Kalk, Kalkstein usw.) in Kontakt gebracht und so im allgemeinen mehrmals im Kreislauf geführte Reaktionsprodukte erhalten. Diese Reaktionsprodukte werden dann kontinuierlich aus dem Kreislauf als Trockenprodukte ausgeschleust.
Die Abgase, die hinter den Abgasreinigern anfallen, sind aufgrund der unterschiedlichen Verfahren zwei Typen zuzuordnen:

1) Abgase aus Naßwäschern und/oder Quenschen, die zumindest in der letzten Stufe alkalisch gefahren werden, um saure Bestandteile zu neutralisieren und auszuwaschen. Die Abgase weisen nach Verlassen des Naßwäschers meistens Temperaturen unter 100° C auf (z.B. 70^{0}C) und sind mit Wasserdampf gesättigt. Je nach Wirkungsgrad nachgeschalteter Tröpfchenabscheider enthalten diese Abgase neben mitgerissenen Wassertröpfchen noch Aerosole und/oder gasförmige organische und anorganische Schadstoffe.
2) Abgase aus den Trocken- bzw. Halbtrockenverfahren. Sie werden nach der Behandlung mit Alkalien einer Entstaubung durch Zyklone, Elektrofilter oder Gewebefilter zugeführt und weisen in der Regel Temperaturen um ca. 200° C auf. Sie enthalten Reststäube und Aerosole oder Gase der unterschiedlichsten Zusammensetzung organischer und anorganischer Natur sowie Wasserdampf.

Beim Quasitrocken- und Trockenverfahren entstehen durch das Einblasen von Kalk in das Rauchgas hohe Filterstaubmengen, die ein Vielfaches der Staubmengen beim Naßverfahren ausmachen und mit Schwermetallen und anderen an den Staubteilchen adsorbierten Müllverbrennungsprodukten angereichert sind. Deswegen sind an die Entstaubung besonders hohe Leistungsanforderungen zu stellen. In der Praxis werden daher statt der üblicherweise verwendeten Elektrofilter oft Gewebefilter eingesetzt, die jedoch nur dann zufriedenstellend und sicher arbeiten, wenn der Säuretaupunkt von ca. 130 - 140° C nicht unterschritten wird. Bei Unterschreitungen dieses Säuretaupunktes würde es zum Verkleben des Gewebenetzes und außerdem zu erheblichen Korrosionsproblemen kommen. Bei 130° C gelingt aber die Bindung des der Gefahrenklasse I zugeordneten Quecksilbers höchstens teilweise, so daß die Emissionswerte von 0,2 mg/Nm^{3} trotz gezielter Verdünnungen nicht eingehalten werden können. Für andere Schwermetalle wie Pb, Cr, Cd, Ni, Te, As, Be, Se, Tl und V ergeben sich ähnliche Probleme, wenngleich je nach Müllgutbelastung graduelle Unterschiede bestehen mögen. Auf jeden Fall nimmt bei allen Schwermetallverbindungen mit steigender Temperatur die Sättigungskonzentration zu, so daß eine höhere Konzentrationsbelastung der Gasphase stattfindet.

Bei einer unter Zufeuerung von Klärschlamm gefahrenen Müllverbrennung sind die Emissionen an unverbrannten organischen Kohlenstoffverbindungen und, je nach der Schwermetallbelastung des Klärschlamms, die Schwermetallgehalte erhöht, vgl. Müll und Abfall, 1984, loc. cit.

Es ist bekannt, das heteroatomhaltige Kohlenwasserstoffe und insbesondere die thermisch schwer zersetzbaren Organochlorverbindungen bei Müllverbrennungsanlagen auftreten und selbst bei Temperaturen bis zu 1.200^{0} C nur unvollständig verbrannt werden. Die Waschwasseranalysen von Sondermüllverbrennungsanlagen zeigten keine nennenswerten Konzentrationen an PCB- und HCH-Verbindungen, s. K. v. Beckerath "Beschaffenheit flüssiger Abgänge bei der Rauchgaswäsche", 3. Mülltechnisches Seminar, Abgasreinigung und Gewässerschutz bei der thermischen Abfallbehandlung, Nr. 26, Berichte aus Wassergütewirtschaft und Gesundheitsingenieurwesen, Institut für Bauingenieurwesen V, TU München, 1980 S. 72 - 89. Nach Chem. INd. XXXVI, Nov. 1984, S.701, können Dioxine als unerwünchste Nebenprodukte bei thermischen und chemischen und photochemischen Prozessen entstehen; Dioxinspuren fallen vermutlich bei der Herstellung bestimmter Chlorphenole, aber auch in der Flugasche von Müllverbrennungsanlagen an, desgleichen scheinen Dioxine in Elektrofiltern von Feuerungsanlagen vorzukommen. Angesichts der Sublimierbarkeit und Wasserdampfflüssigkeit dieser Verbindungen dürften diese polyhalogenierten aromatischen polycyclischen Verbindungen auch in den Rauchgasen präsent sein und teilweise sogar in dampfförmiger Phase vorliegen.

In der Müllverbrennungsanlage ist es heute üblich, daß das gereinigte wasserdampfhaltige Abgas vor dem Austrag an die Atmosphäre wieder erwärmt wird, um ein Abregnen in unmittelbarer Umgebung der Anlage, insbesondere bei kaltem Wetter und in der kalten Jahreszeit zu vermeiden und um die Kaminabgase möglichst gut zu verteilen. Die Wiederaufheizung erfordert einen beträchtlichen Energieeintrag und führt letztlich dennoch zu mehr oder weniger gestreckten Immissionen der Umluft und des Boden in Nähe der Anlagen.

Es soll hier ein Verfahren und eine zur Durchführung dieses Verfahrens besonders geeignete Anlage zur möglichst weitgehenden Restentfernung von Schadgasen, von Schadstoffaerosolen und schadstoffhaltigen Stäuben aus den herkömmlichen gereinigten Rauchgasen und Restwaschgasen vorgestellt werden, mit dem die Gehalte dieser Restgase an Schwermetallen und Schwermetallverbindungen sowie anderer Schadstoffe, wie zum Beispiel der polyhalogenierten aromatischenpolycyclischen und sonstigen polyhalogenierten cyclischen Kohlenwasserstoffe,, weitgehend aus dem Abgas eliminiert bzw. soweit herabgesetzt werden, daß die Emissionen weit unterhalb der heute üblichen und nach den gesetzlichen Bestimmungen noch zulässige Werte gehalten werden. Der Gesetzgeber hat diesbezüglich in der TA Luft 1974 klare Limite gesetzt, die von Müllverbrennungsanlagenbetreibern einzuhalten sind. Dem Verfahren liegt zugrunde, daß sich die Gegenwart von Wasserdampf in den Abgasen aus Reinigungsanlagen mit Naßwäschern hervorragend als Kontroll- und Steuerungsmittel für die Schadstoffentfernung nutzen läßt, indem durch Kondensation eines Hauptwasseranteils dieser Abgase gleichzietig eine Abscheidung von Schadstoffen zusammen mit dem Kondensat erreicht wird. Bei den Abgasen bei Anlagen, die nach dem Quasitrockenverfahren oder Trockenverfahren arbeiten, kann dieser Wasserdampfgehalt beispielsweise durch Einspritzwasser erhöht werden. Das Verfahren ermöglicht darüber hinaus auch eine ökonomische Nutzung der Kondensationswärme. Durch Kondensieren des Hauptwasseranteils wird außerdem eine Verringerung des über den Kamin der Verbrennungsanlage abzulassenden Dampfvolumens erreicht. Auf eine Wiedererwärmung kann bei genügender Abkühlung verzichtet werden, da der Wassergehalt mit sinkender Temperatur stark verringert wird.

Die mit der Wasserdampfkondensation einhergehenden Schadstoffabscheidungen sind zumindest teilweise damit erklärbar, daß grundsätzlich jede flüchtige chemische Verbindung über das Dampfdruck-Temperatur-Gleichgewicht kontrolliert wird und mit Erniedrigen der Temperatur Taupunktsunterschreitungen und Desublimationen für Schadstoffkomponenten stattfinden, so daß es zu einer gleichzeitigen Kondensation mit Wasserdampf kommt. Es scheint jedoch noch zusätzlich zu einer bevorzugten Anlagerung von Schadstoffkomponenten an den Kondensationskeimen wie Nebeltröpfchen zu kommen, so daß sich das System aus sich heraus selbst wäscht und reinigt (Autoscrubbing-Effekt). Der Kondensationsvorgang wird dabei in sehr einfacher und reproduzierbarer Weise über eine Temperaturabsenkung (Kühlung) geregelt, wobei eine Einstellung auf unterschiedliches Verbrennungsgut bereits über den Temperaturparameter beherrschbar werden kann. Hilfsmittel wie das Zudosieren von chemischen Reagenzien, Absobentien und Adsorbentien und das Zuleiten von Kondensationskeimen können den Abscheidungs- und Abtrennungsvorgang zusätzlich fördern.

Das Verfahren ist bei Verbrennungsanlagen mit Nachreinigung nach dem Naßverfahren, Halbtrockenverfahren und Trockenverfahren geeignet, wobei im letzteren Falle die wesentlich höhere Staubfracht und Schadgasfracht auf elegante Weise entsorgt werden kann. Über die Kühlkondensation werden auch die noch enthaltenen sauren Gase wie HCl und HF, sowie Salzaerosole entfernt.

Da die Kondensation zwangsläufig zu Taupunktunterschreitungen führt, sind an die Beständigkeit des Materials der Abscheidevorrichtung erhebliche Anforderungen zu stellen. Geeignete Materialien, die mit den Gasen und Kondensaten in Berührung kommen, sind Graphit, Keramik, Glas, Kunststoffe und korrosionsfeste Metalle; ihre Verwendung wird bevorzugt. Es ist bekannt, daß z.B. Stahlrohkamine hinter Müllverbrennungsanlagen mit Naßwäschern sehr schnell korrosiv zerstört werden.

Die Temperaturabsenkung sollte eine T-Differenz (x) von mindestens 10°C und vorzugsweise von mindestens 15°C vorsehen. Es hat sich, jedoch herausgestellt, daß die Temperatur so niedrig wie möglich, eventuell in 2 Stufen eingestellt werden soll, da hierdurch auch flüchtigere Komponenten miterfaßt und abgeschieden werden. Temperatursenkungen von 20°, 30°C und manchmal von bis zu 50°C (jeweils T-Differenz) sind deshalb besonders günstig.

Wenn das wasserdampfhaltige Restwaschgas nach dem Naßwäscher mit einer Eintrittstemperatur in den Kühler von ca. 60° bis 70° gelangt, wird deshalb vorzugsweise bis auf 50°C oder darunter gekühlt, um mindestens einen Hauptanteil des Wasserdampfes auszukondensieren und damit gleichzeitig an Schadstoffen abzuscheiden.

Wie erwähnt, wird im Verfahren die Temperatur des Abgases, d.h. des wasserhaltigen Restwaschgases und/oder des Rauchgases, dessen Wasserdampfgehalt gegebenenfalls durch Wasserzusatz angehoben worden ist, vor oder nach der üblichen Behandlung mit Alkalien und/oder Erdalkalien gemäß dem Trocken-, Halbtrocken oder Naßverfahren so weit abgekühlt, daß mindestens ein Hauptanteil von etwa 50 % des im Abgas enthaltenen Wasserdampfes im Kühlersystem auskondensiert. Das Abgas sollte zu diesem Zeitpunkt mit Wasserdampf gesättigt oder gegebenenfalls übersättigt sein. Beim Trockenverfahren wird deshalb die bevorzugte Gassättigung durch gesonderte Zuführung von Wasser bzw. Wasserdampf bewirkt, das vorzugsweise aus dem Kreislauf des Verfahrens stammt.

Der Wasserdampfgehalt von gesättigter Luft ergibt sich nach folgender Gleichung:

$$/H_2O/ = \frac{\text{Masse Wasserdampf (g)}}{\text{Masse Trockenluft (kg)}}$$

Aus der Wasserdampfsättigungstabelle lassen sich folgende Werte entnehmen (Grundlage Normaldruck):

Tabelle 2

T (°C)	$/H_2O/$ (g/kg)
30	28,1
40	50,6
45	67,4
50	89,5
55	118,9
60	158,5
65	212,9
70	289,7
75	403,0
80	580,0

Bei der durchgeführten Temperaturabsenkung um T, die vorzugsweise mindestens 15°C betragen sollte, wird jeweils mindestens die Hauptmenge des Wasserdampfes (also mehr als 50 %) im Kühlersystem auskondensiert. Das Verfahren ist zwar auch bei einem geringeren Kondensationsgrad, d.h. weniger als 50 %, noch ausführbar; die Trennergebnisse sind in diesem Fall jedoch weitaus schlechter Parallel hierzu verhalten sich auch viele der Schwermetallverbindungen, wobei nicht ausgeschlossen werden soll, daß die Schwermetalle in Form solcher Verbindungen vorliegen, die innerhalb des in Tab. 2 umrissenen Bereiches einen Siede- oder Sublimationspunkt aufweisen.
Anhand der nachfolgenden Berechnunsbeispiele, die ihrerseits bevorzugte T-Betriebsparameter darstellen, wird das Prinzip der T-Absenkung veranschaulicht:

80°C 580 g/kg
65°C 212 g/kg — T = 15° — Konsensatanfall 57 %, bezogen auf den Ausgangswert

70°C 289 g/kg
55°C 119 g/kg — T = 15° — Kondensatanfall 58,7 %, bezogen auf den Ausgangswert

60°C 159 g/kg
45°C 67 g/kg — T = 15° — Kondensatanfall 57,5 %, bezogen auf den Ausgangswert

Die erzielbare Abscheidungsleistung ist anhand der folgenden Übersicht von Messungen an einer technischen Müllverbrennungsanlage (indirekte Kühlung mit Kühler aus V2A-Stahl) erkennbar. Die Schwermetallgehalte wurden dabei im Rauchgas vor der Kühlung und im Rauchgas nach der Kühlung gemessen. Wegen des Edelstahlkühlermaterials wurde von Schwermetallmessungen im Kondensat abgesehn, da hierdurch Verfälschungen eintreten können.

Tabelle 3

prozentuale Abscheidungsleistung (%) * durch Abkühlung und Wasserdampfkondensation des Rauchgases einer Müllverbrennungsanlage

Temperatur (°C)	T (°C)	Fe	Cu	AS	Zn	Hg	Cr	Ni	Pb
Werte im Rohgas vor Kühlen (mg/Nm^3)	-	ca. 100	0,1-1 0,1-6		10				2
65	-	100%	100%	100%	100%	100%	100%	100%	100%
60	5					30%			
55	10					60%			
50	15	89,5	92,75	93,5	91,5	70%	95	97	95,25

* Die Meßwerte sind Mittelwerte aus 4 Messungen (Meßreihen), der Wert für Arsen resultiert aus dem Mittel aus 6 Meßwerten. Eine Meßreihe fiel bezüglich Fe(66 %), As(78 %) und Cr(83 %) stark aus der Reihe, was u.U. mit der Aufgabe eines speziell belasteten Verbrennungsgutes erklärt werden kann.

Aus Tab. 3 erkennt man, daß die Abscheidungsleistung bei T=15°C für Hg am schlechtesten ist. Dies ist aufgrund des Quecksilberdampfdrucks auch ohne weiteres verständlich; im Restgas war Hg demgemäß noch meßbar. Stark Quecksilber-belastete Verbrennungsgüter sind deshalb strengeren Bedingungen hinsichtlich Behandlung des Rauchgases zu unterwerfen, was nach dem Verfahren zweckmäßigerweise durch größere Temperaturabsenkungen von T = 30°C oder mehr erreicht werden kann. Eine induzierte Nebelbildung, beispielsweise durch Zuführung von zusätzlichem Wasser bzw. übersättigtem Wasserdampf fördert nicht nur bei Hg die erwünschte Erhöhung der Abscheidungsleistung. Im Kondensat des Versuchs zu Tab. 3 waren mehr als 90 % der Summengehalte an Säuren ($So^{=}$, HCl,HF) aus dem Rohgas als Abscheidung nachweisbar.

Gegebenenfalls kann dem Kühlsystem auch ein Mittel zudosiert werden, daß die Alkalität des Systems gezielt verändert, bestimmte Umsetzungen mit den Schwermetallverbindungen bewirkt oder Schadstoffkomponenten in Verbindungen überführt, z.B. durch Komplexbildung usw., die eine geänderte und vorzugsweise geringere Flüchtigkeit und Löslichkeit aufweisen. So kann man im Falle des Quecksilbers Na_2S- bzw. TMT 15-Zusätze vornehmen, um das Hg in die schwerlöslichen Hg-Verbindungen zu überführen; auch SEVAR - 2000 ist eventuell ein geeignetes Mittel zur Verstärkung des Abscheidungseffektes für das Problemmetall Hg im Verfahren.

Eine andere Methode der zusätzlichen Abscheidungsverstärkung besteht in der Zugabe von Mitteln, die mit Schadstoffkomponenten adsorptiv oder absorptiv reagieren und diese so binden, daß sie aus dem Kühlersystem in Form separierbarer Komponenten ausgetragen werden können. Im Falle der hochchlorierten aromatischen polycyclischen Kohlenwasserstoffe (wie Dioxine) und der polychlorierten Kohlenwasserstoffe wie HCH sind Molekularsiebverbindungenwie Tone, Tonerden, Kieselgele und Adsorptivkohlen geeignete Bindungsreagentien.

Die Dichte der trockenen Luft ist 1,2928 kg/Nm^3; 1 kg Trockenluft nimmt somit ein Volumen von 0,7735 Nm^3 ein. Hieraus und mit der Wasserdampfsättigungskurve (Fig.1) läßt sich ohne weiteres das Volumeninkrement errechnen, das von H_2O im gesättigten Rauchgas bzw. Restwaschgas eingenommen wird, sowie die Energieersparnis abschätzen, die mit dem Verfahren verbunden ist. Selbstverständlich läßt sich aus der bekannten Beziehung der physikalischen Chemie auch die Volumenminderung und damit die Verminderung der Belastung der Umgebungsluft ermitteln.

Es ist bekannt, daß zwar auch nach den heutigen Techniken gewisse Grenzkonzentrationen für Schadstoffe im Abgas aus Verbrennungsanlagen eingehalten werden können. Allerdings kann dies auch durch Emissionsstreckung oder Volumvergrößerung ereicht werden, ohne daß der Massenstrom bezüglich einzelner Schadstoffkomponenten in Hg/d herabgesetzt wird. Bezüglich der derzeitigen Situation vgl. auch Chr.Knorn und B.Fürmaier "Ergebnisse von Emissionsmessungen an Abfallverbrennungsanlagen, Zeitschrift: Müll und Abfall, S. 29-36, 1984. Diese Literaturstelle wird bezüglich der Rahmenbedingungen des Verfahrens und der Analysentechnik zum Gegenstand vorliegender Beschreibung gemacht. Als Orientierungsstandard für zulässige Höchstkonzentrationen gilt zur Zeit die Technische Luft (TAL) 1974. Ob jedoch die derzeit angewendeten Techniken noch strengeren Auflagen, wie sie die vorgesehene Novellierung TA Luft II anstrebt genügen können bzw., ob auch streckenweise bei stark belasteten Verbrennungsgütern die Konditionen erfüllt werden können, ist angesichts der ungewissen zukünftigen Entwicklung des Müllanfall- und Müllentsorgungsproblem völlig ungewiß und muß bezweifelt werden.

Das Verfahren ist demgegenüber so ausgelegt, daß auch bei periodisch stark belastetem Müllgut eine einfache und verläßliche Anpassung an solche Sondersituationen möglich ist und ohne weiteres bestimmte Höchstkonzentrationen, aber auch Höchstabsolutmengen nicht überschritten werden brauchen. Dabei ist von besonderem Vorteil, daß eine stärkere Abkühlung nicht nur zu einem höheren Energienutzungsgrad aufgrund der Kondensationswärme führt, sondern auch unnötige Energien zur Wiederaufheizung des aus dem Restwaschgas entfernten Wasserdampfes überflüssig werden und der Saugzug für das Kaminabgas wesentlich niedriger gehalten werden kann als bisher.

Indikatoren die kontinuierlich gemessen werden können, wie CL^- und F^- im Rauchgas und/oder im Restwaschgas, aber auch die Cl^- und F^--Konzentrationen, im Rauchgaswaschwasser, können zur Automatisierung des Verfahrens herangezogen werden. Im letzteren Fall ist von Vorteil, daß im Waschwasser relativ konstante Chloridkonzentrationen von ca. 40-60 g/l vorliegen, während die F^--Konzentration erfahrungsgemäß dem Bereich von 150-900 mg/l liegen. Diese bevorzugte Ausgestaltung des Verfahrens bietet zusätzlich Vorteile dann, wenn in dem Rauchgassystem bestimmte Relationen und Proportionalitäten zwischen solchen Indikatoranionen wie Chlorid und Fluorid und bestimmten Schwermetallkationen gegeben sind. Ähnlich verhält es sich bei der Registrierung und Messung von Kohlenmonoxid (CO) als Indikator für bestimmt Schadstoffe.

Bezüglich der Analysenmethoden s.Müll und Abfall, 2/84, S.30 lk. Spalte.

Für die Durchführung des Versuchsprogrammes sei an dieser Stelle den Herren Dr.O.Vierle, Dr.K.Fichtel sowie Herrn Beck und Herrn Richter vom Bayer. Landesamt für Umweltschutz sowie Herrn Dr. P. Luxenberg von der Gesellschaft zur Beseitigung von Sondermüll in Bayern mbH, gedankt.

Praktischer Teil

Das folgende Beispiel dient der weiteren Erläuterung des Verfahrens und einer bevorzugten Vorrichtung zu dessen Ausführung. Sofern innerhalb des Beispieles Testreihen mit Minimum- und Maximumwerten wiedergegeben sind, sind diese Angaben nicht nur Ausdruck für die Leistungsfähigkeit des Verfahrens, sondern sie definieren im Hinblick auf die verfahrenswesentlichen Parameter wie T gleichzeitig einen bevorzugten Arbeitsbereich zur Erzielung bestimmter Schadstoffentfernungen. Die Versuche wurden im Rahmen eines Untersuchungsprogrammes vom Bayr. Landesamt für Umweltschutz in den Jahren 1982 und 1983 durchgeführt.

Beispiel

Zur Durchführung des Beispiels diente eine Vorrichtung, wie sie in Bild 8 gezeigt ist.Bild 8 zeigt schematisch eine Vorrichtung, mit einem Verbrennungsofen (801), der u.a. ein Drehrohr (830)und eine Nachbrennkammer (831) enthält, mit einem Kessel (802), einem E-Filter (812a), einem Wäscher (803) mit Tröpfenabscheider (806), mit einer Rauchgasaufheizung (832) und einem Saugzug (807). Das gewaschene Rauchgas wird in einen Aerosolabscheider (833) abgezogen, der vorzugsweise als Kolonne ausgebildet ist, und gelangt dann in einen Kühler (813). Das Kondensat aus 813 sammelt sich in dem Kondensatsammelgefäß (834). Dem Kühler (813) nachgeschaltet sind hier gemäß bevorzugter Ausgestaltungen der Vorrichtung ein Absorptionsgefäß (835) für eine saure Absorptionslösung, ein Trockenturm (836), eine Gasuhr (837) und eine Pumpe (838), die das gereinigt und von Schadstoffen befreite Restwaschgas zum Kamin (nicht gezeigt) befördert. Die Rauchgasaufheizung erfolgt mittels Heißluftzufuhr (839), und über die beheizte Leistung 840 wird das aufgeheizte Restwaschgas isokinetisch abgesaugt. Im Aerosolabscheider (833) ist eine im Bedarfsfall von oben nach unten gerichtete Spülung vorgesehen, die zum Beispiel bei 841 in die beheizbare Füllkörperkolonne (833) geleitet wird. Mit (1), (2), (3) und (4) sind in Fig. 8 Meß- bzw. Probeentnahmestellen bezeichnet. 841 bezeichnet das Aerosolsammelgefäß, in dem der Ablauf des abgeschiedenen Aerosols gesammelt wird. Bei (1) erfolgte Probenahme aus dem Ablauf des abgeschiedenen Aerosols, bei (2) die Entnahme des aerosolfreien Abgases (Reingas), bei (3) wurden Proben aus dem Kondensat nach dem Kühler entnommen, das den kondensationsfähigen Anteil des Abgases enthält. Bei (4) werden Proben entnommen, die durch Absorption des Restgehaltes in einer sauren Absorptionslösung zugänglich gemacht werden. Es versteht sich, daß sowohl die Einrichtungen zur isokinetischen Absaugung, d.h. die Rauchgasaufheizung, die Beheizung der Leitung 840 sowie die der Kühlung nachgeschalteten Einrichtungen wie saure Absorption (835) nicht zwingend notwendige Teile der Vorrichtung sind, um das Verfahren auszuführen.

Nachfolgend werden die einzelnen Züge der Vorrichtung gemäß Fig. 8 im einzelnen erläutert.

Zur Entnahme des Abgases für die Aerosolabscheiderkolonne

Die Abgasabzweigstelle befand sich nach dem Aerosolabscheider (806) und vor dem Saugzuggebläse (807), d.h. im Unterdruckteil des Wäschers der Müllverbrennungsanlage (801). Sie lag vor der Warmluftzumischung (832). Die Abgasprobenahme erfolgte über eien 2"-Stutzen, in den ein Stahlrohr vom 10 mm Durchmesser eingebracht war. Das Probegas wurde über einen Heraeus-Heizschlauch aus Teflon von 10 mm Innendurchmesser in den Aerosolabscheider (Kolonne 833) abgesaugt. Als Ansaugvorrichtung 838 diente ein Gebläse der Fa. Gothe nebst Gasuhr mit Unterdruckmesser und Temperaturanzeige.

Zu den Probenahmestellen und den durchgeführten Untersuchungen

An folgenden Stellen wurden zur Bestimmung von Schwermetallgehalten des Abgases Proben gezogen:

(1) Aerosolgebundener Anteil des Schwermetallgehaltes des Abgases. Hierzu wurde das in der Kolonne (833) abgeschiedene Aerosol als Kondensat I am Fuß der Kolonne (841) gesammelt und untersucht. Die Angabe der Werte erfolgte in ug/m^3, um die Meßergebnisse untereinander vergleichen zu können.

(2) Reingas am Kopf der beheizten Kolonne (833), hier handelt es sich definitionsgemäß um das aerosolfreie Abgas.

(3) Kondensationsfähiger Anteil des Schwermetallgehaltes des Abgases. Das Reingas wurde im Rahmen der Untersuchungen nach

dem Verlassen der Kolonne (833) auf ca. 20°C abgekühlt und das anfallende Kondensat (mit II bezeichnet) wurde auf Menge und Schwermetallgehalte untersucht. Die Wiedergabe der Werte erfolgt wiederum in µg/m³. Sie geben den Anteil der Schwermetalle wieder, der beim Abkühlen des Abgases zusammen mit Wasser ausgeschieden wird (Sammelgefäß 834).

(4) Restgehalt an Schwermetallen: Der nach der Aerosolabscheidung und Abkühlung gemäß dem erfindungsgemäßen Verfahren noch verbleibende Schwermetallgehalt des Abgases wurde auf bekannte Weise bestimmt. Hierzu wurde das Reingas aus dem Aerosolabscheider (833) nach der Abkühlung in 813 durch eine Absorptionslösung aus 10 % Salpetersäure/ 10 % Schwefelsäure geleitet. Die anfallende Lösung wurde als Kondensat III bezeichnet. Die Angabe der Werte erfolgte wieder in µg/m³.

Alle Konzentrationsangaben beziehen sich auf Abgas-trocken unter Normalzustand.

Der Quecksilbergehalt der Probelösungen wurde nach DEV E12 mittels flammenloser Atomabsorption bestimmt. Die Blei-, Kupfer- und Nickelgehalte wurden mittels Atomabsorption ermittelt.

<u>Zu den Kenndaten der Betriebsweise des Aerosolabscheider</u>

Der Abscheider wurde unter folgenden Bedingungen während der nachfolgenden Versuche Nr. 1 bis 36 betrieben:

Temperatur	72°	(63°C bis 83°C)
Unterdruck	115 mbar	(65 mbar - 152 mbar)
durchgesetzte Gasmenge	1,2 m³/h.	

Zu den Ergebnissen

(A) Quecksilber-, Blei-, Kupfer- und Nickelgehalte des Reingases nach dem Aerosolabscheider (806)
Die Meßwerte sind den folgenden Tabellen 3 bis 5 zu entnehmen. Es ergeben sich bei den Versuchen Nr. 1 bis 36 folgende Mittelwerte mit einer Schwankungsbreite von "x min" bis "X max".

Quecksilber (Hg)	167 ± 143 µg/m^3
- x min bis x max	9 bis 695 µg/m^3
Blei (Pb)	333 ± 252 µg/m^3
- x min bis x max	53 bis 1.012 lg/m^3
Kupfer (Cu)	65 ± 47 µg/m^3
- x min bis x max	15 bis 233 µg/m^3
Nickel (Ni)	76 ± 45 µg/m^3
- x min bis x max	34 bis 292 µg/m^3

(B) Quecksilber-, Blei-, Kupfer- und Nickelgehalte des Aerosols
Der als Kondensat I bezeichnete Aerosolanteil des Abgases wurde am Fuß des Aerosolabscheiders abgezogen. Die Aerosolmengen betrugen bei den Versuchen Nr. 1 bis 36 im Mittel 42 mg ± 16 ml je Absaugung mit einer Schwankungsbreite von 20 bis 74 ml. Sie sind für das Verfahren ohne Bedeutung.

(C) Kondensationsfähiger Quecksilber-, Blei-, Kupfer- und Nickelgehalt des Abgases: Die über das Kondensat II bestimmte kondensationsfähigen Quecksilber-, Blei-, Kupfer- und Nickelgehalten des Abgases, d.h. des Reingases, sind in den folgenden Tabellen 3 bis 5 zusammengestellt. Die durchschnittliche Menge an Kondensat betrug bei den Absaugungen

Nr.4 bis 36 im Mittel 173 ml ± 52 ml mit einer Schwankungsbreite von 100 bis 320 ml. Die gemessenen Mittelwerte und Schwankungsbreiten sind nachfolgend für die Versuche Nr. 4 bis 36 aufgeführt:

Quecksilber (Hg)	187 ± 343 $\mu g/m^3$
- x min bis x max	5 bis 1.612 $\mu g/m^3$
Blei (Pb)	143 ± 148 $\mu g/m^3$
- x min bis x max	13 bis 677 $\mu g/m^3$
Kupfer (Cu)	36 ± 37 $\mu g/m^3$
- x min bis x max	5 bis 39 $\mu g/m^3$
Nickel (Ni)	19 ± 11 $\mu g/m^3$
- x min bis x max	4 bis 69 $\mu g/m^3$

(D) Quecksilber-, Blei-, Kupfer- und Nickelgehalte des Abgases
Die aus dem Kondensat III bestimmten Restgehalte des Abgases, d.h. des Reingases hinter der Kolonne, an Quecksilber, Blei, Kupfer und Nickel sind in den Tabellen 3 bis 5 wiedergegeben. Die Untersuchungen begannen ab Versuch Nr.21. Die Durchschnittswerte der Messungen Nr.21 bis 36 sind mit den zugehörigen Schwankungsbreiten nachfolgend wiedergegeben.

Quecksilber (Hg)	25 ± 24 $\mu g/m^3$
- x min bis x max	4 bis 97 $\mu g/m^3$
Blei (Pb)	147 ± 215 $\mu g/m^3$
- x min bis x max	1 bis 855 $\mu g/m^3$
Kupfer (Cu)	19 ± 14 $\mu g/m^3$
- x min bis x max	3 bis 49 $\mu g/m^3$

Nickel (Ni)	19 ± 6 µg/m^3
- x min bis x max	8 bis 33 µg/m^3

(E) Sonderversuche ohne Beheizung der Kolonne
Diese Versuche simulieren die Verhältnisse, wie sie bei direkter Kühlung in einem mit Füllkörpern gefüllten Kühlturm auftreten. Für die Versuche Nr. 36 bis 42 wurde die Kolonne ohne Beheizung betrieben. Es stellte sich im Reingas am Kopf der Kolonne eine Gastemperatur von durchschnittlich 36°C ein. Während der Versuche Nr.40 unf 41 wurde noch zusätzlich Wasser in die Kolonne dosiert und zwar pro Absaugung von etwa 1 1/2 h, 2 Liter.

Zu den Ergebnissen

Es wird nachfolgend zwischen Versuchsgruppe A (Versuche Nr. 36 - 39 sowie 42) und Versuchsgruppe B (Versuche Nr.40 und 41) unterschieden.

(A) Quecksilber-, Blei-, Kupfer- und Nickelgehalte des Reingases des Aerosolabscheiders.

Die Meßwerte sind in den Tabellen 3 bis 5 wiedergegeben.
Die Mittelwerte der Versuchsgruppe A sind nachfolgend zusammengefaßt.

Quecksilber (Hg)	130 µg/m^3
- x min bis x max	72 bis 193 µg/m^3
Blei (Pb)	101 µg/m^3
- x min bis x max	45 bis 177 µg/m^3
Kupfer (Cu)	24 µg/m^3
- x min bis x max	15 bis 41 µg/m^3

Nickel (Ni)	39 µg/m^3
- x min bis x max	29 bis 51 µg/m^3

Die Versuchsgruppe B lieferte folgende Meßwerte:

Quecksilber (Hg)	107 und 72 µg/m^3
Blei (Pb)	153 und 334 µg/m^3
Kupfer (Cu)	34 und 78 µg/m^3
Nickel (Ni)	37 und 41 µg/m^3

(B) Quecksilber-, Blei-, Kupfer- und Nickelgehalte des Aerosols sowie Gehalte an kondensationsfähigen Schwermetallen

Bei unbeheizter Kolonne scheidet sich neben Aerosol auch noch Kondensat ab, das Schwermetall enthält. Die Umrechnung der Gehalte auf die Konzentration im Abgas ergab bei der Versuchsgruppe A folgende Werte, die in den Tabellen 3 bis 5 in der Spalte "Aerosol" angegeben sind. Die Schwankungen sind so groß, daß auf Mittelwertbildung verzichtet wurde und alle Meßwerte angegeben wurden.

Quecksilber (Hg)	14, 486, 2.609, 266 und 118 µg/m^3
Blei (Pb)	5, 1.834, 2.203, 1.373 und 594 µg/m^3
Kupfer (Cu)	1, 7.230, 21.193, 3.735 und 710 µg/m^3
Nickel (Ni)	10.898, 5.006, 8.950 und 1.798 µg/m^3

Die Interpretation dieser Werte findet sich unter dem Abschnitt "Zusammenfassung".

Bei er Versuchsgruppe B wurden folgende Werte ermittelt:

Quecksilber (Hg)	12.140 und 973 µg/m^3
Blei (Pb)	592 und 546 µg/m^3
Kupfer (Cu)	26.601 und 2.091 µg/m^3
Nickel (Ni)	6.427 und 1.321 µg/m^3

Auch diese Werte werden im Abschnitt "Zusammenfassung" interpretiert.

(A) Kondensationsfähiger Quecksilber-, Blei-, Kupfer- und Nickelgehalt des Abgases nach der Kolonne.

Auch bei den Sonderversuchen wurde das Reingas nach der Kolonne auf ca. 20°C abgekühlt. Die über das anfallende Kondensat II bestimmten Schwermetallgehalte des Reingases sind in den Tab. 3 bis 5 zusammengestellt. Für die Versuchsgruppe A sind folgende Werte kennzeichnend:

Quecksilber (Hg)	27 µg/m^3
- x min bis x max	11 bis 68 µg/m^3
Blei (Pb)	18 µg/m^3
- x min bis x max	9 bis 40 µg/m^3
Kupfer (Cu)	13 µg/m^3
- x min bis x max	3 bis 46 µg/m^3
Nickel (Ni)	11 µg/m^3
- x min bis x max	3 bis 19 µg/m^3

Die Versuchsgruppe B ist durch folgende Werte gekennzeichnet:

Quecksilber (Hg)	8 und 6 µg/m^3
Blei (Pb)	8 und 14 µg/m^3
Kupfer (Cu)	2 und 8 µg/m^3
Nickel (Ni)	3 und 6 µg/m^3

Durch die vorherige Abkühlung des Abgases in der Kolonne scheiden sich bei der weiteren Abkühlung außerhalb der Kolonne nur noch geringe, aber dennoch nachweisbare Mengen ab.

Zusammenfassung und Interpretation der Meßergebnisse

In Tab. 5 sind die Mittelwerte der Meßergebnisse ohne Berücksichtigung der Sonderversuche zusammengestellt. Ein Vergleich von Spalte 1 und Spalte 2 zeigt, daß über das Aerosol nur eine geringe Schwermetallmenge emittiert wird. Der Schwermetallgehalt des aerosolfreien Abgases, d.h. des Reingases, kann beträchtlich gesenkt werden, wenn das Abgas auf ca. 20°C abgekühlt wird. Mit dem Kondensat wird ein erheblicher Teil der Schwermetallfracht des Reingases aus dem Abgasstrom abgetrennt. So verbleiben bei Hg nur noch 25 µg/m^3 im Abgas, das sind 15 % des aerosolfreien Gases. Bei Blei verbleiben 147 µg/m^3 (44 %), bei Kupfer 19 µg/m^3 (29 %) und bei Nickel 19 µg/m^3 (25 %).

Die Meßergebnisse zeigen, daß mit der Abkühlung des Reingases der Schwermetallgehalt weiter verringert werden kann.

Spalte 5 in Tabelle 5 gibt den abscheidbaren Anteil an Schwermetallen wieder. Dieser Summenwert setzt sich aus dem Aerosolanteil und dem kondensationsfähigen Anteil zusammen. Spalte 6 enthält die Summe der Meßwerte der Sp. 1 und 2. Es handelt sich um die Gesamtbelastung des aerosolhaltigen Abgases mit Schwermetallen. Wie ersichtlich, sind Quecksilber mit 183 µg/m^3 und Blei mit 367 µg/m^3 die mengenmäßig bedeutendsten Schwermetalle.

Es muß allerdings aufgrund der Sonderversuche angenommen werden, daß der Schwermetallgehalt des Aerosols höher als gemessen ist.

Der höhere Kondensatanfall, insbesondere in Kombinatin mit zusätzlich eingebrachtem Wasser, führt zu beachtlichen Schwermetallgehalten im abfließenden Kondensat. Es sei z.B.auf den Quecksilbergehalt von 12.140 µg/M^3 bei den Sonderversuchen mit Spülung verwiesen. Entsprechendes gilt für Kupfer und Nickel.

Die Erklärung ist darin zu sehen, daß auf den Raschigringen (Füllkörper) Aerosole unter Ausscheidung von Schwermetallsalzen verdampfen. Die abgeschiedenen Salze gehen dann bei erhöhten Kondensatanfall in Lösung.

Die Versuche, zwischen Aerosolanteil und kondensatonsfähigem Anteil zu unterscheiden, zeigen, daß die benutzte Füllkörperkolonne offenbar nur grobdisperse Aerosole abscheidet, während feindisperse und dampfförmige Stoffe, insbesondere die Schwermetalle, erst bei der Kondensation zu einem erheblichen Anteil (zu ca. 60 - 86 % gemäß Tab. 5 ausgeschieden werden).

Das "Auskondensieren" von Schwermetallen bereits in der Kolonne (833) führt zu einer geringeren Schwermetallkonzentration im Reingas, was durch die Versuche auch bestätigt wurde, siehe Tab. 6. Dementsprechend ist auch der Gehalt an kondensationfähigen Anteilen im Reingas nach der Kolonne eindeutig niedriger. Die Restgehalte an Schwermetallen stimmen in beiden Versuchsreihen innerhalb der Fehlergrenzen überein.

Bild 8

Vorrichtung mit (beheizbarer) Füllkörperkolonne und Kühler

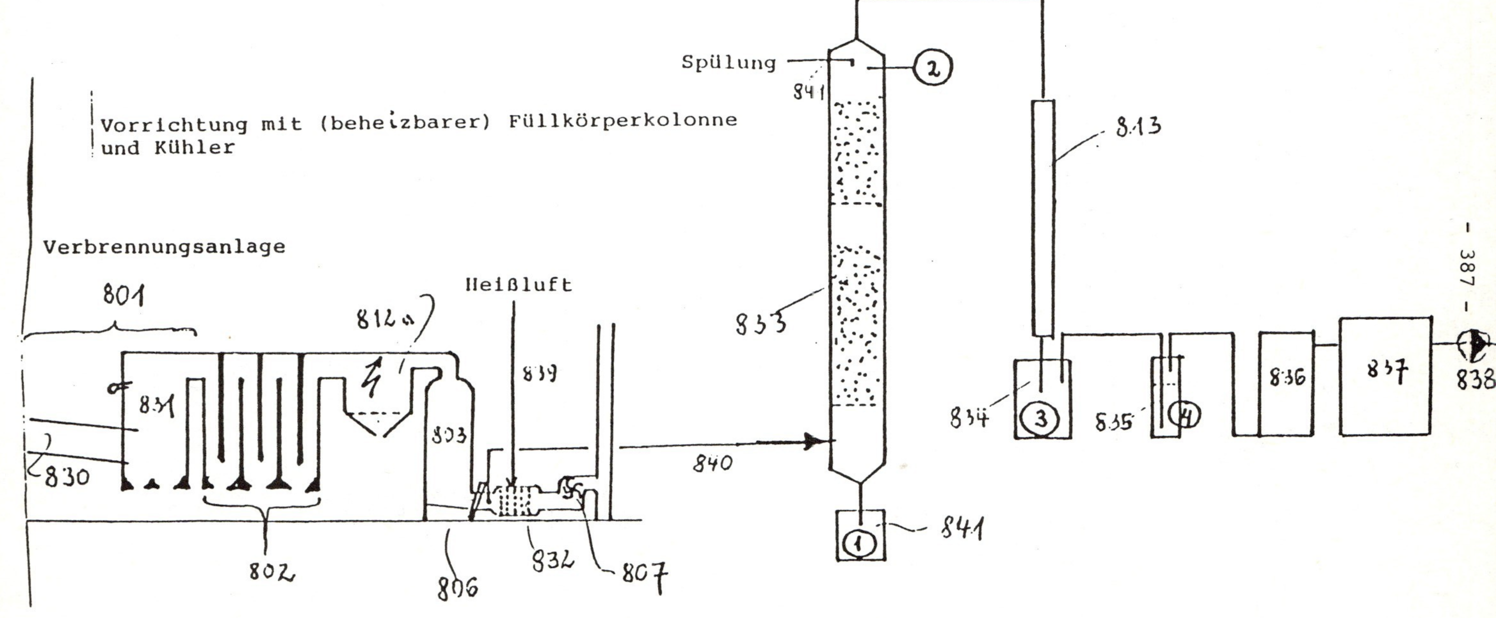

Tabelle 3

Quecksilbergehalt des Reingases, des Aerosols sowie kondensationsfähiger Anteil des Reingases (jeweils in ug/m^3)

Probe Nr.	Reingas	Aerosol	kondensationsfähiger Anteil	Restgehalt
1	458	25	-	-
2	60	4	-	-
3	28	1	-	-
4	695	14	508	-
5	196	6	364	-
6	96	5	62	-
7	117	4	122	-
8	35	4	43	-
9	98	6	50	-
10	234	6	68	-
11	59	6	18	-
12	190	16	51	-
13	145	6	59	-
14	9	4	88	-
15	347	8	1.239	-
16	227	23	158	-
17	204	28	149	-
18	148	16	1.612	-
19	22	8	132	-
20	147	9	47	-
21	203	14	104	54
22	116	15	134	34
23	66	32	66	9
24	46	17	22	5
25	49	18	21	5
26	35	10	14	4
27	137	3	5	14
28	91	14	30	8
29	421	30	280	97
30	308	15	75	32
31	-	-	-	-
32	187	76	72	25
33	245	47	99	20
34	254	32	92	22
35	196	28	76	26
36	176	14	68	25
37	98	486	15	63
38	193	2.609	26	78
39	111	266	13	66
40	75	12.140	8	4
41	107	973	6	45
42	72	118	11	35

Tabelle 4

Bleigehalt des Reingases des Aerosols sowie kondensationsfähiger Anteil des Reingases und Restgehalt (jeweils µg/m³)

Probe Nr.	Reingas	Aerosol	kondensationsfähiger Anteil	Restgehalt
1	214	23	-	-
2	294	9	-	-
3	469	8	-	-
4	1.o42	114	392	-
5	658	29	155	-
6	416	31	69	-
7	275	2	65	-
8	7o8	34	77	-
9	514	127	119	-
1o	439	48	79	-
11	353	5o	55	-
12	437	56	197	-
13	1.o12	38	677	-
14	172	2o	365	-
15	347	16	273	-
16	383	19	2o2	-
17	259	14	176	-
18	24o	16	249	-
19	91	13	157	-
2o	344	19	4o3	-
21	273	9	93	147
22	69	6	15	11
23	233	35	2o9	157
24	316	33	5o	338
25	181	187	19	73
26	313	29	38	222
27	2o8	21	73	69
28	91	5o	41	68
29	198	37	68	1o2
3o	841	61	1o8	855
31	-	-	-	-
32	1o6	17	68	51
33	1o4	6	28	57
34	52	6	13	27
35	56	4	16	16
36	45	5	15	15
37	79	1.834	17	53
38	177	2.2o3	4o	74
39	91	1.373	9	59
4o	153	592	8	89
41	334	546	14	286
42	112	594	9	48

Tabelle 5

Kupfer- und Nickelgehalt des Reingases, Aerosols sowie kondensationsfähiger Anteil des Reingases und Restgehalt (jeweils µg/m³)

Probe	Reingas		Aerosol		kondens.fähiger Anteil	
Nr.	Cu	Ni	Cu	Ni	Cu	Ni
1	115	292	5	3	-	-
2	68	76	2	3	-	-
3	111	69	1	1	-	-
4	139	1o4	1o	9	7o	69
5	89	89	4	5	29	32
6	72	88	4	4	11	2o
7	42	133	4	5	13	22
8	14o	1o5	5	5	17	13
9	44	133	389	239	17	23
1o	63	91	51	27	11	12
11	39	65	32	17	8	14
12	7o	7o	11	56	33	23
13	233	76	7	4	129	18
14	23	46	4	2	63	15
15	87	58	5	3	7o	26
16	9o	78	18	3	75	24
17	87	68	9	3	72	2o
18	65	34	6	3	1o7	31
19	18	58	4	3	46	22
2o	71	56	5	4	64	16
21	32	64	3	1	38	1o
22	23	46	4	-	5	4
23	33	67	13	6	139	3o
24	52	57	6	2	1o	9
25	25	49	4	3	6	12
26	25	9o	3	3	5	11
27	42	59	4	13	18	9
28	5o	46	11	11	13	16
29	54	9o	9	25	37	14
3o	152	42	11	7	22	14
31	-	-	-	-	-	-
32	25	51	4	13	11	18
33	24	47	2	7	7	15
34	26	52	1	4	6	13
35	28	67	2	3	6	12
36	15	29	1	2	7	15
37	19	32	7.23o	1o.898	4	16
38	41	41	21.193	5.oo6	46	19
39	2o	4o	3.735	8.95o	4	4
4o	34	37	26.6o1	6.427	2	3
41	78	41	2.o91	1.321	8	6
42	26	51	71o	1.798	3	3

Tabelle 6

Schwermetallgehalte des Reingases, Aerosols sowie kondensationsfähiger Anteil des Reingases und Restgehalt (jeweils µg/m³)

Schwermetall	Schwermetallgehalte d. untersuchten Reingases: Reingas ohne Kondensation - 1 -	Aerosol - 2 -	kondens.fähiger Anteil - 3 -	Reingas-Restgehalt nach Kondensation - 4 -	abscheidbarer Anteil Summe 2 + 3 - 5 -	Rohgas Summe 1+2 -6-	2) A % ca.
Quecksilber	167	(16)*1	187	25	2o3	183	86
Blei	333	(34)*1	143	147	177	367	6o
Kupfer	65	(19)*1	36	19	55	84	77
Nickel	76	(15)*1	19	19	4	91	8o

*1 Die Werte dürften höher sein, da sich in der Kolonne Schwermetallsalze aus verdampftem Aerosol abgeschieden haben.

*2 abscheidbare Schwermetallanteile aus dem Rohgas (Sp. -6-), errechnet gemäß

$$A\ (\%) = 1oo - \frac{\text{Spalte 4}}{\text{Spalte 6}} \cdot 1oo\ (\%)$$

Tabelle 7

Schwermetallgehalte des Reingases, Aerosols sowie kondensationsfähige Schwermetalle, kondensationsfähige Schwermetalle nach der Kolonne und Restgehalt (Sonderversuche ohne Kolonnenbeheizung) (jeweil $\mu g/m^3$)

Schwermetall	Schwermetallgehalte d. untersuchten Abgases			
	Reingas	Aerosol + kondensationsfähige Schwermetalle	Kondensationsfähige Schwermetalle nach der Kolonne	Restgehalt
Quecksilber	13o	14 bis 2.6o9	27	54
Blei	1o1	5 bis 2.2o3	18	5o
Kupfer	24	1 bis 21.193	13	13
Nickel	39	1.798 bis 1o.898	11	18
bei zusätzlicher Spülung der Kolonne				
Quecksilber	72 u. 1o7	973 u. 12.14o	8 u. 6	4 u. 45
Blei	153 u. 334	546 u. 592	8 u. 14	89 u. 286
Kupfer	34 u. 78	2.o91 u. 26.6o1	2 u. 8	16 u. 136
Nickel	37 u. 41	1.321 u. 6.427	3 u. 6	19 u. 74

Bestimmung gasförmiger Halogenide

Oetjen, Becker, Müller

Gliederung Seite

1. Einleitung

Die Tatsache, daß etwa 30 Gew.-% des in der Bundesrepublik Deutschland anfallenden Hausmülls thermisch verwertet werden, unterstreicht die Bedeutung der Abfallverbrennung zur Reduktion der abzulagernden Abfälle.

Der mit der bevorstehenden vierten Novellierung des Abfallbeseitigungsgesetzes eingeleitete Wandel von der Abfallbeseitigung zur Abfallvermeidung und -verwertung wird langfristig nicht zu einem völligen Verzicht auf die Abfallverbrennung führen. Voraussetzung für eine breitere Akzeptanz thermischer Verfahren ist allerdings, daß die von einer derartigen Anlage ausgehenden Umweltbeeinträchtigungen auf ein Mindestmaß reduziert werden.

Die Entwicklung der TA-Luft bezüglich der Grenzwerte für Abfallverbrennungsanlagen dokumentiert anschaulich, daß für eine Reihe von Schadstoffen bereits erhebliche Verringerungen der festen und gasförmigen Emissionen erzielt worden sind. Es muß aber darauf verwiesen werden, daß z.Zt. noch nicht alle Abfallverbrennungsanlagen mit Einrichtungen zur weitgehenden Rauchgasreinigung ausgerüstet sind.

Zur Beurteilung der Umweltverträglichkeit einer Abfallverbrennungsanlage ist es erforderlich, die Emissionen quantitativ und qualitativ zu erfassen. Die TA - Luft benennt drei Aspekte zur Feststellung von Emissionen:

- Ermittlung eines Emissions-Kennwertes für eine Anlage zum Vergleich mit den Emissionsgrenzwerten und ggfs.als Eingangswert für Ausbreitungsrechnungen ("Zustandsermittlung");

- Überprüfung der Emission einer Anlage, ob Hinweise dafür vorliegen, daß die Emissionsgrenzwerte des Genehmigungsbescheides nicht eingehalten werden ("Momenthafte Kontrollstichprobe");

- Laufende Überwachung durch kontinuierliche Emissionsmessungen, um z.B. die Wirksamkeit von Abgasreinigungsanlagen erfassen zu können .

Eine weitere Aufgabe der Emissionsfeststellung ergibt sich durch die Verwendung von Emissionskonzentrationen als Regelgröße für Rauchgasreinigungsanlagen, um die geforderten Grenzwerte unter möglichst geringem Verbrauch an Additiven einhalten zu können.

Die folgenden Ausführungen beschränken sich auf die Entstehung und Erfassung der gasförmigen Halogenide Chlorwasserstoff und Fluorwasserstoff.

2. Entstehung, Umfang und Bedeutung der Halogenemissionen

2.1. Fluoride und Fluorwasserstoff

Fluor wird vor allem durch anorganische fluorhaltige Mineralien (Flußspat, Kryolith) und fluorierte organische Verbindungen, sog. Fluorkohlenstoffen (z.B. Difluordichlormethan, Tetrafluordichlorethan), in den Abfall eingetragen. Organische Fluorverbindungen finden eine breite Anwendung als Treibmittel in Spraydosen sowie als Kühlmittel.

Nur zum geringen Teil gelangt Fluor über fluorhaltige Kunststoffe in den Abfall, da diese wegen ihres hohen Preises nur eine geringe Verbreitung haben. Als wichtigster fluorhaltiger Kunststoff gilt Polytetrafluorethylen (PTFE). (7)

Die thermische Zersetzung fluorierter Kunststoffe beginnt bei etwa 400 °C bis 500 °C. Im Temperaturbereich zwischen 850 °C und 1200 °C werden 99 % aller organischen Fluorverbindungen verbrannt.

Beim Erhitzen unter Luftabschluß sind Fluoride sehr temperaturbeständig. Auch Sauerstoff wirkt auf Metallfluoride nicht ein.

Alkali-Fluoride sind dagegen leicht hydrolysierbar. So kann aus Calciumfluorid erst beim Glühen mit Aluminiumoxid und Eisenoxid in Gegenwart von Wasserdampf Fluorwasserstoff abgespalten werden. Dieser Reaktionsmechanismus kann auch im Feuerraum einer MVA ablaufen. Zusätzlich erfolgen Reaktionen der Fluorverbindungen mit der Ofenausmauerung nach folgenden Mechanismen:

$$2\ CaF_2 + SiO_2 \rightleftharpoons 2\ CaO + SiF_4 \qquad \text{Gl.1:}$$

$$SiF_4 + 2\ H_2O \rightleftharpoons 4\ HF + SiO_2 \qquad \text{Gl.2:}$$

Aus dem Silizium der Feuerraumwände ensteht Siliziumfluorid, das durch Hydrolyse Fluorwasserstoff freisetzt.

Der Einbindegrad von Fluor in Asche und Schlacke liegt mit 85 Gew.-% bis 95 Gew.-% wesentlich höher als der von Chlor. Dies ist darauf zurückzuführen, daß entweder von vornherein thermisch stabile Fluorverbindungen vorliegen oder solche während des Verbrennungsprozesses gebildet werden.(7,18)

Da nach Eintritt der Rauchgase in den Kessel noch Reaktionen zwischen den alkalischen Flugstaubbestandteilen und Fluorwasserstoff möglich sind, die zur Hydolyse der Fluoride erforderliche Temperatur jedoch nicht mehr erreicht wird, liegt der Fluorgehalt im Flugstaub höher als in der Schlacke.

Die gemessenen gasförmigen Fluoremissionen liegen rohgasseitig in der Größenordnung von 3 mg/m^3 bis 10 mg/m^3 HF.(9)

Fluorwasserstoff führt beim Menschen in Konzentrationen von mehreren mg/m^3 zu Reizungen der Schleimhäute. Bei chronischer Fluorbelastung kommt es zu Veränderungen des Calcium- und Phosphorstoffwechsels. Schädigungen von Knochen und Zähnen sind dadurch denkbar.(5)

Von größerer Bedeutung ist bei den auftretenden Immisionskonzentrationen die Schädigung von Pflanzen. Die Fluorgehalte liegen bei 20 µg/g Pflanzentrockenmasse, unabhängig von der Fluorkonzentration im Boden. Steigt die Pflanzenbelastung auf über 30 µg/g, kann es bei Weidetieren zu tödlich verlaufenden Fluorintoxikationen kommen.(5,13)

In Berlin kann mit einer Immissionskonzentration von 0,05 bis 1,0 $\mu g/m^3$ (Stundeneinzelwerte) Fluor gerechnet werden. (13)

Weitere Emissionsquellen für gasförmige Fluorverbindungen sind die Industriezweige

- Chemische Industrie (Herstellung von Volldünger, Flußsäure und technischer Fuoride);
- Eisenindustrie (Sinteranlagen, Stahlwerke);
- Steine und Erden (Ziegeleien, Glas- und Emaillierwerke);
- Energieerzeugung (Kohlekraftwerke).(13,21)

2.2. Chlor und Chlorwasserstoff

Ein wesentlicher Chlorträger im Abfall ist neben Chloriden (z.B. NaCl aus vegetabilen Abfällen) der Kunststoff Polyvinylchlorid (PVC), der ca. 57 Gew.-% Chlor enthält.(16,17,18)

Der Anteil chlorhaltiger Kunststoffe im Hausmüll ist in den vergangenen Jahren stark gestiegen. Der Gesamtchlorgehalt beträgt heute ca. 7,2 kg/Mg Abfall. Dies entspricht einer Verdoppelung der Konzentration seit 1973.(17)

Die Chlorwasserstoffsynthese kann über folgende Reaktionswege erfolgen:

- Durch Verbrennen von PVC wird bereits bei Temperaturen über 230 °C etwa 50 % des enthaltenen Chlor als HCl abgespalten.

- Durch Hydrolyse von Alkalichloriden bei hohen H_2O- Dampfgehalten kann sich bei Temperaturen ab 400 °C Chlorwasserstoff bilden:

$$2\ NaCl + H_2O \rightleftharpoons Na_2O + 2\ HCl \qquad \text{Gl.3:}$$

- Durch Reaktion zwischen sauren Sulfaten (im Kesselbelag enthalten) und Alkali-Chloriden kann bei Temperaturen ab 200 °C ebenfalls Chlorwasserstoff entstehen.

$$NaHSO_4 + NaCl \rightleftharpoons Na_2SO_4 + HCl \qquad \text{Gl.4:}$$

Die Anteile von HCl und Cl_2 im Rauchgas werden durch das Deacon-Gleichgewicht

$$2\ H_2O + Cl_2 \underset{250\ -\ 500\ ^\circ C,\ \text{Katalysator}}{\overset{1000\ ^\circ C}{\rightleftharpoons}} 4\ HCl + O_2 \qquad \text{Gl.5:}$$

beeinflußt. Bei hohen Temperaturen wird das Mengenverhältnis von HCl/Cl_2 zu HCl hin verschoben. H_2O - Überschuß hat den gleichen

Effekt. Höhere Gehalte an O_2 dagegen erhöhen den Cl_2 - Anteil.

Entsprechend der weitgehenden Zersetzung der im Abfall enthaltenen Chlorverbindungen werden über 90 % des Chlors in der festen und gasförmigen Phase des Rauchgases wiedergefunden. Der Chlorid-Austrag mit den festen Rückständen ist gering, da die Einbindung von HCl in Schlacke und Asche unter den anzutreffenden Verbrennungsbedingungen im Feuerraum aus thermodynamischen Gründen nicht erfolgt.(15,16)

Im Flugstaub sind mit zunehmender Abkühlung im Kessel höhere Chloridgehalte als in der Schlacke anzutreffen, da einerseits noch Reaktionen zwischen dem Chlorwasserstoff und alkalischen Flugstaubbestandteilen möglich sind, andererseits aber die zur erneuten Hydrolyse erforderlichen Temperaturen unterschritten werden. Eine weitere Chloridanreicherung erfolgt durch die Kondensation der im Feuerraum sublimierten Metall-Chloride. Dieser Vorgang ist allerdings eher unter dem Aspekt der Schwermetallemission von Bedeutung.(15)

Die mittlere Emission an gasförmigen anorganischen Chlorverbindungen in Abfallverbrennungsanlagen ohne Rauchgasreinigung liegt im Mittel bei 850 mg/m^3 entsprechend ca. 5 g Chlorwasserstoff pro kg Abfall.(7,10,17,18)

Chlorwasserstoff führt wie Fluorwasserstoff erst ab Konzentrationen im mg/m^3 Bereich zur Reizung der Schleimhäute, Heiserkeit und Erstickungsgefühlen. Pflanzen werden ähnlich wie HF geschädigt.(5)

Im Immissionsbereich sind in Berlin Konzentrationen von 4 $\mu g/m^3$ bis zu 140 $\mu g/m^3$ (Stundeneinzelwerte) Chlor nachgewiesen worden. (13)

3. Probenahme und Probenaufbereitung zur Abgasanalyse

Neben diskontinuierlichen und kontinuierlichen Gasanalysegeräten werden für die Bestimmung von Schadstoffen eine Reihe von Zusatzgeräten benötigt. Hierzu zählen Entnahmesonde, Heizung, Kühler, Pumpe, Filter u.a.. Diese Aufbereitungsgeräte haben die Aufgabe, dem Rauchgas eine ausreichende Menge Meßgas zu entnehmen und entsprechend den Gaseingangsbedingungen des angewandten Analyseverfahrens aufzubereiten.(1,15)

Die Reihenfolge der Meßgasaufbereitungskette kann wie folgt gegliedert werden.

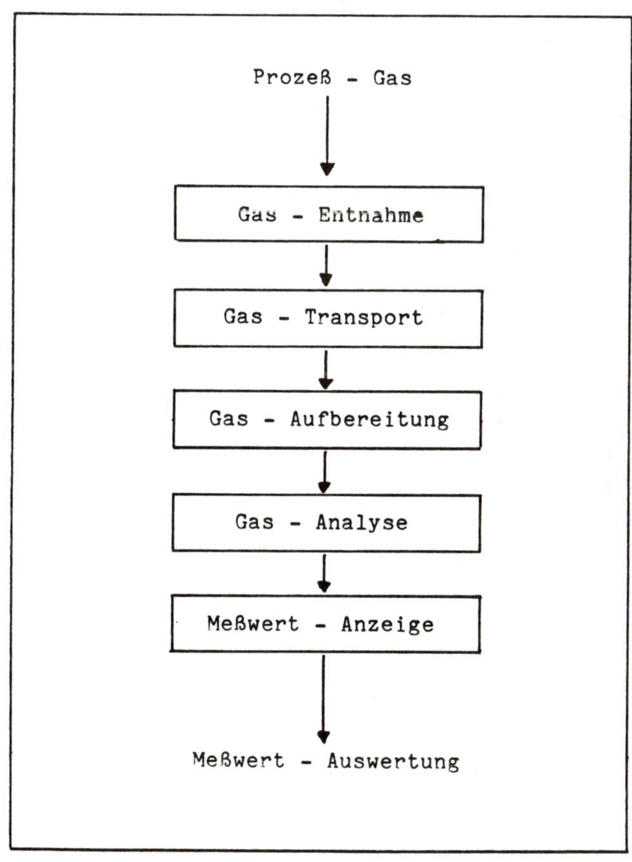

Reihenfolge der Meßgasaufbereitung

Für den jeweiligen Analysator müssen Druck, Temperatur und Meßgasdurchfluß den jeweiligen Betriebsbedingungen angepaßt werden. Feste sowie gasförmige Bestandteile, die korrosiv wirken und die Messungen stören oder das Meßergebnis beeinflussen können, sind auf jeden Fall zu entfernen. Die jeweilige Beschaffenheit des zulässigen Gases am Entnahmeort bestimmt den Aufwand der Meßgasaufbereitung, um eine exakte Meßaufgabe zu erreichen.

Über die

- Festlegung der Meßstellen
- Ermittlung der Gasmenge
- Bestimmung der Feuchte im Abgas
- Bestimmung der Abgasdichte
- Messung der Temperaturen

sowie die Grundbegriffe zur Durchführung von Emissionsmessungen wurde bereits berichtet.(15)

4. Bestimmung von Fluorwasserstoff

Die Bestimmung von Fluor-Verbindungen erfolgt überwiegend diskontinuierlich. In der VDI Richtlinie 2470 wird ein Absorptionsverfahren zur Messung gasförmiger Fluorverbindungen vorgeschlagen.(21)

Das zu entnehmende Probegas wird über eine beheizte Entnahmesonde (Quarzrohr) zur Abscheidung von Grob- und Feinstaub über ein beheiztes Glaswollefilter durch zwei oder drei hintereinander geschaltete Absorptionsgefäße gesaugt. Das Leitungssystem vor der Absorptionseinrichtung soll aus Quarz bestehen. Die Absorptionseinrichtung wie Waschflaschen oder Impinger, sowie nachgeschaltete Leitungen können auch aus fluorarmen Gläsern oder geeigneten Kunststoffe, wie z.B. Polyolefin gefertigt sein.

Für die diskontinuierliche Bestimmung werden folgende zwei Verfahren angegeben:

- Fotometrische Bestimmung
  Die Fluoridionen werden durch Wasserdampfdestillation abgetrennt und in Destillat nach der Alizarin-Komplexan-Methode photometrisch bestimmt.

- Potentiometrische Bestimmung
  Am häufigsten wird die potentiometrische Bestimmung angewendet. Die Fluoridionen werden bei diesem Verfahren ohne Vortrennung mit einer ionensensitiven Elektrodenkette (Lanthan-Fluorid-Elektrode mit Bezugselektrode) bestimmt.

Die Potentiometrie zählt zu den elektro-chemischen Methoden der Maßanalyse, zu denen noch folgende Verfahren gezählt werden:

- Konduktometrie (Leitfähigkeitstitration) und Hochfrequenztitration
- Polarisationsspannungstitration (Voltametrie)
- Polarisationsstromtitration (Amperometrie, Dead-stop Verfahren)

Die gemeinsame Grundlage dieser Methoden ist die Möglichkeit, den Endpunkt einer Titration an der sprunghaften Änderung einer elektrischen Größe zu erkennen. Die breiteste Anwendung haben Konduktometrie und Potentiometrie gefunden. Die übrigen der genannten Methoden werden nur in Spezialfällen eingesetzt (sehr verdünnte Lösungen, hohe Fremdelektrolytkonzentration, wasserfreie Lösungen).

Als Vorteile gegenüber den klassischen Titrierverfahren wie Alkalie- und Acidiemetrie sind zu nennen:

- Mögliche Erkennung von Reaktionsendpunkten, die nicht durch Indikatoren sichtbar sind, z.B. Oxidations- und Reduktionsreaktionen, Fällungs- und Komplexbildungsreaktionen.

- Die mögliche Titration stark verdünnter oder gefärbter Lösungen (höhere Empfindlichkeit)

- Mögliche Durchführung von Mikrobestimmungen

Die Potentiometrie beruht auf der Spannungsänderung, die eine Indikatorelektrode während der Titration entsprechend dem Nernstschen Gesetz erfährt.

Da die einzelnen Elektrodenketten die Nernst'sche Gleichung nicht streng erfüllen, ist die Verwendung einer Kalibrierkurve zweckmäßig. Dazu werden aus einer Natriumfluorid-Lösung Verdünnungen mit folgenden Fluoridionen Konzentrationen hergestellt:

10^{-2} , 10^{-3}, 10^{-4} und 10^{-5} mol/l

Auf halblogarithmischem Papier wird die Spannung auf der linearen und die Konzentration auf der logarithmischen Achse aufgetragen.

Die Fluoridionen-Konzentration wird nach folgender Gleichung berechnet:

$$C_F = M_{rel} \cdot \frac{C_{mol} \cdot L}{V_n} \qquad \underline{\text{Gl.6:}}$$

Hierin bedeuten:

C_F = gesuchte Fluoridionen-Konzentration in mg/m^3

C_{mol} = aus der Kalibrierkurve ermittelte Fluoridionen-Konzentration in mol/l

L = Gesamtmenge der aufgefüllten Absorptionslösung in ml

M_{rel} = rel. mol Masse (Molekulargewicht) von Fluor (19 g/mol)

V_n = Normvolumen (1.013 mbar; 273 K) des Probegases in m^3

5. Bestimmung von Chlorwasserstoff

5.1. Diskontinuierliche Bestimmung

Die diskontinuierliche Bestimmung von anorganischen Chlorverbindungen wird nach der VDI Richtlinie 3480, Blatt 1 durchgeführt. Hierbei muß berücksichtigt werden, daß durch das beschriebene Meßverfahren auch anorganische und organische Chlorverbindungen erfaßt werden, die unter den Bedingungen der Probenahme in der Absorptionslösung Chlorid-Ionen bilden.(22)

Ein Teilgasstrom wird über einen beheizten Quarzwattefilter und über eine beheizte Probenahmesonde drei hintereinandergeschalteten Waschflaschen mit Fritten zugeführt. In den Waschflaschen befindet sich entionisiertes Wasser, das die Chlorverbindungen absorbiert.

Die Messung der Chloridionen- Massenkonzentration erfolgt je nach Konzentrationsbereich und vorhandener Ausrüstung durch:

- Titration mit Silberchlorid nach Mohr
- Potentiometrische Titration
- Photometrische Bestimmung mit Quecksilberthiocyanat.

Durch Modifikation der analytischen Randbedingungen (z.B. Verwendung von $AgNO_3$ - Lösungen verschiedener Molarität, Veränderung der zu titrierenden Probevolumina, Zugabe von Aceton zur Probe) kann weitgehend das Verfahren der potentiometrischen Titration verwendet werden, das unabhängig von der Konzentration exakte Ergebnisse liefert.

Bei der potentiometrischen Titration wird so vorgegangen, daß die maximale Potentialänderung bei fortlaufender Zugabe gleich Volumina des Titrationsmittels ($AgNO_3$-Lösung bekannter Molarität) graphisch erfaßt wird. Dazu wird eine Silberelektrode mit Bezugselektrode sowie ein Millivoltmeter benötigt.

Störungen können durch alle die Ionen auftreten, die mit Silber-Ionen reagieren (z.B. Brom, Jod, Sulfid, Sulfit). Durch Zugabe von Wasserstoffperoxid können Sulfide und Sulfit oxidiert werden. Bei Anwesenheit von Bromid und Jodid kann die Störung durch Aufnahme der Titrationskurve und Auswertung der von den Chlorid-Ionen verursachten Potentialstufe umgangen werden. Hier zeigt sich, daß die potentiometrische Verfahrensweise erhebliche Vorteile gegenüber den anderen Verfahren hat, bei denen diese Störungen nur sehr schwer oder überhaupt nicht beseitigt werden können.

5.2. Quasikontinuierliche Bestimmung

Die Funktionsweise des am Markt befindlichen Meßgerätes Sensimeter G zur quasikontinuierlichen Bestimmung anorganischer Chlorverbindungen beruht auf der Absorption des Meßgases mit nachgeschalteter Potentiometrischen Bestimmung, die im Unterschied zur beschriebenen diskontinuierlichen Bestimmung mit einer chloridionenselektiven Elektrode und Bezugselektrode durchgeführt wird. Bild 1 zeigt schematisch das Meßgerät der Firma Bran & Lübbe.(14)

Das von einer Membranpumpe abgesaugte Meßgas (20 - 40 l/h) ist bis unmittelbar vor das Absorptionsgefäß beheizt. Das durch die Absorptionslösung geleitete Meßgas wird über ein Ausgleichsgefäß mit nachgeschaltetem Reinigungssystem dem Gasvolumenstromregler (kritische Düse) zugeführt und danach über eine Membranpumpe abgeleitet.(6)

Die in das Absorptionsgefäß mit Hilfe einer Schlauchpumpe geförderte Reagenzlösung von ca. 4,5 ml nimmt aufgrund der guten Löslichkeit den HCl-Anteil aus dem Meßgas auf.

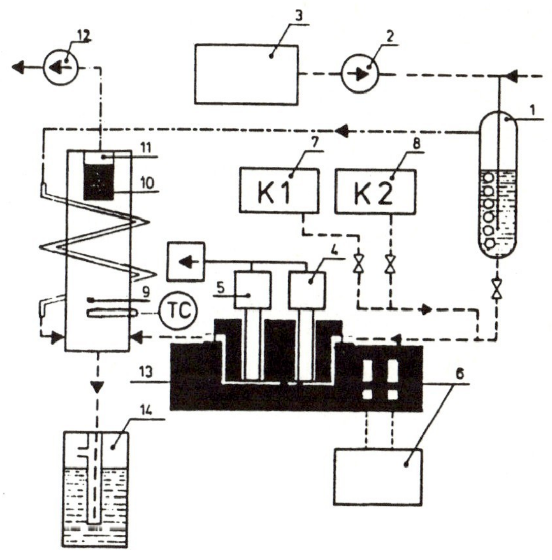

1 Absorptionsgefäß
2 Reagenz-Dosierpumpe
3 Reagenzgefäß
4 Meßelektrode
5 Bezugselektrode
6 Temperaturregler
7 Kalibrierlösung I
8 Kalibrierlösung II
9 Ausgleichsgefäß
10 Watte- und Papierfilter
11 Gasmengenregler
12 Membranpumpe
13 Meßzelle
14 Sumpf- und Sammelgefäß

---- Reagenz ——— Reagenz- und Meßgas -.-.-. Abgas

Bild 1

Schematische Darstellung des Meßgerätes Sensimeter G

Die gepufferte Reagenzlösung gelangt über einen Meßzyklus von sechs Minuten in zwei Stufen in das Absorptionsgefäß und verläßt dies dann mit dem absorbierten Chlorwasserstoff über ein Magnet ventil. Diese ablaufende Meßlösung verdrängt die in der thermostatisierten Meßzelle noch vorhandene Lösung aus dem vorherigen Zyklus und wird auf die Meßtemperatur gebracht. Anschließend erfolgt die potentiometrische Bestimmung.(11,12)

Die ablaufende Meßlösung läuft über ein Ausgleichsgefäß und das Sumpfgefäß in einen Sammeltank.

Zur Überprüfung der Elektrodensteilheit werden zwei Lösungen verwendet, die in entsprechenden Vorratsbehältern gelagert sind.

Das Meßintervall beträgt 6 Minuten. Bei einem Zeitbedarf für den Transport der Meßlösungen von je 1 Minute errechnet sich eine Totzeit des Gerätes von 10 Minuten / Stunde.(6)

Das geschilderte Analysenverfahren ist wesentlich von der Konstanz des Konzentrationsfaktors Meßgas/Reagenzvolumenstrom abhängig.(10)

5.3. Kontinuierliche Bestimmung von Chlorwasserstoff

Zur kontinuierlichen Bestimmung von Chlorwasserstoff wird z.Zt. nur ein Meßgerät angeboten, das nach dem sog. Bi-Frequenz- oder Gasfilterkorrelationsverfahren die Infrarotabsorption des HCl mittels nicht-dispersivem Photometer mißt. Den schematischen Aufbau des Meßgerätes der Firma Bodenseewerk zeigt Bild 2.

Das Meßprinzip der Gasfilterkorrelationstechnik ist in Bild 3 dargestellt. Der Infrarot-Strahl wird nach passieren der Meßgasküvette durch eine mit zwei Öffnungen versehene rotierende Scheibe geleitet.(4)

In einer Öffnung befindet sich als Gasfilter eine Miniaturküvette mit HCl-Gasfüllung. Durch dieses Gasfilter wird das HCl-Spektrum aus dem IR-Strahl absorbiert, so daß bei eingeschwenktem Filter die am Detektor gemessene Intensität unabhängig von der HCl-Konzentration in der Meßgasküvette ist. Die Strahlungsintensität des Untergrundes (sog. Vergleichsfenster) wird als Referenzmeßwert $I_{Ref.}$ verwendet.(11)

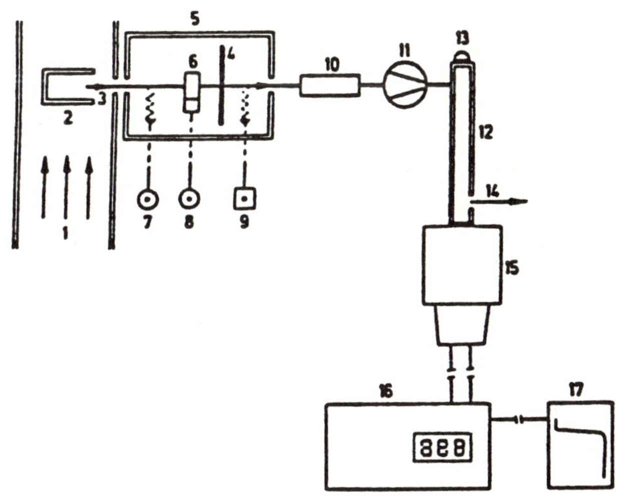

1	Prozeßgas	2	Grobfilter
3	Sondenrohr	4	Feinfilter
5	Feinfiltergehäuse	6	Hauptabsperrventil
7	Druckluftanschluß (Filterrückspülung)	8	Druckluftanschluß (für Hauptabsperrventil)
9	Nullgaszufuhr	10	beheizter Schlauch
11	beheizte Pumpe	12	beheizte Meßküvettte
13	IR-Strahler	14	Gasaustritt
15	IR-Meßkopf	16	Elektronikeinheit
17	Registriergerät		

Bild 2

Schematischer Aufbau des Photometer Spectran 677 IR

Bei eingeschwenkter freier Öffnung des Chopperrades kann die Strahlungsintensität der HCl-Konzentration ($I_{Mess.}$) in der Meßgasküvette erfaßt werden.

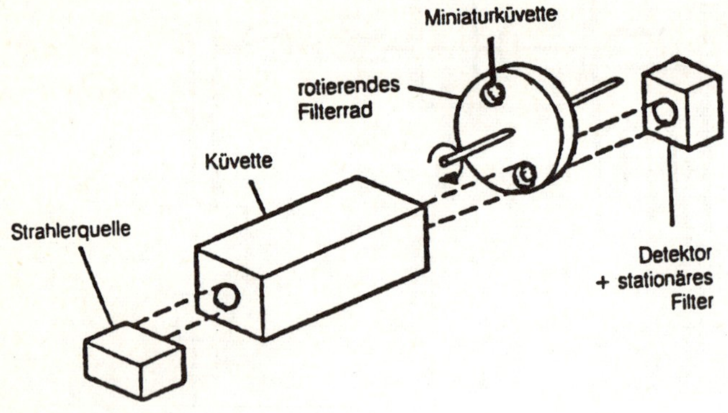

Bild 3
Schematische Darstellung des Meßprinzips, Spectran 677 IR

Die nach dem Lambert-Beer'schen Gesetz der HCl-Konzentration proportionale Extinktion E errechnet sich aus

$$E = \lg \frac{I_{Ref.}}{I_{Mess.}} \qquad \text{Gl.7:}$$

Änderungen der optischen Eigenschaften wie z.B. Transmission der Küvette, Schwankungen der Intensität der Stahlungsquelle wirken auf das Meß- und Referenzsignal gleichermaßen und werden bei der Quotientenbildung eleminiert.(4)

Vorraussetzung für die Erfassung von geringen HCl-Konzentrationen (wie sie nach einer Rauchgaswäsche auftreten) ist, daß die geringe Schwächung des eingestrahlten Lichtes auch vom Detektor erfaßt werden kann. Hierzu wird eine Meßgasküvette mit großer optischer Weglänge eingesetzt. Durch Mehrfachreflektion des Lichtstrahls über eine White'sche Spiegelanordnung werden Weglängen bis zu 20 m ermöglicht.(2,4)

6. Vergleichbarkeit von Halogen-Emissionsmessungen

Zur Überwachung von Emissionen, insbesondere von Emissionsgrenzwerten, werden Meßverfahren benötigt, die zu vergleichbaren Meßergebnissen führen. Referenzmeßverfahren müssen eine Reihe von Anforderungen erfüllen. Hierzu gehören:

- exakte Kalibrierfähigkeit,
- hohe Genauigkeit
- gute Reproduzierbarkeit,
- geringe Querempfindlichkeit.

Bei allen dargestellten Meßergebnissen ist immer das jeweilige Meßverfahren bzw. die Bestimmungsmethode anzugeben.

Zur Erprobung von Referenzmeßverfahren wurden im Auftrag des Umweltbundesamtes vom TÜV Rheinland Ringvergleichsmessungen an einer kommunalen Abfallverbrennungsanlage durchgeführt. Hierbei wurden für Halogenemissionen nur diskontinuierliche Meßverfahren berücksichtigt. Die Ergebnisse werden nachfolgend kurz dargestellt. (8,9)

6.1. Diskontinuierliche Bestimmung anorganischer Fluoride

In Bild 4 sind drei Meßreihen der Ringvergleichsmessung grafisch dargestellt. Für den Konzentrationsbereich von 10 mg/m^3 ergab sich eine mittlere Wiederholstandardabweichung von 0,27 mg/m^3 (entsprechend 5 %) und eine mittlere Vergleichsstandardabweichung von 0,59 mg/m^3 (entsprechend 10 %). Der Bericht kommt zu dem Ergebnis, das sich mit dem beschriebenen Verfahren verhältnismäßig kleine Streuungen zwischen ort- und zeitgleich gewonnenen Meßergebnissen erreichen lassen.(9)

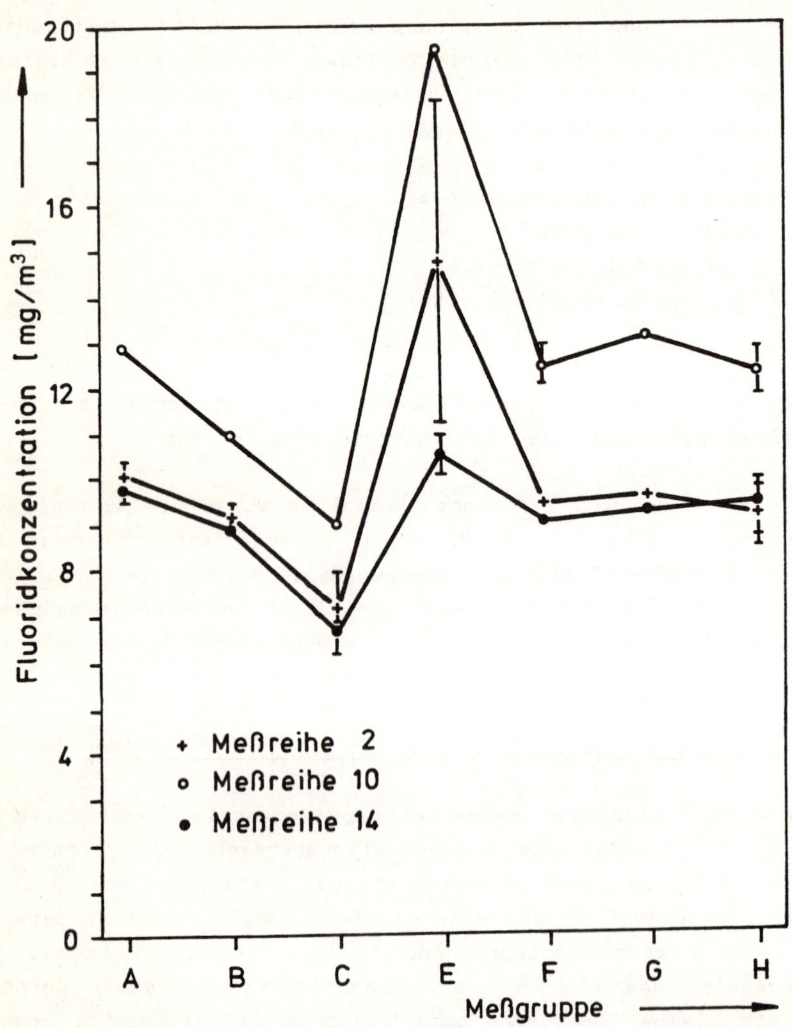

Bild 4

Teilergebnisse des Ringvergleichs Messen von anorganischen Fuoriden (9)

6.2. Diskontinuierliche Bestimmung anorganischer Chloride

Über das gesamte Zahlemmaterial gerechnet ergab sich bei einer mittleren Chloridkonzentration von ca. 700 mg/m^3 die Wiederholstandardabweichung zu 32 mg/m^3 (entsprechend 4,5 %) und die Vergleichsstandardabweichung zu 40 mg/m^3 (entsprechend 5,7 %). Ausreißer sind sämtlich als Minderbefunde aufgetreten, was auf ungünstige Randbedingungen während der Messung zurückgeführt wird.

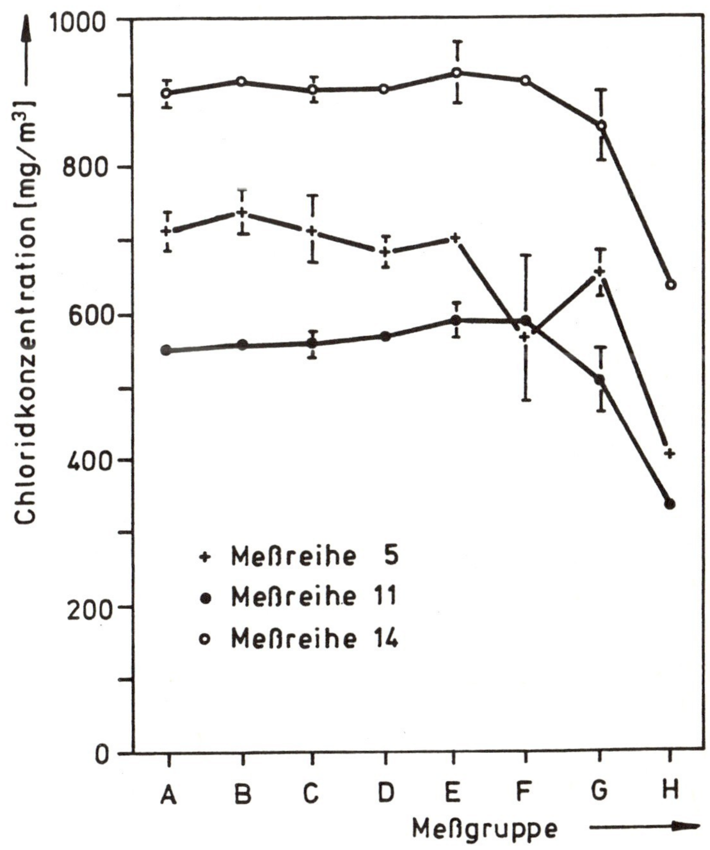

Bild 5
Teilergebnisse des Ringvergleichs Messen von anorganischene Chloriden (9)

In Bild 5 sind drei Meßreihen graphisch dargestellt. Die Mittelwerte der Doppelbestimmungen liegen bei einigen Meßstellen deutlich niedriger als die anderen Mittelwerte. Betrachtet man nur den jeweils höchsten Einzelwert, so fügt sich dieser stets gut in das Gesamtergebnis ein. Auch dieses Meßverfahren ist als Referenzmeßverfahren geeignet.(8)

6.3. Quasikontinuierliche Bestimmung anorganischer Chloride

Über Erfahrungen mit der direkten Vergleichbarkeit von Meßergebnissen, die mit quasikontinuierlichen Meßgeräten erzielt werden, liegen keine Literaturangaben vor.

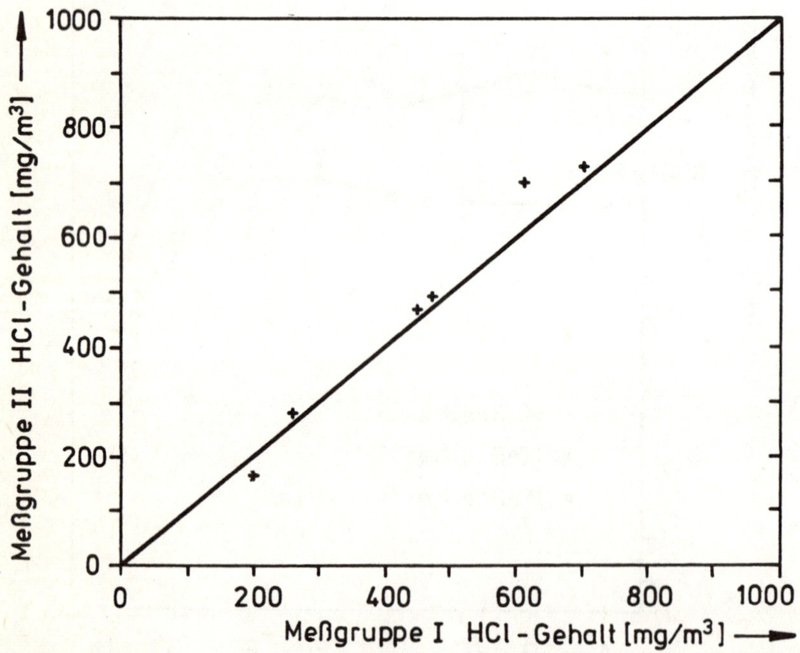

Bild 6
Ergebnisse einer HCl-Vergleichsmessung an einer schwedischen Müllverbrennungsanlage (3)

Einer schwedischen Untersuchung ist zu entnehmen, daß die Vergleichbarkeit zwischen einer diskontinuierlichen und einer quasikontinuierlichen Bestimmung nicht immer gewährleistet ist. In Bild 6 ist zunächst die Korrelation zwischen zwei Meßinstituten (diskontinuierliche Bestimmung) aufgezeigt, die eine entsprechend gute Korrelation zeigt. Bild 7 zeigt die Meßergebnisse aus manueller (diskoninuierlicher) und quasikontinuierlicher HCl-Bestimmung.(3)

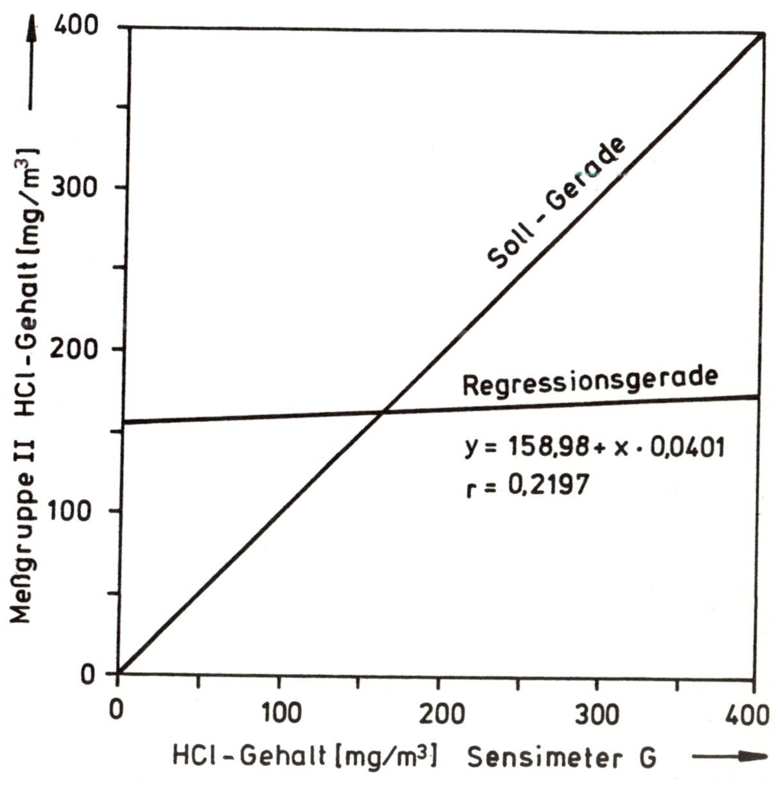

Bild 7
Ergebnisse der Vergleichsmessung zwischen diskontinuierlicher und kontinuierlicher HCl- Bestimmung an einer schwedischen Müllverbrennungsanlage (3)

Eingetragen ist die unter Idealbedingungen zu erwartende Soll-Gerade sowie die aus den realen Meßwerten errechnete Regressionsgerade. Der niedrige Korrelationskoeffizient (r= 0,2197) weist zudem erhebliche Schwankungen der funktionalen Abhängigkeit aus.

Auffallend ist, daß mit dem Sensimeter durchweg höhere HCl-Konzentrationen ermittelt werden. Dies könnte auf Probleme der Probenahme sowie die Bestimmung mit chloridionensensitiver-Elektrode zurückzuführen sein.

7. Zusammenfassung

Die Praxis zeigt, daß die Anwendung verschiedener Meßverfahren bei der Untersuchung des gleichen Meßobjektes zum Teil zu stark unterschiedlichen Meßwerten führen kann. Dieser Zustand ist unbefriedigend, insbesondere dann, wenn zur Überprüfung behördlicher Auflagen Meßwerte mit fest vorgegebenen Grenzwerten zu vergleichen sind. Hier sind insbesondere im Bereich der kontinuierlichen Erfassung gasförmiger Halogenide, die bei Müllverbrennungsanlagen vorgenommen werden muß, noch erhebliche Defizite festzustellen.(3,8,20)

Geeignete Geräte und Verfahren sind Grundvoraussetzung für die erfolgreiche Durchführung von Meß- und Analysenprogrammen. Gut motiviertes und qualifiziertes Personal kann dann den Erfolg gewährleisten.

Die bei eigenen Untersuchungen an Hausmüllverbrennungsanlagen festgestellten Emissionen liegen für Chloride bei 700 mg/m^3 und einem Variationskoeffizienten von 58 % (Minimumwerte ca. 100 mg/m^3, Maxima bis zu 2000 mg/m^3) im Rohgas. Die Fluoremissionen im Rohgas betragen im Mittel 4,5 mg/m^3 (Variationskoeffizient 91 %, Minimumwerte 0,4 mg/m^3,Maxima bis 14,4 mg/m^3). Die Verteilungsmuster sind weniger von der jeweiligen Anlage sondern eher von den Schwankungen im Inputmaterial abhängig.

Bei einer dem Stand der Technik entsprechenden Rauchgasreinigung sind Emissionswerte von 30 mg/m^3 Cl^- sowie 1 mg/m^3 F^- einzuhalten.(19)

8. Literatur

(1) Becker,F.; Müller,H.: Untersuchung von Brennstoffen und festen Rückständen,in: Thomé-Kozmiensky,K.J.(Hrsg.) Müllverbrennung und Rauchgasreinigung, E.Freitag Verlag für Umwelttechnik, Berlin 1983

(2) Berkhan, W.: Konzentrationen überwacht, in: Umweltmagazin 5/1984

(3) Bergström,J.; Lundquvist,J.: Driftstudie av Sysav's Avfallsvärmewerk i Malmö, DRAV - Report 2, Juni 1983

(4) Dannecker, W.: Ein spektrometrisches Verfahren zur kontinuierlichen Bestimmung von Chlorwasserstoff in Rauchgasen, in: Thomé-Kozmiensky, K.J.(Hrsg.): Rauchgasreinigung nach der Abfallverbrennung, Abfallwirtschaft an der TU Berlin Band 7, Berlin 1981

(5) Deutsche Bundesregierung: Materialien zum Immissionsschutzbericht 1977 der Bundesregierung an den Deutschen Bundestag, E.Schmidt Verlag, Berlin

(6) Fichtel, K.; Vierle,O.: Die quasikontinuierliche Bestimmung der Chlorwasserstoffkonzentration im Abgas von Abfallverbrennungsanlagen, in: Thomé-Kozmiensky,K.J.(Hrsg.): Rauchgasreinigung nach der Abfallverbrennung, Abfallwirtschaft an der TU Berlin Band 7, Berlin 1981

(7) Gerhards,K.: Kunststoffabfälle im Müll und ihre Emissionen aus der Müllverbrennung, in Müll und Abfall 3/1973

(8) Güdelhöfer,P.; Hönig,H.-J.: Erprobung von Referenzmeßverfahren zur Feststellung gasförmiger Emissionen, Forschungsbericht 81-104 02 100 des TÜV Rheinland, 1982

(9) Güdelhöfer,P.; Hönig,H.-J.: Feststellung gasförmiger Emissionen: Erproben von Referenzmeßverfahren für Schwefeloxide, Chloride und Fluoride sowie Schwefelwasserstoff, in Staub-Reinhaltung der Luft, 43, 3/1983

(10) Jockel,W.: Modellhafte Untersuchung von Meßeinrichtungen zur kontinuierlichen Chlorid-Emissionsüberwachung, in: Staub-Reinhaltung der Luft, 40, 4/1980

(11) Jockel,W.: Chlorid-Emissionsmeßgeräte für Müllverbrennungsanlagen, in: Müll und Abfall 3/1980

(12) Kassebeer,G.: Kontinuierliche HCl-Messung in Müllverbrennungsrauchgasen, in: CZ-Chemie-Technik 10/1973

(13) Lahmann,E.: Luftschadstoff-Immissionsmessungen in Berlin-Literaturstudie über Meßprogramme und deren Ergebnisse Berlin 1980, Senator f.Gesundheit und Umweltschutz

(14) Lorber, K.E.: Möglichkeiten der Analyse von Schadstoffen aus der Müllverbrennung, in: Thomé-Kozmiensky,K.J. (Hrsg.) Rauchgasreinigung nach der Abfallverbrennung, Abfallwirtschaft an der TU Berlin Band 7, Berlin 1981

(15) Müller,H.: Kontinuierliche und diskontinuierliche Rauchgasanalytik zur Bestimmung von Schadstoffen aus Müllverbrennungsanlagen, in: Thomé-Kozmiensky,K.J.(Hrsg.): Müllverbrennung und Rauchgasreinigung, E.Freitag Verlag für Umwelttechnik, Berlin 1983

(16) Reimann,D.O.: PVC abhängige Chlorbilanz in der Müllverbrennung, in: Thomé-Kozmiensky, K.J. (Hrsg.): Recycling International, EF Verlag für Energie und Umwelttechnik, Berlin 1984

(17) Reimann,D.O.: Chlorverbindungen im Müll und in der Müllverbrennung - Einfluß des Kunststoffes PVC, in: Müll und Abfall 6/1984

(18) Reimer,H.: Beseitigen von kunststoffhaltigem Müll durch Verbrennen, in Müll und Abfall 3/1973

(19) Tabasaran,O.: Emissionen der Müllverbrennung, in: Thomé-Kozmiensky, K.J.(Hrsg.): Recycling International, EF Verlag für Energie und Umwelttechnik, Berlin 1984

(20) VDI Richtlinie 2114, Auswurfbegrenzung, Abfallverbrennungsanlagen, Durchsatz mehr als 750 kg/h, Dez. 1979

(21) VDI Richtlinie 2470, Blatt 1, Messen gasförmiger Fluor-Verbindungen

(22) VDI Richtlinie 3480, Blatt 1, Messen von Chlorwasserstoff

Die Abfalltechnik kannte früher die Siebrest-Verbrennung als eine der schwierigsten Fakultäten. Die daraus gewonnenen Erkenntnisse liessen uns später die Verbrennung von Hausmüll mit niedrigsten bis höchsten Heizwerten problemlos be-
werkstel -
ligen. D ie
Wärm en
utzu ng v
on Abfäl
- len aus
der holz
verar bei
tend - en
Indust -
rie knüpft an diese Problemstellung an hier kommt unser Wissen und Können zum Tragen. Deshalb: Verzichten Sie nicht auf unsere langjährige Erfahrung.

K+K Ofenbau AG
Bachmattweg 24 · **CH-8048 Zürich**
Tel. 01-645777
Telex: 822232 kkzh ch

Refuse management knew the compost residue combustion as the most difficult problem. Later on the perception therefrom permitted us to build household waste incinerators with high to low heating values without difficulties. The power
- producti
on from
was te d
eriv ing
from w
oodpro -
ducts in
dust ries
en ters
- into a
similar problematic nature. Our knowledge and capability are most advantageous to solve such problems. Therefore: Why not try our prooved know-how?

K+K Ofenbau GmbH
Xantener Str. 4 · **D-4040 Neuss**
Tel. 02101-55081
Telex: 8518005 kuko d

Marina Franke

Umweltauswirkungen durch Getränkeverpackungen

Systematik zur Ermittlung der Umweltauswirkungen von komplexen Prozessen am Beispiel von Einweg- und Mehrweg-Getränkebehältern

EF-VERLAG
für Energie- und
Umwelttechnik GmbH

EF-Verlag GmbH Rhumeweg 14 D-1000 Berlin 37 Telefon 030-8013053

Dioxinanalysen an Abfallverbrennungsanlagen

H. Hagemaier

1977 berichteten Olie und Mitarbeiter[1] über den Nachweis von polychlorierten Dibenzodioxinen (PCDDs) und polychlorierten Dibenzofuranen (PCDFs) in den Flugaschen von drei holländischen Hausmüllverbrennungsanlagen. In der Folge wurden PCDDs und PCDFs in den Flugaschen und Abgasen jeder untersuchten Hausmüllverbrennungsanlage nachgewiesen.
Polychlorierte Dibenzodioxine und Dibenzofurane sind zwei Reihen von tricyclischen, nahezu planar gebauten aromatischen Verbindungen mit ähnlichen physikalischen, chemischen und biologischen Eigenschaften. In Tabelle 1 sind die allgemeinen Strukturformeln für die PCDDs und PCDFs und die Numerierung der Kohlenstoffatome, die Chloratome tragen können, angegeben. Daraus ergibt sich für jeden Chlorierungsgrad eine bestimmte Anzahl von Isomeren, die sowohl in der Dibenzodioxin-Reihe wie in der Dibenzofuran-Reihe für die Tetrachlorverbindungen am höchsten ist.

Tabelle 1

9 O 1
8 2
7 O 3
Cl_x 6 4 Cl_y
PCDDs

polychlorierte Dibenzodioxine

9 1
8 2
7 O 3
Cl_x 6 4 Cl_y
PCDFs

polychlorierte Dibenzofurane

Anzahl der Chloratome	Anzahl der CDD-Isomeren	Anzahl der CDF-Isomeren
1	2	4
2	10	16
3	14	28
4	22	38
5	14	28
6	10	16
7	2	4
8	1	1

Insgesamt gibt es 75 verschiedene chlorierte Dibenzodioxine und 135 chlorierte Dibenzofurane. Aus verschiedenen Gründen besteht die Besorgnis, daß von diesen Verbindungen ein allgemeines Gesundheitsrisiko für den Menschen ausgeht. Um dieses Risiko richtig einschätzen zu können, benötigen wir die möglichst exakte Kenntnis der Quellen dieser Verbindungen, ihre Ausbreitung in der Umwelt und ihren Verbleib. Daraus läßt sich die Exposition des Menschen und mit der Kenntnis der toxikologischen Eigenschaften der verschiedenen Verbindungen das Gesundheitsrisiko abschätzen.
Die bisher bekannten Hauptquellen für PCDDs und PCDFs lassen sich wie folgt zusammenfassen:

1) Chemische Produktion
   - Chemische Produktionsprozesse
   - Chemische Produkte
2) Thermische Prozesse
   - Hausmüllverbrennung
   - Sonstige Abfallverbrennung
3) Reservoire
   - Deponien chemischer Abfallstoffe
   - Stark kontaminierte Gebiete

Inwieweit andere mögliche Quellen wie Kohlekraftwerke, Otto- und Dieselmotoren sowie die Verbrennung von Holz vernachlässigt werden können, ist noch nicht genügend untersucht.
Obgleich der Eintrag insbesondere von höherchlorierten Dibenzodioxinen und Dibenzofuranen über die offene Anwendung von Tetra- und Pentachlorphenol, in denen diese Verbindungen in relativ hohen Konzentrationen als Nebenprodukte auftreten, nicht unterschätzt werden darf und der Hauptteil der in Klärschlämmen und Flußsedimenten nachgewiesenen PCDDs und PCDFs auf diese Quelle zurückgeführt werden kann, wird zur Zeit die Abfallverbrennung allgemein als Hauptquelle für die polychlorierten Dibenzodioxine und Dibenzofurane betrachtet, die wir heute in der Umwelt nachweisen können, z.B. in Sedimenten von Seen aber auch in menschlichem Fettgewebe und in der Muttermilch.
Es ist daher von allgemeinem Interesse, die von den verschiedenen Abfallverbrennungsanlagen ausgehenden Emissionen zu erfassen. In der Bundesrepu-

blik sind insbesondere im Laufe des letzten Jahres eine Vielzahl von Untersuchungen hierzu durchgeführt worden. Die dabei erhaltenen Ergebnisse sind bisher allerdings kaum allgemein zugänglich gemacht worden, so daß ein Gesamtüberblick fehlt. Im folgenden soll deshalb eine Zusammenstellung unserer eigenen Untersuchungen vorgenommen werden.

Untersuchungen an Hausmüllverbrennungsanlagen

Entsprechend den Stoffströmen einer Müllverbrennungsanlage sollten bei einer umfassenden Analyse auf PCDDs/PCDFs alle Verbrennungsrückstände und Verbrennungsprodukte untersucht werden, insbesondere dann, wenn der Zusammenhang zwischen Betriebsparameter und PCDD/PCDF-Gehalten untersucht wird. Nach unseren bisherigen Untersuchungen an drei Anlagen lassen sich in Schlacke und Schlackenlöschwasser zwar PCDDs und PCDFs nachweisen, doch sind die Konzentrationen gering. So wurden bei Schlacken für die Summe PCDDDs/PCDFs im Mittel 5 µg/kg (ppb) und im Schlackenlöschwasser 30 ng/l (ppt) nachgewiesen, wobei die Konzentration im Schlackenlöschwasser wesentlich durch den Gehalt an Staubpartikel bestimmt wird.
Von größerem Interesse sind die Konzentrationen an PCDDs/PCDFs in Elektrofilterstäuben bzw. Sorbtionsrückständen und in Abgasen von Müllverbrennungsanlagen; im Fall der E-Filterstäube bzw. Sorbtionsrückstände hinsichtlich Umgang, Transport und Deponierung und im Falle von Abgasen hinsichtlich der in die Umwelt abgegebenen Mengen an PCDD und PCDF.
Wegen der wesentlich einfacheren, wenn auch nicht völlig unproblematischen Probenahme von Filterstäuben liegen für sie weitaus mehr Untersuchungsergebnisse vor als für Abgase.
In der Tabelle 2 sind Minimal-, Mittel- und Maximalwerte für die Summe der PCDD/PCDF-Isomeren der verschiedenen Chlorierungsgrade von 35 Untersuchungen an 8 Hausmüllverbrennungsanlagen zusammengestellt, wobei verschiedene Feuerungskessel eines Werkes einzeln gezählt sind, da sie in Bauart und Betrieb selten völlig identisch sind. In Tabelle 2 sind Minimal-, Mittel- und Maximalwerte für die bisher von uns gemessenen Konzentrationen an 2,3,7,8-substituierten PCDDs und PCDFs zusammengestellt. Zu einer vollständigen PCDD/PCDF-Analyse gehört heute eine sogenannte isomerenspezifische Analyse auf diese 2,3,7,8-substituierten PCDDs und PCDFs, da ihnen eine vergleichsweise höhere Toxizität zugeschrieben wird als den übrigen PCDD/PCDF. Darauf wird an anderer Stelle noch eingegangen werden. In den

Tabellen 4 - 9 ist jeweils nur 2,3,7,8-TCDD als Einzelkomponente aufgeführt, um die Datenfülle zu reduzieren. Alle aufgeführten Analysen wurden jedoch isomerenspezifisch für die 2,3,7,8-substituierten Tetra- bis Hepta-CDD/CDF durchgeführt.
Man erkennt aus den Werten der Tabellen 2 und 3, daß sich für die Summe der verschiedenen Chlorierungsgrade zwischen Minimal- und Maximalwerten eine Spanne von mehr als zwei Zehnerpotenzen ergibt. Dabei stellte sich von Anfang an die Frage, wie repräsentativ die Werte einer Einzelmessung für eine bestimmte Anlage sind. Hierzu gehen die Angaben in der Literatur etwas auseinander, was vor allem an der geringen Zahl von vergleichenden Untersuchungen liegt. Von zwei Anlagen haben wir Analysenergebnisse von mehreren Untersuchungen über einen längeren Zeitraum vorliegen, die in der

Tabelle 2: Polychlorierte Dibenzodioxine und Dibenzofurane in E-Filterstaub von Hausmüllverbrennungsanlagen (35 Messungen, 8 Anlagen) als Summe der verschiedenen Chlorierungsgrade

	Minimum ng/g	Mittel ng/g	Maximum ng/g
TetraCDDs	0,1	9,3	33,0
PentaCDDs	0,3	27,0	125,0
HexaCDDs	0,4	42,1	200,0
HeptaCDDs	0,3	53,7	187,0
OctaCDD	0,2	68,4	365,0
Summe PCDDs	1,3	200,6	785,0
TetraCDFs	0,7	48,1	162,0
PentaCDFs	0,8	76,9	260,0
HexaCDFs	0,3	80,0	380,0
HeptaCDFs	0,1	62,5	386,0
OctaCDF	0,02	13,9	133,0
Summe PCDFs	1,9	281,4	1228,0

Tabelle 3: 2,3,7,8-substituierte Tetra- bis Heptachlordibenzodioxine und -furane in E-Filterstaub aus Hausmüllverbrennungsanlagen (35 Messungen, 8 Anlagen)

	Minimum ng/g	Mittel ng/g	Maximum ng/g
2,3,7,8-TCDD	<0,02	0,5	2,3
1,2,3,7,8-PCDD	0,2	2,8	10,7
1,2,3,4,7,8-HCDD	0,2	3,3	14,1
1,2,3,6,7,8-HCDD	0,5	5,5	30,3
1,2,3,7,8,9-HCDD	0,2	4,5	24,2
1,2,3,4,6,7,8-HeptaCDD	4,5	47,5	100,0
2,3,7,8-TCDF	0,5	2,1	7,6
1,2,3,7,8-PCDF	0,9	7,3	21,9
2,3,4,7,8-PCDF	0,5	6,2	16,0
1,2,3,4,7,8-HCDF	1,8	11,2	41,5
1,2,3,6,7,8-HCDF	1,2	12,4	50,2
1,2,3,7,8,9-HCDF	0,1	0,5	1,9
2,3,4,6,7,8-HCDF	0,8	8,2	25,1
1,2,3,4,6,7,8-HeptaCDF	12,2	117,4	294,0
1,2,3,4,7,8,9-HeptaCDF	0,3	3,7	12,6

Tabelle 4 zusammengestellt sind. Hier wird deutlich, daß selbst unter "normalen" Betriebsbedingungen Schwankungen um den Faktor 10 auftreten. Dies macht es besonders schwierig, den Einfluß von Veränderungen in den Betriebsparametern zu beurteilen. So haben einige Untersuchungen hierzu ergeben, daß die Veränderungen in den PCDD/PCDF-Konzentrationen in der Flugasche, die durch Veränderung der Betriebsparameter erzielt werden, erstens in der gleichen Größenordnung liegen wie die Schwankungen unter "Normalbedingungen" und zweitens nicht reproduzierbar waren, was unter diesen Voraussetzungen eigentlich auch zu erwarten ist.
Man könnte nun als Argument für die berichteten Schwankungen die Unsicherheit in der Analyse selbst verantwortlich machen. Wir haben in unserem Labor zahlreiche Untersuchungen zur Qualität der Analysenergebnisse durch

Tabelle 4: Schwankungsbreite der PCDD/PCDF-Konzentrationen im E-Filterstaub von zwei Anlagen bei je 10 Messungen über einen längeren Zeitraum

Anlage A 10 Messungen				Anlage B 10 Messungen			
Parameter	Minimum ng/g	Mittel ng/g	Maximum ng/g	Parameter	Minimum ng/g	Mittel ng/g	Maximum ng/g
2,3,7,8-TCDD	0,12	0,80	2,3	2,3,7,8-TCDD	0,10	0,82	0,30
TetraCDDs	2	10,3	27	TetraCDDs	5	12,5	33
PentaCDDs	5	30,6	77	PentaCDDs	14	40	125
HexaCDDs	7	53,2	129	HexaCDDs	22	62	200
HeptaCDDs	8	82,5	187	HeptaCDDs	13	51,3	128
OctaCDD	13	156,2	365	OctaCDD	6	27	67
Summe PCDDs	35	332,8	785	Summe PCDDs	69	192,8	546
TetraCDFs	11	46,8	98	TetraCDFs	21	58,7	137
PentaCDFs	25	133,8	260	PentaCDFs	19	62,4	137
HexaCDFs	27	180,9	380	HexaCDFs	16	39,9	69
HeptaCDFs	14	151,8	386	HeptaCDFs	5	16,6	30
OctaCDF	1	34	133	OctaCDF	1	3,35	9
Summe PCDFs	78	547,3	1228	Summe PCDFs	67,2	180,95	364

geführt. In den Tabellen 5 und 6 sind die Ergebnisse aus zwei Untersuchungen zusammengestellt. Einmal wurden die Wiederholstandardabweichung aus einer Vierfachbestimmung für das Gesamtanalysenverfahren, d. h. beginnend mit der Extraktion und zum anderen die Wiederholstandardabweichung für die eigentliche PCDD/PCDF-Analyse mittels Gaschromatographie/Massenspektrometrie (GC/MS) in einer Fünffachbestimmung ermittelt. Daraus wird deutlich, daß die Schwankungen im Analysenergebnis, die innerhalb eines Laboratoriums bei Mehrfachbestimmungen erhalten werden und in dieser Größenordnung für eine derart komplizierte Analysenmethode im erwarteten Rahmen liegen, wesentlich geringer sind, als die in den Tabellen 2 bis 4 aufgezeigten.

Tabelle 5: Bestimmung der relativen Standardabweichung von PCDD/PCDF-Konzentrationen in E-Filterstaub über den gesamten Analysengang

Analyse	A ng/g	B ng/g	C ng/g	D ng/g	**Mittel ng/g**	**Standardabw. %**
2,3,7,8-TCDD	0,25	0,26	0,26	0,24	**0,25**	3
Summe TetraCDDs	9,3	10,4	9,3	9,5	**9,6**	5
Summe PentaCDDs	16,4	20,9	21,6	18,3	**19,3**	11
Summe HexaCDDs	23,5	33,8	37,4	28,9	**30,9**	17
Summe HeptaCDDs	23,8	30,4	29,2	26,0	**27,4**	10
OctaCDD	36,4	45,2	32,2	28,6	**35,6**	17
Summe PCDDs	109,65	140,96	129,96	111,54	**123,03**	11
Summe TetraCDFs	47,9	46,1	47,8	46,1	**47,0**	2
Summe PentaCDFs	56,4	68,5	62,0	65,0	**63,0**	7
Summe HexaCDFs	44,6	68,3	59,3	58,4	**57,7**	15
Summe HeptaCDFs	19,9	24,6	28,9	25,9	**24,8**	13
OctaCDF	6,1	4,7	8,2	7,4	**6,6**	20
Summe PCDFs	174,9	212,2	206,2	202,8	**199,0**	7

Untersuchungen in Abgasen von Hausmüllverbrennungsanlagen haben wir bisher nur an drei Anlagen durchgeführt, wobei an einer Anlage zahlreiche vergleichende Messungen zu verschiedenen Probenahmetechniken durchgeführt wurden. diese Ergebnisse sind wieder als Minimal-, Mittel- und Maximalwerte in der Tabelle 7 zusammengestellt. Die Schwankungen an einer Anlage bei 14 Messungen innerhalb zwei Wochen sind mit einem Faktor von ca. 5 als gering zu betrachten.

Die vergleichenden Messungen zur Probenahme[2] haben im übrigen ergeben, daß bei parallel durchgeführter Probenahme mit der von der Länderarbeitsgemeinschaft Abfall (LAGA) auf der Basis der Arbeiten von Ballschmiter, Nottrodt und Mitarbeiter[3] vorgeschlagenen Probenahmetechnik sehr gut vergleichbare Ergebnisse erzielt werden. Andere untersuchte Probenahmetechni-

Tabelle 6: Bestimmung der relativen Standardabweichung für den GC/MS-Analysenschritt von vorgereinigten E-Filterstaub-Extrakten

Analysendatum	26.2. ng/g	28.2. ng/g	4.3. ng/g	23.3. ng/g	29.3. ng/g	**Mittel ng/g**	**Standardabw. %**
2,3,7,8-TCDD	0,10	0,10	0,07	0,11	0,07	**0,09**	**19**
Summe TetraCDDs	4,4	4,3	4,2	4,4	3,9	**4,2**	**4**
Summe PentaCDDs	9,3	9,1	8,6	8,6	9,2	**9,0**	**3**
Summe HexaCDDs	12,6	10,5	9,0	10,0	10,6	**10,5**	**11**
Summe HeptaCDDs	10,7	8,8	4,8	8,2	9,8	**8,4**	**24**
OctaCDD	9,3	6,4	8,8	5,6	7,0	**7,4**	**19**
Summe PCDDs	46,46	39,14	35,43	36,91	40,55	**39,70**	**10**
Summe TetraCDFs	14,4	14,3	13,4	16,0	12,6	**14,1**	**8**
Summe PentaCDFs	18,0	18,0	15,9	17,7	18,2	**17,6**	**5**
Summe HexaCDFs	14,7	13,3	11,7	12,4	14,2	**13,2**	**8**
Summe HeptaCDFs	8,5	7,0	5,7	5,2	7,0	**6,7**	**17**
OctaCDF	1,7	1,1	0,6	0,2	0,6	**0,8**	**60**
Summe PCDFs	57,2	53,8	47,3	51,4	52,6	**52,5**	**6**

ken z.B. die "Verdünnungsmethode"[4] führten ebenfalls zu vergleichbaren Ergebnissen. Bei diesen Untersuchungen hat sich gezeigt, daß die Verteilung der PCDD/PCDF zwischen abgeschiedenen Staubpartikeln, Kondensat und Absorptionslösung (Impinger) insbesondere von der Temperatur im Staubfilter abhängt.

Untersuchungen an Klinikverbrennungsanlagen

In der Tabelle 8 sind die Ergebnisse unserer bisherigen Untersuchungen von Aschen und Flugaschen sowie Abgasen von Klinikmüllverbrennungsanlagen auf PCDD und PCDF in Form von Minimal-, Mittel- und Maximalwerten zusammengefaßt. Die Ergebnisse sind hier heterogener als bei Hausmüllverbrennungsanlagen, da sich Feuerungs- und Staubabscheidungstechniken von Anlage zu

Tabelle 7: PCDD/PCDF-Messungen im Abgas einer Müllverbrennungsanlage (14 Messungen)

	Minimum ng/g	Mittel ng/g	Maximum ng/g
2,3,7,8-TCDD	0,18	0,34	0,61
TetraCDDs	9,9	19,9	43,0
PentaCDDs	17,6	34,6	68,1
HexaCDDs	13,9	34,0	61,1
HeptaCDDs	10,3	24,9	48,6
OctaCDD	4,8	11,4	19,7
Summe PCDDs	56,7	125,1	241,1
TetraCDFs	49,5	122,6	320,9
PentaCDFs	55,3	125,4	334,0
HexaCDFs	19,7	66,8	182,8
HeptaCDFs	5,8	22,7	59,1
OctaCDF	0,7	4,2	17,3
Summe PCDFs	131,0	341,7	914,1

Anlage stärker unterscheiden. In Anlagen ohne Abscheidung von Flugstaub sind die in den anfallenden Aschen gemessenen Konzentrationen deutlich niedriger als in abgeschiedenen Flugstäuben. Obgleich diese beiden Gruppen in der Tabelle 8 zusammengefaßt sind, liegt der Mittelwert der PCDD/PCDF-Konzentrationen bei Klinikmüllverbrennungsanlagen deutlich höher als bei Hausmüllverbrennungsanlagen (Tabellen 2 und 3). Dies kann entweder in der stark unterschiedlichen Müllzusammensetzung (höherer Kunststoffanteil im Klinikmüll) oder in einer unterschiedlichen Feuerungstechnik begründet sein. Hier sollten weitergehende Untersuchungen vor allem auch den Beitrag der Müllzusammensetzung zur PCDD/PCDF-Bildung aufzeigen können.
Abgasmessungen liegen von uns bisher nur für eine Klinikverbrennungsanlage ohne Staubabscheidung vor. Das Ergebnis ist in der Tabelle 8 zusammenge-

Tabelle 8: Bestimmung polychlorierter Dibenzodioxine und Dibenzofurane als Summe der verschiedenen Chlorierungsgrade in Flugstaub (9 Messungen, 9 Anlagen) und Abgas (2 Messungen, 2 Anlagen) aus Klinikverbrennungsanlagen

	Flugstaub			Abgas
	Minimum	Mittel	Maximum	Mittel
	ng/g	ng/g	ng/g	ng/m^3
2,3,7,8-TCDD	0,02	1,0	5,8	0,32
TetraCDDs	0,6	41,7	101,0	44
PentaCDDs	3,3	116,6	338,0	63
HexaCDDs	2,3	206,7	950,0	60
HeptaCDDs	1,4	253,3	1520,0	73
OctaCDD	0,4	251,5	1740,0	112
Summe PCDDs	8,0	869,8	4649,0	352
TetraCDFs	2,6	107,6	454,0	517
PentaCDFs	0,6	205,9	1100,0	841
HexaCDFs	0,3	278,9	1654,0	375
HeptaCDFs	1,2	370,3	2757,0	177
OctaCDF	0,2	57,9	375,0	32
Summe PCDFs	4,9	1020,6	6340,0	1942

faßt. die Staubemission betrug ca. 70 mg/Nm^3. Die PCDD/PCDF-Konzentration im Abgas dieser Anlage liegen in der gleichen Größenordnung wie bei Hausmüllverbrennungsanlagen. Hier zeigt sich, daß die PCDD/PCDF-Konzentrationen in den Aschen von Anlagen ohne Staubabscheidung nichts über die PCDD/PCDF-Emissionen im Abgas aussagen, während zwischen PCDD/PCDF-Konzentration im Flugstaub und den PCDD/PCDF-Emissionen im Abgas ein gewisser Zusammenhang besteht.

Untersuchungen an sonstigen Abfallverbrennungsanlagen

Neben den beschrieben Anlagen wurden noch Filterstäube und Abgase aus Klärschlammverbrennungsanlagen, Kabelverschwelanlagen, Aluminiumumschwelzwerken und Zementfabriken untersucht. Die hierbei erhaltenen Ergebnisse

Tabelle 9: Mittlere PCDD/PCDF-Konzentrationen in Flugstäuben (6 Messungen, 4 Anlagen) und Abgasen (2 Messungen, 1 Anlage) von thermischen Metallrückgewinnungsanlagen

	Flugstaub ng/g	Abgas ng/Nm^3
2,3,7,8-TCDD	1,21	4,35
TetraCDDs	58	207
PentaCDDs	119	390
HexaCDDs	147	315
HeptaCDDs	123	304
OctaCDD	124	110
Summe PCDDs	571	1326
TetraCDFs	218	1167
PentaCDFs	322	993
HexaCDFs	296	712
HeptaCDFs	209	371
OctaCDF	61	43
Summe PCDFs	1106	2645

sind im folgenden kurz zusammengefaßt.

a) Klärschlammverbrennungsanlagen

An drei Anlagen wurden Flugstäube und an einer Anlage Abgase auf PCDD/PCDF untersucht. In keinem Falle konnten nennenswerte Konzentrationen (Summe <2 ppb) an PCDD oder PCDF, insbesondere kein 2,3,7,8-TCDD nachgewiesen werden.

b) Kabelverschwelanlagen und Aluminiumumschmelzwerke

Aus drei Kabelverschwelanlagen und einem Aluminiumumschmelzwerk wurden Filterstäube, an einer Anlage auch Abgase auf PCDD/PCDF untersucht. Die Ergebnisse sind in der Tabelle 9 zusammengestellt. Die PCDD/PCDF-Konzentrationen in den Flugstäuben liegen im Bereich der Maximalwerte von Hausmüllverbrennungsanlgen. Von besonderem Interesse sind Untersuchungen an einer Anlage, bei der nur PVC-ummantelte Kabel verschwelt wurden. Hier wurden einmal hohe PCDD/PCDF-Konzentrationen nachgewiesen und zum anderen für die verschiedenen Chlorierungsgrade weitgehend die gleiche Isomerenverteilung erhalten wie bei Hausmüllverbrennungsanlagen (siehe auch Abbildungen 1 und 2). Die Aussage, daß PVC in Verbrennungsanlagen nicht zur PCDD/PCDF-Bildung beiträgt[5], kann damit als widerlegt betrachtet werden. Die Abgaskonzentrationen lagen bei der untersuchten Anlage wesentlich über den Maximalwerten der Hausmüllverbrennungsanlagen.

d) Anlagen zur Zementherstellung

In Flugstäuben von Zementfabriken, die Altreifen in den Drehrohröfen einsetzen, konnten keine PCDDs/PCDFs nachgewiesen werden.

Diskussion der Ergebnisse

Unsere Untersuchungen haben ergeben, daß es neben Hausmüllverbrennungsanlagen zahlreiche andere thermische Abfall- bzw. Recyclinganlagen gibt, die PCDDs/PCDFs in zumindest vergleichbaren Konzentrationen emittieren, wobei Frachtbetrachtungen zunächst außer acht gelassen wurden. Selbst bei wesentlich geringeren Volumenströmen als in Hausmüllverbrennungsanlagen dürfte infolge der wesentlich größeren Zahl die Emission in einer Größenordnung liegen, die bei Risikoabschätzungen und Überlegungen zur Minimierung von Dioxinemissionen ins Gewicht fällt.

Unsere Untersuchungen haben außerdem gezeigt, daß mit Einzelmessungen an Flugstäuben oder in Abgasen eine Verbrennungsanlage nicht hinsichtlich ihrer Bildungstendenz von PCDDs/PCDFs charakterisiert werden kann. Hierzu sind die Schwankungsbreiten bei Messungen über einen längeren Zeitraum viel zu hoch. Hiermit sind auch die Erfolgsaussichten, über Einzelmessungen den Einfluß von Betriebsparameter, Feuerungstechnik oder Müllzusammensetzung auf die Bildung von PCDD/PCDF in einer bestimmten Anlage bestimmen zu können gering. In diesem Zusammenhang sind unsere Versuche von Interesse, Anlagen über eine detaillierte Analyse von Isomerenmustern von PCDDs und PCDFs verschiedener Chlorierungsgrade zu charakterisieren. In den Abbildungen 1 und 2 sind Massenfragmentogramme von Tetra- und Pentachlordibenzodioxinen und -furanen in Flugstäuben von drei Anlagen A, B und C dargestellt. Die Anlagen A und C sind zwei Müllverbrennungsanlagen, für die in Tabelle 3 Durchschnittswerte für je 10 Messungen angegeben sind. Anlage B ist eine Kabelverschwelungsanlage die mit PVC-ummantelten Kabel

Abbildung 1: Massenfragmentogramme von Tetra- und PentaCDDs von Flugascheextrakten verschiedener Verbrennungsanlagen. Erläuterung im Text.

TetraCDDs in Flugaschen von Verbrennungsanlagen

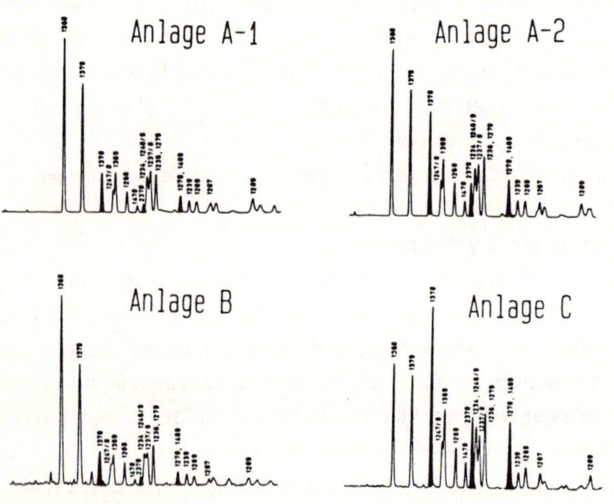

PentaCDDs in Flugaschen von Verbrennungsanlagen

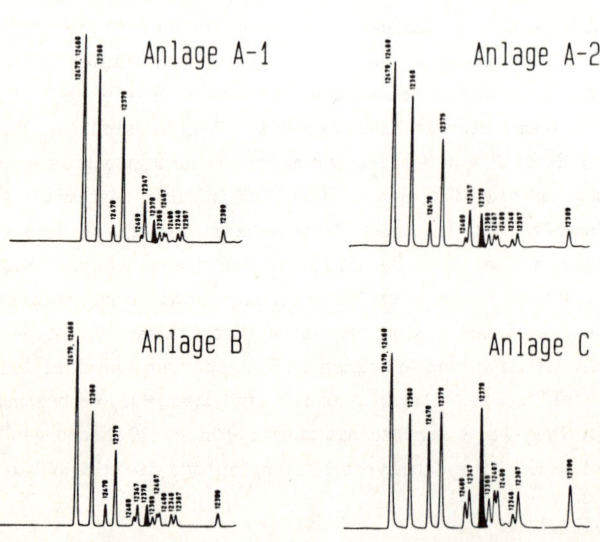

Abbildung 2: Massenfragmentogramme von Tetra- und PentaCDFs von Flugascheextrakten verschiedener Verbrennungsanlagen. Erläuterungen im Text.

TetraCDFs in Flugaschen von Verbrennungsanlagen

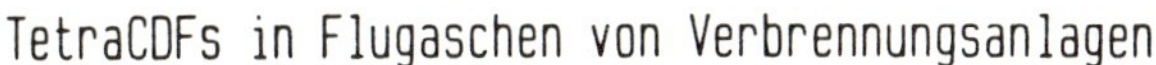

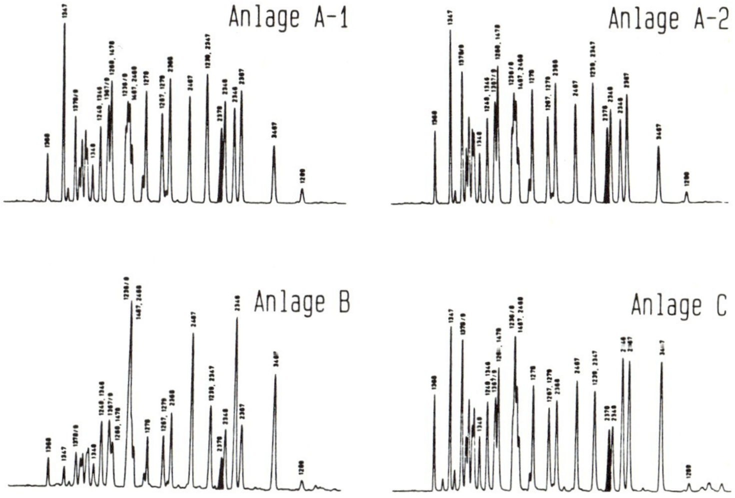

PentaCDFs in Flugaschen von Verbrennungsanlagen

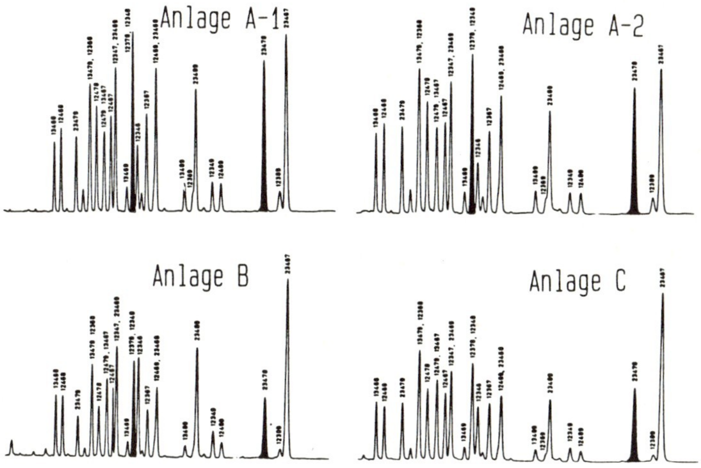

beschickt wurde. Anlagen A-1 und A-2 unterscheiden sich durch unterschiedliche Betriebsparameter. Betrachtet man nur einmal die TetraCDDs für die 4 Untersuchungen im Detail fällt auf, daß im Flugstaub der Anlage A-1 der Peak für 2,3,7,8-TCDD im Chromatogramm sehr niedrig ist, und bei 10 Messungen im Flugstaub und 14 Messungen im Abgas nie über 2% der TCDDs ausmacht, während bei Anlage C der durchschnittliche Anteil von 2,3,7,8-TCDD bei ca. 8% liegt. Interessanterweise besteht nun auch noch ein Zusammenhang zwischen dem prozentualen Anteil von 2,3,7,8-TCDD und den übrigen 7,8-substituierten TCDDs (die 7,8-substituierten TCDDs sind in den Chromatogrammen schwarz unterlegt). Man erkennt, daß bei Anlage C alle drei Komponenten wesentlich höher sind als in den anderen Beispielen. Wir fanden diesen Zusammenhang bisher bei allen untersuchten Flugstäuben von Hausmüllverbrennungsanlagen. Daß dies nicht auf unterschiedliche Müllzusammensetzung sondern unter "Normalbedingungen" anlagenspezifisch ist, zeigt sich aus dem Chromatogramm der Anlage A-2 (A-1 = Normalbedingungen, A-2 = variierte Betriebsbedingungen), wo bei gleicher Anlage durch Variation der Betriebsparameter sich diese Vehältnisse deutlich von A-1 in Richtung C verschieben lassen. Das Chromatogramm für die Kabelverschwelung zeigt einge nahezu identisches Isomerenverteilungsmuster wie Anlage A-1. Auch in den Massenfragmentogrammen der PentaCDDs sowie der Tetra- und PentaCDFs lassen sich charakteristische Unterschiede erkennen, die unter Normalbedingungen anlagentypisch sind. Es soll jedoch nicht im Detail hierauf eingegangen werden. Wir sind der Meinung, daß die Informationen, die über die isomerenspezifischen Analysen erhalten werden können, wesentlich weitreichender sind, als im Augenblick erkannt wird. Allerdings wird die Auswertung der Chromatogramme und die Verarbeitung der Daten extrem aufwendig, wenn alle diese vorhandenen Informationen verwertet werden sollen.

Ich danke dem Ministerium für Ernährung, Landwirtschaft, Umwelt und Forsten Baden-Württemberg für die Unterstützung bei einem Teil der Arbeiten.

Literatur

1) Olie, K., Vermeulen, P.C., Hutzinger, O., Chemosphere 1977, 6,455

2) Hagenmaier, H., Abschlußbericht zum F+E-Vorhaben 143 0379/1 vom 3. Juli 1985 des Umweltbundesamtes, Vergleichende Untersuchungen vonProbenahmetechniken für polychlorierte Dibenzodioxine und Dibenzofurane in Abgas von Müllverbrennungsanlagen.

3) Nottrodt A. et al., Emissionen von polychlorierten Dibenzodioxinen und polychlorierten Dibenzofuranen aus Abfallverbrennungsanlagen Müll und Abfall 83, 151

4) VDI-Richtlinie 3873 (Vorentwurf Mai 1985) Messen von Emissionen, Messen von polycyclischen aromatischen Kohlenwasserstoffen (PAH) an genehmigungspflichtigen Anlagen. Gaschromatische Bestimmung. Verdünnungsmethode.

5) PVC- Ursache für Dioxin-Bildung? Verband Kunststofferzeugende Industrie e.V. Juni 1985

Ergebnisse aus Dioxinmessungen an Müllverbrennungsanlagen

J. Jager

1. Vorkommen von PCDD und PCDF bei der Müllverbrennung

Die Vorteile der Müllverbrennung liegen in der Schonung von Deponiepotential, in der Verwertung der in den Abfällen enthaltenen Energie durch Dampf- und Stromerzeugung und in der Möglichkeit, organische Schadstoffe mit hohem Wirkungsgrad zu zersetzen.

Die Nachteile der Müllverbrennung werden vor allem in ihrer Wirkung auf die Umwelt gesehen. Bei dem Verbrennungsprozeß verteilen sich im Müll enthaltene Schadstoffe auf die Schlakke, Flugasche, Rauchgasreinigungsrückstände und die Emission. Da die Schwermetallbestandteile im Müll nur passiv am Verbrennungsvorgang teilnehmen, konzentrieren sich die leicht flüchtigen Schwermetalle und ihre Verbindungen im Flugstaub und Quecksilber sogar in der Emission. Der Gehalt organischer Schadstoffe in den verschiedenen Müllverbrennungsprodukten läßt sich zum einen Teil auf entsprechend dem Verbrennungswirkungsgrad verbliebene Reste von Müllinhaltsstoffen und zum anderen Teil auf Produkte unkontrollierter Synthesereaktionen im Verbrennungsprozeß zurückführen. Dies gilt vor allem für die in jüngster Zeit diskutierten chlorierten Dioxine und Furane.

Die polychlorierten Dibenzo-p-dioxine (PCDD) und die polychlorierten Dibenzofurane (PCDF) gehören zu der Gruppe der Chloro-Oxyarene, also zu den chloraromatischen cyclischen Ethanen und Diethanen. Sie wurden im Flugstaub von Müllverbrennungsanlagen erstmals 1977 nachgewiesen /1-3/. Der giftigste Vertreter dieser Stoffgruppe, das vierfach chlorierte 2,3,7,8-TCDD (Tetrachlordibenzodioxin), wurde als "Seveso-Dioxin" bekannt.

Die Variation der Chlorierungsgrade und Stellungen der Chloratome am Molekül ergeben 75 Einzelisomere PCDD und 135 PCDF.

PCDFs

PCDDs

Chloratome	Dibenzodioxin	Anzahl	Dibenzofuran	Anzahl
1	Monochlor-(M1CDD)	2	Monochlor-(M1CDF)	4
2	Dichlor- (D2CDD)	10	Dichlor- (D2CDF)	16
3	Trichlor- (T3CDD)	14	Trichlor- (T3CDF)	28
4	Tetrachlor-(T4CDD)	22	Tetrachlor-(T4CDF)	38
5	Pentachlor-(P5CDD)	14	Pentachlor-(P5CDF)	28
6	Hexachlor-(H6CDD)	10	Hexachlor-(H6CDF)	16
7	Heptachlor-(H7CDD)	2	Heptachlor-(H7CDF)	4
8	Octachlor-(OCDD)	1	Octachlor-(OCDF)	1
Summe		75		135

Von den insgesamt 210 Einzelisomeren sollen nach der geplanten Gefahrstoffverordnung die Isomere

2,3,7,8- T4CDD
2,3,7,8- T4CDF

1,2,3,7,8- P5CDD
2,3,4,7,8- P5CDF

1,2,3,6,7,8- H6CDD
1,2,3,7,8,9- H6CDD
1,2,3,4,7,8- H6CDD
1,2,3,6,7,8- H6CDF

OCDD
OCDF

zur Beurteilung von PCDD/PCDF-Belastungen herangezogen werden.

2. Ursachen für das Vorkommen von PCDD/PCDF bei der Müllverbrennung

Die Ursachen für das Vorkommen von PCDD und PCDF im Rauchgas verschiedenartiger Verbrennungsanlagen können auf drei grundsätzlich mögliche Reaktionstypen zurückgeführt werden:

1. die unvollständige Verbrennung PCDD/PCDF-haltiger Materialien,

2. die Synthese von PCDD/PCDF in der Verbrennungsreaktion aus Vorprodukten, wie PCB, Chlorphenolen, Chlorbenzolen und anderen chlorhaltigen Verbindungen, als Brennstoffbestandteile,

3. die Totalsynthese aus nicht chlorierten Vorprodukten, wie Cellulose, Lignin und Kohle, im Zusammenwirken mit anorganischem Chlorid.

Da für kommunale Hausmüllverbrennungsanlagen der Einsatz von PCDD/PCDF-haltigem Brennstoff ausgeschlossen werden kann, kommt zur Erklärung von deren Vorkommen dort nur die Annahme einer de novo-Synthese in Frage. Ob dafür in erster Linie geeignete Vorprodukte verantwortlich sind oder ob eher eine Totalsynthese vorliegt, kann zur Zeit noch nicht beantwortet werden. Bei den bisher an verschiedenen Verbrennungsanlagen festgestellten, unterschiedlichen Dioxinemissionen, müssen zu der grundsätzlich möglichen chemischen Reaktion auch mehr oder weniger begünstigende Reaktionsbedingungen angenommen werden:

1. die molekulare Struktur der Brennstoffe,

2. die Art und die Konzentration der enthaltenen organischen sowie anorganischen Chlorverbindungen,

3. die Reaktionstemperaturen vom Rost bis zur Nachverbrennung,

4. die Vermischungseffektivität von Luft und Brennstoff sowie des Luft/Brennstoff-Verhältnisses,

5. die Größe der Anlage.

Die wichtigste Voraussetzung für alle Bildungstheorien ist die Anwesenheit von organisch gebundenem Chlor. In einem einfachen Versuch kann veranschaulicht werden, daß sich bei der Verbrennung von Methan in Gegenwart von HCl keine und in Gegenwart von Methylenchlorid ein ganzes Spektrum von höhermolekularen Organo-Chlorverbindungen nachweisen lassen. Siedlungsabfälle enthalten organisch gebundenes Chlor in Größenordnungen von 0,1 - 0,5 %.

In Abbildung 1 ist ein möglicher Bildungsweg für Dioxine aus Chlorbenzolen dargestellt, der in einer Atmosphäre mit Sauerstoff- und Chlorwasserstoffüberschuß im Verhältnis zu niedermolekularen Aromaten ablaufen kann.

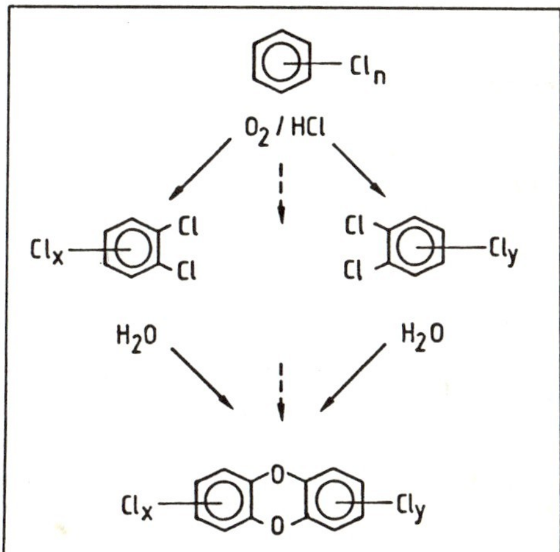

Abb. 1: Vereinfachter Reaktionsablauf für Chlorbenzole als Dioxinprecursoren

Bei einer bezüglich PCDD- und PCDF-Emissionen recht gut untersuchten Hausmüllverbrennungsanlage konnte eine Abhängigkeit von der Temperatur nachgewiesen werden (vgl. Abbildung 2).

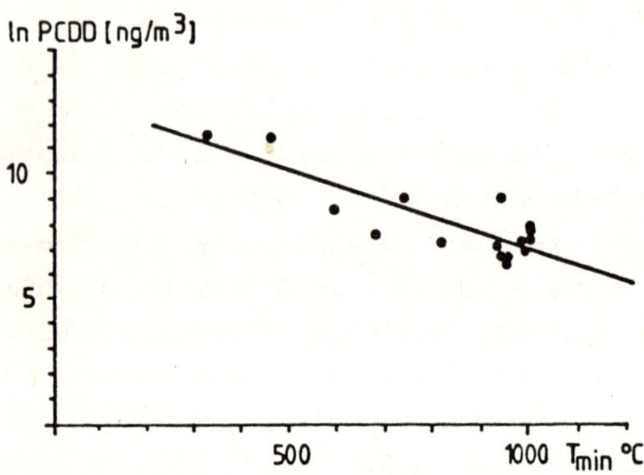

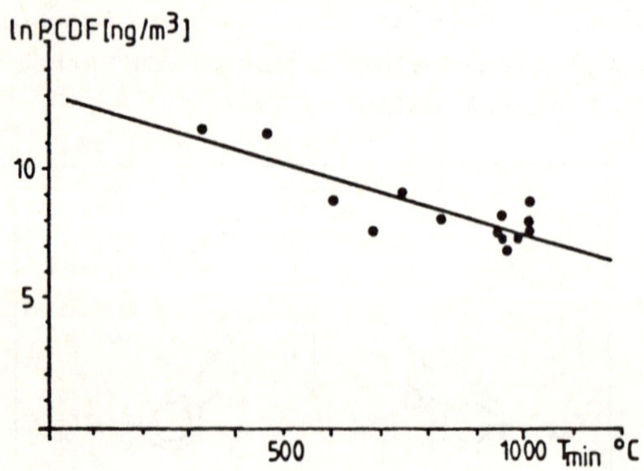

Abb. 2: PCDD- und PCDF-Abhängigkeit von der Mindestverbrennungstemperatur nach GIZZI u.a. /4/

Danach sollte sich das "Dioxinproblem" bei der Müllverbrennung allein thermisch kontrollieren lassen. Bei Temperaturen weit oberhalb von 1000° C müßte das Rauchgas demzufolge frei von PCDD und PCDF sein.

Eine Beobachtung von EICEMAN et al. /5 - 8/ beschreibt ein unerwartetes Niedertemperaturverhalten von TCDD. Wird auf einer PCDD- und PCDF-freien Flugasche 1,2,3,4-TCDD einer Atmosphäre aus HCl-haltiger Luft ausgesetzt, so können bei Temperaturen von 50 - 250° C höherchlorierte Reaktionsprodukte nachgewiesen werden; vgl. Abbildung 3.

Bei genauerer Analyse der in Abbildung 2 gezeigten Regressionsgeraden kann man ableiten, daß deren Steigung lediglich von zwei Meßpunkten beeinflußt wird, die auch als Ausreißer eliminiert werden dürfen. Die verbleibenden Punkthaufen zeigen keine signifikante Temperaturabhängigkeit mehr.

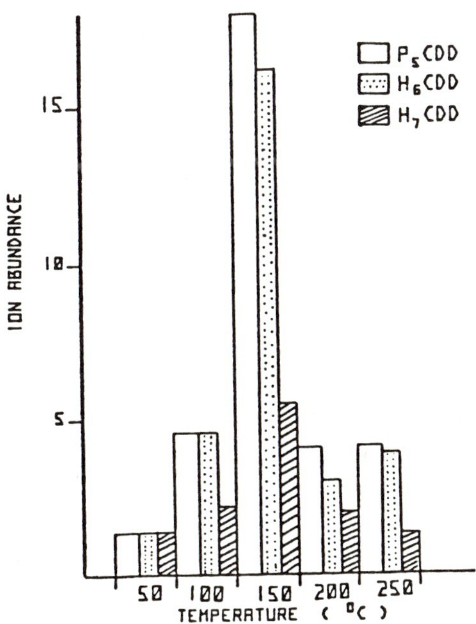

Abb. 3: Relative Verteilung von höherchloriertem PCDD bei der Oxychlorierung von 1,2,3,4-TCDD auf Flugasche /6/

Danach ist es denkbar, daß in der Hochtemperaturzone einer Müllverbrennungsanlage dechlorierte PCDD- und PCDF-Isomere in den kälteren Zonen zwischen Economizer und Rauchgaswäsche in der O_2- und HCl-haltigen Abluft auf der Flugasche wieder aufchloriert werden können.

Die bei den Prozeßbeobachtungen gemachten Erfahrungen über die Temperatur- und Konzentrationsabhängigkeit von PCDD und PCDF muten widersprüchlich an. Es mag sein, daß dieser Widerspruch darauf zurückzuführen ist, daß zum einen nur Meßwerte von großtechnischen Anlagen mit entsprechenden "technischen" Fehlerbereichen beobachtet wurden und zum anderen offensichtlich unterschiedliche Techniken miteinander verglichen wurden. Es lassen sich jedoch trotzdem Gemeinsamkeiten ableiten, die bei weiteren Beobachtungen und Entwicklungen hilfreich sein können:

1. die Bildung und der Abbau von PCDD und PCDF sind von der Temperatur abhängig,

2. die Konzentration von PCDD/PCDF ist bei gegebener Temperatur von der Konzentration der Precursoren abhängig,

3. die Konzentrationen der Precursoren sind von dem eingesetzten Müll und dem Zerstörungswirkungsgrad abhängig.

Nach diesen drei Grundsätzen sind bei einfachen Verbrennungsprozessen immer Gleichgewichts- bzw. Restkonzentrationen von PCDD/PCDF möglich.

3. Untersuchungen an Müllverbrennungsanlagen

Um den Ausstoß von PCDD und PCDF aus Müllverbrennungsanlagen zu verringern, muß zur Erarbeitung praktischer Minimierungskonzepte eine Untersuchung an betriebenen Großanlagen vorausgesetzt werden. Nur in der Praxis vorbereitete Grundlagen lassen sich auch auf allgemein anwendbare Konzepte übertragen.

Nach den technisch begrenzten Variationsmöglichkeiten für Temperatur, Sauerstoffversorgung, Verweilzeiten und Müllzusammensetzung sind relativ wenige eindeutig unterscheidbare Betriebszustände an Betriebsanlagen einstellbar. Entsprechend der Auslegung der Betriebsanlage lassen sich günstige und ungünstige Betriebszustände definieren.

	günstiger Betriebszustand	ungünstiger Betriebszustand
Temperatur im Feuerraum	900 - 1000° C	700 - 800° C
O_2-Gehalt im Abgas	10 - 12 %	2 - 4 %
CO-Gehalt im Abgas	kl. 100 mg/m³	gr. 1000 mg/m³
Heizwert des Mülls	gr. 9 GJ/Mg	kl. 7 GJ/Mg
Durchsatz	100 % des Auslegungswertes	gr. 100 % oder kl. 70 % des Auslegungswertes
Ausbrand	optimal	unbefriedigend

Bei den Untersuchungen müssen in Rohgas- und Reingasströmen (Partikel und gasförmig) sowie am Schlacke-, Kesselasche- und Staubaustrag Meßstellen eingerichtet werden. Nur bei reproduzierbar einstellbaren Betriebsbedingungen lassen sich statistisch abgesicherte Proben aus den einzelnen Meßstellen zeitgleich entnehmen und auf PCDD und PCDF sowie deren Precursoren PCB, Chlorbenzole und Chlorphenole untersuchen, vgl. Abbildung 4.

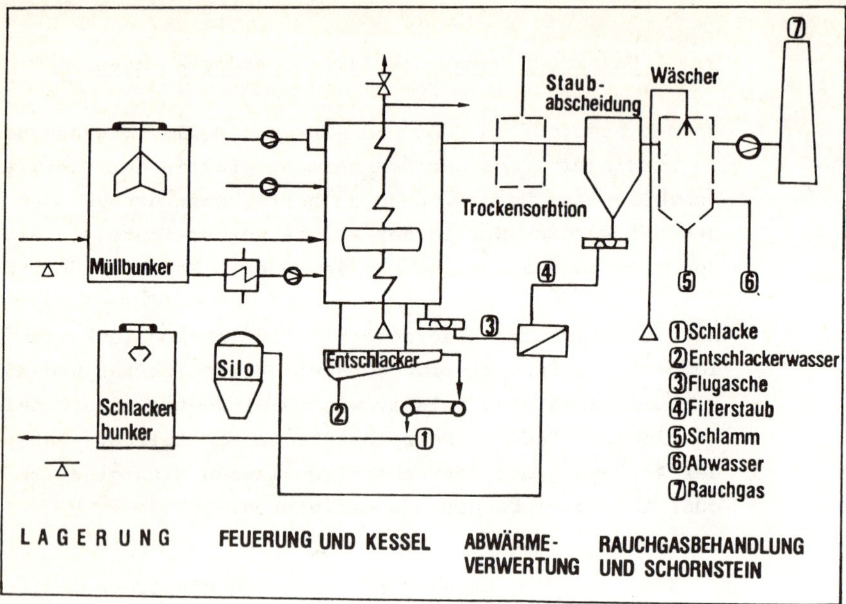

Abb. 4: Verfahrensschema einer Müllverbrennungsanlage

Wesentliche Voraussetzung für die Durchführung übertragbarer Untersuchungen ist die Anwendung allgemeingültiger Analysenmethoden. Dies gilt besonders für die z.Z. noch diskutierten Probenahme- und Analysenmethoden für PCDD und PCDF. Nach ersten Abstimmungen verschiedener mit PCDD/PCDF-Analysen erfahrener Institute wurden in diesem Zusammenhang brauchbare Analysenkonzepte erarbeitet.

Die organischen Schadstoffe fallen je nach Entnahmestelle an Feststoff angebunden oder in Kondensaten und Waschflüssigkeiten gelöst an. Aus einer dem Versuchslauf entsprechenden Einzelprobenmenge werden nach deren Pulverisierung Mischproben hergestellt. Bei entsprechend zu erwartenden kleinen Probenmengen in Reingas werden die vereinigten Proben untersucht. Nach Aufschluß und Extraktion erfolgt ein spezifisches Cleanup durch Kieselgel- und Aluminiumoxidsäulen.

Die gruppenspezifischen Daten werden mithilfe hochauflösender GC- und MS-Technik aus dem aufkonzentrierten Clean-up-Extrakt mithilfe der Standardadditionen ermittelt. Als innerer Standard wird den Proben unmittelbar auf die Filter bzw. Aliquotierung $^{13}C_{12}$-markiertes 2,3,7,8-TCDD sowie $^{13}C_{12}$-markiertes 1,2,3,4-TCDD zugesetzt.

Die für die Emissionsanalysen erforderlichen Nachweisgrenzen bei einer zu erwartenden Konzentration von 20 bis 2.000 pg/m³ 2,3,7,8-TCDD kann nur mit einem entsprechend aufwendigen Probenahmeverfahren gewährleistet werden. Es muß davon ausgegangen werden, daß in diesem Konzentrationsbereich ein merklicher Anteil der Dioxine in der Gasphase vorliegen wird. Aus diesem Grunde wird die in Abbildung 5 dargestellte Probenvorrichtung, die sich bei anderen Untersuchungen an Müllverbrennungsanlagen bewährt hat, eingesetzt.

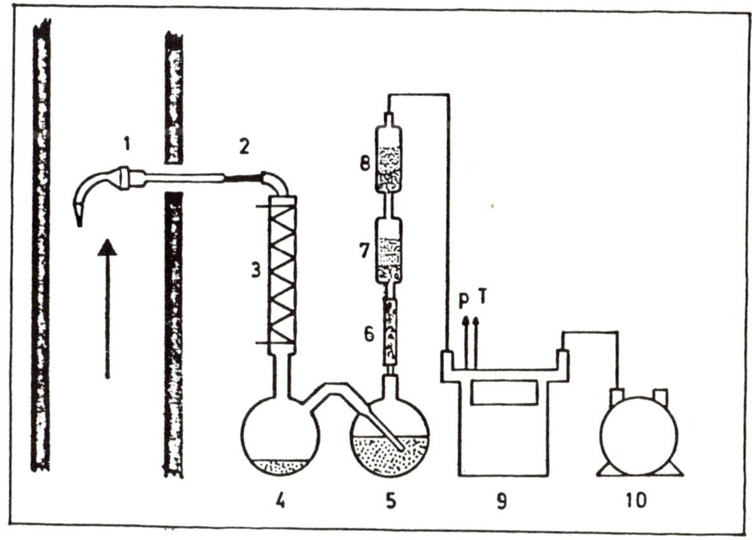

1 = Filterhülse
2 = beheizte Probenahmeleitung
3 = Intensivkühler
4 = Kondensatfalle
5 = Ethylenglycol
6 = Tropfenfänger
7 = Kieselgel
8 = Florisil
9 = Gasuhr
10 = Pumpe

Abb. 5: Schematischer Aufbau der Probenahmeapparatur

Ein Teilstrom des Rauchgases wird durch eine mit Quarzwolle gestopfte Filterhülse und eine beheizte Probenahmeleitung in die Adsorptionsapparatur gesaugt. Die Teilstromentnahme erfolgt isokinetisch nach VDI-RL 2066.

Die beheizte Probenahmeleitung verhindert die Kondensation des im Rauchgas befindlichen Wassers vor der Kondensatfalle. Das Gas strömt danach durch Ethylenglycol, das sowohl als Absorptionsmittel als auch zur Entfernung der Restfeuchte aus dem Gas dient. Nach dem Ethylenglycol-gefüllten Rundkolben wird eine mit Glaswolle lose gestopfte Säule als Tropfenfänger geschaltet, gefolgt von zwei Adsorptionsfallen.

Der erste Behälter enthält Kieselgel, der zweite Florisil. Die Adsorbentien werden vom Gasstrom so durchströmt, daß sie eine Wirbelschicht bilden, wodurch der Druckverlust herabgesetzt wird. Als Bett für die Adsorbentien dient Glaswolle.

Alle Verbindungsleitungen sind aus Teflonschläuchen. An die Apparatur angeschlossen sind eine Gasuhr und eine Absaugpumpe mit Regulierventil. Die Temperatur des abgesaugten Gases, der Unterdruck an der Gasuhr sowie Temperatur und O_2-Gehalt des Rauchgases im Kamin werden gemessen.

Die Angabe der Rauchgaskonzentrationen erfolgt in Masseneinheiten/Nm^3, bezogen auf 11 Vol.-% O_2 (trocken) im Rauchgas.

In den Abbildungen 6 - 11 sind typische Massenfragmentogramme für die Stoffgruppen der tetra-, penta- und hexachlorierten Dioxine sowie die entsprechenden Furane dargestellt. Es ist erkennbar, daß über die z.Z. in der Gefahrstoffverordnung geforderte Einzelisomerenbestimmung hinaus weitere Einzelinformationen möglich sind, die bei der Auswertung nach der möglichen Herkunft und den Entstehungsbedingungen hilfreich sein können.

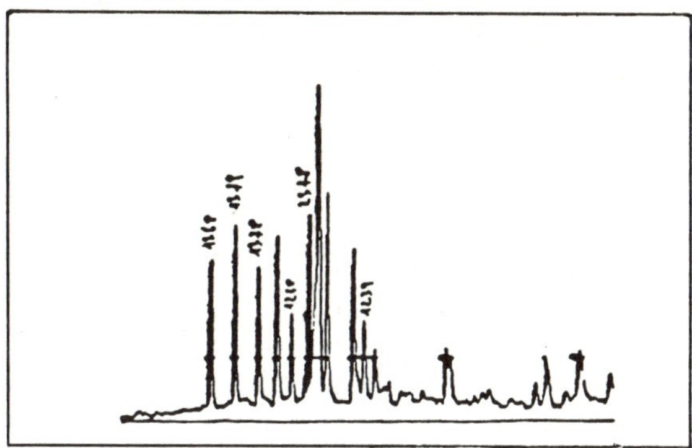

T(4)CDD

Abbildung 6

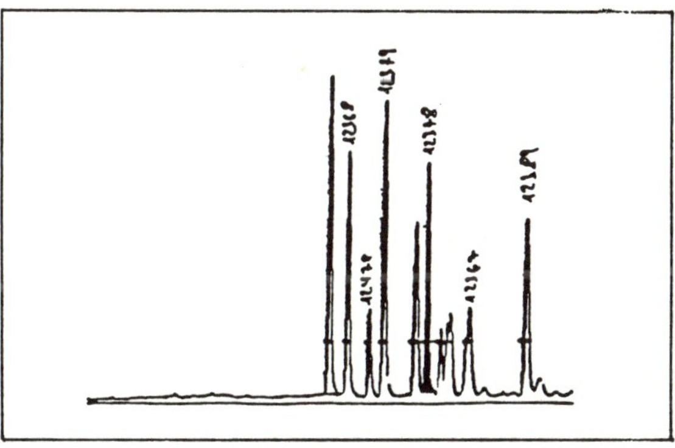

P(5)CDD

Abbildung 7

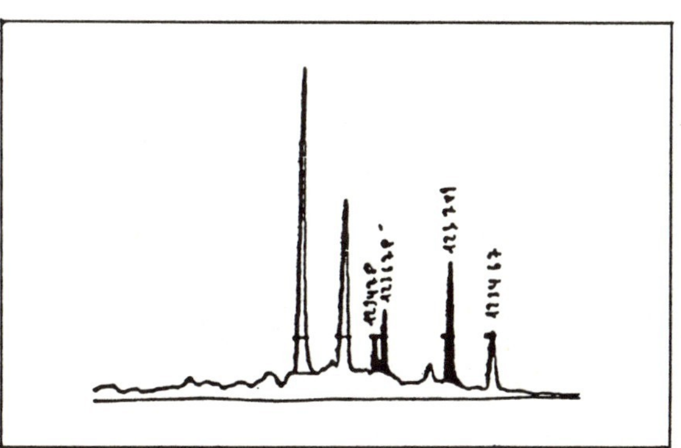

H(6)CDD

Abbildung 8

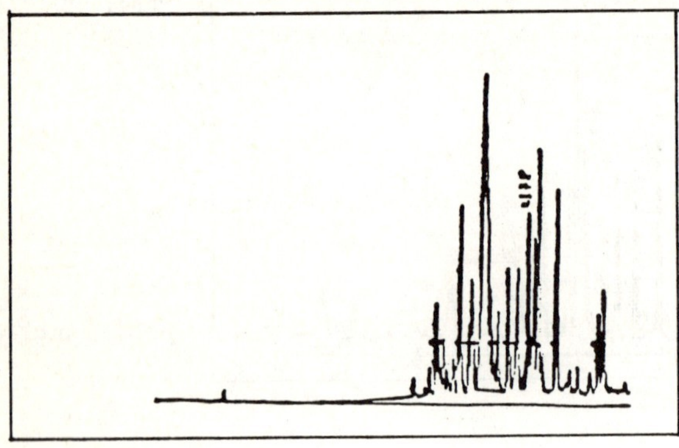

T(4)CDF

Abbildung 9

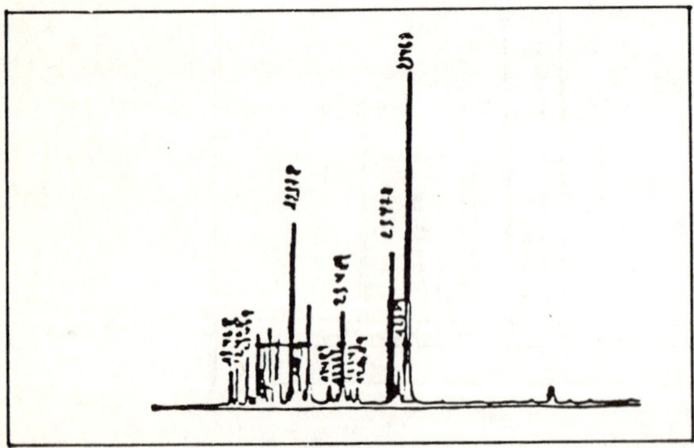

P(5)CDF

Abbildung 10

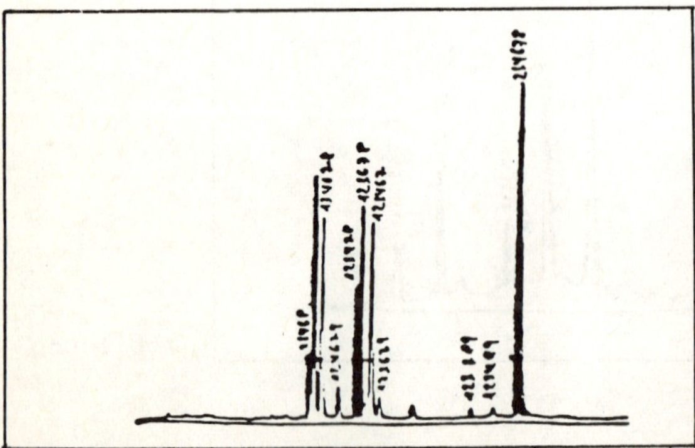

H(6)CDF

Abbildung 11

4. Ergebnisse von PCDD- und PCDF-Messungen an Müllverbrennungsanlagen

Filterstäube aus Müllverbrennungsanlagen gehören zu den am meisten untersuchten Probenarten in der Dioxinanalytik. Das ist sicher auf die relativ leichte Zugänglichkeit der Proben und deren relativ einfache Analytik zurückzuführen.

In zahlreichen Veröffentlichungen und Pressemitteilungen wurden an erster Stelle immer die Gehalte an 2,3,7,8-TCDD dargestellt. Dabei schwanken die Angaben von weniger als 0,01 ppb bis mehr als 10 ppb (1 ppb = 1 ng/g). Die unterschiedlichen Konzentrationen wurden meist den entsprechenden Anlagen, Verfahrensweisen und Betriebsführungen zugewiesen. Sie lassen sich jedoch auch teilweise mit unterschiedlichen Probenahme- und Analyseverfahren erklären.

Ergebnisse von Filterstaubanalysen (elektrostatische Filter) an 20 Müllverbrennungsanlagen in der Bundesrepublik, die von 1984 bis 1985 mit der gleichen analytischen Methode durchgeführt wurden, ergeben eine relativ gleichmäßige Verteilung der erhaltenen Konzentrationen, vgl. Abbildung 12 - 15.

Im Mittel liegen die Konzentrationen im Bereich von:

0,1 - 0,2	ppb	für	2,3,7,8-TCDD
1 - 2	ppb	für	2,3,7,8-TCDF
50 - 100	ppb	für	OCDD
10 - 20	ppb	für	OCDF

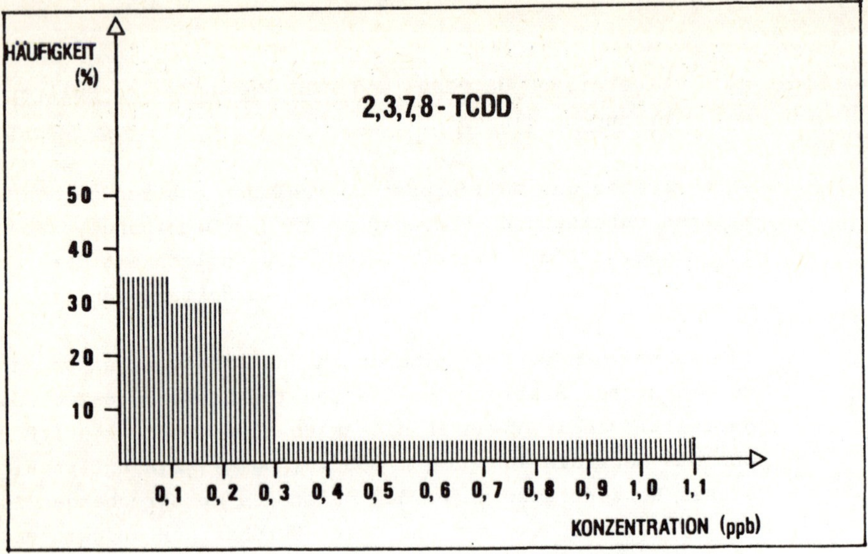

Abb. 12: 2,3,7,8-TCCD-Konzentration in Filterstaub

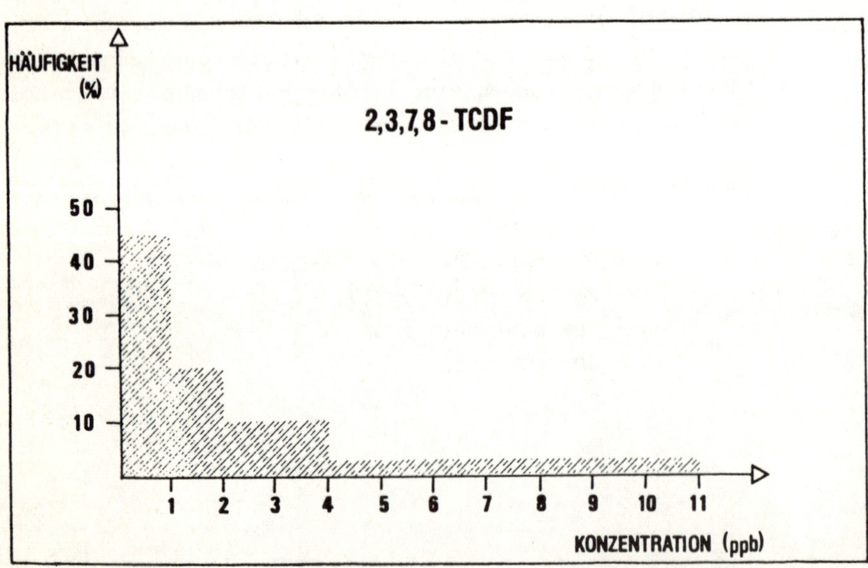

Abb. 13: 2,3,7,8-TCDF-Konzentration in Filterstaub

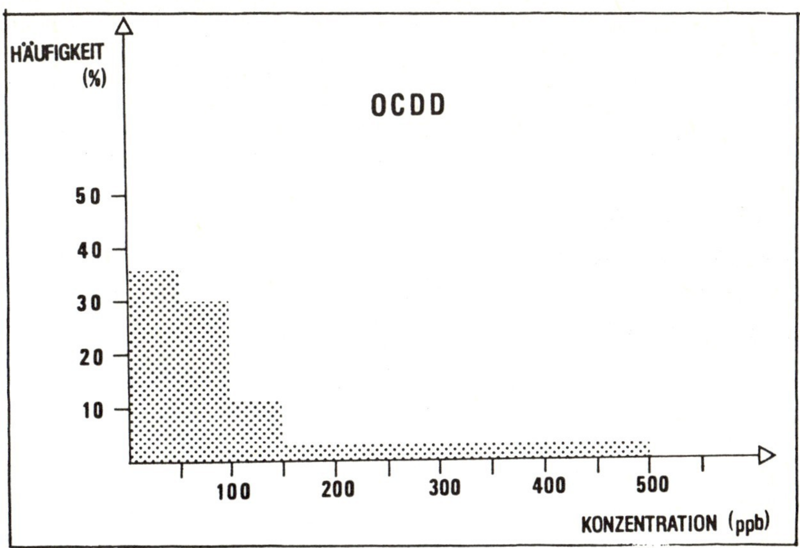

Abb. 14: OCCD-Konzentration in Filterstaub

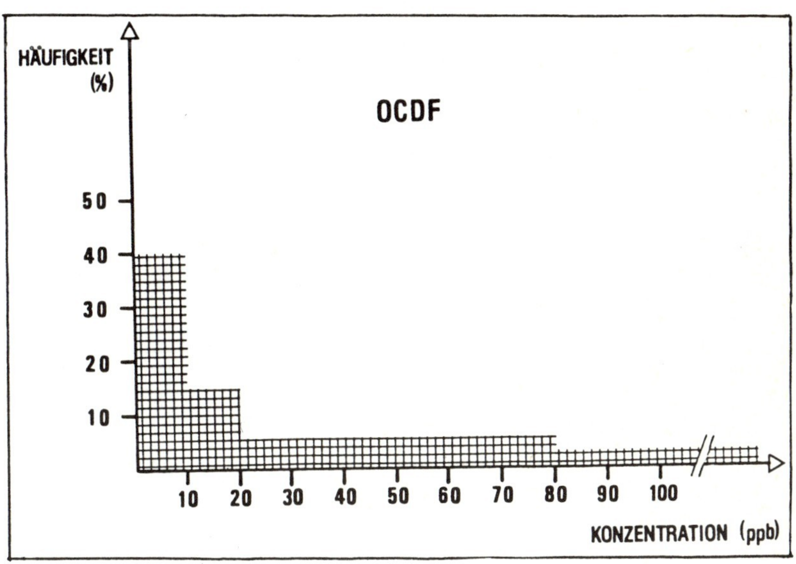

Abb. 15: OCDF-Konzentration in Filterstaub

Bilanziert man die Gesamtmenge an 2,3,7,8-TCDD einer Anlage, so ergibt sich eine grobe Aufteilung von 1 : 1 auf die abgeschiedenen Filterstäube und das aus dem Filter austretende gereinigte Abgas.

Eine Bilanzierung, bei der die PCDD- und PCDF-Fracht auf die Menge an verbrannten Abfällen (in ng/kg Müll) bezogen wurde, zeigt, daß mit steigendem Chlorierungsgrad eine Abscheidung bis über 90 % bei OCDD und OCDF erreicht wird, vgl. Tabelle 1. Zur Vergleichbarkeit der Daten wurden in die Tabelle einige Schwermetalle in gleicher Weise bilanziert.

	Rohgas	Rauchgas-reinigungs-rückstände	Reingas
	- in ng/kg verbranntem Abfall -		
2,3,7,8-TCDD	10	5	5
2,3,7,8-TCDF	70	40	30
1,2,3,7,8-PCDD	35	20	15
1,2,3,7,8-PCDF 2,3,4,7,8-PCDF	500	300	200
1,2,3,4,7,8 1,2,3,6,7,8-HCDD 1,2,3,7,8,9	350	300	50
1,2,3,4,7,8 1,2,3,6,7,8-HCDF 1,2,3,7,8,9 2,3,4,6,7,8	750	600	150
OCDD	3.100	3.000	100
OCDF	500	480	20
	mg/kg verbranntem Abfall		
Hg	1,1	1	0,01-0,1
Cd	4	4	0,01
Pb	300	300	0,5
Zn	500	500	1

Tab. 1 : Frachtenverteilung auf feste Rückstände und Emissionen bei der Müllverbrennung

Bei einer mittleren Beladung der Rauchgase mit 2 - 5 g/m³ Flugstaub und einer Konzentration von 0,1 - 0,2 ppb an 2,3,7,8-TCDD müßte sich daher im Mittel eine Emissionsbelastung von (2-5 g/m³ · 0,1-0,2 ng/g) = 0,2 - 1 ng/m³ ergeben.

Anlagen, die z.Z. noch ohne weitergehende Rauchgasreinigung betrieben werden und lediglich Staubabscheidung mithilfe von elektrostatischen Filtern betreiben, weisen entsprechende Emissionsgehalte auf, vgl. Tabelle 2, 3, 4.

Anlage A

Probevolumen		$6,3\ m^3$ - $7,8\ m^3$
Meßzeit		545 min - 720 min
O_2-Gehalt (Reingas)		13,1% - 14,1%
2,3,7,8-TCDD	(Gesamt)	0,52 - 0,58 ng/m^3
	(Feinstaub)	0,07 - 0,11 ng/m^3
	(Reingas)	0,41 - 0,51 ng/m^3
Summe TCDD	(Gesamt)	12,0 - 15,0 ng/m^3
	(Feinstaub)	1,4 - 1,6 ng/m^3
	(Reingas)	10,8 - 13,5 ng/m^3
OCDD	(Gesamt)	3,7 - 20,0 ng/m^3
	(Feinstaub)	0,5 - 2,5 ng/m^3
	(Reingas)	3,2 - 17,0 ng/m^3
2,3,7,8-TCDF	(Gesamt)	5,0 - 8,0 ng/m^3
	(Feinstaub)	0,8 - 1,5 ng/m^3
	(Reingas)	7,2 - 3,5 ng/m^3
Summe TCDF	(Gesamt)	74,0 - 131,5 ng/m^3
	(Feinstaub)	8,4 - 19,0 ng/m^3
	(Reingas)	55,0 - 120,0 ng/m^3
OCDF	(Gesamt)	0,4 - 1,0 ng/m^3
	(Feinstaub)	0,1 - 0,9 ng/m^3
	(Reingas)	0,3 - 0,7 ng/m^3

Tab. 2: Emissionskonzentrationen der Anlage A

Anlage B

O_2-Gehalt	11,5% - 14,7%
SO_2-Gehalt	44,7 mg/m^3 - 145,8 mg/m^3
Chloride	20,0 mg/m^3 - 59,3 mg/m^3
Fluoride	≤ 0,55 mg/m^3
CO-Gehalt (auf 11% O_2)	8,4 mg/m^3 - 29,4 mg/m^3
CO_2-Gehalt (auf 11% O_2)	4,4% - 8,4%
NO_x-Gehalt (auf 11% O_2)	179 mg/m^3 - 295 mg/m^3
Abgastemperatur	300°C - 318°C

	Gesamt (ng/m^3)	Feinstaub (ng/m^3)	Reingas (ng/m^3)
2,3,7,8-TCDD	0,15 - 0,24	0,06 - 0,10	0,09 - 0,14
2,3,7,8-TCDF	3,5 - 5,5	0,4 - 1,1	3,0 - 5,0
1,2,3,7,8-PCDD	0,46 - 1,21	0,3	0,16 - 0,91
OCDD	1,24 - 9,8	1,2 - 4,0	0,01 - 5,8
OCDF	0,41 - 4,5	0,4 - 1,7	0,01 - 2,8
Summe- T(3)CDD	6,2 - 7,1	0,3 - 0,7	5,7 - 6,8
Summe- T(3)CDF	97,5 - 124,8	2,5 - 8,0	95,0 -120,0
Summe- T(4)CDD	5,5 - 8,9	1,7 - 3,4	3,8 - 5,5
Summe- T(4)CDF	56,0 - 81,4	8,0 - 15,0	48,0 - 74,0
Summe- P(5)CDD	7,2 - 16,0	3,0 - 6,2	1,9 - 13
Summe- P(5)CDF	21,6 - 39,0	9,0 - 19,0	12,0 - 22,0
Summe- H(6)CDD	5,9 - 18,4	4,4 - 7,7	0,46 - 4,7
Summe- H(6)CDF	13,2 - 30,2	6,5 - 25,0	5,2 - 6,7
Summe- H(7)CDD	1,03 - 11,2	1,0 - 8,6	0,03 - 2,6
Summe- H(7)CDF	4,46 - 10,8	2,5 - 9,4	0,06 - 2,6

Tab. 3: Emissionskonzentrationen der Anlage B

Anlage C

Probevolumen		3,033 m^3 - 3,339 m^3 (Normzustand)	
Dampfmenge		19 t/h - 2o t/h	
Feuerraumtemp.		830°C - 849°C	
Abgastemp.		250°C - 256°C	
O_2-Gehalt (Abgas)		9,3% - 10,5%	
Staubgehalt		59,9 mg/m^3 - 158,6 mg/m^3	
O_2-Gehalt (Reingas)		8,4% - 10,9%	
2,3,7,8-TCDD	(Gesamt)	0,75 ng/m^3	- 1,36 ng/m^3
	(Feinstaub)	n.n	- 0,12 ng/m^3
	(Reingas)	0,63 ng/m^3	- 1,36 ng/m^3
Summe TCDD	(Gesamt)	9,93 ng/m^3	- 24,0 ng/m^3
	(Feinstaub)	n.n	- 3,7 ng/m^3
	(Reingas)	9,8 ng/m^3	- 20,3 ng/m^3
OCDD	(Gesamt)	636 ng/m^3	- 3427 ng/m^3
	(Feinstaub)	11 ng/m^3	- 36 ng/m^3
	(Reingas)	600 ng/m^3	- 3400 ng/m^3
2,3,7,8-TCDF	(Gesamt)	1,54 ng/m^3	- 2,20 ng/m^3
	(Feinstaub)	0,05 ng/m^3	- 0,40 ng/m^3
	(Reingas)	1,2 ng/m^3	- 2,10 ng/m^3
Summe TCDF	(Gesamt)	26,95 ng/m^3	- 55,35 ng/m^3
	(Feinstaub)	1,4 ng/m^3	- 13,0 ng/m^3
	(Reingas)	24,5 ng/m^3	- 53,4 ng/m^3
OCDF	(Gesamt)	100,7 ng/m^3	- 848,0 ng/m^3
	(Reingas)	0,7 ng/m^3	- 8,0 ng/m^3
	(Feinstaub)	94 ng/m^3	- 840,0 mg/m^3

Tab. 4: Emissionskonzentration der Anlage C

Bei relativ ähnlichen Emissionskonzentrationen können dagegen die relativen Anteile der verschiedenen Isomerengruppen extrem unterschiedlich sein, vgl. Abbildung 16 und 17.

Diese Verteilung kann dann als anlagentypisch bezeichnet werden.

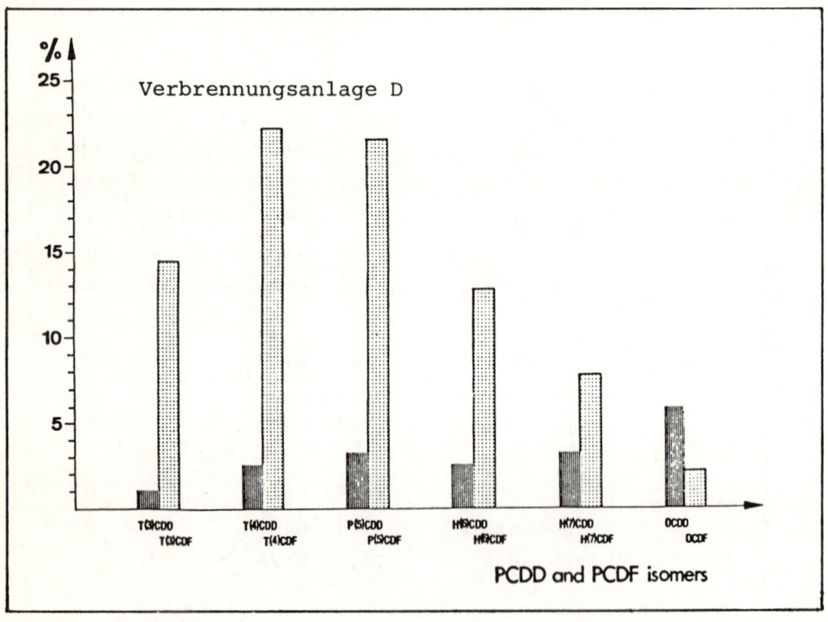

Abb. 16: PCDD- und PCDF-Verteilung in der Emission

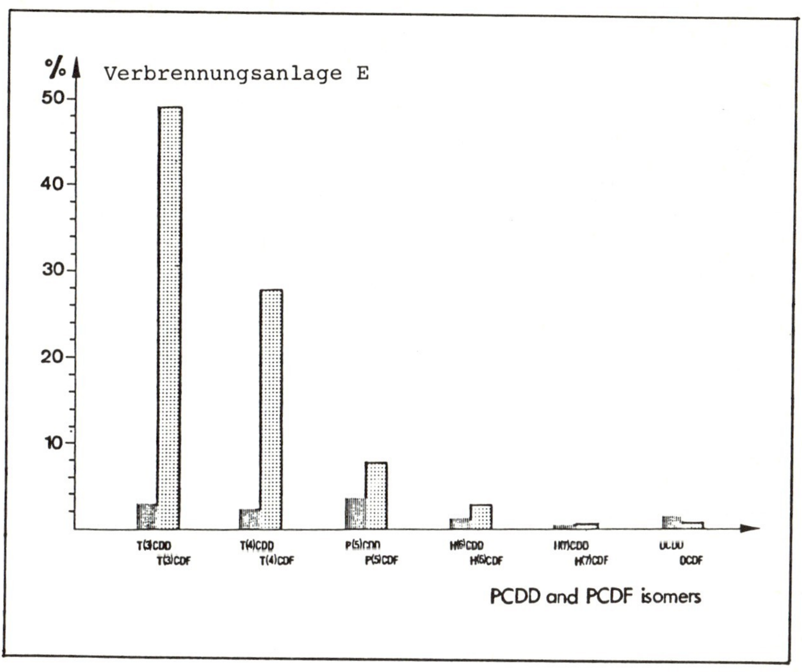

Abb. 17: PCDD- und PCDF-Verteilung in der Emission

Der Einfluß der Rauchgaswäscher auf die Emissionskonzentration von PCDD und PCDF muß als minimal angesetzt werden. Die Frachtanalyse ergibt eine Abscheideleistung für PCDD und PCDF im Wäscher, die von 0,2 % bei T4CDD bis 20 % bei OCDD reicht. Dabei werden rund 1 - 10 % der abgeschiedenen Fracht im Wasser gelöst, der Rest an den Schlamm gebunden, vgl. Tabelle 5.

Das gleiche Löslichkeitsverhalten kann bei Auslaugungsversuchen mit E-Filterstäuben nach der Elution nach S 4 DEV erreicht werden.

	Wäscher-rückstand	Wasch-wasser	Reingas
	ng/kg verbrannter Abfälle		
2,3,7,8-TCDD	0,01	0,001	5
2,3,7,8-TCDF	0,06	0,001	30
1,2,3,7,8-PCDD	0,05	0,001	15
1,2,3,7,8 2,3,7,8,9-PCDF	0,8	0,01	200
1,2,3,4,7,8 1,2,3,6,7,8-HCDD 1,2,3,7,8,9	0,6	0,01	50
1,2,3,4,7,8 1,2,3,6,7,8 1,2,3,7,8,9-HCDF 2,3,4,6,7,8	2	0,02	150
OCDD	10	0,1	50
OCDF	3	0,03	20

Tab. 5: Frachtenverteilung zwischen Naßwäscherrückstand, Waschwasser und Reingas

5. Ausblick

Die Entwicklungen auf dem Gebiet der Müllverbrennungstechnik waren in den letzten Jahren vor allem auf nachgeschaltete Energienutzungs- und Rauchgasreinigungseinheiten ausgerichtet.

Mit der Diskussion über die PCDD/PCDF-Entstehung in Müllverbrennungsanlagen müssen in Zukunft auch in der Verbrennungstechnologie neue Wege beschritten werden. Dabei wird die Verbrennungsanlage von der Abfallvorbehandlung bis zur Rauchgasreinigung als chemischer Reaktor in jeder einzelnen Stufe zu optimieren sein, um die positiven Aspekte der Schadstoffvernichtung nicht durch Neubildung möglicherweise gefährlicherer Stoffe teilweise wieder in Frage zu stellen. Dies betrifft insbesondere die Technologien, die mit den potentiellen Ausgangsstoffen für Dioxine und Furane fertig werden müssen.

Literatur

/1/ Hutzinger, O. 7th An. Symp. Anal. Chem. Poll., Georgia USA, April 1977

/2/ Olie, K., Vermeulen, P.L., Hutzinger, O. Chemosphere 6, 455 (1977)

/3/ Buser, H.R., Bosshardt, H.P., Rappe, C. Chemosphere 7, 165 (1978)

/4/ Benfenati, E., Gizzi, F. et al. Chemosphere 12, 1151 (1983)

/5/ Rghei, H.O., Eiceman, G.A. Chemosphere 11, 569 (1982)

/6/ Eiceman, G.A., Rghei, H.O. Chemosphere 11, 833 (1982)

/7/ Rghei, H.O., Eiceman, G.A. Chemosphere 13, 421 (1984)

/8/ Rghei, H.O., Eiceman, G.A. Chemosphere 14, 167 (1985)

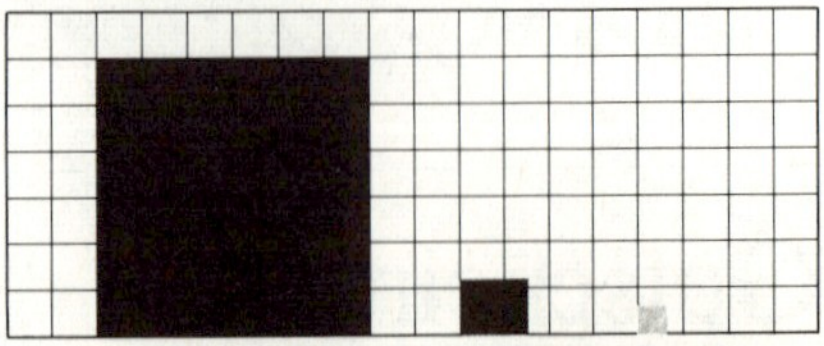

Ergebnisse von Messungen und Analysen an einer dänischen Müllverbrennungsanlage

M. Rasmussen

Objectives

The latest publications concerning emissions of polychlorinated debenzofurans and dioxines from Energy from Waste plants and not least the report published by the Danish Environmental Protection Agency have caused VØLUND to carry out a test programme at an Energy from Waste plant utilizing the VØLUND System.

The objectives with the now finalized test programme were primarily to establish reliable values of the actual emission level of PCDD/PCDF, specificly the emission level of 2378 TCDD and the twelve dioxines and furans known as the "dirty dozen", and secondly to examine what influence different parameters of operation would have on the emission level.

Conclusions

Our tests let us to conclude:

- The turbulence in the combustion room has an important impact on the degree of destruction of TCDD/TCDF in the combustion process. The furnace design must further allow for a minimum retention time above a temperature of 800-850°C in 2 seconds.

- The contents of CO in the flue gases can at well-designed plants be used as a parameter for monitoring and control.

- A calculation of the annual emission from the test plant, based on the measured values, shows a total emission which is approx. 10 times lower than the estimated values published in the report issued by the Danish Environmental Protection Agency in December 1984. If the present measured values would have been used in the report, the total estimated emission in Denmark could be reduced to 40% of which the 10 technically inadequate and small plants (capacity ranging from 1.5 to 2.0 tons/h) contribute with approx. 80%. Not counting these plants which at this time have already been closed down, the total emission over Denmark is actually 10 times lower than published.

- The emission of TCDD/TCDF from a modern, well-designed and well operated Energy from Waste plant can be reduced to such a level, that Energy from Waste plants are reduced to a minor and marginal contributor to the pollution with TCDD/TCDF. A human being living constantly in the area with the highest imission values only absorbs less than 0.1% of the international acceptable TDI value for TCDD/TCDF by breathing.

The Test Plant

In order to achieve test values which could be considered representative for the majority of the plants in operation in Denmark, we have chosen a plant with a capacity of 168 tons a day, with two lines in operation having an hourly capacity of each 3.5 tons/h. The plant is located in Nykøbing F in the southern part of Denmark receiving waste from both town and rural areas. The mixture of waste received can be considered as a representative mixture of domestic waste and non-harzardous industrial waste.

Figure 1 shows a section of the plant. The furnace room is lined with heat-resistant refractory material, and is non-cooled. The furnace utilizes the VØLUND two-way gas system, where the majority of the flue gases passes above the furnace arch in order to be mixed with the flue gases from the last grate in the afterburning chamber.

Only after this mixing, the flue gases flow into the radiation part of the boiler.

The energy produced is utilized in a local district heating net work operating with a max. flow temperature out of the boiler of 120°C (248°F). The plant is not equipped with air preheater, nor with oil or gas burners for start-up or to compensate for low calorific values.

The plant is equipped with automatic control to maintain a steady capacity output through controlling of the feed rate and the air supply. The furnace room temperature is furthermore controlled by regulation of the secondary air supply.

The Danish Environmental Protection Agency has a running test programme including tests made at one of the big plants in Copenhagen utilizing the VØLUND rotary kiln system. Test reports will be available in the course of 1986.

Test And Analysis Methods

To carry out the flue gas samplings, VØLUND has employed

Dansk Kedelforening (DK)
DK-2860 Søborg

which is a test institute authorized by the Danish ministry of Industry and with more than 65 years of experience in testing combustion conditions and emission level at power plants, district heating plants, and waste to energy plants.

The method of sampling as well as the samplings were supervised by a representative from the consulting engineering firm

Göpfert und Reimer
D-2000 Hamburg

which is also authorized in Germany to make flue gas samplings and tests.

The analysing of the samples of particulars, condensate and XAD-2 absorbents for contents of PCDD/PCDF were carried out by

The University of UMEÅ, Sweden
by professor Chr. Rappe

The flue gas samplings were made as an isokinetic suction from the flue gas duct after the flue gas fan using 8 measurement points in a cross section of the duct.

The samples were taken using a test application as shown in figure 2.

During each period of sampling, lasting over 2 hours each, the following parameters were measured:

Feed rate	t/h
Temperatures in system	^oC
Oxygen content	O_2 %
Carbondioxide content	CO_2 %
Carbon monoxide content	CO ppm
Flue gas amount	Nm^3/h

For each period of sampling, a description of the waste incinerated was made.

Following recommendation from professor Chr. Rappe, all filters and XAD-2 columns have been spiked with a known amount and a known type of TCDD isomer which has been marked with $^{13}C_{12}$. By tracing this amount in the final test material, it has been possible to make corrections for substances lost during sampling and test preparation. The recovery percentage has been measured to be between 81 to 42%. All the actual measured values have therefore been increased by factors ranging from 1.24 to 2.38. This is so far not an internationally implemented procedure, and our emission level in this report must therefore be reduced by the above factors before comparison with test results where corrections for $^{13}C_{12}$ Tetra CDD recovery have not been made.

Test Results

The test programme was divided into two programmes:

The first series of tests were made over a period of 12 hours from starting up the furnace from cold conditions. The furnace had been out of operation for fourteen days.

The furnace was started up on some bales of straw, and afterwards operated with a normal mixture of domestic and non-hazardous industrial waste.

Four series of tests were made, each with a duration of 2 hours, and the test results can be seen in figure 3.

For the purpose of illustration, we have chosen to use the emission of 2378 TCDD (the Seveso dioxine).

Due to the non-cooled refractory lined furnace room, the temperatures in the after combustion chamber have been stabilized at a satisfactory level already in the first test period staring only one hour after start-up. An average temperature of 940°C was measured with a minimum level of 650°C. Despite this and despite a retention time above 2 seconds of the flue gases in a temperature zone above 800°C, a high level of 2378 TCDD (2.5 ng/Nm^{3}) was measured.

The next test period starting approx. 5 hours after start-up of the furnace shows a drop in the emission level to 0.5 ng/Nm^{3} (actual measured value 0.395 ng/Nm^{3}). After an operation period of 10 hours, the emission value had reached a level of 0.33 ng/Nm^{3} (actual measurement value 0.25 ng/Nm^{3}).

The temperatures in the afterburn chamber have been stabilized just below 1,000^{O}C with a minimum value around 800°C.

In figure 4 we have expressed the variation in temperatures, retention time, turbulence (expressed as the actual amount of flue gases passing the afterburn chamber), and the emission of 2378 TCDD.

This column shows a clear tendency. That temperature and time is not enough, you must also ensure a proper mixing and turbulence in the afterburning zone.

Of course the combustion must be made in an atmosphere with surplus of oxygen. During the first series of tests the oxygen content in the flue gases has varied between 7.4 to 9.7%.

Figure 5 shows the relations between the measured content of CO and the relative value of total content of 2378 TCDD/TCDF.

There is a clear tendency that low CO values correspond to low values of TCDD/TCDF. With CO values below 200 ppm, the emission of total 2378 TCDD/TCDF shows values in the range of 0.3 to 0.5ng/Nm^3 (actual measured values 0.25 to 0.395 ng/Nm^3).

This confirms that the combustion quality expressed by the content of CO in the flue gases could be a parameter to monitor and eventually control the combustion conditions, and at each specific plant serve as a proof of correct operation.

The second series of tests were made to examine the influence of the load of the furnace on the emission values of 2378 TCDD.

At the start of these tests the furnace had been in operation for approx. 60 hours since start-up, and during the tests the temperature in the aftercombustion chamber were kept constantly at a level just above 800°C. The flue gas retention time was in all tests above two seconds, and was together with the actual flue gas amount the parameters which were influenced during these series of tests.

The furnace was operated with 110%, 90%, 70% loads calculated from design load. (Based on flue gas amount).

Figure 6 shows the test results. As it can be observed the emission level measured was in the range of 0.17 - 0.39 ng/Nm^3 2378 TCDD (actual measured value 0.095 - 0.176 ng/Nm^3) during the entire test. The O_2 contents were in the range of 8.8 - 10%.

A slight increase can be seen in the emission values with decreasing flue gas amounts, further confirming the need for the turbulence in the combustion process.

Comparison of Test Results

As already stated VØLUND has used 2378 TCDD isomer to illustrate the level of emission of polychlorinated debenzofurans and dioxines in different modes of operation.

This value does not represent the correct level of toxic dangerous elements in the flue gases, but it has not been possible to establish internationally accepted rules agreed upon in this matter.

Several test results have been published over the years, expressing the content of chlorinated hydrocarbon with a numeric value of ng/Nm^3. Only occasionally, and then solely in technical magazines of high quality, information has been given regarding test methods, number of isomer measured, flue gas conditions, or method of calculation of equivalent value.

To illustrate this, the level of emission from one of our test can be expressed as:

0.17 ng/Nm^3		2378 TCDD
(0.097)		(content of 2378 TCDD) (Seveso dioxine)
11.4 ng/Nm^3	total	TCDD
(6.3)		(sum of all TCDDs)
24.5 ng/Nm^3	total	PCDD
(13.5)		(sum of all PCDDs)
3.47 ng/Nm^3	total	TCDD eqv.
(1.98)		(sum of TCDD weighed according to their estimated toxic effect using method published by <u>EADON</u>)
3.18 ng/Nm^3	total	TCDD eqv.
(1.81)		(sum of TCDD weighed according to their estimated toxic effect using the method published by <u>US EPA</u>)

All values shown in brackets represent the actual measured values, whereas the stated values have been corrected for recovery.

We feel that the above confusion is one of the reasons why only few measurements have been published by manufacturers of Energy from Waste plants. This could not be in the interest of the parties concerned and hardly promotes the development of new and better furnace designs.

Through the presented test programme VØLUND has gathered valuable information allowing us to design the future plants with due consideration to lowering the level of emission of TCDD/TCDF.

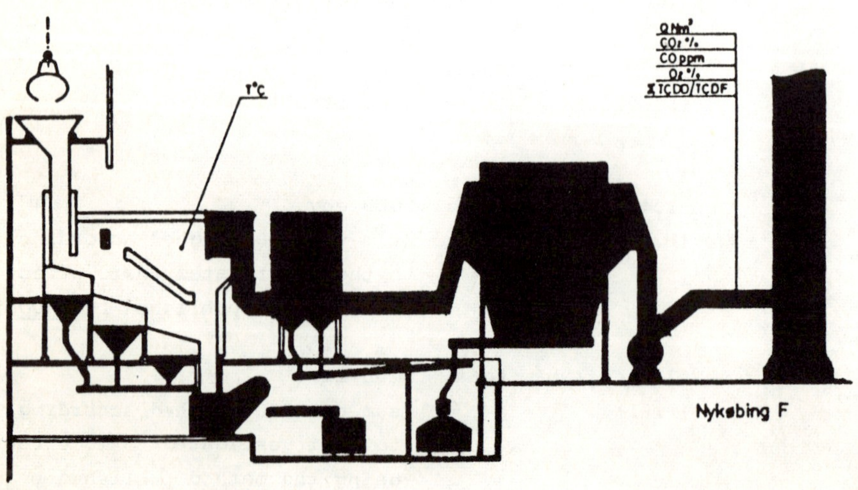

Encl. No. 1

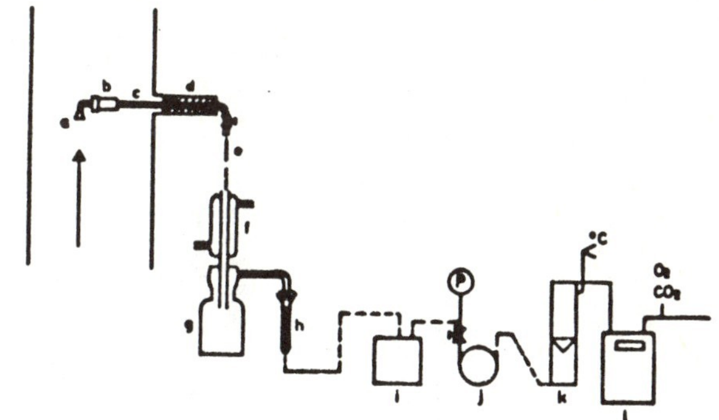

a) Probe for isokinetic suction
b) Quartz-filter in steel container
c) Thermoelement in probe-tube
d) Insulated tube in acid-proof steel
e) Short teflon-hose
f) Glass cooler
g) Condensate bottle
h) XAD-2 column
i) Drying tower
j) Gastight pump
k) Flowmeter for control of isokinetic
l) Gas flow meter

Encl. No. 2

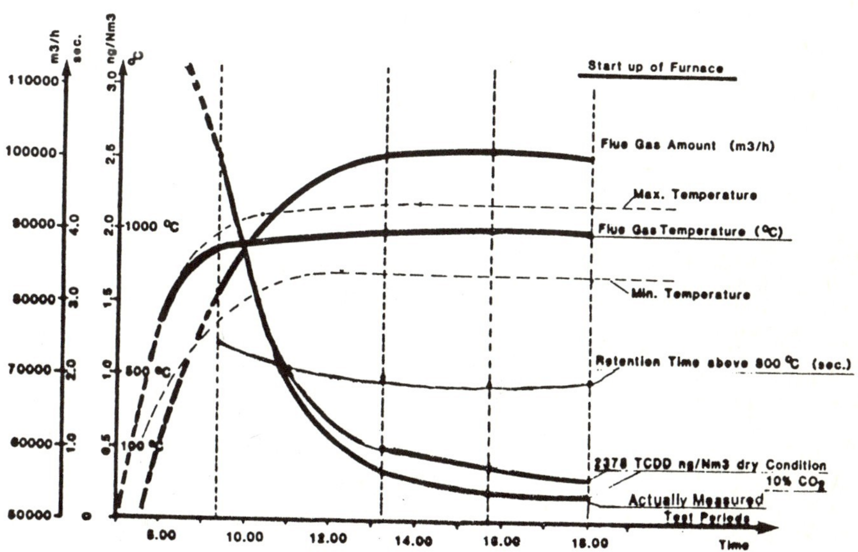

Encl. No. 3

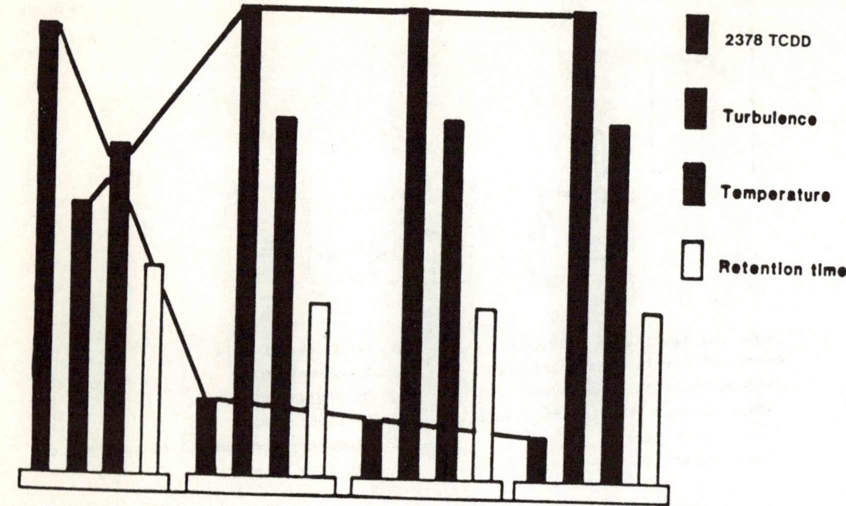

Encl.No. 4

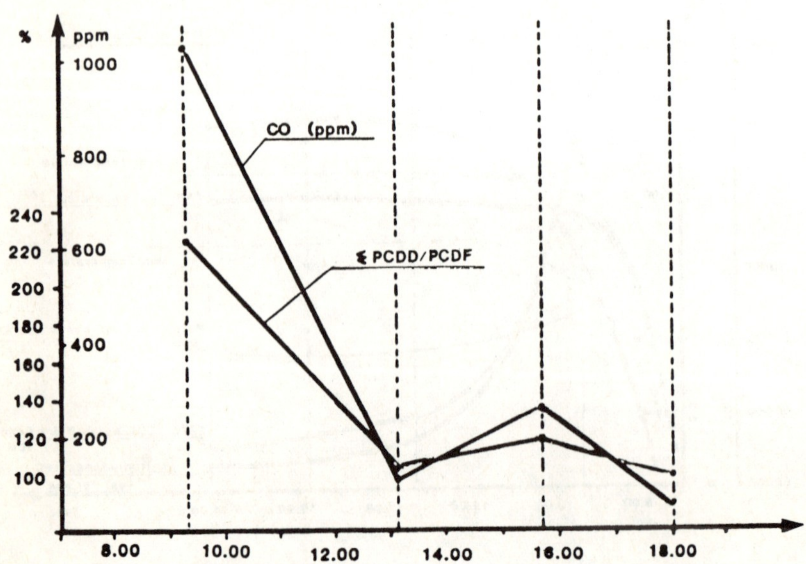

Encl. No. 5

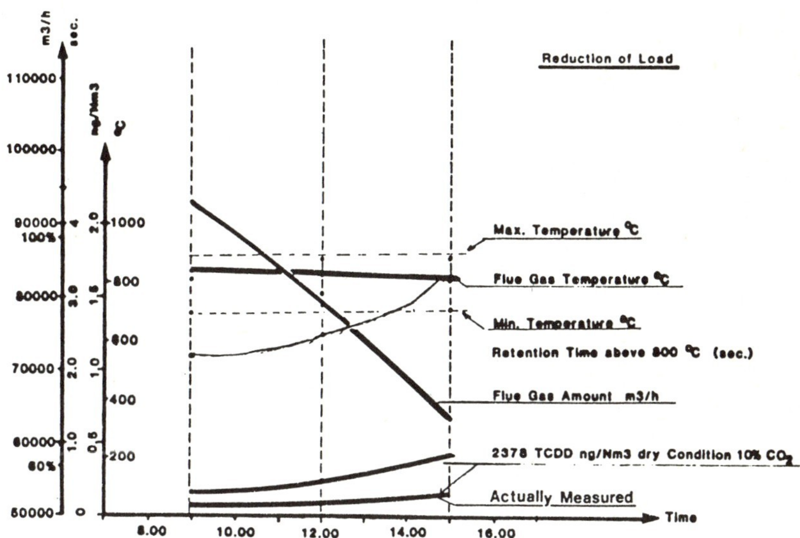

Encl. No. 6

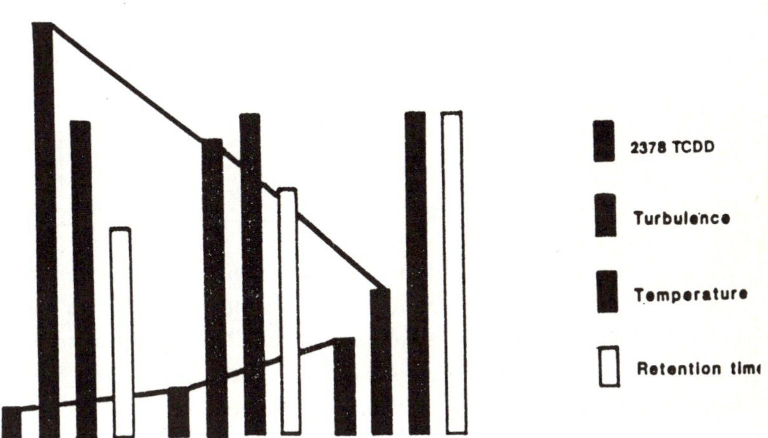

Encl. No.7

Stoff- und Mengenbilanz an der Sonderabfallverbrennungsanlage Biebesheim

G. Erbach

Inhaltsverzeichnis

Die Stoff- und Mengenbilanz an der Sonderabfall-Verbrennungsanlage Biebesheim wurde von der NUKEM GmbH, Harnau, im Auftrag des Hessischen Industriemüll GmbH, Wiesbaden, in der Zeit von 1981 - 1985 im Rahmen eines vom Bundesministers für Forschung und Technologie geförderten F+E Vorhabens durchgeführt.

1. Konzeption der Sonderabfallverbrennungsanlage Biebesheim

Die Anfang 1982 in Betrieb genommene Sonderabfallverbrennungsanlage Biebesheim hat, um bei Betriebsstörungen oder erforderlichen Instand- und Wartungsarbeiten Stillstandszeiten zu vermeiden bzw. um eine möglichst hohe Verfügbarkeit zu erreichen, zwei voneinander unabhängig arbeitende Verbrennungsstraßen. Jede Verbrennungsstraße besteht aus folgenden wesentlichen Anlagenteilen (Abb. 1):

- Aufgabe- und Beschickungseinrichtungen
- Drehrohr mit Frontplatte
- Nachbrennkammer
- Dampfkessel
- Abgasbehandlungsanlage
- Kamin

Parallel zu beiden Straßen ist die Emulsionsspaltanlage geschaltet.

An der Verbrennungsanlage sind entsprechend dem Stand der Technik wesentliche Neuerungen im Aufbau des Feuerungssystems, des Drehrohrs, der Nachbrennkammer, des Dampferzeugers und der Abgasbehandlungsanlage verwirklicht worden. Das neue Abgasbehandlungssystem mit den Hauptkomponenten Trockenreaktor, Zyklone, Quenche und Füllkörperwäscher verfügt über die hohe Reinigungsleistung eines Naßwäschers mit Aerosolabscheidung und ermöglicht einen abwasserfreien Austrag der Schadstoffe.

Mit der Verbrennungsanlage können feste, pastöse, flüssige (auch wäßrige) Sonderabfälle unterschiedlichster Art und Beschaffenheit ordnungsgemäß verbrannt werden.

Die Jahreskapazität der Anlage beträgt

- 50.000 t/a organische Abfälle
- 10.000 t/a organisch verunreinigte Wässer

Die Rauchgasmengen sind

- 100.000 m^3/h bei maximaler Dauerleistung
- 130.000 m^3/h bei kurzzeitigem Überlastbetrieb.

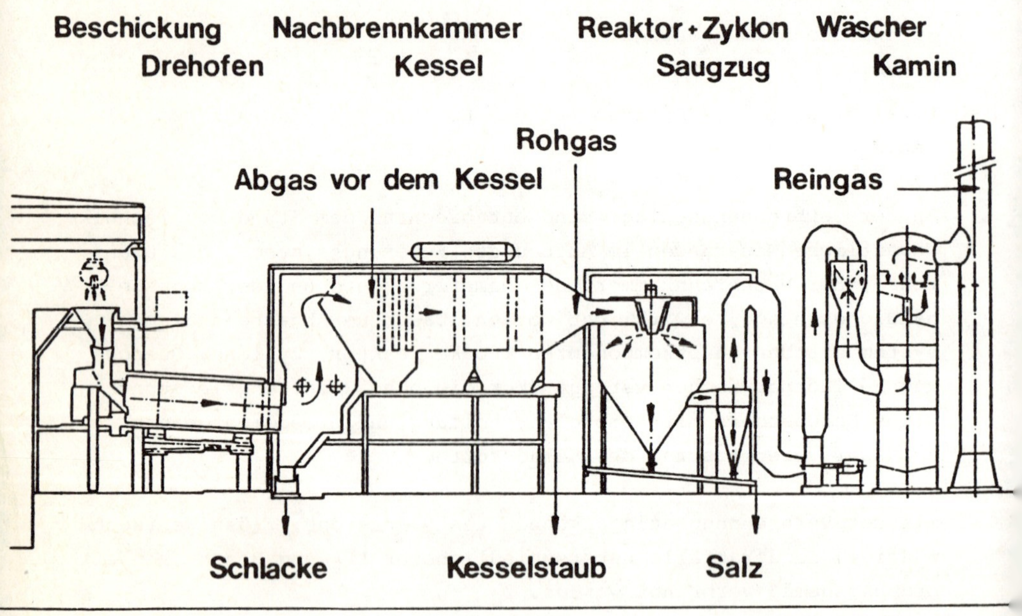

Abbildung 1: Vereinfachtes Verfahrensschema der Sonderabfallverbrennungsanlage Biebesheim

Die Verbrennungsleistung liegt bei 17,5 MW pro Verbrennungsstraße, d.h. bei 35 MW gesamt, wobei jedoch ein kurzzeitiger Überlasbetrieb auf 45 MW möglich ist. Die Anlage wurde auf einen mittleren Heizwert von 18.000 kJ/kg ausgelegt. Der Durchsatz variiert in Abhängigkeit vom Heizwert.

2. Durchführung der Stoff- und Mengenbilanz

An der Sonderabfallverbrennungsanlage Biebesheim wurde von 1982 - 1984 im Auftrag des Bundesministers für Forschung und Technologie und unter technischer Betreuung des Umweltbundesamtes seit Inbetriebnahme der Anlage das bisher in der Bundesrepublik Deutschland umfangreichste Meß- und Untersuchungsprogramm durchgeführt. Zum Nachweis der Funktionstüchtigkeit der Anlage, insbesondere in bezug auf Umweltverträglichkeit, Wirtschaftlichkeit und Energieeinsparung, und zur Ermittlung des optimalen Betriebs wurden innerhalb des Programmes folgende Hauptthemenkreise untersucht:

1. Stoff- und Mengenbilanz bei stationären repräsentativen und verschiedenen Betriebszuständen

2. Energiebilanz und Wirtschaftlichkeitsbetrachtung

3. Optimierung der Sonderabfallverbrennungsanlage mit nachgeschalteter Abgasreinigungsanlage unter ökologischen und wirtschaftlichen Aspekten

4. Mitverbrennung von Halogenkohlenwasserstoffen

5. Laborversuche zur Konditionierung der Salze aus der Rauchgaswäsche

2.1 Meßstellen und Stoffströme

Um eine Stoff- und Mengenbilanz an der Verbrennungsanlage im Normalbetrieb und bei unterschiedlichen Betriebszuständen durchführen zu können, erfolgten in drei Meßperioden an insgesamt 22 Meßtagen an allen Eingangs- und Ausgangsstoffströmen der Anlage Probenahmen und/oder kontinuierliche analytische Bestimmungen.

Die für die Probenahmen und analytischen Bestimmungen erforderlichen Meßstellen sind in Abbildung 2 aufgezeigt. Folgende Stoffströme wurden analytisch untersucht:

- Aufgabestoffe (Altöl, Lösungsmittel, Dünnschlämme, Emulsionen, feste und pastöse Abfälle)
- Schlacke
- Kesselstaub
- Staub aus dem Reaktor und Zyklon (Salz)
- Reingas am Kamin

Zur Ermittlung weitergehender Aussagen über den Betrieb der Anlage und zur Überprüfung der Stoff- und Mengenbilanz wurden zusätzlich folgende anlageninterne Stoffkreisläufe analysiert:

- Abgas (vor und nach dem Kessel)
- Abgas (nach dem Reaktor und Zyklon)
- Waschkreisläufe
- Kaminkondensat

Parallel zu den Probenahmen und kontinuerlichen analytischen Bestimmungen wurden alle für die Bilanzierung erforderlichen emissions- und betriebstechnischen Verfahrensparameter der Anlage bestimmt.

In den Eingangs- und Ausgangsströmen wurden zur emissionsrelevanten Charakterisierung und Bilanzierung in Abstimmung mit dem Umweltbundesamt Berlin, folgende Bestandteile bzw. Verunreinigungen analysiert und quantifiziert:

- Metalle : Ag, Al, As, Be, Bi, Ca, Cd, Co, Cr, Cu, Fe, Hg, Mg, Mo, Na, Ni, Pb, Sb, Se, Sn, Ti, Tl, V, W, Zn, Zr

- Nichtmetalle : C, Cl, F, N, S, P.

Eine Auswahl dieser Elemente wurde in den Kreislaufwaschwässern und im Kaminkondensat analysiert. Die quantitative Bestimmung der Staubgehalte erfolgte im Abgas vor und nach dem Dampfkessel,

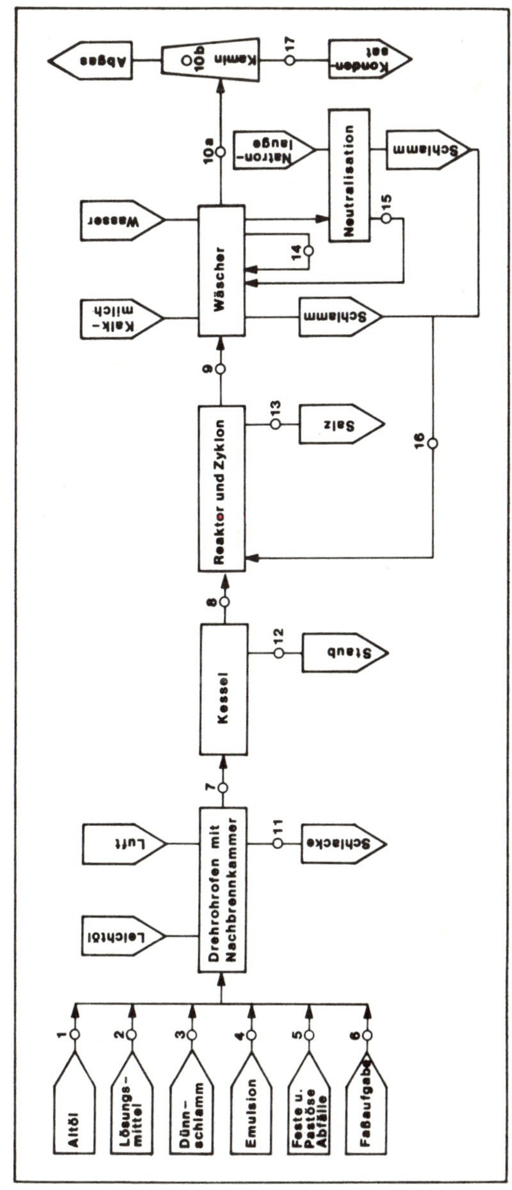

Abbildung 2: Meßstellen zur Stoff- und Mengenbilanz an der Sonderabfallverbrennungsanlage Biebesheim

nach dem Trockenreaktor und im Reingas des Kamins.

Auf gas- und aerosolförmige Bestandteile - NO_x, SO_2, CO, CO_2, O_2, H_2O, C-gesamt (FID), Chloride, Fluoride, SO_3 und Sulfate wurden das Rohgas nach dem Kessel und das Reingas im Kamin untersucht, wobei die Sauerstoff- und Kohlendioxidgehalte nur im Kamin gemessen wurden.

Reingasseitig wurden außerdem, um weitergehende Aussagen und charakteristische Daten über den Betrieb der Anlage zu bekommen, folgende Analysen durchgeführt:

- Korngrößenverteilung trockener Stäube bzw. Salze
- Staubinhaltsstoffe (Cd, Pb, Ca, Na, Zn) in Abhängigkeit von der Korngrößenfraktion
- Organische Bestandteile u. a. polychlorierte Biphenyle.

2.2 Probenahmen und analytische Bestimmungen

2.2.1 Feste, flüssige oder pastöse Eingangs- und Ausgangsstoffe

Die Probenahme der Eingangs- und Aufgabestoffe erfolgte an den jeweiligen mit Mischeinrichtungen versehenen Vorratsbehältern repräsentativ. Die pastösen und festen Abfälle lagern in offenen Bunkern. Im Gegensatz zu den festen Abfällen wurde zumindest bei den pastösen Abfällen eine Durchmischung durch den Greifer der Beschickung erreicht, so daß auch hier eine teilweise repräsentative Probenahme möglich war. An der Faßaufgabe konnten aufgrund der Versiegelung der Fässer nur gezielt an zugänglichen Fässern Proben gezogen werden, d.h. eine vollständige repräsentative Probenahme war nicht möglich. Zur Bilanzierung mußten teilweise die Zertifikate der Anlieferer herangezogen werden.

An den Meßstellen für Eingangs- und Aufgabestoffe wurden jeweils eine Mischprobe über den jeweiligen Meßtag verteilt gezogen und anschließend die einer Meßstelle entsprechenden Proben in mehreren Stufen nach jeweiliger Homogenisierung geteilt.

Von den anfallenden Schlacken, Kesselstäuben, Salzen, Kondensaten und Kreislaufwaschwässern (Meßstelle 11 bis 17) wurden repräsentativ über die Meßzeiten Proben genommen. Die festen Proben wurden zerkleinert, homogenisiert und für die einzelnen Bestimmungen aufgeteilt. Flüssige Proben wurden ebenfalls homogenisiert und aufgeteilt.

2.2.2. Staubförmige, aerosolförmige und gasförmige Emissionen

Die Probenahme für staub- und aerosolförmige Emissionen erfolgte in Anlehnung an die VDI-Richtlinie Nr. 2066. An allen Meßstellen wurde das Prinzip der isokinetischen Probenahme weitgehend gewahrt. Die Probenahme für gasförmige Substanzen erfolgte ebenfalls in Anlehnung an die gültigen VDI-Richtlinien.

Staub-, aerosol- und gasförmige Abgasinhaltsstoffe wurden nach gegebenenfalls erforderlichen Aufschlüssen mit gängigen Analysenmethoden (Atomabsorbtion, Emissionspektroskopie) quantifiziert. Die Gesamtschwermetallemissionen beinhalten sowohl die Werte aus Staub als auch aus Absorptionslösungen.

Neben der Bestimmung der metallischen Staub- und Abgasinhaltsstoffe in den dafür vorgesehenen Proben wurden zur Überprüfung der Ergebnisse parallele Bestimmungen durchgeführt:

- für einige relevante Abgasinhaltsstoffe, z. B. Pb, Cd, Zn, Hg, in Gaswaschflaschenproben zur Quantifizierung anderer Abgasinhaltsstoffe

- in den Glasfaserfiltern der separaten, parallelen Staubprobenahme ohne Gaswaschstrecke

- in Staubproben einer separaten Staubprobenahme mit Glasfaserhülsen und Nulldrucksonde

Anorganische Gase (CO_2, CO, SO_2, NO_x und O_2) werden mit üblichen Methoden (IR- oder UV-Absorption, Chemolumineszenz und magnetische Suszeptibilität) kontinuierlich bestimmt.

Durch diese Vorgehensweise im Roh- und Reingas der Anlage können alle Ergebnisse als weitestgehend abgesichert angesehen werden, was auch die Stoffmengenbilanzierungen zeigen werden.

3. Meßergebnisse zur Aufstellung einer Stoff- und Mengenbilanz

An der Sonderabfallverbrennungsanlage Biebesheim wurde - wie bereits angeführt - die bisher aufwendigste Meßkampagne in der Bundesrepublik Deutschland zur Erfassung von umweltrelevanten Stoffen bei der Sonderabfallverbrennung durchgeführt. Der Umfang der drei Meßperioden läßt sich wie folgt in Zahlen ausdrücken:

Meßtage:	22
Reine Meßzeit:	ca. 200 h
Meßstellen:	17
Probenahmen:	ca. 3000
Proben zur Analyse:	ca. 900
Einzelbestimmungen	
- Staub:	ca. 200
- Metalle:	ca. 7000
- Nichtmetalle:	ca. 800
Kont. Bestimmungen: (Registrierte Einzelwerte)	ca. 1300

Es würde weit über den Rahmen des Vortrages hinausgehen, den Versuch zu unternehmen, alle Ergebnisse zu präsentieren. Um dennoch einerseits einen Überblick über die Vielzahl der Ergebnisse geben zu können und andererseits die Basis für die Stoff- und Mengenbilanz aufzeigen zu können, werden im folgenden für die emissionsrelevanten Elemente die Minimal-, Maximal- und Mittelwerte über die gesamte Meßzeit der drei Meßperioden zusammengefaßt.

3.1 Verfahrens- und emissionstechnische Daten

Für die Meßperioden können zusammenfassend folgende wesentlichen verfahrens- und emissionstechnischen Daten angegeben werden.

Durchsatz	:	3 - 11,7 t/h je nach Abfallbeschickung
Abluft	:	40000 - 56000 m^3/h
Schlackenbad	:	1120 - 1340 °C
Nachbrennkammer nach Sekundärluft	:	920 - 1260 °C
Rohgas	:	220 - 280 °C
Reingas	:	62 - 72 °C
Mittlere Abgasgeschwindigkeit	:	5,8 - 8,1 m/s
Wassergehalt	:	200 - 290 g/m^3

Die Anlage lief bei allen Meßperioden weitgehend störungsfrei. Kleinere Störungen, z. B. kurzfristiger Saugzugausfall oder Ausfall der Kalkmilchzufuhr, konnten direkt, ohne die Messungen zu beeinflussen, behoben werden.

3.2 Abfallbeschickung

3.2.1 Aufgegebene Sonderabfälle

In der Verbrennungsanlage wurden bei den Messungen Altöle, Lösungsmittel, Dünnschlämme, Emulsionen, feste und pastöse Abfälle (incl. Fässer) verbrannt. Für Optimierungsuntersuchungen wurden u.a. größere Mengen Lackschlämme für hohe Schwermetallgehalte im Rohgas oder zur Einstellung hoher HCl-Rohgasbeladungen Sonderchargen an chloriertem Abfall aufgegeben.

In Tabelle 1 sind für drei unterschiedliche Betriebszustände

Betriebszustand I: Normale repräsentative Aufgabe
Betriebszustand II: Erhöhte Dünnschlammaufgabe (Lackschlämme)
Betriebszustand III: Aufgabe von Sonderchargen an Polychlorierten Biphenylen (PCB)

typische Abfallbeschickungen pro Stunde zusammengestellt, die die breite Flexibilität der Anlage in der Abfallaufgabe dokumentieren.

Tabelle 1: Mittlere Abfallaufgabemengen für drei unterschiedliche Betriebszustände Angaben in Tonnen pro Stunde

Abfallart	Betriebszustand I	II	III
Altöl Lösungsmittel	1,3	3,7	2,9
Dünnschlamm	0,9	7,7	-
Emulsion	0,8	0,3	0,3
Feste und pastöse Abfälle	1,8	-	-
Fässer	0,2	-	0,2
Sondercharge (PCB)	-	-	1,0
Gesamt	5,0	11,7	4,4

3.2.2 Schadstoffkonzentrationen und prozentuale Verteilung in den Aufgabestoffen

Um eine Stoff- und Mengenbilanzierung durchführen zu können, wurden alle Aufgabestoffe analysiert. In der Tabelle 2 sind die Er-

Tabelle 2: Minimale und maximale Schadstoffkonzentration einiger Elemente in den Aufgabestoffen
Konzentrationsangaben in mg/kg

		Cadmium Cd	Chrom Cr	Quecksilber Hg	Blei Pb	Zink Zn	Chlorid Cl
Altöl	Min.	< 5	< 10		43	139	405
	Max.	9	310	< 10	200	450	17000
	Mittel	< 5	20		60	310	7000
Lösungsmittel	Min.		13		13	116	7000
	Max.	< 5	54	< 10	64	720	28000
	Mittel		30		35	400	17500
Dünnschlamm	Min.	< 5	< 10	< 10	60	110	3030
	Max.	22	160	20	400	3300	26000
	Mittel	9	60	< 10	200	480	6600
Emulsion	Min.	< 5	< 10		< 10	16	< 1000
	Max.	11	520	< 10	160	1100	15000
	Mittel	< 5	200		40	440	7700
Feste und pastöse Abfälle	Min.	< 5	14	< 10	17	350	600
	Max.	70	710	17	750	4100	7870
	Mittel	40	470	< 10	380	610	2000
Fässer	Min.	< 1	340		340	40	7100
	Max.	95	1250	< 10	760	980	42000
	Mittel	35	670		540	380	23000

gebnisse dieser analytischen Bestimmungen aus einer Vielzahl von Analysen für ausgewählte emissionsrelevante Elemente zusammengefaßt. Auf Basis der Schadstoffkonzentrationen in den Abfällen kann keine eindeutige Zuordnung getroffen werden, über welchen Abfallstrom die größte Schadstoffbelastung in die Verbrennungsanlage gelangt. Ein Trend ist erst bei der Betrachtung der mittleren prozentualen Verteilung für einige ausgewählte Schadstoffe in den Aufgabestoffen (Tabelle 3) bei Normalbetrieb der Anlage ohne Aufgabe von Sonderchargen feststellbar.

Tabelle 3: Mittlere prozentuale Verteilung ausgewählter Schadstoffe in den Aufgabestoffen zur Verbrennung

	Cadmium Cd	**Chrom Cr**	**Kupfer Cu**	**Blei Pb**	**Zink Zn**	**Chlorid Cl**
Altöl und Lösungsmittel	6,7	2,1	8,0	8,7	13,6	24,1
Dünnschlamm	8,3	4,4	7,2	18,3	15,7	15,1
Emulsion	4,1	13,1	2,6	3,2	17,3	11,3
Feste und pastöse Abfälle	73,8	69,3	13,3	14,2	16,6	8,6
Fässer	7,2	11,0	68,9	55,6	36,8	40,9

Außer bei Chlorid und Zink, die fast gleichmäßig über alle Abfallströme in die Anlage gelangen, werden die anderen Schadstofffrachten fast nur über feste und pastöse Abfälle und insbesondere über die Faßaufgabe, d.h. über Kleinmengen an unterschiedlichsten Abfällen, eingebracht.

3.3 Schadstoffkonzentrationen in den unterschiedlichen Stoffströmen

3.3.1 Schlacke, Kesselstaub und Salz

Die nicht brennbaren Rückstände aus dem Drehrohrofen werden am Ende der Drehtrommel als flüssige Schlacke ausgetragen. Der Betrieb mit flüssigem Schlackenabzug erfolgt mit 1100 bis 1200 °C bei erheblich höheren Temperaturen als bei konventionellen Drehrohröfen mit festem Schlackenabzug. Bei dieser Fahrweise ist eine bessere Einbindung von inerten Bestandteilen, z. B. Stäuben, Aschen und Metalloxiden, zu erwarten. Je nach Fahrweise und Art des aufgegebenen Abfalles werden während der Meßzeit je Verbrennungsstraße 0,4 - 1,3 t/h Schlacke ausgetragen, wobei im Mittel der Schlackenaustrag bei 0,75 t/h lag. Minimale, maximale und mittlere Schadstoffkonzentrationen in der Schlacke von einigen ausgewählten Elementen sind in Tabelle 4 zusammengestellt. Die Schadstoffkonzentrationen für Elemente, die stabile Oxide bilden (Cr, Cu, Ni) liegen in ungefähr gleicher Größenordnung.

Die Reinigung des Dampfkessels erfolgt in unterschiedlichen Zeitabständen durch eine Abklopfvorrichtung, die die Kesselrohre in Schwingungen versetzt. Der anhaftende Flug- bzw. Kesselstaub fällt ab. Er wird gemeinsam mit dem Trockenrückstand aus der Rauchgaswäsche entsorgt. Pro Tag fallen je Verbrennungsstraße ca. 200 - 400 kg Kesselstaub an. In Tabelle 5 sind die Schadstoffkonzentrationen für einige Elemente angegeben. Im Gegensatz zur Schlacke werden im Kesselstaub besonders hohe Gehalte an Blei, Cadmium und Zink gefunden, die flüchtige, im Bereich von < 950 °C kondensierbare Chloride bilden.

Der Rückstand aus dem quasi-trockenen Rauchgaswaschsystem wird aus dem Zyklon nach dem Trockenreaktor ausgetragen. Je nach Betriebsweise und je nach Chlorid-Rohgasbeladung fielen während den Messungen pro Stunde ca. 160 bis 300 kg je Volumenstraße an. Die Schadstoffkonzentrationen sind wiederum für die wichtigsten Elemente nach Haupt- und Nebenbestandteilen in Tabelle 6 zusammengefaßt.

Tabelle 4: Schadstoffkonzentrationen in der Schlacke
Angaben in mg/kg

		Minimal	Maximal	Mittelwert
Cadmium	Cd	<5	11	< 5
Chrom	Cr	1100	12000	5700
Kupfer	Cu	2200	7000	3500
Nickel	Ni	900	4300	2000
Blei	Pb	< 100	600	230
Zink	Zn	800	7600	2550
Chlorid	Cl	800	16000	4350

Tabelle 5: Schadstoffkonzentrationen im Kesselstaub
Angaben in mg/kg

		Minimal	Maximal	Mittelwert
Cadmium	Cd	220	680	440
Chrom	Cr	1300	3100	2250
Kupfer	Cu	2600	9800	5550
Nickel	Ni	2200	4100	2550
Blei	Pb	29000	95000	54300
Zink	Zn	17000	34000	23500
Chlorid	Cl	8000	24500	16500

Tabelle 6: Minimal-, Maximal- und Mittelwerte für chemische Zusammensetzung des Salzes aus dem Rauchgaswaschsystem

Element		Konzentration in Gew.- %		
		Minimalwert	Maximalwert	Im Mittel
Hauptbestandteile				
Calcium	Ca	1.7	18.1	12.1
Natrium	Na	2.8	20.0	8.6
Chlorid	Cl^-	17.1	51.5	39.8
Sulfat	SO_4^{2-}	11.4	33.3	21.4
Nebenbestandteile				
Aluminium	Al	0.34	0.50	0.41
Blei	Pb	0.25	0.80	0.58
Cadmium	Cd	0.02	0.09	0.03
Chrom	Cr	0.03	0.06	0.05
Eisen	Fe	0.50	2.80	1.41
Kupfer	Cu	0.001	0.32	0.27
Magnesium	Mg	0.24	0.35	0.29
Nickel	Ni	0.02	0.04	0.03
Quecksilber	Hg	0.002	0.014	0.007
Silicium	Si	1.5	2.4	1.8
Zinn	Sn	<0.01	<0.01	<0.01
Zink	Zn	0.14	3.30	1.15
Fluor	F^-	0.24	2.40	0.97

3.3.2 Schadstoffkonzentrationen im Roh- und Reingas

Während den 22 Meßtagen des analytischen Meßprogrammes zur Aufstellung einer Stoff-/ Mengenbilanz an der Verbrennungsanlage wurden - wie bereits angeführt - unterschiedlichste Betriebszustände in bezug auf Abfallaufgabe und Fahrweise des Rauchgaswaschsystems untersucht. Ohne näher auf einzelne Betriebszustände einzugehen und zu erläutern, sind in den folgenden Tabellen 7 und 8 für die wichtigsten Schadstoffe die Minimal-, Maximal- und Mittelwerte der Konzentrationen für Staub, nichtmetallische und metallische Abgasinhaltsstoffe im Roh- und Reingas zusammengestellt und den Genehmigungs- und Begrenzungswerten für den Betrieb der Verbrennungsanlage gegenübergestellt.

Tabelle 7: Staubkonzentrationen und nichtmetallische Abgasinhaltsstoffe im Roh- und Reingas Angaben in mg/m³

	Rohgas			Reingas			Genehmigungswert
	Min	**Max.**	**Mittel**	**Min.**	**Max.**	**Mittel**	
Staub	385	1828	1100	9	75	27	75
Chlorid	703	12923	3150	5	40	14	100
Fluorid	13	131	33	0,2	0,7	0,5	5
SO_3/SO_4^{2-}	104	454	205	3	83	32	-
Schwefeldioxid	32	1206	535	6	568	140	200
Kohlenmonoxid	$\leq$ 6	260	43	< 1	213	30	100
Stickoxide	33	148	80	13	130	68	-
$C_{org.}$ (FID)	< 5	23	8	< 1	< 1	< 1	50

Tabelle 8: Ausgewählte Schwermetallkonzentration im Roh- und Reingas
Angaben in mg/m^3

		Rohgas			Reingas			Genehmi-
		Min.	Max.	Mittel	Min.	Max.	Mittel	gungswert
Arsen	As	0,05	0,4	0,08		< 0,03		< 1
Blei*	Pb	9	38,0	22,8	0,4	0,9	0,6	< 1
Cadmium	Cd	0,2	10,9	1,8	≤ 0,01	0,16	0,05	< 1
Chrom	Cr	0,7	31,0	5,9	≤ 0,03	0,23	0,1	< 1
Kupfer	Cu	2,6	10,6	5,5	≤ 0,1	0,6	0,3	-
Kobalt	Co	0,03	0,6	0,2		< 0,03		< 1
Nickel	Ni	0,2	6,4	2,1		< 0,05		< 1
Queck-silber	Hg	0,06	0,5	0,17	< 0,01	0,5	0,1	< 5
Zink*	Zn	19	178,0	55,4	0,5	6,0	2,0	< 15
Zinn	Sn	1,5	25,0	4,0		< 0,5		

* Nach Optimierung des Rauchgaswaschsystems (10 Meßtage)

Bei den mittleren Reingaskonzentrationen wurden während der Messungen bei keinem Element die Grenzwerte überschritten. Trotz unterschiedlicher, z. T. extremer Fahrweisen während des analytischen Meßund Untersuchungsprogrammes zeigen die Ergebnisse, daß selbst bei den maximal gemessenen Konzentrationen lediglich bei Schwefeldioxid (SO_2) und Kohlenmonoxid Grenzüberschreitungen auftreten. Speziell bei SO_2 ist dies auf spezielle Untersuchungen zur pH-Abhängigkeit der Abscheidung von HCl und SO_2 im Waschsystem zurückzuführen.

Im Falle von Blei wurden bei den ersten Messungen nach Inbetriebnahme der Anlage Grenzwertüberschreitungen festgestellt (Pb 1,9-4,1 mg/m^3), und im Falle von Zink höhere Reingaskonzentrationen ermittelt (Zn 3,9 - 10,4 mg/m^3). Nach Optimierung der Anlage in bezug auf eine Verbesserung der Rauchgaskonditionierung im Waschturm durch eine erhöhte Wassereindüsung in den Freiraum des Ringjets wurden für beide Elemente die in der Tabelle 8 angeführten Werte ermittelt.

Allgemein kann festgestellt werden, daß die Gesamtanlage und das Rauchgaswaschsystem im Verlaufe der Untersuchungen bei extremen Fahrweisen größte Flexibilität und Funktionstüchtigkeit sowohl in der Abfallverbrennung als auch in der Umweltverträglichkeit gezeigt hat. Sowohl im Normal- als auch im Überlastbetrieb werden die genehmigten Grenzwerte für aerosol-, staub- und gasförmige Emissionen im Reingas weit unterschritten, dies gilt insbesondere für Chlorid- und Fluoridemissionen. Es ist davon auszugehen, daß auf der Emissionsseite bisher keine Probleme in der Einhaltung von Grenzwerten auftraten und auch in Zukunft keine zu erwarten sind.

3.3.3 Mittlere prozentuale Verteilung der Schadstoffe in den Verbrennungsrückständen und im Reingas

Die mittlere prozentuale Verteilung einiger ausgewählter Elemente in den Verbrennungsrückständen und im Reingas zeigt Tabelle 9. Die Elemente, die stabile Oxide mit hohen Schmelzpunkten bilden (z. B. Eisen, Chrom, Nickel) werden zu über 90 % in die Schlacke eingebunden und dem Rauchgas entzogen. Zink und Zinn gelangen nur zu rund 20 % in die Schlacke. Ein geringer Teil wird im Kesselstaub abgeschieden und der Rest im Rauchgaswaschsystem. Deutlich ist bei Zink und Zinn, aber insbesondere bei Blei und Cadmium erkennbar, daß die Elemente mit Neigung zur Bildung flüchtiger Chloride überwiegend über das Salz aus dem Rauchgaswaschsystem ausgetragen werden. Eine Sonderstellung nimmt Quecksilber ein. Aufgrund der niedrigen Siedepunkte von Quecksilber selbst und seiner Chlorverbindungen wird es weder in die Schlacke noch in den Kesselstaub eingebunden. Es gelangt zu 50 - 70 % in das Salz. Der Rest wird bei Einhaltung der Emissionsgrenzwerte über das Reingas abgegeben. Probleme auf der Emissionsseite sind bisher nicht aufgetreten.

Tabelle 9: Mittlere prozentuale Verteilung der Schadstoffe in den Verbrennungsrückständen und im Reingas

Element		Schlacke	Kesselstaub	Salz	Reingas
Eisen	Fe	94	2	4	0,06
Chrom	Cr	95	1	4	0,2
Nickel	Ni	93	3	4	0,3
Kupfer	Cu	76	3	21	0,3
Zink	Zn	24	8	66	1.8
Zinn	Sn	20	7	72	2,0
Cadmium	Cd	5	10	82	3,0
Blei	Pb	5	40	53	2,0
Quecksilber	Hg	< 1	< 1	50	50
Chlorid	Cl	2	1	96	1,0

4. Massen- und Mengenbilanzierung

Zur Massen- und Mengenbilanzierung wurden die Aufgabestoffe, die anfallende Schlacke, das anfallende Salz, das durchgesetzte Gasvolumen, die gasförmigen Komponenten im Reingas und die Betriebsstoffe registriert. In Tabelle 10 sind die Werte für die Massen- und Mengenbilanzierung von zwei Meßperioden zusammengefaßt. Spezifische Größen, bezogen auf Abfall (pro t Abfall), und der stündliche Massen- und Mengenfluß sind mitangeführt.

Tabelle 10: Massen- und Mengenbilanz (In-/Output)
Angaben in Tonnen

	Meßperiode		Spez. Bezugsgrößen	
	I	II	pro t Abfall	pro h
Meßdauer (h)	26,6	67,5	-	-
Abgasvolumen (m^3)	1.295.000	3.571.579	9.215	51.700
Abfall	144	384	-	5,5
Verbrennungsluft				
- O_2	387	1072	2,8	15,5
- CO_2	1	2	-	-
- H_2O	52	71	-	-
Betriebsstoffe				
- $Ca(OH)_2$	1,5	4,4	0,06	0,01
- NaOH	0,8	2,4	0,03	0,006
- H_2O	11,2	33,2	-	-
INPUT	597,5	1569,0	-	-
Abgas				
- O_2	214,3	561	-	-
- CO_2	173,7	494	-	-
- H_2O	304,2	700	-	-
- sonstige Schadstoffe	0,4	1	-	-
Schlacke	19,4	51	0,13	0,75
Salz/Staub	4,3	18	0,04	0,24
OUTPUT	716,3	1825	-	-
DIFFERENZ	118,8	255	-	-

Die Unterschiede zwischen In- und Output der Massen- und Mengenbilanzierung sind überwiegend auf die Verdampfungssverluste in der Anlage zurückzuführen. Die Ergänzung des Wasserverlustes von 3 bis 5 m^3/h wurde bei der Bilanzierung, d.h. im Input, nicht berücksichtigt.

5. Stoffbilanzierung

Um die Verweilzeit, d.h. Gleichgewichtseinstellung der Schadstoffgehalte in den Kreislaufwaschwässern im Rauchgaswaschsystem auszugleichen, wurden Stoffbilanzierungen jeweils über zwei Tage gemittelt. Aus der Vielzahl von durchgeführten Bilanzierungen für eine Palette von Elementen sind in der Tabelle 11 beispielhaft zwei Stoffbilanzen zu unterschiedlichen Betriebszuständen mit einigen ausgewählten Elementen aufgezeigt.

Allgemein kann festgestellt werden, daß das Ergebnis sowohl der Zwischen- als auch der In-/ Outputbilanz als gut bezeichnet werden kann. Die größeren Unterschiede in der In-/ Outputbilanz sind insbesondere auf die Unsicherheiten bei der repräsentativen Probenahme der heterogenen Aufgabestoffe zurückzuführen.

Durch Messungen im Rohgas nach dem Zyklon vor dem Wäscher (Meßstelle 9, s. Abb. 2) wurde ermittelt, daß dort für einige Elemente, z. B. Blei, Zink oder Chlorid, höhere Beladungen im Rohgas vor dem Wäscher gefunden wurden als in der Rohgaseingangsbeladung nach dem Kessel vor dem Reaktor. Dies läßt einerseits darauf zurückschließen, daß die Feststoffabscheideleistung im Zyklon nicht ganz optimal und andererseits, daß die Waschkreisläufe eine Speicherwirkung besitzen. Zur Untersuchung der Schadstoffe im Rauchgaswaschsystem und zur Aufstellung einer inneren Stoffbilanz wurden dort zusätzliche analytische Messungen durchgeführt. Eine schematische Darstellung des Rauchgaswaschsystems mit allen Massenströmen und den entsprechenden Meßstellen zeigt Abbildung 3.

Wie man erkennt, besteht die Zufuhr von Schadstoffen zum Reaktor aus Rohgas und Reaktorspeisesystem. Als Ausgang sind die beiden Ströme Salzfracht und Abgas vor dem Wäscher zu betrachten. In diesem Zusammenhang ist der Massenstrom der Elemente im Reingas zu vernachlässigen. Die Tabelle 12 zeigt die Bilanzierung des Rauchgaswaschsystems unter Berücksichtigung des Stoffstroms aus dem Reaktorspeisesystem für die gleichen Elemente und Betriebszustände wie bei der In-/Outputbilanz.

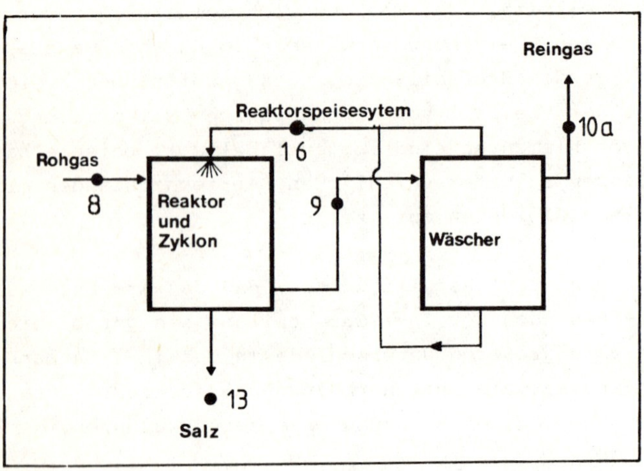

Abbildung 3. Rauchgaswaschsystem mit Meßstellen

Tabelle 11: Stoffbilanz
Angaben in kg

Element		INPUT	ZWISCHENBILANZ				OUTPUT			
		Abfall	Schlacke	Kesselstaub	Rohgas	Summe	Schlacke-Kesselstaub	Salz	Reingas	Summe
Tagesbilanz I: Repräsentativer Betriebszustand										
Blei	Pb	26,8	< 1,2	10,5	17,6	29,3	11,7	26,0	0,40	38,1
Cadmium	Cd	1,0	< 0,06	0,07	1,0	1,1	< 0,1	0,8	< 0,03	< 0,9
Zink	Zn	67,0	21,8	8,5	84,6	114,9	30,3	106,3	2,30	138,9
Chlorid	Cl	1198,0	8,1	33,2	1560,0	1601,1	41,3	849,0	7,70	898,0
Tagesbilanz II. Erhöhte Aufgabe an chlorierten Abfällen										
Blei	Pb	24,8	3,5	13,2	21,2	37,9	16,7	24,3	1,10	42,1
Cadmium	Cd	1,1	0,14	0,12	0,8	1,1	0,3	1,2	0,04	1,5
Zink	Zn	52,8	28,6	5,4	52,6	86,6	34,0	50,1	2,60	86,7
Chlorid	Cl	7278,6	31,4	5,2	8387,8	8424,4	36,6	1829,0	18,80	1884,4

Tabelle 12: Stoffbilanz im Rauchgaswaschsystem
Angaben in kg

Element		Rohgas	Reaktorspeise-system	Summe	Salz	Abgas nach Zyklon	Summe
			Tagesbilanz I: Repräsentativer Betriebszustand				
Blei	Pb	17,6	18,0	35,6	26,0	7,0	33,0
Cadmium	Cd	0,9	0,7	1,6	0,8	0,7	1,5
Zink	Zn	84,6	70,0	154,6	106,3	34,0	140,3
Chlorid	Cl	1560,0	2081,0	3641,0	849,0	1845,0	2694,0
			Tagesbilanz II: Erhöhte Aufgabe an Chlorid				
Blei	Pb	21,2	41,0	62,2	24,3	43,0	67,3
Cadmium	Cd	0,8	2,2	3,0	1,2	1,5	2,7
Zink	Zn	52,6	87,0	139,6	50,1	78,0	128,1
Chlorid	Cl	8387,8	4541,0	12928,8	1829,0	9675,0	11504,0

Differenzen innerhalb der Stoffbilanzierung im Rauchgaswaschsystem sind relativ niedrig und untermauern somit die Meßergebnisse. Deutlich erkennbar wird die Speicherwirkung des Waschsystems beim Chlorid, dessen Bilanz im Vergleich zur In-/Output-Bilanz viel ausgeglichener ist. Mit welchen relativ geringen Fehlern (max. 5 %) solche Stoffbilanzierungen für das Rauchgaswaschsystem nach genügender Gleichgewichtseinstellung und ausreichender Meßzeit durchgeführt werden können, zeigt Tabelle 13, in welcher das Ergebnis der Stoffbilanz für die Elemente Blei Pb, Cadmium Cd, Eisen Fe, Kupfer Cu, Zink Zn und Zinn Sn hinsichtlich der Schadstofffracht im Rauchgaswaschsystem für elf Meßtage zusammengestellt ist.

Tabelle 13: Stoffbilanz im Rauchgaswaschsystem und Schadstofffracht für elf Meßtage
Angaben in kg

Element		Rohgas	Reaktor-speise-system	Summe	Salz	Abgas nach Zyklon	Summe
Blei	Pb	80	129	209	96	112	208
Cadmium	Cd	9	7	16	5	10	15
Eisen	Fe	422	148	570	212	352	564
Kupfer	Cu	20	32	52	47	24	71
Zink	Zn	206	312	518	270	228	498
Zinn	Sn	17	32	49	43	8	51

6. Fazit

Nach nunmehr fast 3 Betriebsjahren kann festgestellt werden, daß sich die Gesamtkonzeption der Verbrennungsanlage und insbesondere auch die quasi-trockene saure Wäsche bewährt haben. Wie die Betriebserfahrungen und auch Ergebnisse des Meßprogramms zeigen, hat die Anlage ihre Bewährungsprobe bestanden. Emissionsgrenzwerte in bezug auf Schwermetalle werden eingehalten, die von Staub und HCl weit unterschritten. Große Schwankungsbreiten in aerosol-, staub- und gasförmigen Emissionen in den Rohgasbeladungen können ohne Probleme abgefangen werden.

Eine Verlagerung der Schadstoffe aus der Luft in die Gewässer kann sicher vermieden werden. Sämtliche bei der Verbrennung anfallenden Rückstände, wie Schlacke, Flugasche und Feinstäube (Salze und Schwermetalle) fallen in trockenem Zustand an. Die Schlacken und Flugaschen werden auf einer Sonderabfalldeponie abgelagert. Die Feinstäube, d.h. die Rückstände aus Reaktor und Zyklon, werden wegen der Löslichkeit der Salze in speziellen Containern verpackt und in der Untertagedeponie Herfa-Neurode eingelagert.

Technik · Wirtschaft · Umweltschutz

Karlheinz Scheffold

Getrennte Sammlung und Kompostierung

EF-VERLAG
für Energie- und
Umwelttechnik GmbH

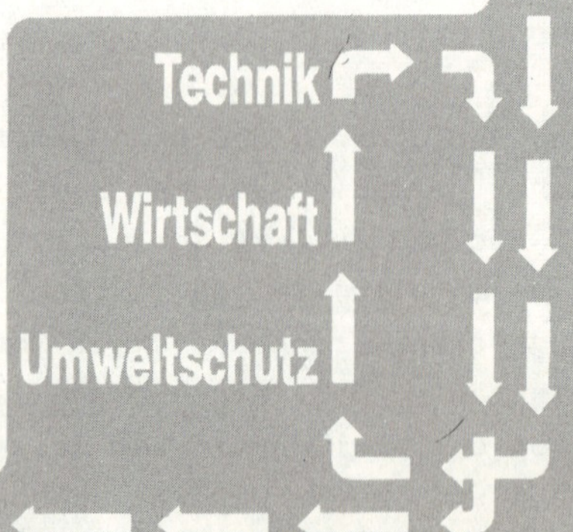

EF-Verlag GmbH Rhumeweg 14 D-1000 Berlin 37 Telefon 030-8013053

5. Alternative: Brennstoff aus Müll

Emissionen aus der Verbrennung von Abfällen und BRAM

H. Müller
Technische Universität Berlin

Gliederung | Seite

1. Einleitung

Die Verbrennung von Abfällen ist in den industrialisierten Staaten eine der am häufigsten angewandten Technologie der Abfallbeseitigung. Sie gehört zu den am erprobtesten und zuverlässigsten Abfallverwertungsverfahren, dessen Produkte - Heißwasser, Dampf und Strom sind.In der Bundesrepublik Deutschland fallen zur Zeit jährlich etwa 20 Mio. Tonnen kommunaler Abfall an, von dem bereits heute etwa ein Drittel, entsprechend 6,5 Mio. Tonnen in 47 Abfallverbrennungsanlagen verwertet und entsorgt werden.

Die thermische Behandlung von häuslichem Abfall wird auch in der Zukunft neben der geordneten Deponietechnik die wichtigste Rolle bei der Beseitigung von Müll spielen. Etwa 98 % der verbrannten Abfällen werden in Anlagen mit Wärmeverwertung durchgesetzt (5). Hierdurch wird ein Beitrag zur Energieerzeugung von 0,46 % der Gesamtprimärenergie in der Bundesrepublik Deutschland erreicht.

Durch Optimierung und Erhöhung des Kesselwirkungsgrades, der z. Z. durchschnittlich 70 % bei Hausmüllverbrennungsanlagen beträgt (Vergleich: Steinkohle gefeuerte Dampfkessel max. 82 %), könnte der Beitrag zur Energieerzeugung noch gesteigert werden.

Für die Energienutzung von Müll lassen sich folgende Anhaltswerte geben:

2,1 kg Dampf/1 kg Abfall (Dampfzustand 773 K, 70 bar, Kesselwirkungsgrad 70 %, unterer Heizwert 9.200 kJ/kg) entsprechend einer elektrischen Energie von 0,35 kWh/kg Müll bei Kondensationsbetrieb.

Seit Jahren arbeitet man an der Entwicklung und Erprobung von Recycling-Anlagen, um einzelne Fraktionen im Müll möglichst sortenrein wiederzugewinnen. Hierzu zählen Altpapier, Kunststoffe, Metalle, Glas, etc. Von der anfänglichen Euphorie - jeden Bestandteil des Hausmülls mit Maschinen aussortieren zu können - ist nur wenig übriggeblieben. Der technische Einsatz ist groß und deswegen teuer. Bereits heute kann auf eine Reihe von gescheiterten Konzepten zurückgeblickt werden (6). Eine Möglichkeit, die brennbare Fraktion aus den Sortieranlagen zu nutzen, ist die Herstellung eines Brennstoffes aus Müll (BRAM). Die Erzeugung und Vermarktung von BRAM stellt sich in der Theorie relativ unproblematisch dar (10). Gründe dafür sind:

- breite Verfügbarkeit des Rohstoffs Müll,
- relativ einfache angewandte Aufbereitungstechnik (z. B. Zerkleinern, Sieben, Windsichten, Magnetscheidung),
- Wiedereinführung fester Brennstoffe, vor allem dort, wo Betriebe gezwungen sind, ihre Energiekosten zu senken.

Die Praxis hat gezeigt, daß sich diese optimistischen Erwartungen nicht immer erfüllt haben. Über die Gründe des Scheiterns vieler Initiativen und über den Einsatz von BRAM in Verbrennungsanlagen wird im folgenden berichtet. Des weiteren werden die abluftseitigen Emissionen der direkten Verfeuerung von Kohle, Heizöl-EL und Erdgas für die Erzeugung von Wärme in Hausbrandfeuerung verglichen mit den Emissionen für die Fernwärme und Stromerzeugung in Kohle- und Müllheizkraftwerken und der BRAM-Feuerung gegenübergestellt.

2. Zusammensetzung von Müll und BRAM

Hausmüll und hausmüllähnlicher Gewerbemüll ist ein heterogenes Gemisch aus festen und flüssigen mineralischen und organischen Bestandteilen, dessen Zusammensetzung jahreszeitlichen und örtlichen Schwankungen unterliegt und auch langfristigen Änderungen unterworfen ist. Tabelle 1 zeigt die mittlere Zusammensetzung von Hausmüll und hausmüllähnlichen Abfallstoffen. Näherungsweise kann man annehmen, daß etwa 20 % Papier, 10 % Kunststoffe, 5 % Metalle, 10 % Glas und 50 % biologisches Material in unserem Abfall enthalten sind.

Tabelle 1
Heizwert und Massenanteile der verschiedenen Komponenten des durchschnittlichen Hausmülls in der Bundesrepublik

Abfallkomponente	Heizwert kJ/kg	Massenanteil %	Anteil am Heizwert %
1. Papier, Pappe	18300	18,7	37,9
2. Kunststoffe	36600	6,1	24,7
3. Verbundstoffe Textilien, Holz, etc.	18700	5,0	10,4
4. Vegetabilien	4000	26,8	11,3
5. Siebfraktion I Korngröße 8-40	5000	15,6	8,6
6. Siebfraktion II Korngröße $\leqslant 8$	7000	8,6	6,6
7. Metall	0	4,7	-
8. Glas	0	11,6	-
9. Rest	0	2,9	-
10. Gesamt		100,0	100,0

Obwohl schon mehrere Versuche zur quantitativen Analyse von Müll unternommen worden sind, muß heutzutage immer noch festgestellt werden, daß die Ergebnisse der Input-Untersuchungen von Müllsortierungsversuchen großen Streuungen unterliegt. So gibt es bis heute noch keine verläßlichen detailierten Werte für bestimmte Gehalte an Schadstoffen, zu denen Chlor, Fluor, Schwefel sowie die vor allem interessierenden Schwermetalle Blei, Cadmium, Thallium und Quecksilber zählen.

Die American Society of Testing an Materials (ASTM) hat eine Klassifizierung für BRAM in Hinblick auf die Zusammensetzung und die chemischen Eigenschaften aufgestellt (Tabelle 2). Danach werden die Eigenschaften des BRAMs von der Art des Rohstoffs, von der angewandten Verfahrenstechnik, der Aufbereitung und von der Zugabe von Zuschläge, wie Altöle , Schlamm und Kalk , etc. bestimmt.

Tabelle 2
Klassifizierung von möglichen BRAM-Spezifikationen
ASTM-Committee E 38.01 (6,10)

Klassifizierung	BRAM-Spezifikation
BRAM - 1	Rohmüll
BRAM - 2	Zerkleinerter, aufbereiteter Abfall grober Abmessung mit (ohne) Magnetscheidung
BRAM - 3	Zerkleinerter Brennstoff aus Hausmüll nach der Magnetscheidung und Entfernung von Glas und weiteren anorganischen Materialien. Korngröße 95 Gew.-% <50,8 Quadratloch (2 inch)
BRAM - 4	Staubförmiges Material mit 95 Gew.-% < 2 mm (10 mesh)
BRAM - 5	Pelletierter und brikettierter BRAM
BRAM - 6	Die brennbaren Bestandteile des Abfalls aufbereitet zu flüssigem Brennstoff
BRAM - 7	Die brennbaren Bestandteile des Abfalls aufbereitet zu gasförmigem Brennstoff

Nach Erfahrungen aus europäischen Müllaufbereitungsanlagen besteht BRAM zu 70 bis 85 Gew.-% aus Papier und Pappen, zu 10 bis 13 Gew.-% aus Kunststoffen und zu 4 bis 13 Gew.-% aus Inert-Bestandteilen. Neben der BRAM-Erzeugung aus Rohmüll ist in letzter Zeit die Herstellung von BRAP (Brennstoff aus Altpapier, das nicht von der Papierindustrie eingesetzt werden kann) untersucht worden (10, 11, 15, 16). Der Brennstoff BRAP besteht aus etwa 95 Gew.-% aus Papier und Pappe und aus 5 Gew.-% Sonstigem (Kunststoffe, Textilien). Die Brennstoffausbeute und -qualität hängt von den Anteilen an Papier, Pappen und Kunststoffen im Rohmüll ab. Papier und Pappe haben je nach Qualität einen Heizwert zwischen 13,5 und 18,6 MJ/kg, Kunststoffe einen Bereich von 19 bis 46 MJ/kg. Die Heizwerte für BRAM und BRAP liegen in einer Größenordnung von 12 bis 19 MJ/kg und somit etwa doppelt so hoch wie der Heizwert von Hausmüll. Von den herkömmlichen hochwertigen Brennstoffen unterscheiden sich die genannten Brennmaterialien hinsichtlich ihrer Energiedichte, das heißt ihres Heizwertes je Volumeneinheit, ihres Wassergehaltes und ihrer chemischen Zusammensetzung zum Teil erheblich. Der Wassergehalt liegt bei vielen dieser Rückstandsbrennstoffe auch dann, wenn sie im lufttrocknen Zustand vorliegen, über dem der konventionellen festen Brennstoffe. Der Gehalt an flüchtigen Bestandteilen liegt weit über dem von Kohle (30 Gew.-%), er beträgt für BRAM und BRAP bis zu 75 Gew.-%.

Die Schadstoffbilanz von BRAM und BRAP zeigt gegenüber den festen fossilen Brennstoffen einen erhöhten Gehalt an Chlor und Schwermetallverbindungen auf. Dies deutet u.a.auf einen hohen Anteil an Kunststoffen bzw. kunststoffbeschichteten Pappen in der Leichtfraktion hin. Trotzdem liegen z. B. die Emissionen an HCl von BRAM gegenüber bei der Verbrennung von unbehandeltem Hausmüll um ca. 30 % niedriger. Diese Emissionen können durch Zugabe eines Einbindemittels (z. B. CaO) bei der Konfektionierung des Brennstoffes zusätzlich um 20 bis 30 % gesenkt werden.

Der Brennstoff BRAP zeigt gebenüber BRAM einen geringeren Staubanteil auf. Dies hängt von der physikalischen und chemischen Zusammensetzung der Brennmaterialien und vom Gehalt feiner Asche

(Intertbestandteile) ab. Die Konzentration an Chlor- und Fluorwasserstoffemissionen für BRAP, außer Etiketten- PE-beschichtetem Papier, sind um ein erhebliches geringer als bei BRAM.

Der Heizwert eines Brennstoffes bestimmt die Menge der bei der Verfeuerung freigesetzten nutzbaren Energie (10). Bei einer Feuerung mit einer bestimmten Leistung verhält sich die notwendige Brennstoffmenge etwa umgekehrt proportional zu dessen Heizwert. Dies ist für Anlieferung, Lagerung und Behandlung des jeweiligen Brennmaterials und für die Abfuhr der Verbrennungsrückstände von großer Bedeutung. Tabelle 3 zeigt diese wichtigen Eigenschaften von BRAM bei einem durchschnittlichen Aschegehalt von 20 Gew.-%, ohne Berücksichtigung des Kesselwirkungsgrades.

Tabelle 3
Nutzbare Energie von BRAM in Abhängigkeit vom Heizwert und der notwendigen Brennstoffmenge

Brennstoff	Heizwert kJ/kg	Brennstoffmenge kg/h	Rückstand kg/h
BRAM	8.000 12.000 20.000	5.250 3.500 2.100	1.050 700 420
Heizöl EL	42.000	1.000	-

Die Schüttdichte für BRAM variiert von 50 kg/m^3 für eine lockere Leichtfraktion bis etwa 150 kg/m^3 für eine verdichtete Leichtfraktion und 450 kg/m^3 für pelletisierte oder brikettierte BRAM-Qualität. Hieraus läßt sich entnehmen, daß etwa 1,1 m^3 Heizöl durch etwa 5 m^3 pelletisierten heizwertreichen BRAM oder mit etwa 100 m^3 lockerem feuchten BRAM substituiert werden können. In den Tabellen 4 und 5 sind vergleichendene Input-Spezifikationsparameter für Abfall, BRAM und BRAP dargestellt. Zu erwähnen ist, daß trotz der Schwierigkeit einer repräsentativen Probenahme die dargestellten gewonnenen Ergebnisse als Anhaltswerte für die Konzentration wichtiger Elemente im Hausmüll und Brennstoff aus Müll zugrunde gelegt werden können.

Tabelle 4

Inputspezifikationen von Abfall, BRAM, BRAP im Vergleich mit fossilen Brennstoffen
k. A. = keine Angaben

Parameter	Einheit	Hausmüll	BRAM	BRAP	Steinkohle	Braunkohle	Heizöl El	Erdgas	Holz
Heizwert	kJ/kg	8200	16000-17600	13000-17410	29500	8372	42890	31920	15070
Asche	Gew.-%	25-33	16-25	4,6-13,5	3-13	2-6	0,05	-	0,2-0,8
Wasser	Gew.-%	25-30	4-12	6,2-12,5	1-10	40-60	0,1	-	12-25
Fl.Best.	Gew.-%	10-20	50-72	75-84	6-30	40-60	-	-	70-85
Kohlenst.	Gew.-%	30-40	43-50	38-45	81-92	63-74	86,5	-	50,4
Wasserst.	Gew.-%	4-5	5-6,5	4-6	4-5	5-6	13,0	-	6,4
Sauerst.	Gew.-%	15-30	36-42	33-37	1,4-10	16-26	0,04	-	43,3
Stickst.	Gew.-%	0,3-0,5	0,5-1,0	0,15-0,20	1,2-1,7	0,9-1,9	0,08	4-14	0,1
Schwefel	Gew.-%	0,2-0,7	0,3-0,7	0,08-0,3	0,6-1,4	0,3-3,9	$\leq$ 0,3	k.A.	-
Chlor	Gew.-%	0,5-1,5	0,4-0,7	0,1-4,0	0,10-0,16	$\leq$ 0,16	0,01-0,5	k.A.	0,08-0,13
Fluor	Gew.-%	0,005-0,025	0,001-0,07	0,001-0,012	0,001-0,035	$\leq$ 0,037	0,01-0,03	k.A.	-
Cadmium	mg/kg	10-40	2-9	1-5	0,4-10	k.A	0-0,7	-	0,4-0,7
Blei	mg/kg	600-2500	100-320	80-250	20-270	1-270	0-2	-	0-50
Kupfer	mg/kg	450-2500	100-1050	20-100	10-60	k.A.	k.A.	-	11-17
Zink	mg/kg	440-3500	350-790	100-500	20-210	5-250	0-1,3	-	13-27
Nickel	mg/kg	50-200	15-60	1-7	15-95	k.A.	k.A.	-	0-1,3
Chrom	mg/kg	200-880	80-250	10-30	5-80	k.A.	k.A.	-	0-4
Eisen	mg/kg	25000-75000	1500-9000	100-700	k.A.	k.A.	k.A.	-	20-60
Quecks.	mg/kg	2-7	0,5-3,0	0,2	0,4-1,5	1,4	-	-	-

Tabelle 5

Emissionsfaktoren für Abfallverbrennungsanlagen und Feuerungen für fossile Brennstoffe in g/GJ Brennstoffeinsatz *ohne Rauchgasentstaubung und Rauchgasreinigung in Kleinverbrennungsanlagen (32 kW)

Parameter	Abfall ohne Abgaswäsche	Abfall mit Abgaswäsche	BRAM*	BRAP*	Steinkohle	Braunkohle	Heizöl	Erdgas
Staub	10-60	5-10	260-960	10-40	15-90	70	1,5-3,0	0,1
HCl	30-500	10-20	150-350	65-260	10-80	20	-	-
HF	0,3-5,0	0,7-1,4	0,1-8,0	0,6-7,9	0,3-4,0	0,4-2,0	-	-
SO_2	40-400	20-70	160-320	50-200	70-900	800	140	0,3
NO_x	90-400	80-150	100-250	100-220	70-250	300	50	35
CO	30-400	30-65	100-800	150-500	10-20	5-15	60	60-70
CnHm	4-10	1,0-3,0	3-350	2,0-4,0	250-600	80-150	13-15	2-15
Cd	0,02-0,06	0,01-0,02	0,12-0,54	0,06-0,33	0,001-0,008	0,008	-	-
Pb	0,1-1,4	0,05-0,15	5,9-19,0	5,2-16,5	0,003-0,2	0,01	-	-
Zn	2-6	1-3	20-47	6,5-32,9	0,3	0,015	-	-

3. Verbrennung und Feuerung

Normalerweise wird Abfall und BRAM in Rostfeuerungsanlagen verbrannt. Hier wird durch die thermische Behandlung der eingesetzten Brennmaterialien in einer verhältnismäßigen kurzen Zeit von etwa einer Stunde eine Volumenreduktion bis zu 85 % und eine Massenreduktion von etwa 65 % erreicht. Das Abfallgut wird beim Verbrennungsprozeß zuerst getrocknet. Bei einem höheren Temperaturbereich folgen Entgasungs- und Vergasungsprozesse, bis schließlich nach der Zündung des Brenngutes die eigentliche Verbrennung abläuft. Die Verbrennung sollte bei einer Mindesttemperatur von etwa 800 °C durchgeführt werden. Hierbei muß im Feuerraum die Notwendigkeit eines genügend großen Luftüberschusses gesichert sein, um alle brennbaren Bestandteile zu oxidieren und zu verbrennen. Bei den Brennmaterialien Abfall, BRAM und BRAP liegt in der Praxis der Luftüberschuß in der Größenordnung von λ 1,5 bis 2,5.

Für die Verfeuerung von BRAM sind außer Rostfeuerungsanlagen bisher Wirbelschicht- und Kleinstfeuerungsanlagen untersucht worden (1, 2, 4, 6, 11, 14, 15, 16, 17, 19, 23). Ob Unterschub-, Oberschub- und Kreuzstromfeuerungen für den Einsatz von BRAM geeignet sind, wurde bisher in größerem Maße noch nicht untersucht (10). Unterschubfeuerungen werden in der Regel für die Verbrennung von Holzabfällen eingesetzt. Für den Einsatz von BRAM sind sie weniger geeignet, da die Einspeisung von nicht pelletisiertem oder brikettiertem Material in unregelmäßiger Form Schwierigkeiten bringen können. Zusätzlich besteht aufgrund des hohen Aschegehaltes von BRAM die Gefahr der Sinterbildung bei der Verbrennung. Verbrennungsversuche mit BRAM (6) in einem Wirbelschichtofen haben gezeigt, daß es durchaus möglich ist, Brennstoff aus Müll in rostlosen Feuerungsanlagen einzusetzen.

4. Schadstoffentstehung und -vermeidung

Wie bei allen Prozessen wird auch bei der Verbrennung von Abfall und Rückstandsbrennstoffen keine Materie beseitigt, sondern nur lediglich andere Stoffströme mit anderen chemischen Zusammensetzungen und Wärmeinhalten gebildet. Dieser Wärmeinhalt kann zur Energiegewinnung wirtschaftlich nutzbar gemacht werden.

Die bei der Verbrennung von Abfällen und Rückständen emittierenden Schadstoffe sind die gasförmigen Oxide der Elemente Schwefel Kohlenstoff und Stickstoff, ferner gasförmige Kohlenwasserstoffe Schwermetallverbindungen und Halogenide. Während diese Stoffgruppen als Gase oder Dämpfe in den Abgasen enthalten sind, besteht der Hauptteil der Emissionen aus festen oder flüssigen Schwebstoffen, die als Verbrennungsrückstände wie Flugasche, Flugstaub, Ruß sowie Teer und Öle oder als Metalloxide bzw. -salze in die Atmosphäre gelangen. Die Emissionen aus Feuerungen können hinsichtlich ihrer Entstehung in eine brennstoffabhängige, eine feuerungsabhängige sowie in eine brennstoff- als auch feuerungsabhängige Gruppe gefaßt werden.

Zu den brennstoffabhändigen Schadstoffen zählen z. B. Schwefel, Schwermetalle und Halogene, die als unerwünschte Nebenbestandteile in den Brennstoffen vorhanden sind und die je nach Einbindungsgraden in Asche oder Schlacke emittieren. Feuerungsseitig abhängig sind die Emissionen an Stickoxiden, Kohlenmonoxid und die Bildung von PAH's, PCDD und PCDF. Brennstoff- und feuerungsabhängig sind vor allem die Emissionen an Feststoffen, zu denen Staub, Ruß und Flugkoks zählen. Folgende Faktoren beeinflussen die spezifischen Emissionen aus Feuerstätten:

- Art des Brennstoffs und seine Zusammensetzung, insbesondere der in ihm vorhandenen Substanzen,
- Bauart der Feuerung, insbesondere der konstruktiven Merkmale zur Bildung des Brennstoffluftgemisches, Brennraumausbildung und der Rauchgasführung,
- Betriebsweise der Feuerung, insbesondere dem Last- und Regelverhalten sowie dem Luftüberschuß.

Einige Ursachen für das Entstehen von Emissionen gelten ganz allgemein für Feuerungen. Hierzu zählen z. B.:

- Luftmangel, gegebenenfalls auch stark überhöhter Luftüberschuß führen zu unvollkommener Verbrennung und somit zur Bildung von Kohlenmonoxid, unverbrannten organischen Substanzen sowie Ruß und/oder Flugkoks.

- Halogene, insbesondere Fluor und Chlor reagieren mit dem in Feuerungen stets anwesenden Wasserdampf ganz oder teilweise zu Fluorwasserstoff und Chlorwasserstoff, bei anwesenden Metallen auch zu entsprechenden Salzen.

- Nichtbrennbare mineralische Bestandteile des Brennstoffes, darin häufig auch Schwermetalle, werden als Staub emittiert, sofern es nicht gelingt, sie als Asche oder Schlacke in der Feuerung selbst zurückzuhalten oder in den nachgeschalteten Rauchgaszügen, gegebenenfalls auch in Entstaubungs- oder Rauchgasreinigungsanlagen, abzuscheiden. Alkalische Aschen binden allerdings auch ein mehr oder weniger großen Anteil Säurebildner, wie Schwefeldioxid und Schwefeltrioxid sowie Fluor- und Chlorwasserstoff und reduzieren so die Emissionen dieser gasförmigen Komponenten.

5. Emissionen bei der thermischen Abfallbehandlung

Die bei der Verbrennung von Abfällen und Rückstandsbrennstoffen stattfindenden chemischen Reaktionen lassen sich vereinfacht mit folgender Bruttogleichung darstellen:

$$C_a\,H_b\,N_c\,S_d\,Cl_e\,F_f + \left(a + \frac{b}{4} + \frac{c}{2} + d - \frac{e}{2} - \frac{f}{2}\right) O_2 \longrightarrow$$

$$aCO_2 + \left(\frac{b}{2} - e - f\right) H_2O + cNO + dSO_2 + eHCl + fHF$$

HCl, HF, SO_2 sind relativ stabile Reaktionsprodukte, die thermisch nicht weiter zersetzt werden. Bei höheren HCl-Partialdrükken kommt es im Verbrennungsraum zur Bildung von Metallchloriden, die zum Teil flüchtig sind und mit dem Rauchgas entweichen können. In der heißen Zone der Flamme kann CO_2 und Wasser zum

Teil unter Bildung von Radikalen aufgespalten werden. Die Bruchstücke rekombinieren jedoch sofort wieder unter Rückbildung der Ausgangsprodukte.

Bei der Verbrennung werden die im Abfall enthaltenen Metalle sowie gebildeten Metallverbindungen je nach ihrem Dampfdruck mit dem Rohgas, das heißt dampfförmig, oder mit der Schlacke bzw. Asche, das heißt fest, abgeschieden. Bild 1 zeigt den Dampfdruck einiger Metalle und ihrer Chloride bei verschiedenen Temperaturen. Hiernach können die leichtflüchtigen Metalle bei den üblichen Verbrennungstemperaturen von über 800 °C zum Teil quantitativ verflüchtigt werden und in den Rauchgasstrom gelangen. Wichtigstes Element in diesem Zusammenhang ist neben Blei, Cadmium und Antimon das Quecksilber, das wegen seiner großen Flüchtigkeit zu mehr als 90 % emittiert wird.

Abfallverbrennungsanlagen ohne Staubfilter und Rauchgasreinigung sind sicher nicht mehr Stand der Technik, wohl nicht einmal mehr anerkannte Regel der Technik. In der Zukunft werden Anlagen ohne diesen Mindeststandard nicht mehr genehmigt werden. Zum heutigen Stand der Technik gehört, daß Abfallverbrennungsanlagen mit Rauchgasreinigungseinrichtungen versehen sind. Hier haben sich die trockenen, quasitrockenen und die Naßwaschverfahren bewährt. Diese Verfahren konkurieren zur Zeit stark miteinander. Tatsache ist, daß die Naßabsorptionsverfahren für die Schwermetalle bisher günstigere Ergebnisse als die trockenen Verfahren zeigen.

Um die Emissionsgrenzwerte der zukünftigen TA Luft (Tabelle 6) einzuhalten, sind an die Rauchgasreinigungsverfahren oft Abscheidegrade von bis zu 99 % zu stellen. Die Einhaltung des Grenzwertes von z. B. 0,2 mg/m^3 an besonders staubförmigen anorganischen Stoffen nach Klasse 1 wird auch nach dem heutigen Stand der Technik den meisten Abfallverbrennungsanlagen größte Schwierigkeiten bereiten.

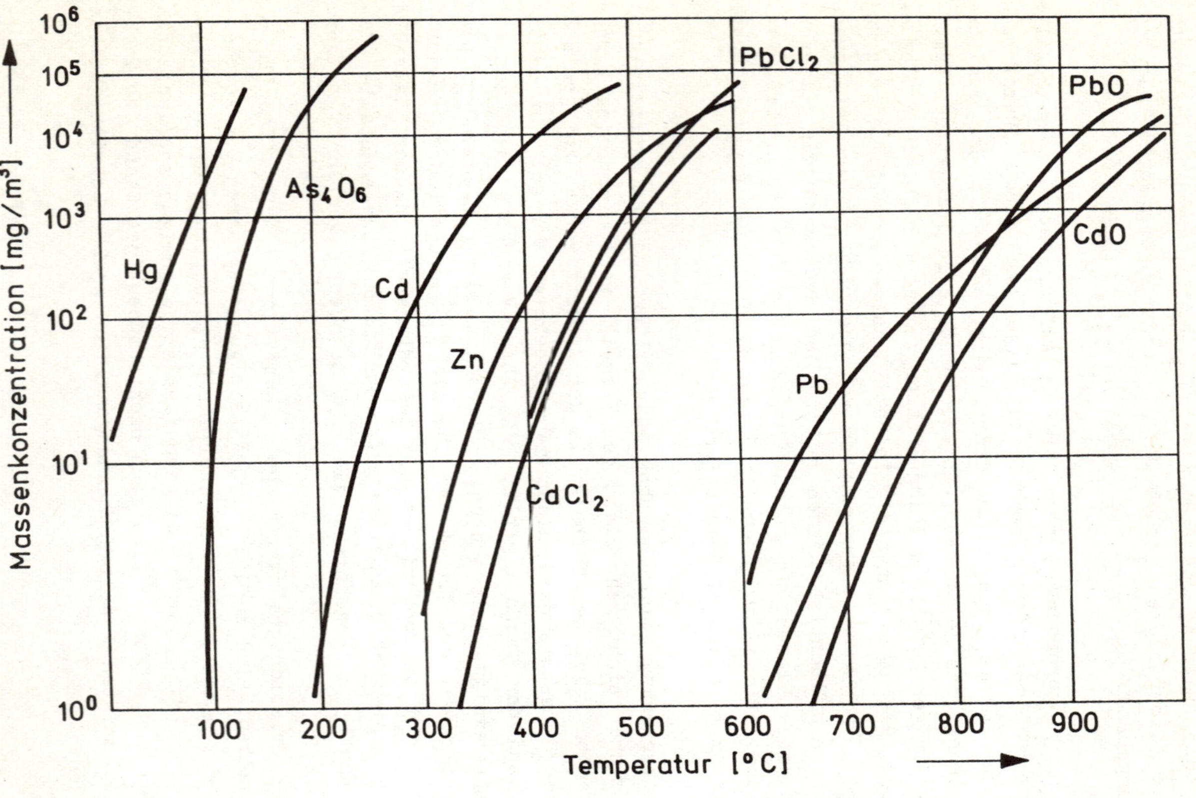

Bild 1:
Zusammenhang zwischen der Massenkonzentration reiner Metall- und Metallverbindungen in Abhängigkeit von der Temperatur

Das Prinzip der universellen Presse: Flachmatrize mit auswechselbarem Kollerkopf

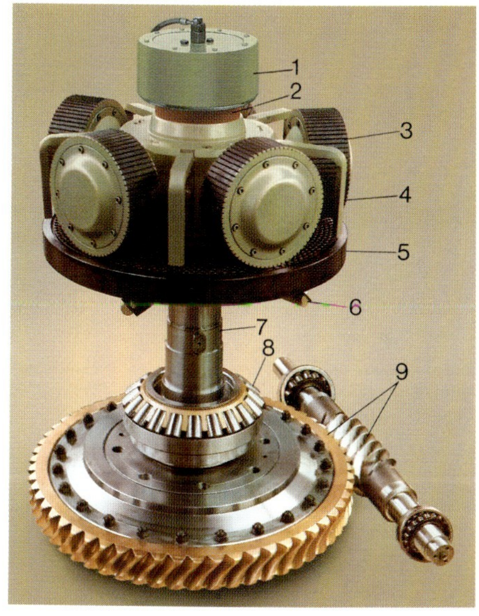

1 Hydraulische Kollerkopfverstellung
2 Elastischer Ring
3 Koller
4 Räumer
5 Matrize
6 Abschneidevorrichtung
7 Königswelle
8 Hauptlager
9 Getriebe

Das Prinzip unserer Presse

Das zu verpressende Produkt wird von rotierenden Kollern (3) durch eine Lochscheibe = Matrize (5) gedrückt, zu endlosen Strängen mit gleichmäßigem Querschnitt geformt und an der Unterseite der Matrize in die gewünschte Teilchenlänge geschnitten (6).

In unserer Versuchsanlage entwickeln wir Verfahren für das Pelletieren von Stoffen, über deren Verarbeitungseigenschaften keine ausreichenden Erfahrungen vorliegen.

Dieselstraße 5, Postfach 1246
2057 Reinbek bei Hamburg
Telefon (040) 72771-0
Fax (040) 72771-100
Telex 217875 kahl d

AMANDUS KAHL NACHF. HAMBURG

1325

Tabelle 6

Emissionsgrenzwerte für thermische Abfallverwertungsanlagen

* nach Meßergebnissen aus bayr. Anlagen für Hausmüll

Parameter	Einheit	TA-Luft 1974	TA-Luft Novell. Entwurf	Rauchgas	gereinigte Abluft*
Schwefeldioxid	mg/m^3	-	200	200- 300	70 - 300
Kohlenmonoxid	mg/m^3	1000	100	50- 600	50 - 600
Anorg.gasförmiges Chlor	mg/m^3	100	100	700- 900	50 - 900
Anorg.gasförmiges Fluor	mg/m^3	5	5	3- 9	0,5- 9
Gesamtstaub	mg/m^3	100	50	2000-10000	20 - 100
Bes. staubförmige anorg. Stoffe					
-Klasse I,z.B. Cadmium, Hg	mg/m^3	20	0,2	(Abscheid. Roh-/ Reingas >98 %)	<0,01-0,1
-Klasse II,z.B. Nickel, Cobalt	mg/m^3	50	1		<0,01-1,3
-Klasse III,z.B. Blei, Kupfer	mg/m^3	75	5		<0,2 -2,0
Karzinogene Stoffe					
-Klasse I,z.B. Benzo(a)pyren,Be	mg/m^3	-	0,1		< 0,002
-Klasse II,z.B. Arsensäure	mg/m^3	-	1		< 0,4
-Klasse III,z.B. Benzol	mg/m^3	-	5		
Bes. dampf- oder gasförmige anorg. Verbindungen					
-Klasse I,z.B. Chlor, H_2S	mg/m^3	-	5		
-Klasse II,z.B. Ammoniak	mg/m^3	-	50		
-Klasse III,z.B. Stickoxide	mg/m^3	-	500	200- 300	150 - 300
Dampf-,gas- oder partikelförmige Verbindungen					
-Klasse I,z.B. Formaldehyd	mg/m^3	20	20	< 20	< 20
-Klasse II,z.B. Chlorbenzol	mg/m^3	150	100	< 20	< 20
-Klasse III,z.B. Cylohexan	mg/m^3	300	150	< 20	< 20

5.1. Feste Emissionen

Die umweltrelevanten Schadstoffe sollten bei dem heutigen Stand der Abfallverbrennungstechnik in den festen Rückständen konzentriert sein. Je nach Verbrennungsablauf fallen die festen Rückstände aus Abfallverbrennungsanlagen sowie aus Verbrennungsanlagen für BRAM und BRAP als Schmelzschlacken, Sinterschlacken, Asche, Flugasche und Flugasche-Salzgemische mit sehr unterschiedlichen Mengen- und Schadstoffgehalten an. Bild 2 zeigt die Anfallstellen für Aschen und Flugstäube einer Rostfeuerungsanlage.

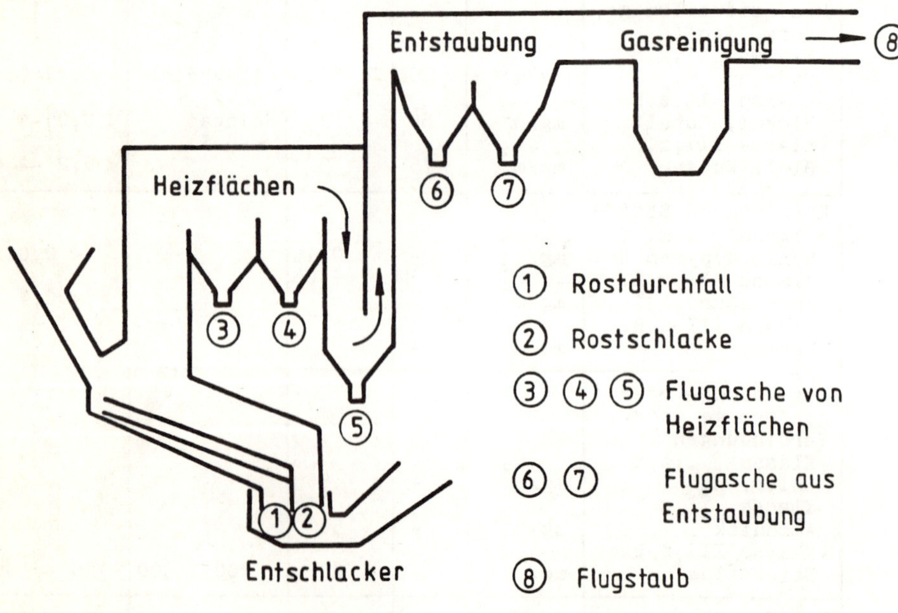

Bild 2
Anfallstellen für Aschen und Flugstäube einer Rostfeuerungsanlage

Die Menge der festen Rückstände aus der heutigen Zusammensetzung des Haus- und hausmüllähnlichen Abfalls beträgt 25 Gew.-% bis 30 Gew.-% des Rohmülls. Der Anteil der festen Rückstände aus Hausmüll, deponiefähigen Aschen und Schlacken mit geringen bzw.

nicht wasserlöslichen Schadstoffanteilen beträgt über 90 Gew.-%. Ein Teil dieser Menge wird heutzutage als Baumaterial im Straßen und Wegebau eingesetzt. Etwa 10 Gew.-% der festen Rückstände, d.h. 3 bis 4 Gew.-% des Rohmüllinputs stellen Sonderabfallstoffe dar (20). Dieser Anteil muß unbedingt geeigneten Sondermülldeponien zugeführt werden. Dieses ist umweltkritisch gesehen ein großer Nachteil der Abfallverbrennung. Hierüber ist in der Entwicklung und Forschung der Abfallverbrennung noch viel Arbeit zu leisten.

Aus den nachfolgenden Tabellen 7, 8, 9, 10 und 11 sind die signifikanten Unterschiede der Zusammensetzung von Schlacke und Flugasche von Abfällen, BRAM und BRAP zu erkennen.

Tabelle 7
Mittelwerte der Stoffströme einer MVA an festen, flüssigen und gasförmigen Rückständen pro Tonne eingesetzten Hausmülls
*Reststoffe aus der Rauchgasreinigung (20)

Parameter	Einheit	Kenngröße
fester Ofenaustrag (Schlacke und Asche)	kg	300 bis 350
Filterasche (Flugstaub)	kg	25 bis 35
Rauchgas	m^3	5500 bis 6000
Schlacken-H_2O	l	bis 1000
Waschwasser (Naßwäsche)	l	500 bis 800
Schlamm aus RG-Wäsche	kg	bis 1
Trockene Verfahren*	kg	60 bis 70
Quasitrockene Verfahren*	kg	55 bis 60
Naßverfahren mit Eindampfung*	kg	45 bis 50

Müllschlacken sind extrem heterogene Materialien in Bezug auf Stückgröße und Form. Sie bestehen aus identifizierbaren Gegenständen wie Blech, Keramik, groben Eisenteilen, etc. und Asche.

Die Aschen und Schlacken aus der Verbrennung von BRAM und BRAP sind aufgrund der vorgeschalteten Aufbereitung vor der Brennstoffkonfektionierung gegenüber den Rückständen aus der Müllverbrennung frei von großen Eisenteilen, Blech, Keramik, etc. Bild 3 zeigt die Korngrößenverteilung von Müllschlacke dargestellt im RRSB-Netz.

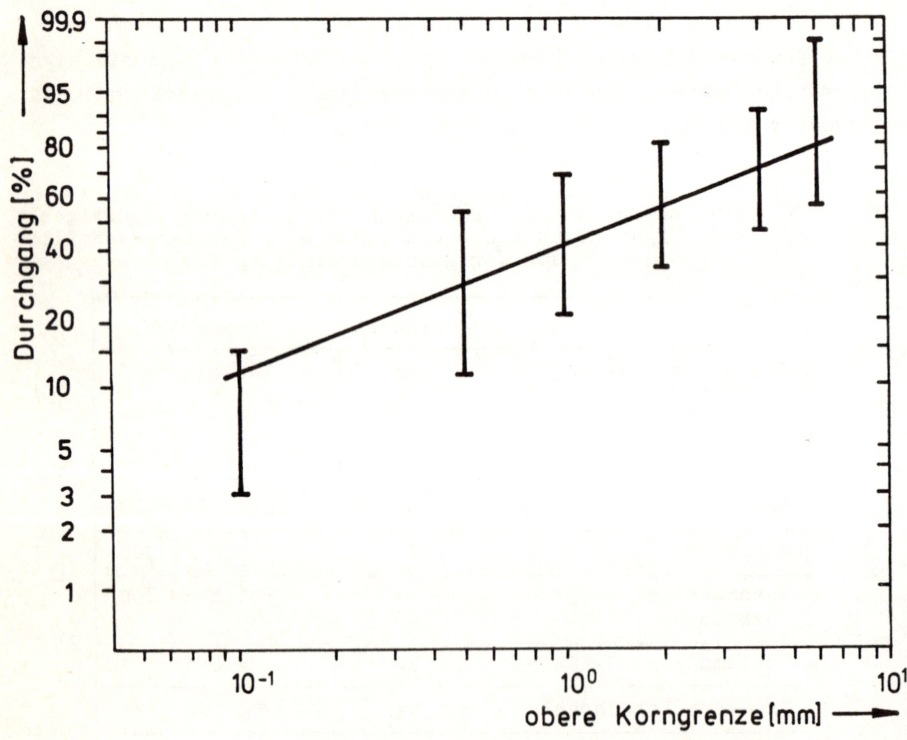

Bild 3

Korngrößenverteilung von Müllschlacken, dargestellt im RRSB -Körnungsnetz nach Grabner, E.; Hirt, R.; Petermann, R.; Braun R.: Müllschlacke, Eigenschaften-Deponieverhalten-Verwertung, VGL-Schweiz, Zürich, 1979 S. 1-211

Tabelle 8

Grobzusammensetzung von Verbrennungsrückständen

* Mittelwerte,

** Angaben beziehen sich auf Kleinverbrennungsanlagen

Parameter	Einheit	Müll*	BRAM**	BRAP**
Brennbares (Glühverlust)	Gew.-%	5- 6	2- 6	6-11
Schlacken/ Asche	Gew.-%	60-70	15-30	7-25
Wasser	Gew.-%	15-20	-	-
Schrott (FE-Anteile)	Gew.-%	7-15	-	-

Die Aschenanalyse erstreckt sich gewöhnlich auf den Gehalt an SiO_2, Al_2O_3, Fe_2O_3, CaO, MgO, SO_3, P_2O_5 und die Alkalien Na_2O und K_2O. Tabelle 9 zeigt die durchschnittlichen Oxidgehalte der Zusammensetzung von Rostschlacke und Asche verschiedener Brennstoffe. Tabelle 10 zeigt Richtwerte der schwermetallhaltigen Substanzen in Schlacken und Aschen aus Verbrennungsanlagen für Abfall, BRAM und BRAP. Die Ablagerung von Rückständen aus Abfallverbrennungsanlagen ist aufgrund der chemisch-physikalischen Eigenschaften der Rückstände keineswegs problemlos. Im Gegensatz zu den Schlacken, deren Wasserlöslichkeit relativ gering ist (etwa 3 bis 4 %) sind in Flugaschen bis zu 35 % wasserlösliche Stoffe enthalten.

Die Ausbrandqualität der Schlacke ist ein wichtiges Bewertungskriterium. Als Maßstab der Ausbrandqualität wird der Glühverlust herangezogen. Unter dem Glühverlust wird hier der Anteil an Brennbarem in der trockenen Schlacke verstanden. Hohe Glühverluste sind gewöhnlich auf eine falsche Auslegung des Feuerraums, insbesondere des Rostes zurückzuführen. Für niedrige Glühverluste sind in der Regel hohe thermische Feuerraum bzw. Rostbelastungen verantwortlich. Nachteilig hierbei ist, daß es zu Anbackungen im Feuerraum und somit zu häufigeren Revisions- und Reinigungsarbeiten kommen kann.

Tabelle 9

Mittelwerte der Zusammensetzung von Rostschlacke und Asche von BRAM und BRAP mit anderen Brennstoffen

(1) Veraschung im Labor; (2) aus Versuchsanlage der TU-Berlin; (3) Wirbelschichtfeuerung;
k.A. = keine Angaben

Parameter	Einheit	BRAM - Wien		ECO-Brikett	BRAP (GAP)		RDF/Klärschlamm	Klärschlamm	Hausmüll	Steinkohle	Anthrazit-Steinkohle	Braunkohle
		(1)	(2)	(1)	(1)	(2)	(3)	(3)				
SiO_2	Gew.-%	43,2	37,7	44,7	49,2	47,8	44,1	20,1	59 - 69	25 - 45	46,2	8 - 18
Fe_2O_3	Gew.-%	5,1	7,9	4,9	1,8	2,7	9,5	20,0	4,9-7,8	20 - 45	14,0	2 - 6
Al_2O_3	Gew.-%	16,8	23,8	27,7	38,9	36,0	14,0	6,8	5,1-6,3	15 - 21	25,8	4 - 9
CaO	Gew.-%	18,5	18,4	10,5	3,9	4,4	14,1	21,8	8,3-10,3	2 - 4	2,4	25 - 40
MgO	Gew.-%	2,8	3,4	2,3	1,8	3,3	2,6	3,2	0,7-1,5	0,5-1,0	2,7	0,5-0,6
P_2O_5	Gew.-%	0,4	0,3	1,2	1,5	1,4	7,9	22,5	0,3-1,2	k.A.	0,6	k.A.
SO_3	Gew.-%	5,1	6,1	2,7	0,9	0,8	1,8	0,5	k.A.	4 - 16	1,7	1 - 40
Na_2O	Gew.-%	1,8	1,9	2,9	0,5	0,4	1,7	0,5	0,8-12,6	1 - 2	0,8	1 - 4
K_2O	Gew.-%	1,7	1,6	3,6	0,8	0,7	2,1	1,3	1,3-1,8		4,2	

Tabelle 10
Schwermetallbereiche, Halogen-, Schwefel- und Glühverlustgehalte von Schlacke und Asche * bezogen auf Trockensubstanz (16,18,24)
** aus Kleinverbrennungsanlagen

Parameter	Einheit	Schlacke*	Schlacke u. Asche**	
		Abfall	BRAM	BRAP
Cadmium	g/kg	0,003-0,020	0,0015-0,011	⩽ 0,002
Blei	g/kg	1,4-1,6	0,15-0,712	0,033-0,235
Chrom	g/kg	0,18-0,24	0,15-0,85	⩽ 0,003
Kupfer	g/kg	0,5-3,0	0,6-6,4	0,011-0,077
Nickel	g/kg	0,11-0,17	0,07-1,8	0,017-0,079
Zink	g/kg	1,2-5,6	0,2-2,8	0,016-0,177
Eisen	g/kg	39-45	3,6-25	1,2-2,5
Quecksilber	mg/kg	0,09-0,2	0,01-0,02	⩽ 0,005
Chlorid	g/kg	3,0-3,8	2-16	0,5-1,1
Fluorid	g/kg	0,015-0,027	1-7	4-11
Schwefel	g/kg	5-17	2-13	2,6-3,1
Glühverlust	g/kg	51-59	20-60	60-110

Tabelle 11
Schwermetallgehalte bei der Auslaugung abgeschreckter Schlacken

Parameter	Einheit	Kenngröße
Cadmium	ppm	< 0,001
Quecksilber	ppm	< 0,001
Arsen	ppm	< 0,001
Blei	ppm	< 0,01
Chrom	ppm	< 0,01
Kupfer	ppm	< 0,1
Eisen	ppm	< 0,1
Nickel	ppm	< 0,01
Zinn	ppm	< 0,1
Zink	ppm	< 0,1

Tabelle 12
Physikalische Richtwerte der Schlackeneigenschaften

Parameter	Einheit	Kenngröße
Wassergehalt	Gew.-%	28
Trockenmasse	Gew.-%	72
Schüttgewicht (naß)	Mg/m^3	~ 1,24
Schüttgewicht (trocken)	Mg/m^3	0,6-1,18
Spezifische Grob-eisenmenge	kg/Mg	~ 135
Schüttgewicht des losen Grobeisens	kg/m^3	~ 200

Tabelle 13
Schlackenanteile in Abhängigkeit der Korngröße

Parameter	Einheit	Korngröße		
	mm	< 22	22-60	> 60
Schlacke	Gew.-%	46,6	60,7	20-69
Glas und Keramik	Gew.-%	48,0	33,2	30-77
Metall	Gew.-%	4,3	4,7	0-4
Unverbranntem	Gew.-%	1,1	1,4	0-8

5.2. Flüssige Emissionen

Bei den Abwässern aus Abfallverbrennungsanlagen ist zwischen Abwässern aus dem Sanitärbereich mit den üblichen organischen Belastungen und den hauptsächlich anorganisch belasteten Abwässern aus Schlacken-Kühlung, Rauchgasreinigung, Kesselspeisewasseraufbereitung, etc. zu unterscheiden. Die Abwässser aus dem Sanitärbereich werden in der Regel Behandlungsanlagen für kommunale Abwässer zugeleitet.

Von besonderer Umweltrelevanz sind die Betriebsabwässer und hier insbesondere der Abwasseranteil aus der Rauchgasreinigung. Das Bunkerwasser aus der Schlackenkühlung fällt wegen der heute bevorzugten Anwendung der Verdunstungskühlung kaum noch an. In der Regel ist das Entschlackerwasser sehr alkalisch (pH 10 - 11) und enthält, durch die hohe Alkalität, nur geringe Mengen löslicher Schwermetalle. Allerdings sind einige Schwermetalle oberhalb eines pH-Wertes von 10 als komplexe Hydroxide wieder löslich. So sind beispielsweise in Bunkerwässern Bleigehalte bis zu 20 ppm (mg/l) nachgewiesen worden. Aufgrund des "seifigen" Charakters von Entschlackerwasser muß mit gelösten organischchemischen Verbindungen in diesen Abwässern gerechnet werden. Der Anteil des Abwasserstromes aus der Speisewasseraufbereitung fällt mengenmäßig nicht ins Gewicht der Abwässer. Hier wird i.d.

R. zur Behandlung vorflutergerechter Bedingungen eine Feinstoffabtrennung durch Schwerkraft-Sedimentation und eine Neutralisation vorgenommen.

Abwässer aus der nassen Rauchgasreinigung fallen mengenmäßig in der Größenordnung von 0,25 - 1,0 m^3/Mg Abfall an (Tabelle 7). Die Menge des anfallenden Abwassers hängt vom jeweiligen Absorbertyp und der pH-Wert-Einstellung im Waschkreislauf ab. Für diese Abwässer ist eine Behandlung erforderlich. Nach dem heutigen Stand der Technik kann, je nach Standort der Anlage, sich die Abwasserbehandlung auf eine Feststoffabtrennung, Neutralisation, Schwermetallfällung und Schwermetall-Separation durch Ionenaustausch beschränken. Diese umweltrelevanten Problematiken der Abwässer aus Abfallverbrennungsanlagen sind gegenüber den Sickerwässern aus Deponien weitaus unproblematischer.

5.3. Partikel- und gasförmige Emissionen

In den Abgasen von Abfallverbrennungsanlagen sind als gasförmige Schadstoffe insbesondere Chlor-, Fluor-, Schwefel-, Stickstoffverbindungen-, Kohlenmonoxid und Schwermetallverbindungen, und als partikelförmige Emissionen Staub und die darin angelagerten Schwermetallverbindungen enthalten. Die Emission an HCl, HF und SO_2 sind durch die Anteile der jeweiligen Schadstoffe (Kunststoffanteil, schwefelhaltige Verbindungen etc.) im Input bestimmt. So werden bei der konventionellen Abfallverbrennung etwa 92 % des im Abfall vorhandenen Chlors als HCl, 12 % des Fluors als HF und 47 % des Schwefels als SO_2 emittiert. Dies sind mittlere Erfahrungswerte und können je nach Anlage unterschiedlich sein. Die Konzentration an Kohlenmonoxid im Abgas ist stark abhängig von der Menge, der Zusammensetzung, der zeitlichen Folge der Müllbeschickung und dem Luftüberschuss. Die Schadstoffgehalte an nitrosen Gasen (NO_x) sind von der Feuerführung, dem Luftüberschuss und der Verbrennungstemperatur abhängig. Tabelle 14 zeigt die Emission aus Hausmüllverbrennungsanlagen und Feuerungsanlagen für BRAM und BRAP, die aus verschiedenen Meßergebnissen zusammengestellt wurden (5,6, 13, 16, 17, 18, 24,26).

Tabelle 14

Emissionen aus Hausmüllverbrennungsanlagen und Feuerungsanlagen für BRAM und BRAP
* bezogen auf 11 Vol.-% O_2 trockenes Abgas, ** bezogen auf 12 Vol.-% CO_2
1) nach E-Filter, 2) nach Rauchgasreinigung, 3) Kleinverbrennungsanlagen, 4) Wirbelschichtofen - Klärschlamm mit "green pellets" (-) Mittelwert, k.A. = keine Angaben (5,6,13,16,17,18,24,26)

Parameter	Einheit	Hausmüllverbrennung*		BRAM		BRAP*
		1)	2)	3)**	4)*	3)
Staub	mg/m^3	2000-15000	7-100	229-5455 (1506)	13-21	30,3-258,2 (86,7)
HCl	mg/m^3	300-850	39-85	62-2498 (740)	394-477	49,8-75,1 (65,3)
HF	mg/m^3	2-12	0,5-3,0	0,36-18,4 (5,2)	k. A.	0,15-1,67 (0,66)
SO_2	mg/m^3	200-450	70-190	193-1885 (813)	250-400	119,8-590,7 (395,6)
NO_x	mg/m^3	150-500	120-330	382-670 (586)	24-57	362,5-625,3 (455,2)
CO	mg/m^3	80-400	42-350	1693-33860 (14190)	17-59	495-1750 (1093)
TOC	mg/m^3	4-16	2,0-5,0	10,8-10911 (3254)	k.A.	10,8-198,3 (30,7)
CO_2	Vol.-%	6-12	6-12	4,5-14,5 (8,9)	9,2-10,8	7,8-12,2 (10,3)
O_2	Vol.-%	7-14	7-14	6,7-15,8 (10,4)	7,6-9,2	7,1-11,9 (9,6)
H_2O	Vol.-%	10-18	10-20	4-14 (7,8)	k. A.	4-13 (6,3)

Der Staub- und somit insbesondere der Schwermetallaustrag bei Verbrennungsanlagen erfolgt über das Abgas, die Aschen bzw. Schlacken. Die Schwermetalle reichern sich in der staubförmigen Phase und im dampfförmigen Anteil des Rauchgases an. Einige im Abfall gegenwärtige Metalle, Metalloxide und Metallchloridverbindungen besitzen einen so hohen Dampfdruck, daß sie bei den Temperaturen der Verbrennung für Abfall und BRAM als Dämpfe entweichen und nach Abkühlung an der Oberfläche von Flugstaubteilchen kondensieren. So muß bereits bei einem Dampfdruck in der Größenordnung von 10^{-3} Torr mit dem Auftreten von dampfförmigen Verbrennungsprodukten im Rauchgas gerechnet werden (25). Flüchtige Metallverbindungen, die dampfförmig emittiert werden können, sind z.B.:

Fe_2Cl_6; Pb; PbCl; As; As_4O_6; $AsCl_3$; Se; SeO_2;
Hg; $HgCl_2$; Sb; $SbCl_3$; Cd; $CdCl_2$; Zn; $ZnCl_2$ etc.

Der dampfförmige Anteil der Elemente Zink, Cadmium und Blei im Reingas beträgt im Mittel um 10 % des Gesamtschwermetallgehaltes . Bei Quecksilber erreicht der dampfförmige Anteil Größenordnungen von über 90 %. Dies beruht auf dem hohen Dampfdruck und dem niedrigen Siedepunkt (ca. 357 °C) von Quecksilber. Eine besondere Rolle bei der Verflüchtigung von Metallen im Abgas von MVA's nimmt das HCl-Gas ein. So ist aus der Literatur (25) bekannt, daß der Rohwerkstoff Eisen mit Chlorwasserstoff zu flüchtigen Eisenchloriden (Fe_2Cl_6 - Dampf) umgesetzt werden kann.

Bei Untersuchungen (12) über die Elementgehalte von Elektrofilterstaub in Abhängigkeit der Korngröße wurde festgestellt, daß die Hauptbestandteile (Aluminium, Kalzium, Kohlenstoff, Eisen und Natrium) etwa gleichmäßig über das Korngrößenspektrum verteilt sind. In den Bildern 4 und 5 sind die Gehalte an Kupfer, Cadmium, Blei und Zink in Abhängigkeit von der Korngröße des Elektrofilterstaubes einer MVA dargestellt. Hieraus ist ersichtlich, daß in den feinsten Kornfraktionen von Stäuben ($\leq$ 10 µm) aus Abfallverbrennungsanlagen es zu starken Anhäufungen bzw. Anreicherungen von Schwermetallen kommen kann.

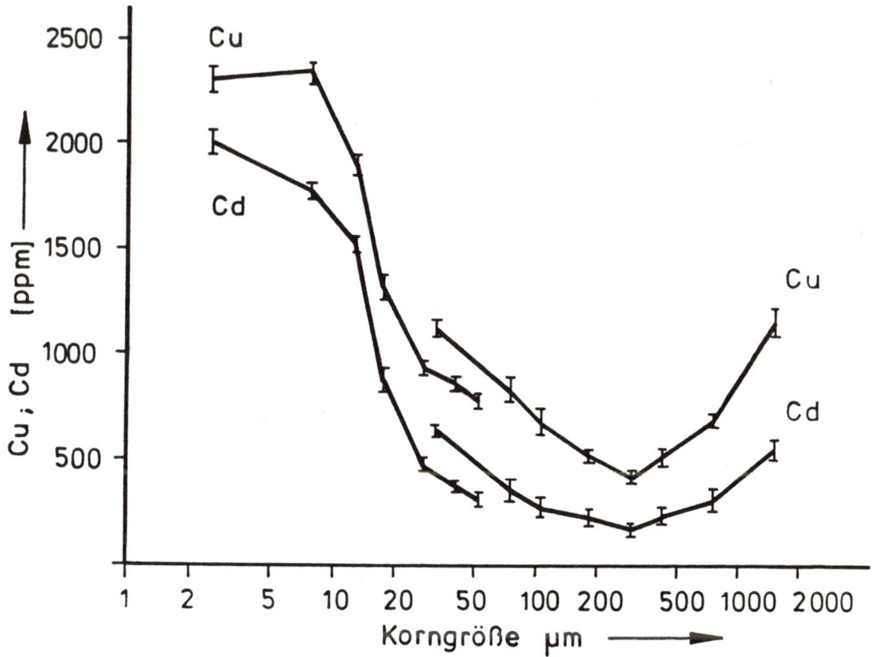

Bild 4
Kupfer- und Cadmium-Gehalte in Abhängigkeit von der Korngröße in Elektrofilterstäuben aus einer Abfallverbrennungsanlage

Tabelle 15 zeigt verschiedene Schwermetallgehalte von Elektrofilterstäuben aus Hausmüllverbrennungsanlagen (13, 18, 24).

Die Anreicherung vieler Schwermetalle an die Feinststaubfraktion ist darin begründet, daß ein Großteil der Schwermetalle im Feuerraum von Abfallverbrennungsanlagen in die Gasphase und im Bereich der Rauchgaskühlung aber wieder in die feste Phase übergehen und sich dadurch an Teilchen mit großer spezifischer Oberfläche, dem Feinststaub anreichern. So lagern sich an der Reingasstaubfraktion ≤ 2 µm die Schwermetalle Cadmium zu 98 % - 100 %, Blei 90 % - 96 %, Chrom 37 % - 100 %, Kupfer 91 % - 100 %, Nickel 1,7 % - 76 % und Zink zu 94 % - 100 % an (14, 25).

Tabelle 15
Schwermetallgehalte von Elektrofilterstäuben aus Hausmüllverbrennungsanlagen * (18, 24), **(13)

Parameter	Einheit	min. - max.	Mittel
Cadmium	mg/kg	320 - 770 280 - 800	539* 540**
Blei	mg/kg	7362 - 9126 4700 - 16000	8184* 9200**
Chrom	mg/kg	142 - 396 140 - 450	285* 360**
Nickel	mg/kg	70 - 157 50 - 840	115* 410**
Kupfer	mg/kg mg/kg	842 - 1245 80 - 2100	1028* 1500**
Zink	mg/kg	21993 - 31914 12000 - 30000	25762* 22000**
Selen	mg/kg	1 - 5 < 10 - 10	< 2* < 10**
Quecksilber	mg/kg	0,03 - 12,9 5 - 9	2,69* 7**
Arsen	mg/kg	33 - 239 40 - 120	116* 70**
Thallium	mg/kg	32 - 68 < 10	41* < 10**
Vanadium	mg/kg	251 - 726 20 - 210	451* 70**
Barium	mg/kg	5857 - 9602 390 - 5900	8178* 1680**
Tellur	mg/kg	11,9 - 15,5 < 10	13,8* < 10**

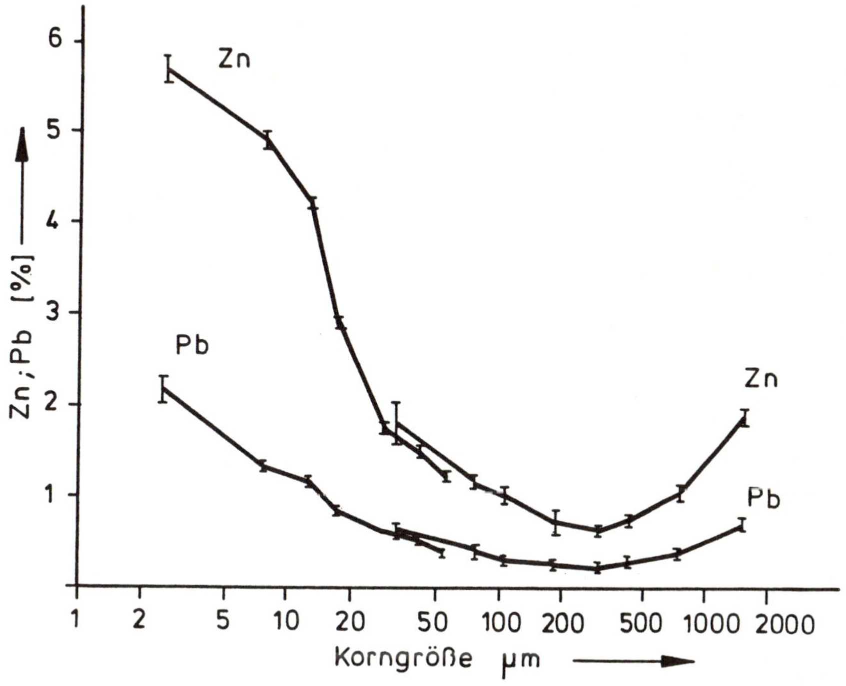

Bild 5
Zink- und Blei-Gehalte in Abhängigkeit von der Korngröße in Elektrofilterstäuben aus einer Abfallverbrennungsanlage

Die Korngrößenverteilung des Reingasstaubes einer MVA zeigt Bild 6. Untersuchungen haben ergeben, daß die Kornverteilung bis zu 70 % aller Partikel mit einem aerodynamischen Durchmesser ≤10 µm beträgt. Der Medianwert (d_{50}) liegt bei 1,8 µm bis 2,3 µm.

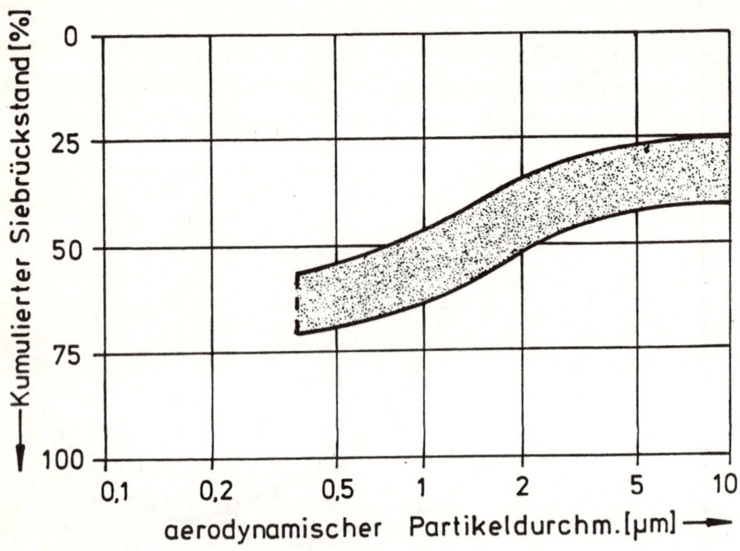

Bild 6
Korngrößenverteilung des Reingasstaubes einer Abfallverbrennungsanlage

Die Tabellen 16 und 17 zeigen partikelförmige und gas- bzw.dampfförmige Schwermetallverbindungen aus Abfallverbrennungsanlagen, Steinkohlenkraftwerken, Braunkohlenkraftwerken und Kleinverbrennugsanlagen für BRAM und BRAP. Hierbei ist in Tabelle 16 für Hausmüllverbrennungsanlagen zwischen Schwermetallen in der staubförmigen und gasförmigen Phase unterschieden. Einige wichtige Erkenntnisse aus eigenen Messungen (18, 24) haben gezeigt, daß im Reingas der dampfförmige Anteil der Elemente Cadmium, Blei und Zink im Mittel unter 10 % liegt. So wurden reingasseitig dampfförmige Anteile für Cadmium in der Größenordnung von 1,7 % bis 23 %, für Blei 4,6 % bis 9,4 % und für Zink ein Bereich von 6,2 bis 41 % festgestellt. Der dampfförmige Anteil an Quecksilber verhält sich Erwartungsgemäß anders. Hier wurden Anteile in der Größenordnung von 84 % - 97 %, im Mittel 93 %, festgestellt. Der größte Anteil an Schwermetallen wird mit der staubförmigen Fraktion ausgetragen.

Tabelle 16

Emissionen partikelförmiger und gas- bzw. dampfförmiger Schwermetallverbindungen im Reingas von Abfallverbrennungsanlagen (bezogen auf 11 Vol.-% O_2 trockenes Abgas) und Kohlekraftwerken, (-) Mittelwerte,
* bezogen auf Gesamtstaubgehalt von 100 mg/m^3 (13,18,22,24,25)

Parameter	Einheit	staubförmige Phase		gasförmige Phase		Steinkohlenkraftwerk*	Braunkohlenkraftwerk*
		nach E-Filter	nach Rauchgasreinigung	nach E-Filter	nach Rauchgasreinigung		
Cadmium	mg/m^3	0,032-0,68 (0,246)	0,0004-0,012 (0,008)	0,0003-0,136 (0,045)	0,0001-0,010 (0,0029)	0,003	< 0,001
Blei	mg/m^3	0,733-11,90 (4,572)	0,0075-0,150 (0,070)	0,004-0,744 (0,309)	0,002-0,058 (0,0256)	0,230	0,010
Chrom	mg/m^3	0,211-2,475 (1,115)	0,009-0,100 (0,026)	0,087-5,9 (0,278)	0,001-0,120 (0,020)	0,064	0,010
Nickel	mg/m^3	0,232-2,290 (0,879)	0,004-0,390 (0,100)	0,041-2,30 (0,398)	0,002-0,095 (0,030)	0,066	0,002
Kupfer	mg/m^3	0,049-3,50 (1,084)	0,001-0,079 (0,026)	0,063-0,495 (0,252)	0,001-0,082 (0,010)	0,030	0,001
Zink	mg/m^3	0,973-49,14 (12,624)	0,008-0,259 (0,112)	0,029-4,098 (1,181)	0,015-0,099 (0,065)	0,280	0,015
Arsen	mg/m^3	0,010-0,046 (0,020)	0,0003-0,001 (0,0007)	0,013-0,062 (0,032)	0,0001-0,0002 (0,0001)	0,049	0,005
Quecksilber	mg/m^3	0,003-0,1736 (0,092)	0,00003-0,010 (0,0019)	0,005-0,498 (0,120)	0,012-0,241 (0,066)	0,001	< 0,001

Tabelle 17

Emissionen staubförmiger Schwermetallverbindungen beim Einsatz von BRAM und BRAP aus Kleinverbrennungsanlagen ohne Rauchgasentstaubung mit Rauchgasreinigung, bezogen auf 12 Vol.-% CO_2 und trockenes Abgas, (-) Mittelwerte

Parameter	Einheit	BRAM ohne CaO	BRAM mit 5 Gew.-% CaO	BRAP
Blei	mg/m^3	3,872-45,355 (12,211)	20,172-34,335 (28,828)	0,039-3,312 (0,699)
Cadmium	mg/m^3	0,078-1,163 (0,331)	0,403-0,962 (0,604)	0,010-0,109 (0,039)
Chrom	mg/m^3	0,392-990,03 (45,403)	142,44-219,83 (163,73)	1,960-21,273 (5,814)
Kupfer	mg/m^3	0,108-16,510 (1,048)	2,314-3,990 (3,528)	0,0382-0,866 (0,236)
Nickel	mg/m^3	0,364-57,325 (13,105)	20,826-234,65 (68,874)	0,453-6,692 (2,337)
Zink	mg/m^3	3,504-71,930 (18,326)	25,192-77,298 (56,707)	0,195-5,525 (1,636)
Eisen	mg/m^3	2,275-1965,9 (99,887)	176,99-747,01 (462,10)	10,069-67,989 (27,812)

Durch Zugabe von Calziumoxid (CaO) zum Brennstoff können bestimmte Schadstoffe in der Asche und Schlacke eingebunden werden. Dies trifft für die Halogene Chlor und Fluor sowie auf den Schwefel zu. Für die Schwermetallverbindungen, die überwiegend mit dem Flugstaub emittiert werden, erhöhen sich die Konzentrationen bei Zugabe von CaO. So wurden bei Zugabe von etwa 5 Gew.-% CaO zu BRAM gegenüber Brennstoff ohne CaO-Zusatz weit über das doppelte der Gesamtstaubemission nachgewiesen. Dementsprechend verhalten sich auch die Schwermetalle. Aus Tabelle 17 ist ersichtlich, daß mit Cao-Zusatz erhöhte Schwermetallemissionen auftreten. So können beispielsweise durch Zugabe von Einbindemitteln das ein- bis vierfache an staubförmigen Schwermetallen mit dem Flugstaub emittieren.

5.4. Lärm

Die Lärmsituation ist für Abfallverbrennungsanlagen als zulässig zu bezeichnen. Typische Einzelgeräusche bedürfen je nach Standort und Nachbarschaft der Schalldämpfung. Für Abfallverbrennungsanlagen gilt ein Lärmpegel an der Grundstücksgrenze von 35 dB(a)

6. Zusammenfassung

Die Verbrennung von Abfällen wird auch zukünftig in der Bundesrepublik Deutschland einen wichtigen Beitrag zur Entsorgung des anfallenden Hausmülls und der hausmüllähnlichen Abfälle leisten. Durch die Optimierung der Verbrennungstechnologie und der weiteren Entwicklung der Staubabscheidung und Rauchgasreinigung sind die schädlichen Emissionen zu minimieren. Eine Verminderung der Emissionen kann zusätzlich durch Primärmaßnahmen wie Müllvorbehandlung und -sortierung als auch durch Substitution schadstoffreicher Produkte geschehen.

Grundsätzlich sollte eine Abfallverbrennungsanlage nicht ohne Rauchgasreinigungsanlage nach dem neuesten Stand der Technik genehmigt werden.

Untersuchungsergebnisse über die Verwertung des Einsatzes von BRAM und BRAP in Großfeuerungsanlagen liegen bisher nicht vor. Die Forschungsarbeiten von SFW (Saarberg Fernwärme) über den Einsatz von BRAM in Wanderrostfeuerungen sind noch nicht abgeschlossen. Bei den bisher vorliegenden Untersuchungsergebnissen aus der Verfeuerung von BRAM in Kleinverbrennungsanlagen hat sich gezeigt, daß insbesondere in der ersten Phase des Verbrennungsvorganges erhebliche Emissionen auftreten können. Die Rauchgase enthalten dabei größere Mengen an typischen Schadstoffen (CO, C_nH_m), die auf unvollständige Verbrennungsvorgänge hindeuten. Bei Einsatz von Brennstoff aus Altpapier ist die Emissionssituation ähnlich, jedoch sind die Schadstoffkonzentrationen (für Staub im Bereich des zulässigen Grenzwertes) niedriger.

Maßnahmen zur Emissionsminderung sind auf die unterschiedlichen Zustände der Verbrennungsvorgänge abzustimmen. Möglichkeiten hierzu liegen u.a. in der Feuerraumgeometrie, der Rostgestaltung der Sekundärluftführung und -menge sowie im Einsatz von Nachverbrennungskammern. Für die Verbrennung von BRAM in Klein- als auch in Großverbrennungsanlagen ist eine Staubabscheidung unabdingbar. Des weiteren sind die Emissionen an HCL und Schwermetallen in einer solchen Größenordnung, daß sie nicht ohne weiteres emittiert werden können. Daß die bisher gewonnenen Erkenntnisse nicht untypisch und nur auf die vorhandenen Anlagen zurückzuführen sind, bestätigen Untersuchungsergebnisse aus Großbritannien, Schweden, Italien und der Bundesrepublik Deutschland (1,2,4,6,11,14,16,17, 19,26).

Der Einsatz von Briketts aus gemischtem Altpapier scheint, was die Untersuchungsergebnisse zeigen, eher unbedenklich zu sein. Aber auch hier sind je nach Papierart beträchtliche Emissionen an Schwefeldioxid und Schwermetallen zu erwarten.

7. Literatur

(1) Ahling, B.; Lundén, L.; Edner, S.: Experimental firing with BRINI, at Eksjo, Institutet för vatten - och Luftvärdsforskning, Stockholm, Febr. 1982

(2) Alter, H.: Refuse - derived fuel production an combustion in the United States, in Ferranti, M.P.; Ferrero, G.L. (Edited): Sorting of household waste and thermal treatment of waste, Elsevier applied science publishere (1985) S. 375-391

(3) Angerer, B.; Böhm, E.; Schön, M.: Vergleich abluftseitiger Emissionen bei Müllheizkraftwerken, Kohleheizkraftwerken sowie bei Haushaltsfeuerungen, 4. abfallwirtschaftliches Fachkolloquium, KAVB-Saar, Saarbrükken, April 1984

(4) Arosio, S.; Cassitto, L.G.; Cresenti, A.; Sotgia, G.: Combustion of refuse - derived fuels in a specially developed high-intensity thermal device, Resources and Conservation, 11 (1985) S. 241-253

(5) Barniske, L.: Stand der Müllverbrennung in der Bundesrepublik Deutschland, 4. abfallwirtschaftliches Fachkolloquium, KABV-Saar, Saarbrücken, April 1984

(6) Bilitewski, B.: Recyclinganlagen für Haus- und Gewerbeabfälle, Beiheft 21, Müll und Abfall, Erich Schmidt Verlag, Berlin (1985) S. 1-120

(7) Braun, H.: Emissionen aus Müllverbrennungsanlagen KfK-Nachrichten, Jahrg. 16, 1/84, S. 26-32

(8) Brunner, P.H.; Zobrist, J.: Die Müllverbrennung als Quelle von Metallen in der Umwelt, Müll und Abfall 15 (1983) S. 221-227

(9) Buchholz, E.; Jockel, W.; Temeli, S.: Emissionsverhalten von Stickstoffoxiden und Kohlenmonoxid nach Optimierung der Müllverbrennungsanlage Wuppertal-Remscheid, Müll und Abfall 1 (1985) S. 9-15

(10) Buekens, A.; Schoeters, I.: Einige Überlegungen zur Erzeugung und Feuerung von Brennstoff aus Müll (BRAM), 5. abfallwirtschaftliches Fachkolloquium, KABV-Saar, Saarbrücken, April 1985

(11) Bünsow, W.; Dobberstein, K.: Investigation of the possibilities to use RDF in power stations for energy-gaining reasons, in Ferranti, M.P.; Ferrero, G.L. (Edited): Sorting of household waste an thermal treatment of waste, Elsevier applied science publishere, (1985) S. 251-258

(12) Dannecker, W.: Schadstoffmessungen bei Müllverbrennungsanlagen, VGB Kraftwerkstechnik 63 (1983) Nr. 3, S. 237-243

(13) Knorn, D.; Fürmaier, B.: Ergebnisse von Emissionsmessungen an Abfallverbrennungsanlagen, Müll und Abfall 2 (1984) S. 29-36

(14) Lorber, K.-E.: Incineration of RDF and incineration of total waste - comparison of emissions, in Ferranti, M.P.; Ferrero, G.L. (Edited): Sorting of household waste and thermal treatment of waste, Elsevier applied science publishere, 1985, S. 208-224

(15) Lundén, L.: Ergebnisse aus der Verbrennung von Rückstandsbrennstoffen in verschiedenen Feuerungsanlagen in: Thomé-Kozmiensky, K.J. (Hrsg.) Brennstoff aus Müll, E. F.- Verlag für Energie- und Umwelttechnik GmbH, Berlin (1984) S. 537-548

(16) Müller, H.: Rauchgasmessungen bei der Verwertung von Rückstandsbrennstoffen, in: Thomé - Kozmiensky, K. J. (Hrsg.) Brennstoff aus Müll, E. F.-Verlag für Energie- und Umwelttechnik GmbH., Berlin (1984) S. 495-520

(17) Müller, H.; Becker, F.: Combustion and Emissions of RDF and Pelletized Waste Paper in a 35 kW Sized Boiler, in Thomé-Kozmiensky, K.J. (Edited): Recycling International, EF-Verlag für Energie- und Umwelttechnik GmbH, Berlin (1984) S. 297-302

(18) Müller, H.; Jager, J.: Untersuchungen zur Abscheideleistung einer trockenen Rauchgasreinigungsanlage, Berlin (1985) unveröffentlichte Studie

(19) Raicov, G.; Gutmann, V.-H.: Erfahrungen aus dem Einsatz von RDF in einem Wirbelschichtofen, in: Thomé-Kozmiensky, K.J. (Hrsg.) Brennstoff aus Müll, E. F.-Verlag für Energie- und Umwelttechnik GmbH, Berlin (1984) S. 590-599

(20) Reimer, H.: Abwasserlose Rauchgasreinigung in Abfallverbrennungsanlagen, Stand der Entwicklung, Perspektiven, Staub-Reinhalt. Luft 43 (1983) S. 28-40

(22) Tabasaran, O.: Emissionen aus Müllheizkraftwerken und ihre Beherrschung - Versuch einer Umweltbilanz, VDI Berichte 554, Febr. 1985, S. 137-142

(23) Thomé-Kozmiensky, K. J. (Hrsg.): Brennstoff aus Müll, Herstellung und Verwertung von Rückstandsbrennstoffen als Bestandteil eines Ent- und Versorgungskonzepts von Kommunen, E. F.-Verlag für Energie- und Umwelttechnik GmbH, Berlin (1984) S. 1-691

(24) Thomé-Kozmiensky, K.J.; Müller, H.: Vergleichende Emissionsmessungen einer MVA, Berlin 1985, unveröffentlichte Studie

(25) Thomé-Kozmiensky, K.J.(Hrsg.): Müllverbrennung und Rauchgasreinigung, E. Freitag-Verlag für Umwelttechnik, Berlin 1983, S. 1-1101

(26) Wallin, S.C.; Clayton, P.: Emissionen aus der Verbennung von Hausmüll und BRAM, in Thomé-Kozmiensky, K.J. (Hrsg.): Recycling International, Gewinnung von Energie und Material aus Rückständen und Abfällen, E. Freitag-Verlag für Umwelttechnik, Berlin 1982, S.271-277

Die Beeinflussung von Schwermetallemissionen aus Müllheizkraftwerken durch Vorsortierung des Inputmaterials

W. Bidlingmaier, M. Alt
Technische Universität Stuttgart

Schwermetalle werden aus Müllheizkraftwerken über Schlacke und Aschen emittiert. Diese umfassen alle festen Rückstände eines MHKWs. Je nach technischer Schnittstelle ist damit eine Unterteilung dieser Feststoffe möglich. In der heute üblichen Verbrennugstechnik sind damit drei Ascheanfallstellen zu berücksichtigen:

- Schlacken (z.B. Rostdurchfall, Rostschlacke usw.)
- Flugasche (z.B. am Zyklon- und Elektrofilter, Staubniederschlag an der Heizfläche usw.)
- Flugstaub (Staub, der mit dem Reingas aus dem Schornstein ausgetragen wird)

Wo die einzelnen Metalle wiederzufinden sind, hängt maßgeblich vom Siedepunkt der einzelnen Metalle und deren Verbindungen ab. So nimmt die Metallkonzentration von der Schlacke zur Flugasche für Zink und Cadmium, die beide niedrige Siedepunkte haben, deutlich zu.

In der Tabelle 1 und 2 sind entsprechende Daten für drei Müllheizkraftwerke zusammengestellt. Die Meßergebnisse lassen die Abhängigkeit der Verteilung, in der diese Ströme vom Siedepunkt der Metalle abhängig sind, deutlich werden.

Im folgenden soll untersucht werden, inwieweit diese Emissionen durch eine Vorsortierung beeinflußt werden. Ausgegangen wurde von einem Gemisch aus Hausmüll, Gewerbemüll und Klärschlamm in der

Verteilung 58 : 25 : 17 %. Als Basis der Gewichtsverteilung ist die Naßsubstanz gewählt worden, da somit sofort auf das Aufgabegut rückgeschlossen werden kann. Tab. 3 gibt die Zusammensetzung des Brenngutes wieder. Als Durchsatzleistung für die Anlage wurde 174 000 t/a angesetzt.

Die Tabellen 4 bis 9 zeigen die Schadstoffwerte der einzelnen Stoffgruppen jeweils auf die Trockensubstanz bezogen.
Bei den Schwermetallwerten wurden als Ausgangsbasis Untersuchungsdaten des Instituts gewählt. Angaben liegen für die Stoffgruppen Papier, Kunststoff, für die nativ organische Substanz, für Glas, für Leder und für die Gruppe 40 mm vor. Untersuchungswerte der Gruppe Metall, die auch vorhanden sind, wurden aufgrund der großen Streubreite nicht berücksichtigt, in einer Variante wird aber auf sie eingegangen.
Die Schwermetallwerte des Klärschlamms beziehen sich auf Untersuchungen von Dr. Elke Nuss.

Auf der Grundlage diese Daten wurden verschiedene Varianten zur Auslese bzw. Abtrennung von Fraktionen oder Stoffgruppen berechnet, von denen fünf hier vorgestellt werden sollen. Diese sind:

- Getrennte Sammlung von Biomüll
- Wertstofftonne im Mehrkomponentensystem
- Absiebung der Fraktion 40 mm
- Herausnahme des Abwasserschlammes
- Abtrennung von Metallteilen

Eingegangen wird dabei sowohl auf die Eintragsmenge der einzelnen Stoffgruppen mit den dazugehörigen prozentualen Verteilungen, wie auch auf die absoluten Änderungen, die sich durch die Verringerung der Jahresmenge ergeben.

Werden von den Abminderungsfaktoren der Variantenrechnungen überwiegend schadstoffarme Stoffgruppen erfaßt, so kann der relative Gesamtschadstoffgehalt des Variantenmülls, der in mg/kg Naßmüll angegeben ist, über dem des Ausgangsmülls liegen. Absolut gesehen jedoch, d.h. auf einen Jahresdurchsatz bezogen, nimmt der Schadstoffinput aufgrund der Mengenreduzierung der Variante ab, bzw. bleibt gleich, falls von der Abminderung nur schadstofffreie Stoffgruppen betroffen sind.

Die Balkendiagramme, in denen die prozentualen Verteilungen dargestellt sind, weisen pro Stoffgruppe immer zwei Balken auf. Der linke, mit der Schrägschraffierung ist dem Ausgangszustand, also dem Zustand ohne Abminderung zugeordnet, der rechte, mit der Kreuzschraffierung, gibt die Verhältnisse unter Berücksichtigung der Variante wieder.

Die berechneten Schwermetallwerte sind mit den prozentualen Veränderungen in Tabelle 10 zusammengestellt.

Variante 1: Getrennte Sammlung von Biomüll

Mit dieser Variante, in der die organische Substanz des Hausmülls zu 90 % erfaßt wird, läßt sich eine Gewichtsreduktion von 9,2 % erzielen. Die nun zu verbrennende Müllmenge beträgt 158 075 t/a. Der untere Heizwert steigt gegenüber der unabgeminderten Berechnung um 4 % auf 8 805 kJ/kg, bei einem Gesamtwassergehalt von 29 %.

Die Stoffgruppenverteilung der Variante (s. Abb. 1) ähnelt stark der Ausgangsverteilung. Anteilsmäßig nehmen die nichtabgeminderten Stoffgruppen um maximal 2,1 % zu, der Anteil der organischen Gruppe nimmt durch die Abminderung von 13,8 % auf 5,1 % ab.

Gegenüber der unabgeminderten Version verringert sich der Gesamtcadmiumeintrag, bei einem relativen Cadmiumgehalt von 4,5 mg/kg, leicht um 1,4 % auf 705 kg/a.Der geringe Einfluß der organischen Gruppe am Gesamteintrag zeigt sich im Vergleich der Eintragsverteilungen auf Abb. 2. Gegenüber der unabgeminderten Version bleibt die abgeminderte praktisch gleich.

Durch die Variante nimmt der relative Chromgehalt um 5,4 % auf 19,6 mg/kg zu. Absolut gesehen läßt sich jedoch eine Eintragsreduktion von 4,5 % auf 3 095 kg Chrom/a errechnen. In der Eintragsverteilung, die auf Abb. 3 dargestellt ist, steigt der Anteil der unabgeminderten Gruppen leicht an, während der Anteil der organischen Substanz von ursprünglich 5,8 % auf 1,9 % fällt.

Der Gesamtnickelgehalt des Variantenmülls liegt mit 9,6 mg/kg leicht über dem des unabgeminderten Mülls (3,2 %). Die absolute Inputreduktion beträgt 6,1 % oder 137 kg/a. Dies ergibt eine neue Eintragsmenge von 1 519 kg/a. Bei der Eintragsverteilung (Abb. 4) nehmen, außer der abgeminderten Gruppe, die um 5,5 % auf 3,1 % sinkt, alle Gruppen um maximal 2,3 % zu.

Für Kupfer nimmt der relative Gehalt durch die Variante um 6,2 % auf 41,4 mg/kg Naßmüll zu. Die Eintragsmenge pro Jahr fällt aber um 3,7 % auf 6 538 kg/a. Die Eintragsverteilung auf Abb. 5 zeigt gegenüber der unabgeminderten Version kaum Unterschiede.

Bei Blei steigt der relative Gesamtgehalt um 8,8 % auf 145,1 mg/kg. Absolut gesehen beträgt die Inputminderung nur 1,2 %. Dies zeigt sich auch in der praktisch gleichbleiben den Eintragsverteilung auf Abb. 6.

Auch der Zinkeintrag wird durch die Variante kaum beeinflußt. Zwar steigt der relative Gehalt um 7,5 % auf nun 290,3 mg/kg, doch bleibt die absolut Inputmenge fast gleich. Mit 45 889 kg/a liegt sie um 2,3 % unter der unabgeminderten Version. Auf Abb. 7 ist die Eintragsverteilung dargestellt.

Variante 2: Wertstofftonne im Mehrkomponenensystem

Für die Variante, bei der nur Hausmüll erfaßt wird, wird mit Abschöpfungsquoten bei

Papier	- 80 %
Kunststoff	- 65 %
Metall	- 70 %
Glas	- 80 %

gerechnet.

Unter Einbeziehung dieser Abminderungen ergibt sich dann eine Gewichtsreduktion durch die Variante 2 um 16 %. Die neue Inputmenge beträgt 145 910 t/a.

Der untere Heizwert sinkt durch die teilweise Herausnahme der energiereichen Stoffgruppen Papier und Kunststoff um ca. 7 % auf 7 900 kJ/kg bei einem Gesamtwassergehalt von 34,4 %.

Wie in Abb. 8 zu sehen ist, nehmen allgemein die durch die Abschöpfung nicht erfaßten Gruppen anteilsmäßig zu. Die Gruppe 40 mm z.B. erhöht ihren Stoffgruppenanteil von alten 21,6 Prozentpunkte, oder der Klärschlamm von 17,3 auf 20,7 Prozentpunkte.
Die Aussortierung von 80 % des Papieranteils aus dem Hausmüll bewirkt auf den Gesamtpapierinput gesehen nur eine Mengenreduktion von 45 %. In der Stoffgruppenverteilung sinkt dadurch der Papieranteil von 18,5 % auf 12,1 %, bezogen auf die Naßsubstanz des Gesamtmülls.
Die Kunststofffraktion nimmt in sich um 45 % und auf die Gesamtverteilung bezogen um 2 % auf 3,9 Gew.-% ab.
In der Metallfraktion bringt die Abminderung einen neuen Anteilswert von 2,5 %, beim Glas, dessen Hausanteil höher ist, sinkt er von 5,1 % auf 1,8 %. Durch die Abschöpfung werden 71 % des gesamten Glasanteils aus der Verbrennung herausgenommen.

Pro kg Naßmüll errechnet sich ein Cd-Eintrag von 3,1 mg/kg. Hoch-

gerechnet auf die neue Jahresmüllmenge von 145 910 t fallen dann 452 kg/a an. Gegenüber den 715 kg/a der unabgeminderten Rechnung ergibt sich so eine jährliche Inputreduktion
von 36,6 Gew.-%.
Der bei weitem stärkste Einträger bleibt die Gruppe Kunststoff, deren Anteil immer noch 71,4 % des Gesamtcadmiumeintrags ausmacht. Während sich die Anteile der anderen Gruppen kaum ändern, steigt der Anteil der Gruppe kleiner 40 mm von 9,7 % auf 15,3 % und der des Abwasserschlamms von 4,7 % auf 7,5 % an (vgl. Abb. 9).

Tab. 10 weist bei Chrom mit einem Gesamtgehalt von 19,0 mg/kg Naßmüll einen etwas höheren Wert als den der abgeminderten Version auf. Dies bedeutet, daß durch die Abschöpfung chromärmere Fraktionen betroffen sind, und damit die chromreicheren stärker ins Gewicht fallen. Vergleicht man allerdings die jährlichen Inputzahlen, so ergibt sich durch die Variante 3 trotzdem eine absolute Mengenabnahme um 14,2 % auf 2 775 t/a.

In der Chromverteilung auf Abb. 10 steigen die Eintragsanteile von Leder auf 12,2 % von kleiner 40 mm auf 25,3 % und vom Abwasserschlamm auf 38,4%. Die Anteile der von der Abschöpfung betroffenen Gruppen nehmen ab.

Bei Nickel zeigt sich ein dem Chrom vergleichbares Bild. Auch hier ist der relative Gesamteintrag mit 9,8 mg/kg Naßmüll etwas höher als beim unabgeminderten Müll, wo er bei 9,6 mg/kg liegt. Die absolute Menge nimmt aber auf 1 434 kg/a um 11 % ab.
Beim Nickeleintrag steigen die beiden Haupteinträger kleiner 40 mm auf 43,7 % und der Klärschlamm auf 30,3 % des Gesamteintrags (s. Abb. 11).

Abb. 12 zeigt die prozentuale Eintragsverteilung der Stoffgruppen für Kupfer. Der Gesamteintrag liegt mit 40,8 mg Cu/kg Naßmüll um ca. 1,8 mg höher als der des Ausgangsmülls. Doch bezogen auf den Jahresdurchsatz von 145 910 t/a fällt die Eintragsumme um 12 % auf 5 959 kg/a. Haupteinträger bleiben die Stoffgruppe Abwasserschlamm mit 41,4 % und die Gruppe 40 mm mit 27,4 %. Zusammengenommen steigt ihr Anteil am Gesamteintrag von 60,6 % auf fast 70 %.

Der Gesamtbleigehalt bezogen auf das kg Naßmüll nimmt in der abgeminderten Version um 10 % auf 146,8 mg/kg Gesamtmüll zu. Diese recht deutliche Zunahme hat ihren Grund in einer Verschiebung der Stoffgruppenverteilung zu Gunsten der bleireichen Gruppen kleiner 40 mm und Abwasserschlamm, oder anders ausgedrückt, die Variante schöpft nur relativ bleiarme Gruppen ab. Die Gruppen 40 mm und der Abwasserschlamm steigern ihren Einfluß zum Bleieintrag von 82,6 % auf ca. 90 % (s. Abb. 13). Trotz dieser relativen Eintragungssteigerung sinkt aber die absolute Bleibelastung, bedingt durch die Mengenreduktion der Variante um 7,7 Gew.-% auf 21,4 t/a.

Die Zinkbetrachtung der Variante ergibt ein dem Blei ähnliches Bild. Auch hier steigert sich der relative Gesamtzinkeintrag um ca. 11 % auf 299,5 mg/kg. Von den Haupteinträgern (s. Abb. 14) 40 mm und Abwasserschlamm kommen nun 86,7 % des Gesamteintrags. Der gesamte, jährliche Zinkinput sinkt jedoch um 7 % von 47 t/a auf 43,7 t/a.

Variante 3: Absiebung der Fraktion 40 mm

In dieser Variante wird eine Minderung von 90 % der schwermetallreichen Gruppe 40 mm durchgerechnet. Die damit erreichbare Gewichtsreduktion liegt, mit einer neuen Menge von
140 242 t/a, bei 19,4 %. Mit einem Gesamtwassergehalt von
29,8 % beträgt dann der neue Heizwert 8 936 kJ/kg. In der Stoffgruppenverteilung auf Abb. 15 zeigt sich eine deutliche Zunahme der nicht abgeminderten Gruppen. Der Anteil der Siebfraktion
40 mm fällt von 21,6 % auf 2,7 %. Dies entspricht einer absoluten Mengenabnahme von 33 758 t/a.

Bis auf Cadmium läßt sich mit dieser Variante eine Konzentrationsminderung der Schwermetalle im Müll erreichen (vgl. Tab. 10). Mit 4,7 mg/kg Naßmüll liegt der relative Cd-Gesamtgehalt um 14,6 %

über dem ursprünglichen Wert. Absolut gesehen nimmt die eingebrachte Menge allerdings um 7,8 % auf 659 kg/a ab.
In der Eintragsverteilung auf Abb. 16 zeigt sich eine deutliche Steigerung des Kunststoffeinflusses, der nun anteilsmäßig 88,6 Prozentpunkte einnimmt.

Beim Chrom bringt die 90 %-ige Abminderung der Gruppe 40 mm, bei fast gleichem relativen Gesamtgehalt, eine absolute Abnahme von 19,8 % auf 2 594 kg/a. Ca. 41 % des eingebrachten Chroms kommen nun vom Klärschlamm (s. Abb. 17). Die anderen Gruppen steigern ihren Einfluß um maximal 3,2 %.

Der hohe Nickelgehalt der abgeminderten Gruppe bringt mit der Variante eine relative Inputreduktion um 19,4 % auf nun 7,5 mg/kg. Absolut gesehen errechnet sich die Chromabnahme zu 35 % auf eine neue Menge von 1 052 kg/a.
In der Nickelverteilung auf Abb. 18 zeigt sich eine deutliche Verschiebung der Anteile auf die nicht abgeminderten Gruppen. Haupteinträger ist nun mit 41,2 % der Klärschlamm. Die Prozentzahlen der Gruppen Papier, Kunststoff und organische Substanz liegen zwischen 13 % und 23 %.

Mit einer relativen Abnahme von 2,6 % auf 38 mg/kg, die eine absolute um 21,5 % auf 5 329 kg/a bringt, fällt der Einfluß der Variante beim Kupfer nicht so deutlich aus wie beim Nickel. Die Anteile der Stoffgruppen sind in Abb. 19 dargestellt. Klärschlamm trägt nun mit 46 % zum Gesamteintrag bei.

Der Einfluß der Variante zeigt sich am deutlichsten beim Betrachten der Bleiwerte. Beim relativen Gesamtgehalt von 51,9 mg/kg beträgt die Reduktion 61,1 %. Auf den neuen Jahresdurchsatz hochgerechnet liegt sie, mit einer Eintragsmenge von 7 279 kg/a, bei 68,9 %.
In der Eintragsverteilung auf Abb. 20 zeigen sich nun gleichmäßig abnehmende Peaks in der Reihenfolge Papier, 40 mm, Abwasserschlamm, Glas und Kunststoff.

Der relative Zinkinput liegt mit 161,8 mg/kg um 40,1 % niedriger als in der unabgeminderten Berechnung. Absolut gesehen ergibt sich eine Reduktion von 51,7 % auf 22 691 kg/a. Die Verteilung der Stoffgruppen auf Abb. 21 zeigt eine Einflußzunahme des Abwasserschlamms von 23 % auf 47,6 %. Deutlich wirkt sich auch die Variante auf den Eintragsanteil der Papierfraktion aus. Er steigt von 9,7 % auf 20 %.

Variante 4: Herausnahme des Abwasserschlamms

In der Ausgangsbetrachtung wird bei der Betrachtung des Verbrennungsgutes von einem Klärschlammanteil von 17,3 % ausgegangen. Im Rahmen dieser Variante soll dieser nun ganz weggelassen werden.
Die daraus resultierende Stoffgruppenverteilung, die die reine Müllverteilung darstellt, zeigt Abb. 22. Die stärkste Fraktion bildet mit 26,1 % die Gruppe kleiner 40 mm, gefolgt von der Gruppe Papier, mit einem Anteil von 22,3 %, und der Gruppe organische Substanz, die auf 16,7 % steigt. Die anderen Gruppen bleiben unter 7 %.
Die neue Ausgangsmenge beträgt 144 000 t/a.

Ohne Klärschlamm nimmt der relative Cd-Gehalt des Verbrennungsgutes gegenüber der Ausgangsversion um 14,6 Gew.-% auf 4,7 mg/kg zu. Absolut auf den Jahresdurchsatz der Variante bezogen aber fällt der Eintrag um 5,3 % auf nun 677 kg/a. Die Verteilung der Stoffgruppen (s. Abb. 23) ähnelt der der unabgeminderten. Aus der Gruppe Kunststoff kommen nun fast 85 % des Gesamtcadmiums.

Betrachtet man die Chromwerte der Variante, so sinken die relativen Zahlen um 19,4 % auf 15 mg/kg Naßmüll und die absoluten um 33,3 % auf 2 159 kg/a.
Abb. 24 zeigt die Chromverteilung über die Stoffgruppen. Als größter Einträger im Müll kann die Gruppe 40 mm ausgemacht werden. Ihr Anteil steigt von 21,7 % auf 32,2 %. Ebenfalls hoch liegen die Gruppen Papier mit 19,9 %, Kunststoff mit 16,7 % und Leder, das in der Stoffgruppenverteilung nur 1,2 % einnimmt, mit 15,7 %.

Der Nickelgehalt liegt relativ gesehen um 11,8 % unter dem Ausgangswert bei 8,2 mg/kg. Auf einen Jahresdurchsatz hochgerechnet fallen dann 1 180 kg/a an. Dies sind 27,1 % weniger als in der unabgeminderten Berechnung.
In Abb. 25 ist dann die Eintragsverteilung über die Stoffgruppen dargestellt. Den größten Anteil bringt mit 53 % die Gruppe 40 mm. Ebenfalls nicht unbedeutend ist der Anteil der Gruppe Kunststoff, der bei 20,5 % liegt.

Das Weglassen des Klärschlamms wirkt sich stark auf den Kupfereintrag aus. Der relative Wert sinkt um 23,1 % auf 30 mg/kg, der absolute sogar um 36,4 % auf 4 317 kg/a. In der Kupferverteilung (s. Abb. 26) liegt die Stoffgruppe 40 mm mit 37,7 % an der Spitze. Ihr folgt als zweiter Haupteinträger die Gruppe Papier mit 31,8 %.

Der relative Bleigehalt steigt um 13,3 % auf 151,2 mg/kg Naßsubstanz. Absolut gesehen nimmt die Bleimenge um 6,3 % auf 21 759 kg ab. Der verhältnismäßig geringe Einfluß des Klärschlamms auf den Bleieintrag zeigt sich in den geringen Änderungen der prozentualen Anteile auf Abb. 27.

Der Zinkeintrag fällt durch die Variante beim relativen Gesamtgehalt um 6,9 % auf 251,4 mg/kg. Jährlich lassen sich dann 36 179 kg berechnen. Dieser Wert liegt 23 % unter dem Ausgangswert. In der Zinkverteilung in Abb. 28 ragt mit 74,6 %-Anteil die Stoffgruppe 40 mm deutlich heraus.

Eine zusammenfassende Betrachtung zeigt, daß mit Einführung getrennter Sammelsysteme es zu einer Aufkonzentrierung der Schwermetalle im Müll kommen kann. Nur wenn gezielt Schadstoffeinträger, wie im Beispiel der Variante 2 der Kunststoff in Bezug auf Cadmium, abgeschöpft werden, läßt sich eine relative Schadstoffeintragsminderung erreichen.

Eine absolute Minderung wird im allgemeinen immer erreicht, allerdings ist die Wirksamkeit stark systemabhängig. Die Einführung einer Biotonne, bei der auf schwermetallarmen Müll abgezielt wird, bringt erwartungsgemäß kaum Schwermetallreduktionen. Eine erhebliche Abnahme des Cadmiumeintrags bringt die Wertstofftonne mit einer 65 %-igen Abschöpfung des Hausmüllkunststoffs.

Deutliche Auswirkungen sowohl auf die relativen als auch auf die absoluten Gehalte zeigt die Abtrennung der Siebfraktion 40 mm. Hier fällt vor allen Dingen eine Reduktion des absoluten Inputs bei Blei um fast 70 % und bei Zink um über 50 % auf.

Daß eine Einbeziehung von Klärschlamm in die Verbrennung je nach Klärschlamm erheblich zum Schwermetalleintrag beitragen kann, zeigt Variante 4. In diesem Beispiel kommen 33 % des jährlichen Chroms, 36 % des Kupfers und 27 % des Nickels aus dem Abwasserschlamm.

Variante 5: Abtrennung von Metallteilen

Diese Variante berücksichtigt zusätzlich zu den vorhandenen Schwermetallanalysenwerten der Stoffgruppen Papier, Kunststoff. organische Fraktion, Glas, Leder, 40 mm und Klärschlamm aus Schadstoffoutput berechnete Schwermetallwerte, die der Metallfraktion zugeschlagen werden. Die Vorgehensweise ist dabei folgende:

Schwermetall-Analysenergebnisse von Schlacke und Asche werden auf einen Schwermetall-Jahreswert, der sich aus dem jährlichen Schlacke und Ascheanfall ergibt, hochgerechnet. Dieser Wert wird mit dem ursprünglichen Wert verglichen und der Differenzbetrag als Schwermetall-Eintrag der Metallfraktion angenommen. Die Durchsatzleistung der Anlage bleibt bei 174 000 t/a. Die Ergebnisse lassen sich in Tabelle ablesen. Die Werte können nur größenordnungsmäßig gewertet werden, sie zeigen aber deutlich den beträchtlichen Schwermetalleintrag, den nicht analysierten Stoffgruppen zu erwarten ist.

Durch das Nichtberücksichtigen der Metallfraktion werden nur 25 % der Cadmiummenge erfaßt. Mit Metallfraktion ergibt sich bei einem absoluten Schwermetallinput von 2 854 kg/a, ein relativer Gesamtgehalt von 16,4 mg Cd/kg Naßsubstanz.
Aus der Eintragsverteilung auf Abb. 29 lassen sich als Haupteinträger deutlich die beiden Stoffgruppen Metall mit 74,9 % und Kunststoff mit 20,3 % ausmachen. Zusammen liefern sie über 95 % der eingebrachten Cd-Menge.

Auch die Chromwerte steigen bei Einrechnung der Metallfraktion in beträchtlichem Maße. Über 83 % des berechneten relativen Chromgehalts von 112 mg/kg kommen aus der Gruppe Metall. In Jahrestonnen ausgedrückt sind das bei einer Gesamtmenge von 19 488 t/a
ca. 16 252 t/a. Die Eintragsverteilung in Abb. 30 zeigt wieder den Peak bei Metall, wobei alle übrigen Gruppen unter 6 % liegen.

Ca. 81,7 % des Gesamtnickelgehalts von 50,5 mg/kg bezogen auf die Naßsubstanz, können nach Abb. 31 der Stoffgruppe Metall zugeordnet werden. Auf einen Durchsatz von 174 000 t/a bezogen, fallen dann
8 787 kg/a an.

In Abb. 32 ist die Eintragsverteilung der Stoffgruppen für Kupfer dargestellt. Insgesamt fallen, bei einem relativen Gesamtgehalt von 198,6 mg/kg, 34 556 kg/a an. Davon stammen 27 770 kg/a oder über 80 % aus der Metallfraktion.

Wie in Abb. 33 zu sehen ist, sinkt der Einfluß der Metallfraktion beim Blei. Sie liefert bei einem relativen Bleigehalt des Mülls von 482,5 mg/kg noch 72,3 % des Gesamteintrags. Mit 21,1 % Anteil fällt auch die Siebfraktion 40 mm stark ins Gewicht. Auf das Jahr bezogen kann insgesamt mit fast 84 t/a gerechnet werden.

Von den 46 980 kg Zink, die pro Jahr anfallen, kommen noch 53 %

aus der Metallfraktion (s. Abb. 34). Der relative Gesamtgehalt liegt bei 574,6 mg/kg. Anteilsmäßig stark vertreten sind mit 27 % die Gruppen 40 mm und der Abwasserschlamm, der noch 10,8 % bringt.

Obwohl aus grobem Datenmaterial erstellt, zeigt diese Variante deutlich auf, daß bei Schwermetallbetrachtungen auf dem Gebiet der Müllbehandlung die Metallfraktion, als bei weitem größter Einträger, unbedingt miteinbezogen werden muß. Da über Müllentsorgungen und daraus gewonnenen Analysenergebnissen, und auch aus dem Grund der zu geringen Probemenge, nur sehr bedingt quantifizierbare Ergebnisse zu erhalten sind, bietet sich als Ausweg eine genaue outputseitige Untersuchung an. Dieser Weg scheint bei der Müllverbrennung, wo die Endprodukte relativ homogen und faßbar auftreten, möglich. Um dann allerdings zu aussagekräftigen Ergebnissen zu kommen, ist ein nicht unerheblicher Meßaufwand nötig, mit dem dann aber nicht nur Schwermetallwerte aus einzelnen Stoffgruppen, sondern Schwermetallwerte eines Gesamtmülls angegeben werden können.

Tabelle 1: Prozentuale Verteilung der Schwermetalle in den Aschen von Müllverbrennungsanlagen

		Blei	Cadmium	Chrom	Kupfer	Nickel	Zink
	Schlacke	79,1	43,1	75,0	91,6	89,9	65,0
Biel	Flugasche	19,9	54,5	22,8	7,9	6,8	34,3
	Flugstaub	1,0	2,4	2,2	0,5	3,3	0,7
	Schlacke	89,3	73,5	73,7	80,6	-	54,4
Hamburg II	Flugasche	8,5	23,0	23,1	17,7	-	39,8
	Flugstaub	2,2	3,5	3,2	1,7	-	5,8
	Schlacke	90,5	31,6	97,8	96,5	94,4	98,8
Düsseldorf	Flugasche	9,3	65,8	1,5	3,4	1,5	1,2
	Flugstaub	0,2	2,6	0,7	0,1	4,1	-

Tabelle 2: Schwermetallgehalte in festen Verbrennungsrückständen in g/100 kg Trockensubstanz

		Blei	Cadmium	Chrom	Kupfer	Nickel	Zink
	Schlacke	456	1,2	97,2	117,6	49,2	1368,0
Düsseldorf	Flugasche	47	2,5	1,5	4,1	0,8	16,2
	Flugstaub	1	0,1	0,7	0,2	2,1	-
	Summe	504	3,8	99,4	121,9	52,1	1384,2
	Schlacke	455	5,3	87,5	420,0	47,3	735
Biel	Flugasche	114	6,7	26,6	36,1	3,6	388
	Flugstaub	4	0,3	2,5	2,2	1,7	8
	Summe	573	12,3	116,6	458,3	52,6	1131
	Schlacke	357	22,1	73,7	201,5	-	571,2
Hamburg III	Flugasche	34	6,9	23,1	44,3	-	417,9
	Flugstaub	9	1	3,2	4,2	-	60,9
	Summe	400	30,0	100,0	250,8	-	1050,0

Tabelle 3: Stoffgruppenverteilung des Ausgangsmülls

Verteilung der Stoffgruppen in Gewichtsprozent
BASIS: NASSUBSTANZ

Siebl Ø	Papier	Kunstst Textil	org.St.	Metall	Glas	Inert	Holz	Leder usw	<40	A.-S.
0 < 8	-	-	-	-	-	-	-	-	7.1	17.3
8 < 40	-	-	-	-	-	-	-	-	14.4	-
40<120	5.8	1.8	8.9	1.6	2.5	2.6	1.5	.3	-	-
>120	12.7	4.1	4.9	2.3	2.7	4.0	5.0	.7	-	-

Tabelle 4-6: Schwermetallgehalte der Stoffgruppen (Cd, Cr, Ni)

Cadmiumgehalt in mg/kg
BASIS: Trockensubstanz

Siebl Ø	Papier	Kunstst Textil	org.St.	Metall	Glas	Inert	Holz	Leder usw	<40	A.-S.
0 < 8	-	-	-	-	-	-	-	-	2.00	2.90
8 < 40	-	-	-	-	-	-	-	-	3.50	-
40<120	1.50	80.40	1.50	-	-	-	-	.95	-	-
>120	.30	56.40	1.00	-	-	-	-	1.60	-	-

Chromgehalt in mg/kg
BASIS: Trockensubstanz

Siebl Ø	Papier	Kunstst Textil	org.St.	Metall	Glas	Inert	Holz	Leder usw	<40	A.-S.
0 < 8	-	-	-	-	-	-	-	-	20.3	91.0
8 < 40	-	-	-	-	-	-	-	-	35.4	-
40<120	31.60	42.70	20.10	-	18.30	-	-	137	-	-
>120	10.50	38.40	10.50.	-	15.20	-	-	284	-	-

Nickelgehalt in mg/kg
BASIS: Trockensubstanz

Siebl Ø	Papier	Kunstst Textil	org.St.	Metall	Glas	Inert	Holz	Leder usw	<40	A.-S.
0 < 8	-	-	-	-	-	-	-	-	20.6	37.0
8 < 40	-	-	-	-	-	-	-	-	30.1	-
40<120	6.20	40.30	12.70	-	-	-	-	.50	-	-
>120	6.30	20.60	10.40	-	-	-	-	7.10	-	-

Tabelle 7-9: Schwermetallgehalte der Stoffgruppen (Cu, Pb, Zn)

Kupfergehalt in mg/kg
BASIS: Trockensubstanz

Siebl Ø	Papier	Kunstst Textil	org.St.	Metall	Glas	Inert	Holz	Leder usw	<40	A.-S.
0 < 8	-	-	-	-	-	-	-	-	75.3	211
8 < 40	-	-	-	-	-	-	-	-	65.2	-
40<120	90.50	50.70	38.50	-	-	-	-	170	-	-
>120	37.20	60.40	18.30	-	-	-	-	377	-	-

Bleigehalt in mg/kg
BASIS: Trockensubstanz

Siebl Ø	Papier	Kunstst Textil	org.St.	Metall	Glas	Inert	Holz	Leder usw	<40	A.-S.
0 < 8	-	-	-	-	-	-	-	-	835	125
8 < 40	-	-	-	-	-	-	-	-	700	-
40<120	80.00	110.0	45.00	-	90.00	-	-	3.20	-	-
>120	80.00	27.00	15.00	-	150.0	-	-	15.2	-	-

Zinkgehalt in mg/kg
BASIS: Trockensubstanz

Siebl Ø	Papier	Kunstst Textil	org.St.	Metall	Glas	Inert	Holz	Leder usw	<40	A.-S.
0 < 8	-	-	-	-	-	-	-	-	840	925
8 < 40	-	-	-	-	-	-	-	-	1330.0	-
40<120	400.00	500.0	165.00	-	20.00	-	-	198	-	-
>120	85.00	150.0	92.00	-	40.00	-	-	424	-	-

Tabelle lo: Schwermetallwerte der Sortiervarianten

	Ausgangs-müll		Variante 1: Biotonne				Variante 2: Wertstofftonne				Variante 3: 40 mm: -90 %				Variante 4 Klärschlamm: -100 %				Variante 5: mit SM. aus Metallfraktion		
	rel.	abs.	relativ		absolut		relativ		absolut		relativ		absolut		relativ		absolut		rel.	abs.	Diff.
	mg/kg	kg/a	mg/kg	%	kg/a	%	mg/kg	%	kg/a	%	mg/kg	%	kg/a	%	mg/kg	%	kg/a	%	mg/kg	kg/a	zu 1/2
Cd	4,1	715	4,5	8,8	705	-1,4	3,1	-24,4	452	-36,6	4,7	14,6	659	-7,8	4,7	14,6	677	-5,3	16,4	2854	-75,0
Cr	18,6	3236	19,6	5,4	3095	-4,5	19,0	2,2	2775	-14,2	18,5	-0,5	2594	-19,8	15,0	-19,4	2159	-33,3	112,0	19488	-83,4
Ni	9,3	1618	9,6	3,2	1519	-6,1	9,8	5,4	1434	-11,0	7,5	-19,4	1052	-35,0	8,2	-11,8	1180	-27,1	50,5	8787	-81,7
Cu	39,0	6786	41,4	6,2	6538	-3,7	40,8	4,6	5959	-12,0	38,0	-2,6	5329	-21,5	30,0	-23,1	4317	-36,4	198,6	34556	-80,4
Pb	133,4	23211	145,1	8,8	22938	-1,2	146,8	10,0	21400	-7,7	51,9	-61,1	7279	-68,6	151,2	13,3	21759	-6,3	482,5	83955	-72,3
Zn	270,0	46980	290,3	7,5	45889	-2,3	299,5	10,9	43700	-7,0	161,8	-40,1	22691	-51,7	251,4	-6,9	36179	-23,0	574,6	99980	-53,0

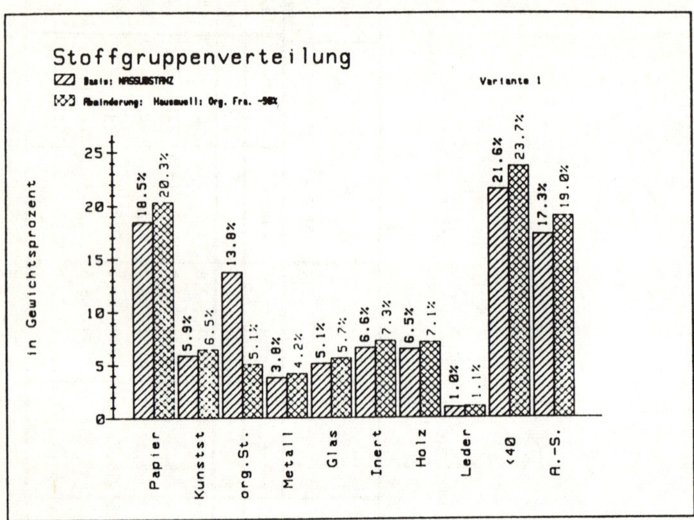

Bild 1: Variante 1 - Stoffgruppenverteilung -

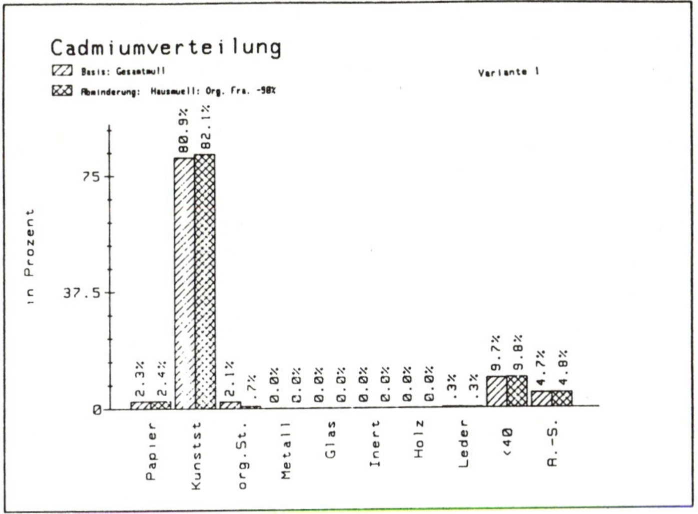

Bild 2: Variante 1 - Cadmiumverteilung -

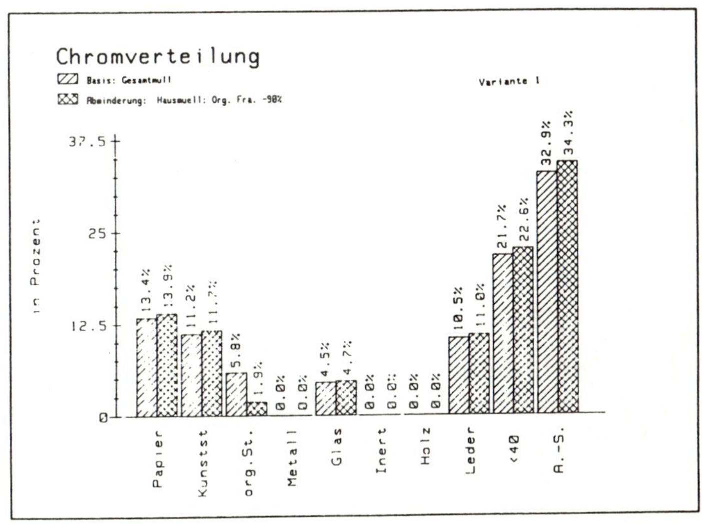

Bild 3: Variante 1 - Chromverteilung -

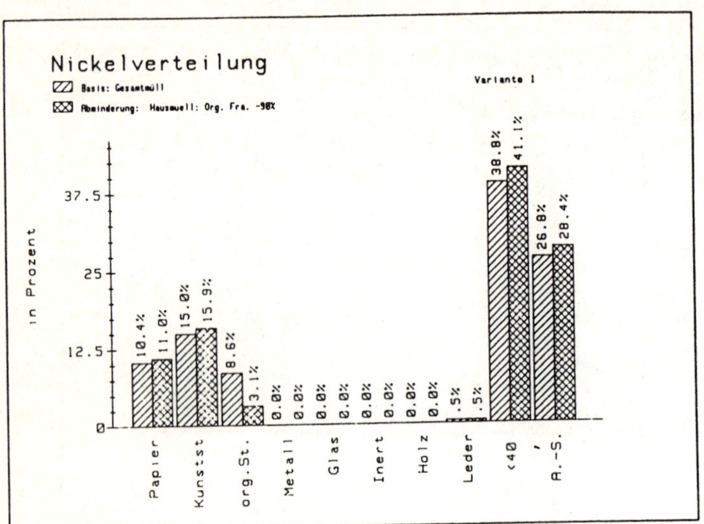

Bild 4: Variante 1 - Nickelverteilung -

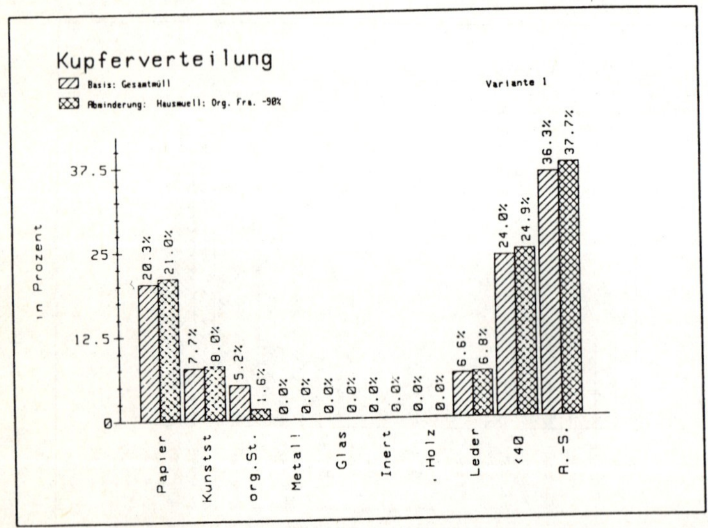

Bild 5: Variante 1 - Kupferverteilung -

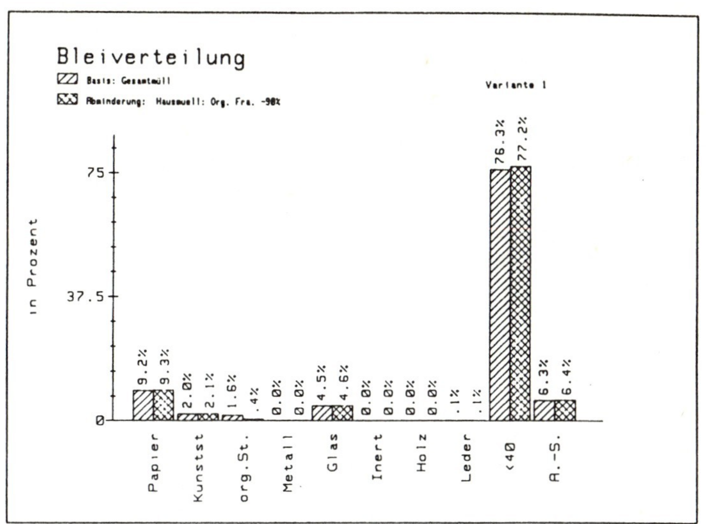

Bild 6: Variante 1 - Bleiverteilung -

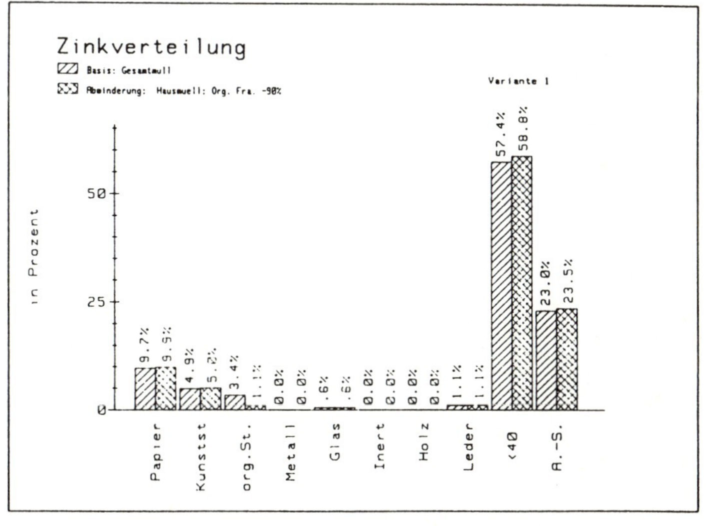

Bild 7: Variante 1 - Zinkverteilung -

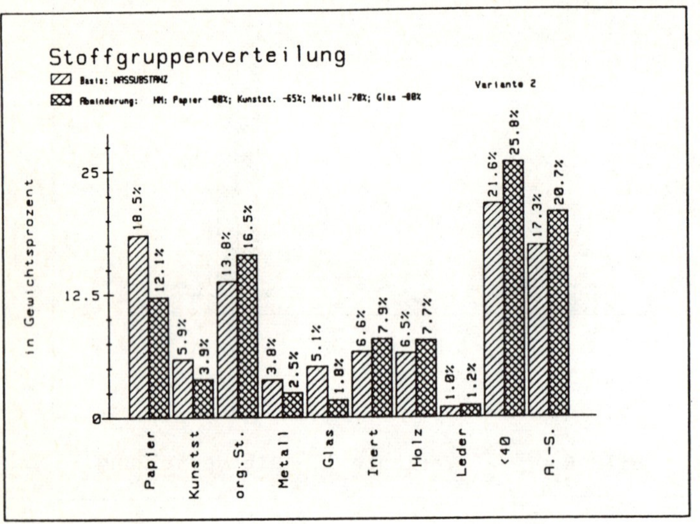

Bild 8: Variante 2 - Stoffgruppenverteilung -

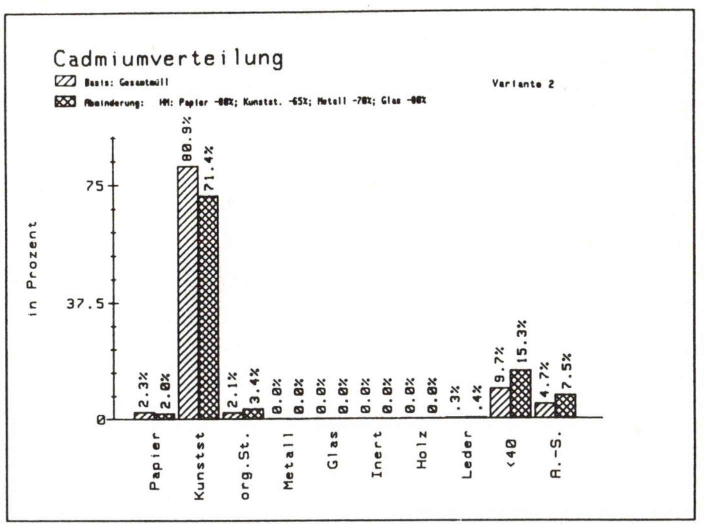

Bild 9: Variante 2 - Cadmiumverteilung -

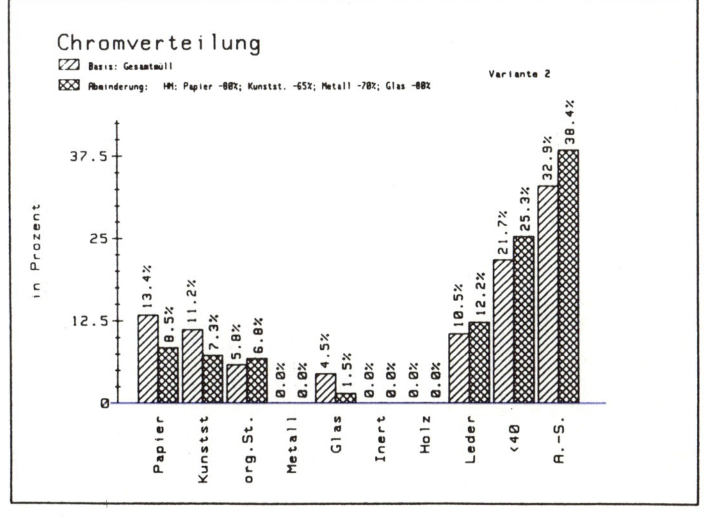

Bild 10: Variante 2 - Chromverteilung -

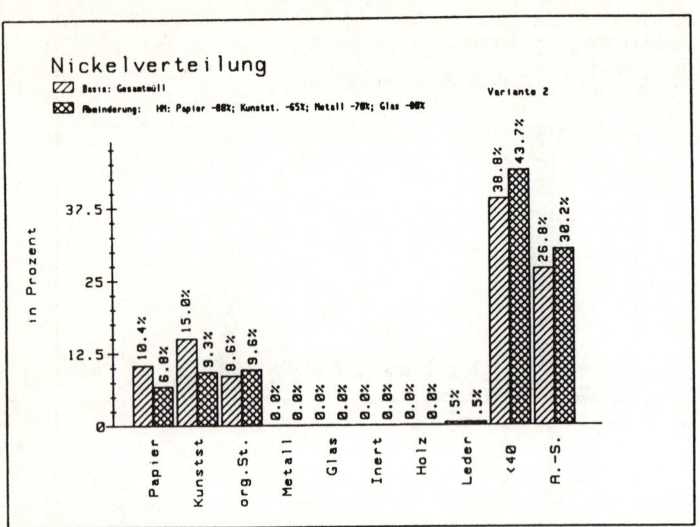

Bild 11: Variante 2 - Nickelverteilung -

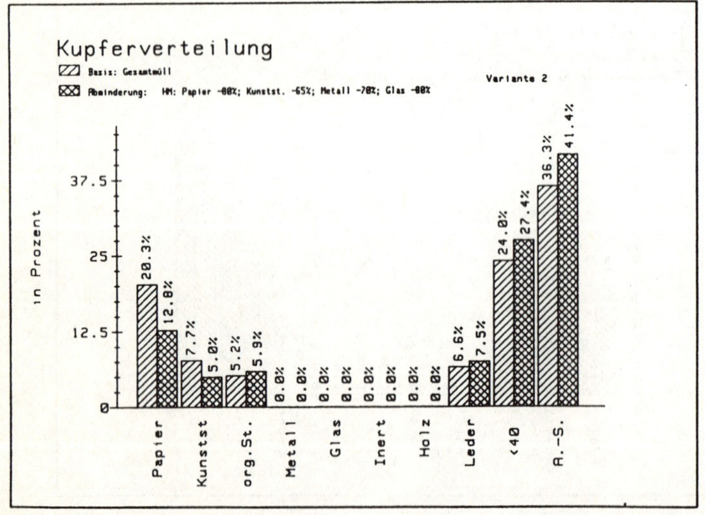

Bild 12: Variante 2 - Kupferverteilung -

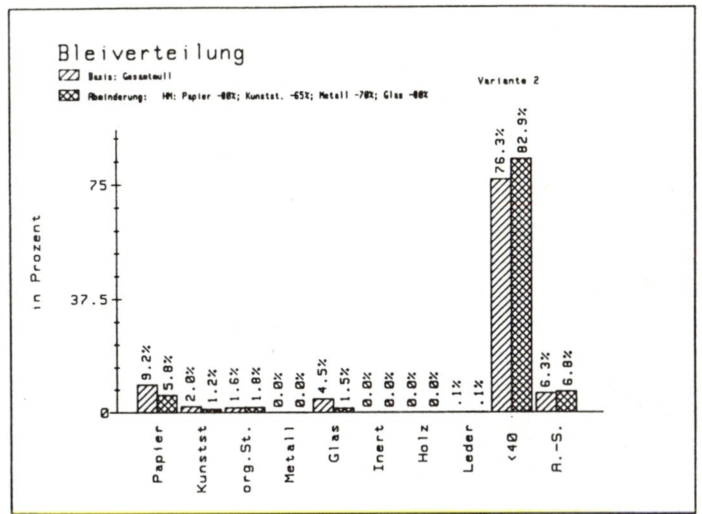

Bild 13: Variante 2 - Bleiverteilung -

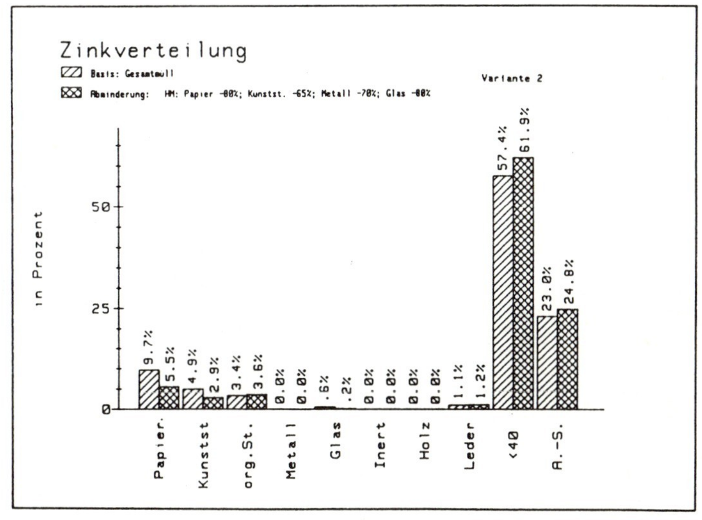

Bild 14: Variante 2 - Zinkverteilung -

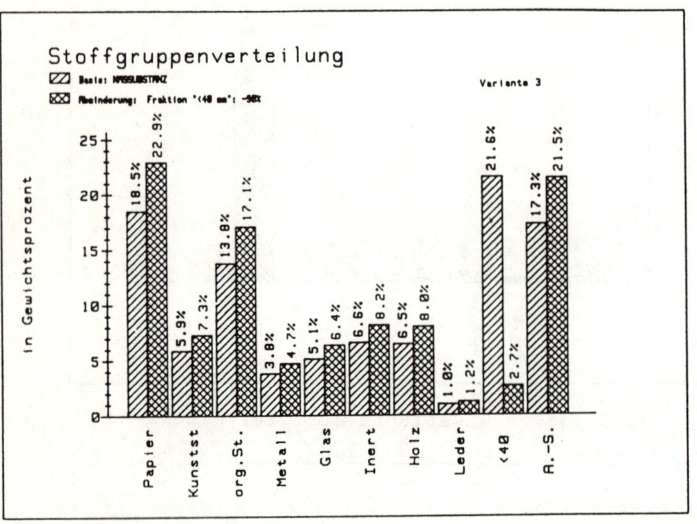

Bild 15: Variante 3 - Stoffgruppenverteilung -

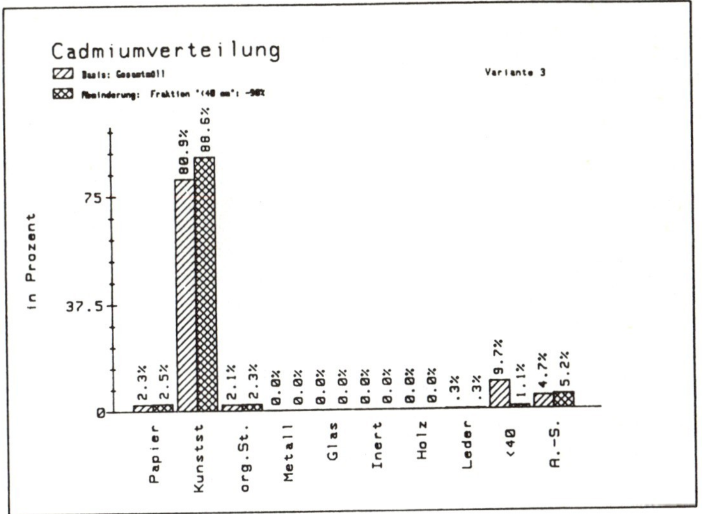

Bild 16: Variante 3 - Cadmiumverteilung -

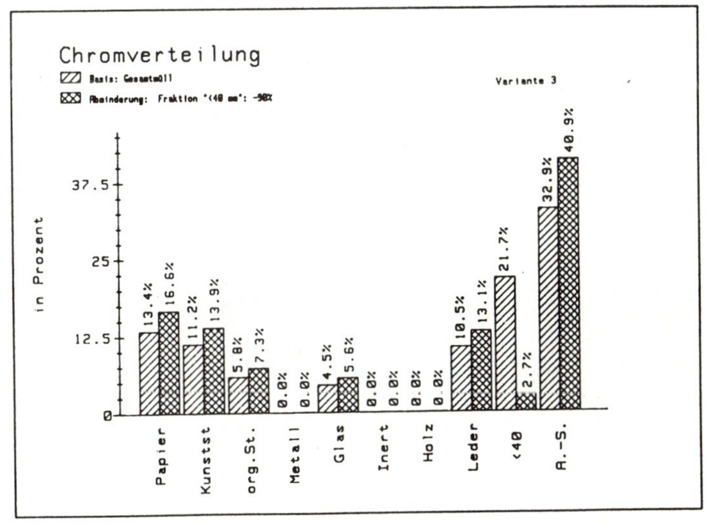

Bild 17: Variante 3 - Chromverteilung -

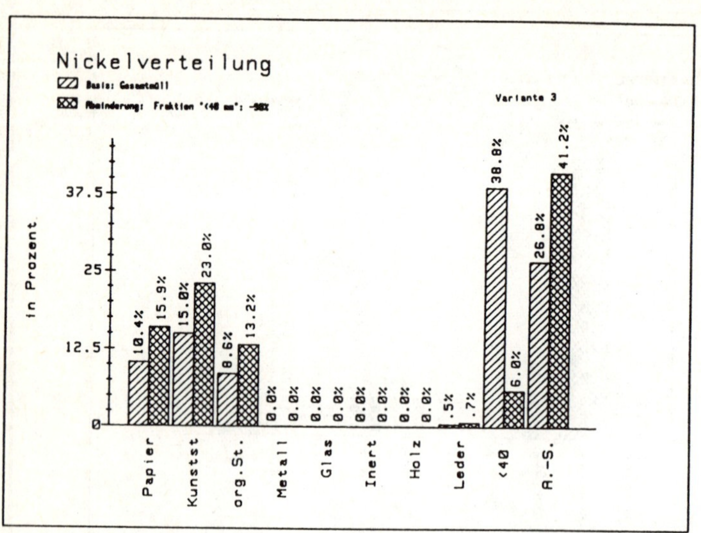

Bild 18: Variante 3 - Nickelverteilung -

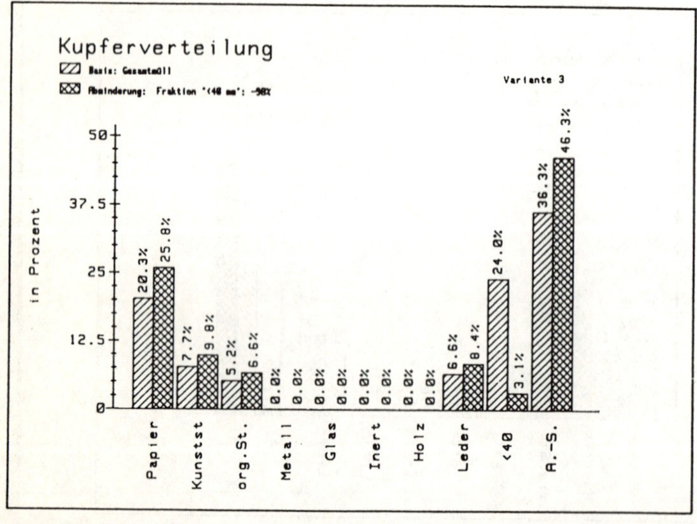

Bild 19: Variante 3 - Kupferverteilung -

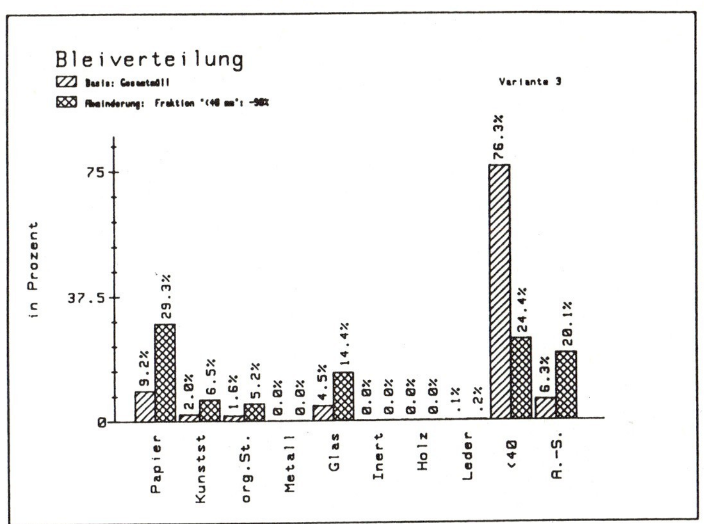

Bild 20: Variante 3 - Bleiverteilung -

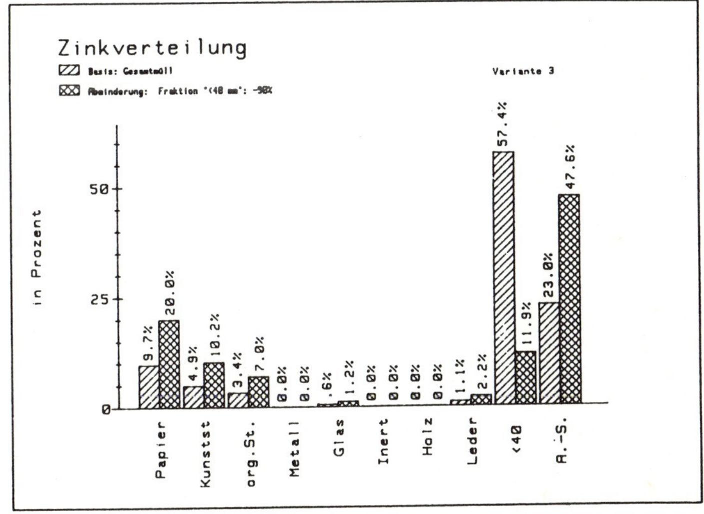

Bild 21: Variante 3 - Zinkverteilung -

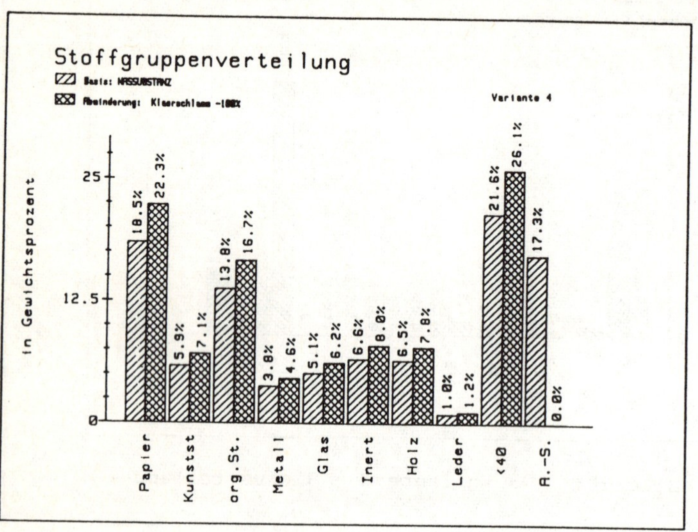

Bild 22: Variante 4 - Stoffgruppenverteilung -

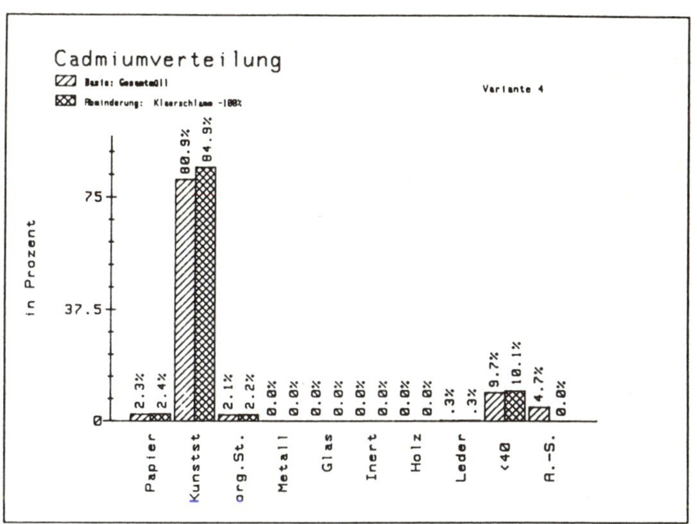

Bild 23: Variante 4 - Cadmiumverteilung -

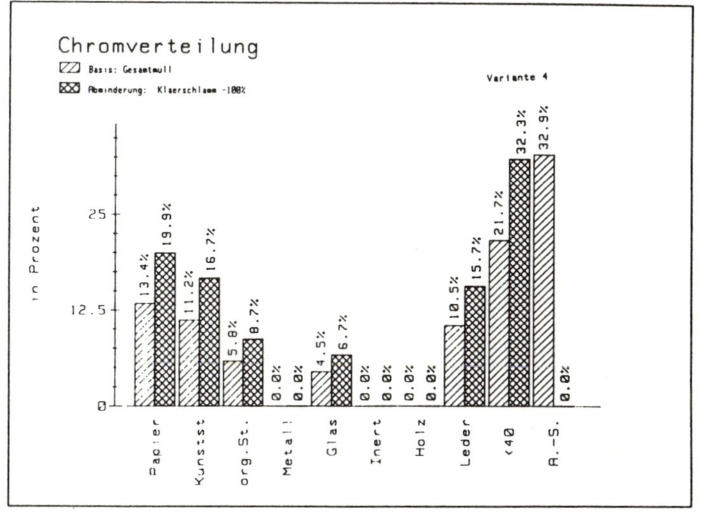

Bild 24: Variante 4 - Chromverteilung -

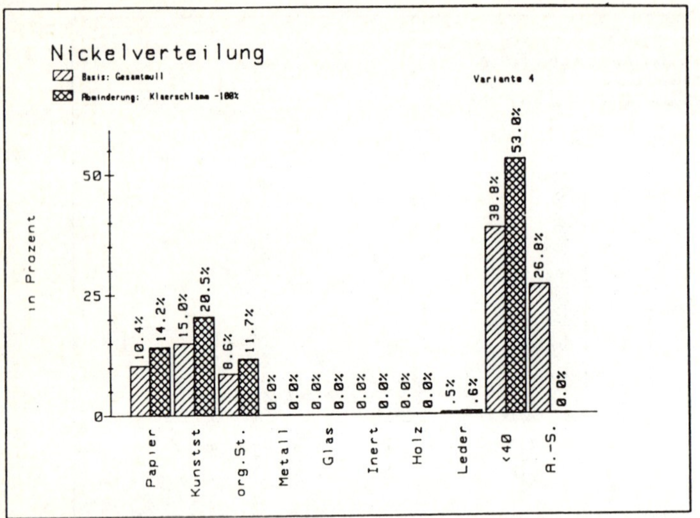

Bild 25: Variante 4 - Nickelverteilung -

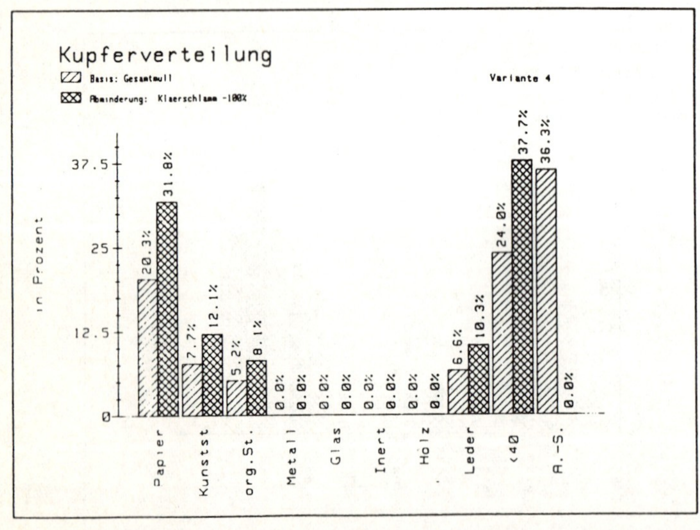

Bild 26: Variante 4 - Kupferverteilung -

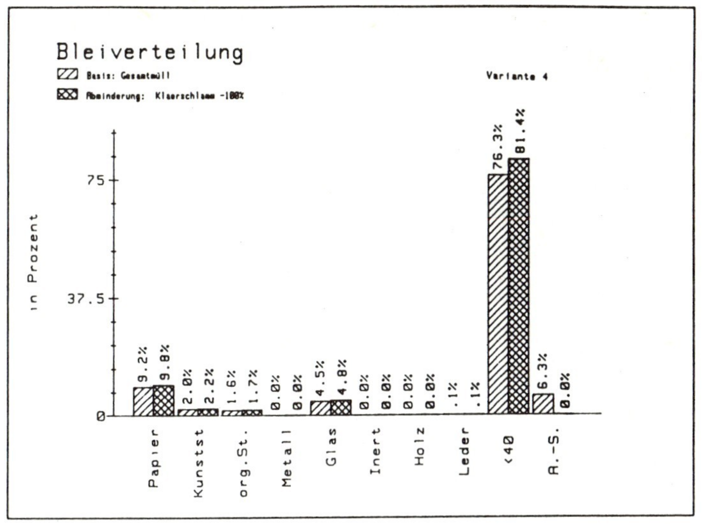

Bild 27: Variante 4 - Bleiverteilung -

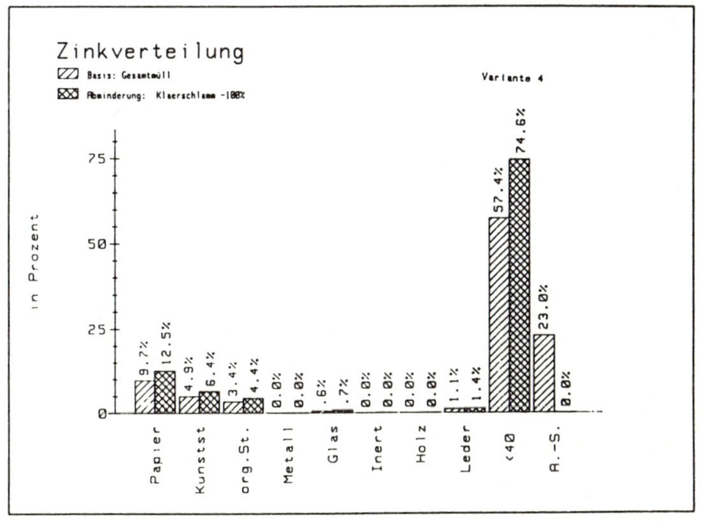

Bild 28: Variante 4 - Zinkverteilung -

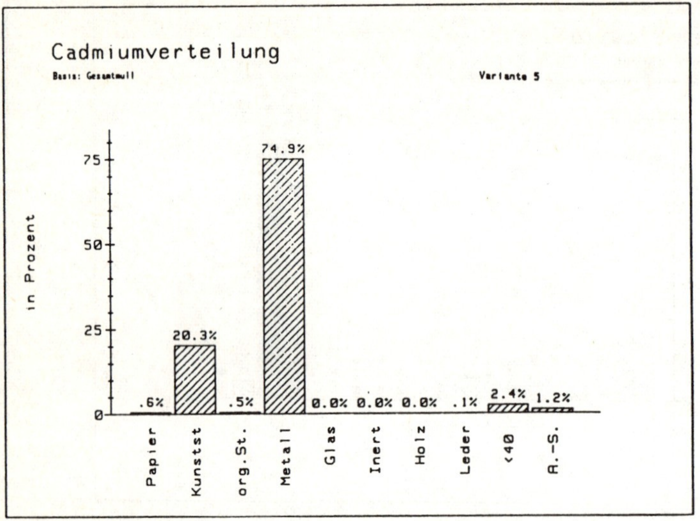

Bild 29: Variante 5 - Cadmiumverteilung -

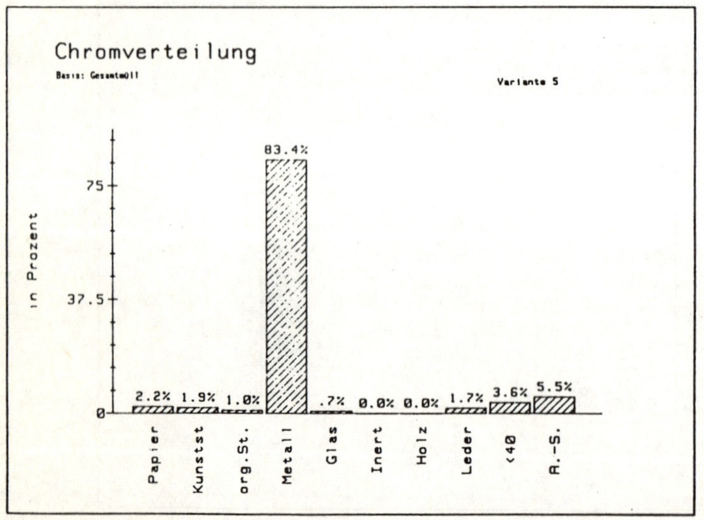

Bild 30: Variante 5 - Chromverteilung -

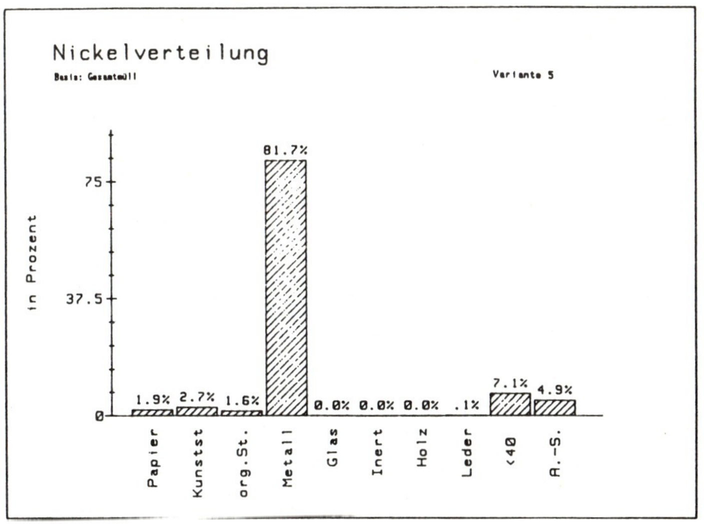

Bild 31: Variante 5 - Nickelverteilung -

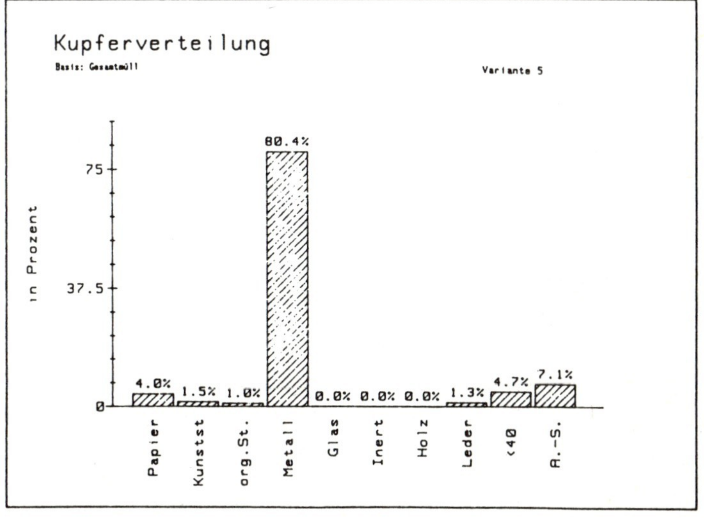

Bild 32: Variante 5 - Kupferverteilung -

Einfluß des Ofentyps bei der Verbrennung von BRAM

W. Bünsow, B. Bilitewski

1. Einführung

Im folgenden Beitrag sollen einige Teilaspekte von Ergebnissen eines umfangreichen Forschungsvorhabens, das sich mit dem Einsatz von BraM in Kraftwerken beschäftigte, dargestellt werden /1/. Die Beantwortung der Frage nach dem Einfluß des Ofentyps auf die Verbrennung bzw. die Emissionen im speziellen sollen dabei untersucht werden.

Neben einer Beschreibung der durchgeführten Untersuchungen soll dieses Ziel anhand von Erkenntnissen und Meßwerten die während der Verbrennungsprozesse gewonnen wurden, erreicht werden.

Aufgrund des erheblichen Aufwandes bei der Planung, Durchführung der Probenahme und der anschließenden Probenaufbereitung war es bei dieser Untersuchung möglich, diese Daten mithilfe statistischer Verfahren so zu verknüpfen, daß gute Resultate erzielt wurden. Die Genauigkeit bei Bilanzierung der Versuche ist befriedigend, wenn man bedenkt, daß es sich um Messungen an Industrieanlagen unterschiedlichen Betriebszustand handelt.

2. Untersuchte Ofentypen

Für die vergleichende Betrachtung sollen hier drei Ofentypen mit unterschiedlicher Feuerungstechnik betrachtet werden. Die folgende Tabelle 1 gibt einen Überblick über die Herkunft der Brennstoffe und in welchen Anlagentypen sie eingesetzt wurden.

Es handelt sich bei den untersuchten Anlagen durchweg um industriell genutzte Prozeßwärmeerzeuger mit thermischen Nennleistungen von mehreren MW.

Tabelle 1: Übersicht über die eingesetzten Öfen und die Herkunft der Brennstoffe

	Wanderrostkessel		Stokerkessel	Wirbelschichtkessel	
	Deutschland	Dänemark	USA	Schweden	Österreich
Brini	X			X	
Easiburn	X				
Cowiconsult		X			
N.C.R.R.			X		
Rinter					X

2.1. Wanderrostkessel

2.1.1. Versuche in Deutschland

Der hier untersuchte Eckrohr-Heißwasserkessel wurde von der Fa. Wamser gebaut und in einem Industriewerk in Schwarzerden installiert. Er ist mit einem Wanderrost der Fa. EVT ausgestattet und seine thermische Nennleistung beträgt ca. 4,1 MW (vgl. Abb. 1). Das Kraftwerk selbst wird von der Saarberg Fernwärme (SFW) betrieben, die im Rahmen eines F&E-Vorhabens /2/ diesen Kessel probeweise mit mehreren Sekundärbrennstoffen befeuerte um die Einsetzbarkeit von BraM im Vergleich zur sonst verwandten Steinkohle in einer Anlage dieser Größenordnung zu untersuchen.

In diesem Kessel sind zwei Versuche (mit Einsatzmaterial aus England und Schweden) durchgeführt worden (vgl. Tab. 1).

Die Feststoffprobenahme und -analyse wurde von der Arbeitsgruppe Umweltstatistik (ARGUS) vom Fachbereich Informatik der TU-Berlin in Zusammenarbeit mit dem Labor für Wasseranalytik und Abfalltechnik des Umweltbundesamtes durchgeführt. Die Rauchgasdaten wurden vom TÜV-Saarland ermittelt und zur weiteren Auswertung von der SFW an ARGUS übermittelt.

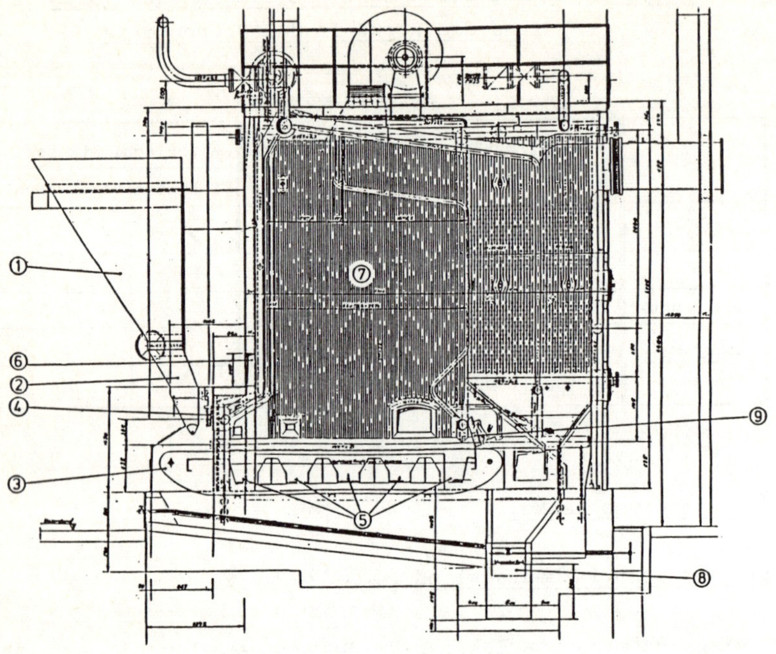

① Tagestrichter
② absperrbarer Schacht
③ Rost
④ Schieber
⑤ fünf Brennzonen
⑥ Sekundärluftzufuhr
⑦ Nachverbrennung
⑧ Naßentschlacker
⑨ Pendelstauer

Abb. 1: Schematische Darstellung des benutzten Wanderrostkessels in Deutschland (4,1 MW), /2/

2.1.2. Versuche in Dänemark

Ein weiterer hier zu betrachtender Wanderrostkessel der Fa. ECO-BOILERS mit einer thermischen Nennleistung von 6,8 MW (vgl. Abb. 2) befindet sich im städtischen Fermwärmewerk der dänischen Stadt Tarm in Jütland. Diese Anlage wird im Normalbetrieb mit Steinkohle befeuert. In einem von der EG-geförderten F&E-Vorhaben sollte der

Einsatz von BraM als Steinkohleersatz in dieser Feuerungsanlage getestet werden.

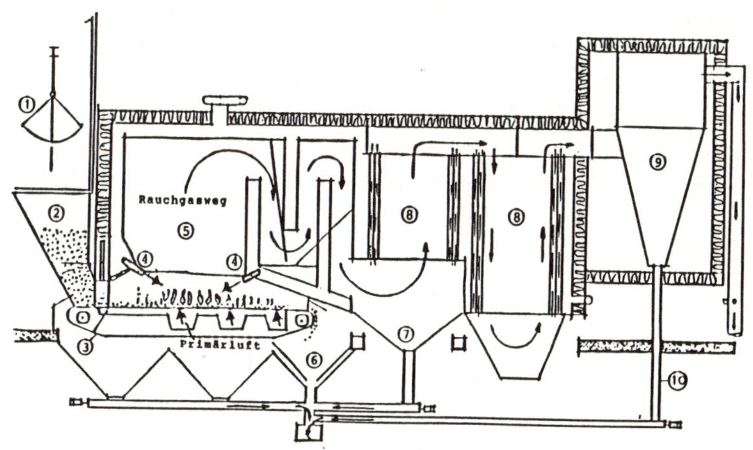

(1) Greiferkran
(2) Dosiertrichter
(3) Wanderrost
(4) Sekundärluftzufuhr
(5) Verbrennungsraum
(6) Schlackeaustrag
(7) Ascheaustrag
(8) Konvektionsteil
(9) Zyklon
(10) Flugascheaustrag

Abb. 2: Schematische Darstellung des Wanderrostkessels in Dänemark (6,8 MW), /9/

Durchführende Institution dieser Versuche war die Cowiconsult A.S. in Zusammenarbeit mit der Dansk Kedelforening, die auch die Abgasmessungen durchführte.

Während eines Versuchs wurden wiederum Proben der Feststoffe von ARGUS entnommen und wie oben in Zusammenarbeit mit dem Labor des UBA analysiert.

2.2. Stokerfeuerung

Die Ergebnisse eines Feuerungsversuches, der im Auftrag der amerikanischen Umweltbehörde EPA durchgeführt wurde, sind dem 1980 erschienenen Forschungsbericht entnommen /3/. Zum Einsatz kam damals eine Feuerungsanlage mit einer thermischen Nennleistung von ca. 20 MW. Es handelte sich bei den Versuchen um einen von drei Kesseln der Fa. Erie City Iron Works, bei denen der Brennstoff über einen sog. Spreader Feeder der Fa. Hoffmann Combustion Engineering auf den feststehenden Rost des Kessels gefördert wurde (vgl. Abb. 3).

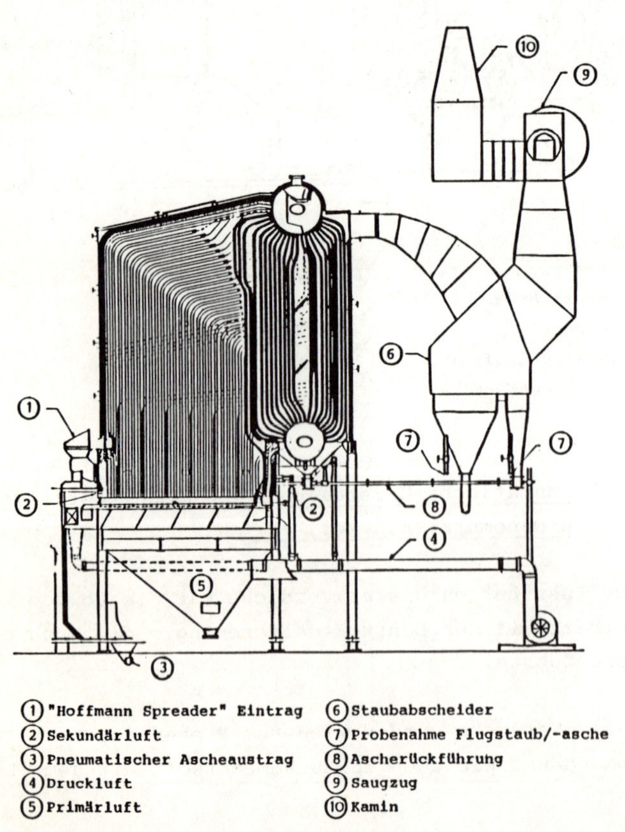

Abb. 3: Schematische Darstellung der Stokerfeuerung in den USA (20 MW), /3/

Auch diese Anlage für gesättigten Dampf des MCI (Men's Correctional Institut) in Hagerstown (Maryland) wurde im Normalfall mit Steinkohle betrieben. Neben verschiedenen Feuerungstests mit div. BraM/Kohle-Mischungsverhältnissen wird im folgenden ein Versuch mit 100% BraM beschrieben. Der Brennstoff entstammte der Müllaufbereitungsanlage des N.C.R.R. aus Washington (D.C.).

2.3. Wirbelschichtfeuerung

2.3.1. Feuerungsversuch in Schweden

Im städtischen Fernwärmewerk der schwedischen Stadt Eksjö befindet sich ein Wirbelschichtofen, der speziell für niedrigkalorische Brennstoffe wie Stroh, Torf oder Holzhackschnitzel konzipiert ist. Seine thermische Nennleistung liegt bei 10 MW (vgl. Abb. 4). In dieser Anlage wurden 1981 mehrere Tonnen des schwedischen BraM BRINI verfeuert, um in einer vergleichenden Studie /4/ die Emissionen von BRINI mit denen der sonst eingesetzten Brennstoffe zu vergleichen.

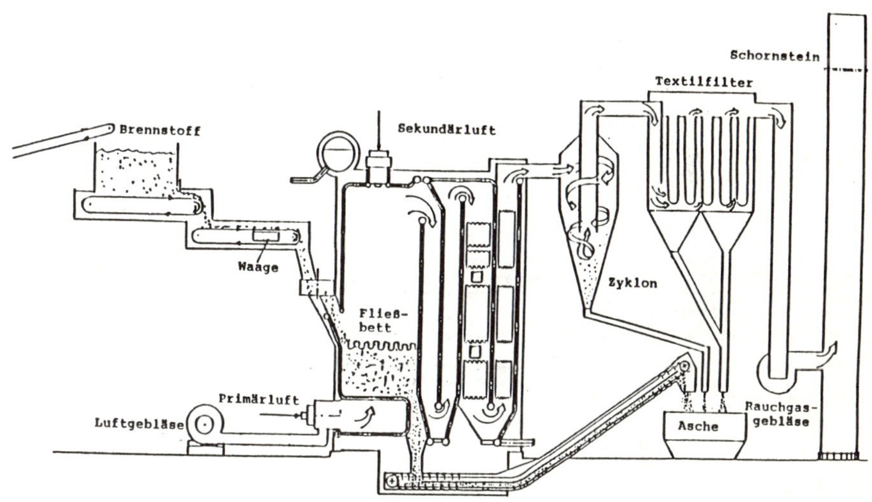

Abb. 4: Schematische Darstellung der Wirbelschichtfeuerung in Schweden (10 MW), /4/

2.3.2. Feuerungsversuche in Österreich

Die Entsorgungsbetriebe Simmering (EBS) in Wien (A) verbrennen Klärschlamm in einem Wirbelschichtofen, der mit schwerem Heizöl als Stützfeuerung betrieben wird. Die thermische Nennleistung dieser Anlage liegt bei ca. 16 MW, die Heißdampf an das Fernwärmenetz der Stadt Wien liefern kann (vgl. Abb. 5). Zusammen mit dem Erbauer des Kessels, der Voest Alpine AG, führte der Wiener BraM-Hersteller Rinter AG 1983 Feuerungsversuche mit "green pellets" (ungetrockneter, verpreßter BraM) durch. Unter anderem sollte geprüft werden, ob sich diese Pellets als Stützfeuerung und Ersatz des Schweröls in diesem Ofen zur Klärschlammverbrennung eignen und welche Emissionen entstehen würden.

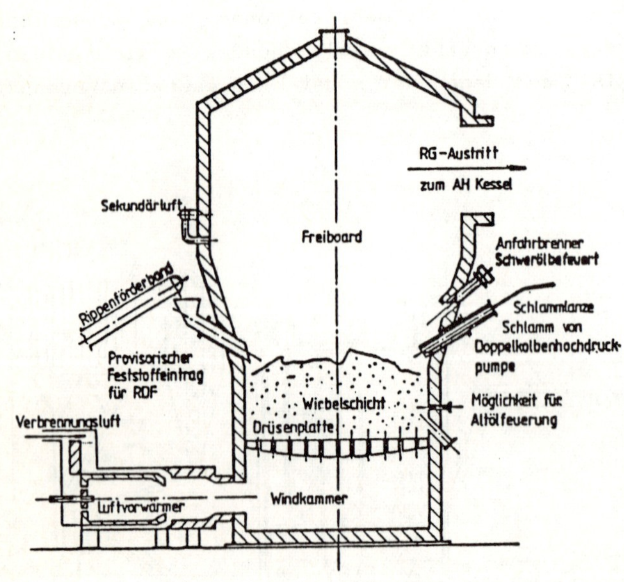

Abb. 5: Schematische Darstellung des Wirbelschichtofens in Österreich (16 MW), /10/

3. Eingesetzte Brennstoffe

Im folgenden sollen die Aufbereitungsverfahren der untersuchten Brennstoffe geschildert werden. Zum Teil sind die Verfahren bereits allgemein bekannt und in der einschlägigen Literatur schon des öfteren geschildert worden (z.B. /5;10/).

3.1. Das "BRINI"-Verfahren der PLM (S)

Das von der schwedischen Firma PLM entwickelte BRINI System leistet als Abfallbehandlungssystem ebenso wie viele andere Systeme mehr als nur die Herstellung einer Brennstofffraktion. Neben der möglichen Metallrückgewinnung und Kompostierung soll hier jedoch nur der BraM-Aufbereitungsstrang interessieren. Die Kapazität des Rohmülldurchsatzes liegt bei ca. 10 t/h (vgl. Abb. 6).

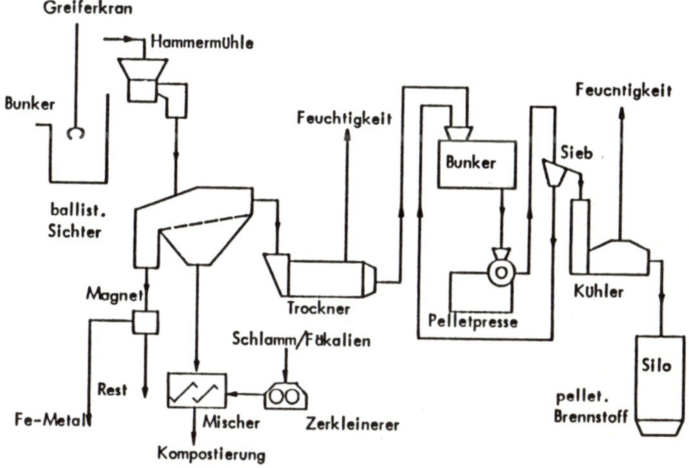

Abb. 6: Müllaufbereitungsverfahren "BRINI"
(Kovik, S)

Über einen Greiferkran wird der Müll in eine Hammermühle gegeben und auf eine durchschnittliche Korngröße von unter 50 mm zerkleinert. Mittels Förderband gelangt das Mahlgut in den von PLM entwikkelten Ballistiksichter, der den zerkleinerten Müll in drei Fraktionen aufteilt. Neben der Leichtfraktion (ca. 50% des Materials) entstehen eine Schwerfraktion sowie eine sog. Siebfraktion, die nicht zur BraM-Herstellung verwendet werden.

Die Leichtfraktion besteht zu ca. 70% aus Papier, 10% aus Kunststoffen und 20% aus anderen Materialien; sie ist so gut wie metallfrei, so daß auf eine magnetische Metallabscheidung verzichtet werden kann. Da der Wassergehalt mit etwa 30% für eine erfolgreiche Verpressung zu hoch ist, wird das Material in einem Trommeltrockner auf einen Feuchtegehalt von ca. 15% getrocknet. Über eine Dosiereinheit wird es dann einer rotierenden Pelletpresse zugeführt. Es werden Preßlinge mit einer quadratischen Grundfläche von ca. 35 x 35 mm und einer Höhe von ca. 50 mm hergestellt. Die Preßlinge setzen sich im Durchschnitt wie folgt zusammen:

- 71,3% Papier (zus. mit Pappe)
- 11,4% Kunststoffe
- 17,3% Sonstiges

3.2. Das Verfahren der Fa. Bühler in Eastbourne (GB)

Die von der Fa. Bühler-Miag konzipierte und im englischen Seebad Eastbourne errichtete BraM-Herstellungsanlage ist für einen Rohmülldurchsatz von ca. 15 t/h ausgelegt. Über den Annahmebunker wird der Müll mittels eines Greiferkranes auf zwei Dosierschuppenbänder gegeben und gelangt von dort aus in die einrotorigen Hammermühlen. Nach der Abscheidung der ferromagnetischen Metalle wird in einem Trommelsieb, die Feinfraktion (Glassplitter, Sand, feuchter Staub) abgetrennt. Diese Feinfraktion mit einem hohen Aschegehalt muß auf Mülldeponien verbracht werden. Mittels Windsichtung erfolgt eine Aufteilung des Siebüberlaufs in eine Leicht- und eine Schwerfraktion. Die anfallende Schwerfraktion (Vegetabilien, Glas, Steine, etc.) wird ebenfalls deponiert, während die heizwertreiche Leichtfraktion (hauptsächlich Papier und Kunststoffolien) nach Trennung

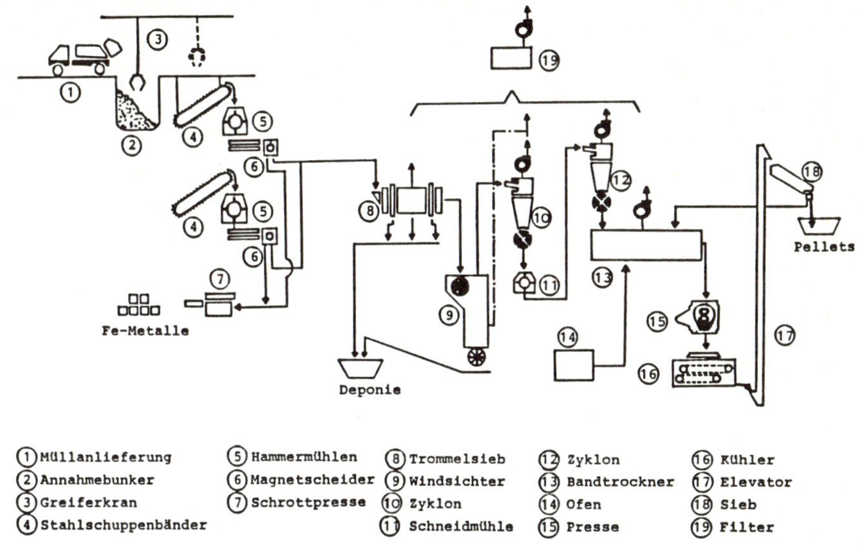

Abb. 7: Müllaufbereitungsverfahren der Eastbourne-Recycling Plant

der Sichterluft in einem Zyklon einer Schneidmühle zur weiteren Zerkleinerung zugeführt wird. Danach liegt das Gut mit einer mittleren Körnung von unter 30 mm vor und wird pneumatisch einem Bandtrockner zugeführt. Es folgt die Verpressung des flockigen Materials mit einer Ringmatrize. Das Produkt "EASIBURN" hat einen Ø von ca. 15 mm und ist ca. 50 mm lang. Nach der Abkühlung auf Raumtemperatur werden die fertigen Pellets auf ein Kontrollsieb gegeben. Die sich von den Pellets lösenden Teile werden abgesiebt und dem Prozeß am Ende des Bandtrockners wieder zugegeben. Die intakten Preßlinge fallen als Siebüberlauf in den Vorratsbunker. Die Abluft der Zyklone wird mit Filtern vom Staub befreit (vgl. Abb. 7). Die Preßlinge setzen sich im Durchschnitt wie folgt zusammen:

- 85 % Papier (zus. mit Pappe)
- 8 % Kunststoffe
- 7 % Textilien

3.3. Das Verfahren der Cowiconsult (DK)

Die Preßlinge wurden aus dänischem Hausmüll in der PLM-Anlage in Kovik (S) hergestellt (Verfahren siehe 3.1.). Verpreßt wurde jedoch anders als beim BRINI-Verfahren mit einer 15 mm Ringmatrize (vgl. Abb. 6). Die Preßlinge hatten eine Länge von ca. 20 - 60 mm und setzten sich wie folgt zusammen:

- 70 % Papier zus. mit Pappe
- 10 % Kunststoffe
- 20 % Sonstiges

3.4. Das Verfahren der N.C.R.R. (USA)

Der Brennstoff entstammt einer Pilotanlage des National Center for Resource Recovery (NCRR), und wurde nach dem folgenden Verfahren hergestellt (vgl. Abb. 8).

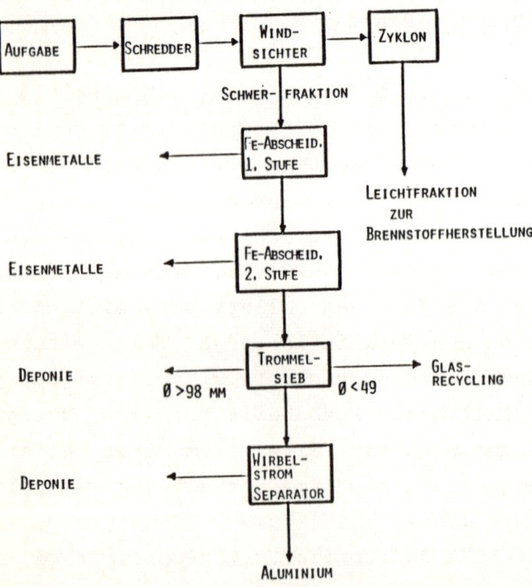

Abb. 8: Vereinfachtes Fließbild der NCRR Pilotanlage in Washington

Nach der Annahme aus dem Müllbunker wurde der Müll einem Schredder zugeführt und gelangte von dort in einen Windsichter. Die Leichtfraktion wurde nun in einem Zyklon von der Sichterluft befreit und stand somit als Brennstoffrohfraktion zur Verfügung. Diese Brennstoffrohfraktion konnte nun direkt zu Feuerungszwecken verwendet werden oder es erfolgte eine Verpressung zu Pellets wie bei dem hier untersuchten Brennversuch.

Die Preß-linge hatten einen Durchmesser von 12 mm und eine Länge von ca. 18 mm. Über die mittlere stoffliche Zusammensetzug gab es keine Angaben.

3.5. Das Verfahren der Rinter AG (A)

Die Anlage der Rinter AG, errichtet von Andritz/ Esmil stellte sich als nicht funktionstüchtig heraus. Im Rahmen der technischen Sanierung wurde das folgende technische Konzept simuliert (vgl. Abb. 9) /10/. In der Teilanlage I wurde der Hausmüll aus der Behältersystemabfuhr verarbeitet, während in der Teilanlage II Müll aus Muldengefäßen und von Privatanlieferern sowie Gewerbe- und Sperrmüll verarbeitet wurde.

In der Teilanlage II fand eine Vorsortierung nach Holz, Grobschrott und anderem zu deponierendem Material sowie Restmüll statt. Der Restmüll wurde durch ein Trommelsieb mit Lochdurchmessern von 50 - 80 mm geführt und die überwiegend mineralische Feinfraktion deponiert. Der Siebüberlauf wurde per Handsortierband nach Wert- und Problemstoffen sortiert und nach einer Abscheidung der Fe-Metalle der Teilanlage I zugeführt, an deren Ende die BraM-Produktion stand. In der Teilanlage I wurde der in einem Tiefbunker gesammelte Müll nach Zerkleinerung von magnetischen Metallen befreit. In einem Trommelsieb folgte die Abtrennung von zwei Siebfraktionen. Die Siebfraktion unter 20 mm, die einen hohen Anteil an organischem Material beinhaltete, sollte als Kompostrohstoff Verwendung finden. Das Überkorn, das nur in geringen Mengen anfiel, wurde zur Entlastung der nachfolgenden Aggregate aus dem Prozeß ausgeschieden. Die Fraktion 20 mm bis 200 mm bestand weitgehend aus Papier, Pappe und Kunststoffen und stellte das BraM-Rohprodukt dar.

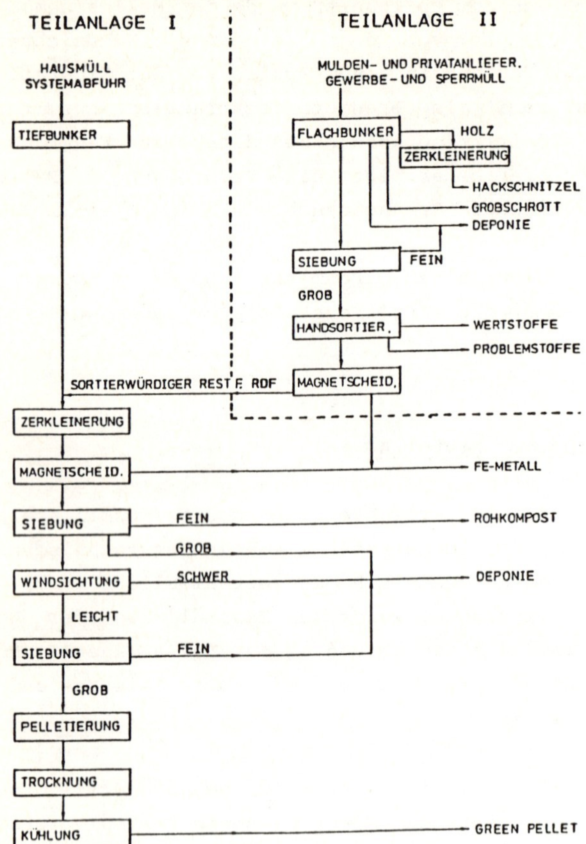

Abb. 9: Müllaufbereitungsverfahren der Anlage der Rinter AG Wien

In einem Windsichter wurde diese Fraktion in einen Leicht- und einen Schweranteil getrennt, wobei die entstehende Schwerfraktion anschließend deponiert wurde. In einem Zyklon wurde die Leichtfraktion von der Sichterluft und Staubteilchen getrennt und anschließend auf einem Spannwellensieb von anhaftenden mineralischen Bestandteilen befreit. Nach der anschließenden Verpressung mittels einer Flachmatrizenpresse konnte eine Trocknung und Kühlung erfolgen, um die Lagerfähigkeit der Presslinge zu erhöhen. Die für den Verbrennungsversuch erzeugten Pellets wurden jedoch nicht getrocknet und wiesen einen Wassergehalt von ca 18% - 25% auf (green pellets). Die Pellets bzw. der Pelleteinsatzstoff hatten folgende durchschnittliche Zusammensetzung:

- 42,6% Papier
- 13,2% Pappe
- 8,2% Kunststoffe
- 7,4% Textilien
- 28,6% Sonstiges

Wie schon unter Punkt 2.3.2. beschrieben, wurde der BraM immer gleichzeitig mit Klärschlamm verfeuert, so daß sämtliche Emissionen nur über den Gesamteintrag an Material zu erklären und zu bilanzieren sind. Da die Mengenverhältnisse BraM : Klärschlamm sowie deren chemische Zusammensetzung bekannt sind, wurde ein Durchschnittswert für das BraM-Klärschlamm-Gemisch als Gesamtinput berechnet. Diese Werte sind in den später folgenden Tabellen wiederzufinden und stellen wie gesagt keine BraM sondern BraM-Klärschlamm-Gemisch-Werte dar.

4. Untersuchungsergebnisse

4.1. Untersuchung der Feststoffe

Bei den zur Untersuchung gekommenen Feststoffen handelt es sich um den BraM-Input und die Verbrennungsrückstände Asche und Flugstaub (aus Zyklonen oder Labyrinthabscheidern). Die Probenahme und Analyse erfolgte,bis auf die Untersuchungen des NCRR, PLM-Eksjö und der Rinter AG durch ARGUS in Zusammenarbeit mit dem Labor für Wasseranalytik und Abfalltechnik des UBA in Berlin. Die folgenden in Tabelle 2 wiedergegebenen Parameter wurden dabei bestimmt.

Tabelle 2: Übersicht der Feststoffanalyseparameter

Parameter	Input	Asche	Zyklonstaub
Brennwert	x	-	-
Heizwert	x	-	-
Feuchte	x	-	-
Aschegehalt	x	-	-
Wassergehalt	x	-	-
Gesamt Kohlenstoff	x	x	x
org. Schwefel	x	x	x
org. Chlor	x	x	x
org. Fluor	x	x	x
Blei	x	x	x
Cadmium	x	x	x
Quecksilber	x	x	x

In den Tabellen 3-8 ist der BraM-Input und deren feste Verbrennungsrückstände in Form von Mittelwerten wiedergegeben worden. Für den Input werden neben den Angaben in mg/kg bzw. Gew.% zusätzlich Angaben in mg/KJ aufgeführt. Alle wiedergegebenen Zahlenwerte sind Mittelwerte aus mehreren Einzelanalysewerten. Auf eine Angabe der Schwankungsbreiten der Einzelwerte um diesen Mittelwert wird hier aus Gründen der Übersichtlichkeit verzichtet, Einzelheiten dazu sind in dem o.g. Forschungsbericht /1/ angegeben.

Tabelle 3: Übersicht der Parameter für den Wanderrostversuch mit PLM-BRINI

Wanderrostversuch mit PLM-BRINI Parameter	Einheit	Brennstoffwerte	mg/kJ	Aschewerte	Staubwerte
Brennwert	kJ/kg	19990.00	.000	2000.00	1820.00
Heizwert	kJ/kg *	17050.00	.000	2000.00	1820.00
Wassergehalt	Gew.Proz *	8.38	4.914	N.B.	N.B.
Aschegehalt	Gew.Proz	9.82	5.758	93.29	90.30
Ges. Kohlenstoff	Gew.Proz	45.06	26.421	5.86	7.44
Wasserstoff	Gew.Proz	6.29	3.688	N.B.	N.B.
Schwefel	mg/kg	1308.32	.077	76.45	4247.08
Chlor	mg/kg	7806.25	.458	1346.50	3926.25
Fluor	mg/kg	25.25	.001	2.75	59.50
Blei	mg/kg	170.68	.010	486.75	1386.53
Cadmium	mg/kg	2.37	.000	2.41	32.00
Quecksilber	mg/kg	.46	.000	.03	7.19

N.B. = nicht bestimmt / * = Werte bezogen auf Rohzustand

Tabelle 4: Übersicht der Parameter für den Wanderrostversuch mit EASIBURN

Wanderrostversuch mit EASIBURN Parameter	Einheit	Brennstoffwerte	mg/kJ	Aschewerte	Staubwerte
Brennwert	kJ/kg	17200.00	.000	650.00	3500.00
Heizwert	kJ/kg *	14060.00	.000	650.00	3500.00
Wassergehalt	Gew.Proz *	11.90	8.465	N.B.	N.B.
Aschegehalt	Gew.Proz	18.85	13.408	97.41	86.28
Ges. Kohlenstoff	Gew.Proz	39.81	28.319	2.32	10.90
Wasserstoff	Gew.Proz	5.54	3.941	N.B.	N.B.
Schwefel	mg/kg	1004.17	.071	12.16	3105.32
Chlor	mg/kg	5278.13	.375	118.13	5136.25
Fluor	mg/kg	29.75	.002	.75	117.25
Blei	mg/kg	225.83	.016	122.40	3234.86
Cadmium	mg/kg	4.07	.000	.59	53.09
Quecksilber	mg/kg	2.52	.000	.01	29.09

N.B. = nicht bestimmt / * = Werte bezogen auf Rohzustand

Tabelle 5: Übersicht der Parameter für den Wanderrostversuch der COWICONSULT

Wanderrostversuch der COWICONSULT Parameter	Einheit	Brennstoffwerte	mg/kJ	Aschewerte	Staubwerte
Brennwert	kJ/kg	19500.00	.000	950.00	9720.00
Heizwert	kJ/kg *	16620.00	.000	950.00	9720.00
Wassergehalt	Gew.Proz *	8.36	5.030	N.B.	N.B.
Aschegehalt	Gew.Proz	14.42	8.676	98.15	66.59
Ges. Kohlenstoff	Gew.Proz	45.62	27.450	2.56	28.07
Wasserstoff	Gew.Proz	6.07	3.655	N.B.	N.B.
Schwefel	mg/kg	1066.67	.064	84.17	5056.25
Chlor	mg/kg	6787.50	.408	230.00	12200.00
Fluor	mg/kg	17.00	.001	1.00	272.50
Blei	mg/kg	368.77	.022	585.18	570.64
Cadmium	mg/kg	9.09	.001	.48	15.06
Quecksilber	mg/kg	1.35	.000	.04	7.51

N.B. = nicht bestimmt / * = Werte bezogen auf Rohzustand

Tabelle 6: Übersicht der Parameter für den NCRR-Stokerversuch

NCRR-Stokerversuch (aus EPA-Bericht) Parameter	Einheit		Brennstoffwerte	mg/kJ	Aschewerte	Staubwerte
Brennwert	kJ/kg		13950.00	.000	1350.00	N.B.
Heizwert	kJ/kg	*	11360.00	.000	1350.00	N.B.
Wassergehalt	Gew.Proz	*	12.22	10.755	N.B.	N.B.
Aschegehalt	Gew.Proz		33.02	29.061	N.B.	N.B.
Ges. Kohlenstoff	Gew.Proz		35.63	31.358	N.B.	5.00
Wasserstoff	Gew.Proz		4.54	3.996	N.B.	N.B.
Schwefel	mg/kg		2800.00	.246	N.B.	N.B.
Chlor	mg/kg		3600.00	.317	N.B.	N.B.
Fluor	mg/kg		23.00	.002	N.B.	N.B.
Blei	mg/kg		335.00	.029	169.00	1012.00
Cadmium	mg/kg		.30	.000	2.00	25.00
Quecksilber	mg/kg		N.B.	N.B.	N.B.	N.B.

N.B. = nicht bestimmt / * = Werte bezogen auf Rohzustand

Tabelle 7: Übersicht der Parameter für den Wirbelschichtversuch mit PLM-BRINI

Wirbelschichtversuch mit PLM-BRINI Parameter	Einheit		Brennstoffwerte	mg/kJ	Aschewerte	Staubwerte
Brennwert	kJ/kg		20000.00	.000	N.B.	N.B.
Heizwert	kJ/kg	*	18800.00	.000	N.B.	N.B.
Wassergehalt	Gew.Proz	*	8.00	4.255	N.B.	N.B.
Aschegehalt	Gew.Proz		7.00	3.723	N.B.	98.00
Ges. Kohlenstoff	Gew.Proz		45.06	23.968	N.B.	N.B.
Wasserstoff	Gew.Proz		6.29	3.346	N.B.	N.B.
Schwefel	mg/kg		1308.32	.070	N.B.	N.B.
Chlor	mg/kg		7806.25	.415	N.B.	N.B.
Fluor	mg/kg		25.25	.001	N.B.	N.B.
Blei	mg/kg		170.68	.009	N.B.	N.B.
Cadmium	mg/kg		2.37	.000	N.B.	N.B.
Quecksilber	mg/kg		.46	.000	N.B.	N.B.

N.B. = nicht bestimmt / * = Werte bezogen auf Rohzustand

Da Angaben zu einzelnen Elementen in dem hier als Bezug gewählten Bericht nicht vorlagen, wurden diese Werte der Einfachheit halber aus den Analysen von Brini nach Tab. 3 entnommen. In diesen Fällen sind die Inputwerte bezogen auf mg/kg identisch.

Tabelle 8: Übersicht der Parameter für den Wirbelschichtversuch mit RINTER-BRAM

Wirbelschichtversuch mit RINTER-BRAM Parameter	Einheit	Brennstoffwerte	mg/kJ	Aschewerte	Staubwerte
Brennwert	kJ/kg	17500.00	.000	N.B.	N.B.
Heizwert	kJ/kg *	5470.00	.000	N.B.	N.B.
Wassergehalt	Gew.Proz *	66.41	121.383	N.B.	N.B.
Aschegehalt	Gew.Proz	25.58	46.755	N.B.	98.40
Ges. Kohlenstoff	Gew.Proz	39.84	72.819	N.B.	.80
Wasserstoff	Gew.Proz	5.38	9.833	N.B.	N.B.
Schwefel	mg/kg	3112.00	.569	2231.00	7400.00
Chlor	mg/kg	3404.00	.622	900.00	2000.00
Fluor	mg/kg	N.B.	N.B.	N.B.	N.B.
Blei	mg/kg	N.B.	N.B.	N.B.	N.B.
Cadmium	mg/kg	N.B.	N.B.	N.B.	N.B.
Quecksilber	mg/kg	N.B.	N.B.	N.B.	N.B.

N.B. = nicht bestimmt / * = Werte bezogen auf Rohzustand

Bei den hier wiedergegebenen Werten handelt es sich um die Werte des BraM/Klärschlamm-Gemisches, da dieses mehr Aussagefähigkeit über den Verbrennungsprozeß gibt als die BraM-Werte alleine.

4.2. Untersuchung der Rauchgase

Die folgenden Rauchgasparameter wurden ermittelt:

Rauchgasvol. (tr.) Nm^3/Mg Brennstoff
Rauchgasvol. (tr.) Nm^3/GJ einges. Energie
Mindestluftmasse
Luftüberschuß
CO_2-Gehalt
CO-Gehalt
Gehalt an Kohlenwasserstoffen
NO -Gehalt
SO_2-Gehalt
Cl -Gehalt
F -Gehalt
Staub-Gehalt
sowie die Staubinhaltsstoffe Blei, Cadmium und Quecksilber.

	spezifische Rauchgasvol. Nm3/Mg	Nm3/GJ	Mindest-luftmasse kg/kg	LAMBDA	CO2-Gehalt Vol.Proz.
Wanderrostversuch mit PLM-BRINI	14590	855	5.7	3.1	5.14
Wanderrostversuch mit EASIBURN	8200	585	5.0	2.4	7.82
Wanderrostversuch der COWICONSULT	6900	415	5.9	1.7	11.12
NCRR-Stokerversuch (aus EPA-Bericht)	7640	670	4.5	2.1	7.30
Wirbelschichtversuch mit PLM-BRINI	7500	400	5.6	1.6	10.85
Wirbelschichtversuch mit RINTER-BRAM	2040	370	5.2	1.5	12.20

Tab. 9: Übersicht über Verbrennungsparameter im Rauchgas

	CO	C-ges	NO	SO2	CL-	F-	Staub
TA-Luft Novelle (Leistung > 100 kW)	100.00	20.00	500.00	200.00	50.00	2.00	150.00
Wanderrostversuch mit PLM-BRINI	901.46	143.79	230.68	284.89	1036.33	4.88	861.32
Wanderrostversuch mit EASIBURN	487.73	20.55	157.70	431.68	808.72	10.38	363.10
Wanderrostversuch der COWICONSULT	50.02	N.B.	N.B.	319.69	381.20	.23	725.64
NCRR-Stokerversuch (aus EPA-Bericht)	N.B.	115.79	663.19	550.71	712.14	5.21	889.47
Wirbelschichtversuch mit PLM-BRINI	419.49	N.B.	127.97	148.45	299.32	N.B.	2147.97
Wirbelschichtversuch mit RINTER-BRAM *	4.56	N.B.	N.B.	367.65	731.62	N.B.	46.47

alle Angaben in mg/Nm3 trockenes Rauchgas bei 11 Vol.Proz O2/ N.B. = nicht bestimmt
* = Messungen nach E-Filter

Tab. 10: Übersicht über Schadstoffparameter im Rauchgas

In Tabelle 9 sind die interessantesten fünf feuerungstechnischen Parameter für alle Versuche wiedergegeben.

In Tabelle 10 sind die für die Einhaltung der TA-Luft interessanten Emissionswerte, soweit gemessen, für alle Versuche wiedergegeben. Ebenfalls in Tabelle 10 sind zu Orientierungszwecken die neuen, gemäß Kabinettsbeschluß diesen Jahres vorgeschlagenen Grenzwerte der TA-Luft Novelle angegeben. Zu beachten ist, daß die Werte der beiden Wirbelschichtversuche z.T. nach einem Elektrofilter bzw. Tuchfilter ermittelt wurden.

Die Werte für die Staubinhaltsstoffe Blei, Cadmium und Quecksilber sind, soweit ermittelt, für alle Versuche in Tabelle 11 wiedergegeben.

Tab. 11: Schwermetallkonzentrationen im Feinstaub

Staubinhaltstoffe im Rauchgas			
	BLEI mg/Nm3	CADMIUM mg/Nm3	QUECK-SILBER mg/Nm3
Wanderrostversuch mit FLM-BRINI	4.59	.240	.0503
Wanderrostversuch mit EASIBURN	14.46	.381	.0056
Wanderrostversuch der COWICONSULT	8.23	.249	.0638
NCRR-Stokerversuch (aus EPA-Bericht)	10.48	.281	.0997
Wirbelschichtversuch mit FLM-BRINI	N.B.	N.B.	.0049
Wirbelschichtversuch mit RINTER-BRAM	N.B.	N.B.	N.B.
N.B. = nicht bestimmt / alle Werte bezogen auf 11 O/O 02			

4.3. Bilanzierung der Versuche

Mithilfe der in den Tabellen 3-11 ermittelten Daten sowie einiger zusätzlicher Informationen wie Brennstoffeinsatz/h, Rauchgastemperatur etc., war es nun möglich, für die Versuche die verschiedensten Bilanzen zu erstellen.

4.3.1. Energiebilanzen

Für vier der sechs Versuche sollen hier exemplarisch Energiebilanzen in Form von Sankey-Diagrammen dargestellt werden (vgl. Abb. 10-13).

Die Energieausbeute im Wanderrostversuch, hier mit Easiburn-Pellets (vgl. Abb. 10), liegt bei knapp 70%, während 15,55% der Energie dem Prozeß mit dem Abgas verloren geht. Die Ascheverluste sind mit 1,34% gering, was auf einen guten Ausbrand hinweist. Die Verluste durch Strahlung und andere nicht gemessene diffuse Wärmeverlustquellen liegen jedoch mit gut 13,7% relativ hoch.

Recht ungünstig liegen die Verhältnisse im Falle des Stokertests in den USA (vgl. Abb. 11). Mit nur 47% an gewonnener Energie und Abgasverlusten von knapp 30% (fast 2/3 der Nutzenergie), deutet dieser Versuch darauf hin, daß dieser Ofentyp für eine wirtschaftliche Nutzung von BraM nicht geeignet erscheint. Die Ascheverluste liegen mit knapp 4,6% ebenfalls mehr als dreimal so hoch wie die im Wanderrostversuch ermittelten Werte. Auch die sonstigen Verluste sind mit 18,7% unverhältnismäßig hoch.

Sehr viel günstiger liegen die Werte des PLM-BRINI-Wirbelschichtversuchs (vgl. Abb. 12), wo ein thermischer Wirkungsgrad von über 86% erzielt wurde. Ein fast vollständiger Ausbrand und minimale Restverluste von zusammen unter 1,2% der eingesetzten Energie zeigen eindeutig, daß es sich bei diesem Kessel um ein für niedrigkalorische Brennstoffe angepaßtes Aggregat handelt. Auch die Abgasverluste von knapp über 12,6% spiegeln eine gute Energieausbeute der heißen Rauchgase wieder.

Im Gegensatz dazu sieht der zweite hier dargestellte Wirbelschichtversuch der Voest-Alpine/Rinter Kooperation ungünstiger aus (vgl. Abb. 13). Neben einer geringeren Ausbeute an nutzbar gemachter Energie (knapp 74%), liegen hier die Asche- und Restverluste mit zusammen über 5,5% mehr als vier mal so hoch wie im schwedischen Versuch. Die Abgasverluste mit 20,6% liegen ebenfalls recht hoch. Anzumerken sei hier jedoch, daß es sich bei diesem Versuch um ein BraM-Klärschlammgemisch gehandelt hat, das mit einem durchschnitt-

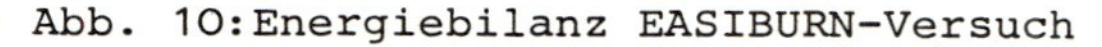

Abb. 10:Energiebilanz EASIBURN-Versuch

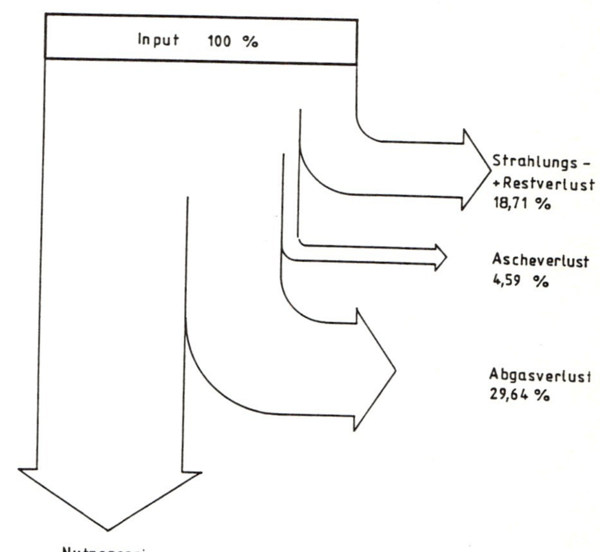

Abb. 11:Energiebilanz NCRR-Stokerversuch

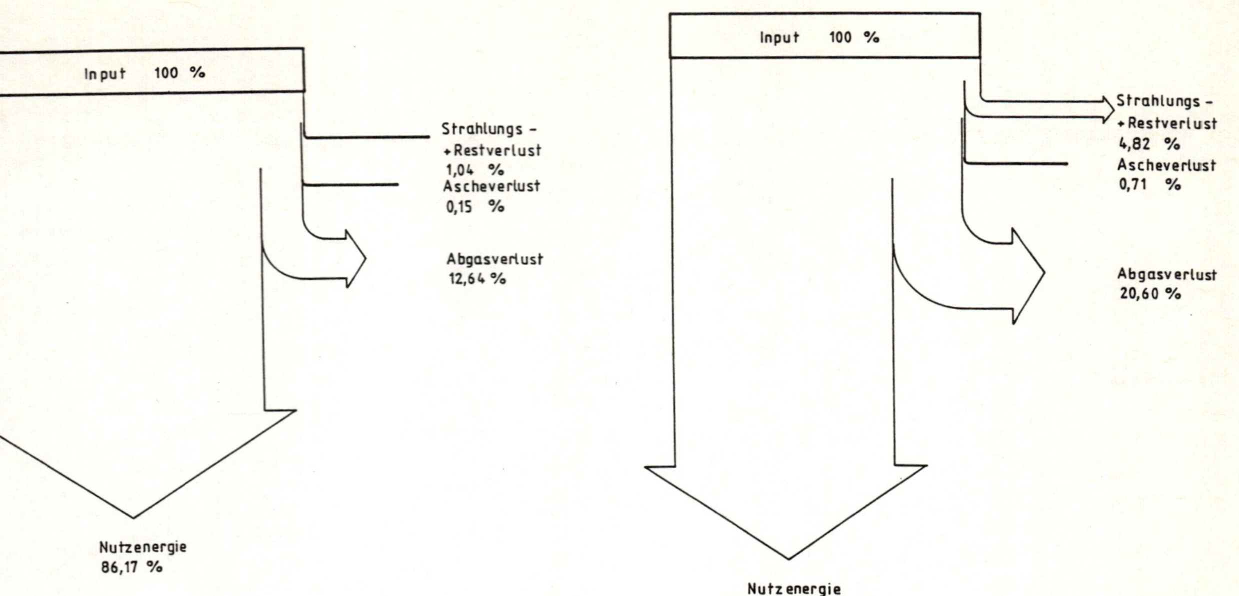

Abb. 12: Energiebilanz PLM-BRINI-Versuch

Abb. 13: Energiebilanz Rinter-Versuch

lichen Wassergehalt von über 60% (vgl. Tab. 8) zwangsläufig (durch einen hohen Dampfanteil im Abgas) zu hohen Abgasverlusten führen muß.

Wird der Tatsache, daß die Feuchtigkeit des Klärschlamms verdampft werden muß, Rechnung getragen und, würde man diesen Dampfanteil im Abgas um z.B. 7-8% korrigieren, so ergäben sich für beide Wirbelschichtversuche in etwa gleiche Werte hinsichtlich der genutzten Energie.

4.3.2. Schwefel-, Chlor- und Fluorbilanzen

Die Aufstellung von Schwefel-, Chlor- und Fluorbilanzen gestaltet sich wesentlich schwieriger als die Aufstellung einer Energiebilanz. Zum einen sind die exakten Gehalte dieser Elemente im Brennstoff mit wesentlich größeren Unsicherheiten zu bestimmen als z.B. der Heizwert, auf der anderen Seite ist eine kontinuierliche Erfassung besonders von Cl und F -ionen nicht mit einfachen Mitteln möglich. Beim Vergleich der analysierten Inputströme und den bei der Verbrennung nachgewiesenen Emissionen an Schwefel, Chlor und Fluor ergaben sich z.T. starke Diskrepanzen. In der folgenden Tab. 12 sind diese Wiederfindungsraten für die drei Elemente wiedergegeben.

Tab. 12: Wiederfindungsraten der Elemente Schwefel, Chlor und Fluor in %

	Schwefel	Chlor	Fluor
Brini	117	141	204
Easiburn	175,6	125	284
Cowiconsult	144	54	24
N.C.R.R.	120	241	-
Brini	58	39	-
Rinter	103	197	-

Dadurch, daß die in den Feststoffen nachgewiesenen Gehalte an Schwefel, Chlor und Fluor definitionsgemäß nur die in organischen Verbindungen gebundenen Anteile dieser drei Elemente erklären, können dann durchaus Wiederfindungsraten über 100% entstehen, wenn diese Elemente zusätzlich aus anorganischen Verbindungen freigesetzt werden. Es wird allgemein davon ausgegangen, daß die z.B. als Salze vorliegenden anorganischen Verbindungen dieser drei Elemente bei einem normalen Verbrennungsprozeß nicht aufgebrochen werden, da die hierfür notwendigen hohen Temperaturen (z.T. über 1400°C) nicht erreicht werden. In der Realität müssen dennoch Umstände eintreten, die eine Freisetzung von anorganisch gebundenem Schwefel, Chlor oder Fluor ermöglichen. Eine zweite Möglichkeit für das Auftreten von Bilanzungleichheiten ist durch die Art der Probenahme und die Anzahl der Untersuchungen begründet.

Die massenmäßige Aufteilung dieser Schadstoffströme in den Verbrennungsprodukten Rauchgas, Asche, Zyklonstaub ist in den folgenden Tabellen 13-15 wiedergegeben.

Tab. 13: Aufteilung der Schwefelströme auf die Verbrennungsprodukte

	S-INPUT g/h	S-ASCHE 0/0	S-FLUGST. 0/0	S-RAUCH 0/0
Wanderrostversuch mit FLM-BRINI	347.61	.57	2.49	96.94
Wanderrostversuch mit EASIBURN	558.66	.15	.52	99.33
Wanderrostversuch der COWICONSULT	1022.70	.88	2.22	96.90
NCRR-Stokerversuch (aus EPA-Bericht)	5564.55	N.B.	N.B.	100.00
Wirbelschichtversuch mit FLM-BRINI	2166.59	N.B.	N.B.	100.00
Wirbelschichtversuch mit RINTER-BRAM	11080.40	52.78	.09	47.13

N.B. = Nicht bestimmt / Die Prozentuierung ist auf den Gesamtoutputstrom bezogen

Für Schwefel gilt, daß der Hauptanteil gasförmig als SO_2 den Prozeß verläßt und in die Athmosphäre entweicht. Die Werte liegen hier zwischen knapp 97% bei den Wanderrostversuchen und gut 47% bei dem Wirbelschichtversuch mit dem Rinter BraM. Zwei Versuche weisen

Rauchgaswerte von 100% auf, was zwar durch die Art der Darstellung bedingt ist, jedoch tatsächlich nicht der Fall sein wird.

Auch bei den Chlorbilanzen (vgl. Tab. 14) werden die hohen Freisetzungsgrade in die Gasphase deutlich (über 89%). Leider ist eine so deutliche Unterscheidung zwischen Wanderrost einerseits und z.B. Wirbelschicht andererseits, wie beim Schwefel, nicht möglich, da die Chlorgehalte dort z.T. nur im Abgas untersucht wurden, wodurch wiederum Chloridgehalte im Rauchgas von 100% ausgewiesen werden. Es ist jedoch zu vermuten, daß auch hier die Freisetzungsrate deutlich über 85% liegt.

Tab. 14: Aufteilung der Chlorströme auf die Verbrennungsprodukte

	CL-INPUT g/h	CL-ASCHE 0/0	CL-FLUGST. 0/0	CL-RAUCH 0/0
Wanderrostversuch mit PLM-BRINI	2074.05	1.41	.32	98.27
Wanderrostversuch mit EASIBURN	2936.44	.39	.23	99.38
Wanderrostversuch der COWICONSULT	6507.74	1.00	2.25	96.75
NCRR-Stokerversuch (aus EPA-Bericht)	7154.42	N.B.	N.B.	100.00
Wirbelschichtversuch mit PLM-BRINI	12927.15	N.B.	N.B.	100.00
Wirbelschichtversuch mit RINTER-BRAM	12120.08	10.19	.01	89.80

N.B. = nicht bestimmt / Die Prozentuierung ist aus den Gesamtoutputstrom bezogen

Für die Aufstellung von Fluorbilanzen liegen leider sehr wenige Daten vor, so daß auch hier nur die von ARGUS untersuchten Wanderrostkessel betrachtet werden können (vgl. Tab. 15). Bei den in Deutschland durchgeführten Versuchen liegen die Anteile des Fluors im Rauchgas über 98%, bei dem dänischen Versuch jedoch nur bei gut 51%, wobei jedoch 44,8% im abgeschiedenen Labyrinthstaub nachgewiesen wurden.

Betrachtet man jedoch die Wiederfindungsraten in Tab. 12, so fällt auf, daß diese für den dänsichen Versuch um den Faktor 10 geringer ist als für die in Deutschland durchgeführten Versuche. Es ist daher zu vermuten, daß bei der Abgasprobenahme und/oder -analytik zu wenig Fluor nachgewiesen wurde und so entweder ein zufälliger oder ein systematischer Fehler vorliegt, zumal die Feststoffanalysen nach dem gleichen Schema wie in Deutschland gezogen und analysiert wurden.

Werden diese Rauchgasergebnisse nun unter der obigen Prämisse korrigiert, so ergeben sich 91,3% Fluorid im Rauchgas, 7,99% Fluorid im Labyrinthstaub sowie 0,71% Fluor in der Asche, also doch zumindest ähnliche Werte wie bei den anderen Versuchen.

Tab. 15: Aufteilung der Fluorströme auf die Verbrennungsprodukte

	FLUOR-INPUT g/h	FLUOR-ASCHE 0/0	FLUOR-FLUGST. 0/0	FLUOR-RAUCH 0/0
Wanderrostversuch mit PLM-BRINI	6.71	.61	1.03	98.35
Wanderrostversuch mit EASIBURN	16.55	.19	.41	99.40
Wanderrostversuch der COWICONSULT	16.30	3.90	44.87	51.23
NCRR-Stokerversuch (aus EPA-Bericht)	45.71	N.B.	N.B.	100.00
Wirbelschichtversuch mit PLM-BRINI	N.B.	N.B.	N.B.	N.B.
Wirbelschichtversuch mit RINTER-BRAM	N.B.	N.B.	N.B.	N.B.

N.B. = nicht bestimmt / Die Prozentuierung ist auf den Gesamtoutputstrom bezogen

Alles in allem wird jedoch deutlich, daß der Löwenanteil der Säurebildner Schwefel (als SO_2), Chlor (als Cl) und Fluor (als F) mit den Rauchgasen in die Athmosphäre entweicht. Eine Einbettung dieser Schadstoffe scheint nur für Schwefel in der Wirbelschicht aufgrund der dort vorliegenden Temperaturprofile gegeben zu sein.

4.3.3. Schwermetallbilanzen

Es sollen hier nur die Metalle Blei (Pb), Cadmium (Cd) und Quecksilber (Hg), die als besonders toxisch gelten, betrachtet werden (vgl. Tab. 16-18). Für alle drei Metalle gilt, daß diese auf der Verbrennungsproduktseite aus technischen Gründen nur in den Feststoffen (Asche, Zyklon und Sondenstaub) nachgewiesen wurden. Der in den Bilanzen zu 100% fehlende Anteil ist daher in der Gasphase zu vermuten und gelangt somit ebenfalls unkonrolliert in die Umwelt. Leider wurden bei den Wirbelschichtversuchen keinerlei Untersuchungen der Verbrennungsprodukte auf Schwermetalle durchgeführt, so daß für diese Versuche keine Angaben möglich sind.

Für Blei wird deutlich, daß in der Ofenasche nur bis max. 30% der Gesamtmasse dieses Metalls verbleiben. Die in den Flugstaubabscheidern zurückgehaltenen Partikel weisen, bezogen auf den Gesamtbleistrom, nochmals Werte bis zu 13% auf. Der Massenstrom, der mit den Feinstaubpartikeln im sog. Reingas entweicht und der durch die Sondenprobenahme noch analysiert werden konnte, weist dagegen Werte von 25% bis gut 50% auf. Die zur Bilanzierung herangezogenen Werte von Asche und Sondenstaub ergeben Bleiwiederfindungsraten von 42-62%, also etwa die Hälfte der gesamten Bleifracht. Neben einer entsprechenden Fehlerbandbreite bleibt dennoch zu vermuten, daß auch ein gewisser Anteil neben dem Feinstaub in gasförmigem Zustand die Anlage verlassen haben muß. Betrachtet man also nur die Werte, die kontrolliert beim Verbrennungsprozeß anfallen (Asche und Staub aus Abscheidern), so liegen hier die Massenanteile an zurückgehaltenem Blei zwischen 17% und 34%. Gut 2/3 des gesamten Bleiinputs der hier dokumentierten Versuche entweichen hingegen unkontrolliert in die Umwelt.

Tab. 16: Bleibilanzen

	INPUT g/h	ASCHE g/h	IN 0/0	FLUG g/h	-STAUB 0/0	SONDEN g/h	-STAUB 0/0	ASCHE+SOND 0/0
Wanderrostversuch mit PLM-BRINI	45.35	13.612	30.02	5.801	12.79	12.710	28.03	58.04
Wanderrostversuch mit EASIBURN	125.64	13.176	10.49	9.073	7.22	65.302	51.98	62.46
Wanderrostversuch der COWICONSULT	353.57	82.432	23.31	5.706	1.61	73.709	20.85	44.16
NCRR-Stokerversuch (aus EPA-Bericht)	665.76	110.901	16.66	28.577	4.29	172.259	25.87	42.53
Wirbelschichtversuch mit PLM-BRINI	282.65	N.B.	N.B.	N.B.	N.B.	N.B.	N.B.	N.B.
Wirbelschichtversuch mit RINTER-BRAM	N.B.	N.B.	N.B.	N.D.	N.B.	N.B.	N.B.	N.B.

N.B. = nicht bestimmt

Bei Cadmium ist diese Tendenz der Anreicherung, weniger in der Asche - mehr in der Staubfraktion, stärker ausgeprägt als bei Blei. Hier wurden durch Asche und abgeschiedenen Flugstaub nur zwischen

2,5% und 32% der Cadmiumfracht kontrolliert zurückgehalten (Ausnahme Stokerversuch, USA). Oder andersherum gesagt, gelangten zwischen 70% und 97% unkontrolliert in die Umwelt.

Tab. 17: Cadmiumbilanzen

	INPUT g/h	ASCHE g/h	IN 0/0	FLUG g/h	-STAUB 0/0	SONDEN g/h	-STAUB 0/0	ASCHE+SOND 0/0
Wanderrostversuch mit PLM-BRINI	.63	.068	10.74	.134	21.28	.664	105.55	116.28
Wanderrostversuch mit EASIBURN	2.26	.064	2.82	.149	6.58	1.721	75.99	78.81
Wanderrostversuch der COWICONSULT	8.71	.068	.78	.151	1.73	2.228	25.57	26.36
NCRR-Stokerversuch (aus EPA-Bericht)	.89	1.394	155.93	.717	80.20	4.619	516.47	672.39
Wirbelschichtversuch mit PLM-BRINI	3.92	N.B.	N.B.	N.B.	N.B.	N.B.	N.B.	N.B.
Wirbelschichtversuch mit RINTER-BRAM	N.B.	N.B.	N.B.	N.B.	N.B.	N.B.	N.B.	N.B.

N.B. = nicht bestimmt

Quecksilber verbleibt so gut wie überhaupt nicht in der Asche (Massenstromanteile kleiner 0,005%). Dieses leicht flüchtige Metall lagert sich vorzugsweise an den bei der Verbrennung entstehenden Stäuben an, wobei die feinsten Partikel als Kondensationskerne /6/ wirken und daher relativ hohe Gehalte und Massenstromkonzentrationen von Quecksilber und anderen Schwermetallen (z.B. auch Cadmium) aufweisen. Auch für dieses Metall gilt, daß der kontrolliert abgeschiedene Massenstrom relativ gering ist (zwischen 6% und 25%), während zwischen 75% und 95% des hochgiftigen Quecksilbers die Verbrennungsanlagen unkontrrolliert mit den Abgasen verlassen.

Tab. 18: Quecksilberbilanzen

	INPUT g/h	ASCHE g/h	IN 0/0	FLUG g/h	-STAUB 0/0	SONDEN g/h	-STAUB 0/0	ASCHE+SOND 0/0
Wanderrostversuch mit PLM-BRINI	.12	.001	.58	.030	24.51	.139	113.59	114.16
Wanderrostversuch mit EASIBURN	1.40	.001	.11	.082	5.83	.026	1.82	1.93
Wanderrostversuch der COWICONSULT	1.29	.005	.39	.075	5.81	.572	44.23	44.62
NCRR-Stokerversuch (aus EPA-Bericht)	.20	.197	99.06	.014	7.10	1.639	824.60	923.66
Wirbelschichtversuch mit PLM-BRINI	.76	N.B.	N.B.	N.B.	N.B.	.083	10.87	N.B.
Wirbelschichtversuch mit RINTER-BRAM	N.B.	N.B.	N.B.	N.B.	N.B.	N.B.	N.B.	N.B.

N.B. = nicht bestimmt

5. Einfluß des Ofentyps auf Verbrennung und Emissionen

Ein Einfluß des Ofentyps auf die Verbrennung und die reinen Verbrennungsparameter λ , CO und NO (x) ist bei Betrachtung der hier dargestellten Paramter durchaus erkennbar (vgl. Tab. 9 und 10). Der Luftüberschuß und damit die energiespezifische Rauchgasmenge liegt bei den Wirbelschichtfeuerungen deutlich niedriger als bei den Rostfeuerungen. Auch bei den Stickoxyden kann ein geringerer Gehalt dieser Schadstoffe im Rauchgas, verglichen mit den Rostfeuerungen, festgestellt werden. Für den Gehalt an CO im Rauchgas ergibt sich ein unheitliches Bild, obwohl auch hier der geringste CO-Gehalt bei einer Wirbelschichtfeuerung festgestellt wurde.

Bei den Rostkesseln sind die dänischen Wanderrostversuche noch am ehesten geeignet, mit der Wirbelschichtfeuerung zu konkurrieren. Ein geringes λ , geringer CO-Gehalt und ein mit den Wirbelschichtversuchen am ehesten vergleichbarer Kesselwirkungsgrad zeigen das Leistungsvermögen und die Grenzen einer Rostfeuerung. Energetisch als völlig unzureichend und mit hohen Stickoxydgehalten im Rauchgas, scheint ein Kessel mit festem (oder Schür-)Rost nicht das Aggregat der Wahl zu sein.

Bei der Betrachtung der durch den Brennstoff in den Prozeß eingetragenen Schadstoffe läßt sich ruhigen Gewissens keine Favorisierung für einen Ofentyp aussprechen. Bei der Betrachtung der Bilanzen (Tab. 13-18) wird klar, daß eine Freisetzung der Schadstoffe und ein Austrag mit dem Rauchgas bei allen Ofentypen und für alle Elemente hoch ist. Eine Abhängigkeit von Emissionen vom Ofentyp ist daher, zumindest was die brennstoffabhängigen Parameter (Cl, F, Pb, Cd und Hg) betrifft, aus den vorliegenden Daten nicht in allen Fällen festzustellen. Für Schwefel und Chlor gilt bei den WS-Feuerungen, daß tendenziell ein höherer bis hoher Einbindungsgrad in der Asche gegenüber anderen Feuerungstypen vorzuliegen scheint. Für die von der Feuerungsführung abhängigen Parameter λ , CO, NO(x) gilt das oben gesagte, so daß auf eine leistungsfähige Rauchgasreinigung in keinem Fall verzichtet werden kann!

6. Weitere emissionsmindernde Maßnahmen

Die Beimischung von Kalk als CaO oder CaCO3 (direkt zum BraM bei Rostkesseln oder als Bettmaterial in der Wirbelschicht) in bestimmten, für die Bindung von Schwefel, Chlor und/oder Fluor, notwendigen Anteilen wurde verschiedentlich versucht /7;8;9/. Zwar wurde eine Reduktion der Gehalte an SO_2, Cl und F bis zu 30% festgestellt, jedoch reicht eine solche Maßnahme alleine zur Emissionsreduzierung nicht aus.

Ein anderer Effekt ergibt sich bei der Benutzung von Tuchfiltern zur Staubabscheidung, bei denen sich als "Patina" Kalkstaub absetzt. Die Temperatur der Rauchgase an diesem Punkt im Abgaskanal liegt in einem Bereich, der die Reaktionen z.B. von CaO und 2HCl zu $CaCl_2$ und H_2O weit eher begünstigt, als die hohen Temperaturen im Verbrennungsraum. Hier können Reduktionsraten von bis zu 50% erreicht werden.

Eine Kombination der Beimischung von Kalk im Feuerungsversuch und der Benutzung eines Tuchfilters können eine Reduktion der gasförmigen Schadstoffe (S, Cl) auf Werte innerhalb der z.Zt. gültigen TA-Luft ermöglichen.

Auch Versuche der BraM-Veredelung durch Entgasung bzw. Carbonisierung, bei der flüchtige Schadstoffe aus dem Brennstoff bei Temperaturen zwischen 350°C-450°C entweichen sollten, brachten keine durchschlagenden Erfolge bezüglich der tatsächlichen Emissionsreduktion bei der Verbrennung.

Letztendlich gibt es z.Zt. keine Möglichkeit, durch eine entsprechende Aufbereitungstechnik vor der Verbrennung und/oder Additive bei der Verbrennung, die Grenzwerte der TA-Luft-Novelle unabhängig vom Ofentyp einzuhalten.

Aufgrund des im BraM vorliegenden Schadstoffpotentials kann auf eine quasi trockene oder feuchte Rauchgasreinigung nicht verzichtet werden. Ofenbautechnische Maßnahmen alleine sind nach dem jetzigen Erkenntnisstand nicht ausreichend, die Emissionen bei der Verbrennung von BraM ausreichend zu reduzieren.

7. Quellennachweis

/1/ Bünsow, W.; Dobberstein, J.: "Untersuchung der Möglichkeiten des Einsatzes von BraM zur Energiegewinnung in Kraftwerken", BMFT-Bericht zum Förderkennzeichen 1430 199, Juni 1985

/2/ Knörzer, W.;: "Verbrennungsversuche mit Brennstoff aus Müll (BraM)in einer Kohlekesselanlage", Forschungsbericht (EN-040-067) BMFT, Bonn 1985

/3/ Degler, G.H. et al: "A Field Test Using Col: dRDF Blends in Spreader Stoker-Fired Boilers", Municipal Environmental Research Laboratory, U.S. Environmental Protection Agency, Cincinnati, Ohio, 1980

/4/ Ahling, B. et al: "Proveldning med BRINI i Eksjö April 1985", Institutet för Vatten- och Luftvardsforskning, Stockholm 1981

/5/ Marek, K.; Härtle, G.: "Aufbereitung von Brennstoffen - Altpapier und BraM, in Energiegewinnung durch emissionsarme Verbrennung von Rückständen in Kleinanlagen", E. Freitag Verlag, Berlin 1981

/6/ Greenberg, R.R.; Zoller, W.H.; Gordon, G.E.: "Composition of Particles Released in Refuse Incineration", in Environmetal Science & Technology, Volume 12, Nr. 5, 1978

/7/ Reh, L.: "Einsatzmöglichkeiten der Wirbelschichtfeuerung als Kraftwerksfeuerung", VGB Kraftwerkstechnik 56, Heft 8, August 1976

/8/ Münzner, H., Schilling, H.D.: "Erste Ergebnisse von Grundlagenuntersuchungen zur Emission und Wiedereinbindung der Halogene Fluor und Chlor in Wirbelschichtfeuerungen", VDI-Berichte 498, 1983

/9/ Bilitewski, B.: "Recyclinganlagen für Haus- und Gewerbeabfälle", in Beihefte zu Müll und Abfall, Beiheft 21, E. Schmidt Verlag, 1985

/10/Bilitewski, B.: "Ein technisch-wirtschaftlicher Ansatz zur Brennstoffgewinnung aus Müll auf der Grundlage der Wiener Abfallbeseitigungssituation", in Brennstoff aus Müll, E. Freitag Verlag, 1984

Brennstoff aus Müll

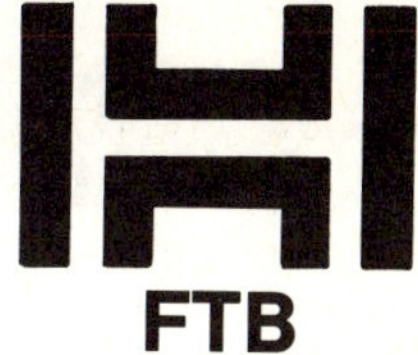

Überdachte Müll-Abladestation
Rohmüll
Zerkleinerungsanlage
Rotationssieb
Reingas
Abluft
Container
Gewebefilter
Verwendbarer Staub
Windsichter
Rotationstrockner
Bandkühler
Pelletpressen
Silo für Brennstoff aus Müll

ADT & PARTNER

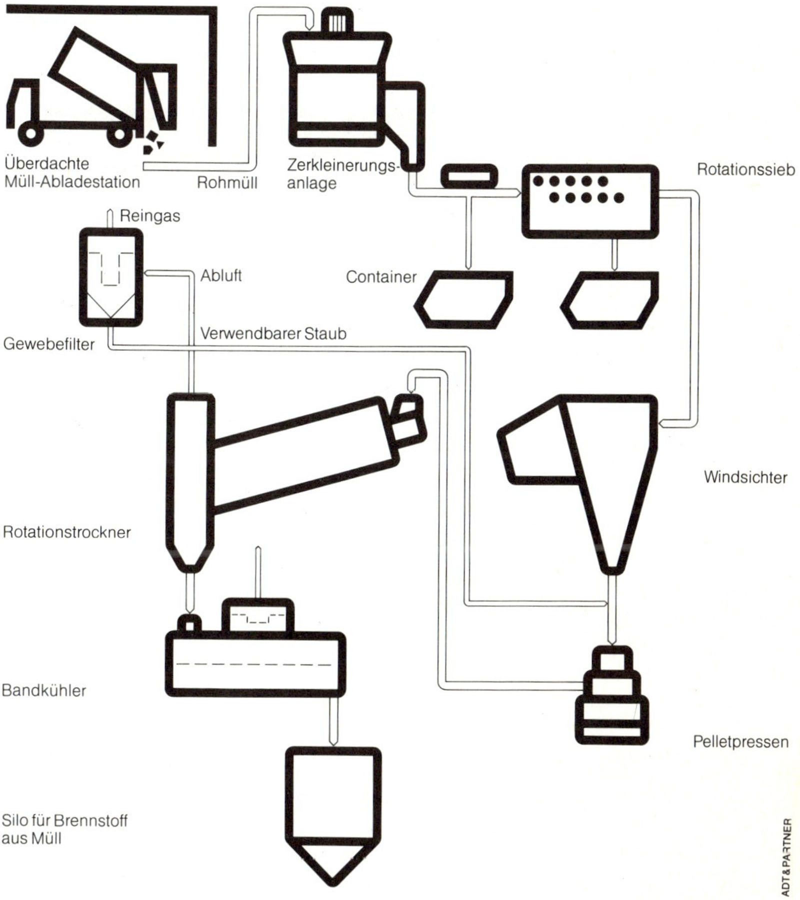

FTB bietet:

- Beratung
- Planung
- Engineering
- Ausführung

auf dem Gebiet der Abfallaufbereitungstechnik z.B. für Abfallvorbehandlung in Müllverbrennungsanlagen.
Das Verfahrensfließbild zeigt eine mögliche Lösung, der Umwandlung von Hausabfall in hochwertigen Brennstoff für Abfallentgasungs- bzw. Müllverbrennungsanlagen. Durch Aufbereitungsverfahren werden Wertstoffe dem Prozeß entzogen, wobei der verbleibende organische Abfallrest zu Kompost verarbeitet werden kann.

FTB Stahlbau-Fertigungstechnik GmbH
– Ein Unternehmen der Hölter-Gruppe –
Gottlieb-Dunkel-Straße 21,
1000 Berlin 42
Telefon: 030/7035022
Teletex: 308047
Telefax: 030/7035023

Kombinierte Abfallaufbereitung und -verbrennung unter besonderer Berücksichtigung der Emissionssituation

H. Vollmer

In einer Verlautbarung "Energienutzung aus Abfall- und Reststoffen" des Vereins Deutscher Ingenieure, VDI-Gesellschaft Energietechnik, vom September 1985 sind u.a. die folgenden Thesen enthalten (1):

- Stofflich und energetisch sinnvolle Verwertung ist gleichrangig. Sie schließen sich gegenseitig nicht aus.

- Die thermischen Verfahren erfüllen in umwelttechnischer Hinsicht eine wichtige Aufgabe. ...

- Jede Art von Schadstoffverminderung in den Abfällen wirkt sich bei allen Behandlungsverfahren günstig aus. Die Schadstoffverminderung sollte deshalb gefördert werden.

Wenn in diesen Thesen die stoffliche und energetische Verwertung von Abfällen als gleichrangig bezeichnet werden, so liegt es natürlich nahe, beide Verfahrensschritte auch miteinander zu verbinden und die Abfallaufbereitung, die ja ein wesentlicher Bestandteil der stofflichen Verwertung ist, und die Abfallverbrennung als das energetische Müllverwertungsverfahren schlechthin miteinander zu koppeln.

Darüber hinaus kann durch die Verbindung von Aufbereitung und Verbrennung natürlich auch eine erhebliche Schadstoffverminderung, insbesondere im Hinblick auf die bei der Verbrennung entstehenden Emissionen erreicht werden.

Probleme bei der Müllverbrennung

Die energetische Nutzung von Abfällen in Müllverbrennungsanlagen hat zwei prinzipielle Nachteile:

- Die Energieerzeugung ist zeitlich und örtlich vom Abfallaufkommen abhängig.

- Die bei der Müllverbrennung entstehenden Umweltbeeinträchtigungen sind erheblich und praktisch genausowenig vorhersehbar wie der Schadstoffgehalt des zur Verbrennung aufgegebenen Abfalls.

Eine Speicherung des im Müll enthaltenen Energiepotentials ist aus naheliegenden Gründen ohne zusätzliche Maßnahmen nicht möglich. Abfall sollte aus hygienischen Gründen und wegen der sonst kaum zu vermeidenden Geruchsbelästigung der Umwelt möglichst schnell verbrannt werden.

Auch ein Transport des Mülls über größere Entfernungen verbietet sich im Regelfalle unter dem Gesichtspunkt des Energierecyclings, da bei einem Material mit so niedrigem Heizwert und so hohem Ballastanteil der Energiegewinn in keiner wirtschaftlich vernünftigen Relation zu den Transportkosten stehen würde.

Der Schadstoffgehalt im Hausmüll ist beträchtlich und kann zunächst weder im Hinblick auf die bei der Verbrennung entstehenden Schwermetallemission noch im Hinblick auf andere organische und anorganische Schadstoffe im Abgas und in den Reststoffen der Müllverbrennung beeinflußt werden.

Beherrschbar wird das Umweltrisiko bei der Verbrennung von Abfallstoffen nur mit Hilfe einer sehr aufwendigen Abgasreinigung, die allen Eventualitäten Rechnung trägt, unterstützt durch eine gute Feuerführung im Verbrennungsraum und ergänzt durch die Möglichkeit, kritische Reststoffe aus der Verbrennung, vor allem abgeschiedene Flugstäube, auf einer Sondermülldeponie gefahrlos entsorgen zu können.

Beide genannten Problemkreise bei der Müllverbrennung, also die zeitliche und örtliche Abhängigkeit der Energieerzeugung vom Abfallaufkommen und die Umweltbeeinträchtigung durch die Verbrennung von Abfall nicht kalkulierbarer, Schadstoffe enthaltener Zusammensetzung können durch geeignete Aufbereitung des Abfalls deutlich gemindert werden.

Über die Herstellung lager- und transportfähiger Brennstoffe aus Abfall wurde bereits an anderer Stelle vielfach berichtet (2-4). Insofern soll hier nur auf geeignete Aufbereitungsverfahren vor und in Kombination mit einer Müllverbrennungsanlage sowie auf die dadurch erzielbare Schadstoffminimierung eingegangen werden.

Als Ergebnis einer Aufbereitung von Hausmüll zu Brennstoff sind zur Zeit im wesentlichen drei unterschiedliche Endprodukte bekannt:

1. Grobstückiger, nicht verdichteter Brennstoff
2. Brikettförmiger Brennstoff
3. Pulverförmiger Brennstoff.

Der pulverförmige Brennstoff und üblicherweise auch der brikettförmige Brennstoff sind aufgrund einer vorangegangenen Trocknung praktisch unbegrenzt lagerfähig. Auf jeden Fall sind sie wegen ihrer Konfektionierung gut transportierbar und können so auch extern als Brennstoff in Feuerungsanlagen eingesetzt werden.

Der grobstückige, nicht verdichtete Brennstoff wird in der Regel nicht getrocknet. Er ist -wie Untersuchungen gezeigt haben- jedoch in gewissem Umfang bei bestimmten Randbedingungen ebenfalls lagerfähig. Normalerweise sollte er allerdings unmittelbar nach der Herstellung verbrannt werden.

Dieser nicht verdichtete Brennstoff, sogenannter FLUFF, ist auch bestens geeignet, um in Müllverbrennungsanlagen anstelle von Zusatzbrennstoff zu Müll oder als alleiniger Brennstoff eingesetzt zu werden.

Die Herstellung von FLUFF

Die Herstellung von FLUFF erfolgt bevorzugt nach dem ECO-BREN®-Verfahren der Mannesmann Verfahrens- und Umwelttechnik -MVU-, das als F+E-Vorhaben mit Förderung des Bundesministers für Forschung und Technologie in den Jahren 1982 bis 1984 entwickelt, in einer Prototyp-Anlage realisiert und optimiert wurde. Bild 1 zeigt das verfahrenstechnische Konzept des ECO-BREN®-Verfahrens.

Hausmüll und diesem ähnlicher Gewerbemüll werden einer horizontal angeordneten Drehtrommel (ZSS-Trommel) aufgegeben und durchlaufen in ihr die drei Verfahrensschritte: Zerreißen-Sieben-Sichten.

In der ersten Stufe werden Gebinde und Kartonagen sowie andere Abfallbestandteile durch eine mit Schlaghämmern bestückte Welle aufgeschlossen bzw. teilweise zerkleinert. In der nächsten Aufbereitungsstufe wird der Feinanteil des Mülls weitgehend abgesiebt. Durch Veränderung der Sieblochung kann die Menge und Zusammensetzung des Siebdurchgangs in gewissen Grenzen variiert werden und damit einer evtl. gewünschten Nachbehandlung, z.B. Kompostierung, angepaßt werden.

In der dritten Trommelstufe wird die flugfähige organische Fraktion aus dem verbliebenen Hausmüll separiert und über einen Saugkopf abgezogen.

Der Siebüberlauf besteht im wesentlichen aus Metall, Glas, größeren Inertstoffen und Hartplastik. Er wird am Trommelende ausgetragen und sollte keine Anteile mehr an flugfähiger Leichtfraktion beinhalten.

Magnetabscheider separieren den eisenhaltigen Schrott sowohl aus dem Siebüberlauf als auch aus dem Siebdurchgang, bevor diese Reststoffe das System verlassen.

Die abgesaugten flugfähigen Bestandteile des Ausgangsmülls, also im wesentlichen Papier, Pappe, Textilien und Kunststoffolien, stellen den von verunreinigenden Inertstoffen weitgehend befreiten Rohbrennstoff oder FLUFF dar. Die Transportluft für diese Fraktion wird im nachgeschalteten Zyklon vom FLUFF getrennt, in Filtern entstaubt und anschließend teils in die Trommel zurückgeführt, teils als gereinigte Abluft in die Atmosphäre emittiert.

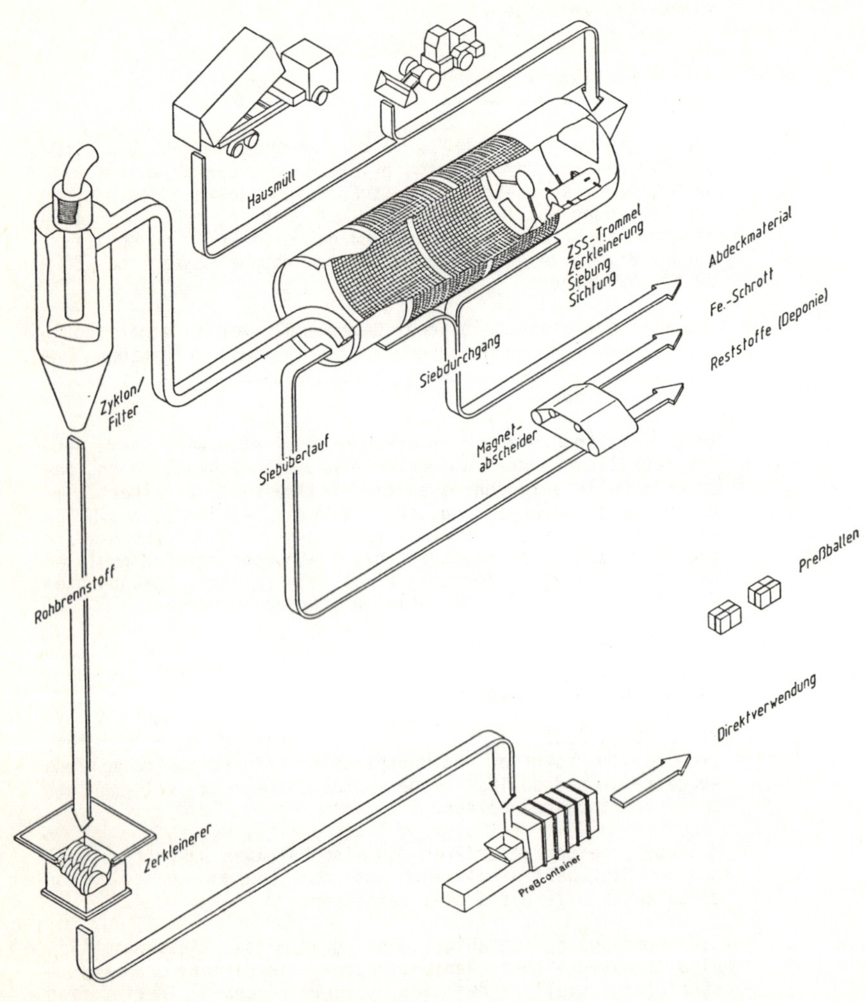

Bild 1 Das ECO-BREN®-Verfahren

Der gereinigte Rohbrennstoff ist zunächst nicht zerkleinert und verdichtet. Er kann, falls ein Transport vorgesehen ist, in Ballenpressen oder Preßcontainern verdichtet werden. Eine Auflockerung des verdichteten Rohbrennstoffes nach dem Transport führt dann wieder zum FLUFF. Er kann auch im Nachgang zur bisher beschriebenen Aufbereitung zerkleinert werden, um einen zusätzlichen Homogenisierungseffekt und damit eine leichtere Handhabung bei der Verbrennung zu erzielen.

Der FLUFF, wie er während des Betriebes der Pilotanlage für das ECO-BREN®-System auf der Zentraldeponie Kornharpen der Stadt Bochum gewonnen wurde, hatte die in der folgenden Aufstellung wiedergegebene, mittlere Zusammensetzung (5):

Wasser	20 %	Stickstoff	0,30 %
Asche	17 %	Gesamtschwefel	0,35 %
Kohlenstoff	34 %	Gesamtchlor	0,25 %
Wasserstoff	3 %	Heizwert Hu	13.100 kJ/kg

Die Brennstoffmassenausbeute aus dem Großstadtmüll, wie er während der Pilotversuche eingesetzt wurde, betrug bei diesem Brennstoff 40 bis 45 %. Bei entsprechendem Einfluß auf die Brennstoffqualität konnte die Massenausbeute jedoch auf über 50 % erhöht oder unter 35 % gesenkt werden. Das geschah einmal durch eine Veränderung der Sieblochung und zum anderen durch eine Intensivierung oder Zurücknahme der Absaugung.

So wurden bei geänderten Betriebsbedingungen, aber auch bei etwas anderer Ausgangsmüllzusammensetzung, folgende Analysenwerte festgestellt:

Wasser	18 %	Stickstoff	0,30 %
Asche	11 %	Gesamtschwefel	0,20 %
Kohlenstoff	37 %	Gesamtchlor	0,30 %
Wasserstoff	5 %	Heizwert Hu	14.100 kJ/kg

Die Massenausbeute an Brennstoff bzw. Leichtfraktion betrug bei dieser Versuchsreihe 35 bis 40 %.

Inzwischen wurde von MVU eine ECO-BREN®-Anlage gebaut, die in unmittelbarer Nähe eines Zementwerkes Hausmüll zu FLUFF aufbereitet (6). Der Brennstoff wird nach der Aufbereitung zum Drehrohr des Zementwerkes gefördert und dort durch die Stirnwand des Drehrohrs in die Feuerung eingeblasen, also in der Primärfeuerung verwendet, und nicht, wie es meistens bei Ersatzbrennstoffen in der Zementindustrie der Fall ist, als Sekundärbrennstoff genutzt.

In diesem, als Modell "Erwitte" bezeichneten Prozeß, wird erstmalig nicht verdichteter Rohbrennstoff in einer Feuerung eingesetzt, um konventionelle, fossile Festbrennstoffe zu substituieren.

Die Verbrennung von aufbereitetem Hausmüll

Inzwischen wurden mehrere kleinere Verbrennungsversuche durchgeführt, bei denen aufbereiteter Hausmüll in unterschiedlicher Form zum Einsatz kam (7-9).

Unter anderem ging es bei diesen Untersuchungen darum, die Eignung der aufbereiteten Müllfraktion als Brennstoff nachzuweisen, d.h., die jeweilige Verbrennungsanlage mußte beim Einsatz von FLUFF feuerungstechnisch gut regelbar sein. Außerdem war das Emissionsverhalten der Anlagen, die mit aufbereitetem Müll als Brennstoff beschickt wurden, zu ermitteln.

Bei den bisher durchgeführten Vorversuchen hat sich ergeben, daß der aufbereitete Müll durchaus als homogener Brennstoff anzusehen ist, daß also die feuerungstechnischen Angaben wie Heizwert, Wasser- und Aschegehalt nur innerhalb geringer Grenzen schwanken, und somit ein Betrieb ähnlich einer normalen Feuerungsanlage mit konventionellem Brennstoff möglich ist.

Die während dieser Versuche durchgeführten Emissionsmessungen (5) lassen erwarten, daß auch das Umweltverhalten von Müllverbrennungsanlagen, die mit aufbereitetem Müll beschickt werden, deutlich günstiger ist als bei normalen, konventionellen Müllverbrennungsanlagen für den Gesamtrohmüll.

Aufgrund einer Auswertung der Ergebnisse der bundesweiten Hausmüllanalyse und anderer Literaturstellen (10) sowie bereits vorliegender Analysenergebnisse (5) läßt sich jedenfalls feststellen, daß FLUFF weniger als 1/4 der im Rohmüll vorhandenen Schwermetalle enthält, bezogen auf den Energieinhalt des Brennstoffes. Außerdem ist im FLUFF gegenüber normalem Rohmüll der Chlorgehalt um mehr als 65 % verringert, was zu einer wesentlichen Reduzierung des HCl-Gehaltes im Rohgas der entsprechenden Verbrennungsanlage führt.

Wie sehr sich eine Aufbereitung von Rohmüll auf die Verbrennungseigenschaften auswirkt, ist in der folgenden Tabelle dargestellt:

		M ü l l	
		unbehandelt	behandelt
Wassergehalt	%	25 - 45	15 - 25
Aschegehalt	%	30 - 45	10 - 20
Schüttgewicht	t/m³	0,11 - 0,49	0,03 - 0,09
Heizwert	GJ/t	6 - 11	13 - 17

Auch die Schadstoffe des zu verbrennenden Materials werden durch die Aufbereitung deutlich minimiert. Die für Müllverbrennungsanlagen charakteristischen Schadstoffe werden in der folgenden Tabelle aufgelistet:

	Müll unbehandelt (mg/MJ)	Müll aufbereitet (mg/MJ)	Reduktionsgrad (%)
Chlorgehalt	875	280	> 65
Bleigehalt	75	15	> 80
Cadmiumgehalt	1,4	0,25	> 80
Quecksilbergehalt	0,08	0,01	> 80
Zinkgehalt	125	30	> 75

Es ist offensichtlich, daß durch die verringerte Schadstoffbelastung des Verbrennungsgutes auch die Emissionen bei der Verbrennung verringert werden. Damit ergibt sich für die Abgasreinigungseinrichtungen von Müllverbrennungsanlagen naturgemäß eine deutliche Anlagen- und damit auch Kostenreduzierung. Vor allem vermindert sich der Aufwand für die Betriebsmittel bei der Abgasreinigung sowie der Aufwand für die Beseitigung der Reststoffe aus der Abgasreinigung. Bei gleicher Stöchiometrie und einer um etwa 2/3 verminderten Chlorbelastung des Rohgases führt das zu einer Reduktion der Verbrauchsstoffe (z.B. NaOH, Ca(OH)2, CaO) um 2/3, und es führt ebenfalls auch zu einer Verringerung der zu deponierenden Reststoffe aus der Abgasreinigung um etwa 2/3.

Durch die oben angesprochene Homogenisierung bezüglich der Inhaltsstoffe wird bei FLUFF eine nahezu konstante Feuerungsführung und Feuerraumtemperatur erreicht. Schwelnester mit geringen Temperaturen, in denen unverbrannte Gase (Kohlenmonoxid, Kohlenwasserstoffe einschließlich PCDD und PCDF) entstehen können, und Strähnen zu hoher Temperatur, in denen sich verstärkt thermische Stickoxide bilden, werden vermieden.

Darüber hinaus ist die Gesamtmenge der Rückstände aus einer FLUFF-Verbrennung deutlich niedriger, als bei einer normalen Müllverbrennung, da die im Hausmüll zahlreich vertretenen Inertstoffe nicht mit durch die Verbrennungsanlage geleitet werden.

Die in der Aufbereitungsanlage erzeugte Reststoffmenge erhöht zwar einerseits die Menge an zu deponierendem Material, andererseits ist dieses Material aber von geringerer ökologischer Relevanz als die Produkte aus der Verbrennungsanlage. Die in den Reststoffen des ECO-BREN®-Verfahrens enthaltenen Schwermetalle liegen in ihrer ursprünglichen Form vor und nicht wie nach dem Verbrennungsprozeß als Oxid. Somit ist die Wasserlöslichkeit der Reststoffe aus der Aufbereitungsstufe und damit auch die Grundwassergefährdung deutlich geringer als die der Inertstoffe aus der normalen Rohmüllverbrennung.

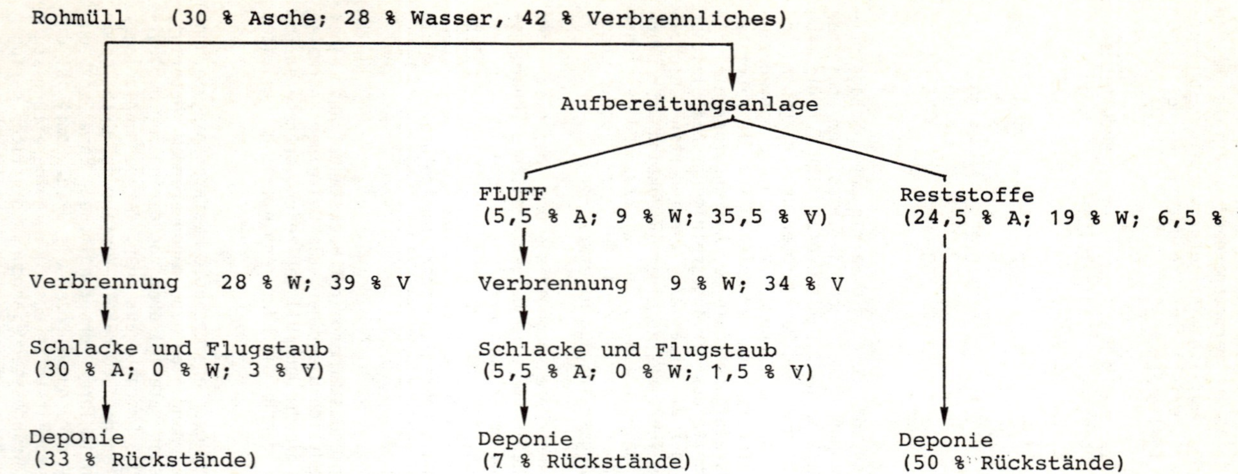

Bild 2 Rückstandsbilanz für die Verbrennung von Rohmüll und aufbereitetem Müll ohne Berücksichtigung der Rückstände aus einer Abgasreinigungsanlage und ohne Entschrottung der Reststoffe (alle Angaben als Massengehalt in %, bezogen auf Rohmüll)

Man kann daher davon ausgehen, daß die Rückstandsfraktion aus der Aufbereitung auf normalen Hausmülldeponien abgelagert werden kann, da es sich hierbei ja um "normale" Hausmüllbestandteile handelt.

Geht man bei normalem Rohmüll von der Zusammensetzung 30 % Asche, 28 % Wasser, 42 % Verbrennliches aus, so ergibt sich entsprechend der Darstellung in Bild 2 für die Rohmüllverbrennung eine Rückstandsmasse von etwa 33 %. Diese wird bei der Verbrennung von aufbereitetem Müll auf etwa 7 % reduziert; hierzu kommen die bei der Aufbereitung anfallenden Rückstände von etwa 50 % mit einem Wassergehalt von 38 % (19% bezogen auf den Rohmüll), die allerdings problemlos deponiert werden können.

In dieser Rückstandsbilanz sind natürlich die Reststoffe aus der Abgasreinigung nicht enthalten. Hier liegt der Vorteil eindeutig auf Seiten der Verbrennung von aufbereitetem Müll, so daß sich insgesamt nur eine unwesentliche Massen- bzw. Volumensteigerung durch die vorgeschaltete Sortierung ergibt.

Zukünftige Untersuchungen

In der von den Firmen Martin GmbH für Umwelt- und Energietechnik und Mannesmann Verfahrens- und Umwelttechnik GmbH geplanten Erweiterung eines bereits geförderten F+E-Vorhabens der Stadt Hamburg soll festgestellt werden, ob die Umweltbeeinträchtigung durch Müllverbrennungsanlagen dadurch gemindert werden kann, daß der Müll vor der Verbrennung aufbereitet wird, die Ballast- und Inertstoffe separiert werden und nur die brennbare Hausmüllfraktion ohne jede weitere Behandlung verbrannt wird.

Dazu ist es notwendig, daß Verbrennungs- und Emissionsverhalten von nicht aufbereitetem und aufbereitetem Hausmüll bzw. hausmüllähnlichen Gewerbeabfällen in einer kommunalen Müllverbrennungsanlage gegenüberzustellen. Wichtig ist dabei vor allem die Verwendung desselben Ausgangsmaterials für die Aufteilung in eine Rohmüllfraktion und in eine Sortierfraktion, um einen direkten, aussagekräftigen Vergleich zu ermöglichen.

Unter anderen sollen bei den vorgesehenen Untersuchungen neben den Betriebsbeobachtungen folgende Betriebskennwerte im ungereinigten Abgas ermittelt werden:

- Raugasvolumenstrom
- Wassergehalt und Temperatur des Abgases
- Staubgehalt
- Sauerstoff-, CO- und CO2-Konzentration

- HCl- und HF-Konzentration
- SO2- und NOx-Konzentration
- Gesamt-C-Gehalt
- Schwermetallgehalt im Rohgasstaub
- Gehalt an leicht flüchtigen, gasförmigen Schwermetallen

Im Rahmen des bereits genehmigten Teiles des F+E-Vorhabens ist vor allem beabsichtigt, Informationen zur PCDD- und PCDF-Emission bei der Müllverbrennung zu erlangen.

Nach Auswertung der Untersuchungen werden die bisher aufgrund von Brennstoffanalysen rechnerisch ermittelten Verbesserungen der Umweltrelevanz von Müllverbrennungsanlagen durch eine vorgeschaltete Aufbereitung nach dem ECO-BREN®-Verfahren fortgeschrieben.

Wie oben bereits ausgeführt, deutet jedoch alles darauf hin, daß folgende ökologischen und ökonomischen Vorteile durch die Aufbereitung von Rohmüll, gekoppelt mit einer Verbrennungseinrichtung, erreicht werden können:

1. FLUFF enthält weniger als 20 % der im Rohmüll vorhandenen Schwermetalle, bezogen auf den Energieinhalt, und damit in erster Näherung auch 20 % weniger Schwermetalle im ungereinigten Abgas.

2. Der gegenüber dem Rohmüll um mehr als 65 % verringerte Chloranteil im FLUFF führt zu einer wesentlichen Reduzierung des Salzsäuregehaltes in den Rauchgasen.

3. Durch die Homogenisierung bezüglich der Inhaltsstoffe wird bei FLUFF eine nahezu konstante Feuerungsführung und Feuerraumtemperatur erreicht. Dadurch lassen sich die bei der eigentlichen Verbrennung entstehenden Schadgase (NOx, CO) minimieren und andere Schwelgase, z.B. PCDD/PCDF vermeiden.

4. Die Deponierbarkeit der aussortierten Reststoffe ist verbessert, da die darin enthaltenen Schwermetalle kaum wasserlöslich sind, und nicht in oxidischer Form gelagert werden müssen.

5. Der niedrige Ballastanteil im FLUFF entlastet die Feuerung und bewirkt eine Steigerung des Wirkungsgrades.

6. Der reduzierte Schadstoffgehalt im FLUFF führt zu geringerer Korrosion im Kessel und niedrigerem Aufwand für die Rauchgasreinigung.

7. Der Verbrennungsteil kann bedarfsorientiert und kraftwerksähnlich betrieben werden.

8. Das Anlagenkonzept:"Zuerst aufbereiten, dann verbrennen" findet eine bessere Akzeptanz in der Bevölkerung und Verwaltung, da die Schadstoffbelastung durch den Brennstoff Müll minimiert wird. Eine Erweiterung der Aufbereitung und FLUFF-Produktion um zusätzliche Verarbeitungsstufen wie Rohstoffrecycling oder Kompostierung ist möglich.

9. Eine gegenüber der Rohmüllverbrennung höhere Energieausbeute führt bei der FLUFF-Verbrennung zu einer verbesserten Energiebilanz.

10. Der Verbrennungsteil einschließlich Rauchgasbehandlung kann bei einem Koppelsystem kleiner und einfacher ausgeführt werden. Dies führt trotz der vorgeschalteten Aufbereitungsstufe nicht zu einem höheren Investitionsbedarf für die Gesamtanlage.

Ausführungsbeispiele

Aufgrund der oben dargestellten Überlegungen wurden einige Ausführungsbeispiele für das sogenannte ECO-COMB® -Verfahren, also die kombinierte Abfallaufbereitung und -verbrennung, entworfen, die in den Bildern 3 und 4 wiedergegeben sind.

Bild 3 zeigt eine Müllverbrennung, der ein erweitertes ECO-BREN®-Verfahren, so wie es sich aufgrund der bisherigen Praxisuntersuchungen mit diesem System (5) empfiehlt, vorgeschaltet wurde.

Bemerkenswert sind der Flachbunker für die Aufnahme des Rohmülls vor der Aufbereitung und der Tiefbunker zur Brennstoffaufnahme vor der Verbrennungsanlage. Als Ergänzung zum beschriebenen ECO-BREN® Basisverfahren verfügt die Aufbereitung zusätzlich über ein Stangensieb, das sich zur Separation unerwünschter Sperrmüllanteile gut bewährt hat, und über eine Hammermühle zur gezielten Zerkleinerung des separierten Sperrmülls.

Im Unterschied zu dieser großzügigen Anlagenplanung, die sich mit zwei oder mehr parallel geschalteten Aufbereitungsstrassen vor allem bei Neuanlagen als funktionssicheres System darstellt, ist in Bild 4 eine sogenannte ECO-COMB® -Kleinanlage dargestellt.

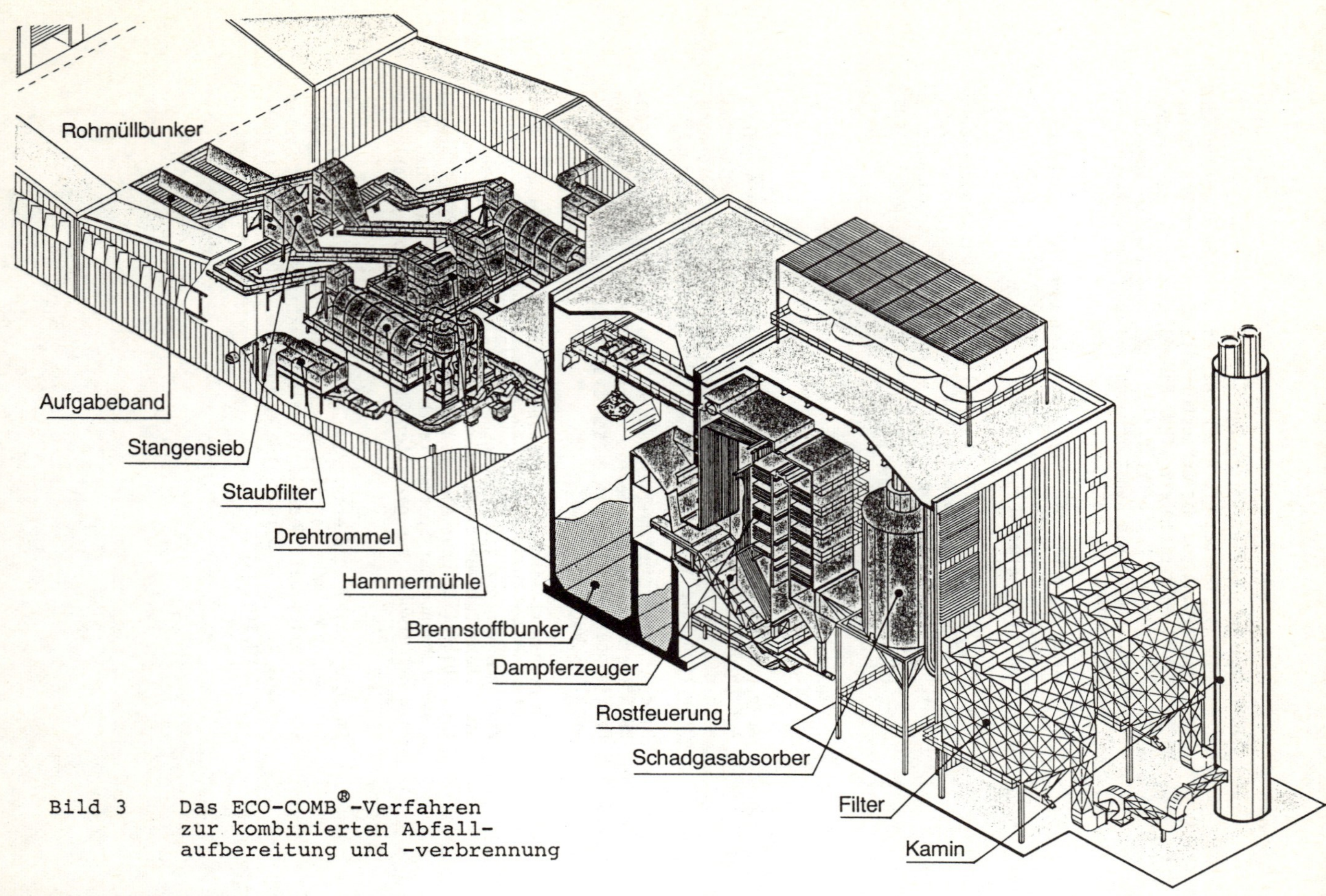

Bild 3 Das ECO-COMB®-Verfahren zur kombinierten Abfall-aufbereitung und -verbrennung

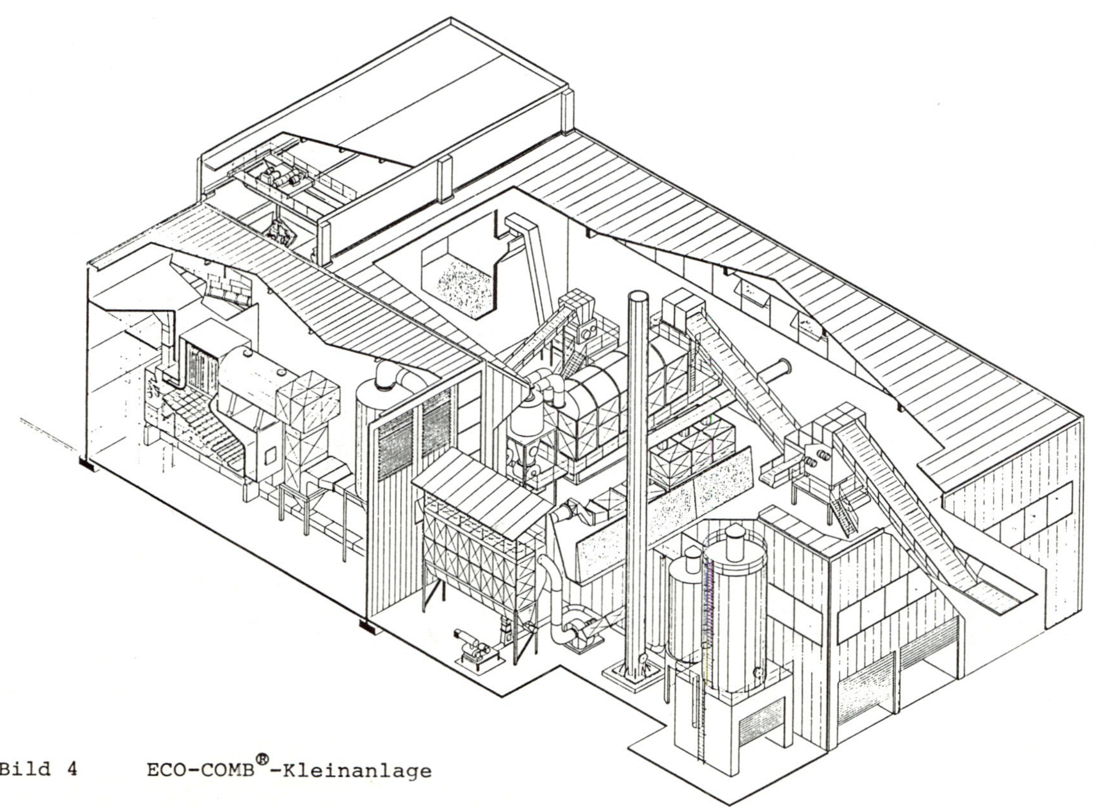

Bild 4 ECO-COMB®-Kleinanlage

Die kompakte Bauweise, die sich in dieser Form vor allem für den Leistungsbereich bis ca. 70 GJ/h empfiehlt, beschränkt sich bewußt auf nur wenige Aggregate. Dadurch ist es möglich, auch bereits bestehende Müllverbrennungsanlagen mit einer effektiven Aufbereitungsstufe zu versehen. Selbst bei sehr begrenztem Platzangebot sollte sich die Aufbereitung zumindest eines Teilstromes des angelieferten Mülls nach diesem Verfahren realisieren lassen.

Zusammenfassung

Es kann davon ausgegangen werden, daß viele Probleme der Müllverbrennung mit Hilfe einer geeigneten Aufbereitungstechnik gemindert oder beseitigt werden.

Die kennzeichnenden Schadstoffe Chlor und Schwermetalle werden dem Brennstoff Müll entzogen; die Emissionen bei der Müllverbrennung werden dadurch vermindert und der Anteil an löslichen Schadstoffen in Asche und Schlacke minimiert.

Das vorgestellte Verfahren ist sowohl zur Nachrüstung bestehender Müllverbrennungsanlagen als auch für den Einsatz bei neu zu planenden Anlagen geeignet.

Schrifttum

(1) VDI-Gesellschaft Energietechnik, Verlautbarung: "Energienutzung aus Abfall- und Reststoffen" Düsseldorf, September 1985

(2) Bracker, G.-P., Sonnenschein, H.: "Die Alternative: Das ECO-BRIQ®-Verfahren" wlb 28 (1984) 1/2, S. 41-43

(3) Bracker, G.-P., Sonnenschein, H.: "Storable Energy from MSW - Material and Energy from Refuse" 2nd Symposium, Antwerpen, Okt. 80, 6.49

(4) Riemann, H.H.: "Brennstoff aus Müll in der Zementindustrie - Forderungen für die Verfahrenstechnik der Aufbereitung" in: Planung von Abfallbehandlungsanlagen Hrsg. K.J. Thome-Kozmiensky, Berlin 1985

(5) Liss, U., Skaletz, H., Vollmer, H.: "Versuchsbetrieb und Optimierung einer Prototypanlage zur Mobilen Hausmüllsortierung" Forschungsbericht 1430 105, Berlin 1985

(6) Riemann, H.H., Sonnenschein, H.W.: "Brennstoff aus Müll für die Zementindustrie"
Zement-Kalk-Gips 38 (1985) 9, S. 568-569

(7) Carlson, C.G.: "Mit dem BRINI-System gewonnene Produkte, deren Eigenschaften und Verwertung - Erfahrungen mit dem Brennstoff - Anlagenbeispiele"
in: Materialrecycling durch Abfallaufbereitung
Hrsg. K.J. Thome-Kozmiensky, Berlin 1982

(8) Knörzer, W.: "Verbrennungsversuche mit BRAM-Fraktionen unterschiedlicher Herstellungsart in einer 4 MW-Kohlekesselanlage ..."
FGU/Seminar Energiegewinnung aus Abfall, Berlin, November 1982

(9) Schmidt, P., Vollmer, H.: "Praktische Erfahrungen bei der Gewinnung und beim Einsatz von Brennstoff aus Müll"
in: Fachtagung Abfallwirtschaft Heidenheim
Hrsg. Prof. Jäger & Partner, Berlin, 1984

(10) Vollmer, H.: "Energierecycling durch Abfallaufbereitung"
in: Planung von Abfallbehandlungsanlagen
Hrsg. K.J. Thome-Kozmiensky, Berlin 1985

Porengranalien-Leichtzuschlagstoff aus Müll und Ton

U. Winchenbach, H. Breitenbach

Bei der Herstellung von Leichtbetonsteinen werden sogenannte Leichtzuschlagstoffe verwendet. In der mittelrheinischen Bausteineindustrie wird dafür hauptsächlich Vulkanbims eingesetzt. Künstlich hergestellte, beim Brennen geblähte Steine- und Erdenmaterialien eignen sich dafür ebenso. Die hier vorzustellenden Porengranalien aus Hausmüll und Ton, entwickelt von der Firma Trasswerke Meurin, weisen ähnliche betontechnologische Eigenschaften auf.

Die Firma Trasswerke Meurin ist ein mittelständiges Unternehmen der Steine- und Erdenindustrie. Seit über 100 Jahren befaßt sie sich mit der Gewinnung, Aufbereitung und Verarbeitung vulkanischer Rohstoffe. In den vergangenen 15 Jahren wurden mit eigenen Mitteln erhebliche Forschungsarbeiten auf dem Gebiet der Herstellung künstlicher Leichtzuschläge durchgeführt.

Von 1966 an wurden im eigenen Labor in Abwandlung zu bereits praktizierten Herstellungsverfahren für Leichtbetonzuschlagstoffe eigene Entwicklungen vorangetrieben. Nach der ersten Energiepreiskrise 1973 begann die Suche nach einem kostengünstigen Energieträger. Die Wahl fiel auf Hausmüll und hausmüllähnliche Gewerbeabfälle.

Die dann folgenden Versuche führten 1977 zu einer ersten Patentanmeldung. Durch weitere Forschungs- und Entwicklungsarbeiten zur Verfeinerung des Verfahrens konnte die Patentanmeldung 1984 modifiziert und erweitert werden.

Seit 1983 forciert die Landesregierung Rheinland-Pfalz einen Abfallbeseitigungsplan für den nördlichen Landesteil. Als Kernstück der Abfallbeseitigung wurde eine konventionelle Müllverbrennungsanlage mit einem jährlichen Durchsatz von 400 000 t Müll für dieses Gebiet mit 1,1 Mio Einwohnern vorgeschlagen. Die in Frage kommenden Standorte wurden so gewählt, daß die freigesetzte Wärme ganzjährig von einem großen Industrieunternehmen genutzt werden kann. Der zu erzeugende Strom sollte im Verfahren der Kraft-Wärme-Kopplung hergestellt werden. Zur Wärmeabnahme hatte sich das Weißblechwerk der Rasselstein AG in Andernach bereit erklärt, außerdem eine Papierfabrik mit Standort in Mayen.

Bei diesem Stand der politischen Diskussion brachte Meurin sein Verfahren als weitere Möglichkeit der thermischen Müllverwertung ein. Gleichzeitig wurden Bemühungen angestrengt, einen industriellen Partner für die Weiterführung des Verfahrens zu finden.

Zu dieser Zusammenarbeit erklärte sich die Rasselstein AG, Neuwied, bereit. Eine von beiden Unternehmen getragene Firmenarbeitsgemeinschaft untersucht mit Hilfe von Drittfirmen die verfahrenstechnische und wirtschaftliche Tragfähigkeit des vorgeschlagenen Konzeptes zur Herstellung von Porengranalien aus Hausmüll und Ton. Die Landesregierung Rheinland-Pfalz unterstützt das Vorhaben finanziell.

Zielsetzung des Verfahrens

Bei der Herstellung von Porengranalien aus Hausmüll und Ton hat die Firmenarbeitsgemeinschaft der Rasselstein AG und der Trasswerke Meurin als Ziele gesetzt

1. die quasi-rückstandsfreie Entsorgung von Hausmüll und hausmüllähnlichen Abfällen

   Dabei ist vorgesehen, nach dem ersten Aufschluß des angelieferten Rohmülls den ferromagnetischen Schrottanteil abzuziehen. Um die anschließende Feinzerkleinerung so energiegünstig wie möglich zu gestalten, wird als schwer- oder nicht zerkleinerbarer Anteil ein Siebüberlauf von maximal 5 % des eingesetzten Rohmüllgewichts in Kauf genommen. Der heute noch für die Müllentsorgung als notwendig eingeschätzte Deponiebedarf kann so erheblich verringert werden.

2. Die Erzeugung eines Leichtbetonzuschlages als Substitutionswerkstoff für Bims

   Der in der Region zur Steineherstellung genutzte Vulkanbims geht zur Neige. Die aus Hausmüll und Ton hergestellten Leichtbetonzuschläge bilden einen geeigneten Ersatz. Zugleich wird der dabei verwendete Ton, der bisher von der keramischen

Industrie wegen des zu niedrigen AL_2O_3-Gehaltes als Abfall aufgehaldet wurde, sinnvoll eingesetzt.

3. Die Verwertung der Abwärme aus dem Brennprozeß

Das Rauchgas aus der Trocknung und dem Brennen der Porengranalien wird mit ca. 900° C einem Abhitzekessel zur Dampferzeugung zugeleitet. Die Dampfmenge kann von dem Weißblechwerk der Rasselstein AG in Andernach vollständig abgenommen werden.

Bisherige Untersuchungsergebnisse

Im Betonlabor der Trasswerke Meurin wurden seit 1973 Versuche durchgeführt, um aus zerkleinertem Hausmüll und Feinmaterial aus dem Steine- und Erdenbereich einen Leichtzuschlag herzustellen. Gegenstand dieser Versuche war zunächst, reproduzierbare Gemische aus Müll und Ton zu finden, die granulierfähig sind. Außerdem müssen die feuchten Pellets für die anschließende Wärmebehandlung über eine ausreichende Festigkeit verfügen. Dem Herstellprozeß kommt zugute, daß sich Müllschlacke und Ton chemisch ähnlich zusammensetzen.

Tabelle 1: Chemische Zusammensetzung von Ton und Müllschlacke (Anteile in %)

	SiO	AlO	FeO	CaO	MgO	Alkalien
Ton	47–72	9–18	0,5–10	0,5–5	0,5–7,5	1,8–4,5
Müllschlacke	25–30	20–30	2,3–4,6	2,7–8,2	1,2–3	7–16

Rohmüll und Ton werden aufbereitet und getrocknet. Auf dem Granulierteller werden die Rohstoffe dosiert und unter Zugabe von Wasser granuliert. Anschließend werden die feuchten Pellets in einem Drehrohrofen bei hohen Temperaturen zu Porengranalien gesintert. Eine Verfahrensübersicht gibt Bild 1.

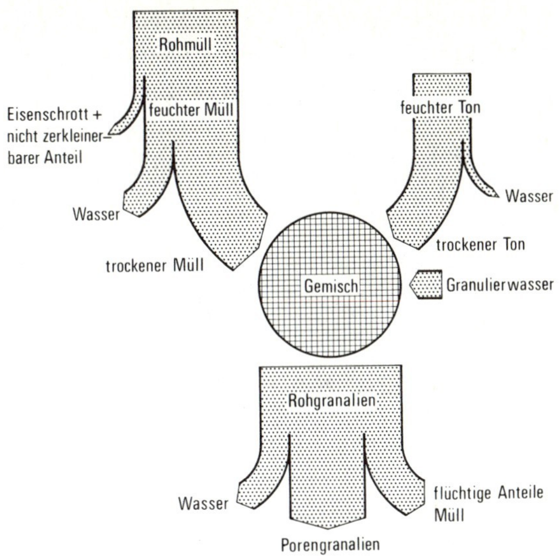

Bild 1: Verfahrensübersicht zur Herstellung von Porengranalien

Nach dem Brennen ist die Müllschlacke im Ton keramisch gebunden. Das Produkt enthält 60 Gewichtsprozent Ton und 40 Gewichtsprozent Müllschlacke. Die Porengranalien sind ein künstlich hergestellter Leichtzuschlag gemäß DIN 4226, Teil 2, Ziffer 4.2 mit den folgenden Korndaten:

Tabelle 2: Korndaten der Porengranalien

Kornklasse	0 – 16 mm
Schüttdichte	0,55 – 0,80 kg / dm^3
Kornrohdichte	1,04 g/cm^3
Dichte	2,51 g/cm^3
Porenvolumen	59 %
Glühverlust	0 – 0,2 %
organische Stoffe	Flüssigkeit klar
Wasseraufnahme	nach 1 h: 24,5 % nach 24 h: 29,5 %

Im Granulierprozeß ergibt sich eine betontechnologisch günstige Kornform mit geschlossener, etwas rauher Oberfläche. Die Kornform ist von Bedeutung für die Festigkeitseigenschaften der Betone. Ein anorganischer, künstlich hergestellter Leichtzuschlag mit so niedriger Schüttdichte eignet sich (wie Bims, Lava, Blähton, Blähschiefer etc.) zur Herstellung von Leichtbeton.

Im Mittel der bisher durchgeführten Laborversuche ergab sich für das Fertigprodukt die in Tabelle 3 aufgeführte chemische Analyse:

Tabelle 3: Chemische Zusammensetzung der Porengranalien

SiO_2	70 %
Fe_2O_3	5 %
Al_2O_3	15 %
CaO	5 %
MgO	1 %
Na_2O	2 %
K_2O	2 %
ph – Wert	10

Eine Mischung aus 1,2 m³ Porengranalien mit einem Durchmesser von 0 bis 16 mm, 160 kg Zement und 80 l Anmachwasser, gemäß DIN 18152 und DIN 18151 zu Voll- und/oder Hohlblocksteinen verarbeitet, ergibt Steinrohdichten von $\leq 1{,}0$ kg/dm³ bei Druckfestigkeiten von $> 2{,}5$ N/mm². Diese statischen und physikalischen Werte erlauben die Einordnung solcher Leichtbausteine in die Klasse der "gut wärmedämmenden Baustoffe" mit einem Rechenwert der Wärmeleitung $< 0{,}3$ W/mK.

Anlagenauslegung

Porengranalien sollen in naher Zukunft auf einer Anlage hergestellt werden, die für einen Jahresdurchsatz von 60 bis 70 000 t ausgelegt ist. Das derzeitige Müllaufkommen des Kreises Mayen-Koblenz könnte damit problemlos entsorgt werden. Für eine erste Mengenbilanz und eine Energiebedarfs- und Verbrauchsrechnung wurde von folgender Müllgrobanalyse ausgegangen:

Tabelle 4: Grobanalyse von Hausmüll

Heizwert H_u	5 000 kJ/kg
Rohmüllfeuchte	30 %
Inertanteil des trockenen Mulls	40 %
flüchtige Bestandteile des trockenen Mulls	60 %

Zur Herstellung der Porengranalien muß der angelieferte Müll auf eine Korngröße ≤ 4 mm zerkleinert werden. Die Restfeuchte sollte unter 10 % liegen. Die Mahlfeinheit für den Ton wurde entsprechend DIN 70 auf 0 bis 0,09 mm begrenzt. Die Restfeuchte beträgt 4 bis 6 %.

Die nachstehend aufgelisteten Arbeitsschritte werden für die Herstellung der Porengranalien aus heutiger Sicht notwendig:

- Aufbereitung des angelieferten Hausmülls
  . Anlieferung in einem Flachbettbunker
  . Aufgabe auf Förderstrecken
  . Abscheiden der Eisenfraktion
  . Sichtung und Siebung
  . Grobzerkleinerung
  . Feinzerkleinerung
  . Siebung
  . Trocknung
  . Zwischenlagern

- Aufbereitung des gebrochenen Tons
  . Lagern von gebrochenem Ton
  . Transport mit Querbagger zur Mahlanlage
  . Mahltrocknung in Rollenmühle
  . Zwischenlagern

- Erzeugung von Porengranalien
  . Mischen von Ton und Hausmüll
  . Granulieren der Pellets

. Transport zur Ofenanlage
. Vorwärmen der Pellets
. Brennen
. Kühlen
. Absieben und Lagern
. Versenden

- Abhitzenutzung
  . Dampferzeugung im Abhitzekessel
  . Rauchgasreinigung und E-Filter

Die Anlagenkonfiguration ist bislang noch nicht festgelegt. Eine mögliche Lösung ist in Bild 2 dargestellt.

Das Brennen der Porengranalien erfolgt bei etwa 1 200° C im Drehrohrofen. Ein Teilstrom des heißen Rauchgases wird für das Trocknen der feuchten Pellets verwendet. Die Brennenergie wird durch den im Granulat enthaltenen Hausmüll eingebracht. Für die Stütz- und Regelfeuerung wird Erdgas eingesetzt. Unter der Berücksichtigung der Abhitzenutzung für die Dampferzeugung ergibt sich das in Bild 3 skizzierte Energieflußdiagramm.

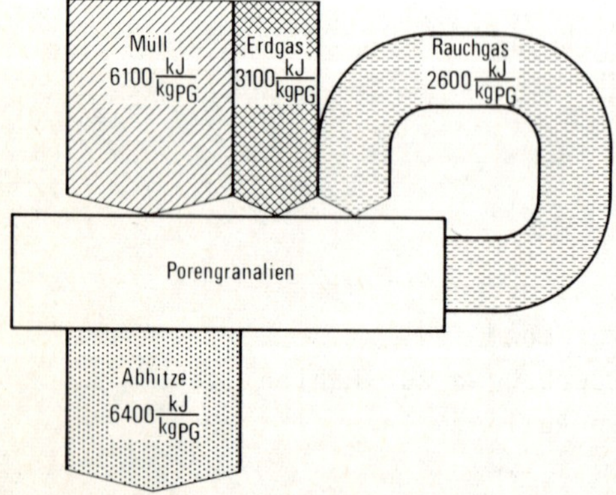

Bild 3: Wärmeenergiebilanz beim Brennen von Porengranalien (PG) aus Hausmüll und Ton

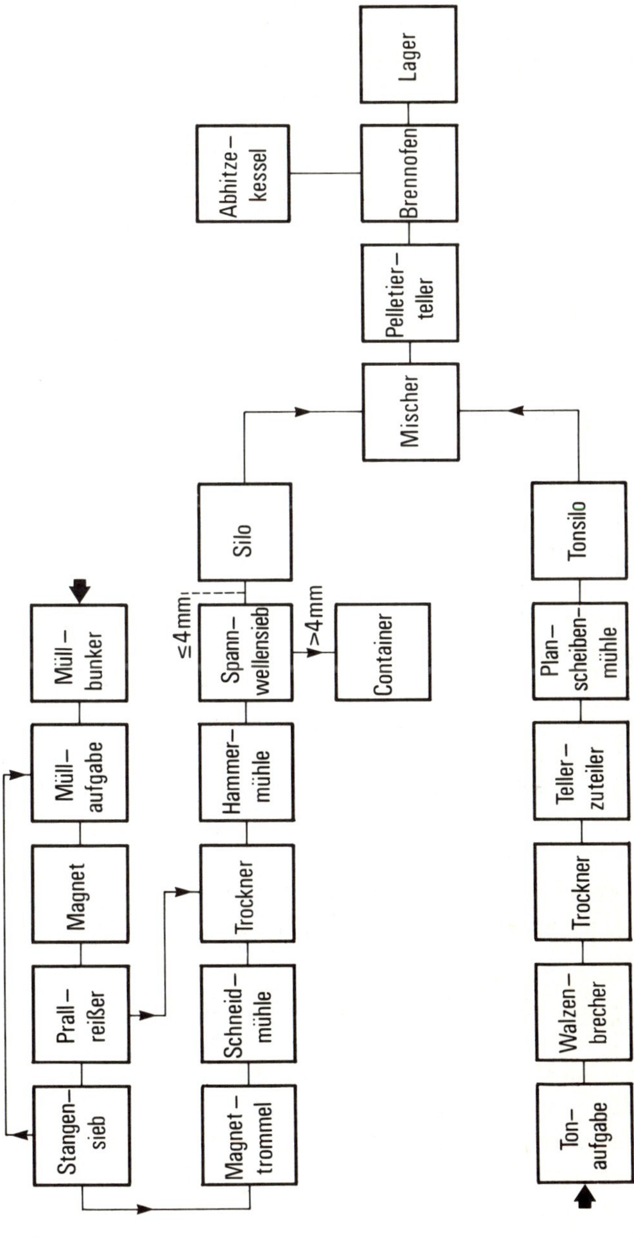

<u>Bild 2</u>: Grundfließbild für eine Anlage zur Herstellung von Porengranalien aus Hausmüll und Ton

Großtechnischer Versuch

Die bisherigen Aussagen zum Verfahren der Herstellung von Porengranalien aus Hausmüll und Ton basieren auf Laborversuchen und Erwartungen beteiligter Anlagenbauer. Geplant ist, in einem ersten Schritt eine Anlage als Prototyp für den Durchsatz von 70 000 t/a Hausmüll zur Entsorgung des Landkreises Mayen-Koblenz zu errichten. In einem großtechnischen Versuch sollen die bislang angenommenen Produktionsparameter abgesichert werden. Zu diesem Zweck werden die einzelnen Verfahrensstufen unter produktionsähnlichen Bedingungen getestet.

Müllzerkleinerung

Die rückstandsfreie Zerkleinerung des Hausmülls auf eine Korngröße $\leq$4 mm bedeutet sowohl für die notwendige Anlagenkonfiguration wie auch für den benötigten Energieaufwand völliges Neuland. Bekannt ist die Müllzerkleinerung zum Beispiel bei den Verwertungsverfahren Kompostierung, Brennstoff aus Müll (BRAM) oder auch der Wertstoffgewinnung. Dort werden Korngrößen von $>$20 mm akzeptiert.

Die inhomogene Zusammensetzung des Mülls bedingt, je nach den physikalischen Eigenschaften der Inhaltsstoffe, zum Beispiel schneidende, reibende oder quetschende Zerspanung. Mit welcher der Behandlungsarten die gewünschte Korngröße bei hohem Ausbringen kostengünstig erreicht werden kann, muß bei der Bereitstellung des Versuchsmaterials überprüft werden. Festzulegen sind die Art der Zerkleinerung und die Durchlaufhäufigkeit, die Art der Absiebung und die Behandlung des Überlaufs. Bei den Versuchen muß auch klar werden, in welcher Zerkleinerungsstufe der Müll getrocknet wird. Schließlich muß der tolerierbare Wassergehalt ermittelt werden.

Trocknen und Brennen der Pellets

Der zerkleinerte Müll soll unverdichtet angeliefert werden. Müll und Ton werden in einen Trommelmischer aufgegeben und zwangsweise vermischt. Beim nachfolgenden Pelletieren sind der Wasseranteil und die optimale Schütthöhe festzulegen. Auf dem Granulierteller soll eine Korngröße von 4 bis 16 mm erreicht werden.

Zur Erhöhung der Eigenfestigkeit ist vorgesehen, die Pellets vorzutrocknen. Dabei wird eine Temperatureinstellung unterhalb der Schwelgasentwicklung angestrebt. Die tolerierbare Restfeuchte der Pellets ist zu ermitteln und der Energiebedarf zu minimieren.

Die Pellets werden im Drehrohrofen gebrannt. Über eine Brennerlanze muß die zur Zündung des Mülls notwendige Temperatur erreicht werden. Beim Ausbrand des Mülls entstehen so hohe Temperaturen, daß sich an der Oberfläche der Pellets eine pyroplastische Phase ausbildet.

Im Drehrohrofen muß durch geeignete Luftzuführung der vollständige Ausbrand des Mülls sichergestellt werden. Während des Versuchs wird die Verweilzeit festgelegt und die für die Stütz- und Regelfeuerung aufzuwendende Energiemenge ermittelt. Das Rauchgas wird analysiert und seine Staubbelastung bestimmt.

Die Porengranalien werden in einem Betonlabor auf ihre bauphysikalische Eignung hin untersucht. Eine chemische Analyse bestimmt die Grundsubstanzen. In Elutionsversuchen eines Hochschulinstituts wird die Umweltverträglichkeit der Porengranalien ermittelt.

Abhitzenutzung und Rauchgaszusammensetzung

Die Brennversuche liefern Erkenntnisse über Menge, Temperatur und Zusammensetzung des Rauchgases. Die Ergebnisse der Analysen werden einem Kesselbauer zur Auslegung eines Abhitzekessels für die Dampferzeugung mit der benötigten Rauchgasbehandlungsanlage übergeben.

Zusammenfassung

Der großtechnische Versuch zur Herstellung von Porengranalien aus Hausmüll und Ton soll belegen, daß ein sinnvolles Verfahren zur Entsorgung des Hausmülls vorgeschlagen wurde. Dabei ist die dauerhafte Umweltverträglichkeit nachzuweisen und der ökonomische Aspekt zu bewerten. Über die Versuchsergebnisse wird zu gegebener Zeit berichtet.

Herstellung und Verwertung von Brennstoff aus Altpapier

G. Härdtle, K. Marek

1. Qualität und Quantität des Altpapieranfalls in der Bundesrepublik Deutschland

In dem jährlich ca. 15 Mio. Mg anfallenden Hausmüllaufkommen der Bundesrepublik Deutschland befinden sich ca. 20 Gew.-% Altpapier (incl. Altpappen), d.h. 3 Mio. Mg/a hochwertiges Rohstoffpotential. Durch die verschiedenen Systeme der Altstofferfassung konnten bislang bereits ca. 3,5 Mio. Mg/a (1983) bis 4,1 Mio. Mg/a (1984) Altpapier erfasst werden (vgl. Tabelle 2). Diese erfaßten Mengen werden zu ca. 98 % von der Papierindustrie aufgenommen und in der Neupapierproduktion eingesetzt. 85 % des gesamten Altpapiermarktvolumens wird über den Handel abgewickelt (Altpapieranteil an der Neupapierproduktion 43,5 %).

Derzeit werden 36 Standardqualitäten zur Charakterisierung des Altpapiers zwischen Handel und Industrie herangezogen. Während die höheren und mittleren Qualitäten aufgrund latenter Angebotsknappheit problemlos bei der Papierindustrie abgesetzt und zur Neupapierproduktion eingesetzt werden können, bestehen bei den Massenwaren der unteren Qualitäten ein Angebotsüberschuß. Der Markt für diese Sorten zeichnet sich durch überaus starke Preisschwankungen aus und reagiert extrem sensibel auf Angebots- und Nachfrageveränderungen. Besonders betroffen von diesen Schwankungen ist die Altpapiersorte B 12 (sortiertes, gemischtes Altpapier), die aufgrund der Minderqualität durch Verunreinigung bis zu 1 % nur schwer und zu geringen Preisen abgesetzt werden kann. Der Anteil der Sorte B 12 am Gesamtaltpapierverbrauch beträgt ca. 28 % (1983), d.h. ca. 1 Mio. Mg/a B 12, und nimmt ca. 40 % des Altpapierhandelsvolumens ein.

Tabelle 1

Anteil Altpapiersorten am Altpapierverbrauch in der Bundesrepublik Deutschland, 1983

Altpapier-Sorten	Anteil am Gesamtverbrauch in %	
sort. gem. Altpapier		28
Kaufhausaltpapier, unberaubt		23
Schwerdruck, Illustrierte/Zeitungen, Illustrierte		10
alle übrigen unteren Sorten		2
Untere Sorten	63	
Zeitungen		6
alle übrigen mittleren Sorten		6 = 75
Mittlere Sorten	12	
Bessere Sorten	11	
Gebrauchte Wellpappe I		1
Gebrauchte Wellpappe II		11
alle übrigen Kraftaltpapiere		3
Kraftpapier	14	
Altpapierverbrauch		100

Die Sorte B 12 ist mit ca. 1 Mio. Mg/a nicht nur anteilsmäßig die größte Fraktion des bereits erfaßten Altpapiervolumens, sondern birgt mit den noch im Hausmüll befindlichen 3 Mio. Mg/a das größte erfaßbare Potential. Nach Ansicht des Altstoffhandels ist die weitgehende Erfassung dieses Potential ca. 2 Mio. Mg durch Ausbau der Sammelsysteme ohne nennenswerte Schwierigkeiten möglich.

Die Tendenz vermehrt eine getrennte Sammlung von Altstoffen aus Haushalten durch Einsatz von Sammelsystemen wie Grüne Tonne, Einkomponenten Tonnen, Mehrkomponenten Container etc. einzuführen sowie die Aktivierung der Altpapiersammlungen mit langfristigem Charakter seitens des Handels in konjunkturell starken Zeiten führt langfristig zu einem permmanenten Überangebot von gemischtem Altpapier.

Gemischtes Altpapier aus Haushalten, insbesondere bei Sammlungen mit dem Grüne Tonne System weist wesentliche qualitative Nachteile auf :

- Die Zusammensetzung des Gemisches ist nicht reproduzierbar;
- Verunreinigungen durch Feststoffe, wie z.B. Glas, Kunststoffe, Metalle etc;
- Kontamination mit chemischen und biologischen Stoffgruppen, die eine Verarbeitung z.B. im Wellpappenbereich mit hygienischen, chemischen und physikalischen Anforderungen wesentlich einschränken.

Die Nichtbeachtung der stoffspezifischen Absatzgrenzen sowie die in jüngster Zeit seitens der Papierindustrie verlautbarten Abnahmerestriktionen für Altpapier aus der Trockenmüllsammlung führten zu einem nahezu stagnierenden Markt.

2. Darstellung der aktuellen Situation der Altpapierverwertung

Altpapier ist ein Stoff, der in vielen Sorten und Qualitäten anfällt, dessen Gewinnung Kosten verursacht, und der je nach Qualität unterschiedlich verfügbar ist. Außer von der Qualität wird die Verfügbarkeit der Altpapiersorten bestimmt durch die Bevölkerungsdichte, den Lebensstandard und den Grad der Industrialisierung der entsprechenden Region.

Für die Jahre 1983 und 1984 kann folgende Altpapierbilanz aufgestellt werden:

Tabelle 2

Papier und Pappenerzeugung, Altpapierbilanz, Bundesrepublik Deutschland, 1983, 1984

Papier und Pappe	Jahr		Veränderung in %
	1984	1983	
	(in Mio Mg)		
Papier + Pappe:			
Erzeugung	9,157	8,727	+ 10,7
Ausfuhren	2,802	2,390	+ 17,2
Einfuhren	4,431	3,936	+ 12,6
Neupapierverbrauch	10,784	9,821	+ 8,9
Altpapier:			
Eingang Inland	3,669	3,239	+ 13,3
Eingang Ausland	0,293	0,265	+ 10,6
Altpapierverbrauch in der Industrie			
insgesamt	3,986	3,492	+ 13,1
Lagerbestände	0,171	0,193	- 11,4
Einfuhren insgesamt	0,610	0,472	+ 29,2
Ausfuhren insgesamt	0,758	0,555	+ 38,7
Aufkommen	4,111	3,587	+ 15,1
Einsatzquote	43,5 %	42,2 %	+ 1,3

Die Altpapiererfassung erfolgt zu 70 % bei Großanfallstellen, zu 15 % bei Behörden, Industrie und den Gewerben und ebenfalls zu 15 % bei privaten Haushalten. Die Erfassung erfolgt durch ca. 550 Unternehmen und durch gemeinnützige Organisationen, welche durch diese Tätigkeit zum Teil ihre humanitären und sozialen Aufgaben finanzieren.

Die 36 verschiedenen Altpapierqualitäten lassen sich in vier große Gruppen unterteilen:

1. Helle, bessere Sorten: hohe Qualität; als Zellstoffersatz zu betrachten

2. Verpackungsabfälle:	krafthaltige Sorten; bestimmt für den Wiedereinsatz bei der Herstellung neuer Wellpappenpapiere;
3. Zeitungen/Zeitschriften:	mittlere und untere Sorten; Rohstoff für den Wiedereinsatz für Zeitungsdruck- und Hygienepapier;
4. Gemischte Altpapiere:	untere Sorten; Einsatz im Verpackungssektor und der Brennstoffherstellung. Erfaßt zumeist durch die Wertstofftonne und getrennte Sammlung; minderwertigste Variante: B 12

Die Verteilung der vier Hauptsorten am Gesamt-Altpapieraufkommen kann aus Tabelle 1 entnommen werden.

Als zunächst wichtigste Verwendungsart des Altpapiers gilt aus ökonomischen und ökologischen Gründen die Wiederverwendung bei der Herstellung neuen Papiers. Ein hohes Altpapieraufkommen setzt zum einen eine getrennte Sammlung und zum anderen hohe Qualitäten voraus. Bessere, helle Altpapiersorten sind leicht zu vermarkten, da sie als Zellstoffsubstitute in den Produktionsprozeß einfließen können, und somit die Nachfrage durchweg größer ist als das Angebot. Zumeist sind es auch diese Papiersorten, die die an Neupapier gestellten spezifischen Eigenschaften wie Festigkeit, Haltbarkeit und chemisch-bakteriologische Reinheit am besten erfüllen.

Reichlich verfügbar in der Bundesrepublik Deutschland ist gemischtes Altpapier. Dieses Altpapiergemisch, zumeist aus Haushalten, hat eine Zusammensetzung von:

40 - 50 % Zeitungen und Zeitschriften
40 - 50 % Illustrierten
5 - 10 % Verpackungen.

Dieses gemischte Altpapier rangiert in der Qualitätsbeurteilung an unterster Stufe, und kann nur unter Schwierigkeiten als Sekundärrohstoff in den Produktionsprozeß der Papierindustrie eingebracht werden. Gründe hierfür sind:

- die o.g. Qualitätsanforderungen an das Neuprodukt;

- Technik und Technologie der Altpapieraufbereitung sowie die dadurch entstehenden Kosten;

- der nationale und internationale Wettbewerb; 1984 ergab sich aufgrund des hohen Dollarkurses für die deutsche Papierindustrie eine günstige konjunkturelle Lage, was sich auch auf die Nachfrage und somit die Preise für Altpapier auswirkte. Seit einigen Monaten ist allerdings ein Rückgang der Altpapiernachfrage festzustellen, was eine Stagnation der Preise auf niedrigem Niveau induziert;

- die Versorgung durch Importe mit Zellstoff und Holzschliff zu niedrigen Preisen.

Die gemischten Altpapiere der niedrigen Qualitätssorten müssen, besonders wenn sie aus der Mehrstofferfassung stammen, einem verfahrenstechnisch und somit auch kostenmäßigem hohen Aufbereitungsprozeß unterzogen werden. Dies ist bei sortenreinen, wenig verschmutzten Altpapieren nicht der Fall. In Verbindung mit den konjunkturbedingten Nachfrageschwankungen der Papierindustrie hat dies einen sensiblen Altpapiermarkt zur Folge.

Aus der nachstehenden Tabelle wird deutlich, daß die Einsatzgebiete für Altpapier in der Papierindustrie vor allem im Verpackungsbereich liegen.

Tabelle 3

Altpapiereinsatz bei der Papierherstellung in verschiedenen Produktionsgruppen

Produktionsgruppe	Anteil an der Papierproduktion		Anteil am Altpapiereinsatz		Altpapiereinsatzquote	
	10^3t.	%	10^3t.	%	%	(x)
1) graphische Pap.	3.800	49	380	11,5	10	0-100
a) Zeitungsdruckp.	680	9	240	7,3	35	0- 40
2) Verpackungspap.	3.100	40	2.635	80,0	85	0-100
3) Hygienepapiere	550	7	165	5,0	30	0-100
4) Spezialpapiere	350	4	120	3,5	35	0-100
Summe	7.800	100	3.300	100,0	42	

(x) = Schwankungsbreite in den einzelnen Bereichen.

Für die Herstellung von Verpackungsmaterialien kommen fast ausschließlich aus technischen und wirtschaftlichen Gründen die gemischten Altpapiere zum Einsatz. Hierbei tritt das Problem auf, daß die meisten Papierfabriken nicht in der Lage sind, stark verunreinigtes Altpapier aus der Mehrkomponenten-Sammlung, z.B. grüne Tonne, zu verarbeiten. Hauptgrund hierfür sind die Risiken einer bakteriologischen Kontamination der Altpapiere. Im Bereich der Lebensmittelverpackungen finden derartige Papiere keinen Einsatz, da eine solche Belastung durch das deutsche Lebensmittelschutzgesetz untersagt ist. Aber auch auf anderen Verpackungssektoren verlangt der Markt aus hygienischen Gründen ein einwandfreies Papier, zumal bei Papier aus der Mehrkomponenten-Sammlung eine gewisse Geruchsbelastung nicht auszuschließen ist. Ein weiterer Grund liegt im technologischen Problem Inertbestandteile, wie Glassplitter und Glasstaub aus dem Papier zu entfernen. Dies ist in befriedigendem Maße nur mit hohem technischen Aufwand erreichbar.

3. Brennstoff aus Altpapier

Da eine Verwendung des Altpapiers, z.B. vom Typ B 12, für die Neupapierproduktion stark eingeschränkt ist, bietet sich u.a. dessen energetische Nutzung an. Als Brennstoff muß sich das Altpapier auf einem seit langer Zeit bestehendem Markt behaupten können. Vergleichbare direkte Konkurrenzprodukte sind Braunkohle und Steinkohle.

Der neu einzuführende Brennstoff müßte somit die allgemeinen Anforderungen, die an einen Primärenergieträger gestellt werden, ebenfalls gewährleisten. Diese Anforderuungen sind:

- gute thermische Verwertbarkeit;
- geringe Schadstoffemissionen bei der Verbrennung;
- Verwendbarkeit in bestehenden Feuerungsanlagen;
- Lager-, bzw. Schüttfähigkeit;
- konstante Qualitätseigenschaften;
- Transportfähigkeit;
- hohe Verfügbarkeit;

Um diese Eigenschaften zu erreichen, muß das Ausgangsmaterial aufbereitet, d.h. durch Sortierung von Verunreinigungen getrennt, homogenisiert und verdichtet werden.

Die Herstellung von Brennstoff aus Altpapier gliedert sich in die Arbeitsschritte:

- Vorbehandlung
- Verdichtung
- Nachbehandlung.

Es besteht grundsätzlich auch die Möglichkeit, den Brennstoff unverdichtet zu verbrennen. Dem stehen aber folgende Gründe entgegen:

- niedrige Energiedichte
- schlechte Transportfähigkeit

- schlechte Lagerraumausnutzung
- keine direkte Verwendbarkeit herkömmlicher, schon bestehender Feuerungssysteme
- sehr beschränkte Lagerfähigkeit.

Die Vorbehandlung umschließt die Arbeitsgänge Vorsortierung, Zerkleinerung, Magnetscheidung, Mischung und eventuell Klassierung mit anschließender Nachzerkleinerung.

Die Vorbehandlung dient der Abstimmung des gemischten Altpapiers auf die nachfolgenden Behandlungsstufen. Mit den o.g. Verfahrensschritten soll erreicht werden, daß das Material frei von Unrat und abrasiven Teilen ist, die die nachgeschalteten Aggregate beschädigen könnten. Erreicht wird dies durch eine Vorsortierung und, für Fe-Metalle, durch eine Magnetscheidung.

Mit Hilfe der Zerkleinerung soll das Einsatzmaterial in der gewünschten Korngröße bereitgestellt werden.

Anhand der Mischung ist es möglich, dem Altpapier energiereiche Stoffe zuzuschlagen und eine Homogenisierung des zu verpressenden Materials zu erreichen. Dies wiederum ist wichtig für die Stabilisierung der Verbrennungseigenschaften des fertigen Brennstoffes.

Für die Verdichtung im großtechnischen Maßstab bietet sich die Pelletierung an. Die Systeme der Pelletierung arbeiten nach dem Verfahren der Strangpressung. Das zerkleinerte, zerfaserte und homogenisierte Material wird dabei mit Hilfe von Kollern durch eine Matrize gedrückt.

Unter Pelletierung ist im allgemeinen ein Verfahren zu verstehen, bei dem aus ungeformten, feinkörnigen, trockenen bzw. angefeuchteten Materialien zylindrische, kubische oder kugelförmige Agglomerate gebildet werden.

Wichtig sind in dem Zusammenhang die materialbedingten Parameter, die durch die Vorbehandlung zu erfüllen sind. Die Pelletierung kann entweder mit einer Flach- oder einer Ringmatrizenpresse erfolgen.

Mit Hilfe der Nachbehandlung sollen die Qualitätseigenschaften der Brennstoff-Preßlinge sichergestellt werden, wobei hierunter hauptsächlich Festigkeit, biologische Stabilität und Gleichverteilung der Korngröße zu verstehen ist. Ziel ist es somit, die Transport- und Lagereigenschaften zu verbessern.

Durch eine Kühlung wird ein Aushärten der Preßlinge erreicht, die die Matrizenpresse mit hoher Temperatur verlassen und in diesem Stadium noch zum Verfall neigen. Gleichzeitig wird mit der Kühlung eine Trocknung und somit eine höhere biologische Stabilität erzielt.

Durch eine Nachsiebung der Preßlinge werden diese entstaubt und vom Bruch befreit. Der Siebunterlauf kann eventuell bei der Mischung dem zu verpressenden Material wieder zugeschlagen werden.

Neben den hier erwähnten Aggregaten sind für die Herstellung von Brennstoff aus Altpapier noch weitere Zusatzeinrichtungen erforderlich, die für die Verfahrenstechnik nicht von wesentlicher Bedeutung sind, aber in der anschließenden Wirtschaftlichkeitsbetrachtung Berücksichtigung finden.

4. Wirtschaftlichkeitsbetrachtung

Ausgehend von der Ölpreissteigerung der 70er Jahre haben sich nahezu sämtliche Primärenergieträger im Laufe der Zeit verteuert. Die Rohstoffknappheit der Energieträger sowie die marktwirtschaftlichen Gründe führten zu einem wachsenden Interesse an alternativen Energieträgern.

Aus bereits dargelegten Gründen würde sich Altpapier der Sorte B 12 für den thermischen Einsatz eignen. Ob solch eine Nutzung ökonomisch sinnvoll ist, wird in folgenden Ausführungen untersucht. Eine Kostenanalyse der Aufbereitung von Papier zu Brennstoff ist hierzu notwendig. Anhand der Material- und Herstellkosten kann der Preis für Altpapier-Brennstoff am Markt ermittelt werden. Folglich ist dann ein Wirtschaftlichkeitsvergleich von Altpapier-Brennstoff und herkömmlichen Primärenergieträgern möglich. Bei einer derartigen Betrachtung sind die Besonderheiten des Brennstoffmarktes zu berücksichtigen. Es bestehen unterschiedliche Märkte:

- Märkte für Kleinverbraucher und Haushalte

- Märkte für industrielle Großabnehmer.

Aus technologischen Gründen wird nur der Markt für industrielle Großabnehmer berücksichtigt, da man davon ausgehen kann, daß die Feuerungstechnik, die Verteilung und die Reststoffentsorgung in diesem Bereich einfacher ist. Es soll daher eine reine Substitutionsbetrachtung durchgeführt werden, da man davon ausgehen kann, daß kein Abnehmer für Brennstoff aus Altpapier in äquivalenter Qualität zu anderen Festbrennstoffen einen höheren Preis bezahlen wird. Der infrage kommende Markt wird somit in zunehmendem Maße eingegrenzt.

Der relevante Markt umfaßt alle für eine Energieträgerwahl entscheidenden Faktoren in räumlicher, sachlicher und zeitlicher Hinsicht.

Da in der Bundesrepublik räumlich gesehen ein nicht unbeachtliches Preisgefälle für Altpapier besteht, muß hier ein bestimmter Markt definiert werden. Dies geschieht nicht zuletzt aus dem Grunde, daß Mittelwertbetrachtungen Extrema ausgleichen und regionale Extrema durchaus nutzbar gemacht werden sollten. Räumlich werden die Betrachtungen auf West-Berlin beschränkt. Der anschließende Teil der Kostenkalkulation für die Altpapieraufbereitung ist jedoch nicht berlinspezifisch, sondern kann als überregional anwendbar gelten.

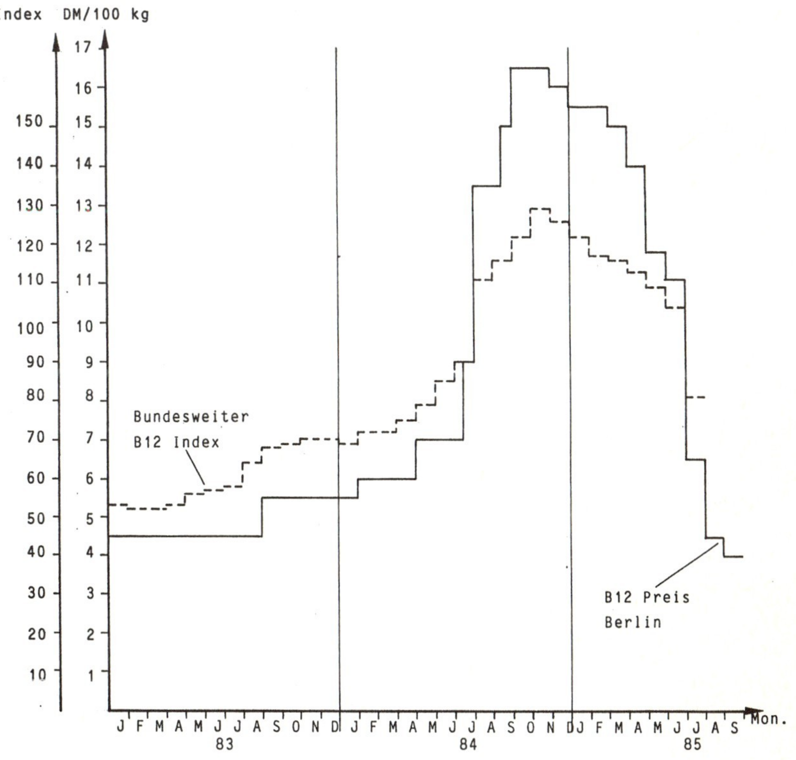

Bild 1

Durchschnittlicher bundesweiter Preisindex für AP-Sorte B 12 im Verlaufsvergleich zur Preissituation B 12 Region Berlin 1982 bis 1985

Zur Einschätzung der Altpapiergewinnungskosten ist zunächst die Situation des Altpapiermarktes zu betrachten. Wie aus Abbildung 1 zu erkennen ist, ist die Nachfrage nach Altpapier Sorte B 12 am Markt über den Preis (direkte Korrelation) äußerst kurzfristiger, sprungfixer Natur, sodaß teilweise die Rohstoffgewinnungskosten (Sammlung, Transport, Aufbereitung) nicht gedeckt werden können.

Da hier eine Substitutionsbetrachtung ohne Änderung der bestehenden Feuerungsanlagen durchgeführt wird, kommen als Konkurrenzbrennstoffe nur die festen Brennstoffe in Betracht. Innerhalb der Gruppe der festen Brennstoffe konkurrieren die beiden Kohlearten Braunkohle und Steinkohle miteinander.

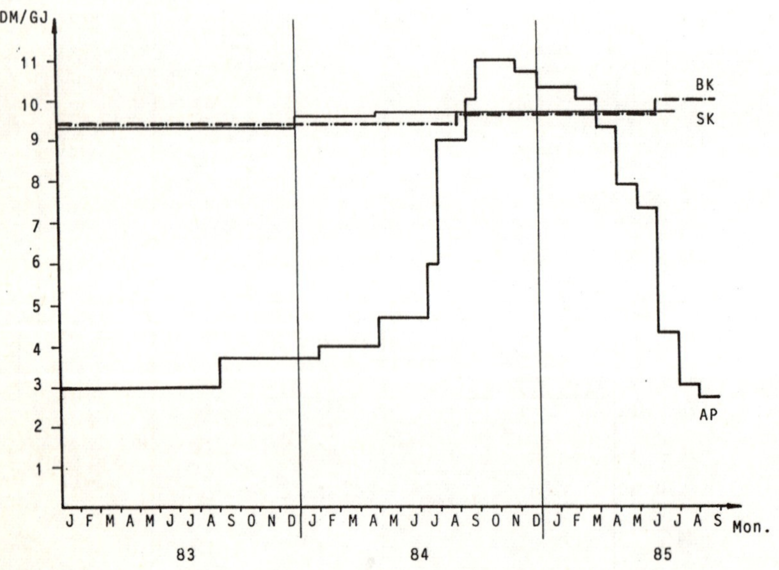

Bild 2

Spezifische Brennstoffpreise von Braunkohle (Industriepreis Rheinisches Gebiet) und Steinkohle (Industriepreis Ruhrrevier) bezogen auf Berlin im Vergleich mit dem spezifischen Altpapierpreis (B 12, Region Berlin) pro Wärmeeinheit

Für einen wirtschaftlichen Vergleich sind hierbei die spezifischen Preise pro Wärmeeinheit heranzuziehen. Folgende Abbildung verdeutlicht den spezifischen Brennstoffpreis von Rheinischer Braun- und Ruhrsteinkohle (bezogen auf Industriebezugspreise Region Berlin) und dem spezifischen Altpapierpreis (Region Berlin) bezogen auf den Wärmeinhalt mit seinen markttechnischen Schwankungsintervallen. Die Aufbereitungs-, Transportkosten und Gewinne sind hierin nicht enthalten. Als Heizwerte (Hu) der einzelnen Brennstoffe wurden für Altpapier 16 MJ/kg Braunkohle 20 MJ/kg und Steinkohle 31 MJ/kg angenommen.

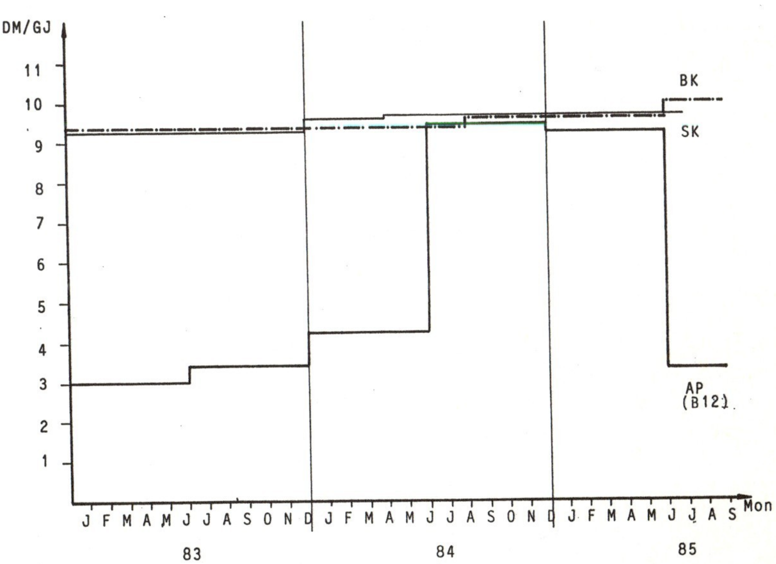

Bild 3

Spezifische Brennstoffpreise konventioneller Brennstoffe (Brauunkohle, Steinkohle) im Vergleich zu den Halbjahresdurchschnitten der erzielbaren Altpapierpreise (B 12, Region Berlin) bezogen auf den Wärmeinhalt

Wird von einer thermischen Nutzung des Altpapiers als Brennstoff ausgegangen sind langfristige Preisgestaltungen vorauszusetzen, die nur halbjährlich oder jährliche Änderungen zulassen. Der Vergleich der halbjährlichen erzielbaren Durchschnittspreise für Altpapier B 12 (Region Berlin), bezogen auf den Wärmeinhalt,zeigt ein deutlich geringeres Niveau als die der konventionellen Brennstoffe.

Die Differenzen zwischen der Altpapier-Ganglinie und denen von Braun- und Steinkohle stehen den Aufwendungen für die Produktion eines Altpapierbrennstoffes zur Verfügung.

Ebenfallls zu berücksichtigen ist die Preiskonstanz des Marktes und die Möglichkeit der langfristigen Liefer- und Abnahmebedingungen.

Als zeitlicher Rahmen wir keine längere Periode betrachtet, sondern der aktuelle Zeitpunkt gewählt. Dies geschieht aufgrund der großen Nachfrage - und somit Preisschwankungen für gemischtes Altpapier. Aus entscheidungstheoretischer Sicht wird dies falsch erscheinen, ist aber für die Darstellung exakter Kostendaten sinnvoll.

Um bei der folgenden Wirtschaftlichkeitsbetrachtung zu anschaulichen Ergebnissen zu kommen, müssen die errechneten bzw. ermittelten Kosten pro Megagramm in Kosten pro Wärmeeinheit umgerechnet werden. Bei der Ermittlung des möglichen Substitutionsbrennstoffes wird der Heizwert (Hu) berücksichtigt. Der geringere Heizwert von Papierbrennstoff erfordert bei gleicher Wärmeabgabe höhere Einsatzmengen gegenüber Braunkohle und Steinkohle.

Tabelle 4

Heizwerte verschiedener Energieträger

Brennstoffart	durchschnittl.Heizwert GJ/Mg
Steinkohle	29
Braunkohle	20
Papierpellets	16

Zur Substitution von 1 Mg Steinkohle bzw. 1 Mg Braunkohle werden somit benötigt:

1 Mg Steinkohle = 1,45 Mg Braunkohle = 1,81 Mg Papierpellets
1 Mg Braunkohle = 0,69 Mg Steinkohle = 1,25 Mg Papierpellets

Zur Veranschaulichung der mengenmäßigen Differenzen sind im folgenden die Verbrauchswerte von Steinkohle und Braunkohle zur Energie- und Wärmeerzeugung in Anlagen mit mehr als 4,2 MW Nennleistung in Berlin (1979) dargestellt.

Braunkohle:	314.000 Mg =	392.500	Mg Altpapierpellets
Steinkohle:	2.091.000 Mg =	3.789.900	Mg Altpapierpellets
Substitutionsmenge:		4.182.400	Mg Altpapierpellets

Die unter Ausnutzung jeglicher Sammelaktivitäten theoretisch erfaßbare Altpapiermenge, die für thermische Zwecke nutzbar ist, beträgt nur 117.000 MG. Es kann somit davon ausgegangen werden, daß auch langfristig gesehen immer ein potentieller Absatzmarkt für B 12 als Brennstoff bestehen wird.

Die vergleichbare gemeinsame Dimension der Brennstoffe ist die Bewertung der Wärmemengen mit Preisen. Braunkohle ist am ehesten mit Papierbrennstoff zu vergleichen. Die Preise für die Wärmemengeneinheit Braunkohle kann somit das Kriterium für die Analyse der Wirtschaftlichkeit von Altpapier-Brennstoff durch den Investor sein. Aus der Kostenanalyse geht hervor, in welcher Höhe Herstellkosten je Mengeneinheit und je Wärmeeinheit Papierbrennstoff anfallen.

Absolute Wirtschaftlichkeit besteht dann, wenn die Herstellkosten pro Wärmeeinheit Altpapier-Brennstoff unter dem Marktpreis für Braunkohle liegen.

Nicht berücksichtigt werden bei dieser Betrachtung:

- das Energienutzungskonzept der Bundesregierung mit eventuellen Subventionen für Substitutionsbrennstoffe;

- das Entfallen der Kosten für den Altpapier-Export oder die Deponierung;

- die Einsparung der Kosten für die Bereitstellungsenergie für die substituierten Primärenergieträger;

- die nur schwer kostenmäßig quantifizierbaren Vorteile des geringeren SO_2 -Ausstoßes sowie die Primärenergieträgereinsparung.

4.1 Wirtschaftlichkeitsdaten der Brennstoffherstellung aus Altpapier

Für die Verfahren der Investitionsrechnung sind exakte Kostendaten unerläßlich. Diese existieren in diesem Fall aber nur für die Ausgabenseite. Die Einnahmeströme müßen geschätzt bzw. mit Hilfe der Mittel der Marktforschung angesetzt werden. Dies kann jedoch zu Verfälschungen führen. Aus diesem Grunde werden wie im vorigen Abschnitt dargestellt, die Kosten pro Wärmemengeneinheit ermittelt und anschließend mit den Kosten für einen Primärenergieträger am Markt verglichen.

Die Kostenarten sind möglichst direkt erfaßt und als Einzelkosten verrechnet.

Folgende Aggregatskonfigurationen sind für die Pelletierung notwendig (bei unterschiedlichen Produktionsmengen):

		Anlage A 6 Mg/h einschichtig	Anlage B 12 Mg/h zweischichtig	Anlage C 30 Mg/h zweischichtig
Lagerung:	Radlader	1	1	2
Vorsortierung:	Gurtband	1	1	2
Magnetscheidung:				
	Trommelmagnet	1	1	2
Zerkleinerung:		2	2	3
	Hammermühlen	(a 3 Mg/h)	(a 6 Mg/h)	(a 10 Mg/h)
Förderuung:	Gurtband	1	1	2
Verdichtung:	Pelletpressen			
(incl. Verteilvorrichtung)		2	3	6
		(a 3 Mg/h)	(a 6 Mg/h)	(a 6 Mg/h)
Siebung:	Vibrationssieb	1	1	2
Förderung:	Muldenband	1	1	1

Die Kapazität der Pelletpressen ist überdimensioniert. Der Durchsatz der Anlage ändert sich dadurch allerdings nicht. die zusätzliche Kapazität ist als Vorhaltung für die optimale Ausbringungsmenge von 12 bzw. 30 Mg/h zu sehen.

Weitere Angaben:
Der Liquiditätserlös nach Ablauf der Nutzungsdauer wird mit Null gesetzt.

Durchsatz	:	6; 12 bzw. 30 Mg AP/h
Ausbringungsmenge	:	6; 12 bzw. 30 Mg AP/h
Arbeitskräfte	:	3; 3,5 bzw. 5,5
Abschreibungszeit	:	10 Jahre

Berechnung der Betriebszeit im Einschichtbetrieb:

Tage/Jahr	365	Tage
Durchschnittliche Tage/Monat 365:12	30,42	Tage
Durchschnittl. Std/Monat 30,42 * 8	243,36	Std/Monat
abzüglich arbeitsfreie Tage/Monat 120:12 * 8	80	Std/Monat
Brutto-Betriebszeit	163	Std/Monat
abzüglich Zeiten für Wartung und Reperatur:		
(ermittelt 5%)	8	Std/Monat
Netto-Betriebszeit	155	Std/Monat

Betriebszeit im Zweischichtbetrieb:

Netto-Betriebszeit	310	Std/Monat

Produktionsmengen bei

A :	Durchsatz 6 Mg/h, einschichtig 1 Produktionslinie	11.160 Mg/a
B :	Durchsatz 12 Mg/h, zweischichtig 1 Produktionslinie	44.640 Mg/h
C :	Durchsatz 30 Mg/h, zweischichtig 2 Produktionslinien	111.600 Mg/h

Folgende Kosten wurden ermittelt:

- Anschaffungskosten: verstehen sich immer als Material-Gesamtkosten; Aggregat, Dosiereinrichtugen, Steuerung etc.
- Installationskosten: entsprechen den Anschaffungsnebenkosten und beinhalten die Installation, das Fundament, die Inbetriebnahme etc.

- Kalkulatorische Abschreibungen	entsprechen dem Aufwand, der einer Abrechnungsperiode für die Wertminderung der Vermögensteile der Unternehmung zugerechnet werden. Es wird hier von einem linearen Abschreibungsmodell ausgegangen.
- Kalkulatorische Zinsen	entsprechen dem Zinsertrag, der entgeht, da das investierte Kapital nicht gewinnbringend angelegt wird. Z = (A x i)/2 Z = kalkulatorische Zinsen A = Anschaffungskosten i = Zinssatz = 10%
- Versicherungskosten:	Kosten für Haftpflicht-, Feuer-, Maschinenbruchschutz.
- Löhne und Lohnnebenkosten:	beinhalten alle Kosten, die in Verbindung mit dem Personal anfallen, somit nicht nur Sozialleistungen, sondern auch sonstige Vergütungen für die Belegschaft.
- Energiekosten:	stellen die Kosten für elektrische Energie bzw. Notaggregattreibstoffe dar; schwankt je nach Preis aus Leistungs-, Arbeits-, und Zahlengebiet
- Wartungs- und Instandhatungskosten:	Kombination aus Wartungs-, Inspektions- und Instandsetzungskosten. Je nach Abnutzung des Aggregates variierend.

Tabelle 5

Verfahrensstufen und technisch-wirtschaftliche Daten einer Pelletieranlage für gem. AP

Pelletieranlage	Einheit	Lagerung Radlader	Vorsortierung Gurtband	Magnetscheidung	Zerkleinerung Hammermühlen	Förderung Gurtband	Verdichtung Pelletpressen	Siebung Vibrationssieb	Förderung Muldenband
Leistung	KW	63	A: 10		1 x 110	2,5	2 x 160	1,0	1 x 2,5
	KW	5,6 l/h	C: 10		1 x 160	2,5	2 (+1)x 320	1,0	3 x 2,5
	KW	(Diesel)	C: 2 x 10		3 x 160	2 x 2,5	5 (+1)x 320	2 x 1,0	6 x 2,5
Auslastungsgrad	%	70	70	Permanetmagnet	70	70	70	70	70
Energieverbrauch	KWh	A: 65,3	7		77	1,75	224	0,70	1,75
	KWh	B: 65,3	7		112	1,75	448	0,70	5,25
	KWh	C: 2 x 65,3	2 x 7		336	2 x 1,75	1.120	2 x 0,70	10,50
Investition	DM	A: 200.000	70.000	25.000	280.000	15.000	600.000	15.000	10.000
	DM	B: 200.000	70.000	25.000	400.000	15.000	1.200.000	15.000	30.000
	DM	C: 400.000	140.000	50.000	1.200.000	30.000	2.400.000	30.000	60.000
Installation	% AK		10	10	10	10	10	10	10
Versicherungskosten	DM	A: 600	231	82,50	924	49,50	1.980	49,50	33
	DM	B: 600	231	82,50	1.320	49,50	2.640	49,50	99
	DM	C: 1.200	462	165,00	3.960	99,00	5.610	99,00	198
Wartung und Instandhaltung	% AK	6 h nach 40 h	10		20	10	20	5	10
Bedienungspersonal		A: 1	1		1/2		1/2		
		B: 1	1		1/2		1		
		C: 2	2		1/2		1		

Tabelle 6

Kostenzusammenstellung einer Anlage zur Brennstoffherstellung aus gem.AP

	Einheit	Anlage	
Anschaffungswert:	DM	A:	1.316.500
	DM	B:	2.130.500
	DM	C:	4.701.000
Wirtschaftliche Nutzungsdauer:	Jahre (a)	A:	10
	Jahre (a)	B:	10
	Jahre (a)	C:	10
Leistungseinheiten:	Mg/a	A:	11.160
	Mg/a	B:	44.640
	Mg/a	C:	111.600
Abschreibungen:	DM/a	A:	131.650
	DM/a	B:	213.000
	DM/a	C:	470.100
Zinsen:	DM/a	A:	59.242
	DM/a	B:	95.872
	DM/a	C:	211.545
Sonstige fixe Kosten:	DM/a	A:	26.330
	DM/a	B:	42.610
	DM/a	C:	94.020
Fixe Kosten gesamt:	DM/a	A:	217.222
	DM/a	B:	351.532
	DM/a	C:	775.665
Löhne und Lohnnebenkosten:	DM/a	A:	204.750
	DM/a	B:	477.750
	DM/a	C:	750.750

Fortsetzung Tabelle 6			
Energie und sonstige variable Kosten	DM/a	A:	351.031
	DM/a	B:	871.773
	DM/a	C:	1.941.657
Variable Kosten gesamt:	DM/a	A:	555.781
	DM/a	B:	1.349.523
	DM/a	C:	2.692.407
Kosten gesamt:	DM/a	A:	773.003
	DM/a	B:	1.701.055
	DM/a	C:	3.468.072
Kosten / Mg Brennstoff:	DM/Mg	A:	69,27
	DM/Mg	B:	38.11
	DM/Mg	C:	31.08

Zusätzlich zu den in Tabelle 6 errechneten Einzelkosten fallen folgende Kosten an:

Opportunitätskosten: entsprechen den Erlösen, die dadurch entfallen, daß das gemischte Altpapier nicht an eine Papierfabrik verkauft wird, sie entsprechen den Preisen für Altpapier am Markt.

Verwaltungskosten: stellen die Kosten für Büromaterial, Telefongebühren, Postgebühren etc. dar.

Daraus ergeben sich die Gesamtkosten /Mg Brennstoff:

Einzelkosten:	DM/Mg	A:	69,27
	DM/Mg	B:	38,11
	DM/Mg	C:	31,08
Opportunitätskosten:	DM/Mg		45,-
Sammlungskosten:	DM/Mg		
Verwaltungskosten:	DM/Mg	A:	2,75
	DM/Mg	B:	1,60
	DM/Mg	C:	1,01
Gesamtkosten:	DM/Mg	A:	117,02
	DM/Mg	B:	84,71
	DM/Mg	C:	77,09

Allerdings ist diese weitgehend genaue Kostenermittlung noch nicht vollständig und zur Entscheidungsfindung im Wirtschaftlickeitsvergleich mit Primärenergieträgern nur mit Einschränkungen anwendbar. Eine genauere Kostenerfassung wäre nur mit Hilfe einer detaillierten Plankalkulation möglich. Das vorliegende Rechenergebnis kann jedoch mit einem unternehmensinternen Faktor berichtigt werden, indem die Kosten für Räumlichkeiten, Lagerung, Vertrieb und einem Gewinnanteil zur Sustanzerhaltung der Unternehmung berücksichtigt sind.

4.2. Kosten von Primärenergieträgern

Die angegebenen Preise für Braunkohle und Steinkohle stammen direkt von den Zechen und sind mit den Transportkosten Berlin beaufschlagt.

Als Abnehmer wurden Wärme- und Energieerzeuger mit einer Nennleistung größer 4,1 MW angenommen. Eventuelle Preisnachlässe können in dieser Betrachtung nicht berücksichtigt werden. Es wurden somit für beide Kohlearten folgende Preise für Berlin (August 1985) angesetzt:

Rheinische Braunkohle	220,- DM/Mg
Steinkohle Ruhr	299,50 DM/Mg

4.3. Wirtschaftlichkeitsvergleich der Brennstoffalternativen

Um einen Wirtschaftlichkeitsvergleich durchführen zu können, müssen die mengenspezifischen Kosten auf die Heizwerte der verschiedenen Brennstoffe umgerechnet werden.

Für den Altpapier-Brennstoff ergibt dies:

Gesamtkosten (DM/GJ)	Anlage A:	7,31
	Anlage B:	5,30
	Anlage C:	4,82

Für die Primärenergien:

Braunkohle: Gesamtkosten (DM/GJ)	11,-
Steinkohle: Gesamtkosten (DM/GJ)	10,32

Die Kosten für AP-Pellets liegen auf den Heizwert bezogen somit selbst für eine kleine Produktionsanlage mit 6 Mg/h Durchsatz unter denen für den Primärenergieträger Steinkohle.

Für das in Berlin zu verarbeitende AP-Aufkommen wäre eine zentrale Anlage mit einem Durchsatz von 30 Mg/h (Anlage C) ausreichend.

Wichtig für den weiteren direkten Vergleich der Kostenwerte ist die Kenntnis folgender nicht zu erfaßender Größen:

- Die Kosten für die AP-Brennstoffherstellung sind nicht vollständig;

- Die Preise für die Primärenergien beinhalten keine Rabatte für Großabnehmer;

- Die Kosten für das gemischte Altpapier können nicht als konstant angesehen werden. Sie unterliegen sogar starken Schwankungen im Gegensatz zu den Primärenergieträgern Braunkohle und Steinkohle, deren Preise sich nur leicht verändert haben.

Interessant in diesem Zusammenhang ist die Frage, bis zu welchem Preis von B 12 der Altpapier-Brennstoff konkurrenzfähig ist. Als Obergrenze werden die Kosten für Steinkohle angesetzt.

Tabelle 7
Kostenvergleich der Energieträger

	Braunkohle (DM/GJ) 11,-	AP-Brennstoff (DM/GJ)	Kostendiff. (DM/GJ)	Kostendiff. (DM/Mg)	Kostendiff. (%)
Anlage A		7,31	3,69	102,98	50,5
Anlage B		5,30	5,70	135,29	107,5
Anlage C		4,82	6,18	142,91	128,3
	Steinkohle (DM/GJ) 10,32	**AP-Brennstoff (DM/GJ)**	**Kostendiff. (DM/GJ)**	**Kostendiff. (DM/GJ)**	**Kostendiff. (%)**
Anlage A		7,31	3,01	182,48	41,2
Anlage B		5,30	5,02	214,79	94,5
Anlage C		4,82	5,50	222,41	114,1

Wiederum auf Berlin bezogen kann somit eine Break-even-Analyse durchgeführt werden.

- Für Braunkohle bedeutet dies:

  Bis zu einer Kostensteigerung von 128,3% über die Ausgangsbasis von 77,09 DM/Mg (bezogen auf 176,00 DM/Mg Gesamtkosten für die Erzeugung) ist Altpapier-Brennstoff rentabel.

  Dies Entspricht einer Preissteigerung der Opportunitätskosten für B 12 von 219,8% über die Ausgangsbasis von 45,- DM/Mg bzw. 4,82 DM/GJ auf 143,91 DM/Mg.

- Für Steinkohle:

  Die Rentabilitätsgrenze für Altpapier-Brennstoff gegenüber Steinkohle liegt bei einer prozentualen Preissteigerung von 114,1% für den fertigen Brennstoff.

  Dies entspricht einer Preissteigerung für B 12 von 196% über die Ausgangsbasis von 45,- DM/Mg auf 133 DM/Mg.

Bis zu einem Preis von 133 DM/Mg für B 12 ist auf diesem Markt der Altpapier-Brennstoff somit billiger als die vergleichbaren Primärenergieträger.

In der Abbildung ist der Zusammenhang zwischen den Preisen für Pellets, Braun- und Steinkohle graphisch dargestellt.
Dieser momentane Preis von 133 DM/Mg liegt, wenn man die Preisschwankungen der letzten 3 Jahre betrachtet, unter dem Durchschnittspreis desselben Zeitraumes.

Altpapier-Brennstoff kann somit als wirtschaftlich sinnvolle Alternative betrachtet werden. Da jedoch davon ausgegangen werden kann, daß auf einem Markt keine ausreichenden Potentiale von Altpapier vorhanden sein werden, um den gesamten Brennstoffbedarf zu decken, kann Altpapier-Brennstoff zum Teil als Ergänzung- und zum Teil als Substitutsbrennstoff verwendet werden. Dies ermöglicht zusätzlich eine höhere Autarkie vom Altpapiermarkt.

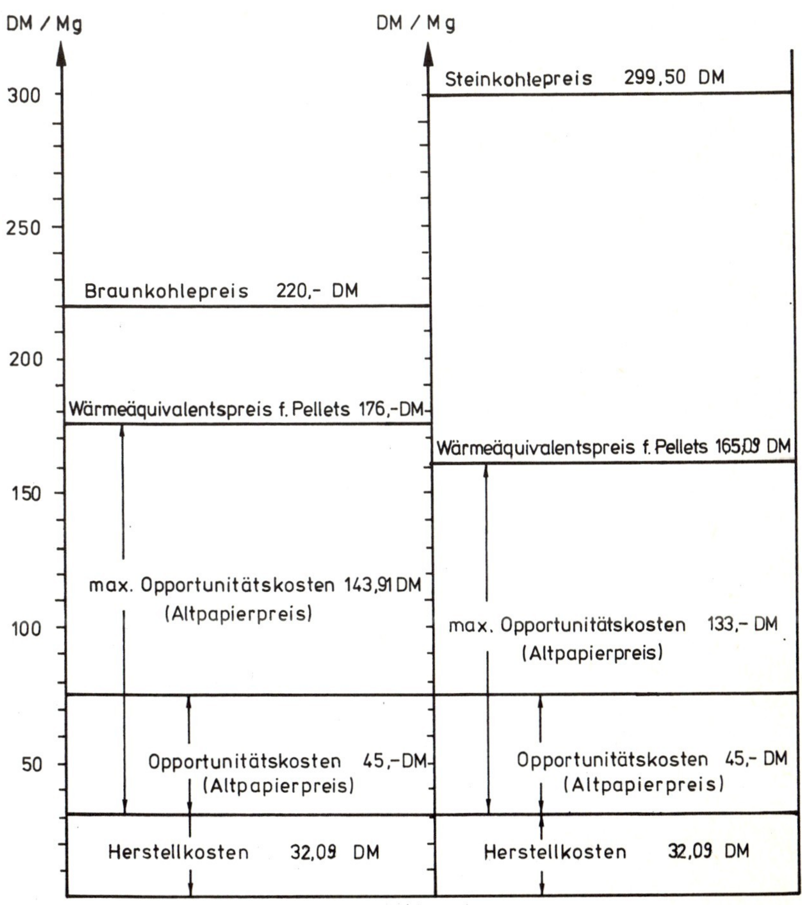

Bild 4

Graphische Darstellung des Kostenvergleichs von Pellets aus Altpapier zu Stein- und Braunkohle (bezogen auf Anlage C).

Anhang

Autorenverzeichnis

Inserentenverzeichnis

A U T O R E N V E R Z E I C H N I S

Dipl.-Ing. Lothar Barniske
Fachgebietsleister Thermische Behandlung, Fachbereich Abfallwirtschaft
Bismarckplatz 1

D-1000 Berlin 33

Fritz Becker
Technische Universität Berlin
Fachgebiet Abfallwirtschaft
Straße des 17. Juni 135

D-1000 Berlin 12

Dr. Kurt von Beckerath
Bayer.Landesamt f. Umweltschutz
Rosenkavalierplatz 3

D-8000 München 81

Dr. Ing. Werner Bidlingmaier
Technische Universität Stuttgart, Inst. f. Siedlungswasserbau, Wassergüte, Abfallw.
Bandtäle 11

D-7000 Stuttgart 80

Dr.Ing. Bernd Bilitewski
Intecus - Ingenieurgemeinschaft f. technischen Umweltschutz
Krefelder Str. 20

D-1000 Berlin 21

Dipl.-Chem. Klaus Bosse
Umweltbundesamt
Bismarckplatz 1

D-1000 Berlin 33

Ing.(grad.) Heinz Breitbach
Traßwerke Meurin
Postfach 520

D-5470 Andernach

Prof. Dr.-Ing. A. Buekens
Vrije Universiteit Brüssel
Chem. Ingenieurtechnik en en Industriele Scheikunde
Pleinplaan 2

B-1050 Brüssel

Dipl.-Ing. Wolfgang Bünsow
Technische Universität Berlin ARGUS-Arbeitsgruppe Umweltstatistik, Sekr. FR 6-4
Franklinstr. 28-29

D-1000 Berlin 10

Dipl.-Ing. Urban Cleve
Firma Hugo Petersen
GmbH & Co.KG
Dantestr. 4 - 6

D-6200 Wiesbaden

Dipl.-Ing. Günther Erbach
Hessische Industriemüll GmbH
Kranzplatz 11

D-6200 Wiesbaden

Dr. Konrad Fichtel
Bayer. Landesamt f. Umweltschutz
Rosenkavalierplatz 3

D-8000 München 81

Dipl.-Ing. B. Fürmaier
Bayer.Staatsministerium f. Landesentw. u.Umweltfragen
Rosenkavalierplatz 3

D-8000 München 81

Prof. Dr. Ing. Theodor Gast
Institut f. Meß- u. Regeltechnik Sekt. BUB
Straße des 17. Juni 135

D-1000 Berlin 12

Prof.Dr. H. Hagemaier
Universität Tübingen, Institut f. organische Chemie
Auf der Morgenstelle 18

D-7400 Tübingen 1

Dr. Klaus Horch
Deutsche Babcock Anlagen AG
Parkstr. 29

D-4150 Krefeld 11

Dr. Johannes Jager
Jäger & Partner
Ansbacher Str. 5

D-1000 Berlin 30

Kristian Kijewski
Technische Universität Berlin
Fachgebiet Abfallwirtschaft
Straße des 17. Juni 135

D-1000 Berlin 12

Dipl.-Ing. Wolfgang Knorr
Bayer.Landenamt f.Umweltschutz München
Rosenkavalierplatz 3

D-8000 München 81

Dipl.-Ing. Hans Künstler
K+K Ofenbau AG, Zürich
Bachmattweg 24
Abfallw.

CH-8048 Zürich

Dipl.-Ing.
Lutz D. Leisegang
Leibnitzstr. 32

D-1000 Berlin 12

Prof. Dr.-Ing.
Karl E. Lorber
Technische Universität
Berlin,Fachg. Luftchemie
Straße des 17.Juni 135

D-1000 Berlin 12

Dipl.-Ing. Johannes Martin
Martin GmbH
Leopoldstr. 248

D-8000 München 40

Dr. Paul Gerhard Maurer
NUKEM
Postfach 11 00 80

D-6450 Hanau 11

Ludbert Graf zu Münster
Geschäftsführer
Geiselgassteigstr. 62

D-8000 München 90

Hermann Müller
Technische Universität
Berlin Fachgebiet Abfallw.
Straße des 17. Juni 135

D-1000 Berlin 12

Rüdiger Oetjen
Technische Universität
Berlin, Fachgebiet

Straße des 17. Juni 135

D-1000 Berlin 12

Dipl.-Ing.
H.-J. Pietrzeniuk
Umweltbundesamt
Bismarckplatz 1

D-1000 Berlin 33

Dipl.-Ing. Mogens Rasmussen
Vølund
Abildager 11

DK-2600 Glostrup

Hans Jörg Regler
GFA Gemeinn.Ges.zur Beseitig.
u. Verwertung v.Abfällen
Dachau u. Fürstenfeldbruck mbH
Josef-Kistler-Weg 22

D-8037 Olching

Dir. Dipl.-Ing.
Dieter O. Reimann
MHKW Stadt- u. Landkreis
Bamberg
Rheinstr. 6

D-8600 Bamberg

Dr.-Ing. Hans Reimer
Goepfert, Reimer und Partner
Ingenieurgesellschaft mbH
Postfach 60 08 04

D-2000 Hamburg 60

Dr.-Ing. Gerhard Rinn
VGU GmbH
Potsdamer Str. 98

D-1000 Berlin 30

Prof. Dr.-Ing.
Oktay Tabasaran
Institut f.Siedlungswasser-
bau, Wassergüte u.Abfallw.
Uni Stuttgart
Bandtäle 1

D-7000 Stuttgart 80

Prof. Dr.- Ing.
Karl J. Thomé-Kozmiensky
Technische Universität
Berlin, FG.Abfallwirtsch.
Sekr. KF 5
Straße des 17. Juni 135

D-1000 Berlin 12

Dr.-Ing. Henning Vollmer
MVU Herne
Südstr. 41

D-4690 Herne 2

Dipl.- Wirtsch.- Ing.
Uwe Winschenbach
Rasselstein AG
Postfach 20 20

D-5450 Neuwied 1

Inserenten - Verzeichnis

Bischoff	Gottfried GmbH & CO.KG Postfach 100 533 D-4300 Essen Tel.: 0201-8112-0
Bühler-Miag	Postfach 33 69 D-3300 Braunschweig Tel.: 0531-5941
Energas	Ges.zur Energiegewinnung aus Müll und Kohle mbH Gottlieb-Dunkel-Str. 21 D-1000 Berlin 42 Tel.: 030-7035022
Entsorga	Deutscher Fachverlag GmbH Postfach 10 06 06 D-6000 Frankfurt/Main 1 Tel.: 069-7433-1
Entsorgungspraxis	Bertelsmann Fachzeitschriften GmbH Postfach 55 55 D-4830 Gütersloh Tel.: 05241-80-1
EVT	Energie- und Verfahrenstechnik GmbH Postfach 395 D-7000 Stuttgart 1 Tel.: 0711-6694-1
GFS	Ges.f. Flugaschenverwertung und Schadstoffbeseitigung mbH Geiselgasteig 62 D-8000 München 90
Hof	Franz Hof, Schornstein- und Feue- rungsbau GmbH & Co. Gutleutstr. 332 D-6000 Frankfurt

Jager	Ingenieurgemeinschaft Technischer Umweltschutz Ansbacher Str. 5 D-1000 Berlin 30 Tel.: 030-2117093
K + K	Ofenbau GmbH Xantener Str. 4 D-4040 Neuss Tel.: 02101-55081
Amandus Kahl	Nachfolger Dieselstr. 5 - 9 D-2057 Reinbeck/Hamburg Tel.: 040-72771-0
Koch	Transporttechnik GmbH Postfach 160 D-6633 Wadgassen Tel.: 06834-470-1
KWU	Kraftwerk Union Erlangen Hammerbachstr. 12 - 14 D-8520 Erlangen Tel.: 093131-0
LAB	S.A. 159, cours Albert Thomas F-69003 Lyon Tel.: 33-7-8532468
Leisegang	Umwelttechnik KG Leibnizstr. 32 D-1000 Berlin 12 Tel.: 030-310471
Lurgi	GmbH Postfach 11 12 31 D-6000 Frankfurt/Main
Mannesmann	Anlagenbau AG Theodorstr. 90 D-4000 Düsseldorf 30 Tel.: 0211-659-1

Martin	GmbH f. Umwelt- und Energietechnik Leopoldstr. 248 D-8000 München 40 Tel.: 089-35031-0
Meurin	Trassenwerke Meurin Betriebsgesellschaft mbH Postfach 520 D-5470 Andernach/Rhein Tel.: 02632-5041
MRS	Greifer und Maschinenbau Helmstedt GmbH Talweg 11 D-6928 Helmstedt-Bergen Tel.: 07263-701-2720
Mikro Pul	Mitglied der Hosokawa Micron Gruppe Welserstr. 9 - 11 D-5000 Köln 90 Tel.: 02203-308-0
NUKEM	GmbH Postfach 11 00 80 D-6450 Hanau 11 Tel. 06181-58-0
Hugo Petersen	Ges.f.Verfahrenstechnischen Anlagenbau mbH & Co.KG Dantestr. 4 - 6 D-6200 Wiesbaden Tel.: 06121-39217
SFW	Saarberg-Fernwärme GmbH Postfach 238 D-6600 Saarbrücken Tel.: 0681-3099-1
SGP	Simmering-Graz-Pauker AG Brehmstr. 16 A-1110 Wien Tel.: 0222-391601

SSI-Schäfer	Fritz Schäfer GmbH Geschäftsbereich Abfalltechnik & Recycling Fritz-Schäfer-Str. 20 D-5908 Neunkirchen Tel.: 02735-70-1
L+C Steinmüller GmbH	Postfach 10 08 55 D-5270 Gummersbach Tel.: 02261-851
VGU	Engineers Consultants GmbH Potsdamer Str. 98 D-1000 Berlin 30 Tel.: 030-2619050-60
Vølund	Bremer-Vulkan Schiffsbau und Maschinenfabrik, Bereich Umwelttechnik Lindenstr. 110 D-2820 Bremen 70 Tel.: 0421-6603-255
W+E	Umwelttechnik AG Max-Högger-Str. 6 CH-8048 Zürich Tel.: 01-4353111
Weißblech	Recycling Informations Zentrum Weißblech e.V. Kasernenstr. 36 D-4000 Düsseldorf 1
Wille	Ingenieurbüro Karl-Heinz Wille Trogerstr. 38 D-8000 München 80 Tel.: 089-472095

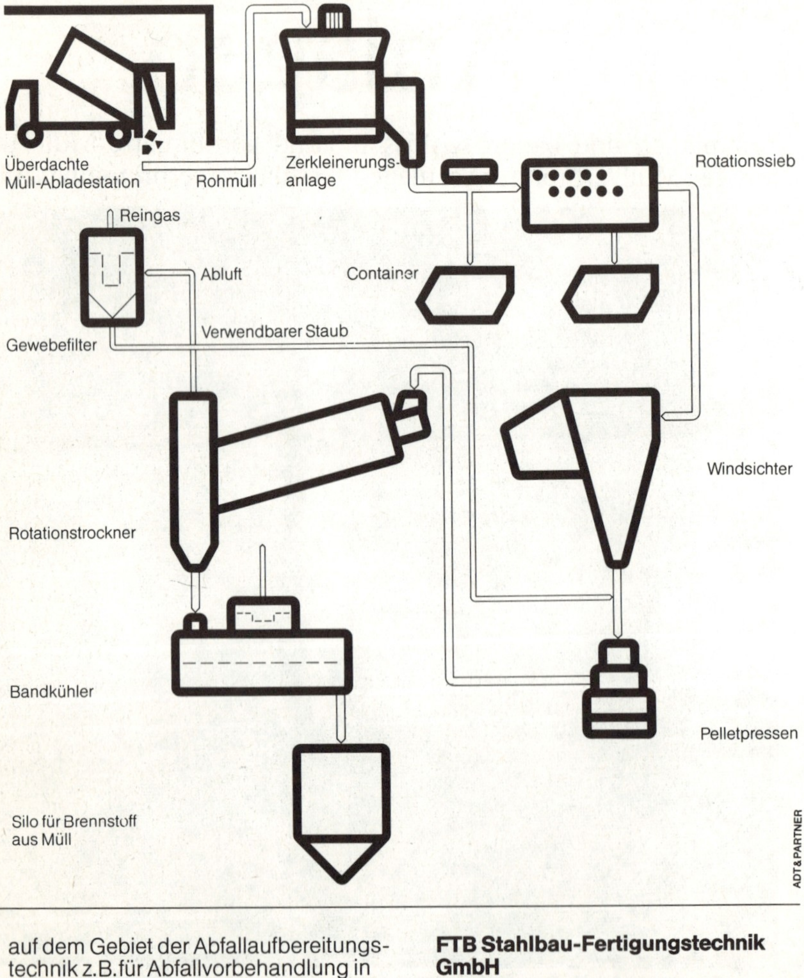

Energiegewinnung durch Abfallverbrennung

Haus- und Gewerbeabfälle, Siebreste, Recyclingmaterial

Hausmüllverbrennung

Die **K+K-Technologie** basiert auf der Beherrschung der Verbrennung von Abfällen mit hohen Heizwerten. Die Probleme, die bei konventionellen Feuerraumsystemen naturgemäß entstehen, können bei der **K+K-Technologie** nicht auftreten. Der beste Beweis für die Qualität der **K+K-Technologie** ist die Vielzahl der in den vergangenen 10 Jahren von **K+K** umgebauten Hausmüllverbrennungsanlagen. Diese Anlagen sind seitdem problemlos mit z. T. erheblichen Leistungssteigerungen im Dauerbetrieb.

Verfahrenstechnik

K+K-Verfahrenstechnik bedeutet die Beherrschung des Verbrennungsprozesses im Feuerraum, d.h. allseitig geführtes Feuer, vollständiger Ausbrand der Abfälle, inerte Rauchgase, lange Reisezeiten, keine Verschlackungs- und Korrosionsprobleme.
Der patentierte **K+K-Rost** erzielt durch die besondere Luftführung und durch die Anordnung und Mechanik seiner Rosteinheiten eine optimale Schürung und gleichmäßige Durchlüftung des Abfalls. Hierdurch wird eine einwandfreie Verbrennung auf der gesamten Rostfläche erreicht.
Die patentierten **K+K-Plattenwände** ermöglichen eine kontrollierte Feuerführung parallel zu den Feuerraumseitenwänden und im Zusammenwirken mit den **K+K-Sekundärluftbalken** eine vollständige Duchwirbelung der Rauchgase. Dadurch wird ein optimaler Ausbrand auch der Rauchgase erreicht.

Kleinkraftwerke

K+K-Kleinkraftwerke zur kostengünstigen Erzeugung von **Heißwasser** und **Dampf** für Industriebetriebe. Abfälle wie z. B. zellulosehaltige Früchtereste, Holzreste, Kartonagen, Verpackungsmaterial, andere organische Abfälle wie Textilien, Leder, Gummi, Altöle usw., brennbare Abfallgemische aus Industrie und Gewerbe sowie heizwertreiche Abfälle, die wirtschaftlich nicht zum Recycling oder zur Kompostierung geeignet sind, können sinnvoll genutzt werden.
Mit einer Verbrennungskapazität von z.B. 6 t/h können bei einem Heizwert von 16.700 kJ/kg ca. 30 t/h Dampf erzeugt werden.
K+K beherrscht die Verbrennungstechnologie und liefert diese Kleinkraftwerke schlüsselfertig.

Nukleares Know-how für konventionellen Umweltschutz

Viele Verfahren, damit Sie sich nicht verfahren ...

...auf dem Weg zu einer rationellen, ökologisch sinnvollen Abfallentsorgung.

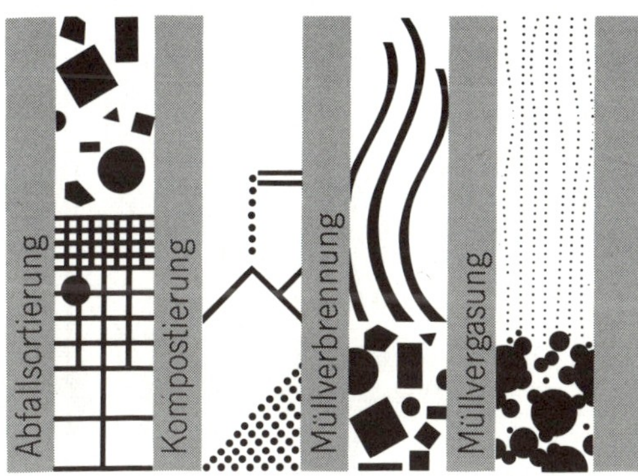

Patentrezepte in der Abfallverwertung gibt es nicht: Bevölkerungsdichte, Müllzusammensetzung und ganz spezielle Anforderungen des Umweltschutzes – das sind nur ein paar Merkmale, in denen sich jede Region von der benachbarten unterscheidet. Jede einzelne braucht deshalb ihr maßgeschneidertes, den individuellen Anforderungen entsprechendes Entsorgungskonzept.

Wir, die Saarberg-Fernwärme GmbH mit Sitz in Saarbrücken, schneidern Maßanzüge für die Müllentsorgung – schon seit 15 Jahren.

Verbrennung, Gaserzeugung, Sortierung, Kompostierung oder Wertstoffrecycling einschließlich Vermarktung

– dazu planen wir nicht nur Anlagen, sondern wir bauen und betreiben sie auch. Mit unseren äußerst variablen Pacht- und Betriebsführungsmodellen können wir – ebenfalls maßgeschneidert – auf die Interessen aller Beteiligten eingehen.

Fragen Sie uns, wenn Sie Einzelheiten interessieren, Herr Krüger, Herr Kohl und Herr Ambos antworten Ihnen gern!

Saarberg-Fernwärme GmbH
– Abfallwirtschaft –
Sulzbachstraße 26, 6600 Saarbrücken
Telefon 0681/3099-0.

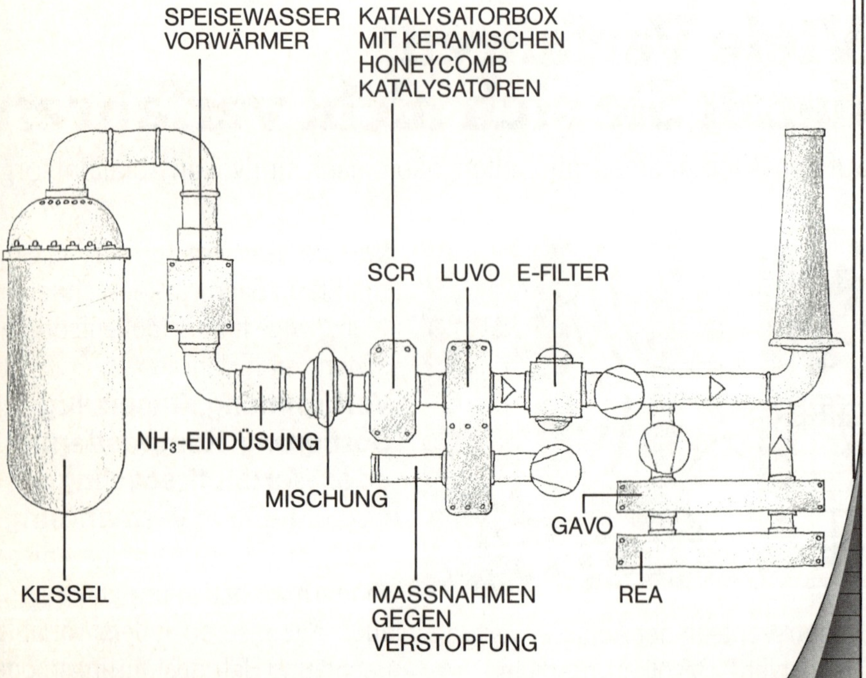

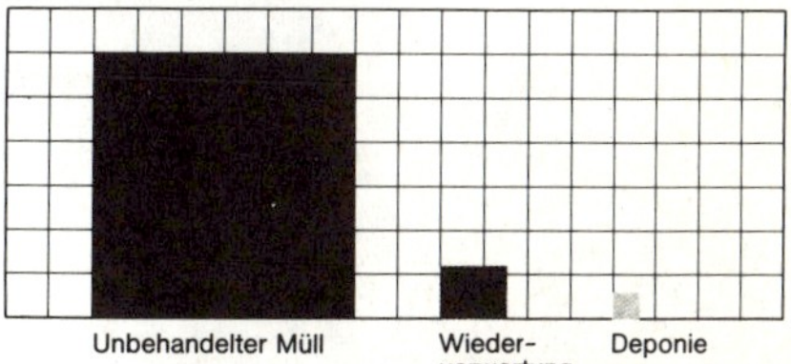

Notizen

Notizen

Müllverbrennung KVA Genf

Wertstoff- und Humuswerk Dusslingen

Schlammentwässerungs- und -verbrennungsanlage Karlsruhe